하루 30분 일러스트레이터 CS4 쉽게 배우기

김석일 지음

YoungJin.com Y.
영진닷컴

하루 30분! 일러스트레이터 CS4 쉽게 배우기

ISBN 978-89-314-3843-7

독자님의 의견을 받습니다

이 책을 구입한 독자님은 영진닷컴의 가장 중요한 비평가이자 조언가입니다. 저희 책의 장점과 문제점이 무엇인지, 어떤 책이 출판되기를 바라는지, 책을 더욱 알차게 꾸밀 수 있는 아이디어가 있으면 팩스나 이메일, 또는 우편으로 연락주시기 바랍니다. 의견을 주실 때에는 책 제목 및 독자님의 성함과 연락처(전화번호나 이메일)를 꼭 남겨주시기 바랍니다. 독자님의 의견에 대해 바로 답변을 드리고, 또 독자님의 의견을 다음 책에 충분히 반영하도록 늘 노력하겠습니다.

이메일 : support@youngjin.com
주　소 : (우)153-803 서울특별시 금천구 가산동 664번지 대룡테크노타운13차 10층 (주)영진닷컴 기획1팀
팩　스 : 02-2105-2207
내용 문의 : kotra001@naver.com

집필 김석일 | **기획** 기획1팀, 웰기획 | **책임** 김소희 | **총괄** 김태경 | **진행** 김미정, 웰기획 | **북디자인** 웰기획

Preface

    컴퓨터를 이용하여 디자인 작업을 한지 벌써 15년이 되어갑니다. 그 당시만 하더라도 컴퓨터를 이용한 디자인 작업은 아주 일부분의 사용자만 하는 신성한 영역이었고, 특별한 존재로 취급을 받았습니다. 컴퓨터를 이용해서 그림을 그린다는 것을 시대를 앞서가는 사람이었으니까요. 필자의 첫 그래픽 프로그램은 '코렐드로우' 였던 것으로 기억됩니다. 지금의 그래픽 프로그램들에 비교해보면 무척 조잡했지만 모니터 화면에 구현되는 그래픽 이미지와 외국 유저들의 작업된 이미지를 보며 밤을 새웠던 것으로 기억합니다.

    그때에 비교한다면 여러분께 소개하는 일러스트레이터 CS4는 아주 비약적인 발전을 이룬 프로그램입니다. 디자이너의 능력에 따라 웹은 물론 편집, 출판, 광고에 이르기까지 못하는 작업이 없을 정도로 많은 기능이 추가되었습니다. 실제로 일러스트레이터에서 제공하는 기능을 100% 활용하여 작업하는 디자이너가 거의 없을 정도로 많은 기능이 추가되어 보다 수월하고 손쉬운 작업이 가능합니다. 이 책에서도 지면상 일러스트레이터의 기능을 100% 소개하지 못하고 반드시 알아야 할 핵심 기능과 추가된 기능을 위주로 다룬 것이 안타깝지만 이 기능만 충분히 활용해도 대부분의 그래픽 작업은 가능할 것입니다.

    컴퓨터의 그래픽 소프트웨어는 디자인 작업을 위한 하나의 도구이겠지만 아이러니하게도 이 도구에 의해서 작업자의 능력이 돋보이기도 합니다. 디자이너가 되고 싶다면 또는 디자인을 하려 한다면 일러스트레이터는 작업하는 여러분의 능력을 100% 나타나게 해 줄만큼 훌륭한 프로그램입니다. 이 책은 실무에 관련된 예제들을 위주로 따라하면서 기능을 익힐 수 있도록 구성되었으며 관련 기능을 철저하게 익힐 수 있도록 작업되었습니다. 일러스트레이터라는 프로그램을 하나도 모른다 하더라도 단계적으로 하나씩 따라서 익히고 복습하면 원하는 이미지 작업이 가능할 것입니다. 누구도 처음부터 완벽한 사람은 없었습니다. 필자도 이 프로그램을 익히기 위해 많은 시행착오와 부단한 연습이 있었음을 말씀드리며 '백문이 불여일견' 백번 설명 듣는 것보다 예제를 통해 오브젝트를 만들어 보는 것이 최고의 학습 방법이라는 것을 말씀드립니다.

    지금까지 많은 그래픽 소프트웨어 관련 도서를 집필하였지만 이 책만큼 재미있게 작업한 책도 드물었습니다. 그만큼 더 애착이 가는 책입니다. 책이 나올 때까지 수고를 아끼지 않은 많은 분께 깊은 감사의 말씀을 전합니다. 그리고 늘 옆에서 아무 소리 없이 지켜봐주며 힘들어할 때마다 격려해준 아내에게도 고맙고 사랑한다는 말을 지견을 통해 전하고 싶습니다. 부디 이 책을 통해 일에는 정열적이고, 낭만 가득한 삶을 즐길 줄 아는 디자이너가 될 수 있기를 기원합니다.

저자 김석일

Preview

이 책은 Lesson에서 예제를 따라한 후 Skill up에서 자세한 기능을 설명합니다. 15분 동안 학습할 수 있도록 구성되어 있으며 완성 파일을 분석하여 작업 과정을 파악한 후 하나씩 알아봅니다. 감각적인 예제를 통해 누구나 일러스트레이터 CS4를 쉽게 배울 수 있습니다.

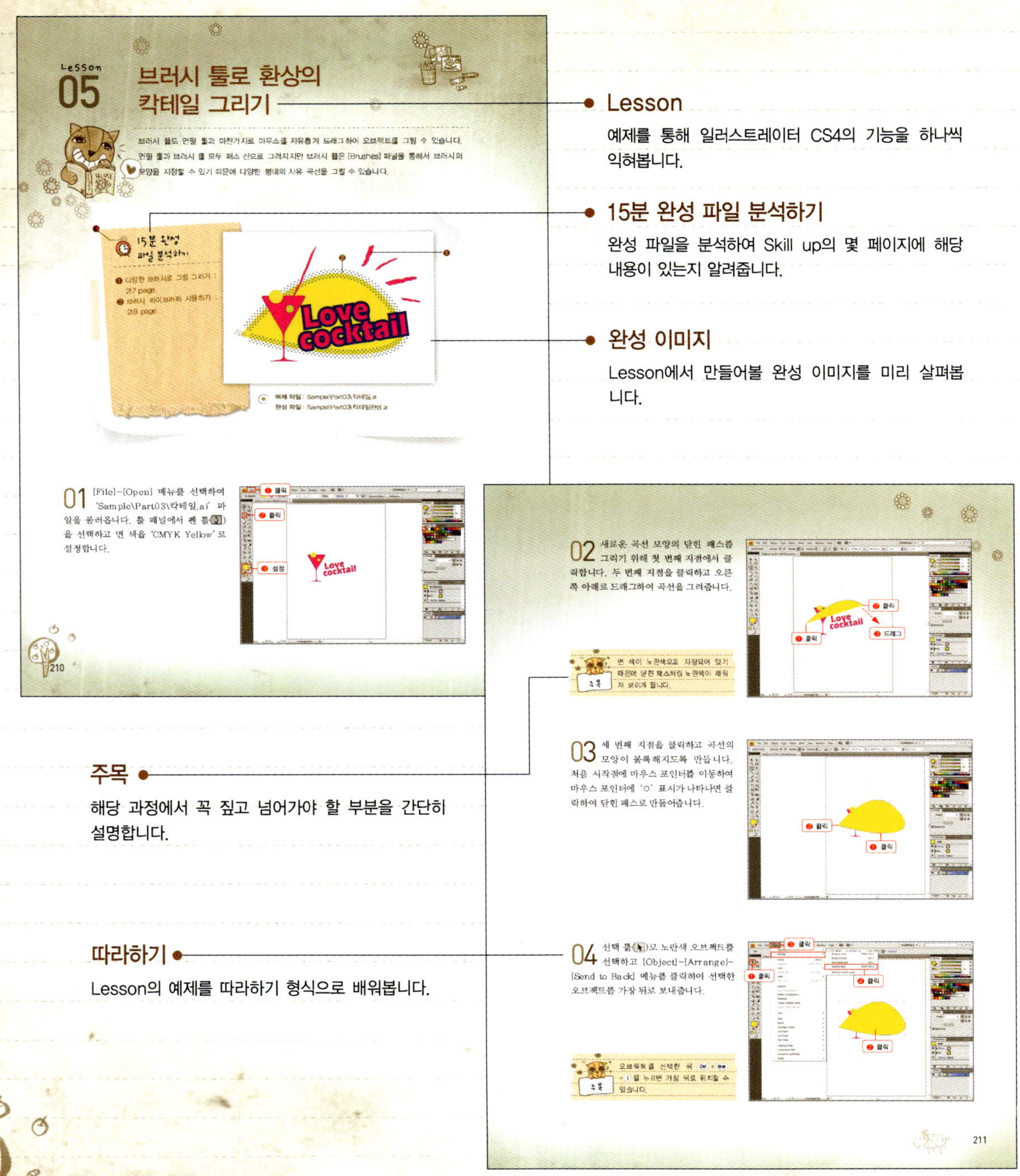

Lesson

예제를 통해 일러스트레이터 CS4의 기능을 하나씩 익혀봅니다.

15분 완성 파일 분석하기

완성 파일을 분석하여 Skill up의 몇 페이지에 해당 내용이 있는지 알려줍니다.

완성 이미지

Lesson에서 만들어볼 완성 이미지를 미리 살펴봅니다.

주목

해당 과정에서 꼭 짚고 넘어가야 할 부분을 간단히 설명합니다.

따라하기

Lesson의 예제를 따라하기 형식으로 배워봅니다.

Skill up

Lesson의 예제에서 따라했던 내용을 자세히 살펴봅니다.

기능 설명

Skill up의 내용을 차근차근 설명합니다.

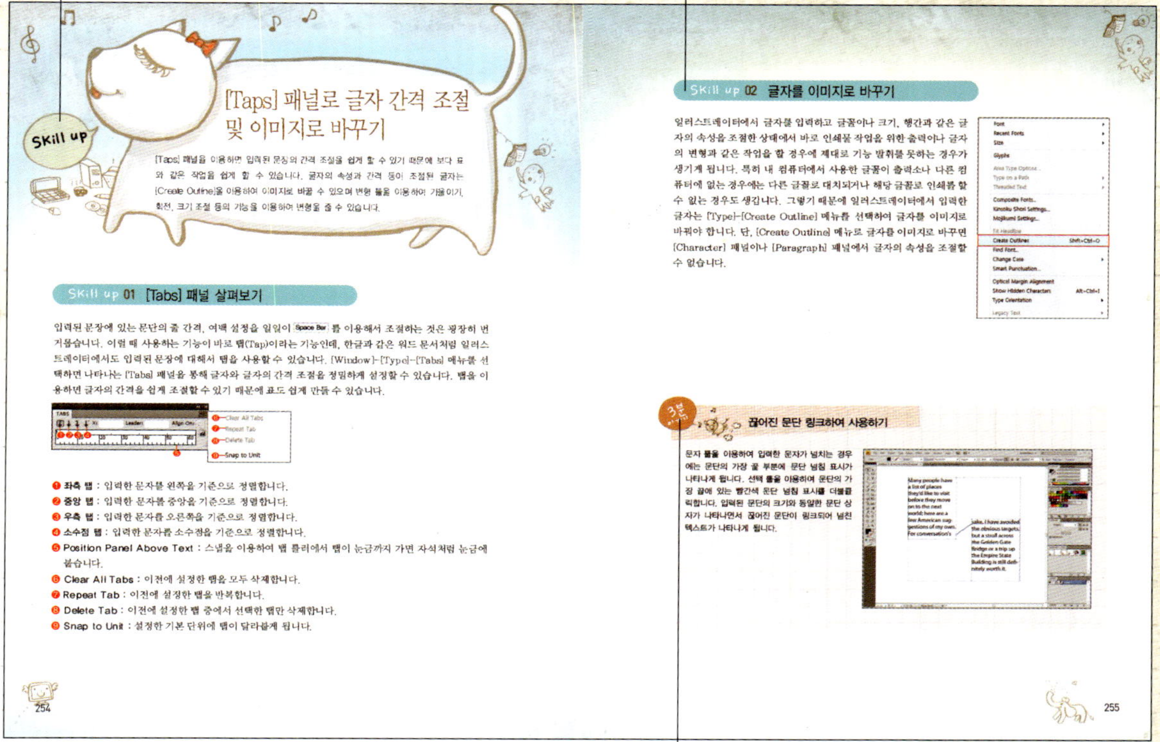

3분 아끼기

일러스트레이터 CS4에서 알고 있으면 좋은 기능 등을 설명합니다.

 CD 구성

부록 CD를 삽입하면 'Sample' 폴더가 있습니다. 본문에서 배우는 예제 파일이 각 Part별로 있어 쉽게 찾아서 열 수 있습니다. '음성파일' 폴더에는 일러스트레이터 CS4의 인터페이스와 간단한 기능을 설명하는 강좌가 동영상 파일로 수록되어 있어 더욱 쉽게 배울 수 있습니다.

예제 파일을 열 때 사용한 글꼴이 사용자의 컴퓨터에 없는 경우 경고 메시지가 나타납니다. 이때 경고 메시지를 무시하고 파일을 열면 다른 글꼴로 대치되어 나타납니다.

Gallery

▲ 새로운 도큐먼트 만들고 오브젝트 수정하여 저장하기

▲ 오브젝트를 불러온 후 간단한 편집하기

▲ 직접 선택 툴로 오브젝트의 부분을 선택하여 변형하기

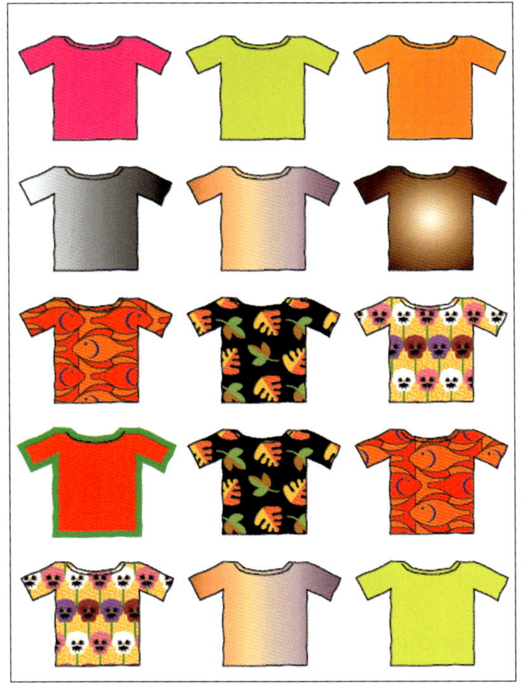

▲ 색상 패널을 이용하여 티셔츠에 다양한 색상 적용하기

▲ 라이브 색상으로 오브젝트의 배색 쉽게 적용하기

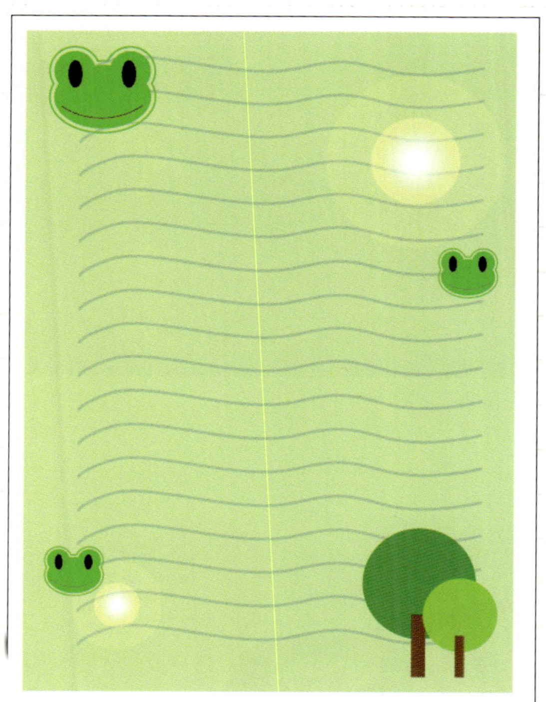

▲ 도형 툴을 이용하여 편지지 만들기

▲ 직선, 곡선, 나선을 이용하여 전화카드 만들기

▲ 스케일 툴과 회전 툴로 오브젝트 변형하기

▲ 기울기 툴과 반사 툴을 이용하여 육면체 만들기

▲ 오브젝트 순서를 마음대로 배열하기

▲ 외곽선을 꾸며 라인아트 이미지 만들기

▲ [Pathfinder] 패널로 오브젝트 합치고 나누기

▲ 펜 툴로 그리는 깜찍하고 귀여운 여자 캐릭터

▲ 연필 툴로 간단한 오브젝트 그리기

▲ 브러시 툴로 환상의 칵테일 그리기

▲ 다양한 방법으로 문자 입력하기

Gallery

▲ 문자를 변형하여 디자인하기

▲ 아웃라인으로 문자를 그림으로 만들기

▲ 경로에 따라 오브젝트 변형하기

▲ 심벌 수정하고 한 번에 바꾸기

▲ 크기가 서로 다른 패턴으로 CD 커버 만들기

▲ 교차되는 패턴을 만들어 원피스에 적용하기

▲ 그레이디언트를 이용하여 초청장 만들기

▲ 메시 툴을 이용하여 아이디어 이미지 만들기

Gallery

▲ 블렌드 툴로 흩날리는 눈 이미지 만들기

▲ 볼륨감이 살아 있는 3D 오브젝트 만들기

▲ 이펙트 기능을 활용하여 웰빙 카드 만들기

▲ 레이어를 이용하여 오브젝트 편집하기

▲ 레이어 마스크를 이용하여 라벨 디자인하기

▲ 액션으로 작업 기록 후 오브젝트에 적용하기

▲ 웹 사이트를 위한 일러스트레이터의 기능 살펴보기

▲ 일러스트레이터에서 만든 오브젝트 포토샵으로 채색하기

Contents

Contents

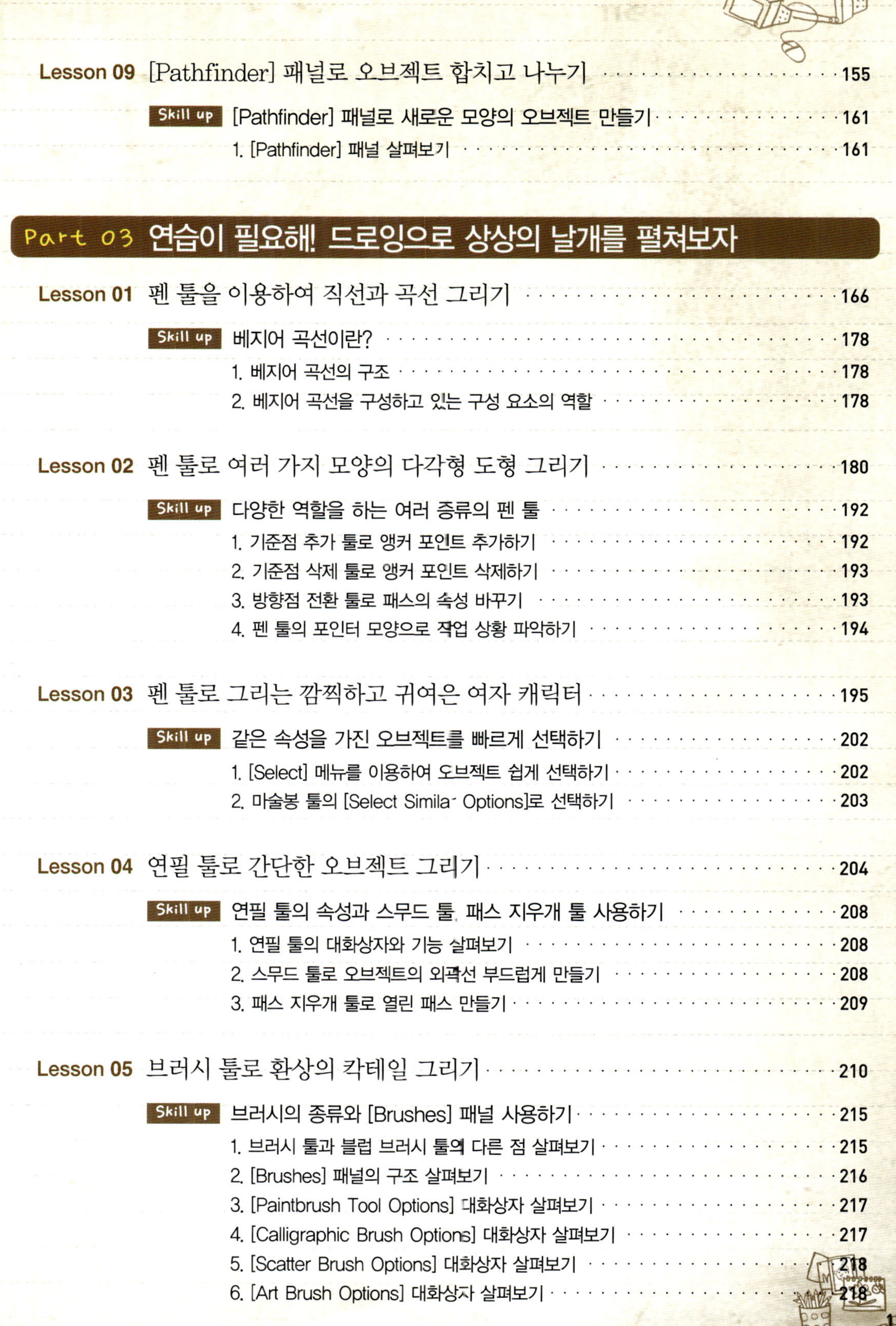

Contents

Contents

Part 06 전문가의 손길이 느껴지는 3D 오브젝트와 이펙트

Part 07 빠른 실행을 위한 레이어와 액션 그리고 또 다른 기능

TRUST
Illustrator

오브젝트를 내 맘대로!
일러스트레이터의 오브젝트 다루기

일러스트레이터는 그래픽, 출판 편집, 웹 디자인 등에서 캐릭터, 로고, 그래픽 이미지 제작에 사용되는 벡터 방식의 그래픽 프로그램입니다. 오브젝트의 제작이 간단하고 직관적이어서 포토샵과 함께 그래픽 이미지 제작의 기본 프로그램으로 자리매김하고 있습니다. 업그레이드된 일러스트레이터 CS4는 사진은 물론 타이포그래피, 영상 이미지 편집까지 다양한 분야에서 사용할 수 있게 되었습니다.

- **Lesson 01** 일러스트레이터로 만든 오브젝트 불러와서 구경하기
- **Lesson 02** 새로운 도큐먼트 만들고 오브젝트 수정하여 저장하기
- **Lesson 03** 어도비 브리지를 이용한 파일 관리와 외부 파일로 저장하기
- **Lesson 04** 오브젝트를 불러온 후 간단한 편집하기
- **Lesson 05** 직접 선택 툴로 오브젝트의 부분을 선택하여 변형하기
- **Lesson 06** 색상 패널을 이용하여 티셔츠에 다양한 색상 적용하기
- **Lesson 07** 라이브 색상으로 오브젝트의 배석 쉽게 적용하기

일러스트레이터로 만든
오브젝트 불러와서 구경하기

일러스트레이터는 편집 디자인, 그래픽 디자인, 웹 디자인, 캐릭터 디자인과 같이 다양한 분야에 사용되는 프로그램입니다. 일러스트레이터를 이용하여 직접 글자와 그림이 삽입된 전단 등과 같은 편집 디자인 작업물을 만들 수도 있지만 웹이나 캐릭터 작업 등에 사용되는 그래픽적인 이미지 요소를 만들 수도 있습니다.

15분 완성
파일 분석하기

❶ 일러스트레이터의 인터페이스
　살펴보기 : 29 page

01 일러스트레이터를 설치한 다음 바로가기 아이콘을 더블클릭하거나 윈도우 [시작] 버튼을 클릭하여 [모든 프로그램]에서 일러스트레이터 프로그램을 실행합니다. 미리 작업된 일러스트레이터 파일을 불러오기 위해 실행된 일러스트레이터의 메뉴 바에서 [File]-[Open] 메뉴를 선택합니다.

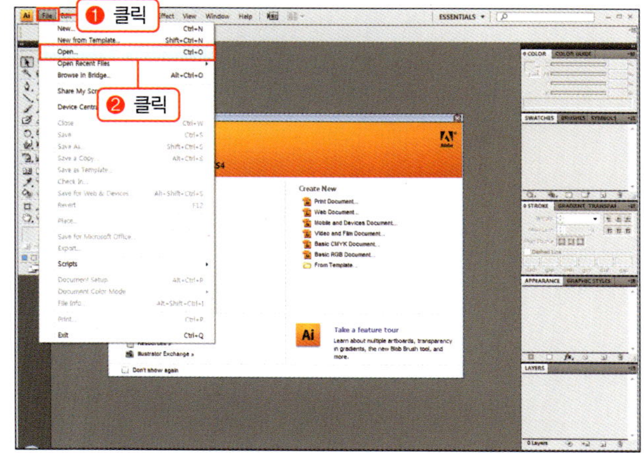

02 [Open] 대화상자가 나타나면 왼쪽의 [컴퓨터]를 클릭합니다. 프로그램이 설치된 하드 디스크를 선택합니다. 여기에서는 '로컬 디스크 (C:)'를 선택하였습니다. '로컬 디스크 (C:)'를 더블클릭하면 나타나는 폴더에서 'Program Files\Adobe\Adobe Illustrator CS4\특별 부가 기능\en_US\Sample Files\Sample Art' 폴더에서 'Loyal Order of Wormwood' 파일을 더블클릭합니다.

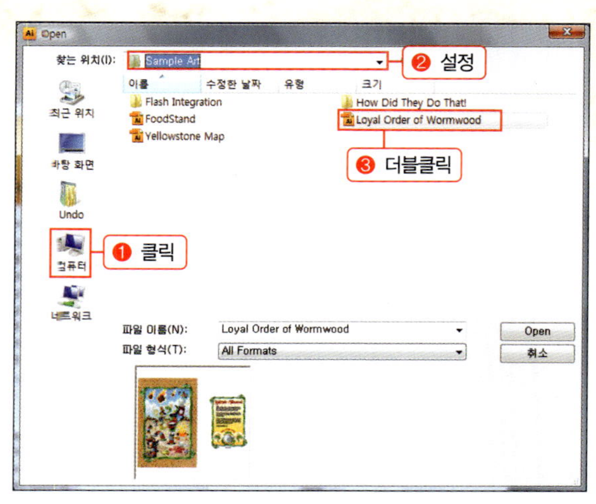

> 주목 프로그램을 설치하면 별도로 하드 디스크를 지정하기 전까지는 C 드라이브에 설치됩니다. 일러스트레이터에서 제작된 파일은 폴더와는 다른 모양으로 'AI'라는 글자가 있는 아이콘으로 보이며 클릭하면 [미리보기] 창에서 볼 수 있습니다.

03 선택한 파일이 도큐먼트 화면에 열립니다. 열려진 파일은 일러스트레이터를 이용하여 만든 그래픽 이미지입니다. 오른쪽에 있는 다른 이미지를 당겨보기 위해 툴 패널에서 손바닥 툴(🖐)을 클릭합니다.

04 마우스의 포인터가 손바닥 모양으로 바뀌면 화면을 왼쪽으로 드래그하여 오른쪽에 있는 이미지를 당겨봅니다.

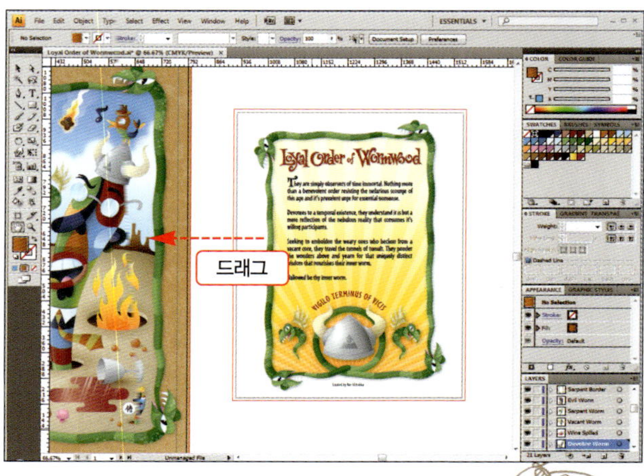

> 주목 'Sample Art' 폴더에는 일러스트레이터를 이용하여 작업 가능한 예제 파일들이 들어 있습니다. 다양한 파일을 불러와 여러 가지 스타일의 일러스트를 살펴보기 바랍니다.

일러스트레이터의 활용 분야와 인터페이스 알기

일러스트레이터는 다양한 디자인 분야에서 활용 가능한 프로그램으로 원하는 이미지를 직접 드로잉할 수 있는 프로그램입니다. 일러스트레이터의 활용 분야를 살펴보고, 일러 스트레이터 CS4의 화면 구성과 기본적인 사용 방법에 대해서 살펴보도록 하겠습니다.

Skill up 01 일러스트레이터 활용 분야 알아보기

일러스트레이터는 캐릭터, 로고, 마크, 웹, 편집, 그래픽, 패키지, 픽토그램 디자인 등에서 다양하게 사용되고 있습니다.

• 캐릭터 디자인

캐릭터는 회사나 기업을 상징하는 상징물로 동물이나 식물, 기타 물건을 의인화시켜 표현하는 것을 말합니다. 만화 영화인 월트 디즈니의 '미키마우스'나 스튜디오 지브리의 '토토로' 등이 대표적인 캐릭터인데, 이런 캐릭터들은 머그컵, 간판, 팬시 상품 등 다양한 곳에 사용하기 때문에 오브젝트의 변형이 쉬운 일러스트레이터를 이용하여 그리고 있습니다.

▲ 다양한 곳에 활용되는 캐릭터

▲ 월트 디즈니의 미키마우스

• C.I.P 디자인

기업의 이미지를 시각화하여 표현하는 것을 C.I.P(Corporate image Identity Program)라고 합니다. 일반적인 C.I.P는 언어로 기업의 이미지를 통합하는 것을 말하지만 디자인에서는 기업이 추구하는 이미지를 기업의 문화나 특색에 맞춰 디자인하는 것을 나타냅니다. 흔히 보는 회사의 심벌 마크, 로고 타입, 서식류, 홈페이지 등에 대한 전반적인 디자인을 말합니다. 이런 작업에 일러스트레이터는 매우 강력한 기능을 발휘하는데, 이는 크기에 상관없이 다양하게 출력할 수 있어 많이 사용됩니다.

▲ 다양한 형태의 로고들

• 웹 디자인

웹 디자인에서의 일러스트레이터는 주로 사이트 안에서 사용되는 버튼이나 문양 등 그래픽 이미지를 작업할 경우 사용됩니다. 포토샵보다 쉽고 빠르게 드로잉 작업을 할 수 있으며 홈페이지를 다양한 방법으로 구성할 수 있습니다.

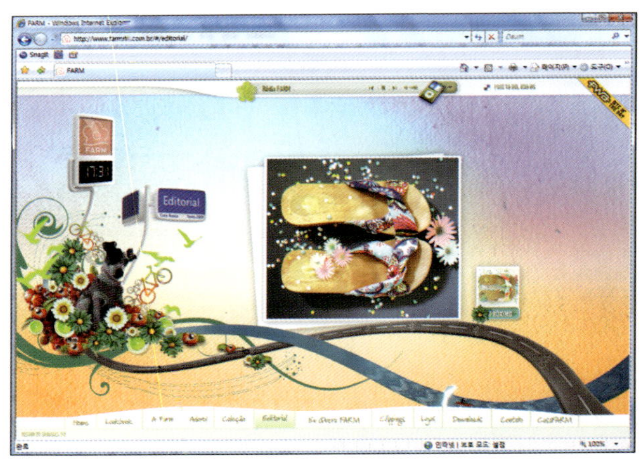

▲ 일러스트레이터를 잘 활용한 외국 사이트(www.farmrio.com.br)

• 편집/그래픽 디자인

편집 디자인에서 일러스트레이터는 비주얼적인 이미지 제작에 여러 가지로 활용할 수 있습니다. 포스터, 신문, 잡지, 카탈로그, 책 표지 등과 같은 출판 인쇄물의 제작에 있어 일러스트레이터는 단순한 그래픽적인 이미지는 물론 입체 모양의 이미지까지 제작할 수 있으며 출판/편집 전문 프로그램인 인디자인이나 QuarkXPress와 같은 프로그램과도 완벽한 연동을 이루어 사용됩니다.

▲ 일러스트레이터와 QuarkXPress로 편집한 잡지 디자인

• 픽토그램

픽토그램은 불특정 다수를 대상으로 공공성과 일반성을 가진 마크를 말합니다. 화장실의 남, 여 표시와 같이 어느 곳에서나 동일하게 사용하는 '그림언어'로 전 세계 사람이 보더라도 이해할 수 있어 화장실, 식당, 엘리베이터, 지하철, 버스 정류장, 관공서 등과 같은 여러 시설에서 픽토그램을 사용합니다. 단순함을 추구하기 때문에 일러스트레이터를 사용하여 작업합니다.

▲ 베이징 올림픽에 사용된 픽토그램

• 패키지 디자인

제품의 포장을 디자인하는 분야를 말합니다. 요즘의 패키지 디자인은 단순히 제품을 포장하는 역할에서 벗어나 하나의 예술 분야로 자리하고 있을 정도로 다양화되고 있으며 종이, 플라스틱, 나무, 캔 등의 재료를 사용하여 디자인 작업을 하고 있습니다. 편집 디자인과 웹 디자인이 평면적인 작업이라면 패키지 디자인은 입체물을 만드는 3D 디자인이라고 할 수 있습니다.

▲ 실제 적용된 패키지 디자인

일러스트레이터 CS4를 설치한 다음 실행하면 아래와 같은 화면 구성을 만나게 됩니다. 일러스트레이터의 화면은 작업에 사용되는 툴 패널과 메뉴 바, 각종 패널, 도큐먼트, 상태 표시줄 등으로 구성되어 있습니다.

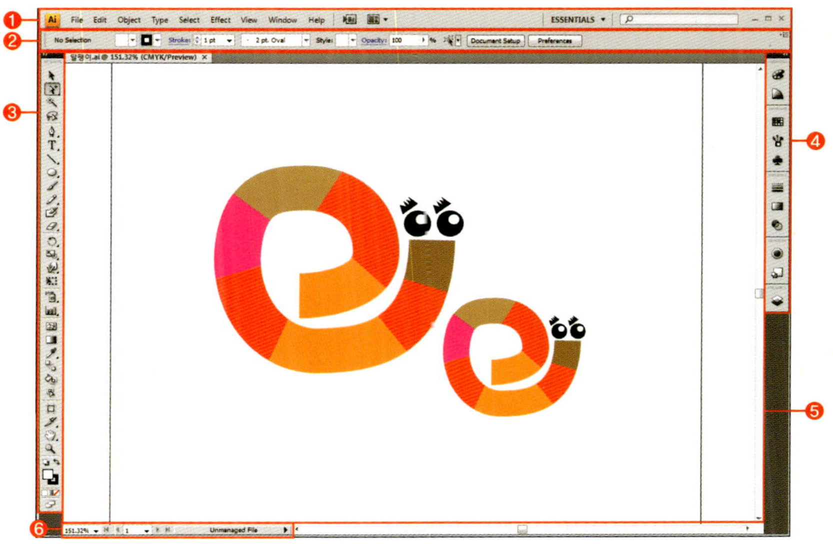

❶ **메뉴 바** : 화면의 가장 위에 위치하며 선택한 메뉴의 하위 메뉴를 통해서 원하는 명령을 실행할 수 있습니다. 일러스트레이터 CS4는 9개의 메뉴로 구성되어 있으며 메뉴의 오른쪽에는 Adobe Bridge를 실행하는 [Go to Bridge]( )와 여러 개의 도큐먼트를 정렬하는 [Arrange Documents]( )가 있습니다.

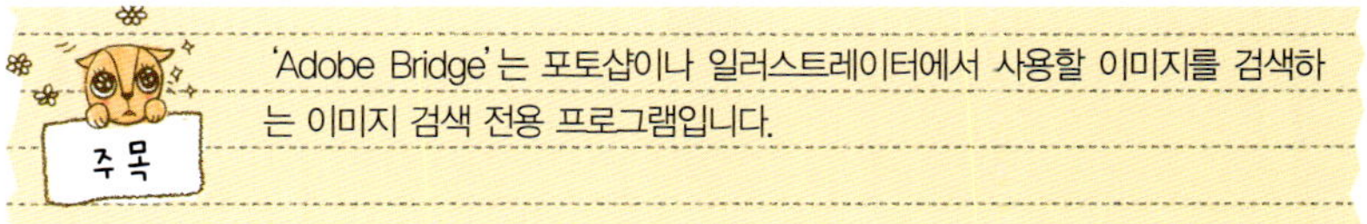

❷ **옵션 바** : 선택된 오브젝트에 대한 옵션을 설정합니다. 오브젝트를 선택한 경우라면 면 색, 선 색, 스타일, 투명도, 모양 등을 조절할 수 있습니다.

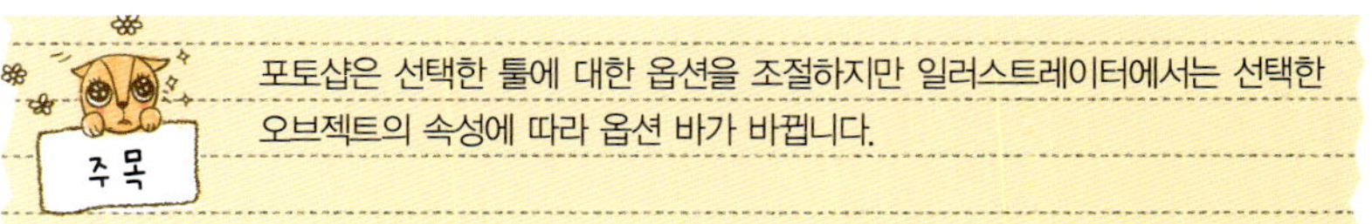

❸ **툴 패널** : 일러스트레이터에서 자주 사용하는 툴들을 모아놓은 곳으로 아이콘 모양으로 되어 있는 툴과 색상 모드, 스크린 모드로 나뉘어 있습니다. 툴 패널의 툴 중에서 오른쪽 아래에 작은 삼각형 표시를 클릭하고 있으면 하위 메뉴로 숨겨진 툴들이 나타나게 됩니다. 또 각각의 툴을 더블클릭하면 해당 툴에 대한 옵션을 설정하는 대화상자가 나타납니다.

❹ **패널 :** 패널은 선택한 툴에 대한 색상, 상태, 두께, 모양 등을 설정할 수 있는 보조적인 기능을 가지고 있습니다. 패널 오른쪽 위의 드롭다운(▾≡) 버튼을 클릭하면 나타나는 하위 메뉴를 통해 패널을 세부적으로 조절할 수 있습니다. 필요에 따라 패널을 숨기거나 작게 축소할 수 있으며 서로 합치거나 독립적으로 분리하여 사용할 수 있습니다.

> 원하는 패널이 화면에 보이지 않는 경우에는 [Window] 메뉴를 클릭하면 하위 메뉴가 나타나는데 여기에서 패널을 선택하여 화면에 보이도록 할 수 있습니다.

❺ **도큐먼트 :** 오브젝트를 그리는 작업을 위한 스케치 북과 같은 개념으로 일러스트레이터를 통해서 작업할 수 있는 작업공간을 의미합니다. 일러스트레이터 CS4에는 하나의 도큐먼트에 다양한 크기를 가진 여러 개의 아트보드를 포함할 수 있습니다. 아트보드는 겹치거나 나란히 또는 원하는 크기로 표시할 수 있으며 각각의 아트보드를 개별적으로 인쇄할 수 있습니다. 하나의 도큐먼트에 여러 개의 아트보드를 저장하면 한 개의 이미지로도 웹 디자인, 그래픽 디자인 등 분야별로 활용할 수 있도록 여러 가지 크기를 한 번에 설정할 수 있어서 편리합니다.

❻ **상태 표시줄 :** 현재 열려 있는 도큐먼트의 정보를 보여줍니다. 상태 표시줄에서는 확대 배율, 저장 상태, 현재 사용 중인 툴, 날짜와 시간, 작업 중인 색상 등을 알 수 있습니다.

Skill up 03 일러스트레이터의 툴 패널 사용하기

툴 패널은 프로그램을 사용할 때 자주 사용되는 명령이나 기능을 별도의 아이콘 형태로 만들어 모아놓은 것을 말합니다. 선택하려는 툴을 클릭하면 원하는 툴을 사용할 수 있으며 툴의 아래쪽에 작은 삼각형 표시가 있는 툴에는 비슷한 기능을 가진 툴이 숨겨져 있습니다.

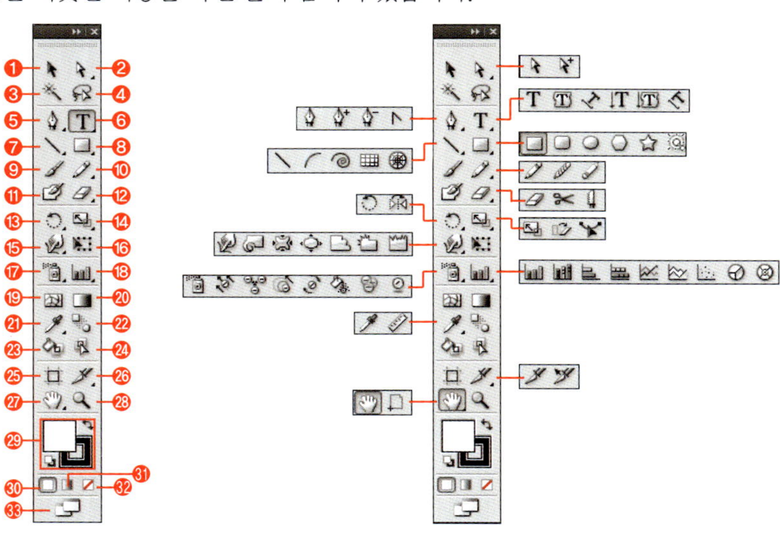

▲ 툴 패널　　　　　　　▲ 숨어 있는 툴들이 모두 나타난 툴 패널

• 선택에 관한 툴

❶ **선택 툴(Selection Tool)** : 오브젝트를 선택하거나 이동합니다. (V)

❷ **직접 선택 툴(Direct Selection Tool)** : 오브젝트의 앵커 포인트나 패스를 직접 선택하여 변형합니다. (A)

❸ **마술봉 툴(Magic Wand Tool)** : 유사한 속성을 가진 오브젝트를 선택합니다. (Y)

❹ **올가미 툴(Lasso Tool)** : 자유 곡선으로 드래그한 부분의 안쪽에 있는 앵커 포인트와 패스만 선택합니다. (Q)

• 오브젝트 제작에 관한 툴

❺ **펜 툴(Pen Tool)** : 일러스트레이터에서 오브직트를 그려주는 가장 기본적인 도구로 앵커 포인트와 패스를 생성하여 오브젝트를 만듭니다. (P)

❻ **문자 툴(Type Tool)** : 도큐먼트 위에 문자를 직접 입력하고 편집합니다. (T)

❼ **선 툴(Line Segment Tool)** : 도큐먼트 위에 직선을 그려줍니다. 그려진 직선의 굵기는 [Stroke] 패널을 통해서 조절합니다. (W)

❽ **사각형 툴(Rectangle Tool)** : 사각형을 그려줍니다. 숨어있는 툴에서는 모서리가 둥근 사각형, 원, 다각형, 별 등의 도형 오브젝트를 그려줍니다. (M)

❾ **브러시 툴(Paintbrush Tool)** : 드래그하여 붓으로 그림을 그리듯 오브젝트를 그려줍니다. (B)

❿ **연필 툴(Pencil Tool)** : 드래그하여 연필로 그리듯 드로잉하여 오브젝트를 그려줍니다. (N)

⓫ **블럽 브러시 툴(Blob Brush Tool)** : 브러시 툴(✎)과 동일하게 오브젝트를 그릴 수 있는데, 브러시 툴(✎)로 그린 오브젝트는 선이지만 블럽 브러시 툴(✐)로 그려진 오브젝트는 면으로 만들어집니다. (Shift + B)

⓬ **지우개 툴(Eraser Tool)** : 그려진 오브젝트 위로 드래그하면 작업된 영역을 지우개를 이용하듯 지울 수 있습니다. 지워지는 부분은 별도의 패스로 자동으로 만들어집니다. (Shift + E)

• 오브젝트 제작의 편집, 변형에 관련된 툴

⓭ **회전 툴(Rotate Tool)** : 오브젝트를 원하는 방향으로 회전합니다. (R)

⓮ **스케일 툴(Scale Tool)** : 오브젝트 크기를 확대하거나 축소합니다. (S)

⓯ **왜곡 툴(Warp Tool)** : 오브젝트 형태를 왜곡합니다. (Shift + R)

⓰ **자유변형 툴(Free Transform Tool)** : 오브젝트의 형태를 자유롭게 변형합니다. (E)

• 심벌 스프레이어 툴과 그래프 툴

⓱ **심벌 스프레이어 툴(Symbol Sprayer Tool)** : [Symbols] 패널을 이용하여 선택한 심벌을 도큐먼트 위에 뿌려줍니다. (Shift + S)

⓲ **세로 막대 그래프 툴(Column Graph Tool)** : 입력한 데이터에 따라 다양한 모양의 그래프를 그려줍니다. (J)

• 다양한 효과와 기능이 있는 툴

⓳ **메시 툴(Mesh Tool)** : 오브젝트에서 선택한 부분에 원래 색상과 중간에 선택한 색상을 기준으로 부드럽고 자연스러운 그레이디언트를 만들어줍니다. (U)

⓴ **그레이디언트 툴(Gradient Tool)** : 오브젝트에 그러데이션 효과를 만들어줍니다. (G)

㉑ **스포이트 툴(Eyedropper Tool)** : 오브젝트의 색상을 추출할 때 사용합니다. (I)

㉒ **블렌드 툴(Blend Tool)** : 두 오브젝트에서 중간 단계의 색상과 모양을 자연스럽게 연결하여 만들어 줍니다. (W)

㉓ **라이브 페인트 버킷 툴(Live Paint Bucket)** : [Swatches] 패널에 있는 색상을 선택하고 선택된 색상을 직접 오브젝트에 적용시킵니다. (K)

㉔ **라이브 페인트 선택 툴(Live Paint Selection Tool)** : 라이브 페인트 버킷 툴()을 사용하기 위해서 겹쳐진 오브젝트에서 공통된 영역 부분을 선택합니다. (Shift + L)

• 자르기 기능과 화면 제어 툴

㉕ **영역 자르기 툴(Crop Area Tool)** : 출력이나 인쇄를 할 경우 오브젝트의 외곽 부분에 재단선을 만들어 재단되는 영역을 표시해줍니다. (Shift + O)

㉖ **자르기 툴(Slice Tool)** : 홈페이지에서 이미지가 빠르게 로딩될 수 있도록 오브젝트를 분할합니다. (Shift + K)

㉗ **손바닥 툴(Hand Tool)** : 화면에서 원하는 위치로 이동합니다. (H)

㉘ **돋보기 툴(Zoom Tool)** : 화면을 확대하거나 축소합니다. (Z)

• 색상 모드와 화면 모드

㉙ **색상 모드(Swap Fill and Stroke)** : 내부 색상과 외곽선의 색상을 지정하고 교체합니다. (X)

㉚ **단일 색상(Color)** : 내부 색상을 단일 색상으로 적용합니다. (<)

㉛ **그레이디언트(Gradient) 모드** : 내부 색상을 그레이디언트로 적용합니다. (>)

㉜ **색 없음(None)** : 내부 색상이나 외부 색상에 색상을 적용하지 않습니다. (/)

㉝ **화면 전환 툴(Change Screen Mode Tool)** : 화면 모드를 변경합니다. (F)

툴 패널의 툴에 마우스 포인터를 위치하면 툴의 이름과 단축키가 나타납니다. 단축키는 해당 툴을 빠르게 선택할 수 있도록 해주며 영문 입력 모드에서 사용할 수 있습니다.

Skill up 04 일러스트레이터의 패널 사용하기

작업자의 성향이나 작업 내용에 따라 패널의 위치나 패널의 그룹을 원하는 대로 조절할 수 있습니다. 자주 사용하는 패널은 앞으로 꺼내고 사용 횟수가 적은 패널은 닫거나 그룹으로 합쳐 작업 공간을 효율적으로 사용할 수 있습니다.

• 패널의 기본 구조 살펴보기

패널들은 모두 최소화 버튼, 닫기 버튼, 드롭다운 메뉴로 이루어져 있습니다. 닫기 버튼으로 닫힌 패널은 [Window] 메뉴에서 다시 선택하여 열 수 있습니다.

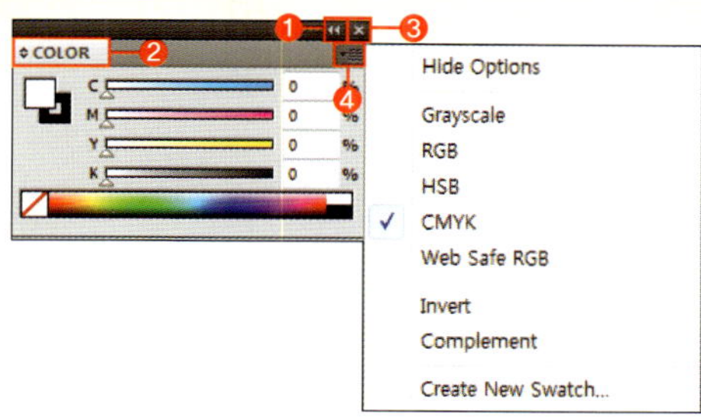

❶ **크기 조절 버튼 :** 버튼을 클릭하면 패널의 크기가 최소로 작아지게 됩니다. 다시 클릭하면 원래의 크기로 되돌아옵니다.

❷ **패널 탭 :** 패널의 이름이 있는 곳을 더블클릭하면 패널이 작아집니다. 패널 탭을 드래그하여 패널을 합치거나 분리할 수 있습니다.

❸ **닫기 버튼 :** 클릭하면 열려있는 패널이 닫힙니다.

❹ **드롭다운 메뉴 버튼 :** 클릭하면 해당 패널에 관련된 세부적인 하위 메뉴를 선택할 수 있습니다.

• 패널의 크기 조절하기

패널 탭을 더블클릭하면 단계적으로 패널의 크기가 조절됩니다. 화면에서 불필요하거나 작업공간을 확보하려 한다면 패널 탭이나 크기 조절 버튼을 이용하여 패널의 크기를 최소화할 수 있습니다.

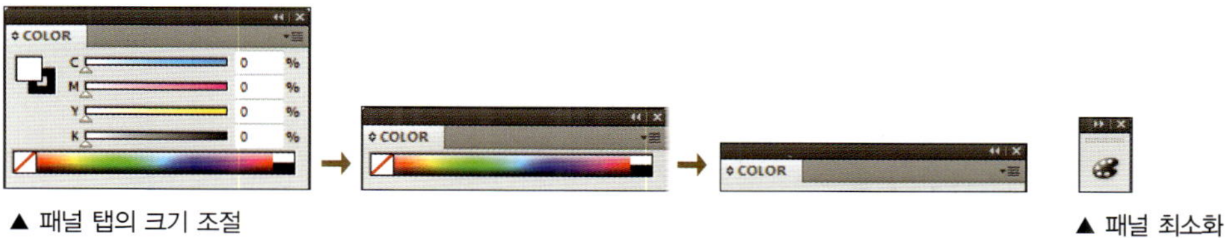

▲ 패널 탭의 크기 조절   ▲ 패널 최소화

• 패널의 선택과 합치고 분리하기

패널 그룹에서 탭 부분을 클릭하면 클릭한 패널이 활성화됩니다. 활성화된 패널을 합치고자 하는 패널로 드래그하면 패널을 합칠 수 있습니다. 합쳐진 패널에서 다시 패널 탭을 클릭하고 밖으로 드래그하면 분리할 수 있습니다.

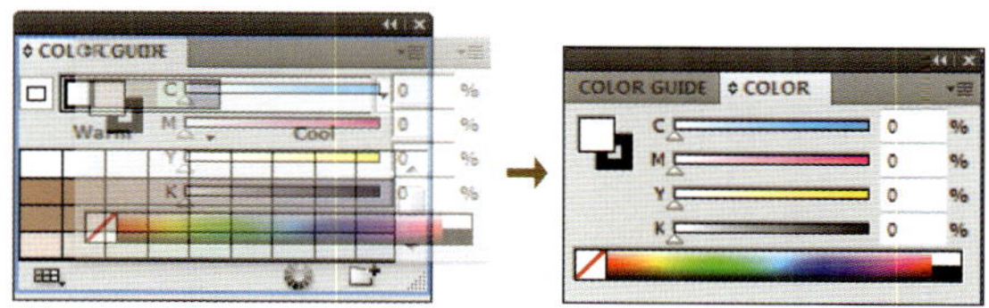

▲ 패널 합치기

• 작업 종류에 맞는 화면 구성하기

일러스트레이터 CS4에서는 작업 종류에 맞추어 최적화된 패널 구성을 선택할 수 있습니다. 메뉴 바의 오른쪽에 있는 [ESSENTIALS](ESSENTIALS ▼)를 클릭하면 하위 메뉴가 나타나는데 여기에서 웹, 애니메이션, 페인팅, 타이포그래피 등의 작업에 맞는 패널과 작업환경을 구성할 수 있습니다.

사용자가 원하는 형태로 작업환경을 구성하려면 [Save Workspace] 메뉴를 선택하여 현재의 작업환경을 저장할 수 있으며 [Manage Workspaces]를 통해서 작업환경을 관리할 수 있습니다.

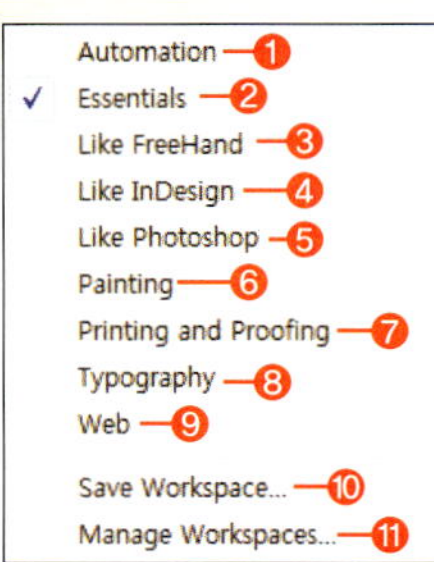

❶ **Automation** : 같은 작업을 반복적으로 진행하는 액션 작업에 적합합니다.

❷ **Essentials** : 기본적인 작업환경으로 설정합니다.

❸ **Like FreeHand** : 프리핸드 프로그램과 같은 형태의 작업환경으로 설정합니다.

❹ **Like InDesign** : 인디자인 프로그램과 같은 형태의 작업환경으로 설정합니다.

❺ **Like Photoshop** : 포토샵과 같은 형태의 작업환경으로 설정합니다.

❻ **Painting** : 드로잉을 위주로 하는 작업환경으로 설정합니다.

❼ **Printing and Proofing** : 인쇄물 작업을 위주로 하는 작업환경으로 설정합니다.

❽ **Typography** : 타이포그래피 작업을 위주로 하는 작업환경으로 설정합니다.

❾ **Web** : 웹 작업을 위주로 하는 작업환경으로 설정합니다.

❿ **Save Workspace** : 현재의 작업환경을 저장합니다.

⓫ **Manage Workspaces** : [Manage Workspace] 대화상자를 통해서 저장된 작업환경을 관리합니다.

▲ Automation

▲ Painting

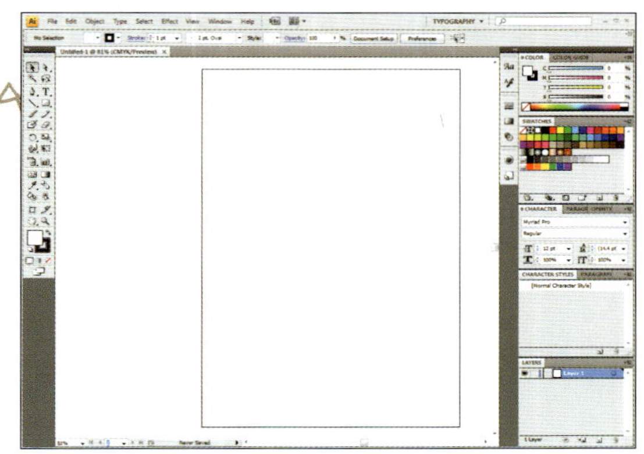

▲ Typography

▲ Web

새로운 도큐먼트 만들고 오브젝트 수정하여 저장하기

일러스트레이터는 오브젝트를 직접 그리는 드로잉 프로그램입니다. 오브젝트를 그리기 위해서는 먼저 새로운 도큐먼트를 만들어야 하는데 이번 Lesson에서는 이미지 드로잉에 있어 가장 기본인 도큐먼트를 만드는 방법과 작업된 도큐먼트를 불러온 후 수정하고 저장하는 방법을 살펴보겠습니다.

15분 완성
파일 분석하기

❶ 파일 불러오기 : 39 page

◎ 예제 파일 : Sample\Part01\곰돌이.ai
완성 파일 : Sample\Part01\작업.ai, 곰돌이수정.ai

■ 새로운 도큐먼트 만들고 오브젝트 저장하기

01 일러스트레이터 프로그램이 실행되면 [Welcome Screen] 대화상자를 만나게 됩니다. 새로운 도큐먼트를 만들기 위해 [Welcome Screen] 대화상자에서 [Create New]의 [Print Document]를 클릭합니다.

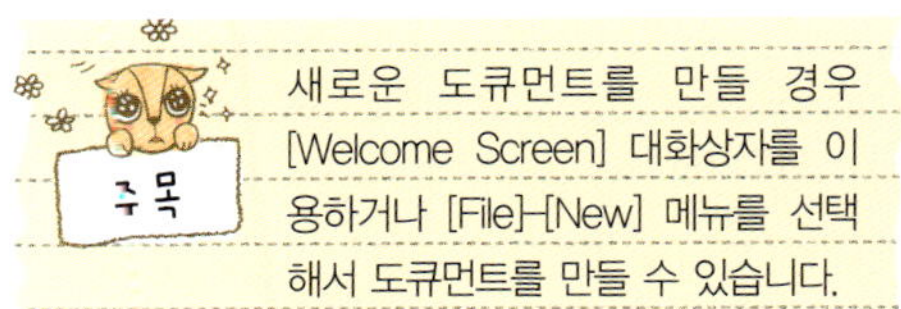

주목 새로운 도큐먼트를 만들 경우 [Welcome Screen] 대화상자를 이용하거나 [File]-[New] 메뉴를 선택해서 도큐먼트를 만들 수 있습니다.

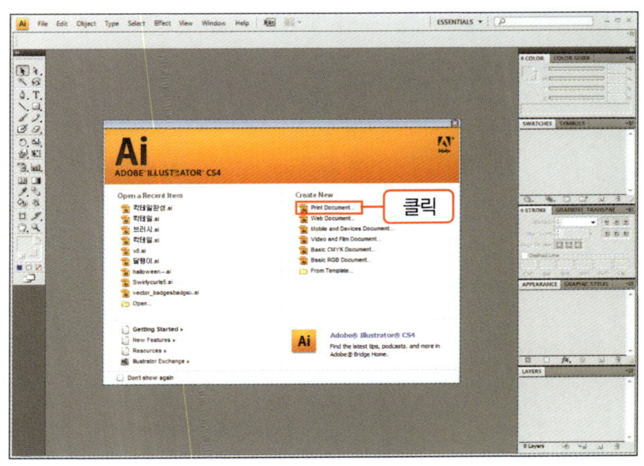

02 [New Document] 대화상자가 나타나면 [Name]에 '작업'이라는 이름을 입력하고 [Number of Artboards]는 '1'을 입력한 다음 [Size]는 'A4'로 설정한 후 [OK] 버튼을 클릭합니다.

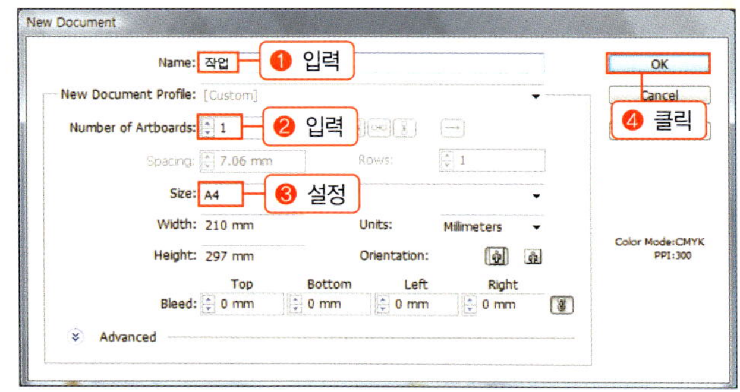

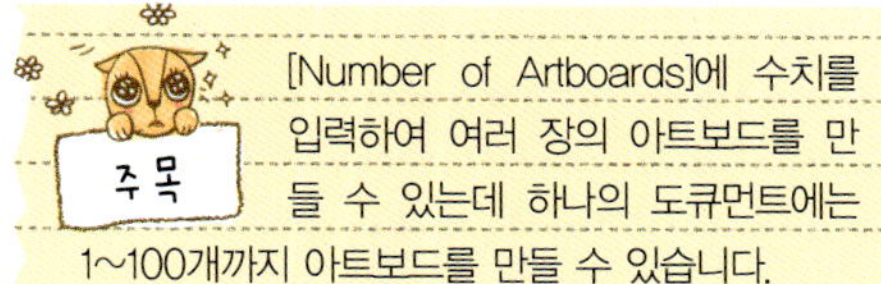
주목 [Number of Artboards]에 수치를 입력하여 여러 장의 아트보드를 만들 수 있는데 하나의 도큐먼트에는 1~100개까지 아트보드를 만들 수 있습니다.

03 제목 표시줄에 '작업'이라는 이름을 가진 도큐먼트가 만들어집니다. 툴 패널에서 사각형 툴(□)을 클릭하고 있으면 나타나는 하위 툴에서 원 툴(○)을 선택합니다. 툴 패널 아래에 위치한 색상 모드에서 선 색을 '없음'으로 클릭하고 면 색은 오른쪽에 있는 [Swatches] 패널에서 'CMYK Cyan'을 클릭하여 파란색으로 지정합니다.

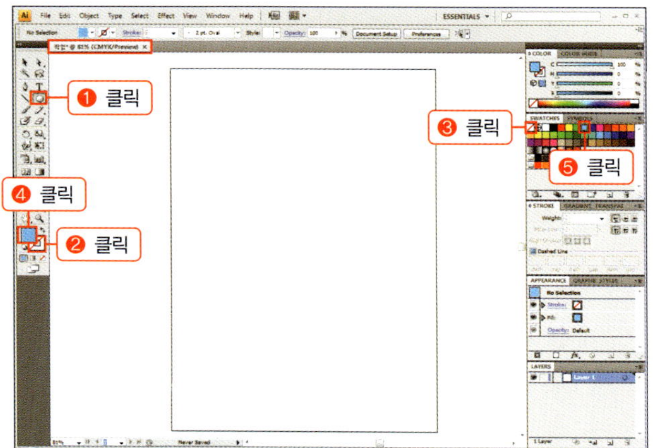

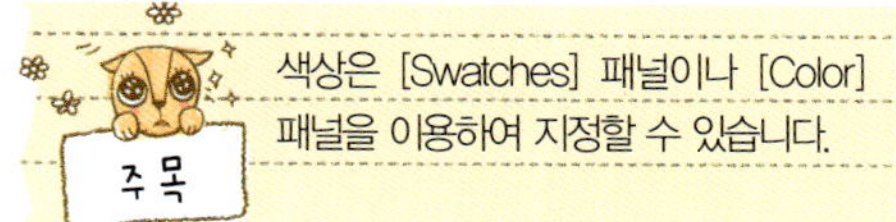
주목 색상은 [Swatches] 패널이나 [Color] 패널을 이용하여 지정할 수 있습니다.

04 툴과 색상을 설정한 후 왼쪽 상단의 한 부분을 클릭하고 오른쪽 아래로 드래그한 뒤 손을 떼면 원이 그려집니다.

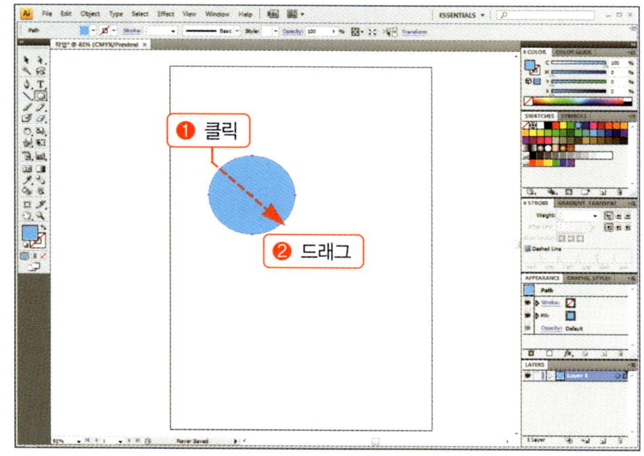

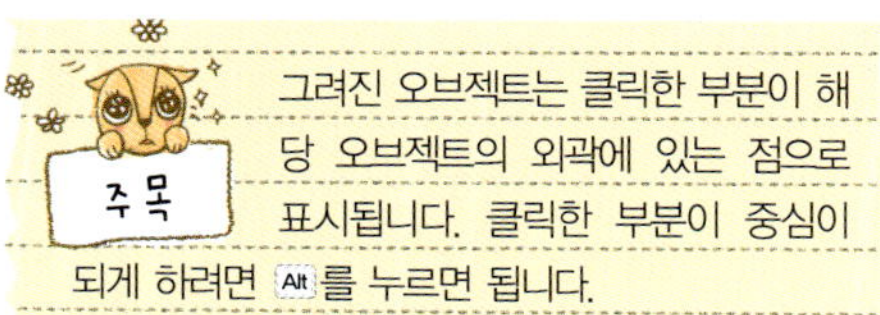
주목 그려진 오브젝트는 클릭한 부분이 해당 오브젝트의 외곽에 있는 점으로 표시됩니다. 클릭한 부분이 중심이 되게 하려면 Alt 를 누르면 됩니다.

05 여러 가지 방법으로 드래그하여 크고 작은 원을 여러 개 그려봅니다. 여기에서는 원만 그리고 있지만 다른 도형 툴을 이용하여 그림을 그려보도록 합니다.

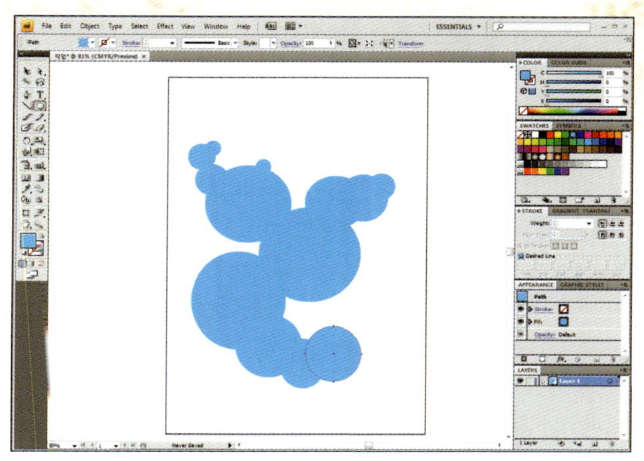

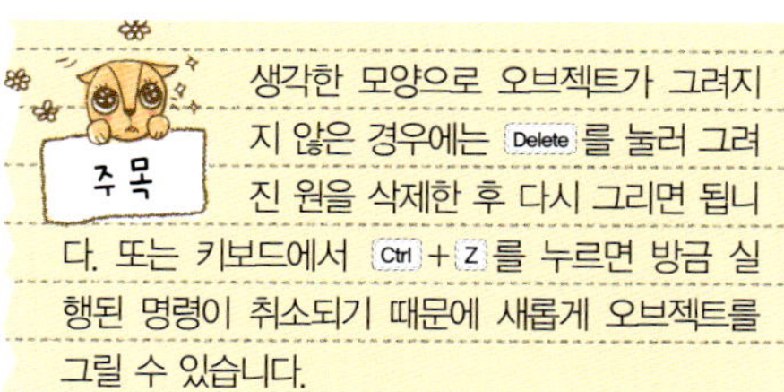

06 원하는 모양으로 오브젝트가 만들어지면 작업된 도큐먼트를 저장하기 위해 메뉴 바에서 [File]-[Save] 메뉴를 선택합니다. [Save As] 대화상자가 나타나면 [저장 위치]에서 작업된 오브젝트가 저장되는 위치를 설정하고 [파일 이름]에 '작업'으로 입력한 다음 [저장] 버튼을 클릭합니다.

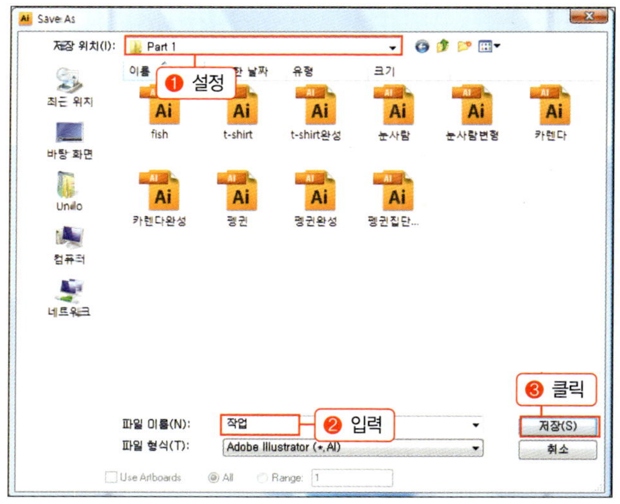

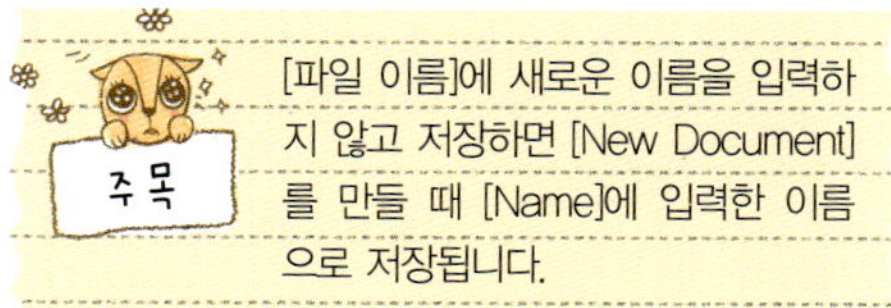

07 [Illustrator Options] 대화상자가 나타나면 [Version]을 'Illustrator CS4'로 설정하고 [OK] 버튼을 클릭하여 저장합니다. 저장된 파일은 도큐먼트 제목(작업.ai @ 81% (CMYK/Preview) x)에서 닫기 표시를 클릭하여 파일을 닫습니다.

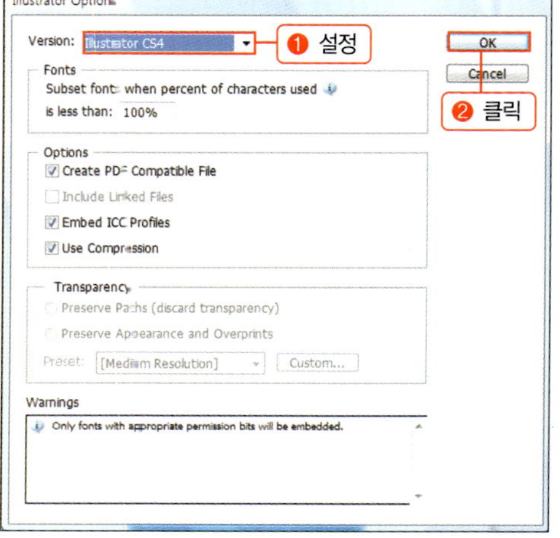

■ 만들어진 오브젝트를 불러온 후 새로운 이름으로 저장하기

01 작업된 파일을 불러오기 위해 메뉴 바에서 [File]–[Open] 메뉴를 선택합니다. [Open] 대화상자에서 'Sample\Part01\곰돌이.ai' 파일을 선택하고 [Open] 버튼을 클릭합니다. 오브젝트가 화면에 나타나면 툴 패널에서 직접 선택 툴(➤)을 클릭하고 있으면 나타나는 그룹 선택 툴(➤)을 클릭한 후 곰돌이의 얼굴 부분을 클릭합니다. 선택된 부분과 동일한 색상을 선택하기 위해 메뉴 바에서 [Select]–[Same]–[Fill Color] 메뉴를 선택합니다.

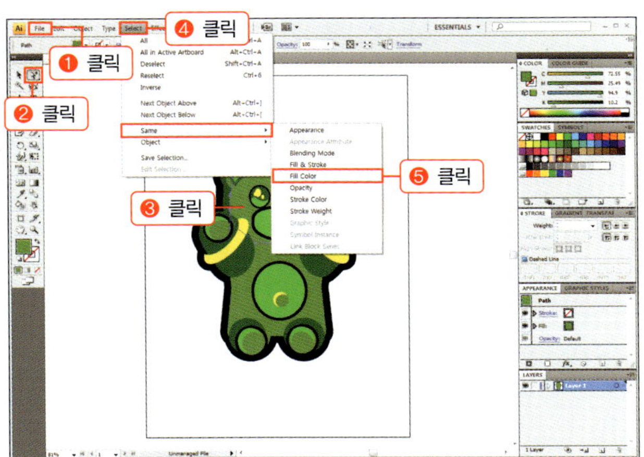

02 [Swatches] 패널에서 'C=50, M=0, Y=100, K=0'을 클릭하면 선택된 오브젝트가 모두 '연두색'으로 바뀝니다. 도큐먼트의 흰 여백 부분을 클릭하여 선택을 해제합니다.

03 처음 부른 원본 파일은 그대로 둔 채 색상이 수정된 이미지를 별도로 저장하기 위해 메뉴 바에서 [File]–[Save As] 메뉴를 선택합니다. [Save As] 대화상자가 나타나면 [저장 위치]를 설정한 후 [파일 이름]에 '곰돌이수정'이라고 입력한 다음 [저장] 버튼을 클릭합니다.

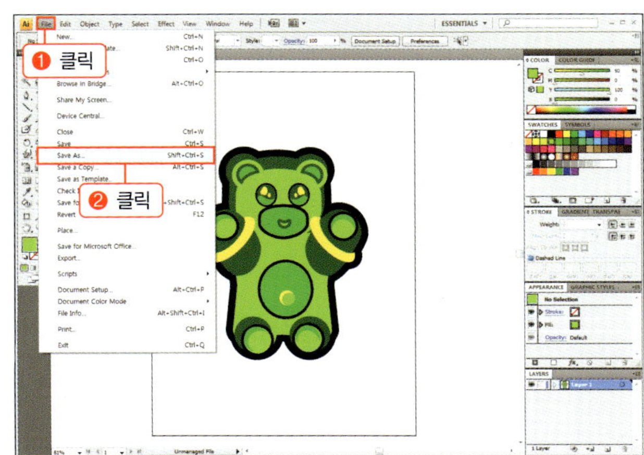

새로운 도큐먼트 만들고
작업된 도큐먼트 불러오기

일러스트레이터에서 오브젝트를 그리는 가장 첫 번째 작업은 새로운 도큐먼트를 만드는 것입니다. [File] 메뉴 또는 [Welcome Screen] 대화상자를 이용하여 새로운 도큐먼트를 만드는 방법과 작업환경에 맞는 도큐먼트를 만드는 방법을 알아보겠습니다.

Skill up 01 [Welcome Screen] 대화상자 살펴보기

일러스트레이터를 처음 실행하면 [Welcome Screen] 대화상자를 만나게 됩니다. [Welcome Screen] 대화상자를 이용하여 웹, 프린트, 모바일, 비디오와 같은 작업환경에 맞는 새로운 도큐먼트를 만들 수 있으며 작업한 도큐먼트를 다시 불러올 수 있습니다.

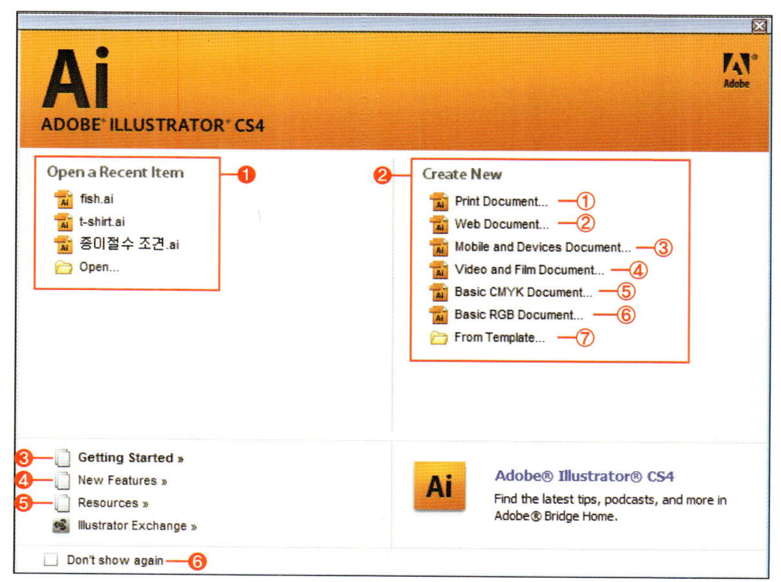

❶ **Open a Recent Item** : 최근 사용했던 도큐먼트들의 파일명이 목록으로 표시되기 때문에 쉽게 찾아볼 수 있습니다.

❷ **Create New** : 새롭게 만드는 도큐먼트가 어떤 작업에 사용되는가에 따라 서로 다른 도큐먼트 환경을 제공합니다.

　① Print Document : 인쇄용 이미지를 만들 경우에 사용하는 도큐먼트 환경을 제공합니다. [Size]에서 인쇄물에 많이 사용되는 크기를 제공하는데, 선택하여 사용하거나 원하는 크기를 직접 입력하여 도큐먼트를 만들 수 있습니다.

　② Web Document : 웹용 이미지를 만들 경우 사용하는 도큐먼트 환경을 제공합니다.

　③ Mobile and Devices Document : [Adobe Device Central CS4]가 열리면서 모바일 이미지 작업에 적합한 환경을 설정할 수 있습니다.

　④ Video and Film Document : 비디오나 영화 같은 동영상 이미지 작업에 적합한 환경을 설정할 수 있습니다.

　⑤ Basic CMYK Document : 색상 모드가 CMYK 모드로 설정된 기본 도큐먼트입니다.

　⑥ Basic RGB Document : 색상 모드가 RGB 모드로 설정된 기본 도큐먼트입니다.

　⑦ From Template : 저장된 템플릿을 찾아서 열 수 있습니다.

❸ **Getting Started** : [Adobe Help Viewer] 대화상자가 열리면서 소프트웨어의 설치 방법에 대해서 설명합니다.

❹ **New Features** : [Adobe Help Viewer] 대화상자가 열리면서 새로워진 기능이나 작업환경에 대해 설명합니다.

❺ **Resources** : [Adobe Help Viewer] 대화상자가 열리면서 개요, 특징, 서비스에 대해 설명합니다.

❻ **Don't show again** : 체크 박스를 클릭하면 다음 실행부터 [Welcome Screen] 대화상자가 나타나지 않게 됩니다.

SKill up 02 새로운 도큐먼트 파일 만들기

[File]-[New] 메뉴를 실행하면 새로운 도큐먼트를 설정하는 대화상자가 나옵니다. [New Document] 대화상자에는 새 도큐먼트의 이름, 크기, 색상 모드 등을 설정할 수 있습니다.

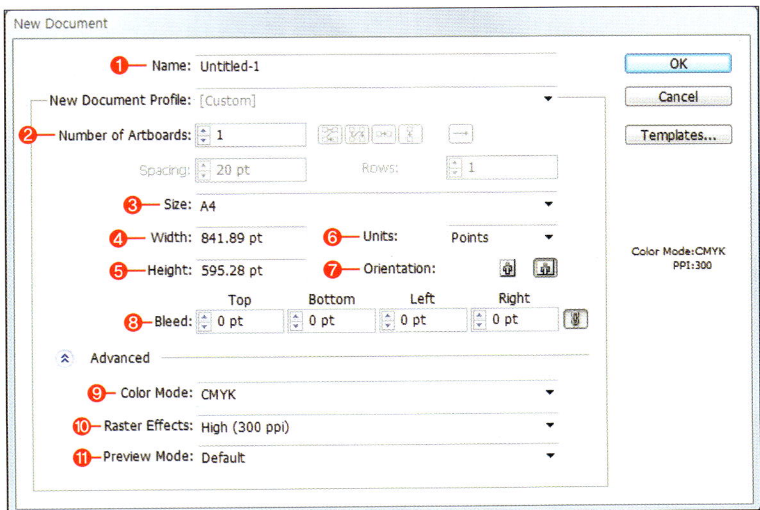

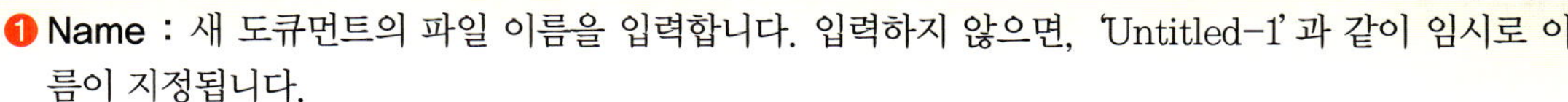

❶ **Name** : 새 도큐먼트의 파일 이름을 입력합니다. 입력하지 않으면, 'Untitled-1'과 같이 임시로 이름이 지정됩니다.

❷ **Number of Artboards** : 도큐먼트 내에서 사용할 아트보드의 개수를 지정합니다. 하나의 도큐먼트에 최대 100개까지의 아트보드를 설정할 수 있습니다.

❸ **Size** : 미리 설정된 도큐먼트의 크기를 사용할 수 있습니다.

❹ **Width** : 도큐먼트의 가로 크기를 설정합니다.

❺ **Height** : 도큐먼트의 세로 크기를 설정합니다.

❻ **Units** : 도큐먼트에서 사용할 길이 단위를 설정합니다.

❼ **Orientation** : 도큐먼트의 방향을 설정합니다.

❽ **Bleed** : 아트보드의 여백을 설정합니다.

❾ **Color Mode** : 색상 모드를 설정합니다. 인쇄물은 CMYK를 선택하고, 웹 등 화면으로 표현할 이미지는 RGB를 선택합니다.

❿ **Raster Effects** : 해상도를 설정합니다. 비트맵과 벡터 이미지를 동시에 사용하는 경우에는 해상도를 설정해야 합니다.

⓫ **Preview Mode** : 미리보기 모드를 선택합니다.
· Default : 기본 값으로 설정된 상태입니다.
· Pixel : 이미지를 픽셀 단위로 보여줍니다.
· Overprint : 프린트된 색상 위에 다른 색상이 겹쳐 인쇄되는 모드입니다.

비트맵 효과 적용할 때 해상도 설정하기

일러스트레이터와 같은 벡터 방식의 프로그램에서는 작업된 오브젝트를 확대하거나 축소해도 이미지의 화질에 영향을 받지 않아 별도로 해상도를 설정하지 않아도 됩니다. 하지만 일러스트레이터의 비트맵 [Effect] 효과를 적용할 경우에는 벡터 이미지를 비트맵 이미지로 전환해야 하는데, 웹용으로 사용될 경우에는 [Low Resolution]으로 설정하고 일반적인 작업은 [Medium Resolution], 인쇄용일 경우에는 [High Resolution]으로 설정합니다.

어도비 브리지를 이용한 파일 관리와 외부 파일로 저장하기

어도비 브리지를 이용하면 일러스트레이터, 포토샵, 플래시와 같은 프로그램에서 만든 이미지나 소스로 사용할 이미지를 미리보기할 수 있어 원하는 파일을 빠르고 편리하게 찾을 수 있습니다. 파일의 검색은 작업일자, 용량, 파일 상태, 위치, 라벨 등의 속성을 이용하여 검색 및 관리를 할 수 있습니다.

15분 완성
파일 분석하기

❶ 이미지 미리보기 : 46 page

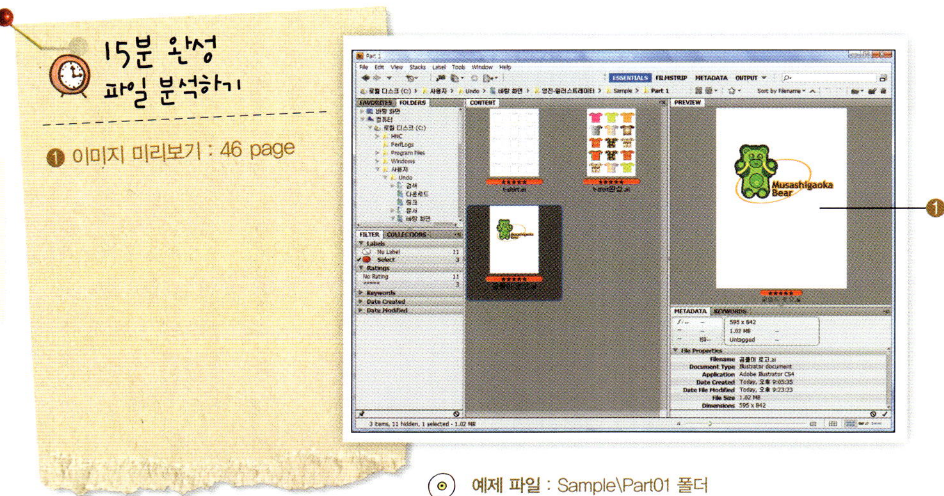

예제 파일 : Sample\Part01 폴더

■ 어도비 브리지를 이용하여 이미지 미리 보고 선택한 파일 불러오기

01 일러스트레이터 CS4를 실행하고 메뉴 바에서 [File]-[Browse in Bridge] 메뉴를 선택합니다.

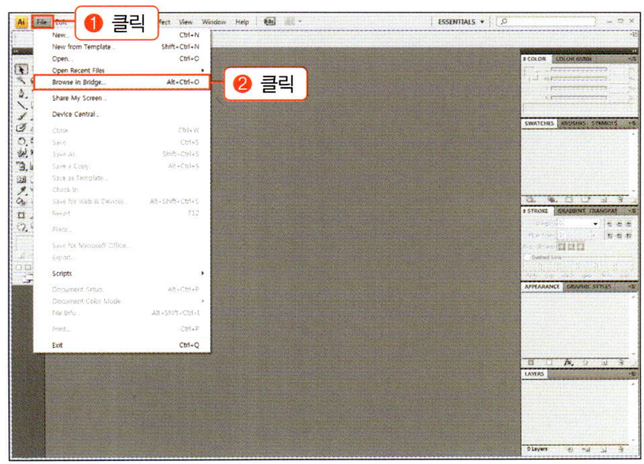

02 어도비 브리지가 실행되면 왼쪽 상단의 [FOLDERS]에서 이미지를 검색하려는 폴더를 찾습니다. 폴더를 선택하면 폴더 안에 들어 있는 이미지를 어도비 브리지의 [CONTENT]에서 미리 보여줍니다. 여기에서는 부록 CD의 'Sample\Part01' 폴더를 선택하였습니다. [CONTENT]에서 '곰돌이 로고.ai'를 클릭합니다. 곰돌이 로고의 미리보기 이미지가 오른쪽에 있는 [PREVIEW]에 보입니다.

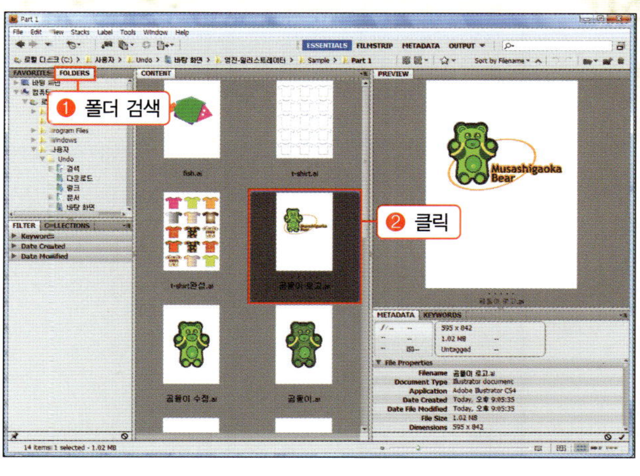

어도비 브리지의 아래 부분에서 [Thumbnail size]의 슬라이더를 조절하여 [CONTENT]의 미리보기 크기를 조절할 수 있습니다.

03 선택한 이미지를 더블클릭하면 일러스트레이터를 통해서 이미지를 열 수 있습니다.

포토샵에서 만들어진 파일이라면 포토샵이 실행되면서 이미지가 열리고 해당 프로그램이 없는 경우에는 다른 프로그램으로 대치되어 이미지가 열리게 됩니다.

■ 이미지의 빠른 검색을 위한 라벨 지정하기

01 어도비 브리지가 열린 상태에서 'Sample\Part01' 폴더를 선택합니다. 선택된 폴더 안에는 여러 장의 이미지가 있습니다. [CONTENT]에서 't-shirt완성.ai' 파일을 클릭하고 메뉴 바에서 [Label]-[*****] 메뉴를 선택합니다.

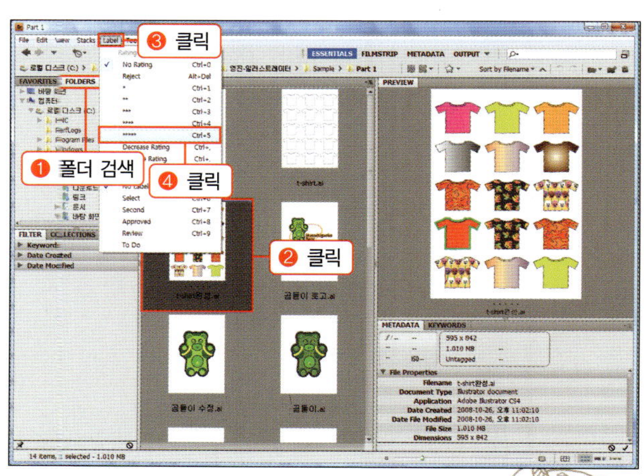

[Label] 메뉴에 있는 '*' 표시를 이용하여 1단계부터 5단계까지 중요도에 따라 이미지에 직접 별 모양을 표시할 수 있습니다.

02 선택한 이미지 하단을 보면 별 모양(*****)의 표시가 만들어집니다. 다른 이미지와 차별을 두기 위해 선택한 라벨에 색상을 나타내려면 메뉴 바에서 [Label]-[Select] 메뉴를 선택합니다. 선택한 이미지의 아래쪽이 빨간색으로 표시됩니다.

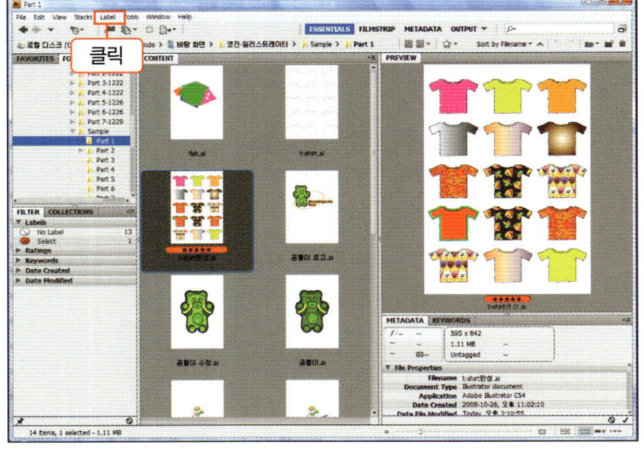

03 같은 방법으로 다른 이미지에도 세 개 정도 라벨을 적용합니다. 라벨이 적용된 이미지만 [CONTENT]를 통해 보여주기 위해 어도비 브리지의 왼쪽 아래에 있는 메뉴 중에서 [FILTER]의 [Select]를 클릭합니다. 라벨이 적용된 이미지만 보이게 됩니다.

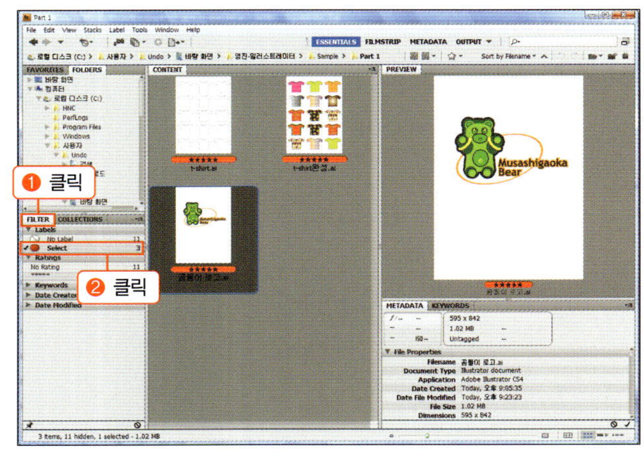

04 선택한 이미지만 어도비 브리지를 통해 크게 보려면 [View]-[Full Screen Preview] 메뉴를 선택합니다. 또는 키보드에서 Space Bar 를 누르면 전체 화면에 선택한 이미지가 크게 확대되어 보입니다.

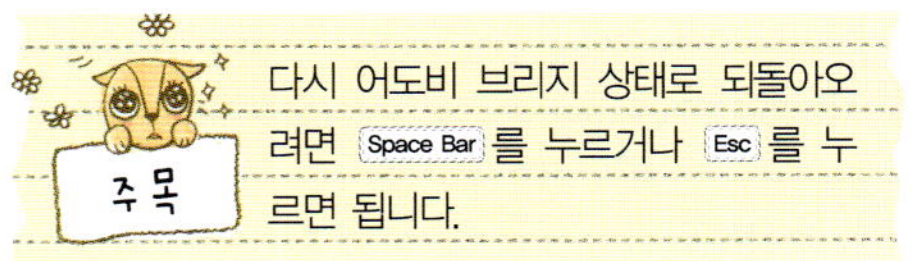

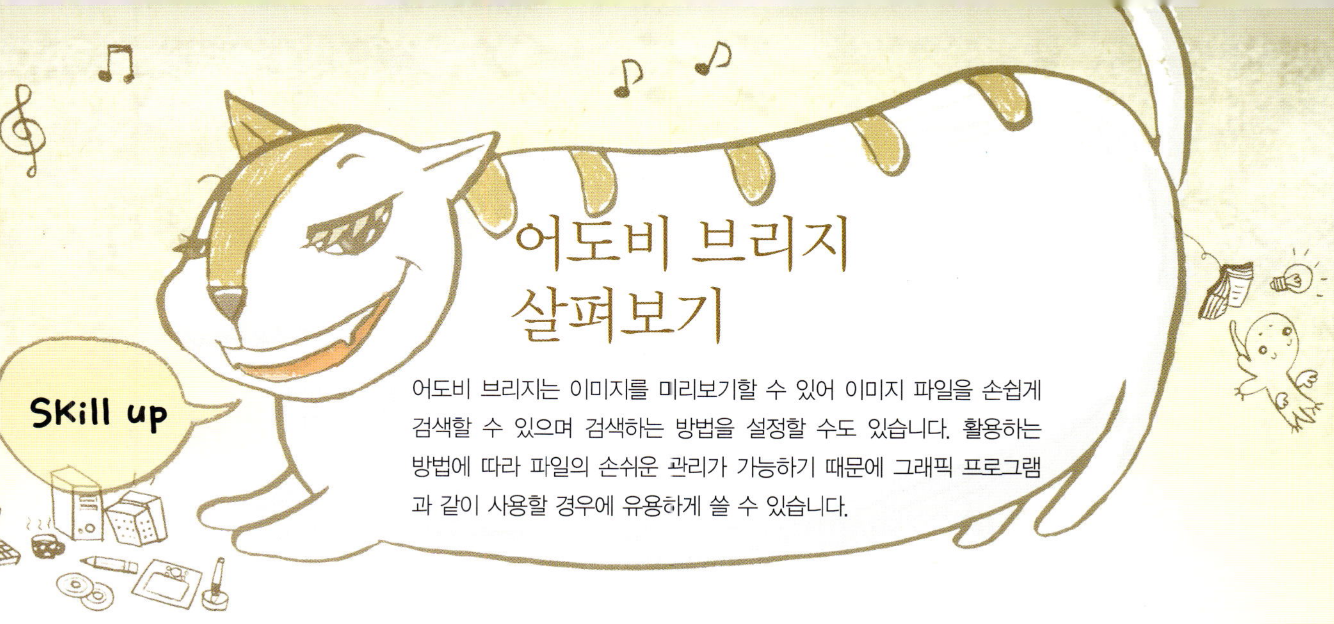

어도비 브리지
살펴보기

어도비 브리지는 이미지를 미리보기할 수 있어 이미지 파일을 손쉽게
검색할 수 있으며 검색하는 방법을 설정할 수도 있습니다. 활용하는
방법에 따라 파일의 손쉬운 관리가 가능하기 때문에 그래픽 프로그램
과 같이 사용할 경우에 유용하게 쓸 수 있습니다.

Skill up 01 어도비 브리지 인터페이스 살펴보기

어도비 브리지에서는 이미지 파일 검색을 위한 미리보기 기능, 필터 기능, 파일 정보 검색 기능 등의 다
양한 기능을 가지고 있습니다. 이를 통해서 보다 쉽게 파일을 검색하고 관리할 수 있습니다.

❶ **메뉴** : 8개의 메뉴로 구분되어 있으며 선택한 파일에 새로운 이름을 설정하거나 라벨을 적용하는 등
의 기능을 가지고 있습니다.

❷ **FAVORITES, FOLDERS** : 이미지가 저장되어 있는 위치를 트리 구조를 통해서 선택할 수 있습니다.

❸ **FILTER** : 별이나 라벨, 키워드, 날짜 등으로 이미지를 선별하여 검색할 수 있습니다.

❹ **CONTENT** : 선택한 폴더에 있는 이미지를 조각 그림의 형식으로 보여줍니다. 조각 그림의 크기는 아래에 있는 파일 표시 조정 슬라이드를 통해 조절할 수 있습니다.

❺ **METADATA** : 선택한 이미지의 크기, 확장자, 작업한 프로그램, 작업일 등에 대한 정보를 확인할 수 있습니다.

❻ **PREVIEW** : 선택한 이미지를 미리보기할 수 있습니다.

❼ **화면 보기** : 화면을 ESSENTIALS, FILMSTRIP, METADATA, OUTPUT의 형태로 보여줍니다.

❽ **찾기** : 검색창에 검색하려는 이미지의 이름을 입력하여 빠르게 검색할 수 있습니다.

SKill up 02 다양한 형태로 이미지 미리보기

어도비 브리지의 오른쪽 메뉴를 통해 이미지가 검색되는 모양을 여러 가지 모양으로 보여줄 수 있습니다. 일반적인 형태부터 필름을 보듯이 하나씩 보는 형태, 데이터의 이름과 정보를 이용한 검색 등의 방법으로 손쉬운 검색이 가능합니다.

▲ ESSENTIALS

▲ FILMSTRIP

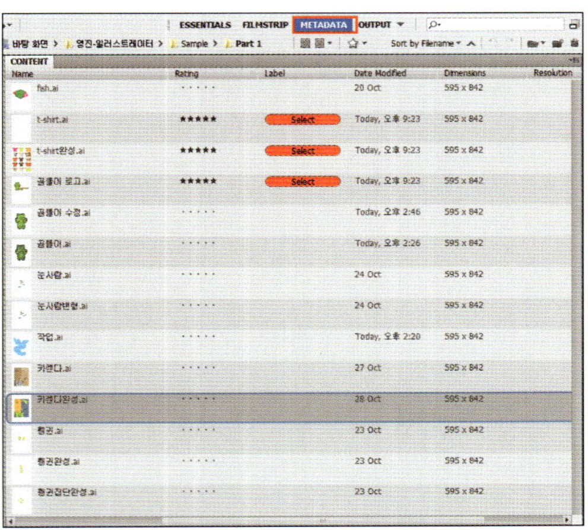

▲ METADATA

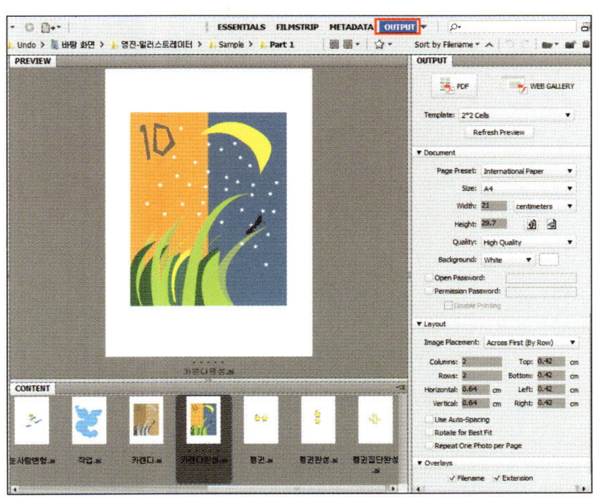

▲ OUTPUT

오브젝트를 불러온 후 간단한 편집하기

일러스트레이터를 이용하여 만드는 모든 작업물은 '오브젝트'라고 하며 오브젝트로 이미지를 만들거나 오브젝트들을 묶어 원하는 므양의 이미지를 만들게 됩니다. 이렇게 일러스트레이터에서 만들어진 오브젝트에 새로운 명령을 실행하려면 원하는 오브젝트를 선택하여 편집할 수 있어야 합니다.

15분 완성
파일 분석하기

❶ 파일 불러오기 : 51 page

예제 파일 : Sample\Part01\펭귄.ai
완성 파일 : Sample\Part01\펭귄집단완성.ai

01 [File]-[Open] 메뉴를 선택하여 [Open] 대화상자에서 'Sample\Part01\펭귄.ai' 파일을 불러옵니다. 선택 툴(▶)을 선택하고 왼쪽에 있는 암컷 펭귄을 클릭합니다. 오브젝트가 선택되면 파란색의 바운딩 박스가 나타납니다.

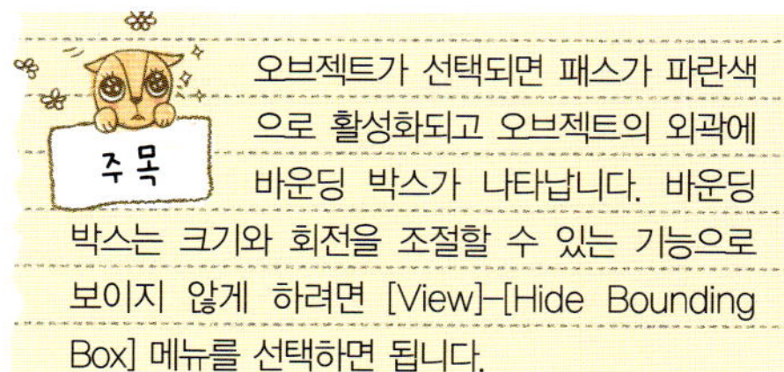

주목 오브젝트가 선택되면 패스가 파란색으로 활성화되고 오브젝트의 외곽에 바운딩 박스가 나타납니다. 바운딩 박스는 크기와 회전을 조절할 수 있는 기능으로 보이지 않게 하려면 [View]-[Hide Bounding Box] 메뉴를 선택하면 됩니다.

02 왼쪽의 암컷 펭귄이 선택된 상태에서 오브젝트를 확대하기 위해 키보드의 [Ctrl] + [Space Bar] 를 누릅니다. 키보드를 누르고 있는 동안 마우스 포인터의 모양이 돋보기 툴([🔍]) 모양으로 바뀝니다. 오브젝트 위로 확대하고 싶은 만큼 드래그하여 오브젝트를 확대합니다.

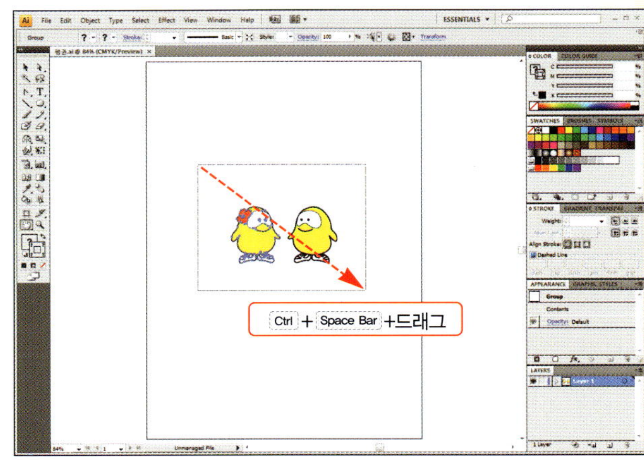

> **주목** 툴 패널의 돋보기 툴([🔍])을 선택해도 오브젝트를 확대할 수 있으며 돋보기 툴([🔍])이 선택된 상태에서 [Alt] 를 누르면 돋보기 툴에 '-' 모양이 나타나 클릭한 만큼 오브젝트를 축소할 수 있습니다.

03 [Ctrl] + [Space Bar] 에서 손을 떼면 돋보기 툴([🔍])에서 다시 선택 툴([▶])로 되돌아가고 오브젝트가 선택됩니다. 선택된 오브젝트를 오른쪽의 펭귄 위로 드래그하여 올려줍니다. 다시 선택 툴([▶])로 두 마리의 펭귄을 드래그하여 영역을 설정합니다. 두 마리의 펭귄이 모두 선택되었으면 드래그하여 가운데로 이동한 후 빈 공간을 클릭하여 선택을 해제합니다.

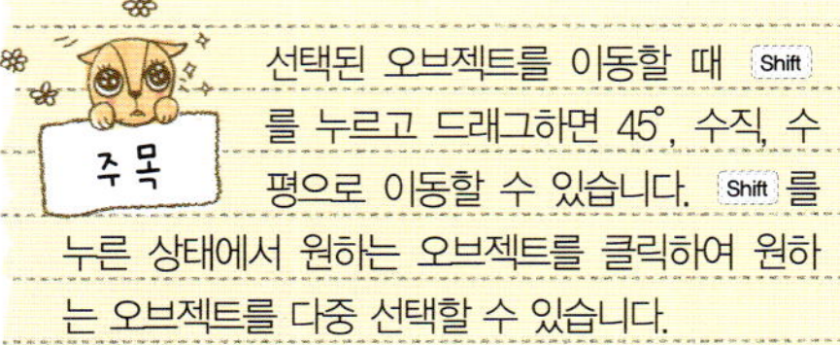

> **주목** 선택된 오브젝트를 이동할 때 [Shift] 를 누르고 드래그하면 45°, 수직, 수평으로 이동할 수 있습니다. [Shift] 를 누른 상태에서 원하는 오브젝트를 클릭하여 원하는 오브젝트를 다중 선택할 수 있습니다.

04 다시 위에 있는 암컷 펭귄을 클릭하여 선택합니다. 선택된 오브젝트 주변으로 사각형 모양의 바운딩 박스가 나타납니다. 바운딩 박스 오른쪽 위의 조절점에 마우스 포인터를 이동하면 모양이 화살표 모양으로 바뀝니다. [Shift] 를 누르고 왼쪽 아래로 드래그합니다.

> **주목** [Shift] 를 누르지 않고 드래그하면 일정한 비율로 오브젝트를 축소하거나 확대할 수 없습니다.

05 드래그한 만큼 오브젝트의 크기가 작아집니다.

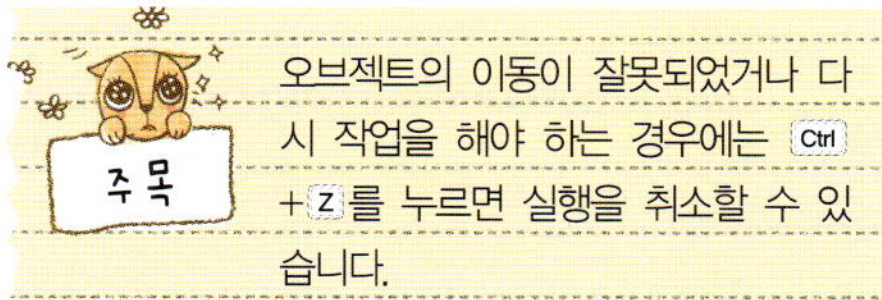

오브젝트의 이동이 잘못되었거나 다시 작업을 해야 하는 경우에는 Ctrl + Z 를 누르면 실행을 취소할 수 있습니다.

06 도큐먼트의 빈 공간을 클릭하여 선택을 해제한 뒤 아래에 있는 펭귄을 클릭하여 선택합니다. 외곽의 바운딩 박스 바깥쪽으로 마우스 포인터를 이동하면 회전되는 모양의 화살표가 나타납니다. 그림처럼 왼쪽으로 회전합니다.

07 Shift 를 누르고 바운딩 박스에서 크기를 줄여줍니다.

08 회전된 펭귄의 크기가 줄었습니다. 펭귄이 선택된 상태에서 펭귄 오브젝트를 이동해 나머지 펭귄의 오른쪽에 위치합니다. 도큐먼트의 빈 공간을 클릭하여 선택을 해제합니다.

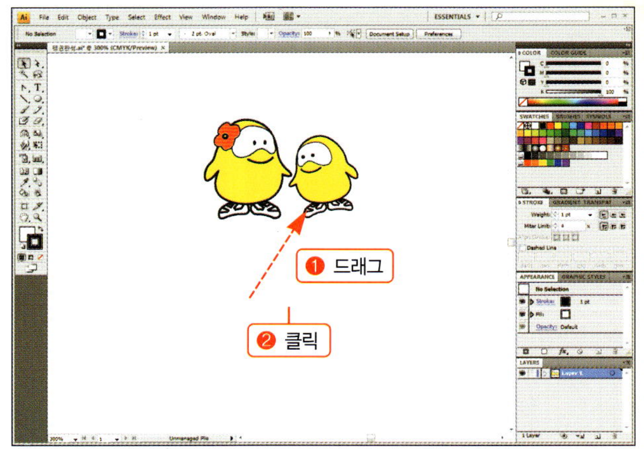

09 선택 툴( )로 다시 두 개의 오브젝트를 드래그하여 선택합니다. Alt 를 누르고 왼쪽으로 드래그하면 선택한 오브젝트를 복사할 수 있습니다.

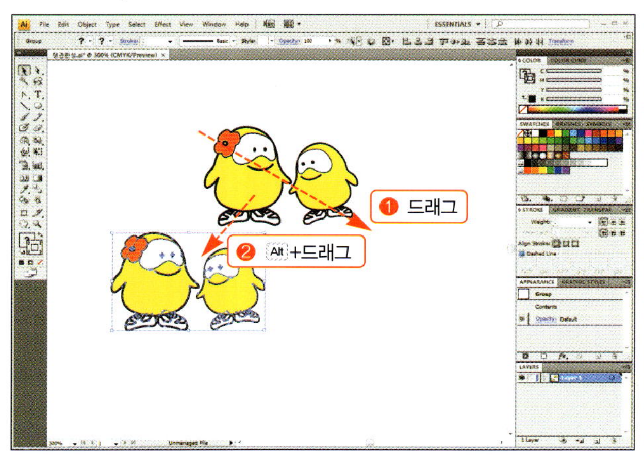

10 계속해서 오른쪽으로 선택한 오브젝트를 복사하여 이미지를 완성합니다.

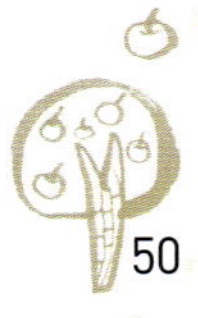

주목 Shift 를 누르면 45°로 이동하거나 수직, 수평 이동, 다중 선택할 때 사용할 수 있습니다.

메뉴 바와 패널 알아보고 작업환경 설정하기

일러스트레이터에서 메뉴 바와 패널, 툴 패널을 이용하여 원하는 모양의 오브젝트를 그리게 됩니다. 메뉴 바에는 여러 종류의 명령이 있으며, 패널에는 툴 패널의 보조적인 역할을 수행하는 기능이 있습니다. 그리고 [Document Setup]을 통해 오브젝트가 그려지는 작업환경을 설정할 수 있습니다.

Skill up 01 일러스트레이터의 메뉴 바 살펴보기

일러스트레이터 CS4의 메뉴 바는 기본 버전과는 달리 제목 표시줄로 사용되던 부분에 메뉴가 위치하고 있으며 [File], [Edit], [Object], [Type], [Select], [Effect], [View], [Window], [Help]의 9가지 메뉴로 구성되어 있습니다. 메뉴를 클릭하면 하위 메뉴들을 보여주며 하위 메뉴에서 오른쪽 화살표(▶)가 표시되어 있는 메뉴에는 또 다른 메뉴로 구성되어 있습니다.

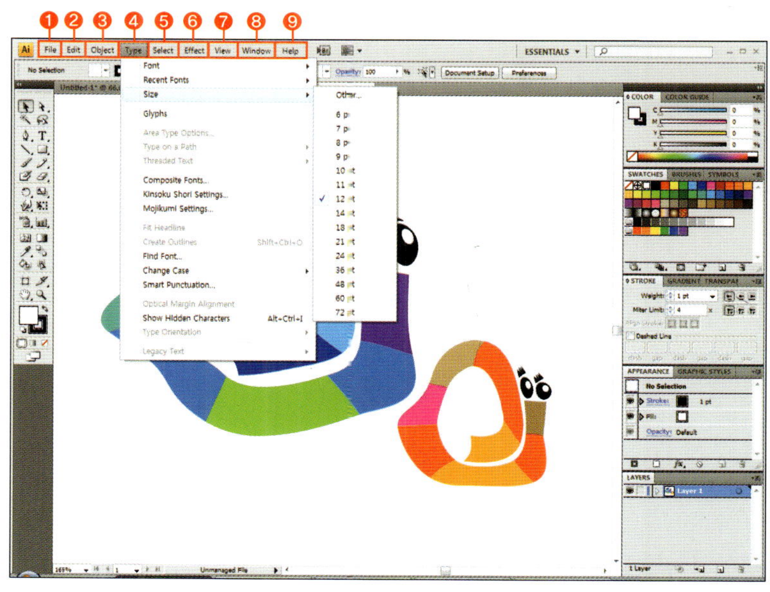

❶ **File** : 도큐먼트에 대한 메뉴들로 구성되어 있으며 새 도큐먼트 만들기, 파일 열기, 저장, 인쇄 등의 기본 메뉴들이 있습니다.

❷ **Edit** : 편집과 관련된 기능들로 구성되어 있으며, 되돌리기, 복사하기, 붙이기, 찾기, 작업환경 설정 등의 기능이 있습니다.

❸ **Object** : 작업 중인 개체와 오브젝트에 관련된 메뉴로 크기 조절, 정렬, 위치 조정, 그룹 설정, 효과 등에 대한 기능들이 있습니다.

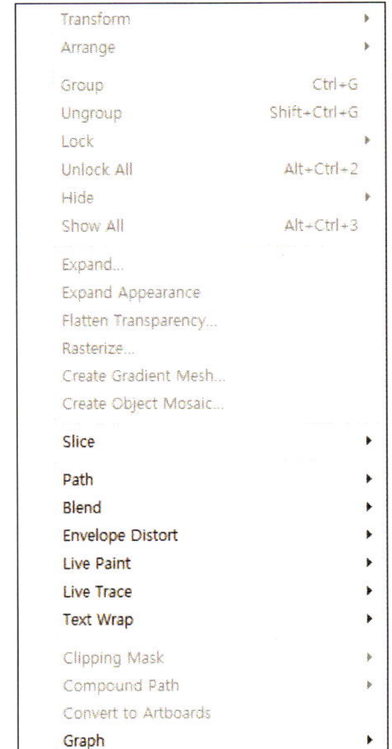

▲ [File] 메뉴의 하위 메뉴   ▲ [Edit] 메뉴의 하위 메뉴   ▲ [Object] 메뉴의 하위 메뉴

❹ **Type** : 입력된 텍스트와 관련된 메뉴로 서체, 크기, 색상, 아웃라인에 대한 기능이 있습니다.

❺ **Select** : 도큐먼트 내의 개체 선택과 반전, 선택 부분 편집 등의 기능이 있습니다.

❻ **Effect** : 다양한 효과를 적용하는 메뉴로 벡터와 비트맵 효과로 구성되어 있습니다.

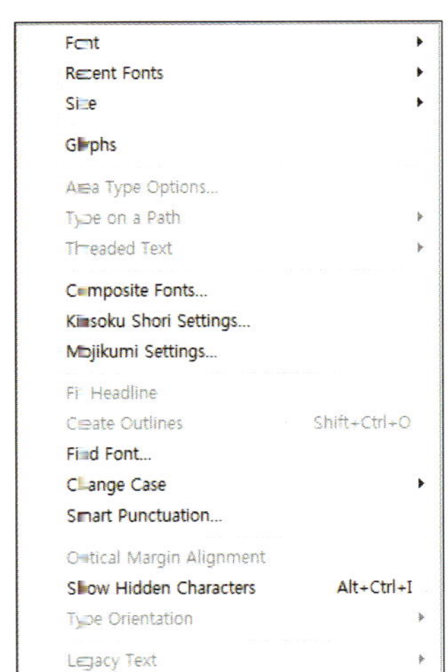
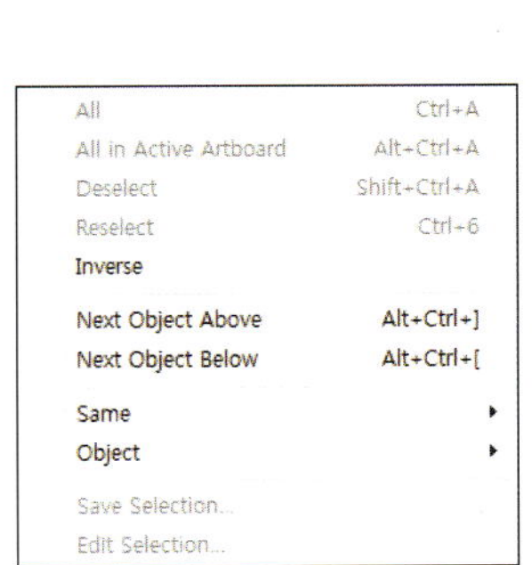
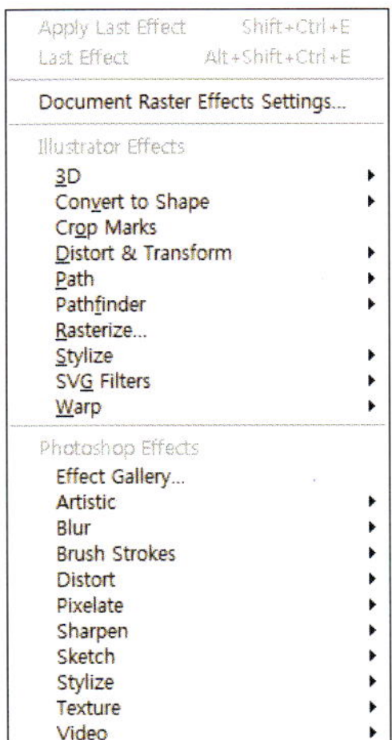

▲ [Type] 메뉴의 하위 메뉴   ▲ [Select] 메뉴의 하위 메뉴   ▲ [Effect] 메뉴의 하위 메뉴

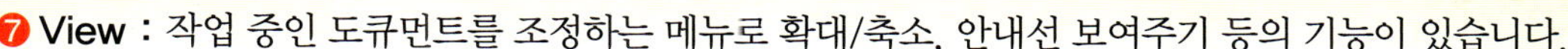

❼ **View** : 작업 중인 도큐먼트를 조정하는 메뉴로 확대/축소, 안내선 보여주기 등의 기능이 있습니다.

❽ **Window** : 작업 시에 필요한 패널을 화면에 보여주거나 닫을 수 있는 메뉴이며, 작업공간 설정과 기본 값 복원 등의 기능이 있습니다.

❾ **Help** : 일러스트레이터 도움말 및 업데이트, [Welcome Screen] 대화상자를 보여주는 기능이 있습니다.

[View] 메뉴		[Window] 메뉴
Outline	Ctrl+Y	

[View] 메뉴의 하위 메뉴

Outline	Ctrl+Y
Overprint Preview	Alt+Shift+Ctrl+Y
Pixel Preview	Alt+Ctrl+Y
Proof Setup	▸
Proof Colors	
Zoom In	Ctrl++
Zoom Out	Ctrl+-
Fit Artboard in Window	Ctrl+0
Fit All in Window	Alt+Ctrl+0
Actual Size	Ctrl+1
Hide Edges	Ctrl+H
Hide Artboards	Shift+Ctrl+H
Show Print Tiling	
Hide Slices	
Lock Slices	
Hide Template	Shift+Ctrl+W
Show Rulers	Ctrl+R
Show Artboard Rulers	Alt+Ctrl+R
Hide Bounding Box	Shift+Ctrl+B
Show Transparency Grid	Shift+Ctrl+D
Hide Text Threads	Shift+Ctrl+Y
Hide Gradient Annotator	Alt+Ctrl+G
Show Live Paint Gaps	
Guides	▸
Smart Guides	Ctrl+U
Show Grid	Ctrl+"
Snap to Grid	Shift+Ctrl+"
✓ Snap to Point	Alt+Ctrl+"
New View...	
Edit Views...	

▲ [View] 메뉴의 하위 메뉴

New Window	
Arrange	▸
Workspace	▸
Extensions	▸
✓ Control	
✓ Tools	
✓ Actions	
Align	Shift+F7
✓ Appearance	Shift+F6
Attributes	Ctrl+F11
Brushes	F5
Color	F6
Color Guide	Shift+F3
✓ Document Info	
Flattener Preview	
Gradient	Ctrl+F9
Graphic Styles	Shift+F5
Info	Ctrl+F8
✓ Layers	F7
Links	
Magic Wand	
Navigator	
Pathfinder	Shift+Ctrl+F9
Separations Preview	
Stroke	Ctrl+F10
SVG Interactivity	
Swatches	
Symbols	Shift+Ctrl+F11
Transform	Shift+F8
Transparency	Shift+Ctrl+F10
Type	▸
Variables	
Brush Libraries	▸
Graphic Style Libraries	▸
Swatch Libraries	▸
Symbol Libraries	▸
✓ Untitled-1 @ 86% (CMYK/Preview)	

▲ [Window] 메뉴의 하위 메뉴

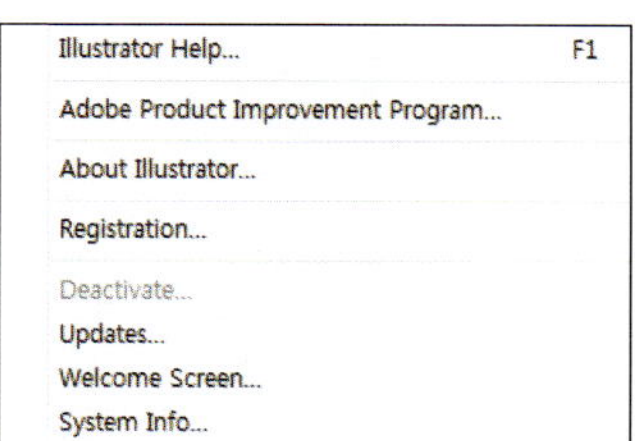

Illustrator Help...	F1
Adobe Product Improvement Program...	
About Illustrator...	
Registration...	
Deactivate...	
Updates...	
Welcome Screen...	
System Info...	

▲ [Help] 메뉴의 하위 메뉴

 Skill up 02 일러스트레이터의 패널 살펴보기

패널은 작업 시에 각 툴들의 보조적인 색상, 선의 두께, 브러시나 세밀한 값을 수정하고 수치를 조절하는 기능을 가지고 있습니다. 원하는 패널은 [Window] 메뉴에서 선택하여 보이게 하거나 감출 수 있습니다. 일러스트레이터는 33개의 패널을 제공하며 툴 패널에서 지원하지 않는 세부적인 기능으로 구성되어 있어 오브젝트에 적용할 수 있습니다.

· [Color] 패널 : 오브젝트에 색상을 적용하는 패널로 슬라이드를 드래그하여 색상을 만들거나 수치 값을 직접 입력하여 원하는 색상을 만들 수 있습니다.

· [Color Guide] 패널 : 선택한 색상을 기준으로 어울리는 색상을 여러 개의 배색 띠와 단계별 색상으로 나타내줍니다. 초보자들이 색상을 보다 쉽게 사용할 수 있도록 도와줍니다.

· [Swatches] 패널 : 색상, 패턴, 그레이디언트를 패널 형식으로 저장하였다가 필요한 경우 오브젝트에 색상을 적용할 수 있습니다. 작업 중에 만들어진 색상을 [Swatches] 패널에 저장할 수 있습니다.

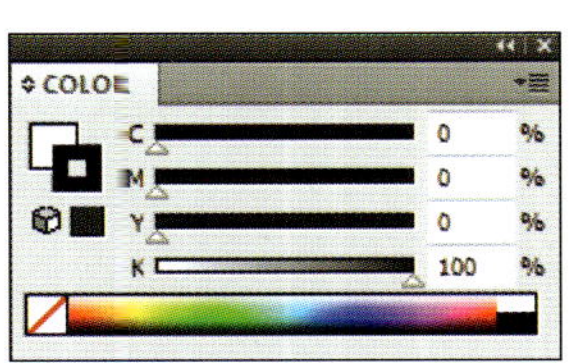

▲ [Color] 패널

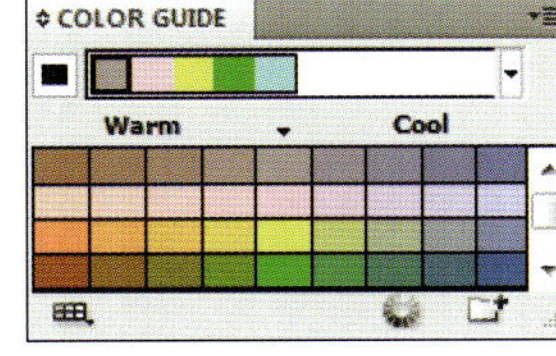

▲ [Color Guide] 패널

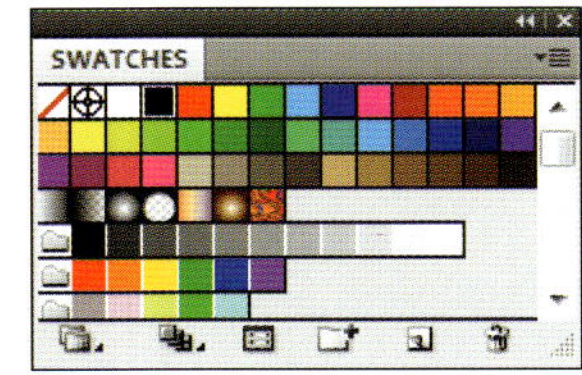

▲ [Swatches] 패널

· [Brushes] 패널 : 브러시 툴(   )로 오브젝트를 그릴 때 사용되는 다양한 브러시를 선택할 수 있는 패널입니다.

· [Symbols] 패널 : 심벌을 저장하거나 관리하는 패널로 새롭게 심벌을 만들어 사용할 수 있습니다.

· [Stroke] 패널 : 오브젝트에 적용된 선의 두께, 스타일 등을 조절하는 패널입니다.

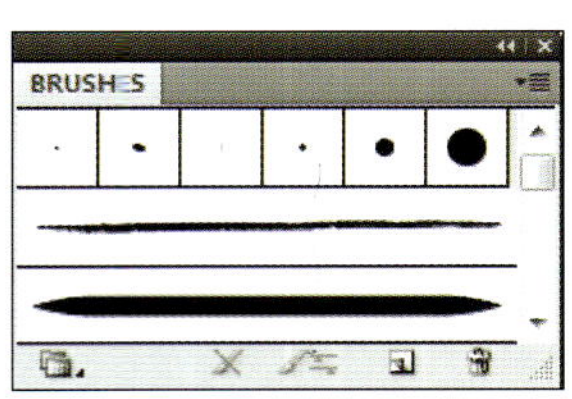

▲ [Brushes] 패널

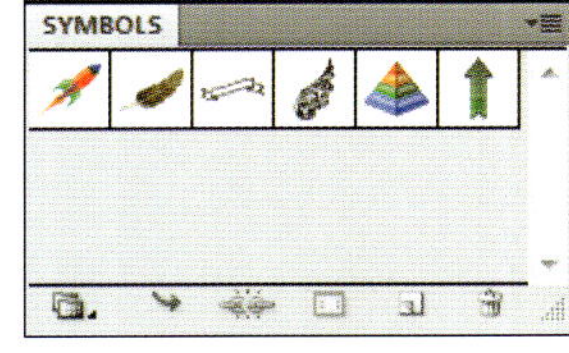

▲ [Symbols] 패널

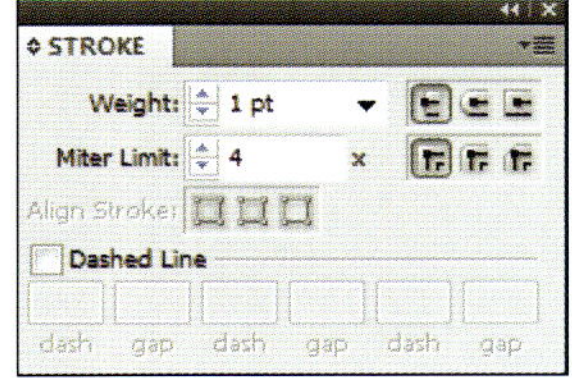

▲ [Stroke] 패널

· [Gradient] 패널 : 색상이 부드럽게 변하는 그레이디언트를 적용하고 색상을 수정하는 패널로 원형과 선형 그레이디언트를 적용할 수 있습니다.

· [Transparency] 패널 : 오브젝트가 겹칠 경우 아래에 있는 오브젝트가 보일 수 있게 투명하게 만들 수 있습니다.

· [Actions] 패널 : 작업 과정을 순서대로 기록하였다가 다시 같은 작업을 반복해주는 기능입니다.

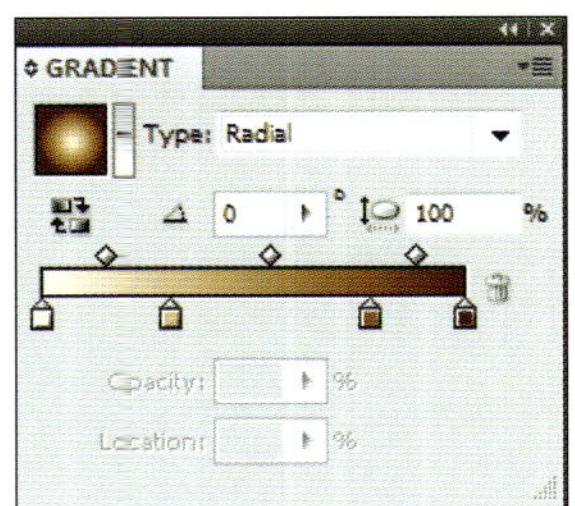

▲ [Gradient] 패널

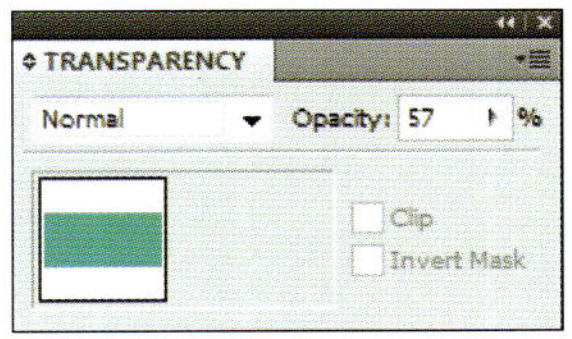

▲ [Transparency] 패널

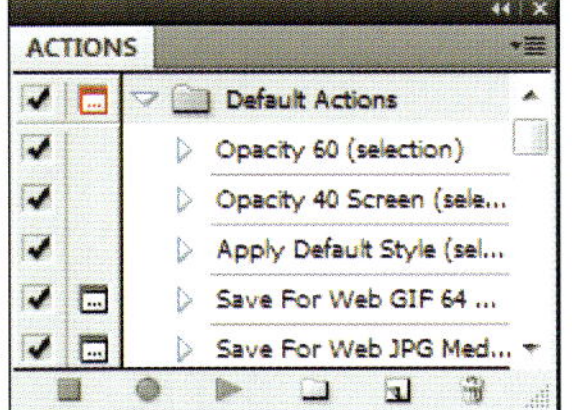

▲ [Actions] 패널

· **[Links] 패널 :** [File]-[Place] 메뉴를 이용하여 불러온 비트맵 이미지 파일을 관리하는 곳으로 외부 프로그램에서 수정된 이미지를 갱신하거나 새로운 이미지로 대치할 경우에 사용하는 패널입니다.

· **[Document Info] 패널 :** 현재 작업하고 있는 도큐먼트의 정보를 보여주는 패널로 도큐먼트에 설정된 아트보드의 크기, 색상 등을 보여줍니다.

· **[Variables] 패널 :** 반복적인 이미지 변형이 많은 경우에 변수로 오브젝트를 정의하여 무제한으로 변형할 수 있는 패널입니다.

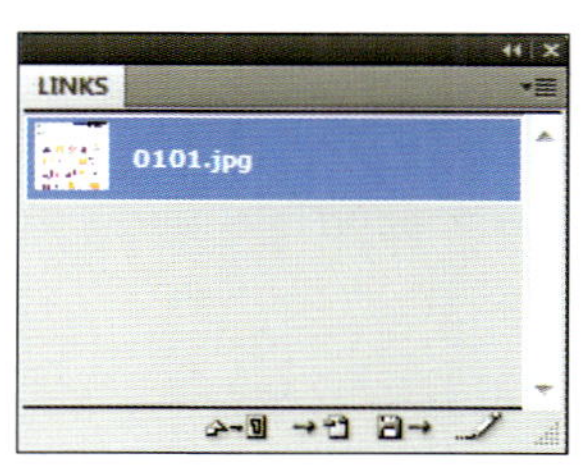

▲ [Links] 패널

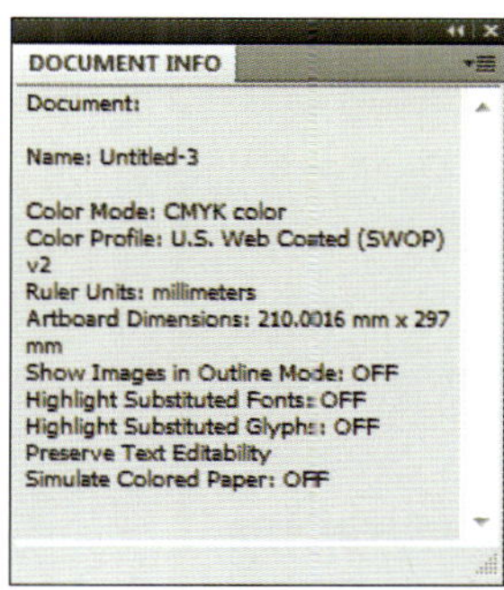

▲ [Document Info] 패널

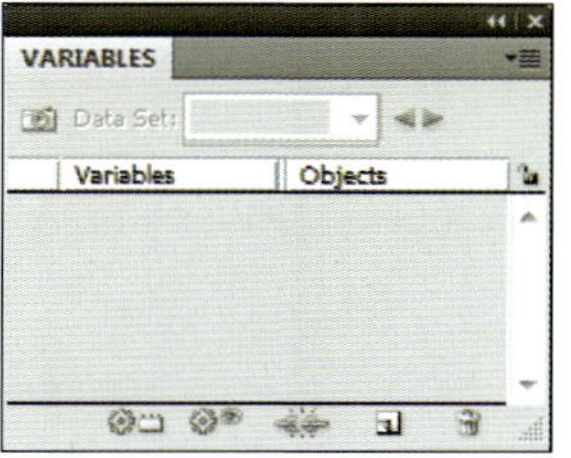

▲ [Variables] 패널

· **[Appearance] 패널 :** 오브젝트의 원형을 보존하면서 선 크기, 선 색, 채우기 색 등의 효과를 적용하는 패널입니다.

· **[Layers] 패널 :** 오브젝트를 층으로 나눠 작업할 수 있기 때문에 오브젝트가 많을 경우 삭제, 이동, 잠그기 등을 이용하여 쉽게 관리할 수 있습니다.

· **[Navigator] 패널 :** 도큐먼트에 있는 오브젝트를 빠르게 확대, 축소, 이동할 수 있는 패널입니다.

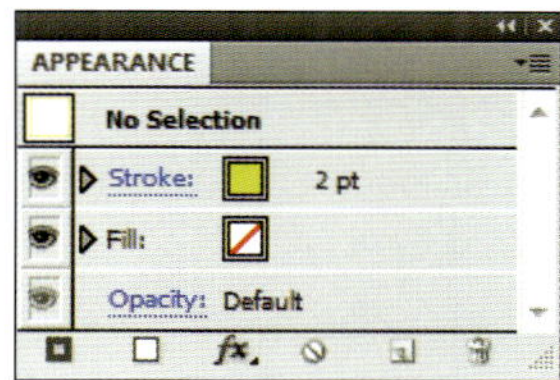

▲ [Appearance] 패널

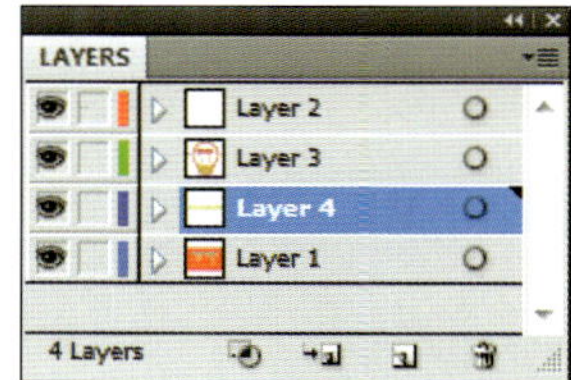

▲ [Layers] 패널

▲ [Navigator] 패널

· **[Info] 패널 :** 마우스 포인터의 위치, 오브젝트의 정보, 색상 정보 등을 보여줍니다.

· **[Graphic Styles] 패널 :** 다양한 이미지 효과를 오브젝트에 바로 적용해주는 패널로 스타일을 직접 등록할 수 있으며 저장된 스타일을 불러와 사용할 수도 있습니다.

· **[Magic Wand] 패널 :** 마술봉 툴(🪄)에 대한 옵션을 설정할 수 있는 패널로 오브젝트의 색상, 선 두께와 같은 속성을 설정하여 비슷한 오브젝트를 한 번에 선택할 수 있습니다.

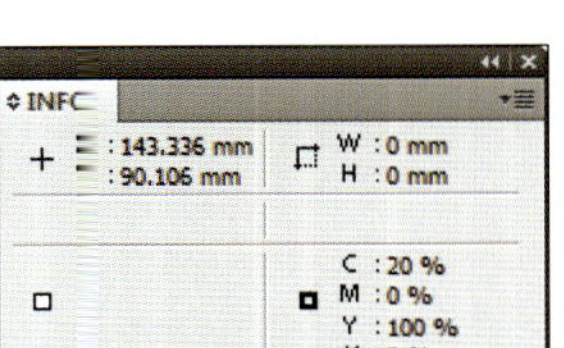

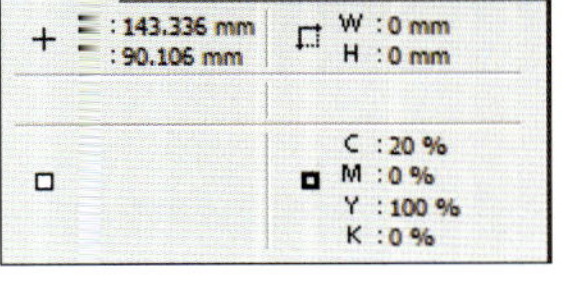

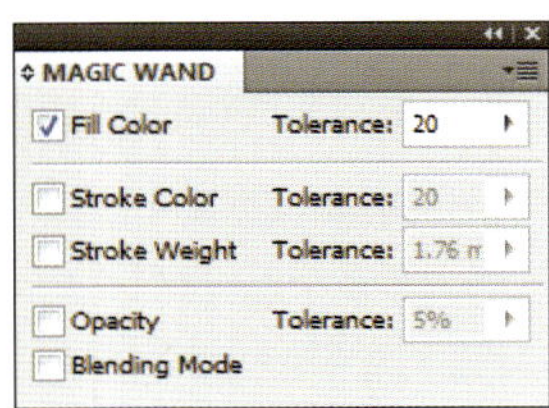

▲ [Info] 패널　　　　▲ [Graphic Styles] 패널　　　　▲ [Magic Wand] 패널

· **[Attributes] 패널 :** 오버 프린트에 대한 옵션을 설정할 수 있으며 출력되는 프린트의 해상도를 설정하거나 오브젝트에 URL을 설정할 수 있습니다.
· **[Align] 패널 :** 선택한 오브젝트를 기준점을 설정하여 정렬하거나 일정한 간격을 설정할 수 있습니다.
· **[Pathfinder] 패널 :** 두 개 이상의 오브젝트를 합쳐주거나 빼주는 등의 명령을 통해 새로운 오브젝트를 만들 수 있는 명령들이 있습니다.

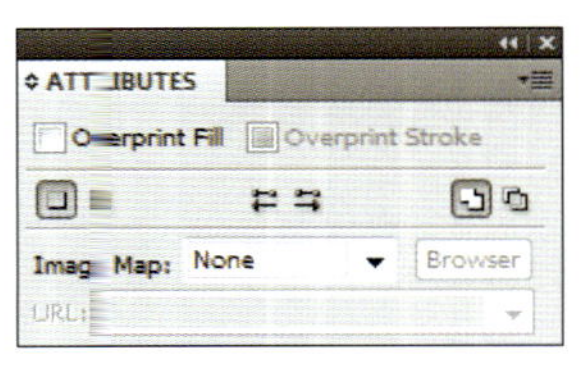

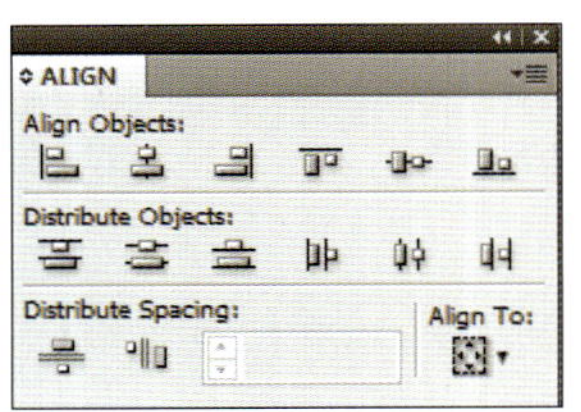

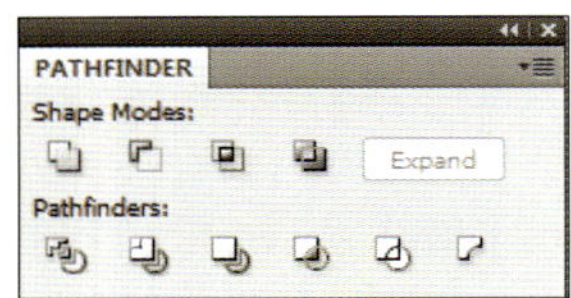

▲ [Attributes] 패널　　　　▲ [Align] 패널　　　　▲ [Pathfinder] 패널

· **[Paragraph] 패널 :** 문자의 단락 속성을 지정하고 문자의 정렬이나 들여쓰기 등을 조절합니다.
· **[Character] 패널 :** 입력된 글자의 속성(글꼴, 크기, 자간, 행간, 문자, 기준선 이동)을 조절하는 패널입니다.
· **[OpenType] 패널 :** 어도비와 마이크로소프트사에서 공동 개발된 표준형 글꼴로 트루타입 문자와 포스트 스크립 문자의 장점을 최대한 살리고 유니코드 문자 인코딩을 최대한 활용합니다.

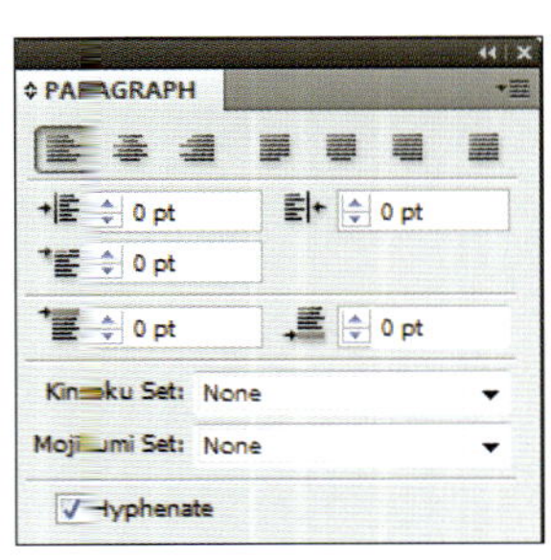

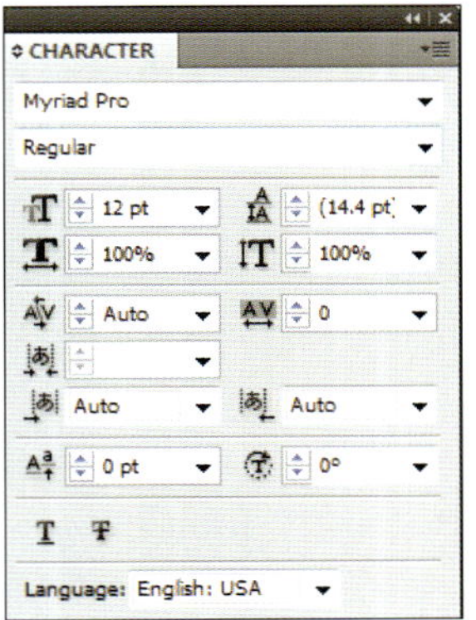

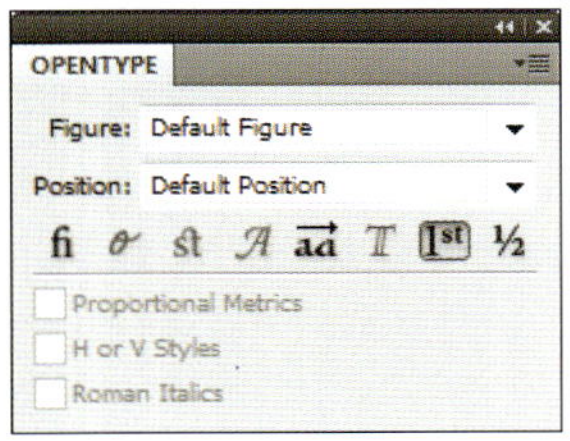

▲ [Paragraph] 패널　　　　▲ [Character] 패널　　　　▲ [OpenType] 패널

· **[Transform] 패널 :** 선택한 오브젝트를 수치 값을 이용하여 이동, 변형, 회전, 기울기 등을 조절할 수 있는 패널입니다.

· **[Separations Preview] 패널 :** 오브젝트에서 특정 컬러를 뺀 색상을 보여주는 패널로 인쇄용 색상인 CMYK에서 특정한 색상을 뺀 경우의 색상을 브여줍니다.

· **[SVG Interactivity] 패널 :** SVG 파일을 웹에서 연동할 때 다른 효과를 포함하기 위해 자바 스크립트를 사용한 명령으로 자바 스크립트와 일러스트레이터 간에 명령을 추가할 수 있습니다.

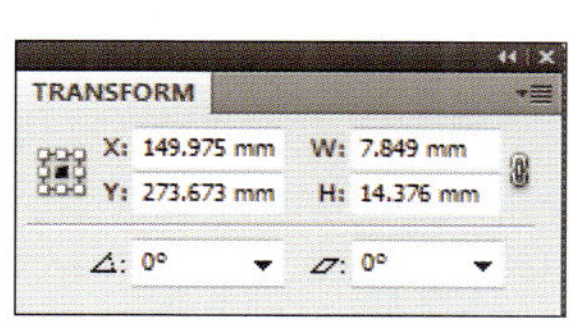
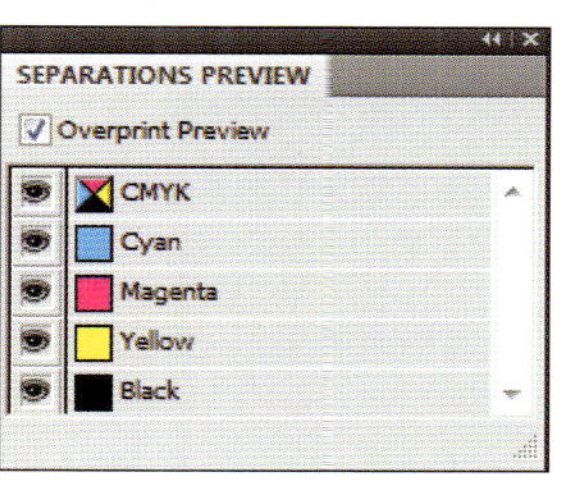
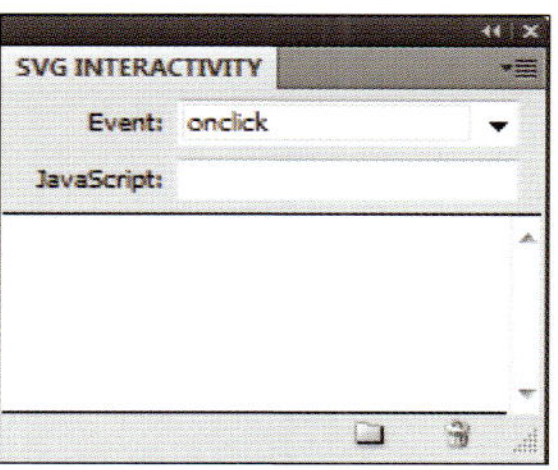

▲ [Transform] 패널　　　　▲ [Separations Preview] 패널　　　　▲ [SVG Interactivity] 패널

· **[Character Styles] 패널 :** [Character] 패널게서 사용된 글꼴, 글자 크기, 행간, 자간 등을 조절하고 이를 스타일로 등록할 수 있는 패널입니다.

· **[Paragraph Styles] 패널 :** [Paragraph] 패널에서 적용된 문장의 속성을 스타일로 저장하였다가 다른 문장에 동일한 문장 속성을 적용할 수 있습니다.

· **[Tabs] 패널 :** 도표나 서식 등을 제작할 때 문장을 원하는 위치로 끊어줄 수 있는 패널입니다.

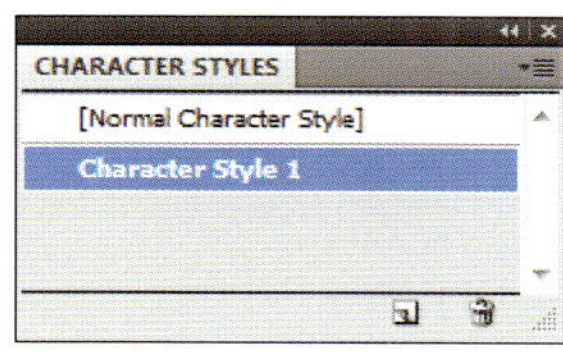
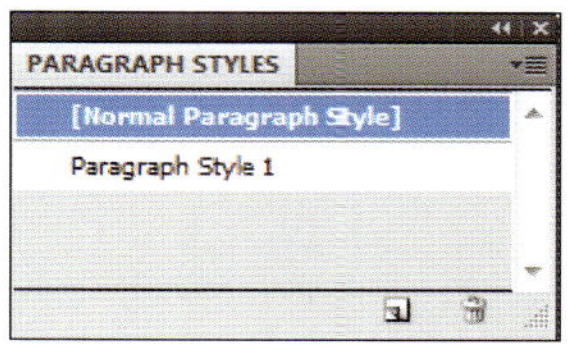
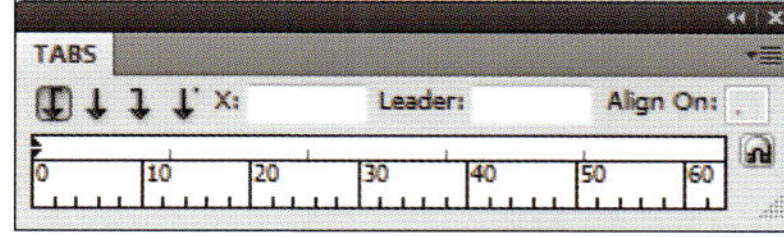

▲ [Character Style] 패널　　　　▲ [Paragraph Style] 패널　　　　▲ [Tabs] 패널

· **[Glyphs] 패널 :** 특정 글꼴에 대해 모든 글자 므양을 볼 수 있는 패널입니다.

· **[Flash Text] 패널 :** 문자에 플래시 효과를 적용하는 패널입니다.

· **[Flattener Preview] 패널 :** 오브젝트 인쇄 시 색상, 중복 인쇄, 혼합물에 대한 옵션을 설정하는 패널입니다.

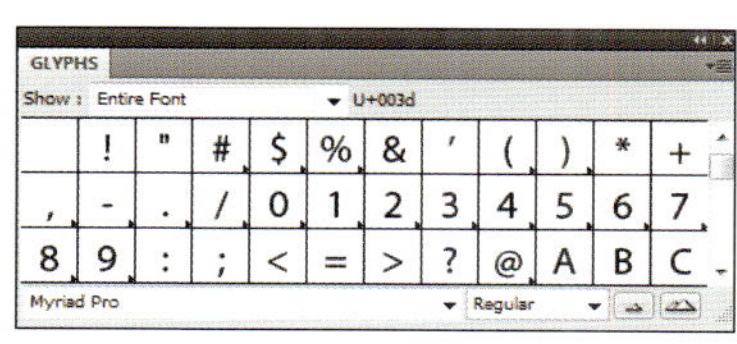
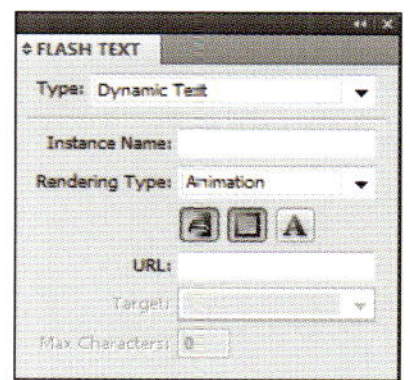
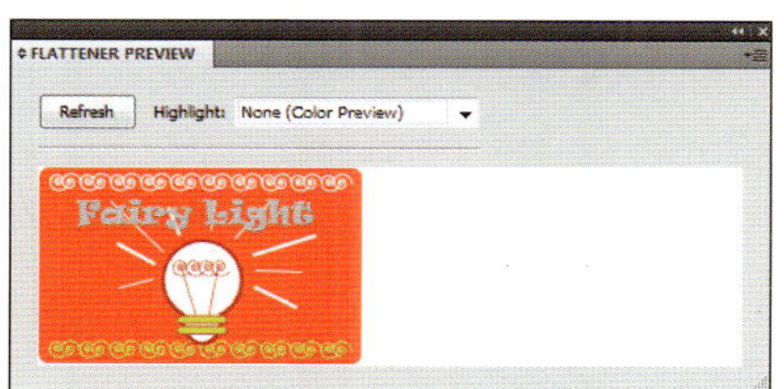

▲ [Glyphs] 패널　　　　▲ [Flash Text] 패널　　　　▲ [Flattener Preview] 패널

Skill up 03 [Document Setup] 대화상자로 작업환경 만들기

[File]-[Document Setup] 메뉴를 실행하면 나타나는 [Document Setup] 대화상자에서 새로운 도큐먼트를 만들거나 도큐먼트의 작업환경을 설정할 수 있습니다.

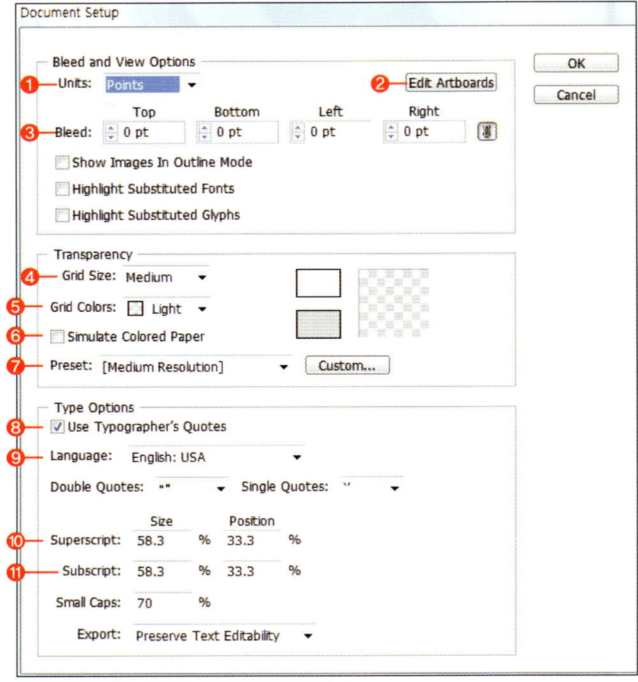

❶ **Units** : 도큐먼트에서 사용할 길이 단위를 설정합니다.
❷ **Edit Artboards** : 도큐먼트에 적용된 아트보드의 크기를 변경하거나 새로운 아트보드를 삽입합니다.
❸ **Bleed** : 아트보드의 여백을 설정합니다.
❹ **Grid Size** : 그리드의 크기를 설정합니다.
❺ **Grid Colors** : 그리드의 색상을 설정합니다.
❻ **Simulate Colored Paper** : 설정한 그리드 색상을 적용합니다.
❼ **Preset** : 해상도를 적용하거나 설정을 변경할 수 있습니다.
❽ **Use Typographer's Quotes** : 텍스트 설정의 사용 유무를 선택합니다.
❾ **Language** : 작업 시 사용할 언어를 선택합니다.
❿ **Superscript** : 위첨자에 사용할 크기와 위치를 설정합니다.
⓫ **Subscript** : 아래첨자에 사용할 크기와 위치를 설정합니다.

직접 선택 툴로 오브젝트의 부분을 선택하여 변형하기

일러스트레이터에서 그려진 오브젝트는 앵커 포인트와 패스로 이루어져 있습니다. 앞의 Lesson에서 살펴본 선택 툴을 이용하면 오브젝트의 이동과 삭제가 가능합니다. 직접 선택 툴은 앵커 포인트나 패스를 직접 선택할 수 있어 오브젝트를 변형할 수 있습니다.

15분 완성
파일 분석하기

❶ 직접 선택 툴로 일부분 선택하기 : 63 page

◉ 예제 파일 : Sample\Part01\눈사람.ai
완성 파일 : Sample\Part01\눈사람변형.ai

01 [File]-[Open] 메뉴를 선택하고 [Open] 대화상자에서 'Sample\Part01\눈사람.ai' 파일을 불러옵니다. 세밀한 이미지 작업을 위해 툴 패널에서 돋보기 툴(🔍)을 선택합니다. 확대하려는 오브젝트를 드래그하여 확대합니다.

02 오브젝트의 변형을 위해 툴 패널에서 직접 선택 툴(   )을 선택합니다. 직접 선택 툴(   )이 선택되었으면 그림과 같이 스키의 뒷부분을 드래그합니다.

03 스키 모양의 오브젝트에서 선택 영역 안에 있는 부분만 선택되었습니다. 선택된 부분을 클릭하고 오른쪽 위로 드래그하여 길게 빼줍니다.

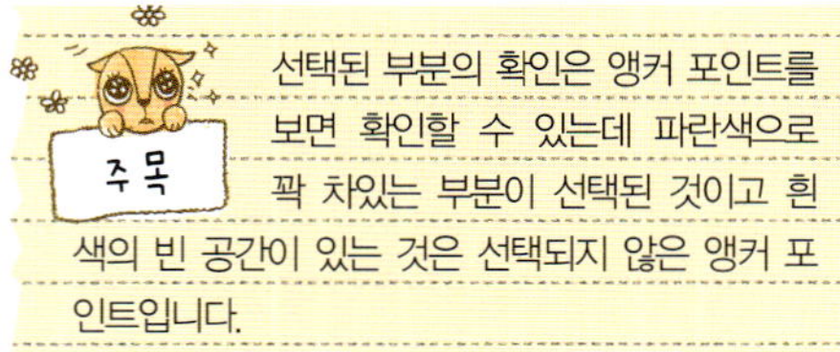

주목 · 선택된 부분의 확인은 앵커 포인트를 보면 확인할 수 있는데 파란색으로 꽉 차있는 부분이 선택된 것이고 흰색의 빈 공간이 있는 것은 선택되지 않은 앵커 포인트입니다.

04 기존의 오브젝트에서 선택하여 드래그한 만큼 변형이 이루어진 것을 확인할 수 있습니다.

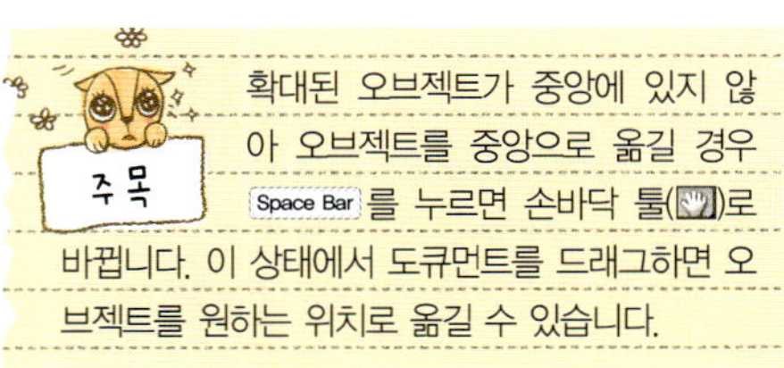

주목 · 확대된 오브젝트가 중앙에 있지 않아 오브젝트를 중앙으로 옮길 경우 Space Bar 를 누르면 손바닥 툴(   )로 바뀝니다. 이 상태에서 도큐먼트를 드래그하면 오브젝트를 원하는 위치로 옮길 수 있습니다.

05 [Edit]-[Undo] 메뉴를 선택하여 변형된 오브젝트를 원래의 오브젝트로 되돌려줍니다. 또는 Ctrl + Z 를 눌러도 원래의 오브젝트로 바뀝니다.

06 툴 패널에서 올가미 툴(🔲)을 클릭하여 선택합니다. 그림처럼 올가미 툴(🔲)을 이용하여 스키의 뒷부분에서 원을 그리듯이 드래그하여 선택합니다.

07 드래그한 영역 안에 있는 앵커 포인트가 파란색으로 채워집니다. 직접 선택 툴(🔲)과 마찬가지로 파란색으로 채워진 앵커 포인트는 선택되어 활성화되었다는 뜻입니다.

08 툴 패널에서 직접 선택 툴( )을 선택하고 활성화된 부분을 클릭한 후 오른쪽 위로 드래그합니다.

09 선택을 해제하기 위해서 도큐먼트의 빈 공간을 클릭합니다. 올가미 툴( )로 선택되어 활성화되었던 점들만 변형이 이루어진 것을 확인할 수 있습니다.

주목 올가미 툴( )로 선택한 경우 선택되지 않은 앵커 포인트 중에서 포인트를 추가하여 선택하고 싶다면 Shift 를 누르고 드래그하면 됩니다. 반대로 선택된 앵커 포인트 중에서 삭제하고 싶은 포인트가 있다면 Alt 를 누르고 드래그하면 드래그한 영역에 있는 앵커 포인트는 선택에서 제외됩니다.

일러스트레이터의 선택 도구와 벡터 방식 살펴보기

일러스트레이터에서 선택 도구들은 오브젝트를 만들 때 가장 기초적이면서도 중요한 역할을 합니다. 때문에 오브젝트를 선택하는 방법에 따른 여러 가지 도구와 간단한 사용법을 살펴보며 벡터 방식과 비트맵 방식의 특징을 파악해 오브젝트의 기본 구조를 이해하도록 하겠습니다.

SKill up 01 오브젝트를 선택할 수 있는 선택 도구 살펴보기

오브젝트를 선택하는 일은 일러스트레이터에서 중요하고 가장 많이 사용하기 때문에 서로 다른 기능을 가진 선택 툴을 제공하고 있습니다. 오브젝트의 모양이나 형태에 따라 다른 종류의 선택 도구를 사용하여 빠르고 편리하게 오브젝트를 선택할 수 있습니다.

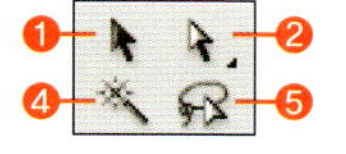 

❶ **선택 툴(Selection Tool)** : 선택 툴( )은 오브젝트 전체를 선택하는 툴로 선택된 오브젝트를 이동하거나 삭제할 수 있습니다.

❷ **직접 선택 툴(Direct Selection Tool)** : 오브젝트를 선택하는 것은 선택 툴( )과 같지만 선택 툴( )은 오브젝트 전체를 선택하는 데 비해 직접 선택 툴( )은 오브젝트를 기본적으로 이루고 있는 앵커 포인트나 패스를 직접 선택할 수 있습니다.

❸ **그룹 선택 툴(Group Selection Tool)** : 직접 선택 툴( )의 하위 메뉴에 위치하고 있으며 그룹화된 오브젝트를 선택할 수 있습니다. 한 번 클릭하면 클릭한 부분의 오브젝트를 선택할 수 있으며 한 번 더 클릭하면 전체 오브젝트를 선택하게 됩니다.

❹ **마술봉 툴(Magic Wand Tool)** : 열려 있는 오브젝트 중에서 같은 색상을 가진 오브젝트를 선택합니다.

❺ **올가미 툴(Lasso Tool)** : 자유 곡선으로 드래그하여 드래그된 부분에 있는 앵커 포인트나 패스를 선택합니다.

컴퓨터 그래픽 프로그램에서 사용되는 이미지 형식은 비트맵 방식과 벡터 방식의 이미지로 분리됩니다. 이미지의 용도와 특성에 따라 선택되는 프로그램이 달라집니다. 비트맵 방식의 대표적인 프로그램으로는 '포토샵' 이 있으며, 벡터 방식의 대표적인 프로그램으로는 '일러스트레이터' 를 들 수 있습니다.

• 픽셀로 구성된 비트맵 방식의 이미지

'비트맵' 은 사진 이미지를 구성하는 방식으로 이미지를 아주 크게 확대해보면 작은 사각형 모양의 점들로 이루어진 것을 볼 수 있습니다. 이 사각형 모양의 점을 '픽셀' 이라고 하는데 픽셀들이 모여 병치혼합되어 축소해보면 하나의 이미지로 보이게 됩니다. 모니터와 같은 화면으로 보는 대부분의 이미지가 비트맵 방식의 이미지로 이루어져 있습니다. 이미지를 구성하는 픽셀의 개수가 많을수록 이미지의 화질은 좋아지지만 용량이 커지고 픽셀이 적으면 용량은 작아지지만 화질은 좋지 않게 됩니다.

▲ 원본 이미지

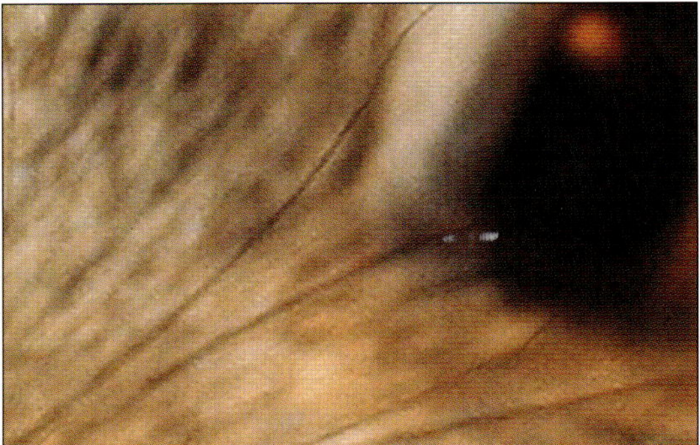

▲ 확대한 이미지

장점	픽셀로 이루어져 있어 사실적인 사진 이미지에 적합합니다. 픽셀로 구성되어 있다 보니 색상 위주로 변형됩니다.
단점	확대/축소에 제약이 있습니다. 해상도에 따라 그림이 깨져 보이거나 뭉개져 보이는 현상이 나타납니다. 해상도가 높으면 이미지의 용량도 따라서 높아지게 됩니다.

• 베지어 곡선으로 이루어진 벡터 방식의 이미지

'벡터' 는 오브젝트를 '점(앵커 포인트)' 과 '선(패스)' 을 이용한 베지어 곡선으로 이미지를 만드는 방식을 말합니다. 비트맵 방식의 픽셀이 모여서 이미지를 만드는 것과는 다르게 좌표의 위치로 이미지를 표현하게 되므로 주로 단순한 형태를 가진 그래픽적인 이미지에 적합합니다. 오브젝트를 이루는 이미지가 앵커 포인트와 패스로 이루어지기 때문에 파일의 크기도 작고 오브젝트를 확대 또는 축소해도 이미지가 깨지지 않는 장점을 가지고 있습니다.

▲ 원본 이미지

▲ 확대한 이미지

장점	깨끗한 선과 면으로 표현하므로 그래프 이미지에 적합합니다. 그려진 오브젝트를 확대하거나 축소해도 이미지에 영향이 없습니다. 파일 크기가 작습니다.
단점	사진과 같은 이미지는 표현하기 어렵습니다. 그래픽적인 이미지에 적합합니다.

Skill up 03 일러스트레이터의 다양한 파일 저장 포맷 살펴보기

작업이 끝난 결과물은 일러스트레이터만의 저장 형식으로 저장을 해야만 다시 불러와서 수정이나 첨부 작업을 할 수 있습니다. 일러스트레이터는 'AI' 형식으로 저장하며 이외에도 다른 형식으로 저장하여 다른 프로그램으로 저장된 이미지를 가져갈 수 있습니다.

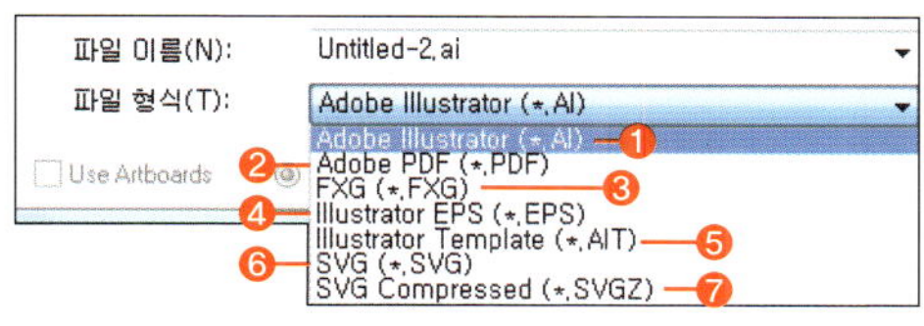

❶ Adobe Illustrator(*.AI) : 일러스트레이터의 기본 파일 포맷입니다.

❷ Adobe PDF(*.PDF) : Adobe Acrobat Reader 파일 포맷으로 저장합니다. PDF는 작업 결과물을 변경 없이 그대로 보여주므로 시안 작업 등에 활용합니다.

❸ FXG(*.FXG) : 동영상 파일의 확장자로 동영상 파일에 활용됩니다.

❹ Illustrator EPS(*.EPS) : 인쇄할 때 주로 사용하는 파일 포맷입니다. 저장되는 파일의 용량이 크지만, 매킨토시의 QuarkXPress와 호환이 되므로 인쇄 작업물에서 많이 활용됩니다.

❺ Illustrator Template(*.AIT) : 작업 파일을 일러스트레이터 템플릿으로 저장합니다. 템플릿으로 저장하면 작업물과 함께 색상 정보, 스트로크 등 작업영역 설정이 함께 저장됩니다.

❻ SVG(*.SVG) : 벡터 기반의 웹 그래픽 포맷입니다. 웹 페이지에서 고해상도 그래픽을 사용할 수 있는 개방형 표준 벡터 그래픽 방식입니다.

❼ SVG Compressed(*.SVGZ) : SVG 형식의 파일을 압축하여 용량을 줄인 후 저장합니다.

색상 패널을 이용하여
티셔츠에 다양한 색상 적용하기

일러스트레이터에서 만들어진 오브젝트는 면과 선으로 구성되어 있으며 각각의 면과 선에 색상, 그
레이디언트, 패턴을 적용할 수 있습니다. 면과 선에는 색상을 적용하지 않을 수도 있으며, 선의 두
께는 [Stroke] 패널을 이용하여 조절할 수 있습니다.

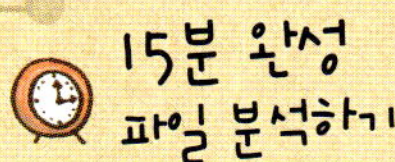

❶ [Swatches] 패널을 이용하여
색상 적용하기 : 76 page

❷ [Color Picker] 대화상자에서
색상 적용하기 : 75 page

◎ 예제 파일 : Sample\Part01\t-shirt.ai
　 완성 파일 : Sample\Part01\t-shirt완성.ai

01 [File]-[Open] 메뉴를 선택하여
'Sample\Part01\t-shirt'를 불
러옵니다. 툴 패널에서 선택 툴(▶)을 선
택하고 가장 왼쪽 위에 있는 티셔츠를 클
릭하여 선택합니다.

02 툴 패널의 색상 모드에서 면 색상
을 클릭하여 면 색상이 위로 올라
오게 만듭니다. 그리고 [Swatches] 패널
에서 'CMYK Magenta' 색상을 클릭합
니다. 티셔츠의 색상이 'Magenta' 색상
으로 바뀝니다.

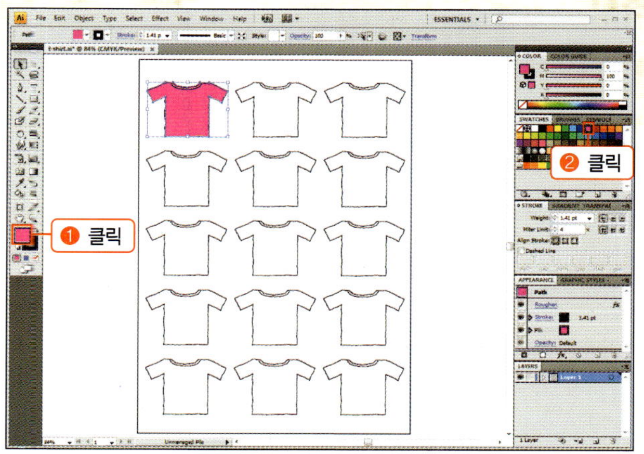

03 같은 방법으로 [Swatches] 패널
에서 면 색상을 선택하여 오른쪽
에 있는 오브젝트의 색상을 다양한 컬러로
바꿔봅니다.

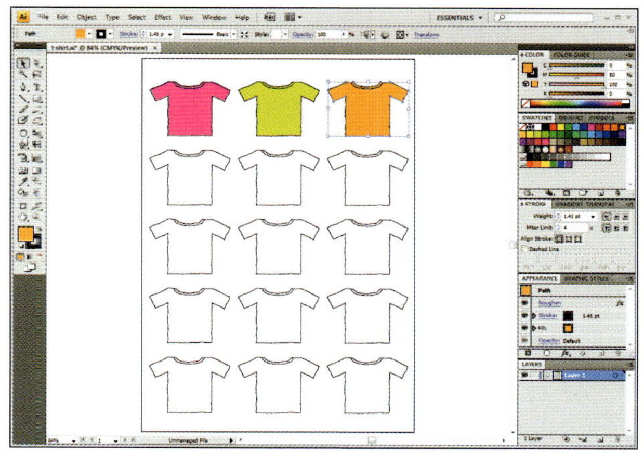

04 그레이디언트를 적용시키기 위해
아래쪽의 티셔츠를 클릭하여 선택
합니다. [Swatches] 패널에서 'Linear
Gradient'를 클릭하면 티셔츠에 그레이
디언트가 적용됩니다.

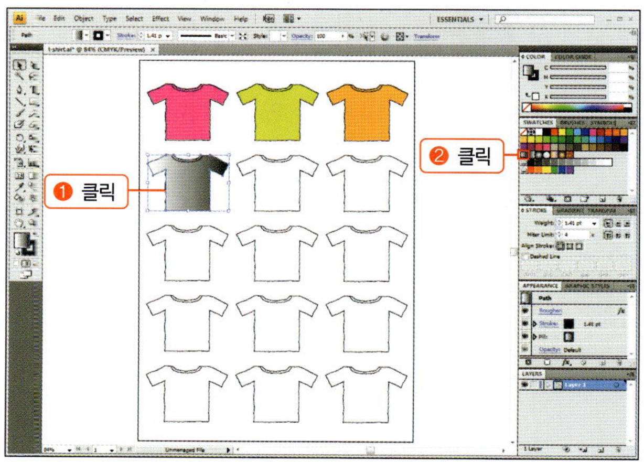

05 같은 방법으로 [Swatches] 패널에 등록되어 있는 여러 종류의 그레이디언트를 선택하여 오브젝트에 적용해봅니다.

> **주목** 그레이디언트는 면 색상에는 적용이 되지만 선 색상에는 적용되지 않습니다.

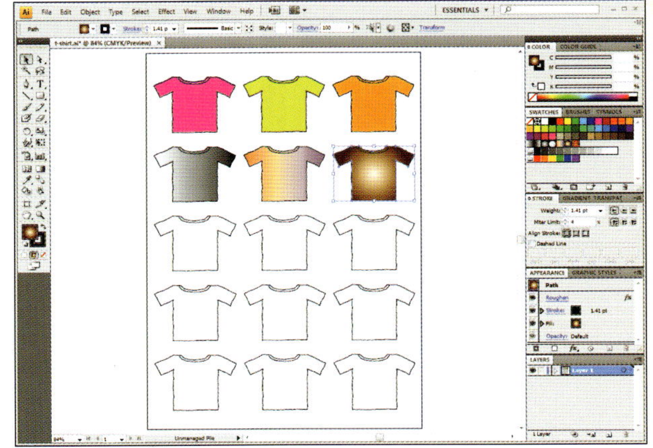

06 패턴을 적용하기 위해 다음 줄의 티셔츠를 선택합니다. [Swatches] 패널에서 'Fish Pattern'을 클릭하여 선택하면 오브젝트에 선택한 패턴이 적용됩니다.

07 나머지 티셔츠에도 패턴을 적용하려고 하는데 [Swatches] 패널에는 더 이상의 패턴이 등록되어 있지 않습니다. 미리 저장된 패턴을 불러오기 위해 [Swatches] 패널 하단의 [Swatch Libraries menu]( ) 버튼을 클릭합니다. 나타나는 메뉴에서 [Patterns]-[Nature]-[Nature_Foliage]를 선택합니다.

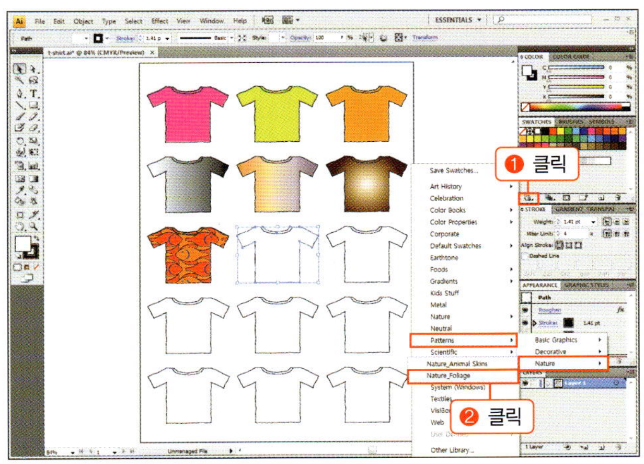

08 [Nature_Foliage] 대화상자가 나타나면 'Leaves Graphic Color'와 'Pansies Color'를 다른 오브젝트에도 차례로 적용합니다. [Nature_Foliage] 패널을 닫습니다.

09 [Color Picker] 대화상자를 이용하여 오브젝트에 색상을 적용하기 위해 선택 툴(▶)로 다음 줄의 티셔츠를 선택합니다. 툴 패널 하단에 있는 색상 모드에서 면 색상을 더블클릭하여 [Color Picker] 대화상자를 불러옵니다. [Color Picker] 대화상자에서 'M=100, Y=100'을 입력하고 [OK] 버튼을 클릭합니다.

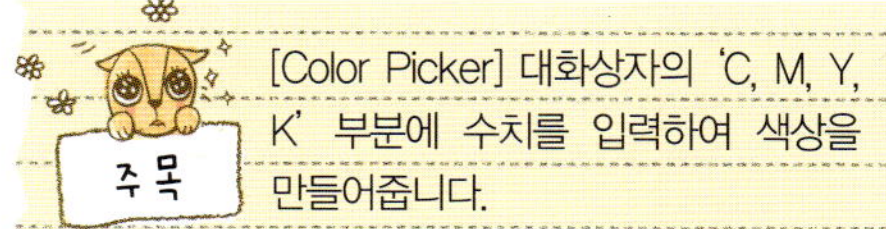

[Color Picker] 대화상자의 'C, M, Y, K' 부분에 수치를 입력하여 색상을 만들어줍니다.

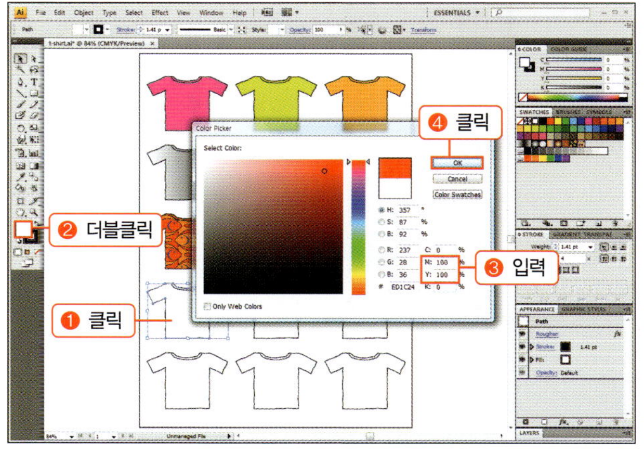

10 티셔츠의 색상이 빨간색으로 바뀐 것을 확인할 수 있습니다. 이번에는 선 색상을 바꾸기 위해 빨간색 티셔츠가 선택된 상태에서 선 색상을 클릭합니다. 그리고 선 색상을 더블클릭하여 [Color Picker] 대화상자를 불러옵니다.

[Color Picker] 대화상자에서는 CMYK, RGB, HSB의 방식으로 색상을 입력할 수 있습니다.

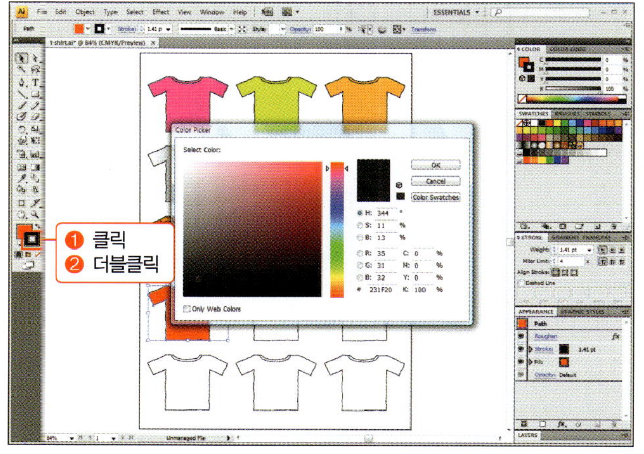

11 [Color Picker] 대화상자에서 'C=100, Y=100' 으로 입력하고 [OK] 버튼을 클릭합니다.

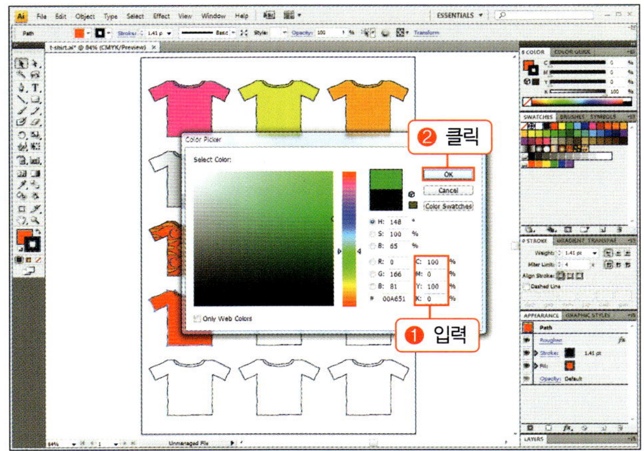

12 티셔츠의 테두리가 '녹색' 으로 바뀝니다. 테두리를 두껍게 조절하기 위해 [Stroke] 패널에서 [Weight]에 '7pt' 를 입력합니다.

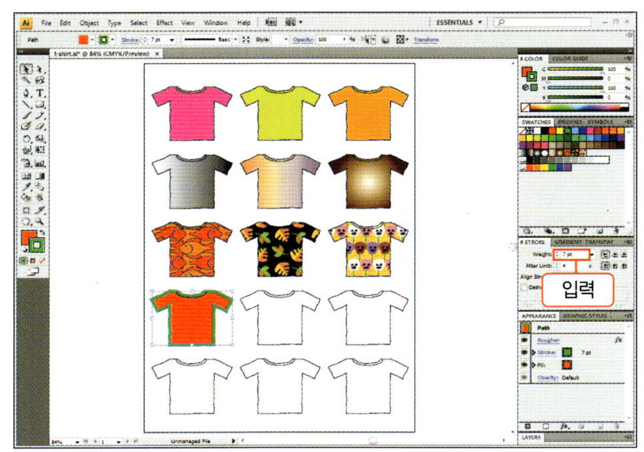

13 이번에는 기존에 있는 색상을 복사하여 선택한 오브젝트에 적용해 보겠습니다. 선택 툴( )로 오른쪽에 있는 오브젝트를 선택합니다.

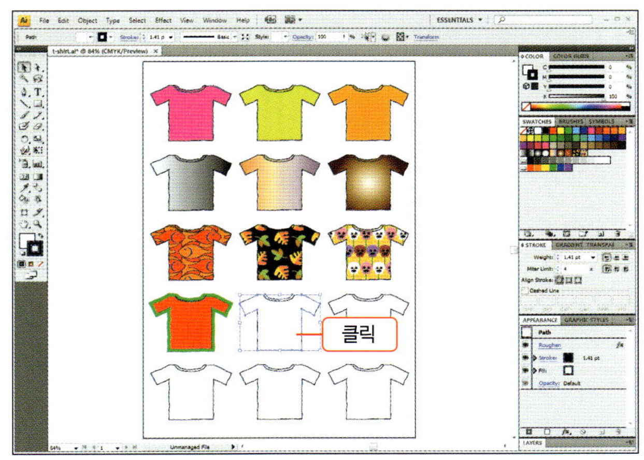

14 스포이트 툴을 선택하고 바로 위에 패턴이 적용된 오브젝트를 클릭합니다. 선택된 오브젝트에 스포이트 툴로 클릭한 오브젝트의 색상이 복사됩니다.

15 같은 방법으로 다른 오브젝트를 선택하여 스포이트 툴을 이용해 이미 적용된 오브젝트의 패턴과 색상을 복사하여 적용해봅니다. 단, 새로운 색상을 복사하여 적용하려면 선택을 해제하고 다시 오브젝트를 선택한 뒤 스포이트 툴로 색상을 적용해야 합니다.

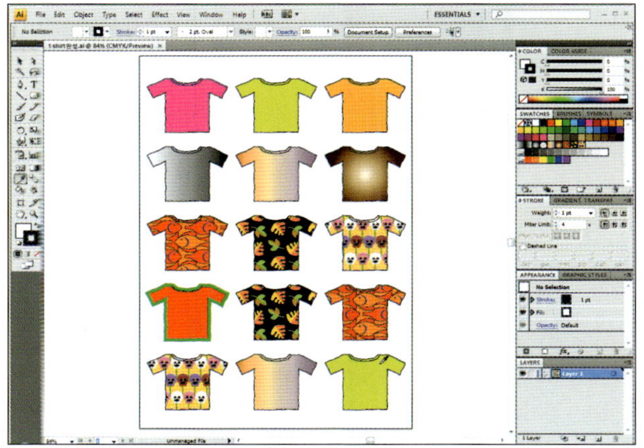

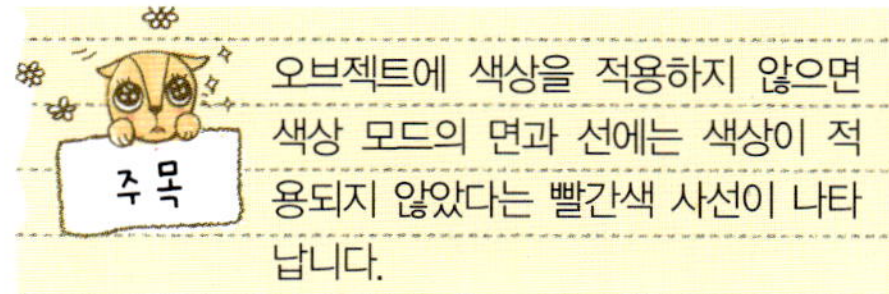

그려진 오브젝트에 색상 적용하기

색상 체계와 색의 속성을 이해하면 손쉽게 오브젝트에 색상을 적용할 수 있습니다. 일러스트레이터에서 그려진 오브젝트의 면과 선 색상은 [Swatches] 패널, [Color] 패널, [Color Picker] 대화상자를 이용하여 적용할 수 있습니다.

Skill up 01 일러스트레이터의 색상 체계 이해하기

디자인 작업에서 선택하는 색상은 이미지의 분위기를 좌우하는 중요한 요소입니다. 그래픽 프로그램을 다루면서 알아야 할 기본적인 색의 속성과 색을 구성하는 방식에 대해서 살펴보도록 하겠습니다.

• 색의 세 가지 속성

색을 구성하고 있는 세 가지 속성을 말하며 색상(Color), 명도(Brightness), 채도(Saturation)를 말합니다.

· **색상(Color)** : 색이 가진 고유한 성격을 말하며 무지개에서 구별되는 색의 종류를 말하기도 합니다. 흔히 알고 있는 빨강, 노랑, 파랑, 초록 등으로 구별된 색을 말하며 색상에는 원색과 계통색, 유사색, 반대색이 있습니다. 원색은 어떤 색으로도 만들 수 없는 색으로 Magenta, Cyan, Yellow를 말합니다. 대부분의 색은 세 가지 색을 이용하여 만들 수 있으며 색을 섞을수록 어둡고 탁해지게 됩니다. 이 색을 둥글게 만든 것이 색상환이며 색상환에서 가까운 곳에 위치한 색상이 유사색상, 반대편에 있는 색상이 보색입니다.

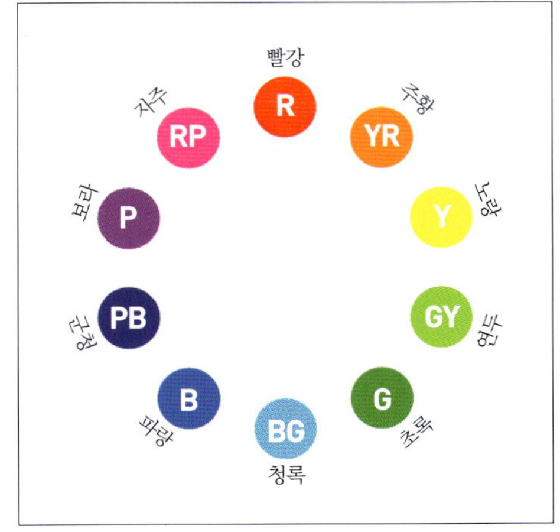

· **명도(Brightness)** : 명도는 색의 밝은 정도를 말합니다. 흰색에 가까울수록 명도가 '높다' 라고 말하고 검은색에 가까울수록 명도가 '낮다' 고 말합니다. 명도는 흰색을 '0' 에서 '10' 까지 11단계로 구분하지만 그래픽 프로그램에서는 보다 세밀하게 나누어 적용할 수 있습니다.

· **채도(Saturation)** : 색의 밝고 탁한 정도를 나타내는데 채도는 색상이 있을 경우에만 나타나며 무채색에서는 채도를 말하지 않습니다. 채도가 낮으면 '탁하다' 또는 채도가 '낮다' 라고 말하며, 채도가 높으면 '맑다' 또는 '높다' 라고 말합니다. 채도가 높으면 색상은 강하고 순색이 됩니다. 채도가 낮으면 낮을수록 검은색이나 흰색인 무채색에 가까워집니다.

• 명도 대비와 채도 대비, 색상 대비

색의 대비는 두 가지 이상의 색이 인접해있는 경우 주변 환경에 따라 원래의 색이 아닌 다른 색의 속성으로 보이는 것을 말합니다.

· **명도 대비** : 명도 대비는 명도가 다른 색을 조합한 경우에 같은 색이라도 밝은 곳에서 본 경우와 어두운 곳에서 본 경우의 명도가 다르게 보이는 현상을 말합니다.

· **채도 대비** : 채도가 높은 색 옆에 채도가 낮은 색이 있을 경우 채도가 높은 색은 원래 이미지의 채도보다 더 높게 보이고 낮은 색은 더 낮게 보이는 것을 말합니다. 채도 차이가 클수록 채도 대비의 효과도 더 커집니다.

· **색상 대비** : 조합된 색에 의해 색이 가지고 있는 원래의 색과 다르게 보이는 현상을 말합니다. 보색 대비라고 하기도 하는데 조합된 색이 색상환의 위치에서 반대편에 있을수록 서로 색상은 강해 보이며 가까울수록 유사하게 보입니다.

• RGB와 CMYK 모드

· **RGB 모드** : 빛의 삼원색인 빨간색(Red), 녹색(Green), 파란색(Blue)을 이용하여 이미지를 구성하는 방식입니다. 검은색을 기본색으로 색상을 추가할 때마다 색이 밝아지며 모든 색을 혼합하였을 때 '흰색' 이 됩니다. 모니터를 주된 결과물로 보는 웹 디자인에서 사용하는 이미지 모드입니다. 색을 섞을수록 흰색에 가까워지기 때문에 '가산혼합' 이라고도 합니다.

▲ 가산혼합

· **CMYK 모드** : 색의 삼원색인 파란색(Cyan), 빨간색(Magenta), 노란색(Yellow)과 검은색(Black)을 섞어 색을 만드는 방식을 말합니다. 주로 인쇄용 이미지를 만들 경우에 사용되며 기본 색상을 혼합하여 다양한 종류의 색을 만듭니다. CMYK 모드의 색상은 색을 섞을수록 검은색에 가까워지며 파란색, 빨간색, 노란색을 빼내거나 흡수하는 방식으로 색을 만들기 때문에 '감산혼합' 이라고도 합니다.

▲ 감산혼합

Skill up 02 면 색상과 선 색상에 색상 적용하기

툴 패널 하단에 위치하고 있으며 면과 선에 각각 색상을 지정할 수 있습니다. 면과 선 중에서 색상을 적용하려는 부분을 클릭하면 클릭한 부분이 위로 올라오게 됩니다. 면이나 선의 색상 모드를 더블클릭하면 [Color Picker] 대화상자가 나타납니다.

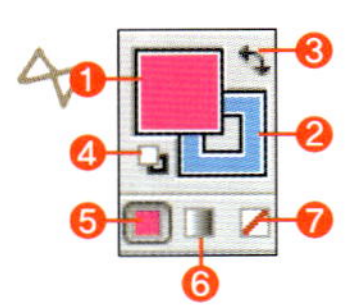

❶ **면 색상(Fill)** : 만들어진 오브젝트의 면 영역에 색상을 적용합니다.

❷ **선 색상(Stroke)** : 만들어진 오브젝트의 선 영역에 색상을 적용합니다.

❸ **색상 영역 교체 버튼(Swap Fill and Stroke)** : 면과 선에 적용된 색상을 서로 교환하여 바꿔줍니다.

❹ **기본 색상(Default Fill and Stroke)** : 일러스트레이터의 기본 색상으로 면 색상은 '흰색' , 선 색상은 '검은색' 으로 설정해줍니다.

❺ **단일 색상(Color)** : 오브젝트의 면이나 선에 단색 색상을 적용합니다.

❻ **그레이디언트(Gradient)** : 오브젝트의 면에 색상이 순차적으로 변하는 그레이디언트 색상을 적용합니다.

❼ **색 없음(None)** : 오브젝트의 면과 선을 색상이 없는 상태로 만들어줍니다.

툴 패널 하단에 있는 색상 모드를 더블클릭하면 [Color Picker] 대화상자가 나타나며 수치를 입력하거나 원하는 색상을 색상 창에서 선택할 수 있습니다.

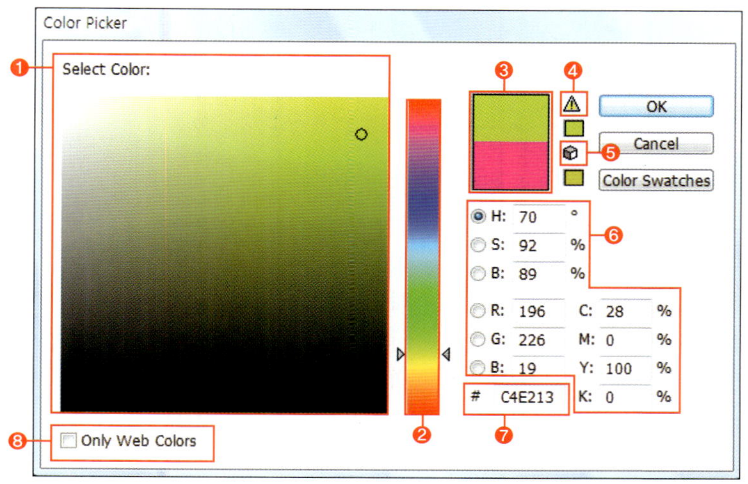

❶ **Select Color** : 마우스 포인터를 이동하면 스포이트 모양으로 바뀌게 되는데 이때 클릭한 부분의 색상을 적용할 수 있습니다.

❷ **색상 스펙트럼** : 슬라이드를 위나 아래로 드래그하여 원하는 색상 계열을 선택할 수 있습니다.

❸ **색상 박스** : 위에 있는 색상은 현재 선택한 색상이고 아래에 있는 색상은 이전에 선택된 색상을 보여줍니다.

❹ **느낌표** : 선택한 색상이 인쇄할 경우에 모니터에서 보이는 색상과 다르게 나타날 수 있다는 것을 경고하는 경고 아이콘입니다.

❺ **큐브** : 선택한 색상이 웹상에서 모니터 상으로 나타난 색상과 다르게 나타날 수 있다는 것을 경고하는 경고 아이콘입니다.

❻ **HSB, RGB, CMYK** : 각각의 색상 모드에 수치 값을 입력하여 정확한 색상을 지정할 수 있습니다.

❼ **#(색상 핵사 코드)** : 박스 안의 숫자는 웹상에서의 텍스트나 배경색을 지정할 때 사용하는 컬러 코드 값입니다.

❽ **Only Web Colors** : 체크 박스를 체크하면 어떤 웹브라우저에서도 동일하게 보이는 웹 안전 컬러로 표현됩니다.

일러스트레이터를 실행하면 [Color] 패널이 자동으로 나타나지만 보이지 않는 경우에는 [Window]-[Color] 메뉴를 선택하여 보이게 할 수 있습니다. [Color] 패널에서는 작업자가 원하는 색상을 직접 수치로 입력하거나 스펙트럼에서 색상을 지정하여 원하는 색을 만들 수 있습니다.

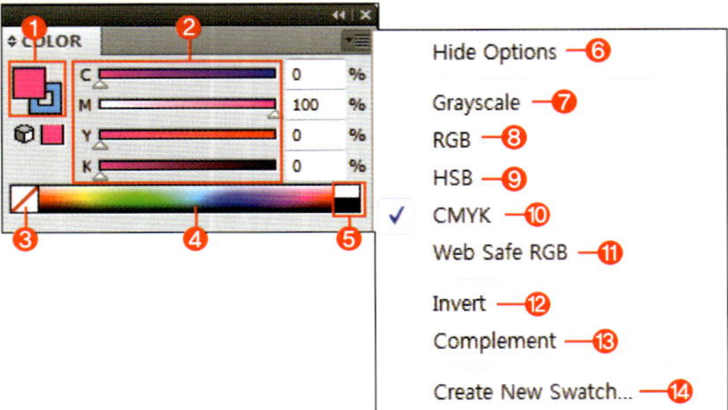

❶ 색상 영역 : 툴 패널의 색상 모드와 동일한 개념으로 면 색상과 선 색상을 각각 선택할 수 있습니다.

❷ 색상 슬라이드 : 각각의 색상 슬라이드를 드래그하여 원하는 색상을 선택할 수 있습니다.

❸ 색 없음 : 면 색이나 선 색을 없애 오브젝트를 투명하게 만들어줍니다.

❹ 색상 스펙트럼 : 빠르게 색상을 선택할 때 사용할 수 있으며 스펙트럼에 마우스 포인터를 이동하면 스포이트 모양으로 바뀌게 됩니다. 원하는 색상에서 클릭하면 색상을 선택할 수 있습니다.

❺ 기본 색상 : 흰색과 검은색의 기본 색상을 적용합니다.

❻ Hide Options(Show Options) : [Color] 패널의 옵션을 숨기거나 보이게 합니다.

❼ Grayscale : 흰색, 회색, 검은색과 같은 무채색으로 구성되는 패널로 바꿔줍니다.

❽ RGB : 웹에 사용되는 Red, Green, Blue로 구성되는 패널로 바꿔줍니다.

❾ HSB : Hue, Saturation, Brightness(색상, 명도, 채도)로 구성되는 [Color] 패널로 바꿔줍니다.

❿ CMYK : 인쇄물 제작에 사용되는 Cyan, Magenta, Yellow, Black으로 구성되는 패널로 바꿔줍니다.

⓫ Web Safe RGB : 웹 안전 컬러로 바꿔주며 색상 코드로 색상이 표현됩니다.

⓬ Invert : 현재 선택된 색상을 반전시켜 보색으로 나타냅니다.

⓭ Complement : 색상 값이 순서대로 교체됩니다.

⓮ Create New Swatch : 대화상자가 나타나고 이름과 수치를 입력하면 원하는 색상이 [Swatches] 패널에 만들어집니다.

 다양한 색상을 저장하고 적용할 수 있는 [Swatches] 패널

[Swatches] 패널에서는 [Color] 패널에서 만든 색상을 등록하여 쉽고 빠르게 색상을 오브젝트에 적용할 수 있도록 해주는 곳입니다. [Swatches] 패널에는 단색, 그레이디언트 컬러, 패턴, 색상 그룹이 등록됩니다. [Swatches] 패널은 필요한 색상을 등록할 수 있으며 등록된 색상은 클릭하여 선택할 수 있습니다.

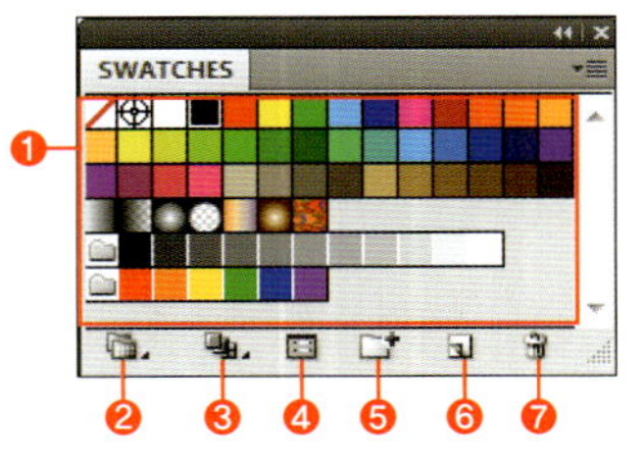

❶ 색상 영역 : [Swatches] 패널에 등록되어 있는 색상 및 패턴이 보기 쉽게 나열되어 있습니다.

❷ Swatch Libraries menu : 클릭하면 하위 메뉴가 나타나며 패널을 저장하거나 별색 또는 [Cool], [Ice Cream]과 같은 색상 패널을 불러올 수 있습니다.

❸ **Show Swatch Kinds menu** : 클릭하면 나타나는 하위 메뉴를 통해 [Swatches] 패널에 보여주고자 하는 색상만 보여줄 수 있습니다.

❹ **Swatch Options** : [Swatches] 패널에 등록되어 있는 색상 정보를 확인하거나 기존 색상을 변경하여 저장할 수 있습니다.

❺ **New Color Group** : 클릭하면 새로운 색상 그룹의 이름을 정할 수 있으며, [Swatches] 패널에 색상을 묶어 넣을 수 있는 폴더가 만들어지게 됩니다.

❻ **New Swatch** : 클릭하면 나타나는 [Color] 패널을 통해 만든 색상을 새롭게 등록할 수 있습니다.

❼ **Delete Swatch** : 선택한 색상을 휴지통 모양의 버튼으로 드래그하여 삭제할 수 있습니다.

Skill up 06 [Swatches] 패널의 드롭다운 메뉴 살펴보기

[Swatches] 패널의 드롭다운(▼≡) 버튼을 클릭하면 나타나는 드롭다운 메뉴를 통해 [Swatches] 패널의 색상 미리보기, 라이브러리 등을 지정하여 많은 종류의 색상을 가져올 수 있습니다.

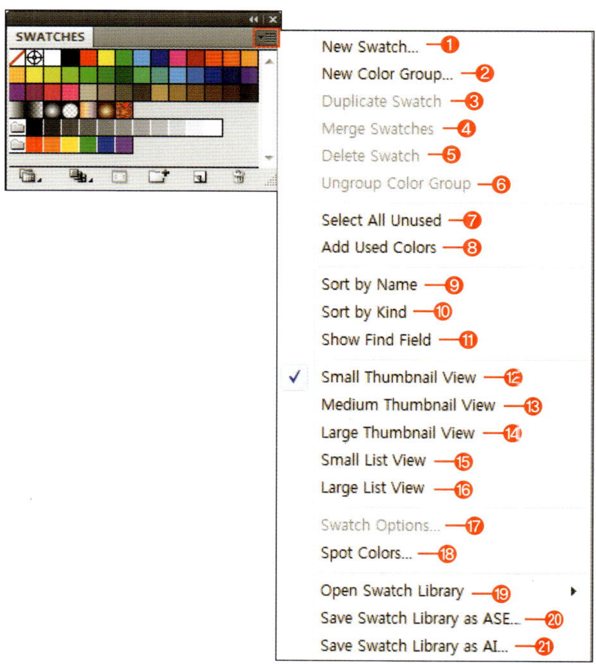

❶ **New Swatch** : 새로운 색상 견본을 만듭니다.

❷ **New Color Group** : 새로운 색상 견본 그룹을 만듭니다.

❸ **Duplicate Swatch** : [Swatches] 패널에서 선택한 색상을 복사합니다.

❹ **Merge Swatches** : [Swatches] 패널에 있는 그레이디언트와 패턴을 합쳐줍니다. 먼저 선택한 이름과 속성이 기본으로 남게 됩니다.

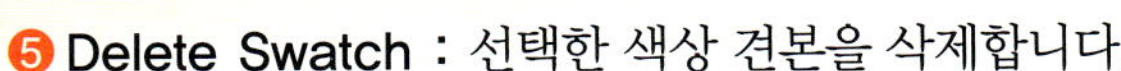

❺ **Delete Swatch** : 선택한 색상 견본을 삭제합니다.

❻ **Ungroup Color Group** : 그룹으로 묶여진 색상 견본의 그룹을 해제합니다.

❼ **Select All Unused** : 작업 중인 도큐먼트에서 사용하지 않는 색상을 모두 선택합니다.

❽ **Add Used Colors** : 작업 중인 도큐먼트에서 사용한 색상을 [Swatches] 패널에 모두 등록합니다.

❾ **Sort by Name** : 패널에 등록된 색상의 이름 순서로 다시 정렬합니다.

❿ **Sort by Kind** : 패널에 등록된 색상을 종류별로 다시 정렬합니다.

⓫ **Show Find Field** : 검색창에 색상의 이름을 입력하여 원하는 색상을 빠르게 검색하여 선택할 수 있습니다.

⓬ **Small Thumbnail View** : 작은 섬네일로 색상을 보여줍니다.

⓭ **Medium Thumbnail View** : 중간 크기의 섬네일로 색상을 보여줍니다.

⓮ **Large Thumbnail View** : 큰 크기의 섬네일로 색상을 보여줍니다.

⓯ **Small List View** : 작은 크기의 색상 섬네일로 색상의 이름으로 보여줍니다.

⓰ **Large View List** : 큰 크기의 색상 섬네일과 색상의 이름으로 보여줍니다.

⓱ **Swatch Options** : [Swatch Options] 대화상자를 불러옵니다. 대화상자를 통해 선택한 색의 이름과 Type, Color Mode 등을 알 수 있으며 다른 형식으로 설정할 수 있습니다.

⓲ **Spot Colors** : 별색을 지정하는 [Spot Color Options] 대화상자를 불러옵니다.

⓳ **Open Swatches Library** : 라이브러리에 미리 등록된 다양한 색상을 [Swatches] 패널로 가져와서 사용할 수 있습니다.

⓴ **Save Swatch Library as ASE** : Ase 파일 형식으로 [Swatches] 패널에 있는 색상을 저장합니다.

㉑ **Save Swatch Library as AI** : Ai 파일 형식으로 [Swatches] 패널에 있는 색상을 저장합니다.

일러스트레이터에서 만든 오브젝트의 면과 선

일러스트레이터에서 만들어지는 오브젝트는 면과 선으로 이루어져 있습니다. 면과 선에는 [Swatches] 패널을 통해서 각각 색상을 적용하거나 색상을 적용하지 않을 수도 있습니다. 색상 외에도 오브젝트의 면에는 패턴, 그레이디언트를 적용할 수 있는데 선에는 색상과 그레이디언트만 적용할 수 있습니다. [Stroke] 패널에서는 선의 두께를 조절할 수 있으며 다양한 선 모양을 설정할 수 있습니다.

▲ 다양한 선과 색을 적용한 오브젝트

라이브 색상으로 오브젝트의 배색 쉽게 적용하기

오브젝트에 적용한 색상에 따라 같은 이미지라 하더라도 다른 느낌을 줍니다. 그만큼 오브젝트에 색을 적용하는 것이 초보자에게는 어려운 작업일 수 있습니다. 하지만 라이브 색상 기능을 이용하면 빠르게 색을 배합하고 다양한 색상을 적용할 수 있습니다. 이렇게 만들어진 색 배합은 [Swatches] 패널에 저장하여 사용할 수 있습니다.

**15분 완성
파일 분석하기**

❶ [Edit Colors]를 이용하여 배색 설정하기 : 86 page
❷ [Color Guide] 패널을 이용하여 색상 적용하기 : 85 page
❸ [Swatches] 패널에 색상 그룹 지정하기 : 87 page

◎ 예제 파일 : Sample\Part01\손바닥.ai
완성 파일 : Sample\Part01\손바닥완성.ai

01 [File]-[Open] 메뉴를 선택하고 'Sample\Part01\손바닥.ai' 파일을 불러옵니다. 오브젝트의 색상 변경을 위해 선택 툴( )을 선택하고 오브젝트 전체를 드래그하여 선택한 후 [Edit]-[Edit Colors]-[Recolor Artwork] 메뉴를 선택합니다.

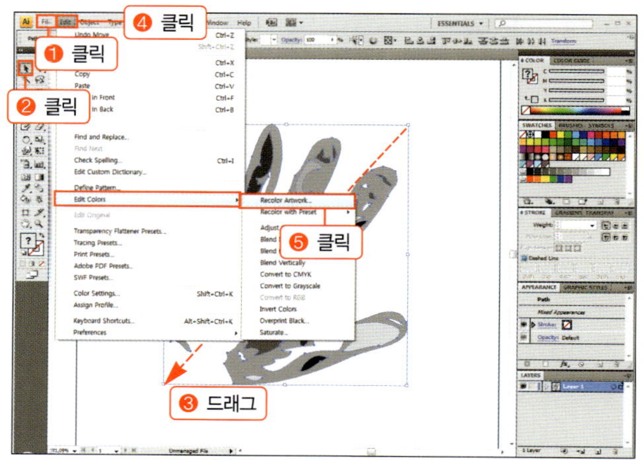

02 [Recolor Artwork] 대화상자가 나타나고 선택한 색상인 그레이 색상 계열이 표시되어 나타납니다. 색상을 지정하기 위해 [Edit]를 클릭합니다.

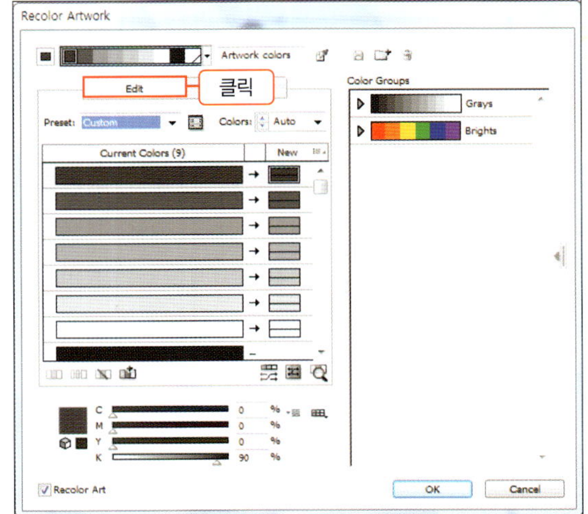

03 [Recolor Artwork] 대화상자가 색상 휠을 적용할 수 있는 형태로 바뀝니다. 대화상자 오른쪽에 있는 'Brights'를 클릭하여 붉은색 계열의 색상을 적용합니다.

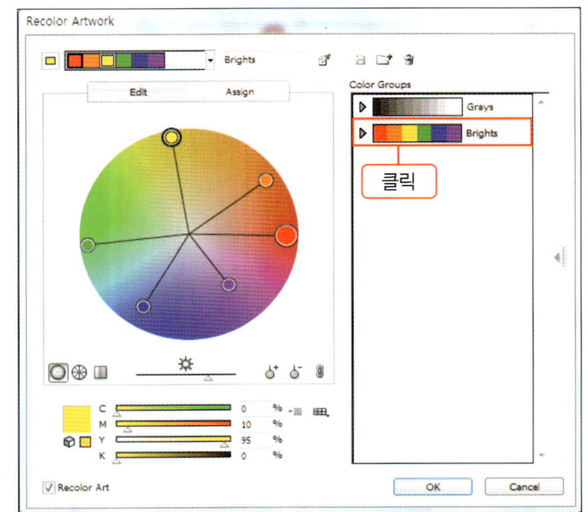

04 기본 컬러의 색상을 바꾸기 위해 주된 색상인 빨간색 휠을 드래그하여 파란색 계열로 바꿔줍니다.

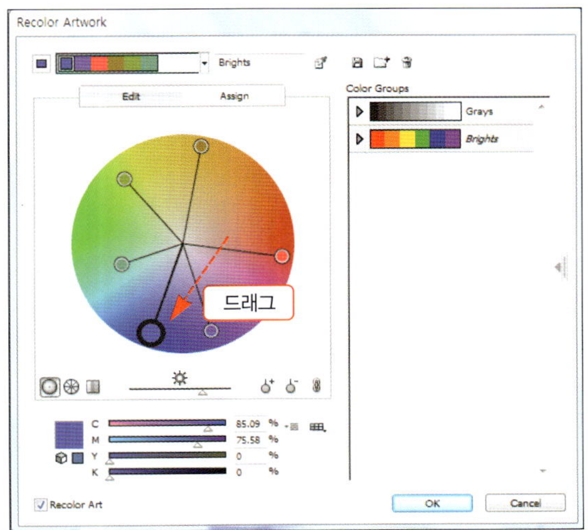

05 주된 색상이 파란색으로 바뀌었으면 [Active Colors]를 클릭하고 나타나는 메뉴에서 원하는 배색을 선택합니다.

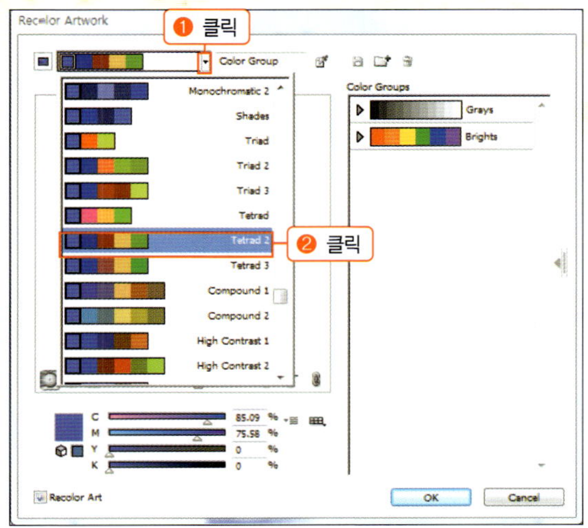

06 [New Color Group]( ) 버튼을 클릭하여 선택한 배색을 추가하고 [OK] 버튼을 클릭합니다.

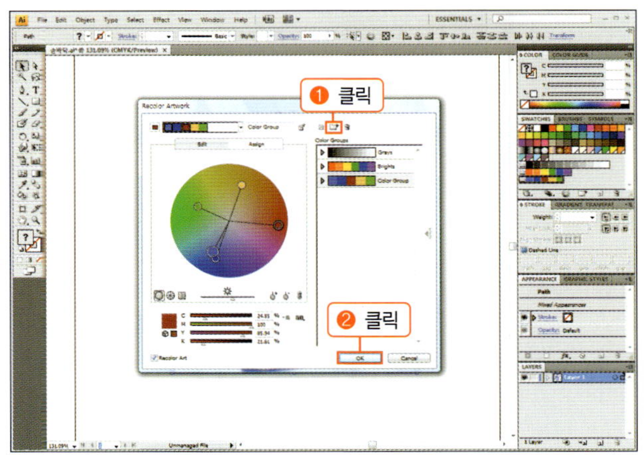

07 주된 색상인 파란색을 기준으로 오브젝트의 색상이 바뀐 것을 확인할 수 있습니다.

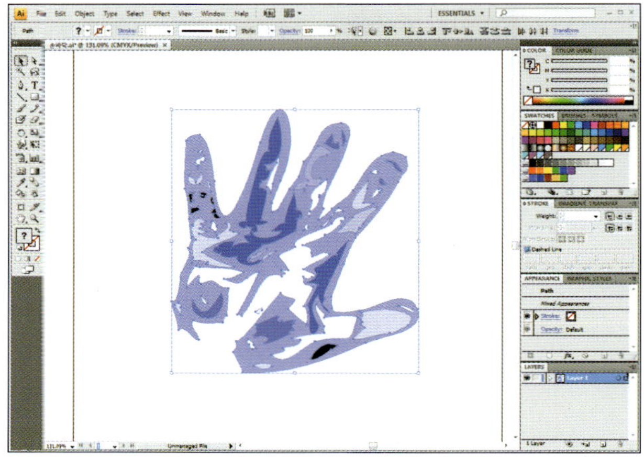

08 선택한 배색을 오브젝트에 적용하기 위해 다시 [Edit]-[Edit Colors]-[Recolor Artwork] 메뉴를 선택합니다. 앞에서 등록한 그룹을 선택하고 [OK] 버튼을 클릭합니다.

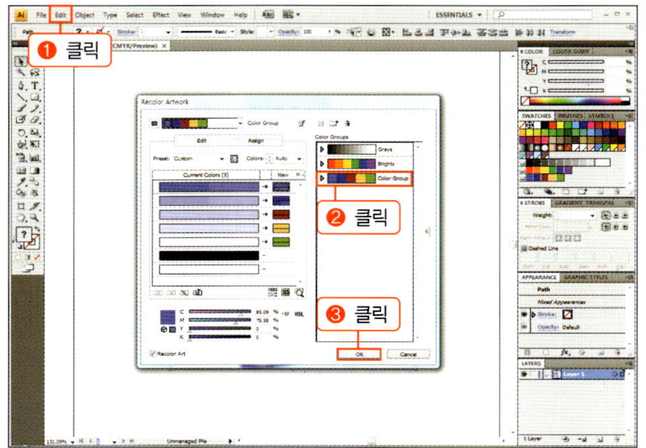

09 [Recolor Artwork] 대화상자에서 선택한 배색으로 모든 오브젝트의 색상이 바뀐 것을 확인할 수 있습니다.

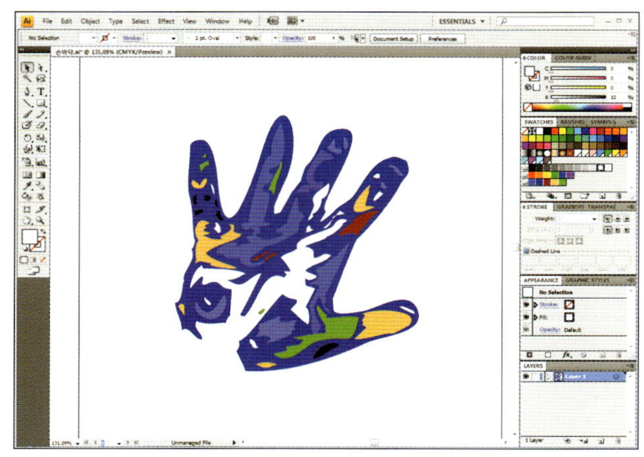

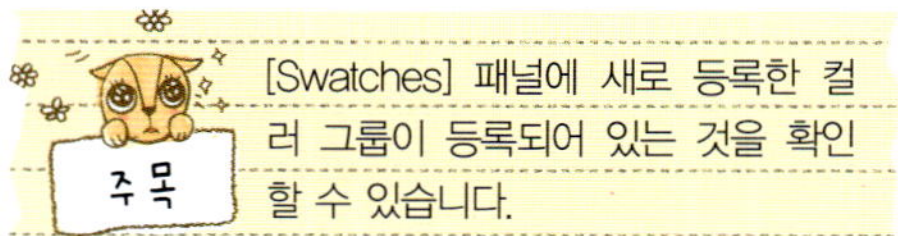

[Swatches] 패널에 새로 등록한 컬러 그룹이 등록되어 있는 것을 확인할 수 있습니다.

10 선택 툴(　)로 배색된 오브젝트를 선택한 뒤 Alt + Shift 를 누르고 오른쪽으로 드래그하여 복사합니다. [Window]-[Color Guide]를 선택하여 [Color Guide] 패널을 불러옵니다.

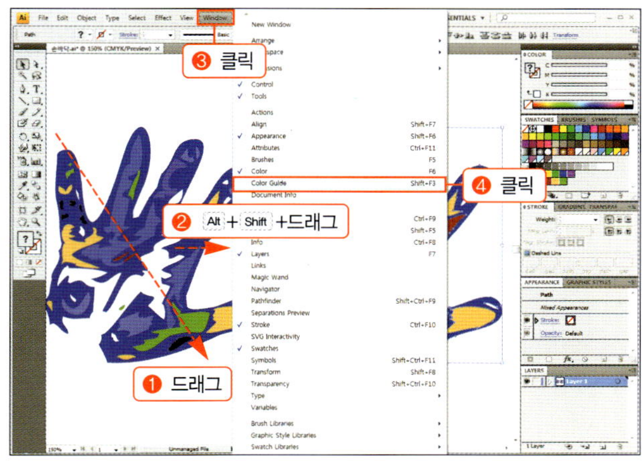

11 [Color Guide] 패널의 [Edit or Apply Colors]( ) 버튼을 클릭합니다. [Replace Artwork] 대화상자가 나타나면 [Active Colors]를 클릭하여 하위 메뉴에서 원하는 색상 그룹을 선택하고 [OK] 버튼을 클릭합니다.

주목 [Color Guide] 패널에서 [Edit Colors]( ) 버튼을 클릭하였을 때 [Recolor Artwork] 대화상자가 아닌 [Edit Colors] 대화상자가 나올 경우가 있습니다. 이럴 때에는 대화상자의 메뉴에서 [Assign]가 아닌 [Edit]를 선택한 후 대화상자를 닫은 다음 다시 [Edit Colors]( ) 버튼을 클릭하면 됩니다.

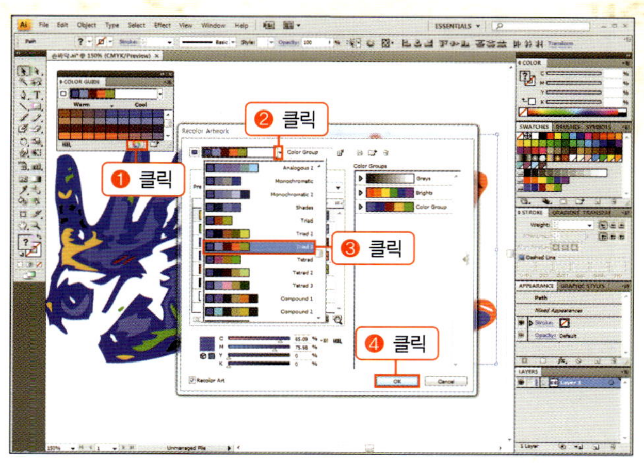

12 [Swatches] 패널에 새로운 색상 그룹을 저장할 것인가를 묻는 대화상자가 나타나면 [Yes] 버튼을 클릭합니다.

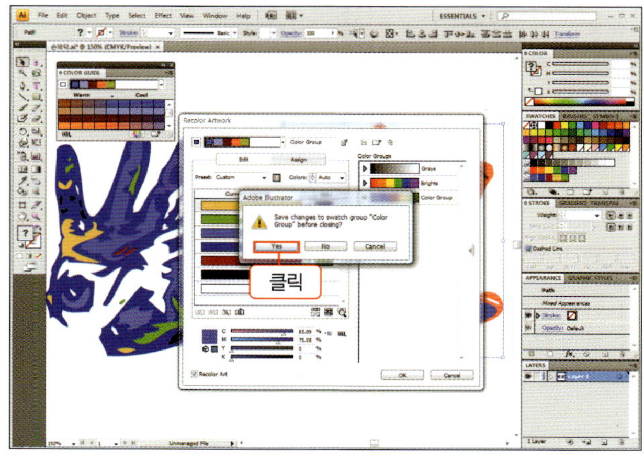

13 [Swatches] 패널에 선택한 색상 그룹이 저장되며, 선택한 배색으로 오브젝트의 색상이 바뀝니다. 선택 툴( )로 빈 곳을 클릭하여 오브젝트의 선택을 해제한 후 다시 선택 툴( )로 오른쪽에 있는 손바닥 오브젝트 중에서 왼쪽 손바닥 영역 파란색 부분을 클릭하여 선택합니다.

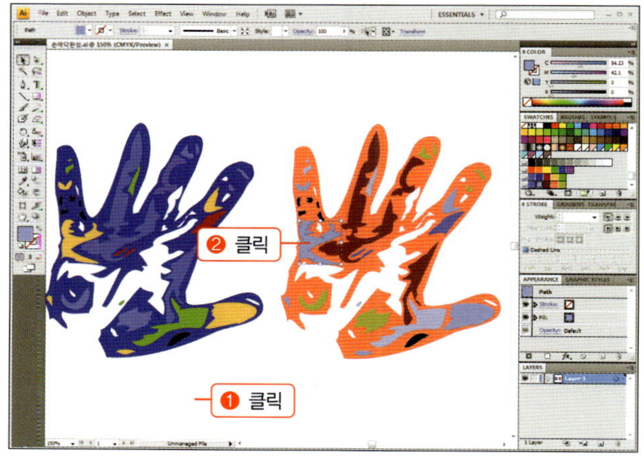

14 툴 패널에서 라이브 페인트 버킷 툴()을 선택하고 선택된 오브젝트 위로 마우스 포인터를 이동하면 색상 적용 영역이 오브젝트 위로 표시됩니다. 키보드에서 화살표키를 이용하여 카키색 계열을 선택합니다.

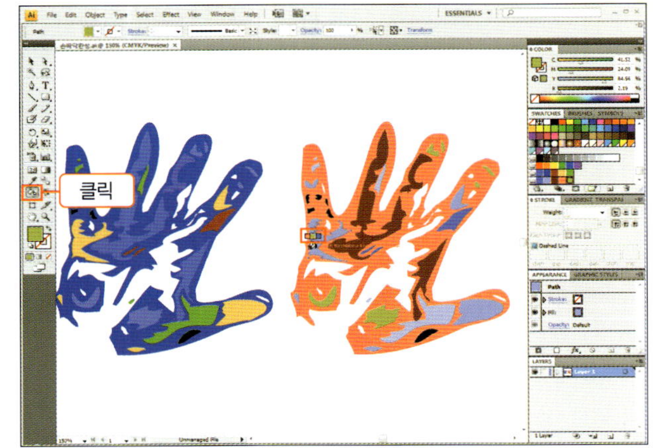

색상 적용의 범위는 선택한 컬러 그룹에서 선택됩니다.

주목

15 선택한 오브젝트 위에서 클릭하면 카키색이 선택된 오브젝트에 적용됩니다.

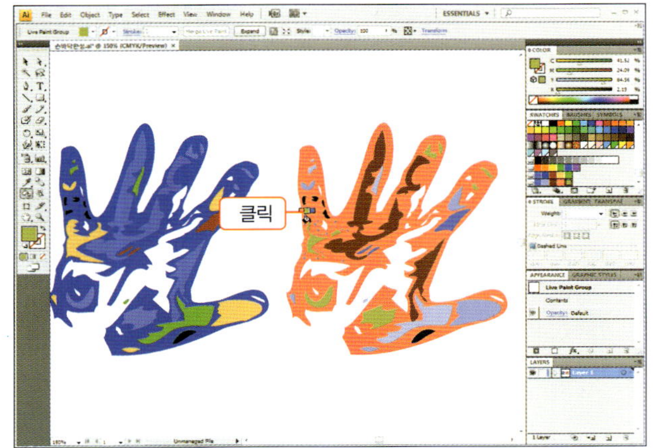

배색 가이드 없이 손쉽게 배색하기

아무리 오브젝트를 잘 그렸다고 하더라도 색상을 잘못 적용하면 오히려 더 어설픈 모양이 됩니다. 그만큼 오브젝트에 색상을 적용하는 것은 아주 중요한데, 이런 색상 적용을 쉽게 해주는 것이 바로 Color Group 패널들을 이용한 색상 적용입니다.

Skill up 01 [Color Guide] 패널 살펴보기

[Color Guide] 패널에서는 선택한 오브젝트의 배색을 쉽게 설정할 수 있습니다. 기준 색상을 지정하면 설정한 색상을 기준으로 여러 배색을 지정할 수 있어 색상 배색이 약한 사용자도 아름다운 색상을 오브젝트에 설정할 수 있습니다.

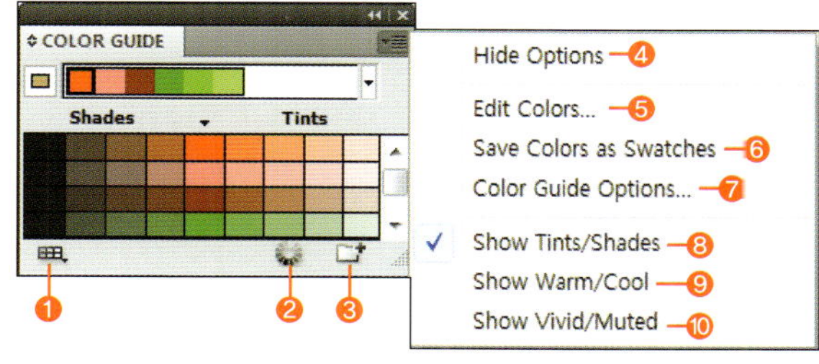

❶ **Limits the color group to colors in a swatch library** : 일러스트레이터 CS4에서 제공하는 다양한 색상 라이브러리를 드롭다운 메뉴를 통해서 열 수 있습니다.

❷ **Edit Colors** : [Edit Colors] 대화상자를 열어 색상을 조절할 수 있습니다.

❸ **Save color group to Swatch panel** : [Swatches] 패널에 새로운 색상을 등록하여 저장합니다.

❹ **Hide Options** : 하단에 있는 색상 옵션을 숨깁니다.

❺ **Edit Colors** : [Edit Colors] 대화상자를 열어 색상을 조절합니다.

❻ **Save Colors as Swatches** : 새롭게 설정한 색상을 [Swatches] 패널에 저장합니다.

❼ **Color Guide Options** : [Variation Options] 대화상자를 열어 색상을 조절합니다.

❽ **Show Tints/Shades** : [Color Guide] 대화상자 하단의 색상을 음영 순서로 정렬합니다.

❾ **Show Warm/Cool** : [Color Guide] 대화상자 하단의 색상을 난색에서 한색의 순서로 정렬합니다.

❿ **Show Vivid/Muted** : [Color Guide] 대화상자 하단의 색상을 흐린색에서 진한색의 순서로 정렬합니다.

[Edit Colors]() 버튼을 클릭하면 나타나는 [Edit Colors] 대화상자에서는 수치를 입력하거나 색상을 클릭하여 선택하지 않고 마우스로 드래그하여 색상 배합을 조합할 수 있습니다. 현재 오브젝트에 적용된 색상을 [Edit Colors] 대화상자를 통해서 배합하여 동시에 변경할 수 있습니다.

[Edit]-[Edit Colors]-[Recolor Artwork] 메뉴나 [Edit]-[Edit Colors]-[Recolor with Preset] 메뉴를 클릭해도 대화상자를 열 수 있습니다.

❶ **Active Colors** : 색상을 스펙트럼의 형태로 보여줍니다.

❷ **Get color from selected art** : 다른 색상을 적용한 상태에서 클릭하면 처음 선택한 오브젝트에 적용된 색상으로 되돌아갑니다.

❸ **Save changes to color group** : 원으로 되어 있는 색상 포인트를 드래그하여 원하는 색상으로 수정한 뒤 클릭하여 저장합니다.

❹ **New Color Group** : [Color Groups]에 새로운 색상을 등록합니다.

❺ **Delete Color Group** : [Color Groups]에 등록된 색상을 삭제합니다.

❻ **Edit** : 적용되어 있는 색상을 편집합니다.

❼ **Assign** : 적용되어 있는 색상을 원형에서 막대 형태로 변경하여 보여줍니다.

❽ **Display smooth color wheel** : 각 색상 스펙트럼의 경계를 그레이디언트처럼 부드럽게 표현합니다.

❾ **Display segmented color wheel** : 각 색상 스펙트럼의 경계를 명확하게 구분지어 표현합니다.

❿ **Display color bars** : 오브젝트에 적용된 색상을 세로 형태로 바로 보여줍니다.

⓫ **Adjusts brightness** : 슬라이드를 드래그하여 색상의 명암을 조절합니다.

⓬ **Add Color tool** : 색상 스펙트럼에 원형 포인트를 클릭하여 추가합니다.

⓭ **Remove Color tool** : 색상 스펙트럼에 원형 포인트를 클릭하여 삭제합니다.

⓮ **Unlink harmony colors** : 오브젝트에 적용된 색상을 그룹으로 인식하고 한 번 더 클릭하면 색상을 별개로 인식합니다.

[Swatches] 패널은 미리 만들어져 있는 색상을 오브젝트에 바로 적용할 수 있기 때문에 빠르고 편리하게 오브젝트에 색을 적용할 수 있습니다. [Swatches] 패널에 색을 등록하려면 [Color] 패널에서 수치 값 입력이나 슬라이드 바의 조절을 통하여 색상을 만들고 [Swatches] 패널 위로 드래그하면 색상이 등록됩니다. 또는 [Swatches] 패널의 [New Swatch]( ) 버튼을 클릭하면 나타나는 [New Swatch] 대화상자를 통해 색상을 직접 만들어 등록할 수 있습니다.

▲ [Swatches] 패널로 드래그하여 설정

[Swatches] 패널에 등록된 색상을 삭제하려면 색상을 선택하고 하단에 있는 [Delete Swatch]( ) 버튼으로 드래그합니다.

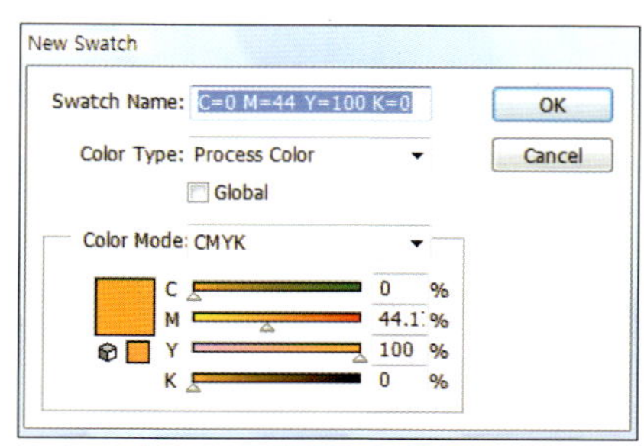

▲ [New Swatch] 대화상자에서 설정

[Color] 패널을 통해서 색상을 만드는 데 한계가 있다면 미리 등록되어 있는 색상을 불러와 사용할 수 있습니다. [Swatches] 패널의 [Swatch Libraries menu]( ) 버튼을 클릭하면 나타나는 메뉴에서 [Color Books]-[DIC Color Guide]를 선택하면 DIC Color Guide] 패널이 나타나며 이 패널을 통해 오브젝트에 다양한 색상을 적용할 수 있습니다.

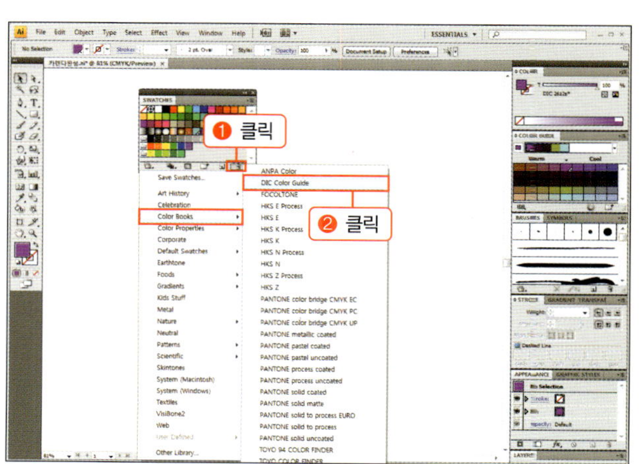

메뉴에 있는 DIC 컬러와 PANTONE 컬러들은 CMYK의 인쇄용 색상이 아닌 별도로 인쇄 색상을 지정해야 되는 별색입니다. 이 별색을 인쇄용 컬러로 바꾸려면 색상을 더블클릭하면 나타나는 [Swatch Options]에서 [Color Type]을 'Process Color'로 바꿔주면 됩니다.

THIRST

오브젝트 그리기와 내 맘대로 변형하기

일러스트레이터에서 제공되는 도형 툴을 이용하면 여러 모양의 도형 오브젝트를 쉽게 그릴 수 있습니다. 그려진 오브젝트는 크기 축소/확대, 기울기, 회전 등의 변형을 할 수 있어 기본 도형을 이용하여 변형된 형태의 드형을 쉽게 그릴 수 있습니다. 이번 Part에서는 일러스트레이터에서 가장 기본적인 도형 오브젝트를 그려보고 이를 이용하여 변형된 형태의 오브젝트를 그려보도록 하겠습니다.

직선, 곡선, 나선을 이용하여 전화카드 만들기

오브젝트는 기본적으로 선과 면으로 구성되어 있으며 선과 면들을 조합하여 원하는 형태와 모양의 오브젝트를 그리게 됩니다. 이번 Lesson에서 살펴볼 직선과 곡선도 실제 오브젝트 제작에 있어 많이 사용되는 기능 중 하나입니다. 간단하고 쉬울 수 있지만 이미지 작업에 있어서 효과가 뛰어난 직선, 곡선, 나선을 만드는 툴들을 살펴보도록 하겠습니다.

15분 완성
파일 분석하기

❶ 다양한 모양의 나선 그리기
 : 97 page
❷ 빠르게 선 그리기 : 97 page
❸ 나선 툴 옵션 설정하여 선 그리기 : 98 page

예제 파일 : Sample\Part02\전화카드.ai
완성 파일 : Sample\Part02\전화카드완성.ai

01 [File]-[Open] 메뉴를 선택하고 'Sample\Part02\전화카드.ai' 파일을 불러옵니다. 툴 패널 하단에서 선 색상을 클릭하고 [Swatches] 패널에서 'C=15, M=100, Y=90, K=10' 색상을 클릭하여 선택합니다.

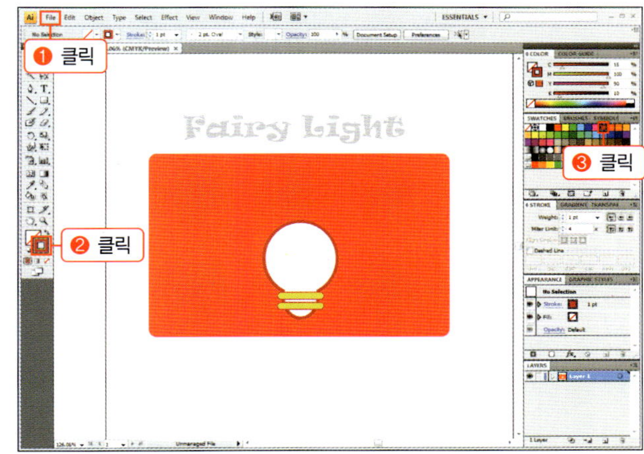

02 선 툴(□)을 선택하고 전구의 안쪽을 클릭한 다음 아래쪽 가운데 부분으로 드래그하여 필라멘트의 왼쪽 부분을 만들어줍니다.

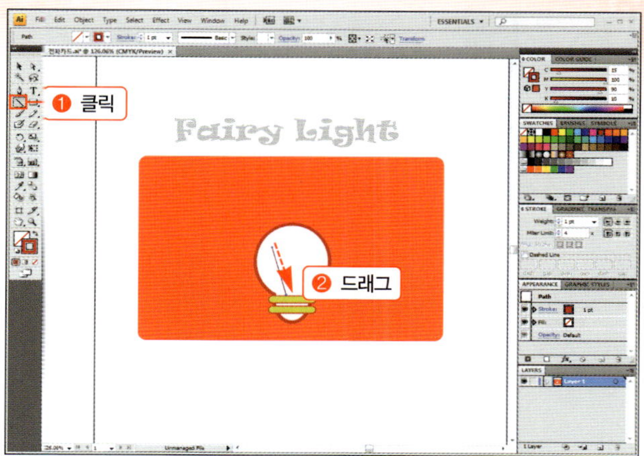

03 같은 방법으로 반대쪽 부분에도 드래그하여 오른쪽에 위치한 필라멘트를 만들어줍니다. 이번에는 필라멘트 안쪽에 빛이 나오는 부분을 만들기 위해 툴 패널에서 나선 툴(◎)을 선택합니다.

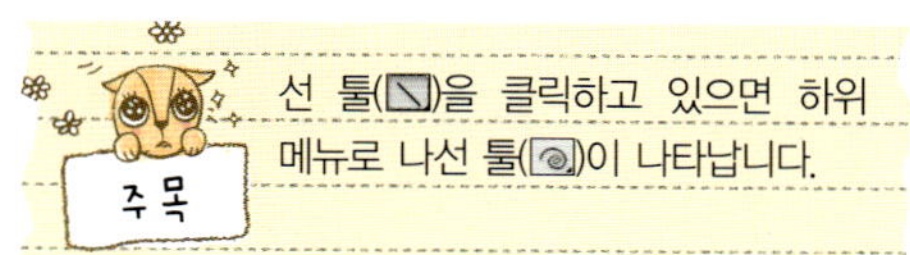

04 필라멘트의 왼쪽에서 클릭함과 동시에 드래그하여 회전하는 모양의 필라멘트 가운데 부분을 그려줍니다.

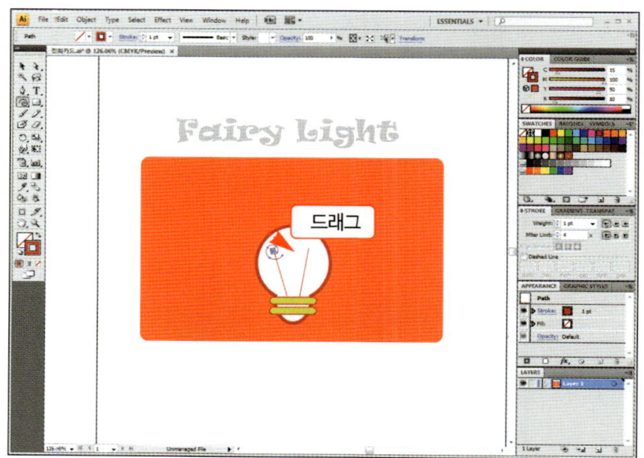

05 툴 패널에서 선택 툴(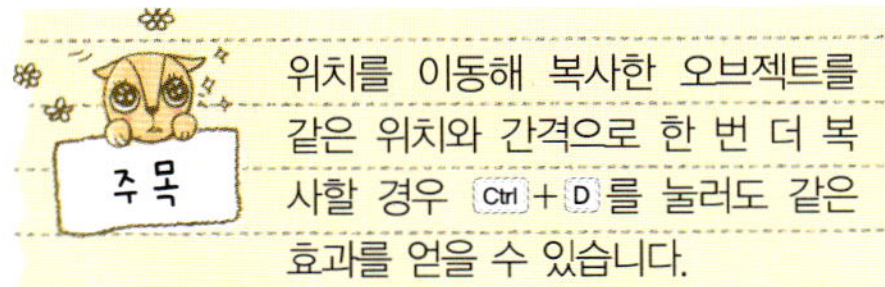)을 클릭하고 나선 모양으로 만들어진 오브젝트를 Alt 를 누른 채 드래그하여 바로 오른쪽 옆으로 복사합니다. 같은 방법으로 필라멘트를 붙여서 세 개 더 복사하여 그려줍니다.

> **주목** 위치를 이동해 복사한 오브젝트를 같은 위치와 간격으로 한 번 더 복사할 경우 Ctrl + D 를 눌러도 같은 효과를 얻을 수 있습니다.

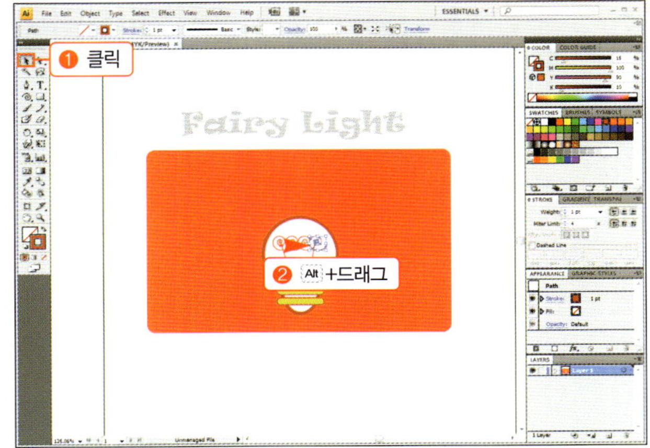

06 선택 툴(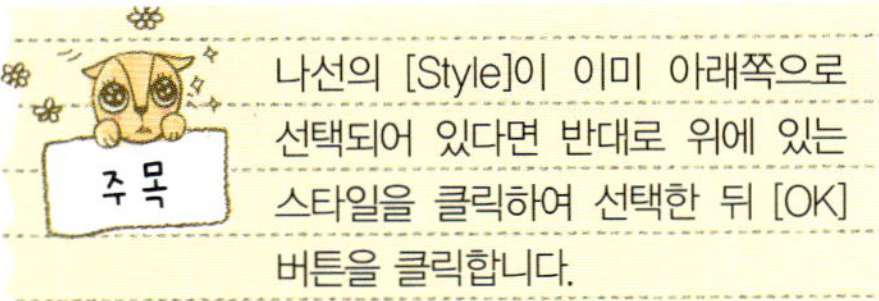)로 마지막에 그려진 필라멘트 모양을 선택하고 Alt 를 누른 채 둥근 사각형의 바깥쪽으로 드래그하여 오브젝트를 복사합니다.

07 다시 나선 툴()을 선택한 다음 도큐먼트의 흰색 바탕 부분을 클릭하여 [Spiral] 대화상자를 불러옵니다. [Spiral] 대화상자에서 [Style]을 나선이 회전되는 방향을 반대쪽 방향으로 선택하고 [OK] 버튼을 클릭합니다.

> **주목** 나선의 [Style]이 이미 아래쪽으로 선택되어 있다면 반대로 위에 있는 스타일을 클릭하여 선택한 뒤 [OK] 버튼을 클릭합니다.

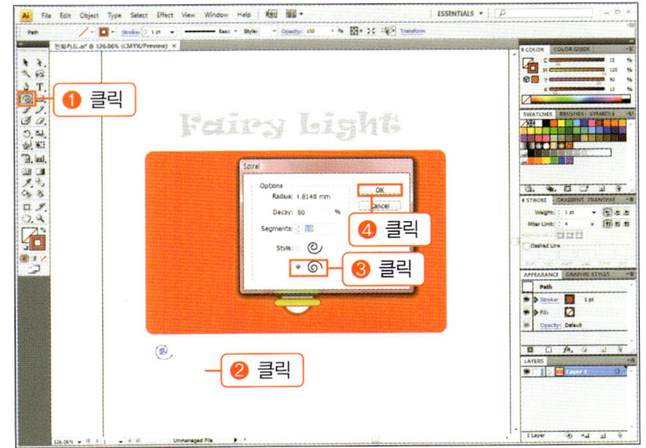

08 다시 툴 패널에서 선택 툴(   )을 클릭한 뒤 새롭게 만들어진 나선을 선택하여 앞에서 만들어진 나선의 옆으로 이동합니다. 앞에서 만든 나선과 동일한 위치에 새롭게 만들어진 나선이 있다면 Shift 를 누르고 드래그하여 위치를 이동합니다.

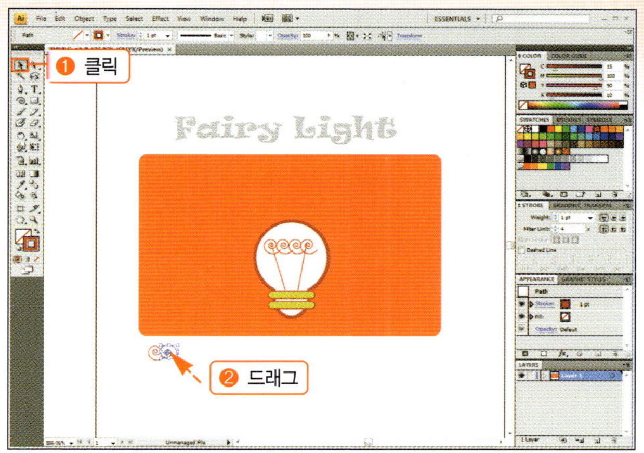

09 만들어진 두 개의 오브젝트를 한 번에 선택한 뒤 Shift + Alt 를 누른 채 옆으로 바싹 붙여 이동하여 복사합니다.

10 Ctrl + D 를 눌러 복사된 오브젝트의 간격만큼 복사합니다. Ctrl + D 를 여러 번 눌러 둥근 사각형의 오른쪽 마지막 부분에 위치되도록 복사해줍니다.

11 선택 툴(   )로 복사된 나선형 문양 전체를 드래그하여 선택합니다. 그리고 오른쪽의 [Stroke] 패널에서 [Weight]의 값을 '2pt'로 설정하여 두껍게 만들어줍니다. [Swatches] 패널에서 'C=20, Y=100'을 선택하여 색상을 바꿔줍니다.

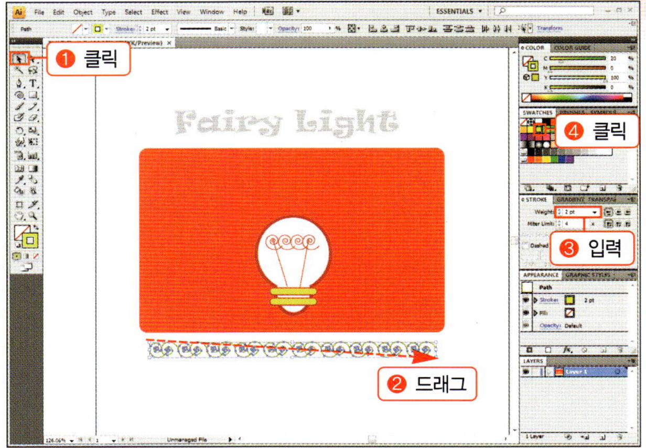

12 선택된 나선형 문양을 Shift 를 누른 채 위로 드래그하여 전구 이미지의 아래쪽으로 위치합니다. 그리고 다시 Alt + Shift 를 누른 채 위로 드래그하여 선택한 오브젝트를 복사합니다.

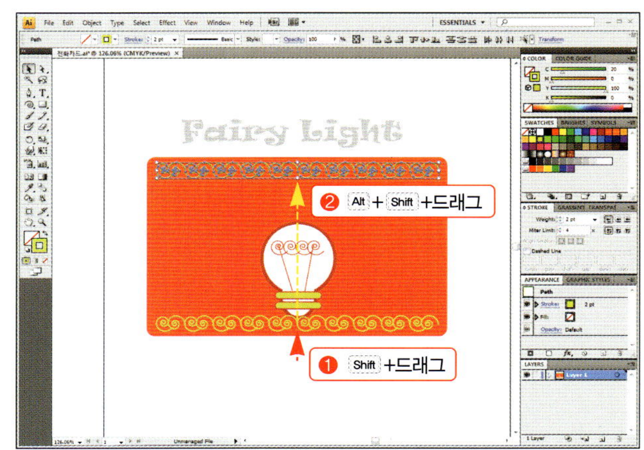

13 복사된 오브젝트는 [Swatches] 패널에서 'White'를 클릭하여 흰색으로 바꿔 문양 이미지를 완성합니다.

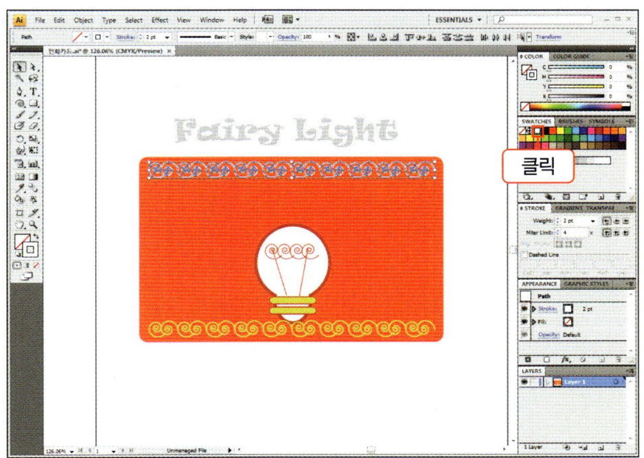

14 도큐먼트의 바탕 부분을 클릭하여 선택을 해제한 뒤 나선 툴(◎)을 클릭하면 나타나는 선 툴(◥)을 선택합니다. 선 툴(◥)이 선택되었으면 그려진 전구의 바깥 부분을 위에서 아래로 클릭함과 동시에 드래그하여 직선을 그려줍니다. 같은 방법으로 여러 개의 선을 그려줍니다.

15 툴 패널에서 선택 툴(▶)을 선택하고 두 번째 있는 선을 선택한 후 [Stroke] 패널에서 [Weight]의 설정 값을 '5pt'로 입력하여 두껍게 만들어줍니다.

16 Shift 를 누르고 중간 중간에 있는 선을 클릭하여 선택합니다. 그리고 [Stroke] 패널에서 [Weight]의 값을 '5pt'로 설정하여 두껍게 만들어줍니다.

17 도큐먼트의 바탕을 클릭하여 선택을 해제한 뒤 위에 있는 미리 입력된 영문 'Fairy Light'를 드래그하여 전구의 빛나는 부분으로 위치합니다.

18 'Fairy Light'는 빛나는 선 모양보다 아래에 위치하고 있으므로 이를 위로 올리기 위해서 [Object]-[Arrange]-[Bring to Front] 메뉴를 선택합니다.

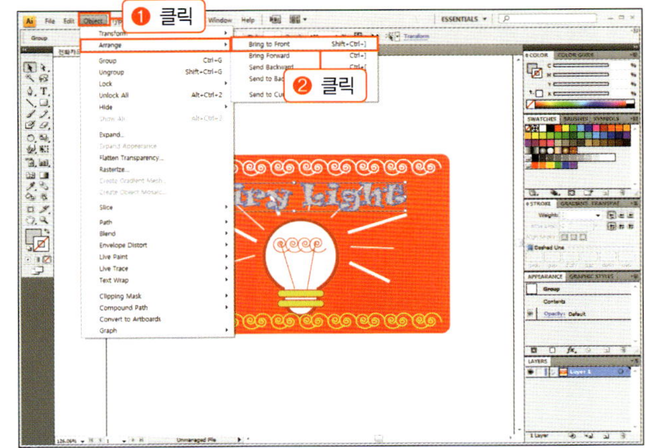

19 선택한 오브젝트가 가장 위로 올라오면 선택을 해제하여 오브젝트 이미지를 완성합니다.

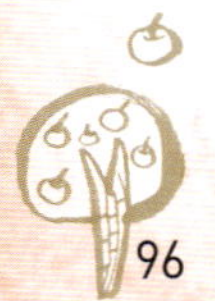

여러 가지 모양의 선 툴을 이용하여 오브젝트 그리기

선 툴은 일러스트레이터에서 오브젝트를 그리는 데 있어 유용하게 사용됩니다. 선 툴은 직선과 곡선으로만 이루어진 오브젝트를 그릴 때 사용하는 도구입니다. 다양한 선 툴을 이용하여 오브젝트를 그리는 방법에 대해 자세히 알아보도록 하겠습니다.

SKill up 01 다양한 종류의 선 툴 알아보기

선 툴(◣)을 클릭하고 있으면 곡선 툴, 나선 툴, 사각형 그리드 툴, 원형 그리드 툴과 같은 하위 메뉴가 나타나 여러 모양의 선을 쉽게 그릴 수 있으며 대화상자를 이용하여 수치를 정확하게 조절할 수 있습니다.

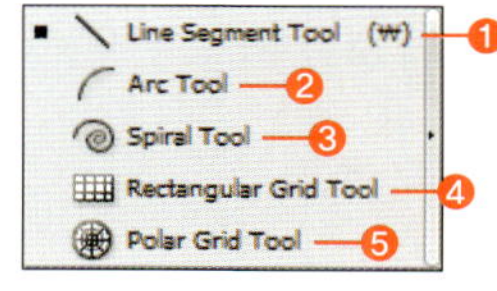

❶ 선 툴(Line Tool) : 클릭과 동시에 드래그하여 직선을 그립니다. 드래그한 길이만큼 선의 길이가 만들어지게 됩니다.

❷ 곡선 툴(Arc Tool) : 곡선이나 원호를 그릴 때 사용하며 클릭한 후 드래그한 방향으로 곡선이 그려집니다.

❸ 나선 툴(Spiral Tool) : 골뱅이 모양의 나선을 그려줍니다. 대화상자를 통해서 나선의 모양을 바꿔줄 수 있습니다.

❹ 사각 그리드 툴(Rectangular Grid Tool) : 사각형 안에 그리드 선을 그려줍니다.

❺ 원형 그리드 툴(Polar Grid Tool) : 원형 안에 그리드 선을 그려줍니다.

SKill up 02 [Line Segment Tool Options] 대화상자 살펴보기

선 툴(◣)을 드래그하여 직선을 그리면 드래그한 길이만큼 선의 길이가 만들어지며 [Line Segment Tool Options] 대화상자를 통해 그려지는 선의 모양을 설정할 수 있습니다.

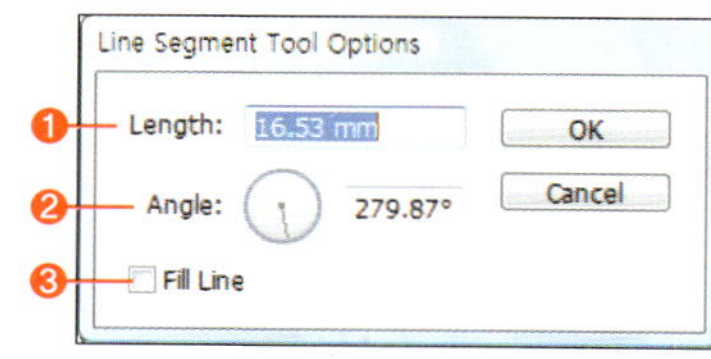

❶ Length : 그려지는 선의 길이를 조절합니다.
❷ Angle : 그려지는 선의 각도를 조절합니다.
❸ Fill Line : 현재 선택되어 있는 면 색상을 선 색상에 적용합니다.

곡선 툴()을 선택하고 도큐먼트를 클릭하면 곡선에 대한 옵션을 설정할 수 있는 [Arc Segment Tool Options] 대화상자가 나타납니다.

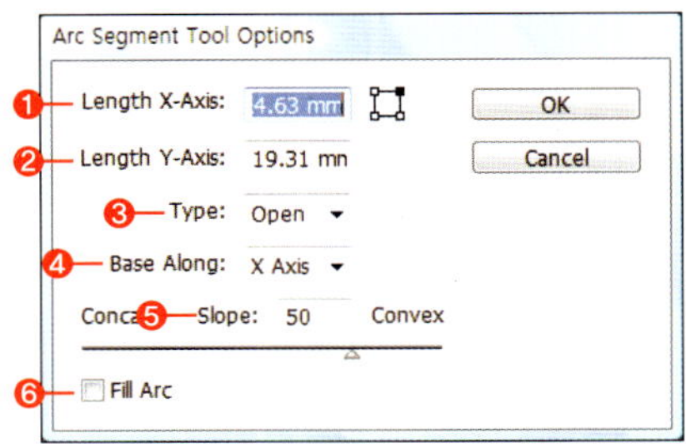

❶ **Length X-Axis** : X축 방향의 길이를 조절합니다.
❷ **Length Y-Axis** : Y축 방향의 길이를 조절합니다.
❸ **Type** : 'Open' 은 열린 곡선, 'Closed' 는 닫힌 폐곡선을 만들어줍니다.
❹ **Base Along** : 'X Axis' 는 X축, 'Y Axis' 는 Y축을 기준으로 합니다.
❺ **Slope** : 곡선의 굴곡되는 정도를 조절합니다.
❻ **Fill Arc** : 현재 선택되어 있는 면 색상을 곡선에 적용합니다.

SKill up 04　[Spiral] 대화상자 살펴보기

툴 패널에서 나선 툴(◎)을 선택하고 도큐먼트를 클릭하면 나선에 대한 옵션을 설정할 수 있는 [Spiral] 대화상자가 나타납니다.

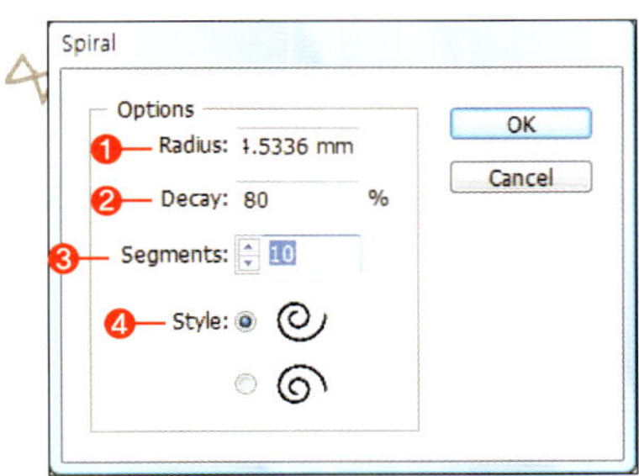

❶ **Radius** : 나선의 중심에서 바깥 부분에 있는 선까지의 길이를 조절합니다.
❷ **Decay** : 나선의 시작점과 끝점 사이의 선이 작아지는 비율을 조절합니다.
❸ **Segments** : 나선의 시작점에서 끝점 사이 선분의 수를 조절합니다.
❹ **Style** : 나선이 회전하는 방향을 선택합니다.

SKill up 05 [Rectangular Grid Tool Options] 대화상자 살펴보기

툴 패널에서 사각 그리드 툴(▦)을 선택하고 도큐먼트를 클릭하면 사각 그리드에 대한 옵션을 설정할 수 있는 [Rectangular Grid Tool Options] 대화상자가 나타납니다.

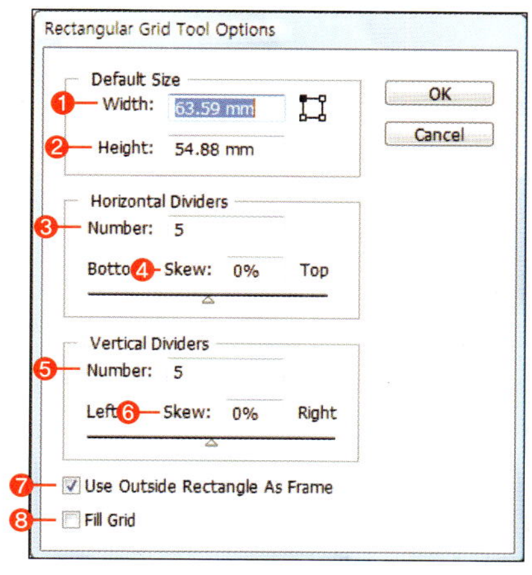

❶ **Width** : 그리드의 가로 길이를 조절합니다.
❷ **Height** : 그리드의 세로 길이를 조절합니다.
❸ **Number** : 가로 선의 분할 개수를 조절합니다.
❹ **Skew** : 밀집도의 퍼센트를 조절합니다.
❺ **Number** : 세로 선의 분할 개수를 조절합니다.
❻ **Skew** : 밀집도의 퍼센트를 조절합니다.
❼ **Use Outside Rectangle As Frame** : 옵션 체크가 해제되면 테두리를 각각의 선으로 사각형을 만들어줍니다. 옵션을 체크하면 테두리를 완전한 사각형으로 설정합니다.
❽ **Fill Grid** : 사각 그리드의 선에 면 색상을 적용합니다.

SKill up 06 [Polar Grid Tool Options] 대화상자 살펴보기

툴 패널에서 원형 그리드 툴(◉)을 선택하고 도큐먼트를 클릭하면 원형 그리드에 대한 옵션을 설정할 수 있는 [Polar Grid Tool Options] 대화상자가 나타납니다.

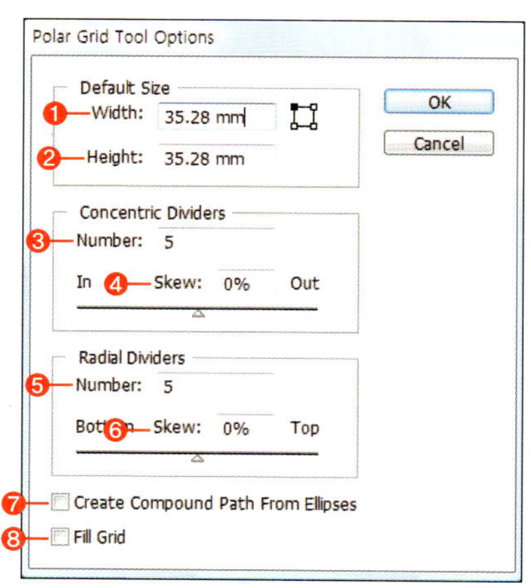

❶ **Width** : 그리드의 가로 길이를 조절합니다.
❷ **Height** : 그리드의 세로 길이를 조절합니다.
❸ **Number** : 가로 선의 분할 개수를 조절합니다.
❹ **Skew** : 밀집도의 퍼센트를 조절합니다.
❺ **Number** : 세로 선의 분할 개수를 조절합니다.
❻ **Skew** : 밀집도의 퍼센트를 조절합니다.
❼ **Create Compound Path From Ellipses** : 테두리 원을 원형으로 할 것인지, 각각 분할된 선으로 원 모양을 만들 것인지를 설정합니다.
❽ **Fill Grid** : 원형 그리드의 선에 면 색상을 적용합니다.

도형 툴을 이용하여 편지지 만들기

정형화된 오브젝트는 도형 툴을 이용하여 그리게 됩니다. 도형 툴을 선택하고 드래그하면 도형을 그릴 수 있으며 도큐먼트를 클릭하면 나타나는 대화상자를 통해서 도형의 모양이나 도형의 크기 등을 설정할 수도 있습니다.

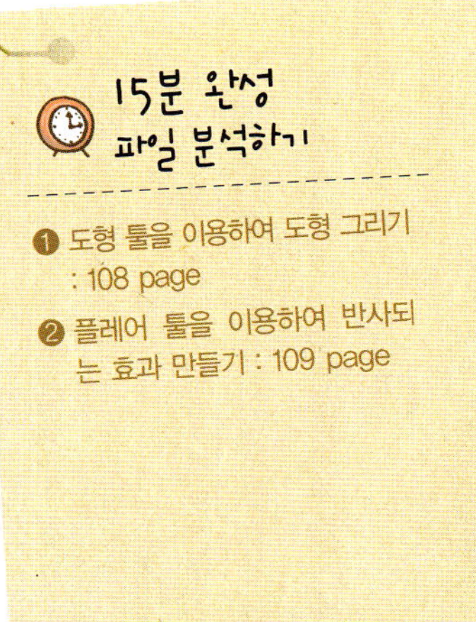

15분 완성
파일 분석하기

❶ 도형 툴을 이용하여 도형 그리기
 : 108 page

❷ 플레어 툴을 이용하여 반사되
 는 효과 만들기 : 109 page

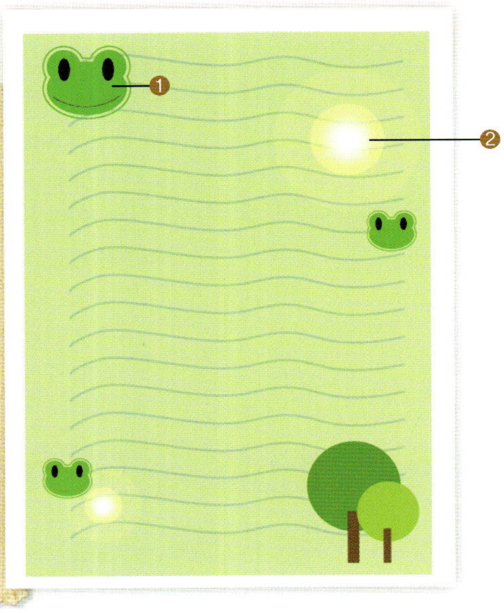

◉ 완성 파일 : Sample\Part02\개구리완성.ai

01 [File]-[New] 메뉴를 선택하면 나타나는 [New Document] 대화상자에서 [Size]를 'A4'로 설정한 다음 [OK] 버튼을 클릭합니다.

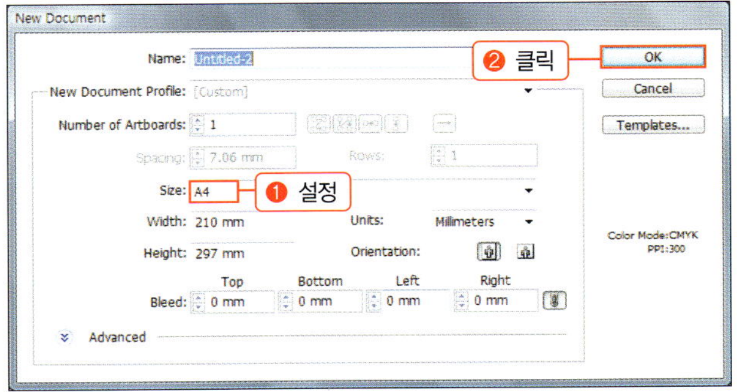

02 오브젝트를 그리기 위해 툴 패널에서 돋보기 툴()을 선택한 다음 화면을 확대합니다. 그리고 툴 패널에서 사각형 툴()을 클릭하고 있으면 나타나는 하위 메뉴에서 원 툴()을 선택합니다.

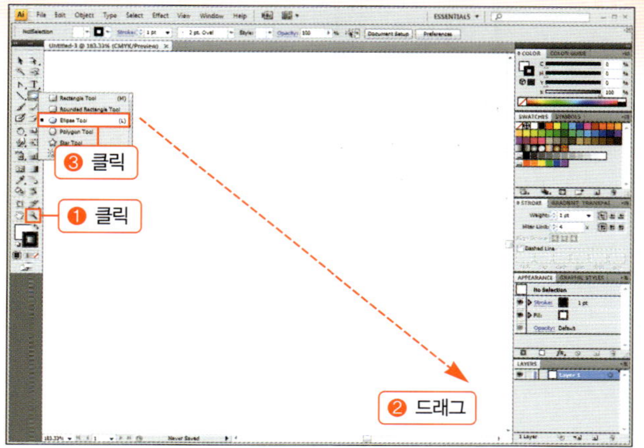

03 툴 패널의 색상 모드에서 선 색은 '없음'으로 하고 [Swatches] 패널에서 'C=75, Y=100'을 선택하여 면 색을 녹색으로 설정합니다. Alt를 누르고 외곽으로 드래그하여 시작한 점이 중심이 되는 녹색 타원을 하나 그려줍니다.

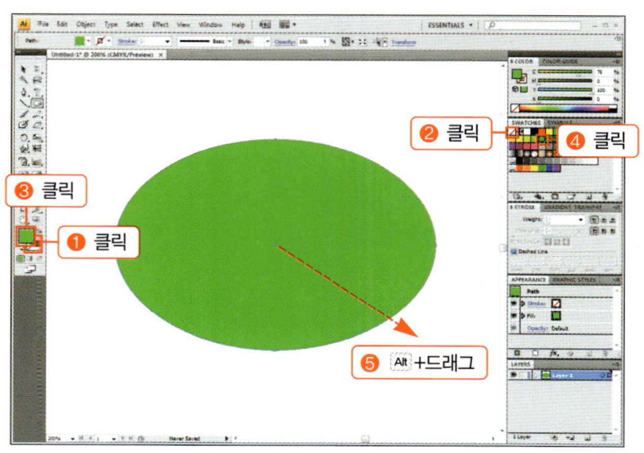

04 Alt + Shift 를 누른 채 원의 오른쪽 패스 위가 중심이 되는 원을 그려줍니다.

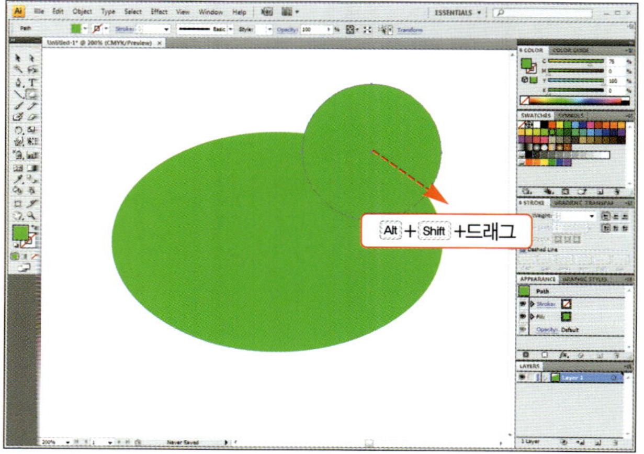

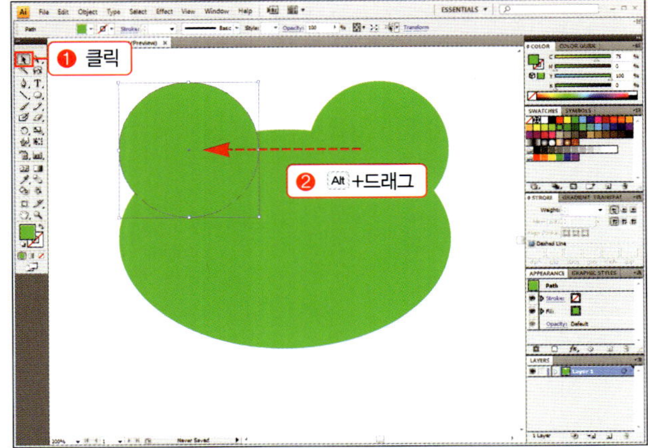

05 툴 패널에서 선택 툴(화살표)을 선택한 다음 Alt 를 누른 채 왼쪽으로 드래그하여 원 오브젝트를 하나 더 복사합니다. 이때 복사되는 원의 중심점이 큰 원의 패스 위에 올라오도록 만들어줍니다.

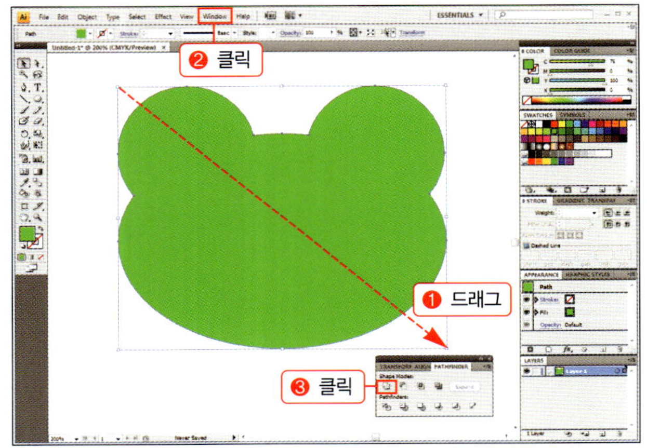

06 선택 툴(화살표)로 그려진 모든 오브젝트를 드래그하여 선택합니다. [Window]-[Pathfinder] 메뉴를 선택하여 [Pathfinder] 패널을 나타냅니다. [Pathfinder] 패널에서 [Shape Modes]의 [Unite](아이콘) 버튼을 클릭하여 오브젝트를 합쳐 하나의 면으로 만들어줍니다.

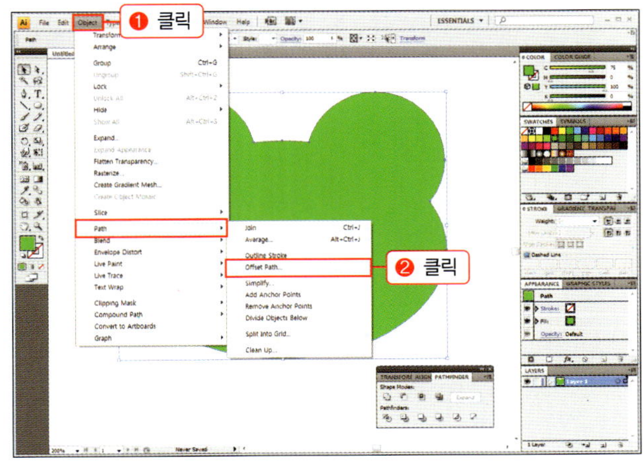

07 개구리의 머리 부분의 외곽 모양이 만들어졌습니다. 개구리 머리 부분의 바깥쪽으로 크기가 큰 오브젝트를 복사해서 만들기 위해 [Object]-[Path]-[Offset Path] 메뉴를 선택합니다.

08 [Offset Path] 대화상자가 나타나면 [Offset] 값에 '5mm'를 입력하고 [OK] 버튼을 클릭하여 동일한 간격으로 오브젝트의 크기를 키워 복사합니다.

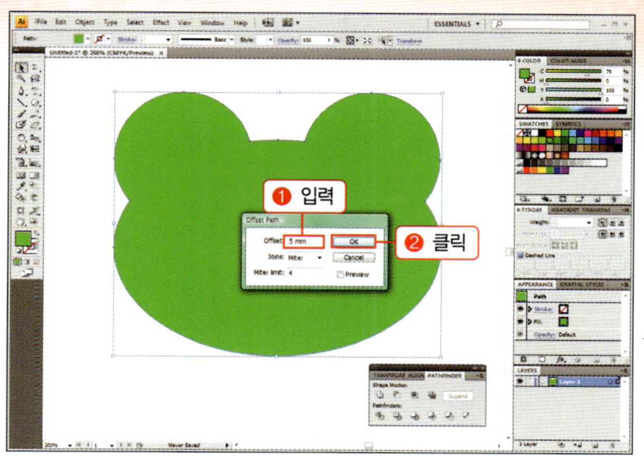

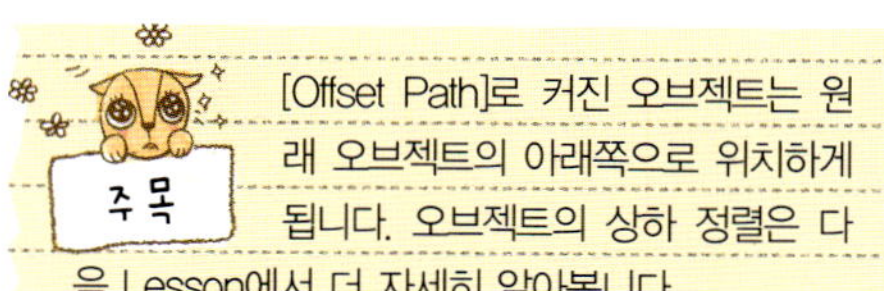

09 툴 패널의 색상 모드에서 면 색은 '없음'으로 설정하고 선 색은 [Swatches] 패널에서 'C=75, Y=100'을 선택하여 녹색으로 만들어줍니다. [Stroke] 패널에서 [Weight]의 값을 '5pt'로 입력하여 선의 두께를 두껍게 만들어줍니다.

10 도큐먼트를 클릭하여 오브젝트의 선택을 해제합니다. 툴 패널에서 면 색은 '검은색', 선 색은 '없음'으로 설정합니다. 원 툴(◯)을 선택하고 얼굴의 왼쪽 위에서 오른쪽 아래로 드래그하여 개구리의 눈을 그려줍니다. 선택 툴(▶)을 선택한 뒤 Alt 를 누르고 오른쪽으로 드래그하여 오른쪽 눈을 만들어줍니다.

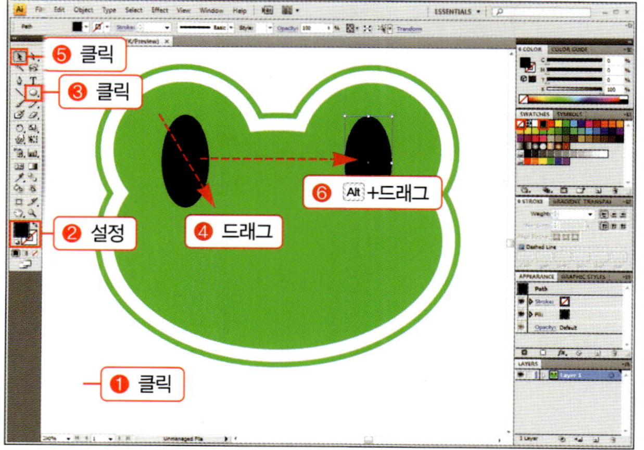

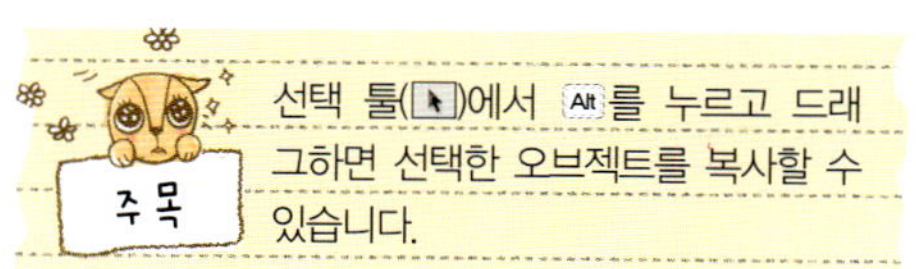

11 개구리가 웃는 것과 같은 입모양을 그리기 위해 원 툴(○)을 선택합니다. 툴 패널 하단의 색상 모드에서 면 색은 '없음', 선 색은 'Black' 으로 지정합니다. 개구리 얼굴의 윗부분에서 Alt 를 누른 후 드래그하여 그림처럼 얼굴을 가로지르는 타원을 크게 그려줍니다.

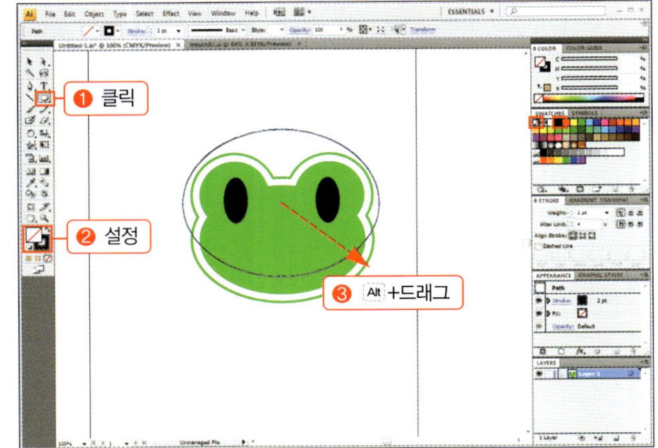

> 앞에서 작업 중인 화면이 크게 확대되어 개구리의 얼굴 전체를 가로 지르는 원을 그리기가 어려운 상태입니다. 이런 경우에는 돋보기 툴(🔍)을 이용하거나 Ctrl + Alt + Space Bar 를 누르면 나타나는 축소 돋보기 툴을 이용하여 작업 중인 화면을 축소합니다.

12 지우개 툴(✐)을 클릭하고 있으면 나타나는 가위 툴(✂)을 선택합니다. Ctrl + Space Bar 를 누른 채 클릭하여 화면을 확대합니다. 그려진 원에서 왼쪽과 오른쪽의 패스 위를 정확하게 클릭하여 잘라줍니다.

> 가위 툴(✂)로 패스를 정확하게 자르기 위해서는 패스가 잘 보여야 합니다. 돋보기 툴(🔍)로 화면을 확대하면 패스가 잘 보이므로 쉽게 패스를 자를 수 있습니다. 가위 툴(✂)은 패스 위에서 정확하게 클릭하지 않으면 경고창이 나타납니다. 경고창이 나타나면 [OK] 버튼을 클릭하고 다시 패스 위를 클릭하여 잘라주면 됩니다.

13 선택 툴(▶)을 선택하고 잘려진 원 중에서 위에 있는 큰 원을 선택한 뒤 Delete 를 눌러 큰 원을 삭제합니다. 아래에 있는 원이 개구리의 웃는 입 모양으로 보입니다.

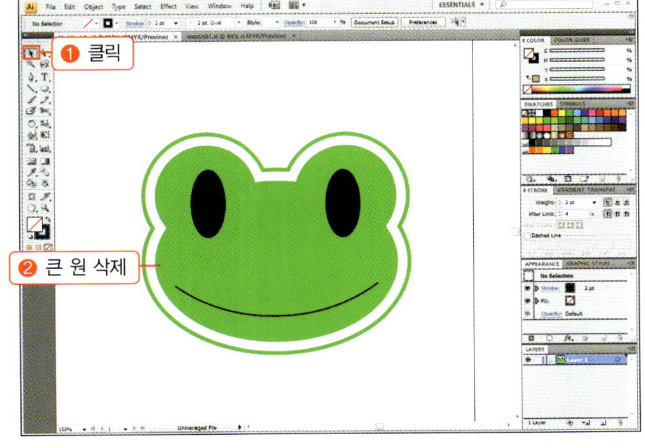

> 개구리의 입모양이 잘 보이지 않는다면 [Stroke] 패널의 [Weight]에서 선의 두께를 조절하면 됩니다.

14 툴 패널에서 손바닥 툴()을 더블클릭하면 작업 중인 도큐먼트 전체가 보이게 됩니다. 선택 툴(▶)을 선택하고 개구리 얼굴 전체를 드래그하여 선택합니다. 메뉴 바에서 [Object]-[Group] 메뉴를 선택하여 선택한 개구리 얼굴을 그룹화합니다. 그룹으로 만들어진 오브젝트는 화면의 오른쪽으로 드래그하여 위치를 이동합니다.

> **주목** 지금까지 그린 개구리 얼굴은 여러 개의 원과 선으로 만들어진 오브젝트입니다. 이런 경우 [Group] 메뉴를 이용하면 하나의 오브젝트로 만들 수 있어 오브젝트의 관리가 수월하게 됩니다.

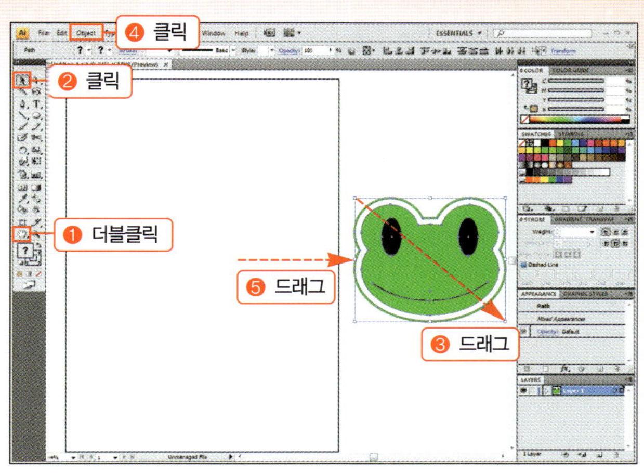

15 선택을 해제한 다음 툴 패널에서 사각형 툴(▢)을 선택하고 선 색은 '없음'으로 한 후, 면 색은 'C=25, Y=50'으로 설정합니다. 도큐먼트에서 드래그하여 세로로 긴 연녹색의 사각형을 그려줍니다.

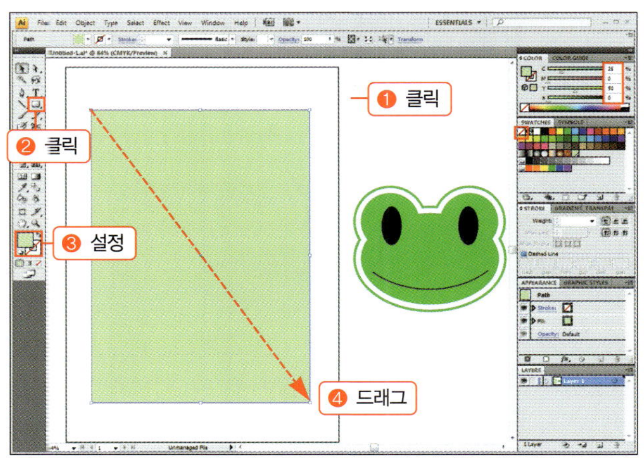

16 툴 패널에서 연필 툴(✏)을 선택하고 색상 모드에서 면 색은 '없음', 선 색은 'C=85, M=10, Y=100, K=10'으로 설정합니다. 연녹색의 사각형 위에서 가로로 드래그하여 자유로운 모양의 선을 그려줍니다.

17 선택 툴(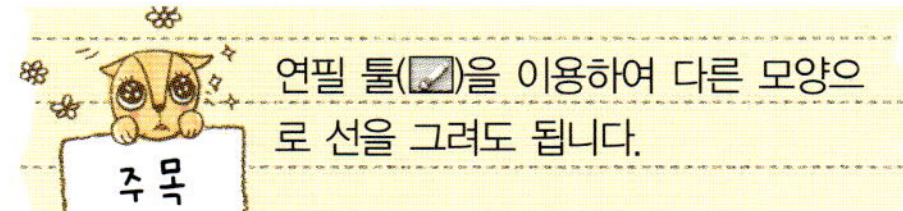)을 선택하고 그려진 선을 선택합니다. Alt + Shift 를 누른 채 아래로 드래그하여 수직 방향으로 복사합니다. 하나의 선이 복사되었으면 Ctrl + D 를 여러 차례 눌러 같은 간격으로 선을 복사합니다.

연필 툴(✏️)을 이용하여 다른 모양으로 선을 그려도 됩니다.

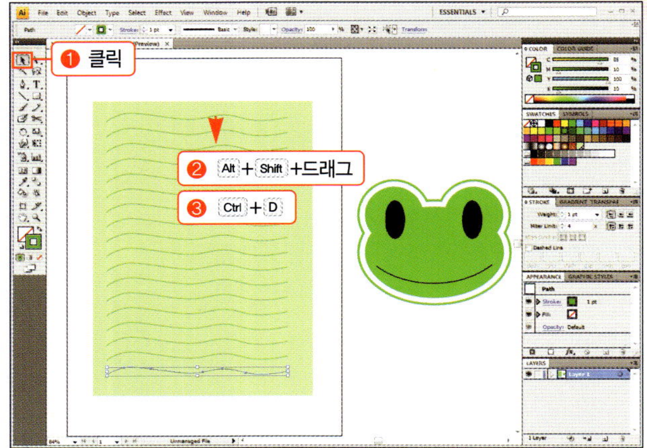

18 툴 패널에서 사각형 툴(▢)을 클릭하면 나타나는 하위 메뉴에서 플레어 툴(◉)을 선택합니다. 편지지의 위쪽에서 드래그하여 광원 효과를 적용합니다.

플레어 툴(◉)을 더블클릭하면 나타나는 [Flare Tool Options] 대화상자를 통해서 광원의 크기와 방향 등을 조절할 수 있습니다.

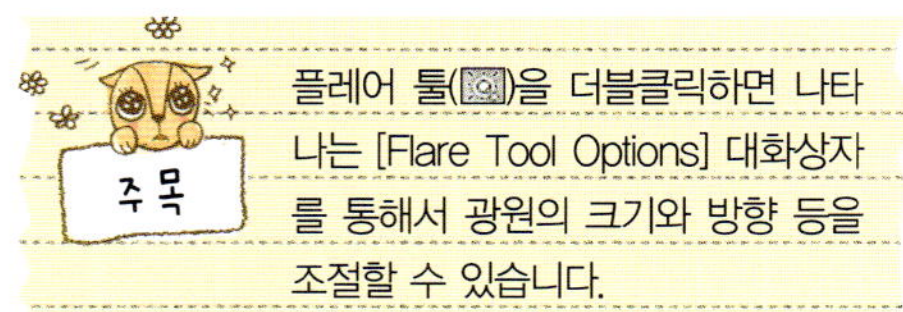

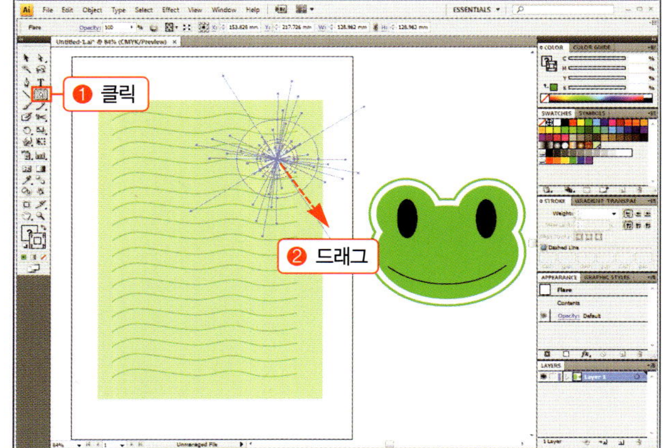

19 아래쪽에도 같은 방법으로 드래그하여 작은 광원을 만들어줍니다.

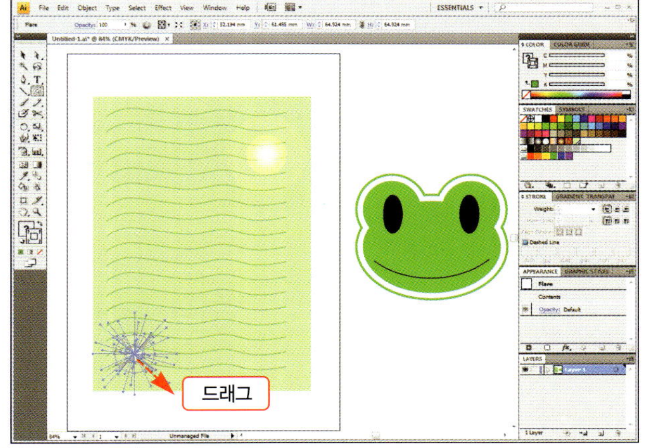

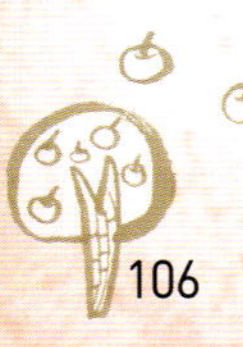

20 선택 툴(▶)을 선택하고 개구리 얼굴을 선택합니다. 개구리 얼굴의 외곽에 나타나는 바운딩 박스를 Shift 를 누른 채 안쪽으로 드래그하여 선택한 개구리 얼굴의 크기를 작게 줄여줍니다.

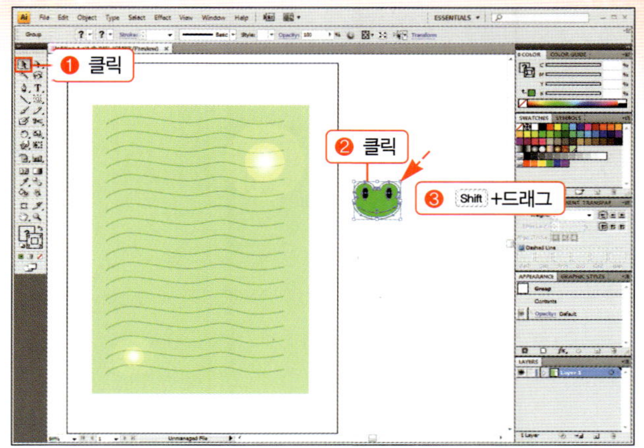

21 작게 줄여진 개구리 얼굴을 선택하여 편지지의 왼쪽 상단으로 위치합니다. 개구리가 편지지에 가려 패스만 보이게 됩니다. 패스만 보이는 상태에서 [Object]-[Arrange]-[Bring to Front] 메뉴를 선택하여 개구리를 편지지보다 위로 올려줍니다.

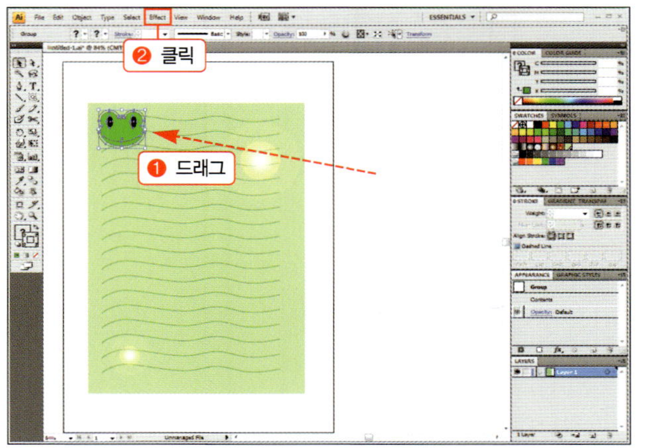

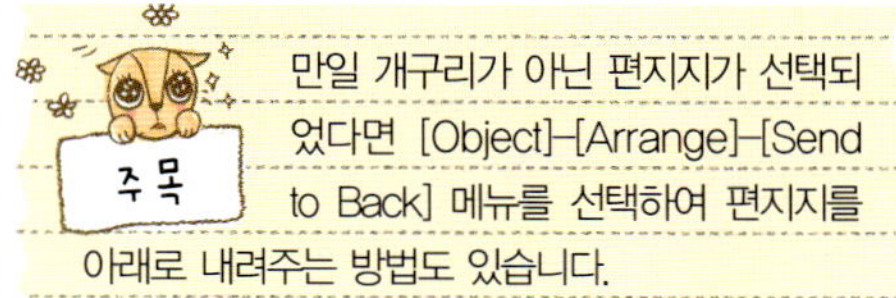
만일 개구리가 아닌 편지지가 선택되었다면 [Object]-[Arrange]-[Send to Back] 메뉴를 선택하여 편지지를 아래로 내려주는 방법도 있습니다.

22 선택 툴(▶)을 이용하여 개구리를 두 개나 세 개 정도 더 복사한 뒤 복사된 개구리의 크기를 바운딩 박스로 작게 조절합니다. 원 툴(◯)과 사각형 툴(▢)을 이용하여 나무와 같은 간단한 오브젝트를 그려 이미지를 완성합니다.

도형 그리는 툴과 대화상자 살펴보기

일러스트레이터에서 사용할 수 있는 도형 툴은 사각형 툴, 둥근 사각형 툴, 원 툴, 다각형 툴, 별 툴, 플레어 툴이 있습니다. 도형 툴은 도큐먼트 위에 클릭과 동시에 드래그하여 원하는 크기의 도형을 그릴 수 있으며 도큐먼트를 클릭하면 나타나는 옵션 대화상자에서 정밀한 크기를 만들 수 있습니다.

SKill up 01   [Rectangle], [Ellipse], [Rounded Rectangle] 대화상자 살펴보기

툴 패널에서 사각형 툴(▢)이나 둥근 사각형 툴(▢), 원 툴(◯)을 선택하고 도큐먼트를 클릭하면 나타나는 대화상자에서 만들어지는 다각형의 크기를 설정할 수 있습니다.

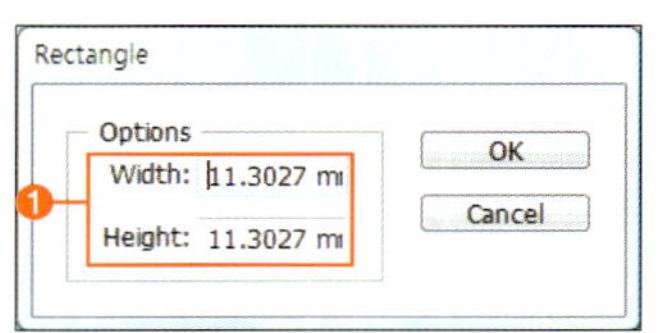

▲ [Rectangle] 대화상자

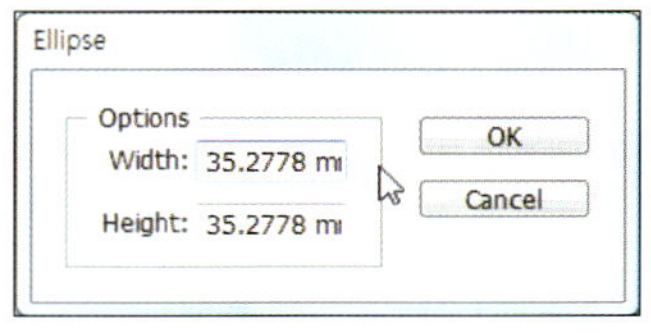

▲ [Ellipse] 대화상자

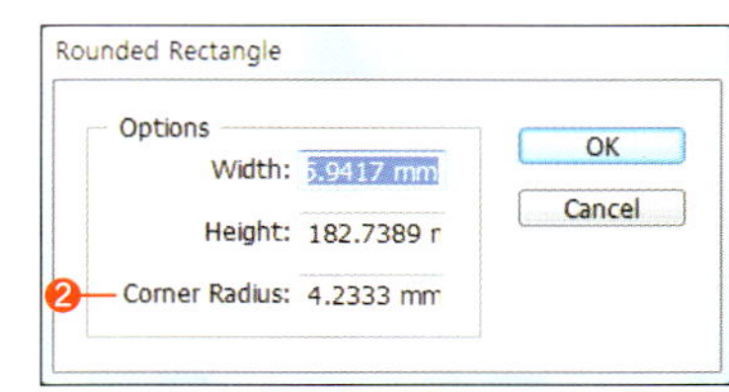

▲ [Rounded Rectangle] 대화상자

❶ **Width/Height** : 만들어지는 사각형이나 원의 가로와 세로 길이를 입력합니다.
❷ **Corner Radius** : 둥근 사각형에서 모서리의 둥근 정도를 입력합니다.

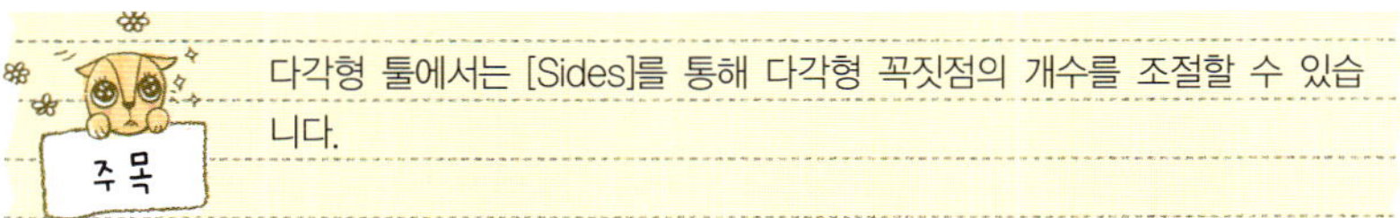

다각형 툴에서는 [Sides]를 통해 다각형 꼭짓점의 개수를 조절할 수 있습니다.

주목

SKill up 02   [Star] 대화상자 살펴보기

툴 패널에서 별 툴(☆)을 선택하고 도큐먼트를 클릭하면 나타나는 대화상자에서 만들어지는 별의 크기와 모양을 설정할 수 있습니다.

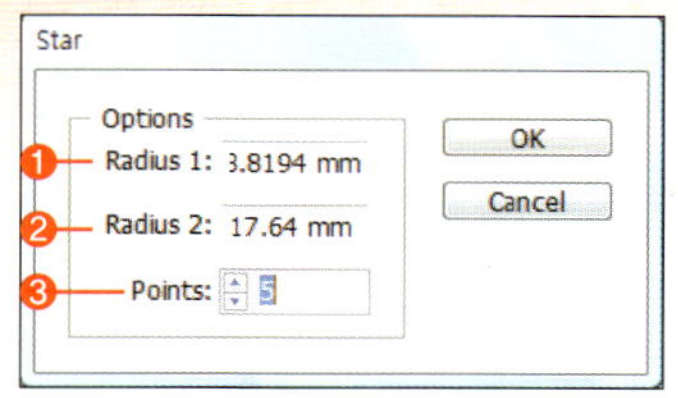

❶ **Radius 1** : 별의 중심점에서 바깥쪽 꼭짓점까지의 거리를 설정합니다.

❷ **Radius 2** : 별의 중심점에서 안쪽 꼭짓점까지의 거리를 설정합니다.

❸ **Points** : 별이 가지는 각의 수를 설정합니다.

▲ [Star] 대화상자

Skill up 03 [Flare Tool Options] 대화상자 살펴보기

플레어 툴(　)을 선택하고 도큐먼트를 클릭하면 나타나는 [Flare Tool Options] 대화상자는 광선의 효과를 조절하는 기능을 가지고 있습니다.

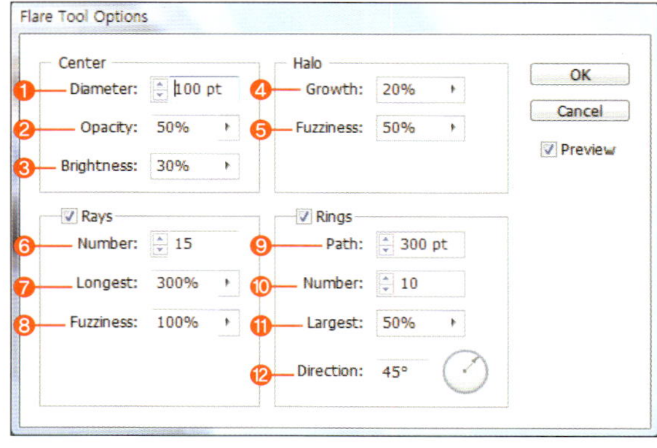

▲ [Flare Tool Options] 대화상자

❶ **Diameter** : 광원의 지름을 조절합니다.

❷ **Opacity** : 광원의 투명도를 조절합니다.

❸ **Brightness** : 광원의 밝기를 조절합니다.

❹ **Growth** : 후광 부분의 크기를 조절합니다.

❺ **Fuzziness** : 후광 부분 광선의 개수를 조절합니다.

❻ **Number** : 광선의 개수를 조절합니다.

❼ **Longest** : 광선의 길이를 조절합니다.

❽ **Fuzziness** : 광선의 선명도를 조절합니다.

❾ **Path** : 광원에서 후광까지의 거리를 조절합니다.

❿ **Number** : 고리의 개수를 조절합니다.

⓫ **Largest** : 고리의 크기를 조절합니다.

⓬ **Direction** : 후광의 방향을 조절합니다.

Skill up 04 돋보기 툴로 화면을 자유롭게 확대/축소하기

정밀한 오브젝트의 제작을 위해 화면을 확대하거나 작업 중인 오브젝트의 전체 모양을 확인하려면 돋보기 툴(　)을 이용하여 화면을 자유롭게 볼 수 있습니다. 돋보기 툴(　)을 선택하면 마우스 포인터 모양이 돋보기로 바뀌고 돋보기 모양의 가운데 부분에 '+' 표시가 나타나게 됩니다. 이 표시가 나타나 있는 상태에서 오브젝트를 확대할 수 있는데, 오브젝트를 클릭하거나 드래그하면 단계적으로 영역을 확대할 수 있습니다. 제목 표시줄을 통해 오브젝트의 확대된 비율을 확인할 수 있습니다.

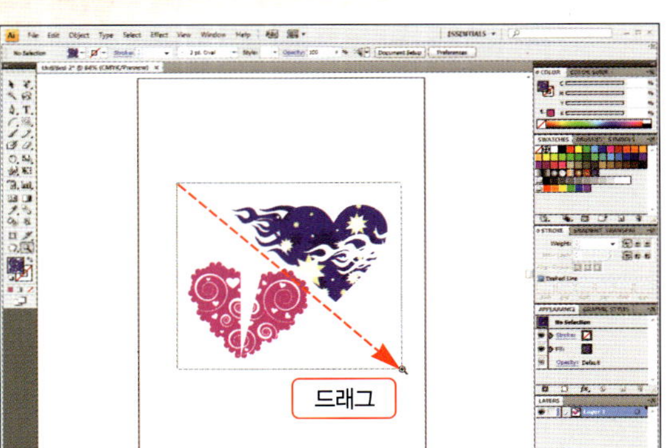

▲ 작업 중인 오브젝트 확대하기

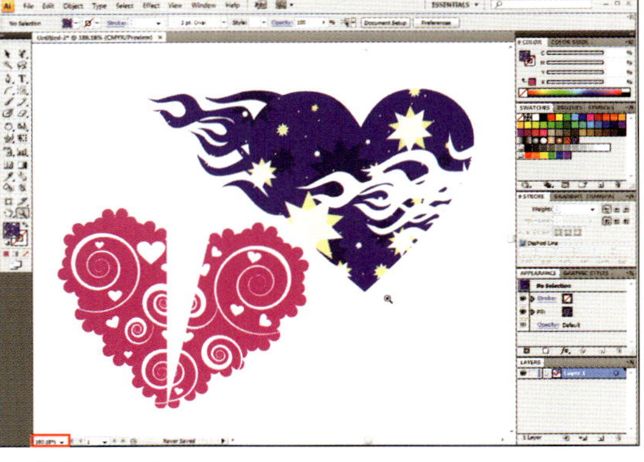

▲ 확대된 오브젝트

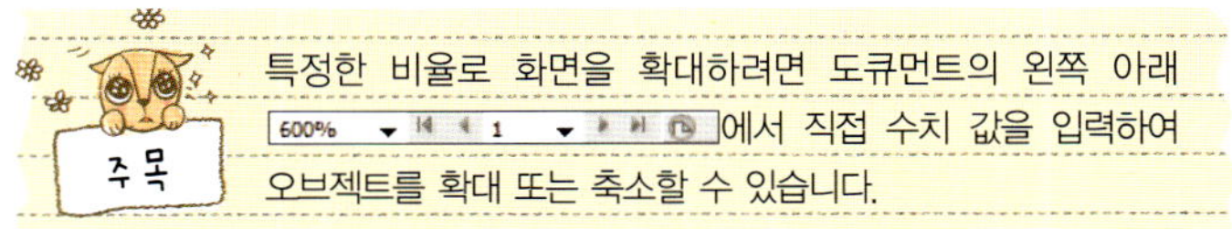

특정한 비율로 화면을 확대하려면 도큐먼트의 왼쪽 아래 에서 직접 수치 값을 입력하여 오브젝트를 확대 또는 축소할 수 있습니다.

이번에는 확대된 오브젝트에서 돋보기 툴(🔍)이 활성화된 상태일 때 Alt 를 누릅니다. 돋보기 툴(🔍)의 안쪽 모양이 '+' 표시에서 'ㅡ' 표시로 바뀌게 됩니다. 이 상태에서 오브젝트를 클릭하면 화면이 축소됩니다.

▲ 확대된 오브젝트

▲ 축소된 오브젝트

단축키를 사용해 오브젝트 확대/축소하기

화면을 확대하거나 축소할 때에는 툴 패널에 있는 돋보기 툴(🔍)을 이용하는 것 보다는 단축키를 주로 사용하게 됩니다. 단축키를 사용하면 현재 사용 중인 툴에서 별도로 돋보기 툴(🔍)을 선택하지 않고도 단축키를 누르는 동안 돋보기 툴(🔍)로 전환하여 사용할 수 있습니다.

· **화면 확대** : Ctrl + Space Bar 를 누르면 마우스 포인터가 확대 돋보기 툴로 바뀝니다.
· **화면 축소** : Ctrl + Alt + Space Bar 를 누르면 마우스 포인터가 축소 돋보기 툴로 바뀝니다.

SKill up 05 손바닥 툴을 이용하여 화면 이동하기

오브젝트가 확대된 경우에 화면에서 보이지 않는 부분을 이동할 경우에는 손바닥 툴(🖐)을 이용하여 화면을 당겨볼 수 있습니다. 툴 패널에서 손바닥 툴(🖐)을 선택하고 화면을 클릭한 뒤 원하는 부분으로 당기면 화면을 이동할 수 있습니다.

▲ 손바닥 툴(🖐)로 화면 이동하기

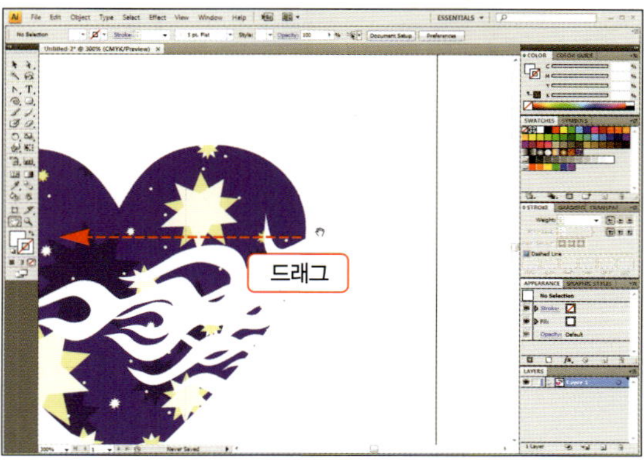

▲ 손바닥 툴(🖐)로 가려진 오브젝트 화면에 보이기

주목

손바닥 툴(🖐)이 선택되지 않은 상태에서 Space Bar 를 누르면 현재 선택한 툴이 손바닥 툴(🖐)로 전환되어 화면을 이동할 수 있습니다. Space Bar 에서 손을 떼면 원래 선택된 툴로 되돌아갑니다. 도큐먼트의 오른쪽과 아래쪽에 있는 스크롤바를 이용해도 화면을 이동할 수 있습니다.

SKill up 06 [Navigator] 패널을 이용하여 화면 이동하기

[Window]-[Navigator] 메뉴를 선택하여 나타나는 [Navigator] 패널을 이용하면 작업 중인 화면을 빠르게 확대하고 이동하여 볼 수 있습니다. [Navigator] 패널의 안쪽에 있는 빨간색 사각형을 클릭하고 드래그하면 화면이 이동되며 아래쪽에 있는 슬라이더를 좌우로 드래그하면 화면을 확대/축소할 수 있습니다.

▲ [Navigator] 패널로 화면 이동하기

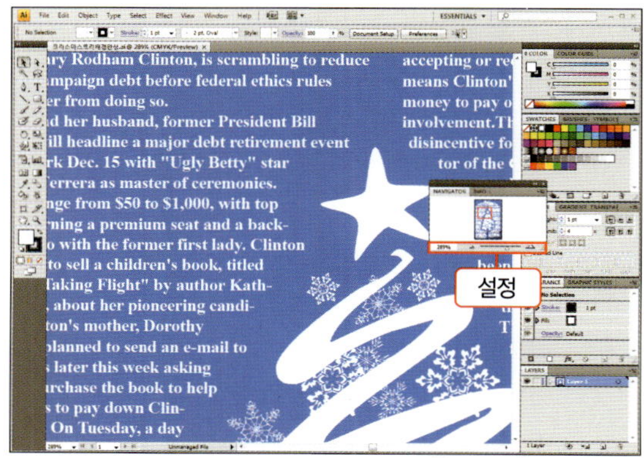

▲ [Navigator] 패널로 화면 확대하기

스케일 툴과 회전 툴로 오브젝트 변형하기

오브젝트 변형 툴은 일러스트레이터에서 그려진 오브젝트를 회전, 확대/축소, 반사, 기울기를 조절하는 툴입니다. 오브젝트를 변형하기 위해서는 먼저 오브젝트를 선택하고 변형하려는 툴을 선택한 다음 대화상자나 마우스를 이용하여 변형할 수 있습니다. 스케일 툴과 회전 툴을 이용하여 오브젝트의 크기를 조절하고 회전해보겠습니다.

15분 완성 파일 분석하기

❶ 다양한 방법으로 변형 툴 사용하기 : 116 page
❷ 스케일 툴로 크기 조정하기 : 117 page
❸ 회전 툴로 회전하기 : 117 page

◉ 예제 파일 : Sample\Part02\사과.ai
완성 파일 : Sample\Part02\사과완성.ai

01 [File]-[Open] 메뉴를 선택하고 'Sample\Part02\사과.ai' 파일을 불러옵니다. 툴 패널에서 돋보기 툴(🔍)을 선택한 후 드래그하여 오브젝트를 확대합니다.

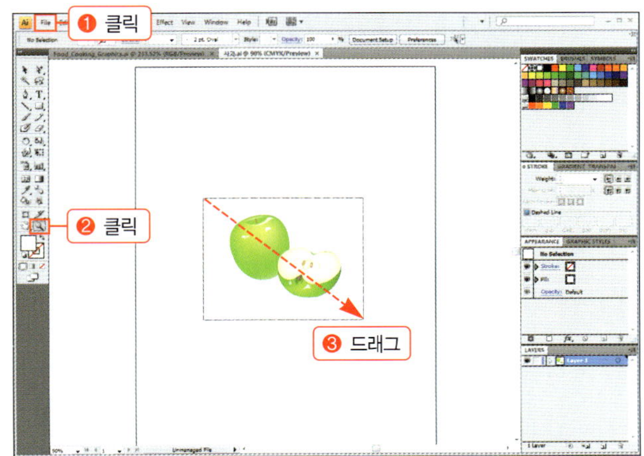

02 선택 툴(🔺)로 앞에 있는 반쪽으로 잘라진 사과를 선택하고 스케일 툴(🔳)을 선택합니다.

03 Shift 를 누르고 선택한 사과의 가운데에서 오른쪽 아래의 대각선 방향으로 드래그하여 사과 오브젝트가 커지게 한 다음 마우스에서 손을 떼면 사과가 확대된 것을 확인할 수 있습니다.

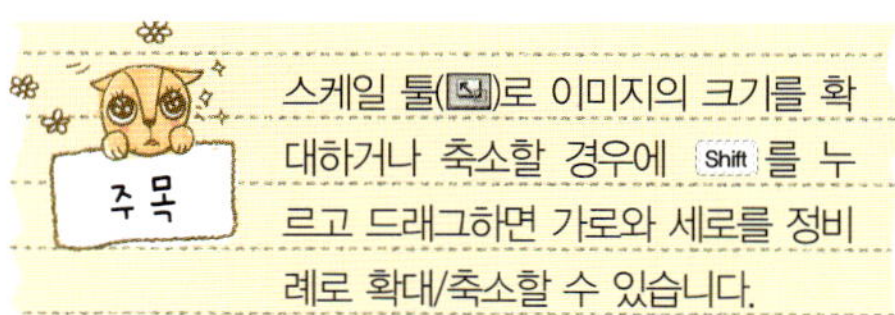

주목 스케일 툴(🔳)로 이미지의 크기를 확대하거나 축소할 경우에 Shift 를 누르고 드래그하면 가로와 세로를 정비례로 확대/축소할 수 있습니다.

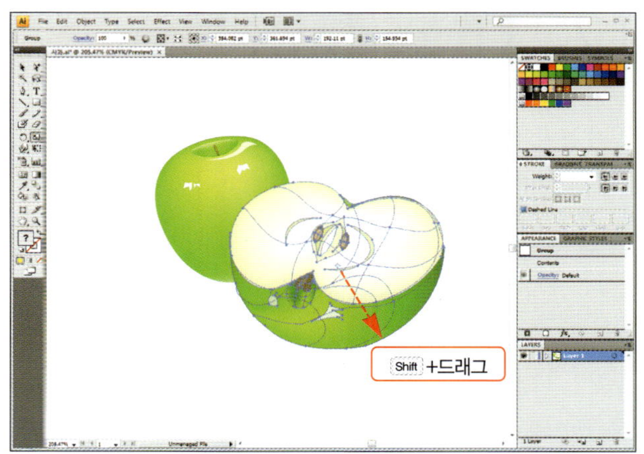

04 이번에는 중심축을 이동하기 위해 뒤에 있는 사과의 가운데 부분을 클릭합니다. 중심축이 뒤쪽으로 이동된 것을 확인할 수 있습니다.

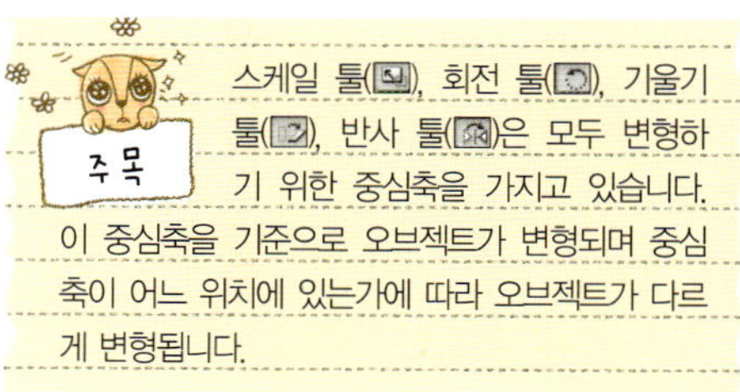

주목 스케일 툴(🔳), 회전 툴(🔄), 기울기 툴(🔳), 반사 툴(🔳)은 모두 변형하기 위한 중심축을 가지고 있습니다. 이 중심축을 기준으로 오브젝트가 변형되며 중심축이 어느 위치에 있는가에 따라 오브젝트가 다르게 변형됩니다.

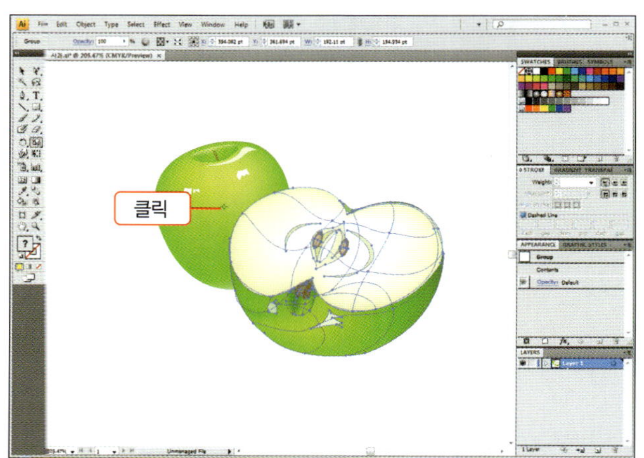

05 사과의 오른쪽 아래를 클릭하고 이동된 중심축 쪽으로 드래그합니다. 사과의 크기가 원하는 만큼 축소되었을 때 마우스에서 손을 떼면 됩니다.

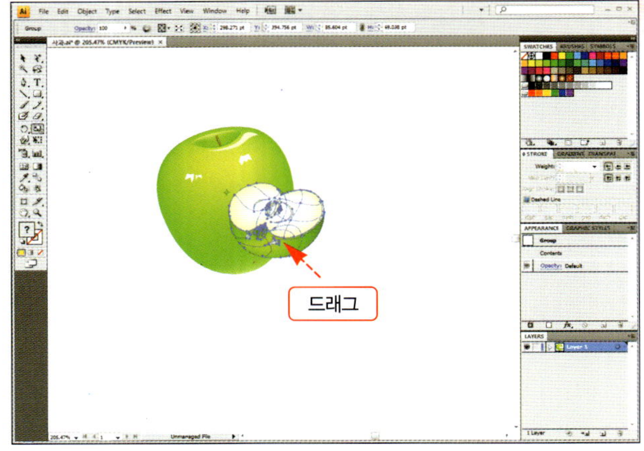

06 선택 툴(￼)을 선택하여 선택을 해제하고 뒤에 있는 사과를 다시 선택합니다. 툴 패널에서 스케일 툴(￼)을 더블클릭합니다. [Scale] 대화상자가 나타나면 [Uniform]의 [Scale]에 '65'를 입력한 후 [Copy] 버튼을 클릭합니다.

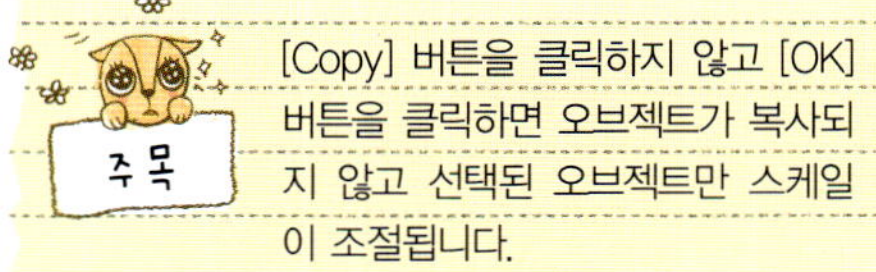

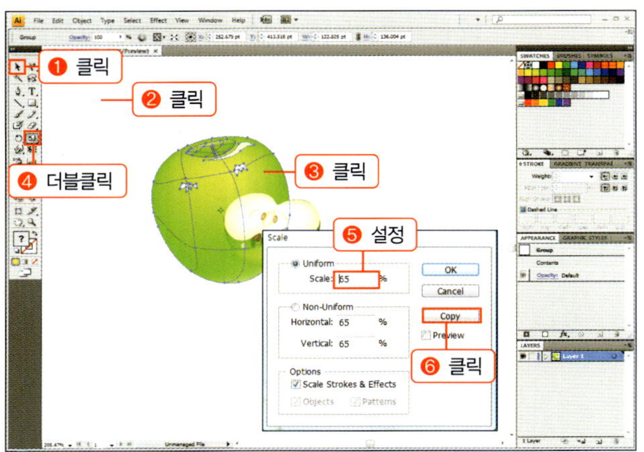

> [Copy] 버튼을 클릭하지 않고 [OK] 버튼을 클릭하면 오브젝트가 복사되지 않고 선택된 오브젝트만 스케일이 조절됩니다.
>
> 주목

07 [Scale] 대화상자에서 입력한 비율만큼 오브젝트가 축소되면서 복사가 이루어집니다. 선택 툴(￼)로 사과를 선택하여 적당한 위치로 이동합니다. 선택된 사과를 회전하기 위해 툴 패널에서 회전 툴(￼)을 선택합니다. 선택한 사과의 가운데 회전 툴(￼)의 중심점이 있는 것을 확인한 뒤 오른쪽으로 드래그하면 마우스가 움직이는 대로 사과가 회전됩니다.

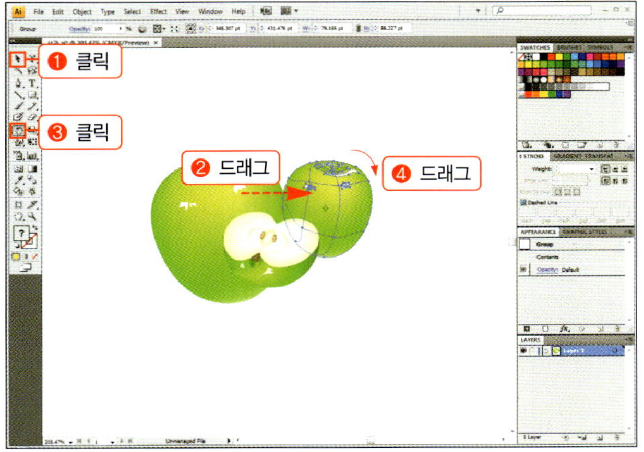

08 반쪽으로 나뉜 사과의 아래쪽을 클릭하여 회전 툴( )의 중심점을 이동합니다. Alt 를 누른 채 왼쪽으로 드래그한 뒤 가운데 위치에서 마우스에서 손을 떼면 사과가 회전되면서 하나 더 복사됩니다.

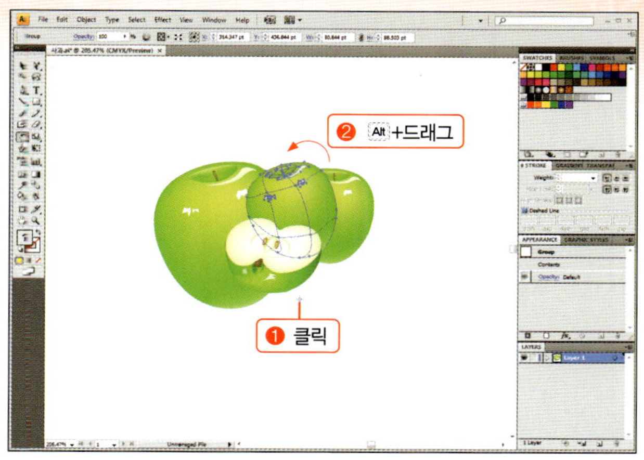

09 선택 툴( )로 선택을 해제하고 반쪽 사과를 선택합니다. 툴 패널에서 다시 회전 툴( )을 선택하고 Alt 를 누른 채 선택한 사과의 오른쪽 아랫부분을 클릭합니다. [Rotate] 대화상자가 나타나면 [Angle]에 '35'를 입력하고 [Copy] 버튼을 클릭합니다.

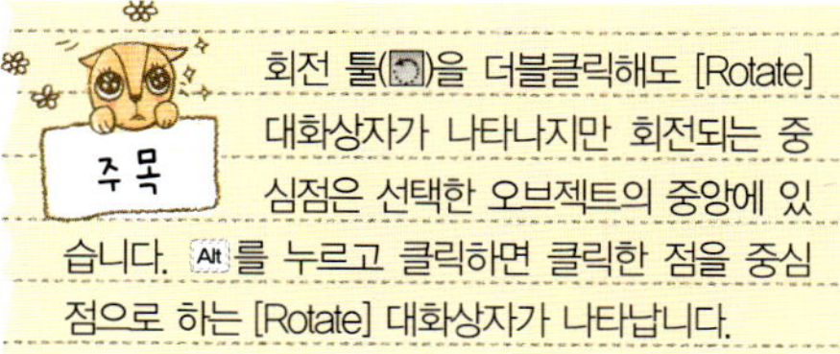

주목

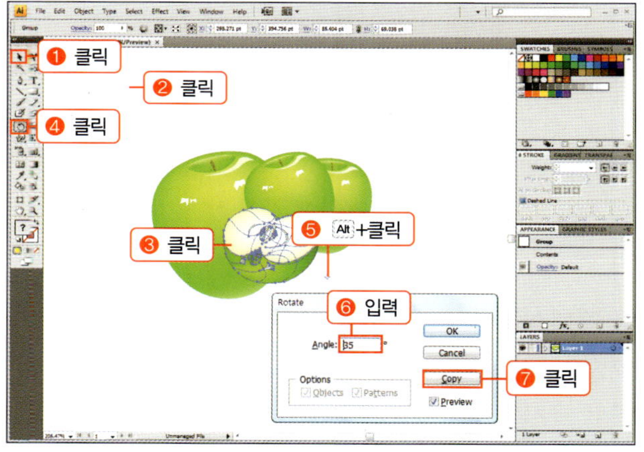

10 입력한 각도만큼 사과가 회전되면서 복사됩니다. 툴 패널에서 선택 툴( )을 선택한 다음 크기 조절과 회전된 사과들을 적당한 위치로 옮겨 이미지를 완성합니다.

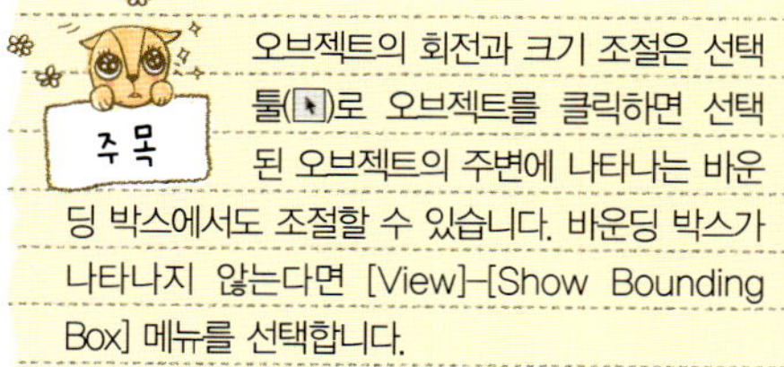

주목

오브젝트 변형 툴 살펴보기

만들어진 오브젝트를 변형해주는 것을 오브젝트 변형 툴이라고 합니다.
변형 툴을 이용하면 이미 그려진 오브젝트에 확대, 회전, 축소, 기울기,
반사 등의 오브젝트 변형 작업을 할 수 있습니다.

Skill up 01 변형 툴을 사용하는 세 가지 방법

회전 툴(🔄), 기울기 툴(🔄), 스케일 툴(🔄), 반사 툴(🔄)과 같은 변형 툴을 이용하여 오브젝트를 변형
하는 방법은 크게 세 가지 방법으로 나누어집니다. 세 가지 방법 중 어떤 방법을 사용해도 변형을 줄 수
있지만 만들어지는 오브젝트에 따라 방법을 달리해야 하는 경우도 있으므로 충분히 연습하는 것이 좋
습니다.

• 대화상자에 수치 값을 입력하여 변형하기

변형 툴을 더블클릭하면 나타나는 대화상
자에 수치를 입력하여 수치 값으로 오브젝
트를 변형할 수 있습니다. 변형 툴을 더블
클릭하면 항상 선택된 오브젝트의 중앙에
중심점이 있으며 이를 기준으로 오브젝트
가 변형됩니다.

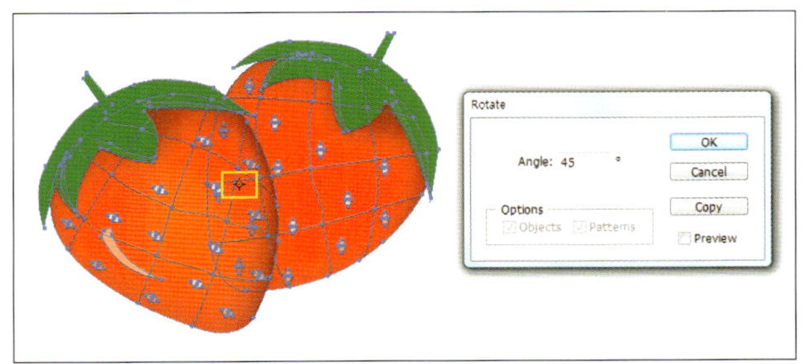

• Alt 를 누르고 오브젝트를 클릭하여 중심점의 위치 바꾼 뒤 대화상자 꺼내기

실제 이미지 작업을 하다 보면 중심점의 위
치를 바꿔야 하는 경우가 생깁니다. 새롭게
중심점을 지정할 위치에 Alt 를 누르고 클릭
하면 그 곳을 중심점으로 하는 대화상자가
나타납니다.

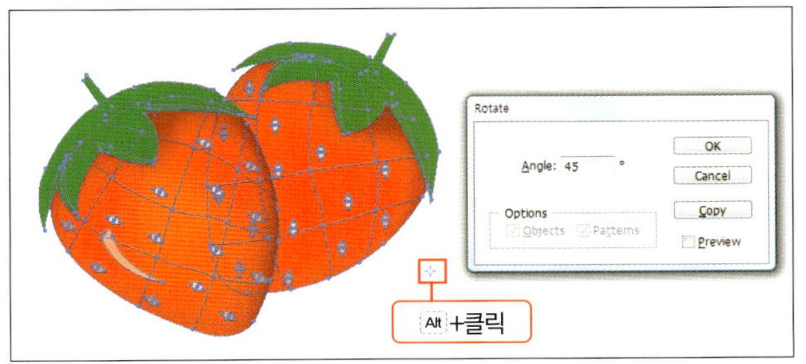

• 드래그하여 오브젝트 변형하기

오브젝트가 선택된 상태에서 변형 툴을 선택하고 드래그하면 마우스가 드래그된 방향에 따라 오브젝트가 변형됩니다. 주로 빠르게 오브젝트를 변형할 경우에 사용합니다. 선택한 오브젝트의 중심점을 바꾸려면 새로운 중심점에서 두 번 클릭하여 위치를 바꿉니다.

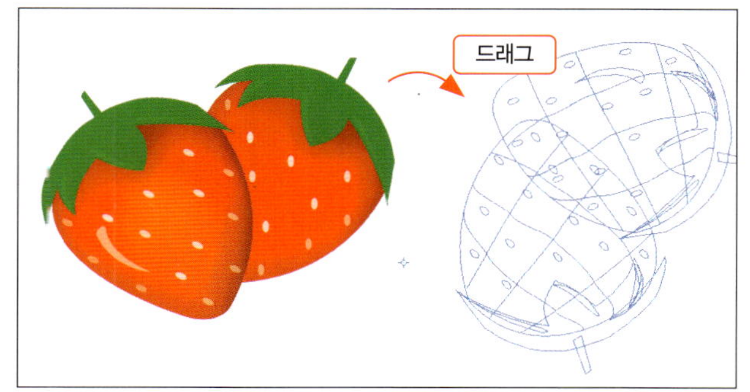

[Scale] 대화상자 살펴보기

툴 패널에서 스케일 툴(⬗)을 더블클릭하면 [Scale] 대화상자가 나타납니다.

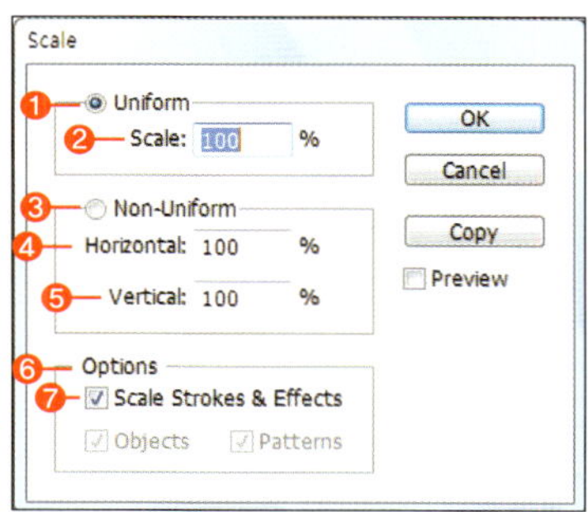

❶ **Uniform** : 가로와 세로를 동일한 비율로 조절합니다.

❷ **Scale** : 입력된 수치만큼 오브젝트의 크기를 확대하거나 축소합니다.

❸ **Non-Uniform** : 가로와 세로를 다른 비율로 조절합니다.

❹ **Horizontal** : 가로로 입력된 크기만큼 확대하거나 축소합니다.

❺ **Vertical** : 세로로 입력된 크기만큼 확대하거나 축소합니다.

❻ **Options** : 오브젝트에 패턴이 있는 경우에만 활성화되며 오브젝트와 패턴을 동시에 축소, 확대하거나 패턴이나 오브젝트 중에서 선택하여 축소, 확대할 수 있습니다.

❼ **Scale Strokes & Effects** : 오브젝트에 적용된 선의 두께를 동일한 비율로 축소하거나 확대합니다. 옵션이 체크되지 않으면 오브젝트만 축소, 확대되며 적용된 선의 두께에는 변화가 없습니다.

[Rotate] 대화상자 살펴보기

툴 패널에서 회전 툴(⟳)을 더블클릭하거나 Alt 를 누르고 오브젝트를 클릭하면 [Rotate] 대화상자가 나타납니다.

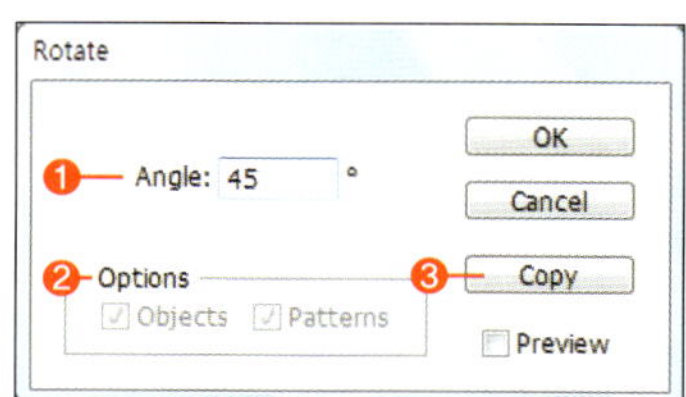

❶ **Angel** : 회전하고 싶은 각도를 직접 입력합니다. 시계 방향으로 회전하려면 양수를 입력하고 시계 반대 방향으로 회전하려면 음수를 입력합니다.

❷ **Options** : 오브젝트에 패턴이 있는 경우에만 활성화됩니다. 오브젝트와 패턴을 동시에 회전하거나 패턴이나 오브젝트 중에서 선택하여 회전할 수 있습니다.

❸ **Copy** : 원본 오브젝트는 그대로 둔 채 회전된 오브젝트를 복사하여 만들어줍니다.

기울기 툴과 반사 툴을 이용하여 육면체 만들기

기울기 툴과 반사 툴은 선택한 오브젝트를 기울이거나 반전하는 기능을 가지고 있습니다. 기울기 툴이나 반사 툴을 이용하면 기울어진 형태의 오브젝트나 물에 반사되는 형태의 오브젝트를 쉽게 만들 수 있습니다. 오브젝트의 중심점을 이동해 기울이거나 반사해 육면체 집합을 만들어보겠습니다.

15분 완성
파일 분석하기

❶ 리셰이프 툴로 오브젝트 변형
　　하기 : 124 page
❷ 자유변형 툴로 오브젝트 변형
　　하기 : 124 page
❸ 오브젝트가 그려진 작업 화면
　　조절하기 : 125 page

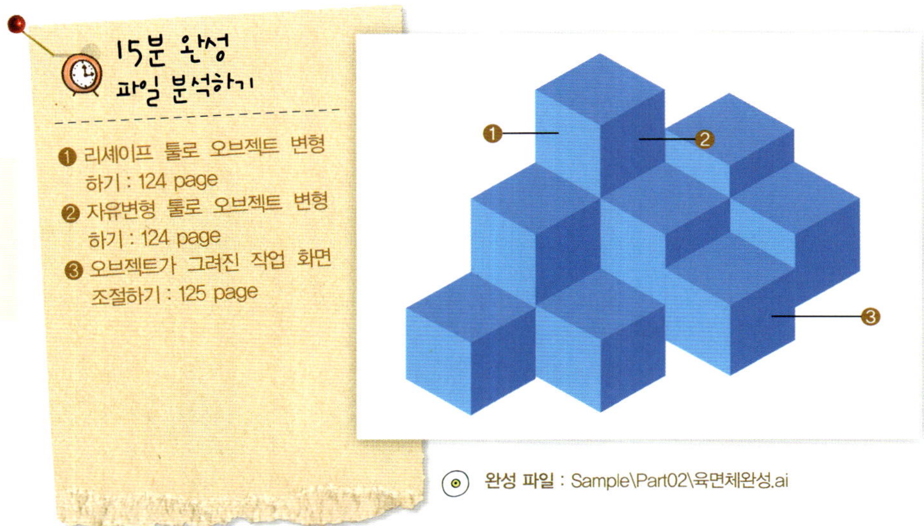

완성 파일 : Sample\Part02\육면체완성.ai

01 [Welcome Screen] 대화상자에서 [Create New]의 [Print Document]를 선택합니다. [New Document] 대화상자의 [Size]를 'A4'로 설정하고 [OK] 버튼을 클릭합니다.

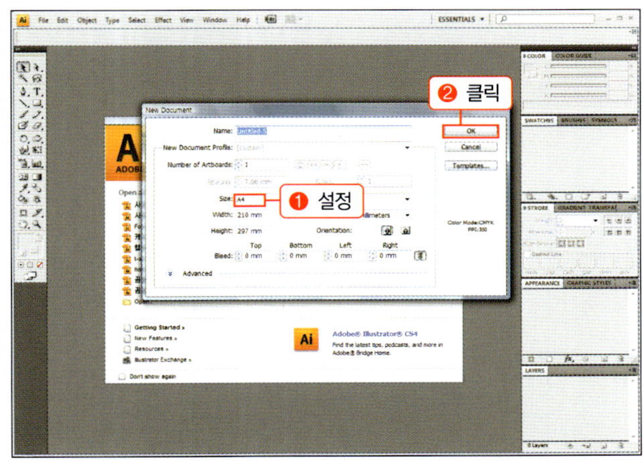

02 돋보기 툴(🔍)로 작업하려는 도큐먼트를 확대합니다. 툴 패널 하단의 색상 모드에서 선 색은 '없음', 면 색은 [Swatches] 패널에서 'C=70, M=15'로 지정합니다. 그리고 툴 패널의 사각형 툴(▢)을 클릭하면 나타나는 하위 메뉴에서 다각형 툴(⬡)을 선택합니다. 도큐먼트를 클릭한 후 나타나는 [Polygon] 대화상자의 [Radius]는 '15mm'로 [Sides]는 '3'으로 입력한 다음 [OK] 버튼을 클릭합니다.

주목 ┊ 다각형 툴(⬡)의 대화상자에 있는 [Sides]의 수를 조절하여 다각형의 모양을 설정할 수 있습니다.

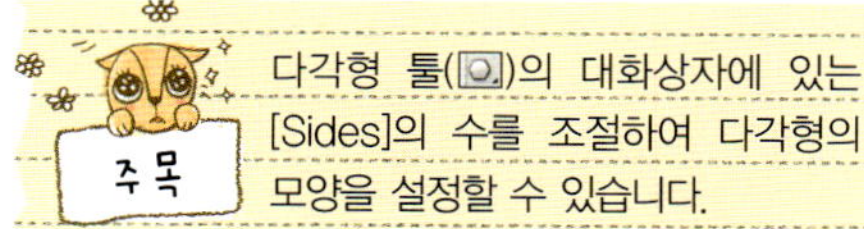

03 입력한 수치의 크기를 가진 삼각형이 만들어집니다. Alt + Shift 를 동시에 누르고 오른쪽으로 드래그하여 만들어진 삼각형을 하나 더 복사합니다.

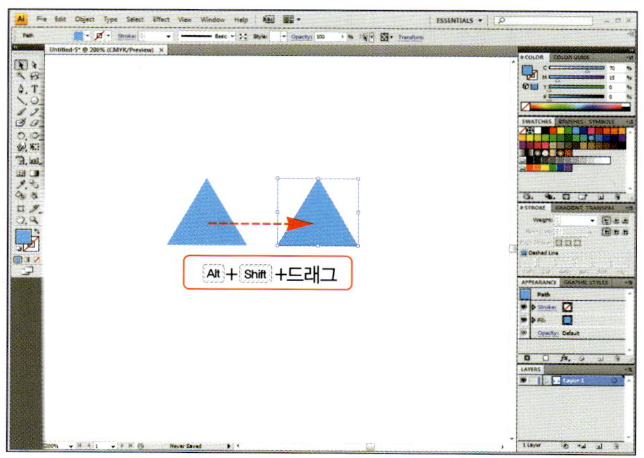

04 복사된 삼각형 오브젝트가 선택된 상태에서 회전 툴(↻)을 더블클릭하고 나타나는 [Rotate] 대화상자에 '180'을 입력한 다음 [OK] 버튼을 클릭하여 반대로 회전합니다.

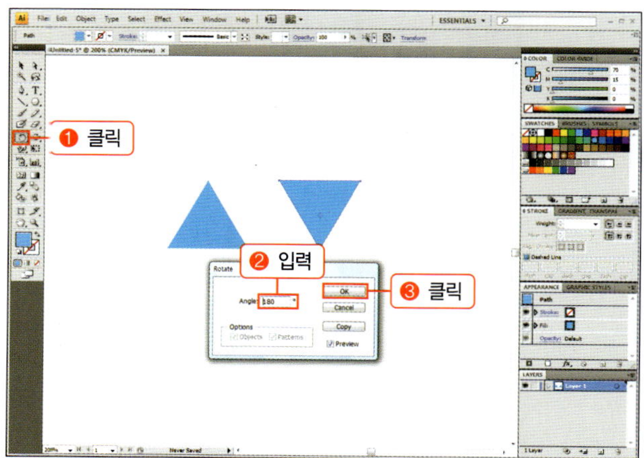

05 회전된 오브젝트를 원본 오브젝트의 끝점과 맞춘 뒤 [Window]-[Pathfinder] 메뉴를 선택하여 [Pathfinder] 패널을 꺼냅니다. 선택 툴(▶)로 두 개의 삼각형을 모두 선택하고 [Pathfinder] 패널에서 [Unit] 버튼을 클릭하여 하나의 오브젝트로 합쳐줍니다.

주목 오브젝트의 끝점이 정확하게 맞지 않는 경우에는 [View]-[Outline] 메뉴를 선택한 뒤 패스만 보이는 상태에서 작업을 하면 보다 정확하게 끝점을 맞춰줄 수 있습니다.

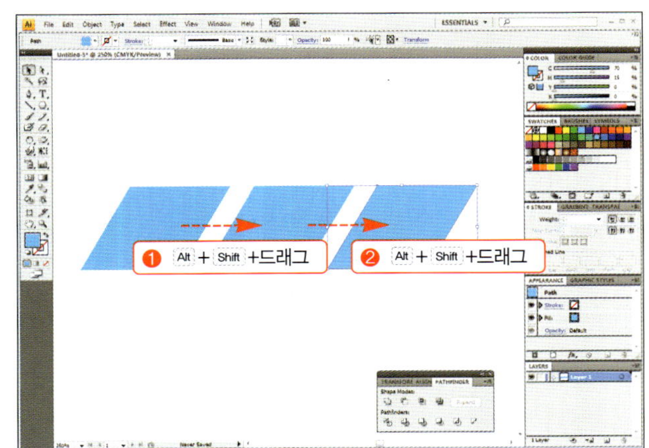

06 평행사변형의 오브젝트를 선택하고 Alt + Shift 를 누른 후 오른쪽으로 드래그하여 두 개 더 복사합니다.

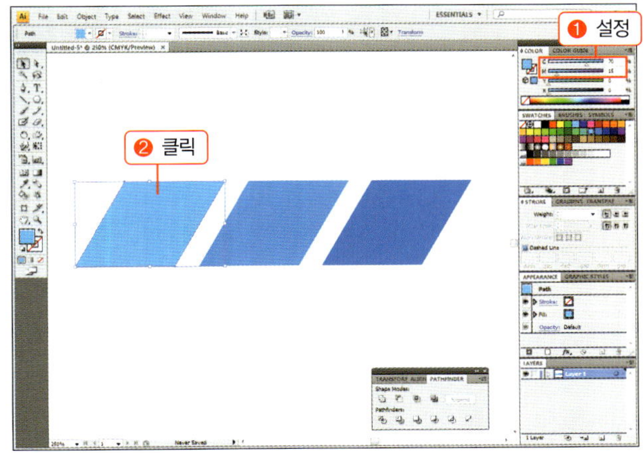

07 [Color] 패널을 통해 각각의 오브젝트의 색상인 'Cyan'과 'Magenta'의 색상 값을 조금씩 높여 그림처럼 순차적으로 다르게 만들어줍니다. 선택 툴(▶)을 선택하고 가장 왼쪽에 있는 오브젝트를 선택합니다.

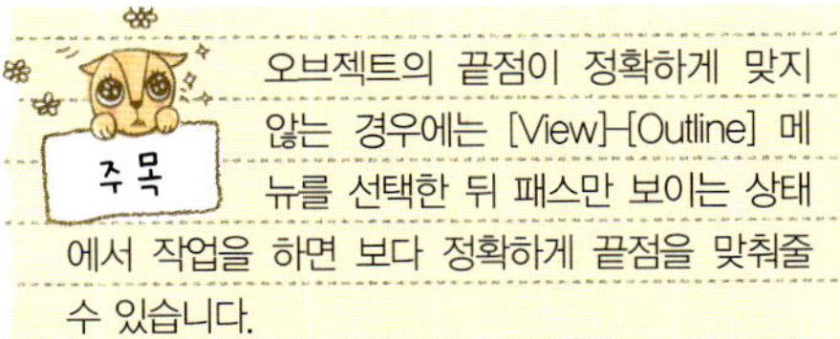

08 툴 패널에서 회전 툴( )을 더블 클릭합니다. [Rotate] 대화상자가 나타나면 [Angle]에 '60'을 입력하고 [OK] 버튼을 클릭하여 회전합니다.

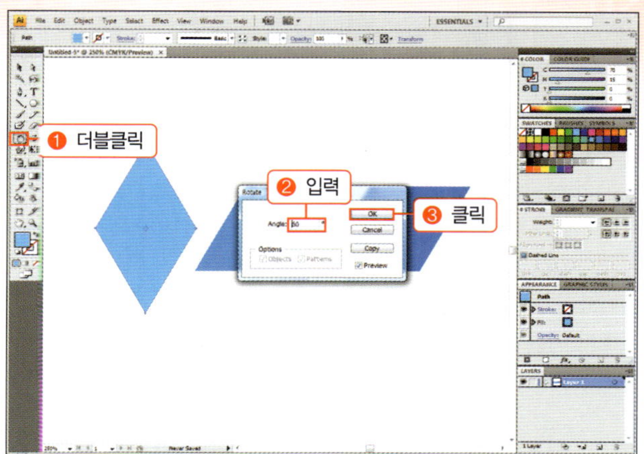

09 이번에는 툴 패널에서 선택 툴( )을 이용하여 두 번째 사각형을 선택하고 회전 툴( )을 클릭하고 있으면 나타나는 메뉴에서 반사 툴( )을 선택합니다. 반사 툴( )을 더블클릭하면 나타나는 [Reflect] 대화상자에서 [Axis]를 'Vertical'로 선택하고 [Angle]을 '90'으로 입력한 다음 [OK] 버튼을 클릭합니다.

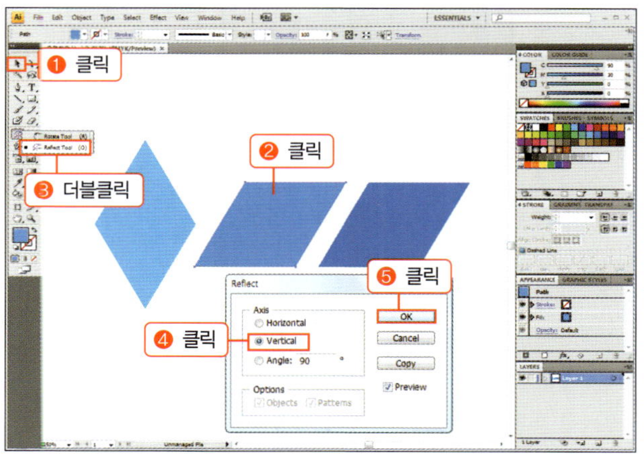

10 만들어진 사각형들의 모서리 부분을 붙여 하나의 육면체가 되도록 만들어줍니다.

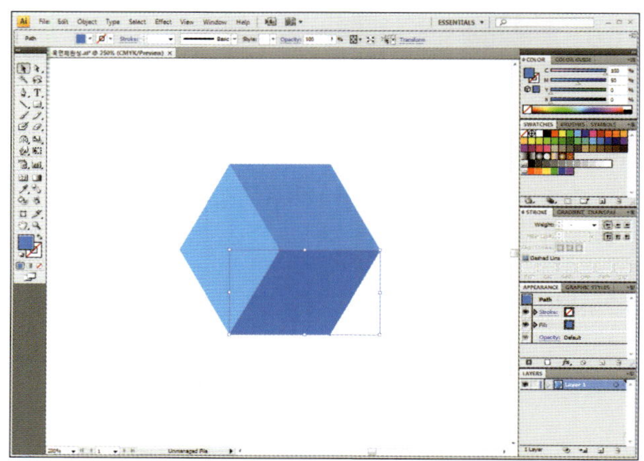

11 선택 툴(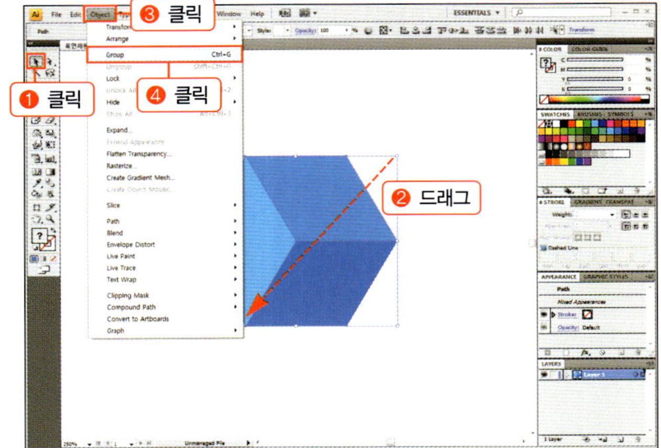)을 이용하여 육면체를
모두 드래그하여 선택하고 [Object]
–[Group] 메뉴를 선택하여 그룹으로 만들
어줍니다.

12 툴 패널에서 회전 툴(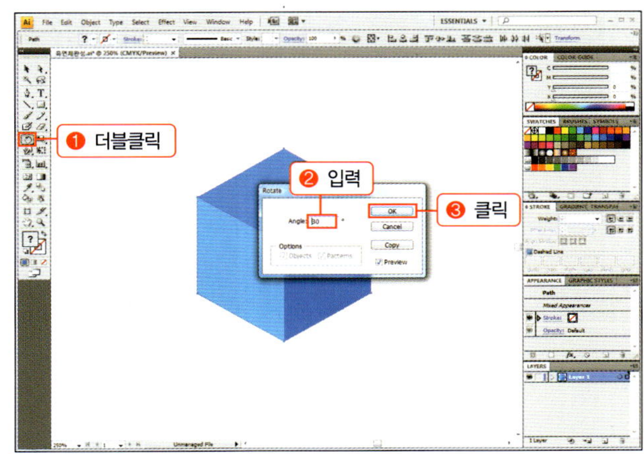)을 더블
클릭하고 [Rotate] 대화상자가 나
타나면 [Angle]에 '30'을 입력한 후 [OK]
버튼을 클릭합니다.

13 키보드에서 Ctrl + Alt + Space Bar 를
눌러 축소 돋보기 툴로 만들고 화
면을 두 번 정도 클릭하여 화면을 축소합
니다. Alt 를 누르고 그룹으로 만들어진 육
면체를 여러 개 복사하여 이미지를 완성합
니다.

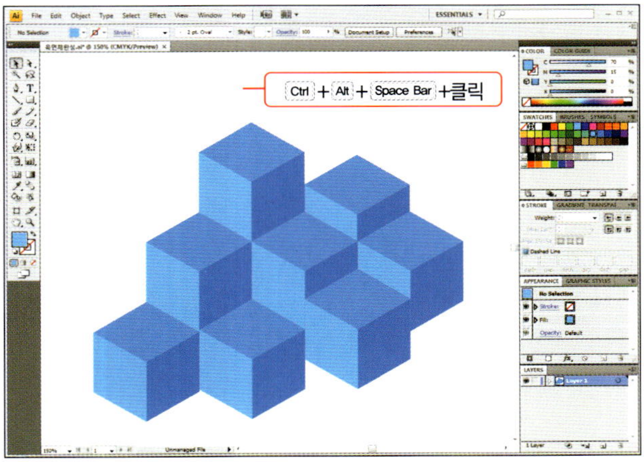

기울기 툴, 반사 툴, 자유변형 툴, 리세이프 툴로 변형하기

기울기 툴, 반사 툴은 선택한 오브젝트를 기울여 주거나 반사해 오브젝트를 변형합니다. 이에 비해 자유변형 툴과 리셰이프 툴은 오브젝트의 일부분이나 바운딩 박스를 이용하여 오브젝트를 변형할 수 있습니다.

SKill up 01 [Reflect] 대화상자 살펴보기

툴 패널에서 반사 툴()을 더블클릭하면 [Reflect] 대화상자가 나타납니다.

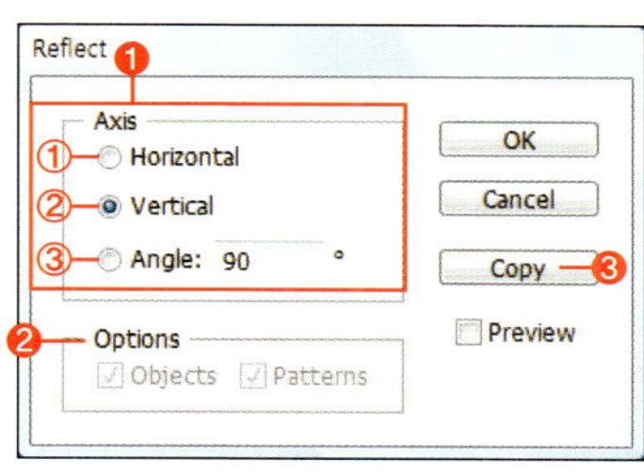

❶ **Axis** : 오브젝트를 반사할 때 기준이 되는 축을 선택합니다.
  ① **Horizontal** : 오브젝트를 수평선 기준으로 반사합니다.
  ② **Vertical** : 오브젝트를 수직선 기준으로 반사합니다.
  ③ **Angle** : 오브젝트를 입력한 각도를 기준으로 반사합니다.
❷ **Options** : 오브젝트에 패턴이 있는 경우에만 활성화되며 오브젝트와 패턴을 동시에 반사하거나 패턴이나 오브젝트 중에서 선택하여 반사할 스 있습니다.
❸ **Copy** : 원본 오브젝트는 그대로 둔 채 회전된 오브젝트를 반사하여 만들어줍니다.

SKill up 02 [Shear] 대화상자 살펴보기

툴 패널에서 기울기 툴()을 더블클릭하면 [Shear] 대화상자가 나타납니다.

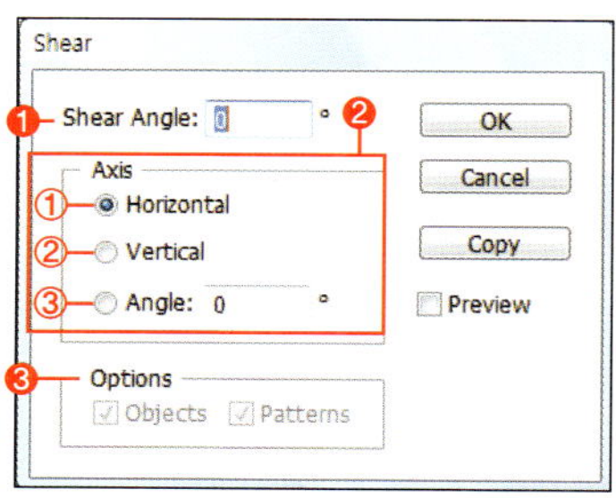

❶ **Shear Angle** : 오브젝트에 적용할 기울기 각도를 설정합니다.
❷ **Axis** : 오브젝트를 기울일 때 기준이 되는 축을 선택합니다.
  ① **Horizontal** : 오브젝트를 수평 방향으로 기울여줍니다.
  ② **Vertical** : 오브젝트를 수직 방향으로 기울여줍니다.
  ③ **Angle** : 오브젝트의 기울기 각도를 설정합니다.
❸ **Options** : 오브젝트에 패턴이 있는 경우에만 활성화되며 오브젝트와 패턴을 동시에 기울이거나 패턴이나 오브젝트 중에서 선택하여 기울일 수 있습니다.

리셰이프 툴은 오브젝트에서 선택한 점이나 패스의 전체적인 형태를 유지하면서 변형하는 툴입니다. 직접 선택 툴(🔧)로 패스를 이동하면 선택된 점 위주로 이동되지만 리셰이프 툴(🔧)로 기준점을 이동하면 다른 기준점들과 비례적으로 이동되기 때문에 부분적으로 선택된 직선 패스를 이동하면 곡선으로 변형됩니다.

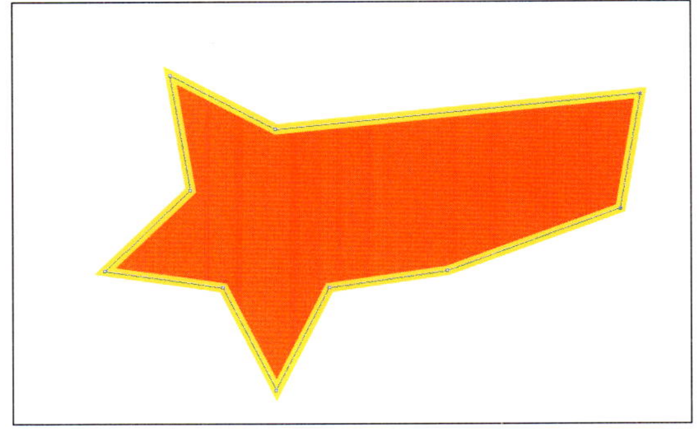

▲ 직접 선택 툴(🔧)로 변형한 오브젝트

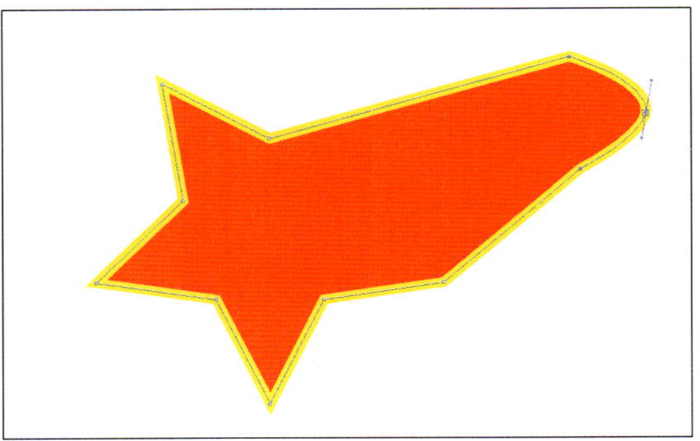

▲ 리셰이프 툴(🔧)로 변형한 오브젝트

자유변형 툴(🔲)은 오브젝트를 선택했을 때 나타나는 바운딩 박스를 이용하여 오브젝트의 크기 조절, 회전, 반전할 수 있는 툴입니다. 선택 툴(🔧)로 오브젝트를 선택한 경우에 나타나는 바운딩 박스도 크기 조절과 회전이 가능하지만 자유변형 툴(🔲)은 반전 기능이 추가되어 있습니다.

▲ 자유변형 툴(🔲)로 회전한 오브젝트

▲ 자유변형 툴(🔲)로 반전한 오브젝트

주목 바운딩 박스로 오브젝트를 회전하면 오브젝트와 바운딩 박스가 같은 방향으로 회전됩니다. 오브젝트만 회전하고 바운딩 박스를 원상태로 만들려면 [Object]-[Transform]-[Reset Bounding Box] 메뉴를 선택하면 됩니다.

일러스트레이터에서는 그려진 오브젝트의 작업 중인 화면을 조절할 수 있습니다. 작업 중인 화면의 조절은 보조적인 기능으로 복잡한 작업을 간단하게 보여주거나 정밀한 작업을 할 수 있도록 도와줍니다.

• 미리보기 상태(Preview)

[View]−[Preview] 메뉴는 일러스트레이터가 처음 실행될 때의 상태로 기본 선택 모드입니다. 미리보기 상태에서는 오브젝트의 면 색상, 테두리 선, 블렌딩, 그레이디언트 등 모든 색상 속성이 화면에 보입니다.

• 아웃라인 상태(Out Line)

[View]−[Outline] 메뉴를 선택하면 도큐먼트에 그려진 오브젝트의 패스 선만 보여주는 상태입니다. 패스만 보이기 때문에 그려진 오브젝트의 구조를 정확하게 파악할 수 있어 정밀한 작업이 가능합니다.

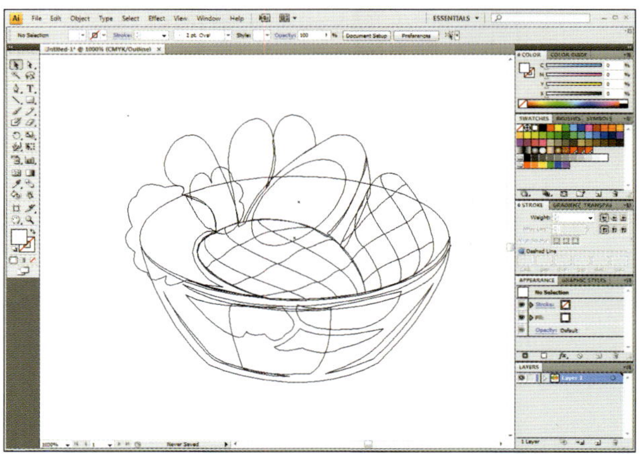

• 오버 프린트 미리보기 상태(Overprint Preview)

[View]-[Overprint Preview] 메뉴를 선택
하면 일러스트레이터에서 그려진 오브젝트
를 인쇄물로 제작할 때 겹쳐진 오브젝트를
오버 프린트로 인쇄할 수 있습니다. 오버
프린트로 지정된 오브젝트를 미리보기할
경우에 사용할 수 있습니다.

• 픽셀 보기 상태(Pixel Preview)

[View]-[Pixel Preview] 메뉴는 벡터 이미
지를 비트맵 이미지처럼 화면에 보이게 해
주는 모드로써 작업된 오브젝트가 웹에서
어떻게 보이는 지를 미리 점검할 수 있는
모드입니다. 픽셀 보기 상태로 오브젝트를
보더라도 실제 오브젝트가 비트맵 이미지
로 전환되지는 않습니다.

분할 툴을 이용하여 이미지 분할하기

일러스트레이터의 분할 툴은 불러 들여진 이미지를 분할하여 웹 페이지에 올릴 수 있는 기능이 들어 있습니다. 분할된 이미지는 롤오버 버튼으로 만들거나 링크를 걸 수 있으며, 분할되지 않은 이미지를 올리는 것보다 빠르게 웹 페이지에서 로딩될 수 있도록 해줍니다.

15분 완성 파일 분석하기

❶ 다양한 형식으로 이미지 저장하기 : 132 page

예제 파일 : Sample\Part02\분할.ai
완성 파일 : Sample\Part02\분할저장.html

01 [File]-[Open] 메뉴를 선택하고 'Sample\Part02\분할.ai' 파일을 불러옵니다. 이미지를 확대하기 위해서 도큐먼트의 하단에 있는 이미지 배율란에 '125'를 입력하여 화면을 확대합니다. 툴 패널에서 분할 툴(✂)을 선택하고 이미지에서 'KIM'S' 오브젝트 주변을 사각형으로 드래그합니다. 드래그한 부분을 중심으로 이미지가 자동 분할됩니다.

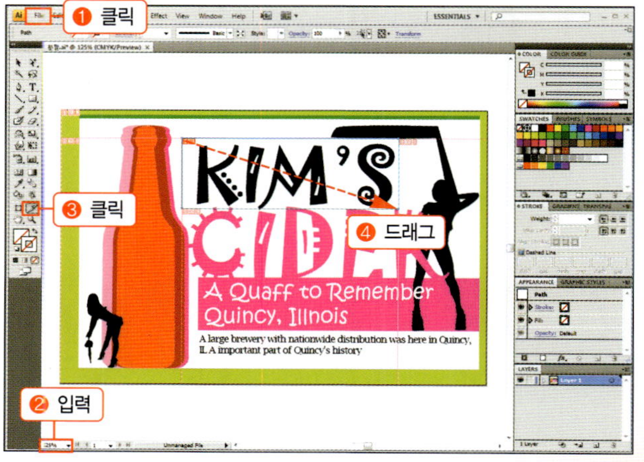

02 분할된 영역마다 숫자가 자동으로 표시됩니다. 계속해서 이미지를 분할하기 위해 분할 툴(   )이 선택된 상태에서 붉은 색상의 사각형을 드래그하여 분할해줍니다.

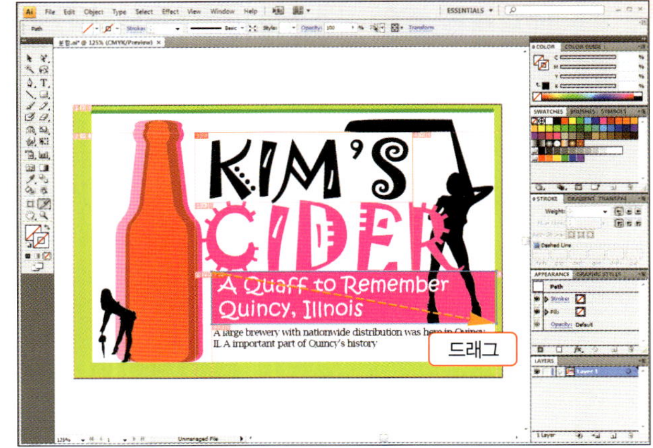

03 분할된 이미지에 링크를 걸기 위해 분할 툴(   )을 클릭하고 있으면 나타나는 메뉴에서 분할 선택 툴(   )을 선택합니다.

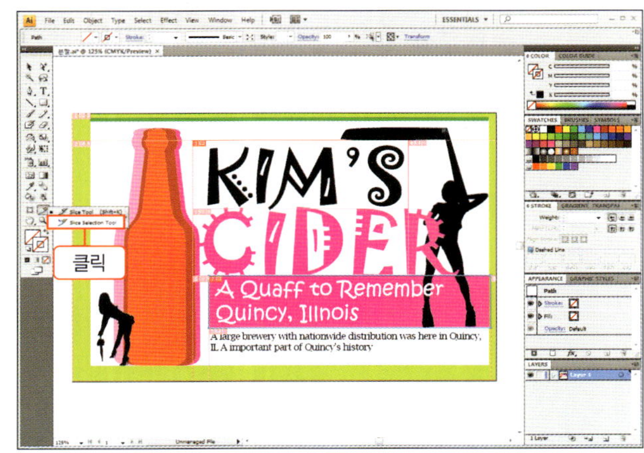

04 분할 선택 툴(   )로 앞에서 나누었던 'KIM'S' 부분의 영역을 클릭하여 선택합니다.

05 [Object]-[Slice]-[Slice Options] 메뉴를 선택하면 나타나는 [Slice Options] 대화상자에서 [URL]에 'http://www.naver.com'을 입력하고 [Target]에 '_blank'를 선택한 후 [OK] 버튼을 클릭합니다.

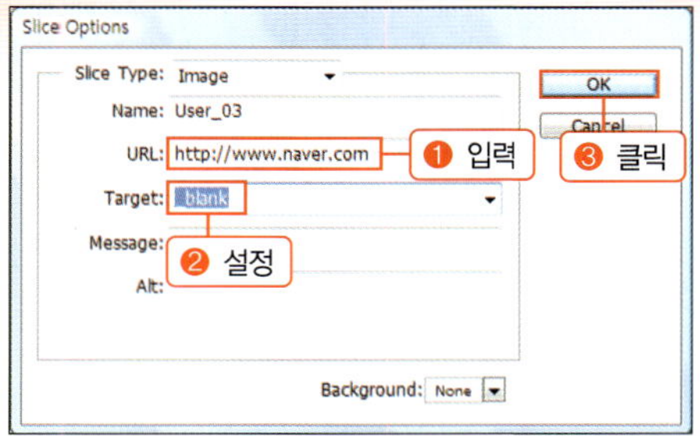

[Target]에서 링크로 설정된 페이지 살펴보기

[Target]에서는 링크로 설정된 페이지가 브라우저에서 표시되는 방법을 보여줍니다.

· _blank : 새로운 창으로 링크된 사이트를 보여줍니다.
· _self : 현재 브라우저 창으로 링크된 사이트를 보여줍니다.
· _parent : 프레임으로 구성된 경우 새로운 창으로 해당 페이지를 보여줍니다.
· _top : 프레임으로 구성된 경우 해당 페이지에서 가장 상위 페이지에 페이지를 표시합니다.

06 작업된 이미지를 웹용 이미지로 저장해보도록 하겠습니다. [File]-[Save for Web & Devices] 메뉴를 선택합니다.

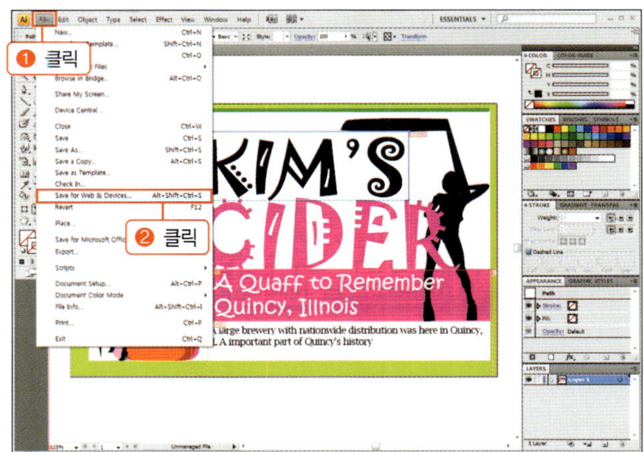

07 [Save for Web & Devices] 대화상자가 나타나면 상단 탭에서 [2-UP]을 선택합니다. 이미지의 파일 포맷을 'GIF'로 설정하고 압축률을 지정한 후 [Save] 버튼을 클릭합니다. [Save Optimized As] 대화상자가 나타나면 [저장 위치]를 선택하고, [파일 이름]과 [파일 형식]을 지정합니다. [파일 형식]은 'HTML and Images (*.html)'를 선택하고 [저장] 버튼을 클릭합니다.

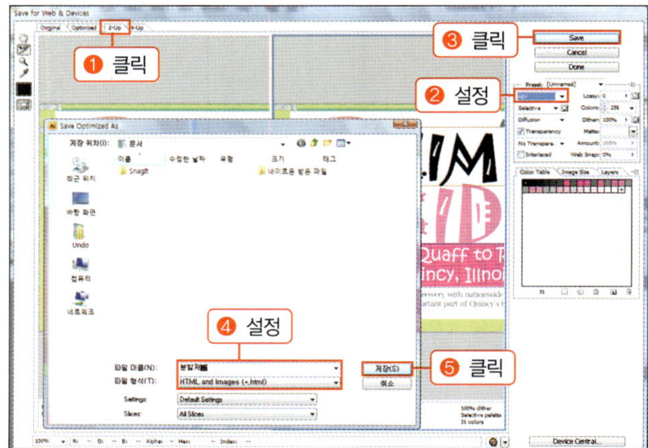

08 이미지가 자동으로 분할되면서 HTML 파일과 'Images' 폴더가 자동으로 생성됩니다. 'Images' 폴더를 열어보면 분할된 이미지가 나열되어 보입니다.

09 저장된 HTML 문서 파일을 열어보면 웹 브라우저가 실행되면서 웹 문서로 이미지가 보이게 됩니다. 링크를 걸었던 영역으로 마우스 포인터를 이동하면 손가락 모양으로 바뀌게 됩니다.

10 클릭하면 새로운 창이 만들어지면서 링크를 걸었던 사이트로 이동됩니다.

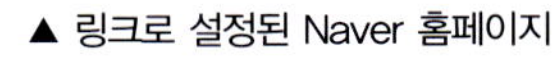
▲ 링크로 설정된 Naver 홈페이지

웹용 이미지로 최적화하기

일반적인 오브젝트의 저장은 [Save] 메뉴를 이용하여 저장할 수 있지만 웹용으로 사용되는 오브젝트는 [Save for Web & Devices] 대화상자를 이용하여 저장하게 됩니다. [Save for Web & Devices] 대화상자에서는 불러들인 오브젝트의 압축률이나 색상 수를 조절하여 웹에 최적화한 이미지로 만들 수 있습니다.

Skill up 01 [Save for Web & Devices] 대화상자 살펴보기

[Save for Web & Devices] 대화상자는 미리보기 창에 나타난 이미지의 확대, 축소, 이동, 분할 도구와 옵션 창으로 이루어져 있습니다. 불러온 이미지는 선택한 파일 포맷 형식에 따라 다르게 표시되며 원본 파일과 최적화되는 파일을 1, 2, 4개로 분할하여 확인할 수 있습니다.

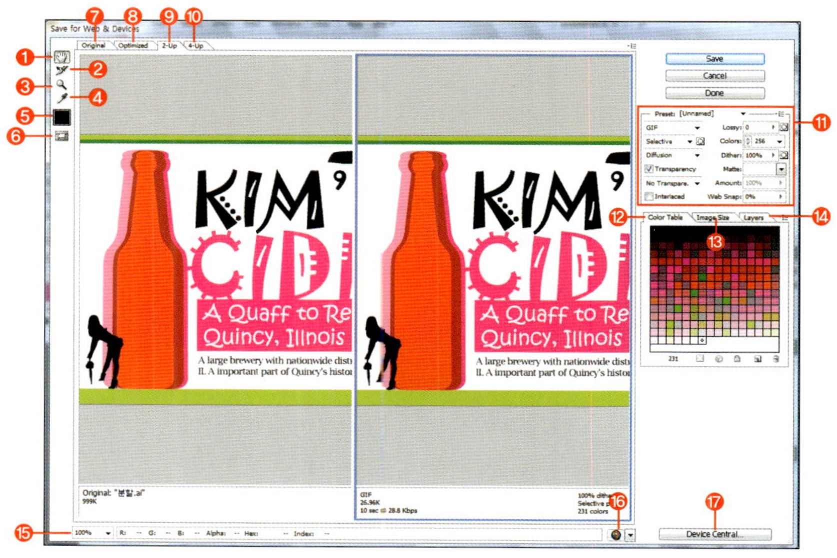

❶ **손바닥 툴** : 미리보기 화면에 보이는 이미지를 이동할 때 사용합니다.

❷ **분할 선택 툴** : 분할된 이미지를 개별적으로 선택할 경우에 사용합니다.

❸ **돋보기 툴** : 미리보기 화면에 보이는 이미지를 확대하거나 축소할 경우에 사용합니다.

❹ **스포이트 툴** : 이미지에서 색상을 추출할 경우에 사용합니다.

❺ **색상 선택 창** : 스포이트 툴(　)로 클릭하여 추출한 색상이 표시되는 창입니다.

❻ **Toggle Slices Visibility** : 슬라이스 상태를 보이거나 감춰줍니다.

❼ **Original** : 원본 이미지를 비트맵 이미지의 상태로 표시합니다.

❽ **Optimized** : [Preset]에서 설정한 상태로 저장되는 이미지를 표시합니다.

❾ **2-Up** : Original 이미지 상태와 Optimized 상태를 동시에 보여줍니다.

❿ **4-Up** : Original 이미지 상태 한 개와 세 개의 Optimized 상태의 이미지를 보여줍니다.

⓫ **Preset** : 클릭하면 나타나는 메뉴를 통해서 이미지의 저장 방식을 선택할 수 있습니다.

⓬ **Color Table** : GIF 포맷을 선택한 경우 이미지의 색상 구성을 표시합니다.

⓭ **Image Size** : 이미지의 크기와 품질을 조절할 수 있습니다.

⓮ **Layers** : 레이어로 된 이미지를 Export할 경우 레이어별로 화면에 숨기거나 Export하지 않을 것인지 등의 여부를 지정합니다.

⓯ **Zoom Level** : 클릭하면 나타나는 메뉴에 있는 퍼센트 비율을 이용하여 이미지를 축소하거나 확대합니다.

⓰ **Preview in Default Browser** : 최적화하고 있는 이미지를 웹 브라우저로 실행시켜 볼 수 있도록 해줍니다.

⓱ **Device Center** : 모바일 및 영상 개발 과정을 제공하는 기능으로 최적화된 이미지를 모바일 휴대기기에서 사용할 수 있도록 개발합니다.

Skill up 02 사진 이미지를 JPEG 파일로 저장하기

인터넷에서 GIF 파일 포맷과 더불어 가장 많이 사용하는 포맷으로 사진 이미지에 적합한 저장 방식입니다. 압축률이 뛰어난 것은 JPEG 파일 포맷의 가장 큰 장점으로 전송 속도가 빨라야 하는 인터넷에 적합합니다. 단, 손실 압축 방식으로 압축을 하기 때문에 너무 많은 압축은 이미지의 훼손을 가져올 수 있으므로 주의해서 사용해야 합니다.

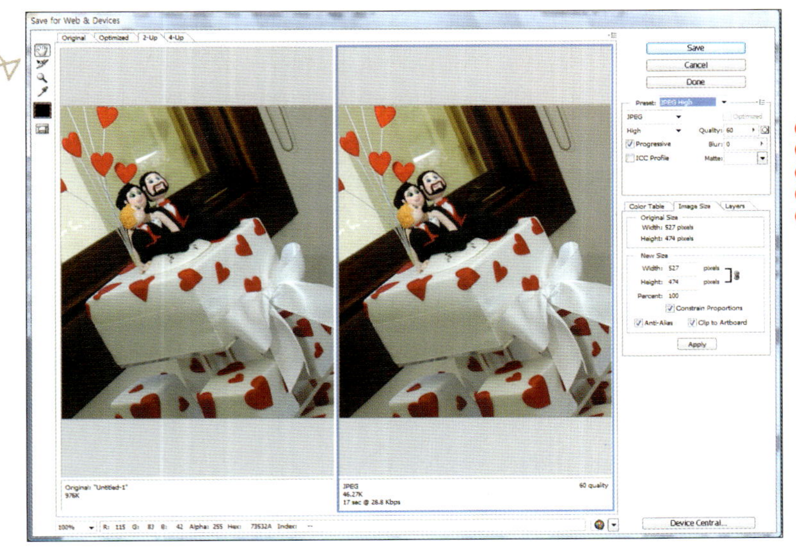

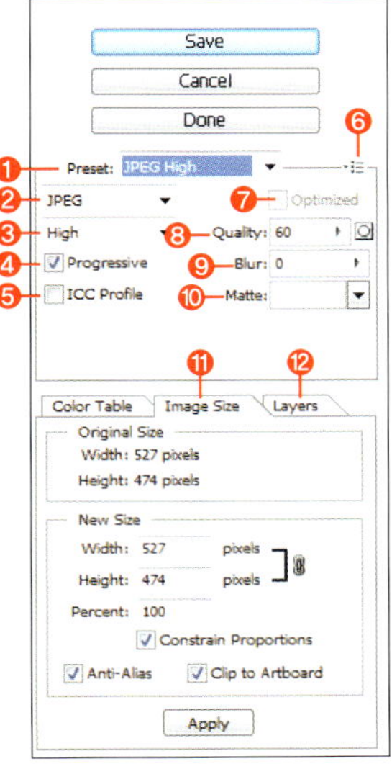

❶ **Preset** : 압축률을 표시하며 미리보기 창에서 선택한 압축률이 적용됩니다.

❷ **Optimized file format** : GIF, JPEG, PNG-8, PNG-24, SWF, SVG, WBMP 파일 형식 중에서 저장할 최적화된 파일 형식을 선택할 수 있습니다.

❸ **Compression quality** : JPEG 파일 형식만 사용할 수 있으며 저장할 이미지의 품질을 5단계로 설정합니다. Low부터 Maximum까지 설정할 수 있으며 수치가 작을수록 파일 용량이 작아지고 이미지의 품질도 떨어지게 됩니다.

❹ **Progressive** : 웹상에서 이미지를 표현할 대 저해상도로 이미지가 표현된 뒤 점차적으로 선명해지는 방식입니다.

❺ **ICC Profile** : 옵션을 체크하면 이미지의 색상이 다른 곳에서도 똑같이 보이게 됩니다.

❻ **삼각형 탭** : 변경된 세팅을 저장하거나 불러올 때 사용하는 드롭다운입니다.

❼ **Optimized** : 불러온 이미지에 가장 맞는 최적화 값을 지정합니다.

❽ **Quality** : 이미지의 압축률을 조절할 수 있습니다.

❾ **Blur** : 이미지를 흐릿하게 설정하여 압축률을 높여줍니다.

❿ **Matte** : 이미지의 배경이 투명할 경우 배경 색상을 지정하기 위해서 사용합니다. 하위 메뉴에서 [Other]를 클릭한 뒤 [Color Picker] 대화상자에서 색상을 클릭하여 선택하면 됩니다.

⓫ **Image Size** : 현재 이미지의 크기와 픽셀 수를 바꿀 수 있습니다.

⓬ **Layers** : 레이어로 된 이미지를 Export할 경우 레이어별로 화면에 숨기거나 Export하지 않을 것인지 등의 여부를 지정합니다.

 그래픽 이미지를 GIF 파일로 저장하기

GIF 파일 포맷은 그래픽적인 단순한 색상을 가진 이미지에 적합한 형식입니다. 256가지의 컬러만 지원하기 때문에 뛰어난 압축률을 가지고 있습니다. 특히 배경 부분을 투명하게 처리할 수 있어 웹 디자인에서 형태나 색상 구조가 뚜렷한 경우 이 포맷을 사용하는 것이 좋습니다.

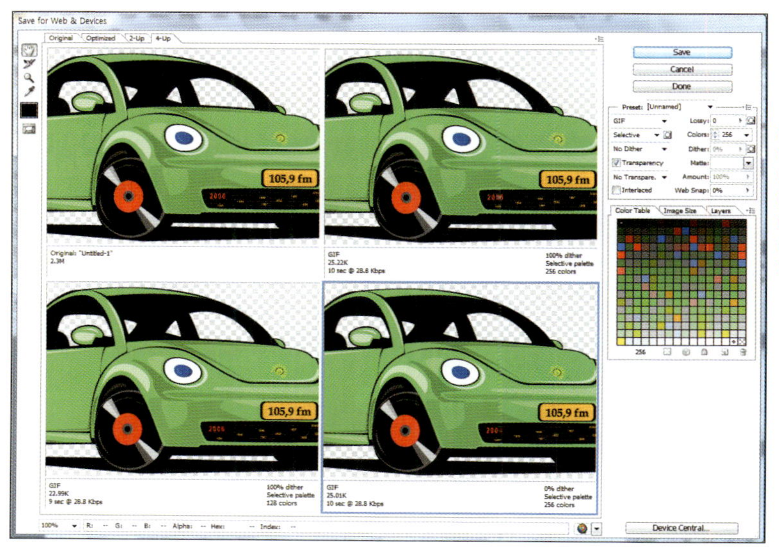

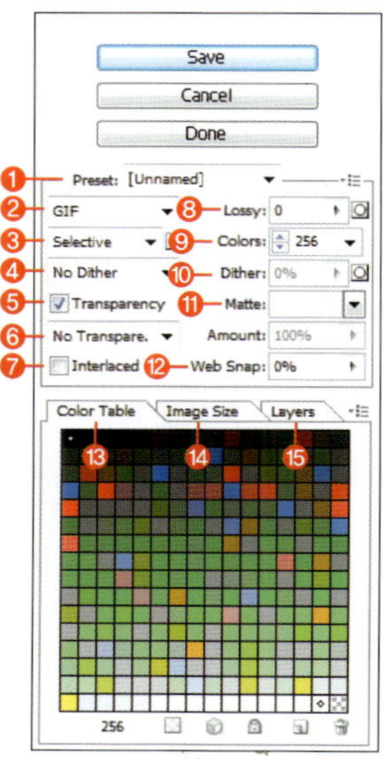

❶ **Preset** : 압축률을 표시하며 미리보기 창에서 선택한 압축률이 적용됩니다.

❷ **Optimized file format** : GIF, JPEG, PNG-8, PNG-24, SWF, SVG, WBMP 파일 형식 중에서 저장할 최적화된 파일 형식을 선택할 수 있습니다.

❸ **Color reduction algorithm** : 이미지를 줄이면서 가장 압축이 잘 되도록 설정합니다.

❹ **Specify the dither algorithm** : 적은 색으로 이미지를 표현할 경우에 미세한 점을 섞어 중간색을 표현하는 디더링 방식을 결정합니다.

❺ **Transparency** : 배경이나 특정한 부분을 투명한 이미지로 만들 경우에 사용합니다.

❻ **Specify transparency dither algorithm** : 적은 색으로 이미지를 표현할 때 미세한 점을 섞어 투명도를 표현하는 디더링 방식을 결정합니다.

❼ **Interlaced** : 웹에서 이미지가 표현될 때 흐릿한 이미지에서 점차 선명한 이미지로 표현되는 방식을 설정합니다.

❽ **Lossy** : 이미지에 손실을 주어 이미지의 압축률을 높여 용량을 줄여줍니다.

❾ **Colors** : 이미지의 색상 수를 줄여 파일 용량을 줄여주며 가장 적은 색상으로 최적화된 색상이 보이도록 설정합니다.

❿ **Dither** : 이미지의 Dither를 지정하여 최상의 이미지를 만들어줍니다.

⓫ **Matte** : 배경이 투명할 경우 배경 색상을 지정할 때 사용합니다.

⓬ **Web Snap** : 이미지를 웹 안전 컬러로만 표현합니다. 어떤 웹 브라우저 환경에서도 동일한 색상을 볼 수 있습니다.

⓭ **Color Table** : GIF 같은 8bit 미만의 색상 체계에서 구성되는 색상표를 보여줍니다.

⓮ **Image Size** : 현재 이미지의 크기와 픽셀 수를 바꿀 수 있습니다.

⓯ **Layers** : 레이어로 된 이미지를 Export할 경우에 레이어별로 화면에 숨기거나 Export하지 않을 것인지 등의 여부를 지정합니다.

Skill up 04 [Preset]의 나머지 옵션 살펴보기

[Preset] 옵션을 통해서 GIF, JPEG, PNG-8, PNG-24, SWF, SVG, WBMP 파일 형식 중에서 저장할 최적화된 파일 형식을 선택할 수 있습니다.

- **PNG-8, PNG-24 Settings** : GIF와 JPEG 파일의 장점을 이용하여 만든 파일로 캐릭터나 단순한 그래픽적인 이미지에 적합한 PNG-8과 사진 이미지에 적합한 PNG-24로 나뉩니다.
- **Macromedia Flash(SWF) Settings** : 웹 애니메이션 프로그램인 Flash 파일의 저장 방식입니다.
- **SVG Settings** : 고해상도의 그래픽스를 포함한 웹을 디자인하는 것이 가능하며 그레이디언트, 애니메이션, 필터 효과 등을 포함하는 벡터 방식 그래픽 언어의 표준 포맷입니다.
- **WBMP** : 무선 단말기에 사용되는 이미지 포맷으로 흑백을 이용하여 이미지를 표현합니다.

일러스트레이터의 툴 패널 하단에는 작업 화면을 효율적으로 사용하기 위한 화면보기 모드가 있습니다. 일러스트레이터 CS4에서는 세 가지 모드를 지원하는데 [Change Screen Mode]를 이용하여 원하는 모드를 선택할 수 있습니다.

• Normal Screen Mode( )

일러스트레이터 화면의 제목 표시줄, 메뉴, 툴 패널 등이 모두 화면에 나타나는 모드로 일러스트레이터를 실행시켰을 때 기본적으로 나타나는 모드입니다. 모든 부분에 다 보이기 때문에 실제 작업 화면이 가장 작습니다.

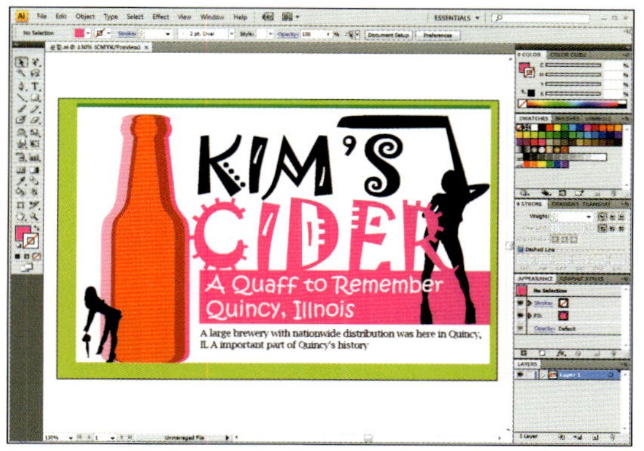

• Full Screen Mode with Menu Bar( )

제목 표시줄과 상태 표시줄, 스크롤바를 숨겨줍니다. 제목 표시줄을 숨기면 도큐먼트의 최소화, 최대화, 닫기 버튼 등이 닫혀져 보이지 않기 때문에 다른 프로그램 또는 다른 도큐먼트와의 작업 전환은 어렵지만 화면을 [Normal Screen Mode]보다는 크게 쓸 수 있습니다.

• Full Screen Mode

제목 표시줄과 스크롤바, 메뉴, 상태 표시줄, 툴 패널, 패널까지 모두 화면에서 감춰주는 모드입니다. 단순히 작업 중인 도큐먼트만 보이기 때문에 화면을 넓게 쓰기에 적당합니다. 다시 원래로 돌아오려면 Tab 을 눌러 [Full Screen Mode with Menu Bar]로 바꾼 후 여기에서 다시 [Normal Screen Mode]를 선택하면 됩니다.

외곽선으로 꾸미는
라인아트 이미지 만들기

일반적인 오브젝트의 외곽선에 모양과 스타일을 적용하면 외곽선이 있는 것과 없는 것의 차이가 확연하게 느껴지게 됩니다. 이번 예제는 오브젝트에 외곽선을 만들고 만들어진 외곽선에 스타일을 적용하여 오브젝트를 변형해보도록 하겠습니다.

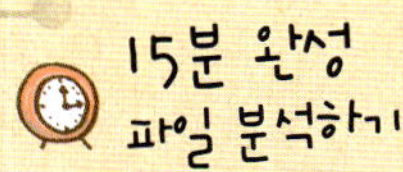

15분 완성
파일 분석하기

❶ [Stroke] 패널을 이용하여 선의
　모양 조절하기 : 139 page

◎ 예제 파일 : Sample\Part02\크리스마스.ai
　완성 파일 : Sample\Part02\크리스마스완성.ai

01 [File]-[Open] 메뉴를 선택하고
'Sample\Par02\크리스마스.ai'
파일을 불러옵니다. 툴 패널에서 선택 툴( )
을 선택하고 나뭇잎 부분을 클릭합니다.

02 툴 패널 하단의 색상 모드에서 선 색을 '흰색'으로 설정하고 [Stroke] 패널에서 [Weight]는 '3'으로 입력한 다음 'Round Cap'을 설정합니다. [Dashed Line]을 선택하고 [dash]와 [gap]의 값은 각각 '6', '8'로 설정하여 외곽선을 점선으로 만들어줍니다.

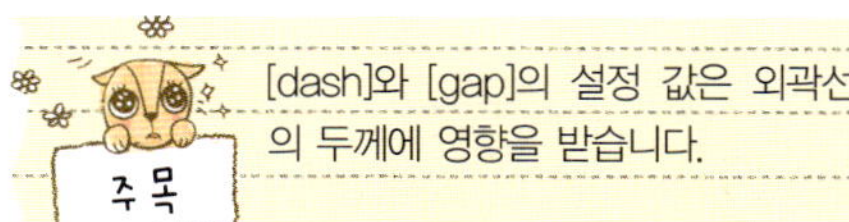

03 빈 곳을 클릭하여 선택을 해제한 뒤 검은색 나무 부분을 클릭하여 선택하고 선 색을 [Swatches] 패널에서 'CMYK Yellow'로 선택합니다. [Stroke] 패널에서 [Weight]는 '3'으로 설정하고 'Projecting Cap'을 선택합니다. [Dashed Line]을 선택하고 [dash]와 [gap]의 값은 각각 '6', '4', '6', '8'로 설정합니다.

04 툴 패널에서 돋보기 툴(🔍)을 선택하여 나무와 나뭇잎 부분을 드래그하여 확대합니다. 점선의 간격이 서로 다르며 점선 사이의 공간도 다른 모양의 외곽선으로 만들어진 것을 확인할 수 있습니다.

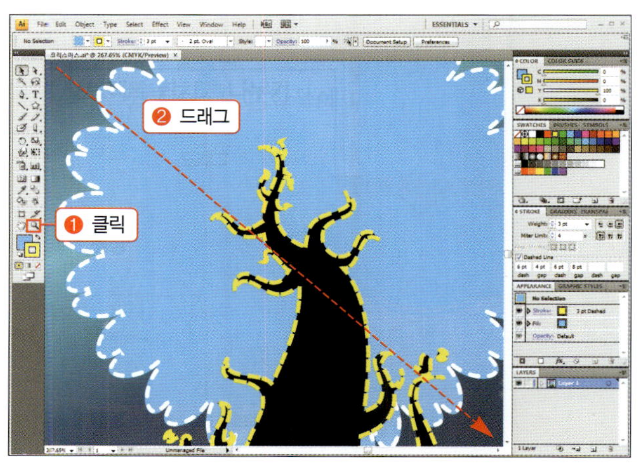

05 손바닥 툴을 선택하고 화면을 드래그하여 위에 있는 이미지를 아래로 내려 보내줍니다. 선택 툴을 선택한 뒤 'Christmas trees' 글자를 클릭하여 선택합니다.

06 돋보기 툴()을 이용하여 더 자세히 볼 수 있도록 400%로 확대합니다. 툴 패널 하단의 색상 모드에서 선 색을 'M=50, Y=100'로 설정하고 [Stroke] 패널에서 [Weight]를 '2'로 설정합니다. 간격이 촘촘히 설정될 수 있도록 [Dashed Line]을 체크하고 [dash]와 [gap]의 값을 각각 '1', '2'로 입력합니다.

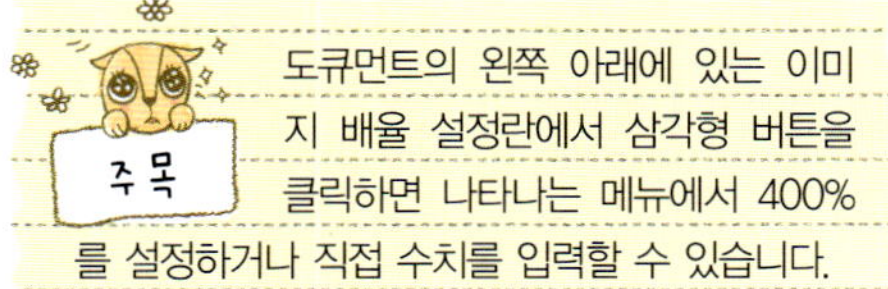

주목 : 도큐먼트의 왼쪽 아래에 있는 이미지 배율 설정란에서 삼각형 버튼을 클릭하면 나타나는 메뉴에서 400%를 설정하거나 직접 수치를 입력할 수 있습니다.

07 하나의 이미지에 서로 다른 간격의 점선을 가진 오브젝트가 완성되었습니다.

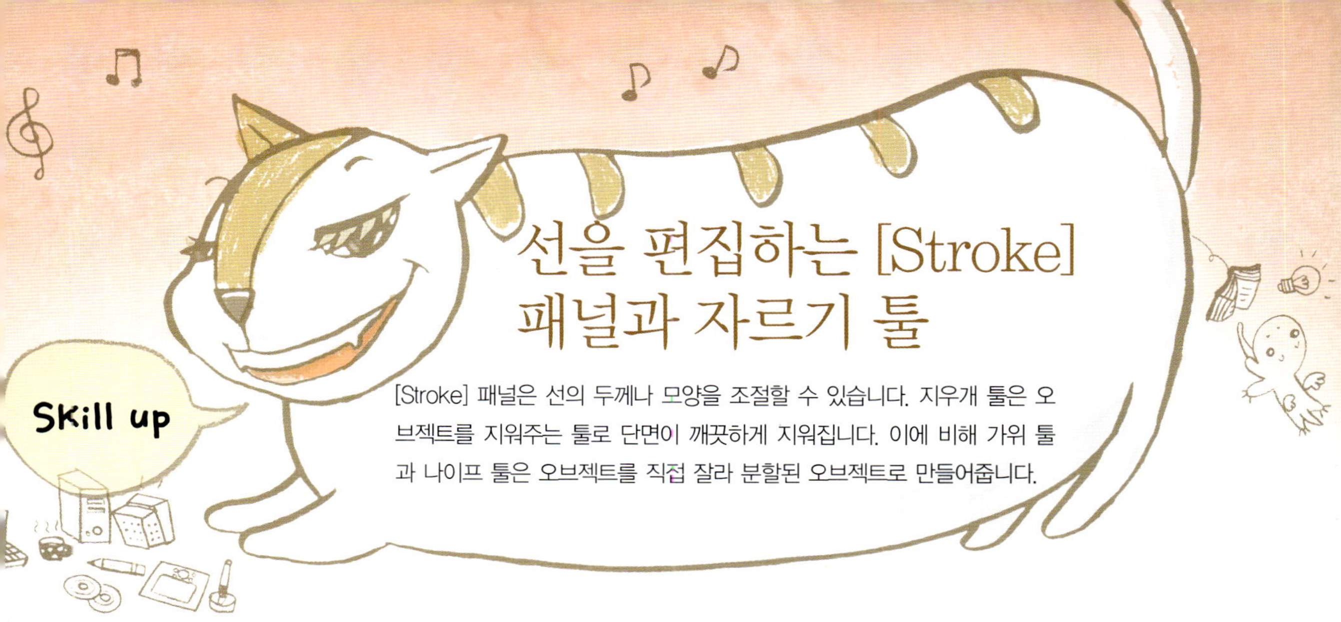

선을 편집하는 [Stroke] 패널과 자르기 툴

[Stroke] 패널은 선의 두께나 모양을 조절할 수 있습니다. 지우개 툴은 오브젝트를 지워주는 툴로 단면이 깨끗하게 지워집니다. 이에 비해 가위 툴과 나이프 툴은 오브젝트를 직접 잘라 분할된 오브젝트로 만들어줍니다.

Skill up 01 [Stroke] 패널을 이용하여 선의 모양 조절하기

[Stroke] 패널에서는 오브젝트에 적용된 외곽선의 두께와 스타일을 설정할 수 있습니다. [Stroke] 패널이 화면에 보이지 않으면 [Window]-[Stroke] 메뉴를 선택하여 불러올 수 있습니다.

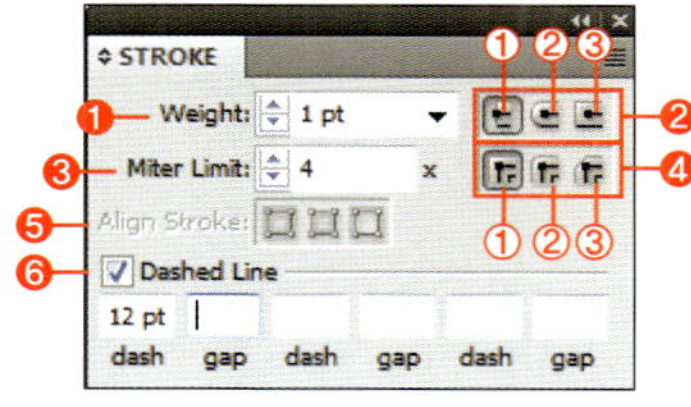

❶ **Weight** : 외곽선의 두께를 직접 입력하거나 선택하여 조절합니다.

❷ **Cap** : 열린 패스에서 끝점에 위치한 선의 모양을 조절합니다.

　① **Butt Cap** : 외곽선의 굵기에 관계없이 끝점에서 넘치지 않게 됩니다.

　② **Round Cap** : 외곽선의 끝점이 둥글게 표현됩니다.

　③ **Projecting Cap** : 외곽선의 끝점을 사각형으로 표현하되 끝점에서 넘치게 표현됩니다.

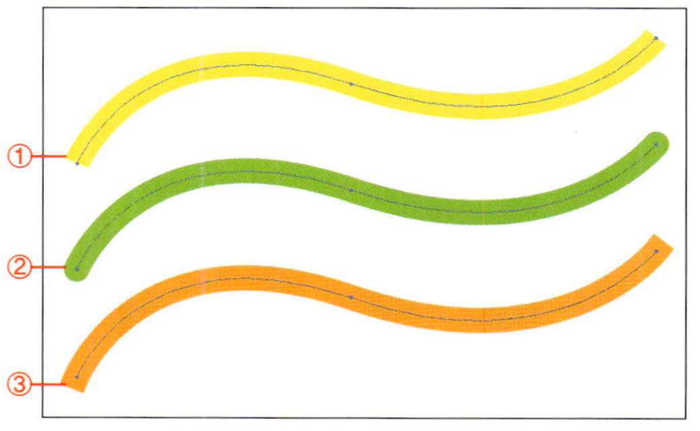

❸ **Miter Limit** : 각진 모서리에서 외곽선이 꺾인 최대 수치 값을 조절합니다.
❹ **Join** : 꺾인 선의 모서리 모양을 조절합니다.
　① **Miter Join** : 꺾인 선의 하단 부분에 수치 값을 조절할 수 있으며 꺾인 지점이 뾰족하게 표현됩니다.
　② **Round Join** : 꺾인 선의 지점이 둥글게 표현됩니다.
　③ **Bevel Join** : 꺾인 선의 지점이 각이 지도록 표현됩니다.

❺ **Align Stroke** : 선 안에 있는 패스의 위치를 나타냅니다.
❻ **Dashed Line** : 외곽선의 모양을 세부적으로 조절하는 옵션으로 체크하면 자동으로 [dash]와 [gap]
　에 수치를 입력할 수 있습니다. [dash]에는 만들어지는 점선의 길이를 입력할 수 있으며, [gap]에는
　선과 선 사이의 간격을 입력합니다. [dash]와 [gap]은 [Weight] 두께의 영향에 따라 간격과 길이 설
　정이 달라지며, [Cap]을 통해 선 모양을 조절할 수 있습니다.

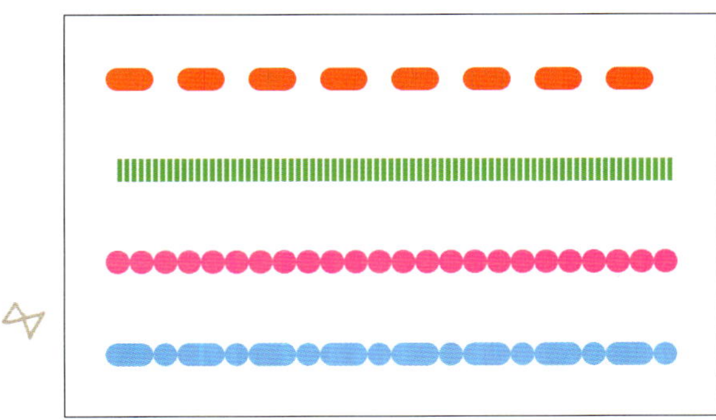

Skill up 02　오브젝트를 지워주는 지우개 툴

지우개 툴(✐)은 벡터 오브젝트를 포토샵의 지우개 툴처럼 드래그하는 대로 오브젝트를 지워주는 역할
을 가지고 있습니다. 지워지는 부분의 너비, 모양, 매끄러움을 완벽하게 제어할 수 있습니다.
'Sample\Part02\크리스마스카드.ai' 파일을 불러온 뒤 툴 패널에서 지우개 툴(✐)을 선택하고 옵션
바에서 브러시를 선택합니다. 이미지 위로 드래그하면 드래그된 부분이 삭제됩니다.

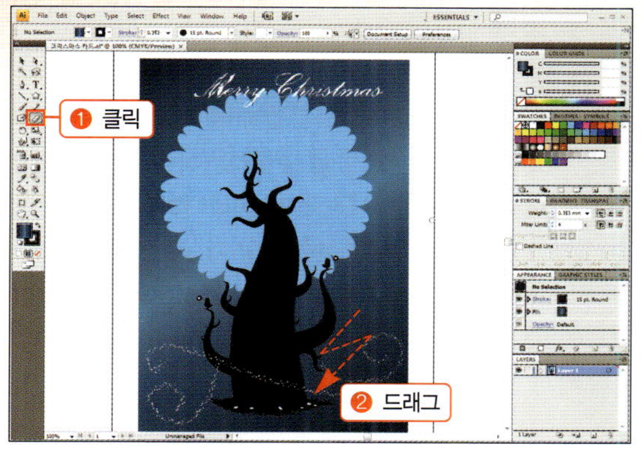

▲ 원본 이미지

▲ 드래그하여 지워진 영역

 브러시 툴의 크기와 모양 설정하기

지우개 툴()을 선택하고 옵션 바에서 브러시 선택 메뉴를 클릭하면 나타나는 하위 메뉴의 브러시를 선택합니다. 브러시의 크기를 설정하려면 선택한 브러시를 더블클릭하여 나타나는 [Calligraphic Brush Options] 대화상자를 통해서 브러시의 크기와 모양을 설정할 수 있습니다.

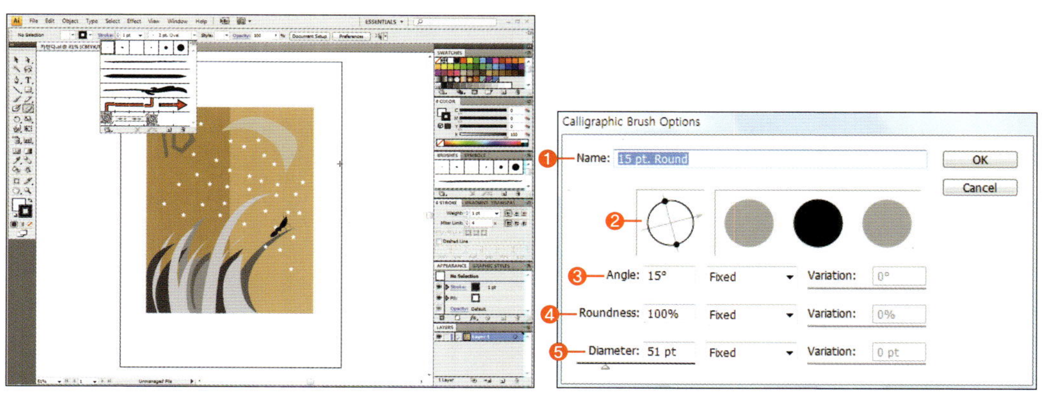

▲ 브러시 크기 선택하기   ▲ 브러시의 모양과 종류를 선택하기

❶ **Name** : 브러시의 이름을 입력합니다.

❷ **Brush Shape Editor** : 브러시의 모양과 각도를 직접 조절할 수 있습니다.

❸ **Angle** : 브러시가 회전하는 각도를 조절합니다.

❹ **Roundness** : 브러시의 형태를 정원이나 타원으로 설정합니다. 수치가 낮을수록 납작한 모양이 됩니다.

❺ **Diameter** : 브러시의 크기를 설정합니다.

> 이미지 작업 도중 브러시의 크기를 빠르게 조절하려면 키보드의 단축키 [와] 를 누르면 브러시의 크기를 조절할 수 있습니다.
>
> 주목

만들어진 오브젝트는 경우에 따라 원하는 부분만 잘라서 사용해야 합니다. 포토샵에서는 잘라내려는 부분의 영역을 선택 영역으로 만들어 자르면 되지만 일러스트레이터에서는 해당 오브젝트에서 자르려는 부분을 직접 잘라야 합니다. 이럴 때 사용되는 툴은 가위 툴(✂)과 나이프 툴(🔪)인데 가위 툴(✂)은 잘려진 영역이 열린 패스로, 나이프 툴(🔪)로 자른 영역이 닫힌 패스로 만들어집니다.

• 가위 툴로 오브젝트 자르기

'Sample\Part02\티셔츠.ai' 파일을 불러온 후 툴 패널에서 가위 툴(✂)을 선택합니다. 가위 툴(✂)로 티셔츠의 왼쪽 부분을 클릭하면 포인트가 만들어지면서 자르는 영역이 패스로 선택됩니다. 반대편의 자르려는 부분을 같은 방법으로 클릭하면 오브젝트를 자를 수 있습니다. 잘려지는 기준점을 잘못 클릭하면 에러 메시지가 표시됩니다. 잘려진 부분을 선택 툴로 클릭한 뒤 드래그하면 잘려진 부분이 열린 패스로 보이게 됩니다.

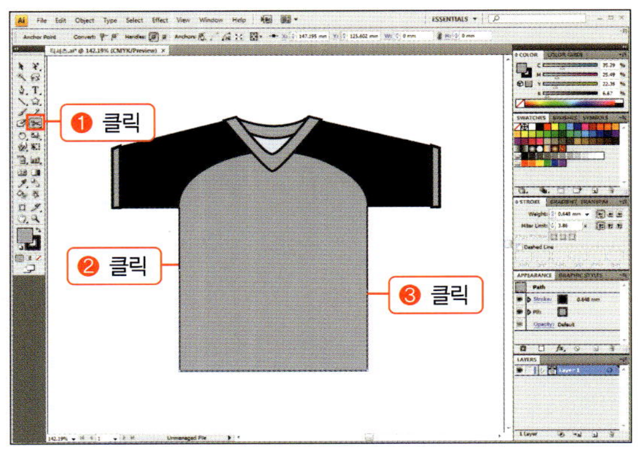

▲ 원본 이미지

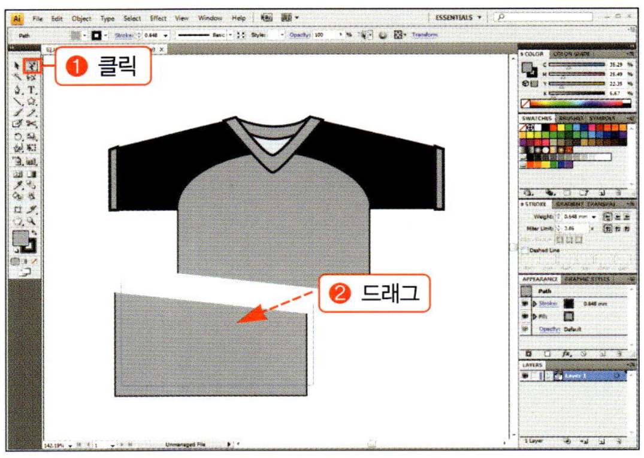

▲ 가위 툴로 자른 후 이동한 이미지

• 나이프 툴로 오브젝트 자르기

'Sample\Part02\티셔츠.ai' 파일을 불러온 후 툴 패널에서 나이프 툴(🔪)을 선택합니다. 나이프 툴(🔪)을 이용하여 가위 툴(✂)에서 잘랐던 영역과 비슷한 영역을 드래그하여 잘라냅니다. 잘려진 영역이 닫힌 패스로 만들어져 분리되는 것을 확인할 수 있습니다.

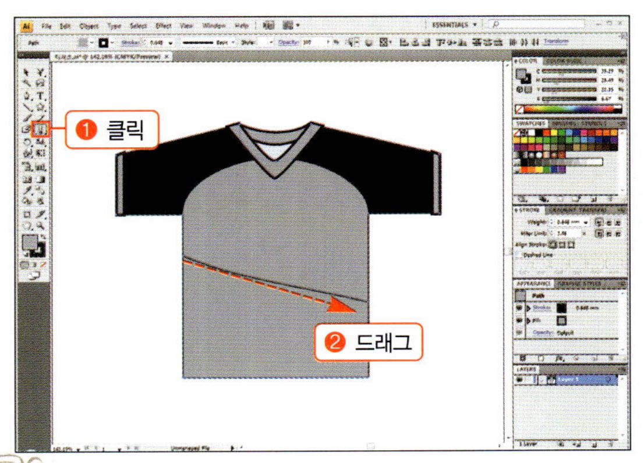

▲ 원본 이미지

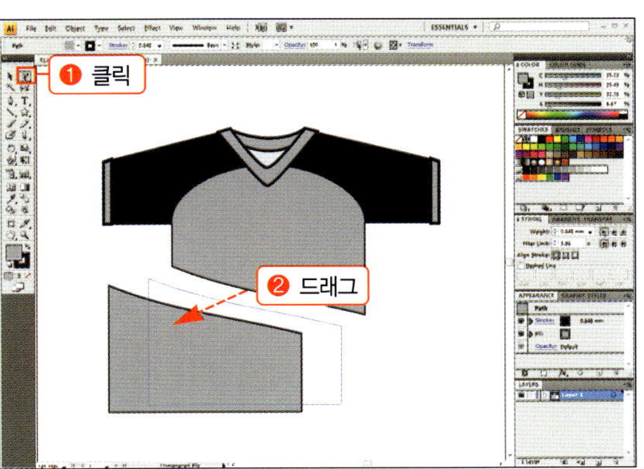

▲ 나이프 툴로 자른 후 이동한 이미지

오브젝트 순서를
마음대로 배열하기

여러 개의 오브젝트가 겹쳐져 있는 경우에는 뒤에 있는 오브젝트가 숨겨져 보이지 않게 됩니다. 일반적으로 캐릭터 이미지와 같은 작업을 하면 이런 상황을 많이 겪게 되는데 [Arrange] 메뉴를 이용하여 오브젝트의 위치를 원하는 순서대로 바꿀 수 있습니다.

15분 완성
파일 분석하기

❶ [Arrange]로 오브젝트의 위아래 순서 정하기 : 146 page

◎ 예제 파일 : Sample\Part02\나무만들기.ai
완성 파일 : Sample\Part02\나무만들기완성.ai

01 [File]-[Open] 메뉴를 선택하고 'Sample\Part02\나무만들기.ai' 파일을 불러옵니다. 불러온 이미지를 보면 외곽선만 색상을 채우고 면에는 색이 없는 오브젝트입니다. 툴 패널에서 선택 툴(▶)을 선택하고 나뭇잎 부분을 클릭하여 선택합니다.

02 [Swatches] 패널에서 면 색을 'C=50, Y=100' 으로 선택합니다. 색상을 채운 오브젝트가 앞에서 작업한 오브젝트들보다 나중에 그려져 위로 올라와 있기 때문에 면 색이 채워지면서 과일과 나뭇잎을 모두 가리게 됩니다. 위에 있는 오브젝트를 다른 오브젝트들보다 가장 아래로 보내기 위해 [Object]-[Arrange]-[Send to Back] 메뉴를 선택합니다.

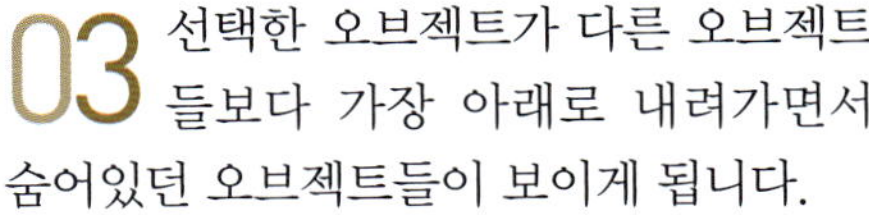
반드시 녹색의 나뭇잎이 선택된 상태에서 [Send to Back] 메뉴를 선택해야 합니다.

03 선택한 오브젝트가 다른 오브젝트들보다 가장 아래로 내려가면서 숨어있던 오브젝트들이 보이게 됩니다.

04 선택 툴(▶)을 선택하고 Shift 를 누른 채 나무 부분과 나뭇가지를 다중 선택합니다. [Swatches] 패널에서 'M=35, Y=85' 색상을 지정합니다.

05 나무와 나뭇가지 부분이 위로 올라와 있습니다. 앞에서와 마찬가지로 [Object]-[Arrange]-[Send to Back] 메뉴를 선택하여 가장 뒤로 보내줍니다.

06 작은 나뭇가지들을 선택하고 면색을 'C=85, M=10, Y=100, K=10' 으로 선택하여 지정합니다.

07 계속해서 같은 방법으로 색상이 채워지지 않은 오브젝트도 선택하여 색을 채워 이미지를 완성합니다.

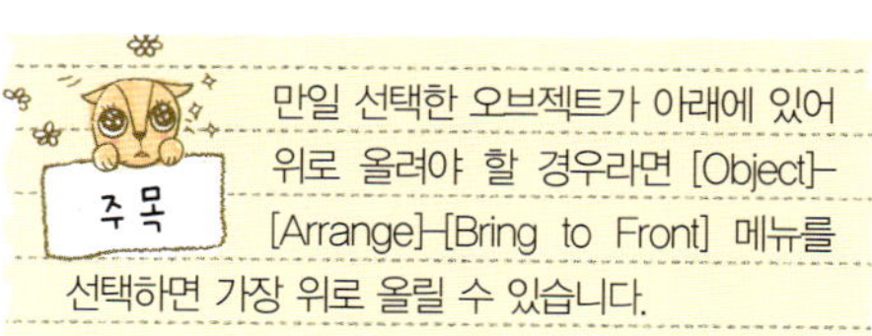

[Arrange]와 [Align] 기능으로 오브젝트 정렬하기

만들어진 오브젝트는 [Arrange]와 [Align] 기능을 이용하여 정렬할 수 있습니다. [Arrange]는 겹쳐지는 오브젝트에서 위아래 순서를 바꿔줄 수 있는 기능이며, [Align]은 두 개 이상의 오브젝트를 X축이나 Y축으로 오브젝트들의 위치를 정확하게 일치시키는 역할을 합니다.

Skill up 01 [Arrange] 메뉴로 오브젝트의 위아래 순서 정하기

[Object]-[Arrange] 메뉴는 선택한 오브젝트를 앞이나 뒤로 보내주는 기능을 가지고 있습니다. 일러스트레이터를 통해서 그려지는 오브젝트들은 나중에 그려지는 오브젝트일수록 먼저 그려진 오브젝트의 위로 올라가게 됩니다. 하지만 작업을 하다 보면 그려진 오브젝트를 위로 올려야 할 때도 있고 밑으로 내려야 할 경우도 있습니다. 이런 경우 [Arrange] 메뉴를 이용하면 원하는 위치로 오브젝트를 변경할 수 있습니다.

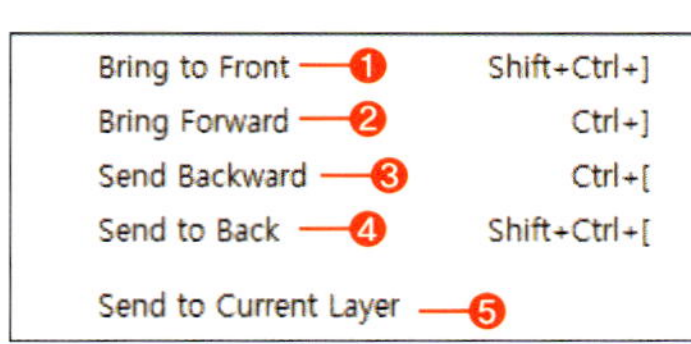

❶ Bring to Front : 선택한 오브젝트를 가장 앞으로 불러옵니다.
❷ Bring Forward : 선택한 오브젝트를 한 단계 앞으로 불러옵니다.
❸ Send Backward : 선택한 오브젝트를 한 단계 뒤로 보내줍니다.
❹ Send to Back : 선택한 오브젝트를 가장 뒤로 보내줍니다.
❺ Send to Current Layer : 오브젝트를 선택한 레이어로 보내줍니다.

▲ 순서대로 되어 있는 글자 오브젝트

▲ [Send to Back] 메뉴로 가장 뒤로 보내기

두 개 이상의 오브젝트를 동일한 위치로 선택 툴(▶)을 이용하여 정렬하는 것은 번거로운 일입니다. 오브젝트를 정렬하기 위해서는 아트보드나 그리드 등을 이용하여 일일이 선택해서 위치를 지정해야 하지만 [Align] 패널을 이용하면 쉽고 정확한 위치로 정렬할 수 있습니다. [Align] 패널은 [Window]-[Align] 메뉴에서 선택이 가능하며 선택한 오브젝트를 정렬할 수 있습니다.

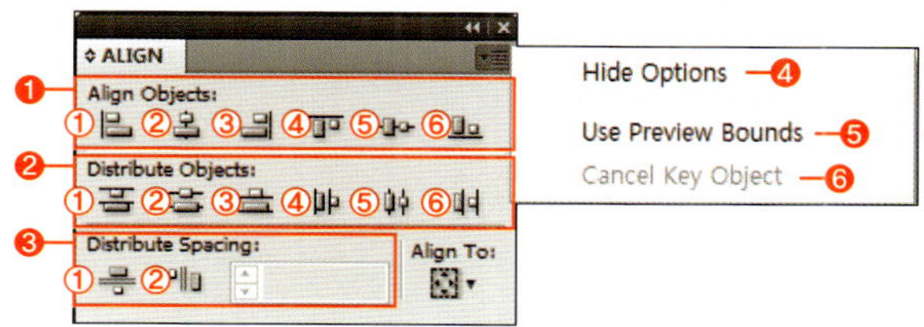

❶ **Align Objects** : 선택한 오브젝트를 가로나 세로 방향 등으로 정렬할 수 있습니다.

① **Horizontal Align Left** : 선택한 오브젝트 중에서 가장 왼쪽에 있는 오브젝트를 기준으로 다른 오브젝트를 왼쪽으로 정렬합니다.

② **Horizontal Align Center** : 선택한 오브젝트들을 가로 방향의 중앙으로 정렬합니다.

③ **Horizontal Align Right** : 선택한 오브젝트 중에서 가장 오른쪽에 있는 오브젝트를 기준으로 다른 오브젝트를 오른쪽으로 정렬합니다.

④ **Vertical Align Top** : 선택한 오브젝트들 중에서 가장 위에 있는 오브젝트를 기준으로 다른 오브젝트를 정렬합니다.

⑤ **Vertical Align Center** : 선택한 오브젝트들을 세로 방향의 중앙으로 정렬합니다.

⑥ **Vertical Align Bottom** : 선택한 오브젝트들 중에서 가장 아래에 있는 오브젝트를 기준으로 다른 오브젝트를 정렬합니다.

❷ **Distribute Objects** : 선택한 오브젝트들을 동일한 간격으로 정렬할 경우에 사용합니다.

① **Vertical Distribute Top** : 오브젝트의 위쪽을 기준으로 선택된 오브젝트의 세로 간격이 유지됩니다.

② **Vertical Distribute Center** : 오브젝트의 중앙을 기준으로 선택된 오브젝트의 세로 간격이 유지됩니다.

③ **Vertical Distribute Bottom** : 오브젝트의 아래를 기준으로 선택된 오브젝트의 세로 간격이 유지됩니다.

④ **Horizontal Distribute Left** : 오브젝트의 왼쪽 끝 선을 기준으로 선택된 오브젝트의 가로 간격이 유지됩니다.

⑤ **Horizontal Distribute Center** : 선택된 오브젝트가 오브젝트의 중앙을 기준으로 가로 간격이 유지됩니다.

⑥ **Horizontal Distribute Right** : 선택된 오브젝트에서 오브젝트의 오른쪽 끝 선을 기준으로 가로 간격이 유지됩니다.

❸ Distribute Spacing : 세로나 가로 간격을 동일한 간격으로 분배합니다.
  ① Vertical Distribute Space : 동일한 간격으로 세로 간격이 분배됩니다.
  ② Horizontal Distribute Space : 동일한 간격으로 가로 간격이 분배됩니다.
❹ Hide Options : [Vertical Distribute Spacing]과 [Horizontal Distribute Space]를 보이거나 숨기게 해줍니다.
❺ Use Preview Bounds : 옵션을 체크하면 오브젝트의 아웃라인 패스를 기준으로 정렬하고, 체크되지 않으면 오브젝트에 적용된 효과까지 포함하여 정렬합니다.
❻ Cancel Key Object : [Vertical Distribute Spacing], [Horizontal Distribute Space]를 사용할 때 기준이 되는 오브젝트를 클릭하며, 이때 기준으로 삼는 오브젝트를 [Key Object]라고 합니다. [Key Object]의 설정을 해제하는 명령입니다.

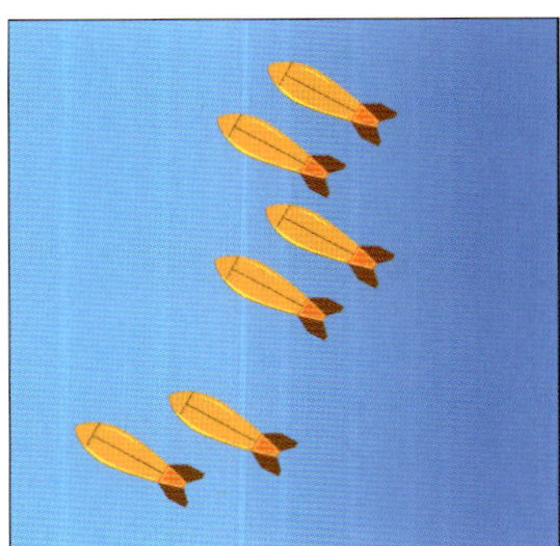
▲ 정렬되지 않은 원본 이미지

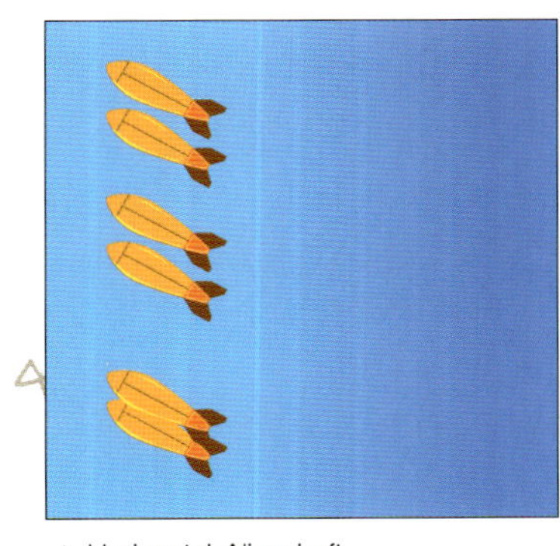
▲ Horizontal Align Left

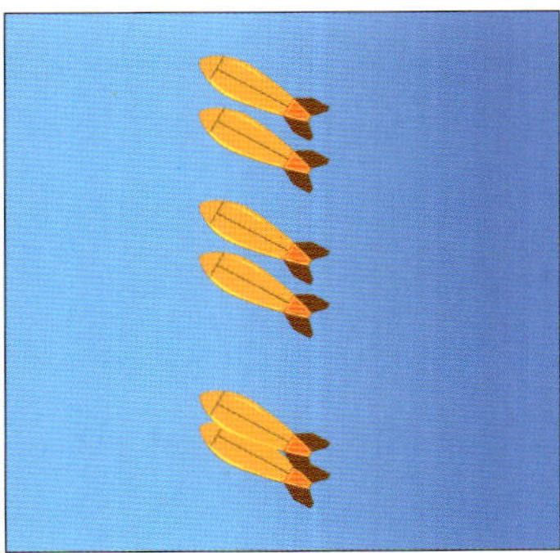
▲ Horizontal Align Center

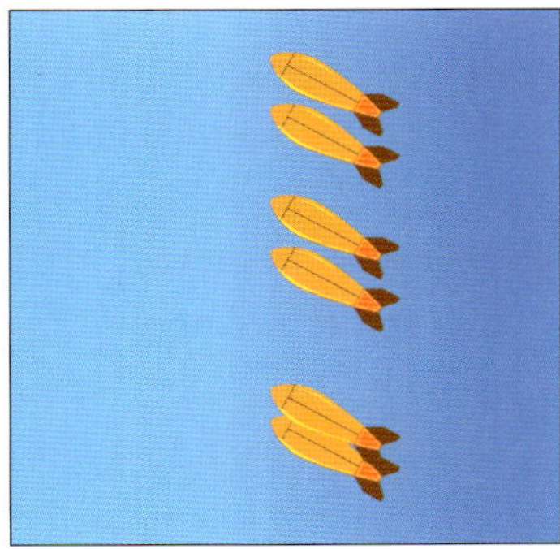
▲ Horizontal Align Right

▲ Vertical Align Top

▲ Vertical Align Center

▲ Vertical Align Bottom

라이브 트레이스 기능으로
비트맵을 일러스트 파일로 만들기

일러스트레이터에서 스케치한 이미지를 벡터 오브젝트로 바꾸기 위해서는 뒤에서 배우게 될 펜 툴을 이용하여 오브젝트의 외곽선을 추출합니다. 하지만 CS 버전 이후부터는 비트맵 이미지를 벡터 이미지로 바꿔주는 라이브 트레이스 기능이 추가되어 보다 손쉽게 일러스트 파일을 제작할 수 있게 되었습니다.

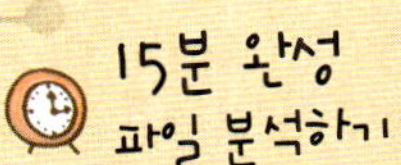

15분 완성
파일 분석하기

❶ 아트보드를 이미지에 맞춰 설
정하기 : 153 page

예제 파일 : Sample\Part02\여자얼굴.jpg
완성 파일 : Sample\Part02\여자얼굴완성.ai

01 [Welcome Screen] 대화상자에서 [Print Document]를 클릭하면 나타나는 [New Document] 대화상자에서 [Size]를 'A4'로 선택하고 [OK] 버튼을 클릭하여 새로운 도큐먼트를 만듭니다.

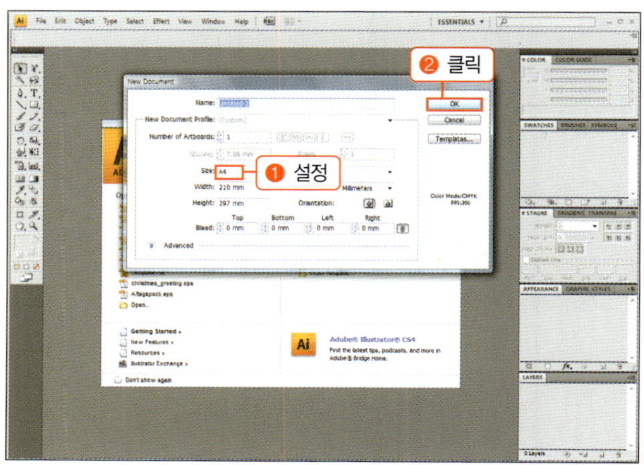

주목 새로운 도큐먼트를 만들 경우 [File]–[New] 메뉴를 선택하여 만들어도 됩니다.

02 메뉴 바에서 [File]-[Place] 메뉴를 선택하고 나타나는 [Place] 대화상자에서 부록 CD의 'Sample\Part02\여자얼굴.jpg' 파일을 선택한 다음 [Place] 버튼을 클릭합니다.

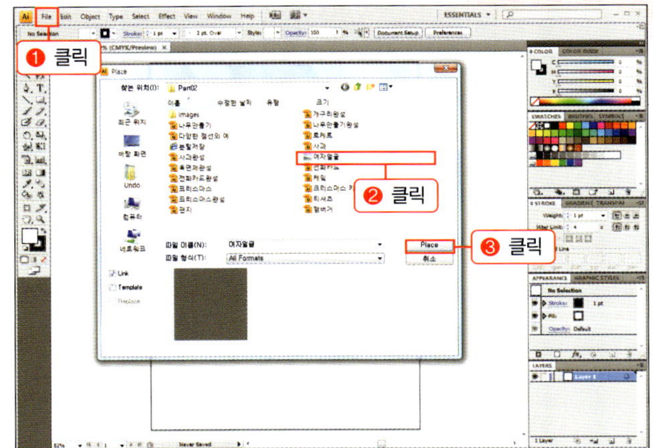

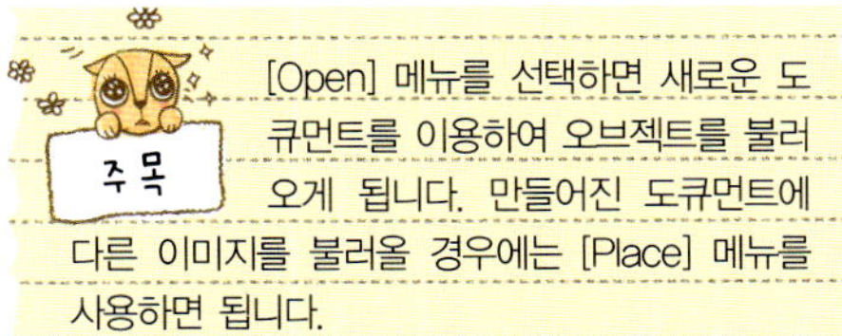
[Open] 메뉴를 선택하면 새로운 도큐먼트를 이용하여 오브젝트를 불러오게 됩니다. 만들어진 도큐먼트에 다른 이미지를 불러올 경우에는 [Place] 메뉴를 사용하면 됩니다.

03 화면에 여자 얼굴이 설정된 비트맵 파일이 나타납니다. 선택 툴(⬉)을 이용하여 불러들인 이미지 파일을 선택한 다음 추출되는 파일의 옵션을 설정하기 위해 메뉴 바에서 [Live Trace] 버튼의 오른쪽에 있는 [Tracing Presets and options]를 클릭합니다. 나타나는 하위 메뉴에서 가장 아래에 있는 [Tracing Options] 메뉴를 선택합니다.

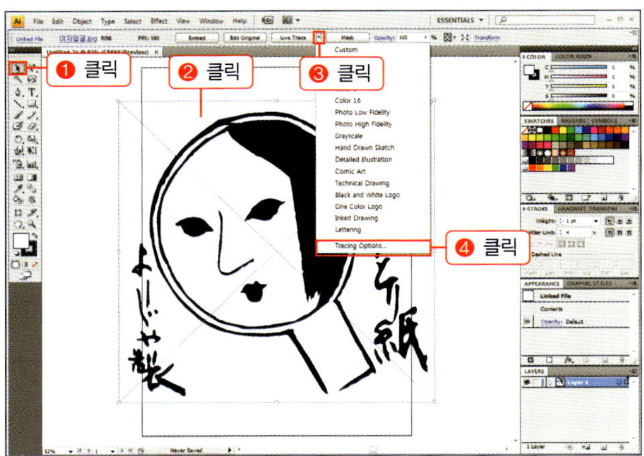

04 [Tracing Options] 대화상자의 [Adjustments] 옵션의 [Mode]를 'Black and White'로 선택하고 [Trace] 버튼을 클릭합니다.

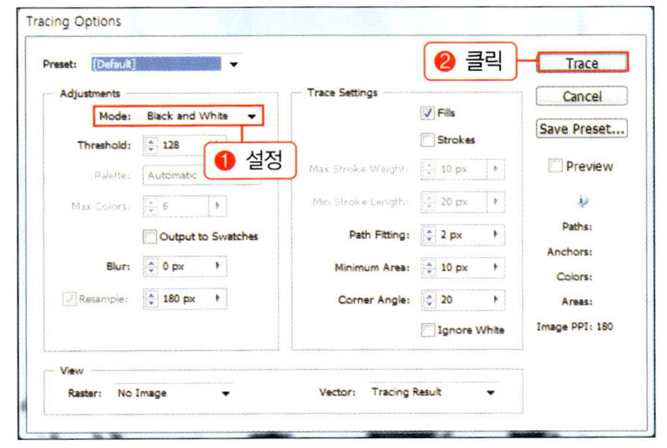

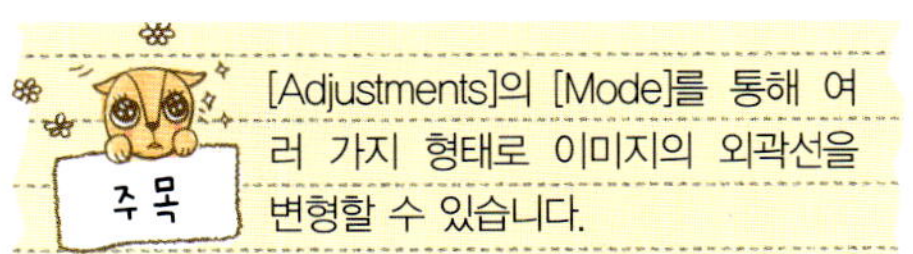
[Adjustments]의 [Mode]를 통해 여러 가지 형태로 이미지의 외곽선을 변형할 수 있습니다.

05 [Live Trace]를 적용하면 거친 느낌과 색상이 단순화되고 정리된 형태로 바뀝니다. 이미지를 벡터 이미지로 추출하기 위해서 메뉴 바에서 [Live Paint] 버튼을 클릭합니다.

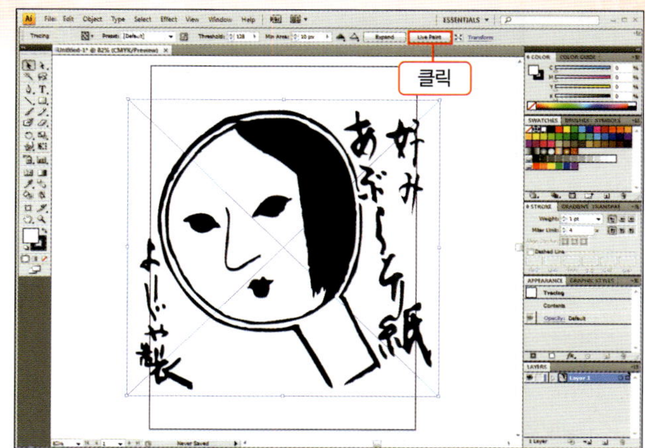

06 자동으로 이미지의 외곽선이 벡터 이미지로 추출됩니다.

07 [View]-[Outline] 메뉴를 선택해서 이미지를 보면 벡터 이미지로 전환된 것을 확인할 수 있습니다.

08 다시 [View]-[Preview] 메뉴를 선택하여 미리보기 상태로 만든 다음 툴 패널에서 그룹 선택 툴(👆)을 선택하고 여자 얼굴에서 입술 부분과 오른쪽에 있는 글자를 선택합니다. [Swatches] 패널에서 'CMYK Red' 색상을 클릭하여 적용합니다.

> **주목** 추출된 이미지는 하나의 이미지처럼 인식하기 때문에 일부분을 선택하기 위해서는 직접 선택 툴(👆)이나 그룹 선택 툴(👆)로 부분만 선택해야 합니다. 입술이 선택되지 않고 전체 얼굴이 선택되는 경우에는 선택된 얼굴을 [Arrange]-[Send to Back] 메뉴로 뒤로 보내줍니다.

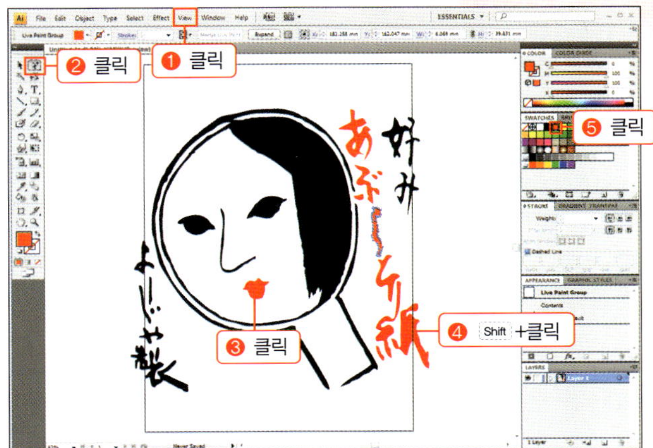

09 아트보드를 이미지에 맞추기 위해서 툴 패널에서 아트보드 툴(□)을 클릭하여 아트보드 편집 화면으로 이동합니다. 외곽에 있는 바운딩 박스의 꼭짓점을 조절하여 추출된 이미지의 크기에 아트보드를 맞춰줍니다.

> **주목** 오브젝트가 있는 화면을 더블클릭하면 자동으로 오브젝트의 크기로 아트보드가 맞춰지게 됩니다.

10 아트보드가 설정되었으면 Esc 를 누르거나 선택 툴(👆)을 선택하여 화면을 고정해 벡터 이미지로의 전환을 마무리 짓습니다.

> **주목** [Live Trace]를 이용하면 정확한 형태의 오브젝트를 추출할 수는 없지만 대략의 윤곽선을 만들어 사용할 수 있기 때문에 급하게 작업을 해야 하는 경우에 유용하게 사용할 수 있습니다. '어도비 스트림라인' 이란 프로그램을 사용하면 이런식으로 이미지를 추출할 수 있습니다.

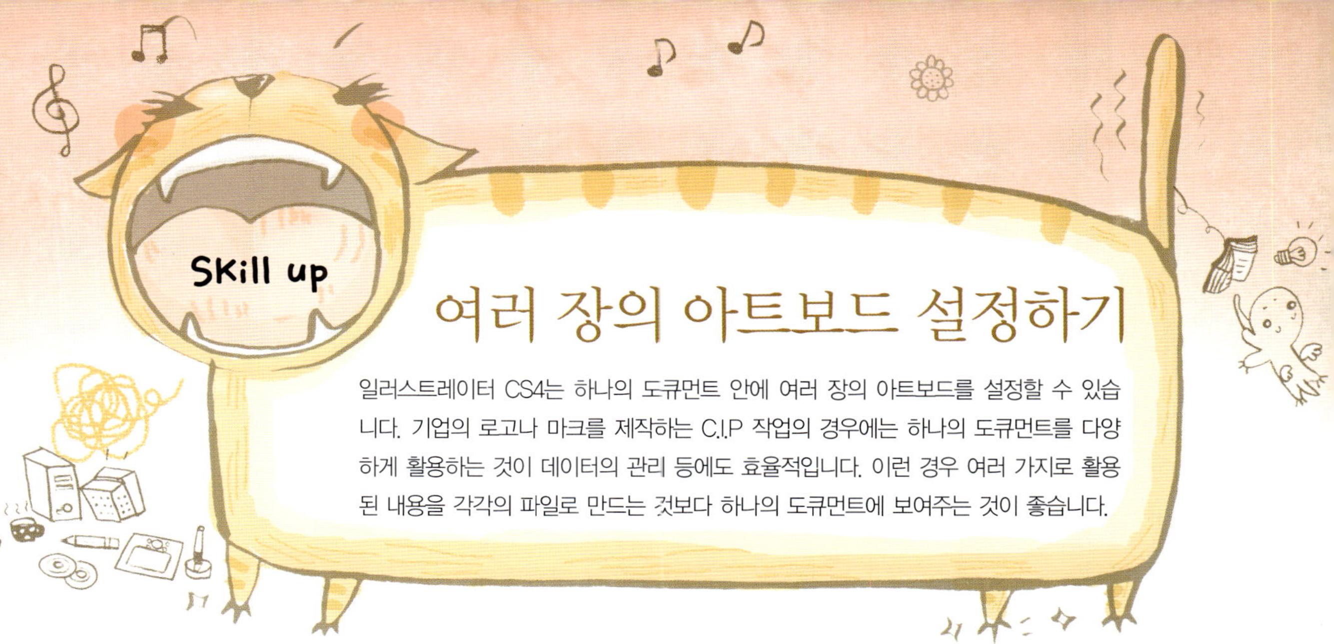

여러 장의 아트보드 설정하기

일러스트레이터 CS4는 하나의 도큐먼트 안에 여러 장의 아트보드를 설정할 수 있습니다. 기업의 로고나 마크를 제작하는 C.I.P 작업의 경우에는 하나의 도큐먼트를 다양하게 활용하는 것이 데이터의 관리 등에도 효율적입니다. 이런 경우 여러 가지로 활용된 내용을 각각의 파일로 만드는 것보다 하나의 도큐먼트에 보여주는 것이 좋습니다.

Skill up 01 아트보드 세부 설정하기

[File]-[New] 메뉴를 선택하면 나타나는 [New Document] 대화상자에서 아트보드의 크기를 설정한 다음 [Number of Artboards]에서 필요한 아트보드의 개수를 입력하면 입력한 개수만큼의 아트보드가 만들어지게 됩니다. 이렇게 만들어진 아트보드에 작업물을 정리하면 출력이나 관리가 훨씬 수월합니다.

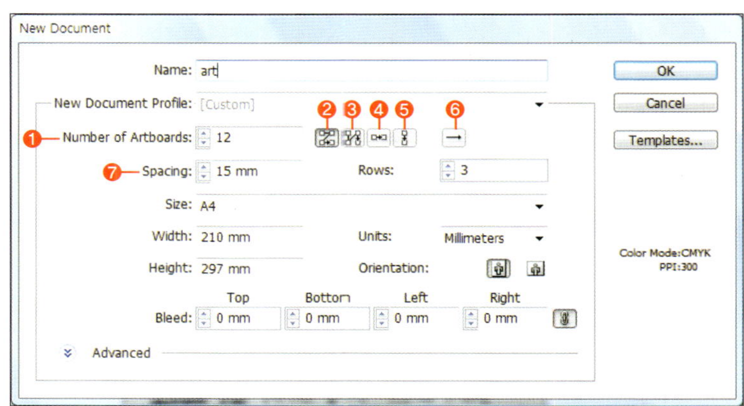

❶ Number of Artboards : 도큐먼트에 만들어지는 아트보드의 개수를 입력합니다.
❷ Grid by Row : 만들어지는 아트보드를 가로로 왼쪽에서 오른쪽으로 배열합니다.
❸ Grid by Column : 만들어지는 아트보드를 세로로 왼쪽에서 오른쪽으로 배열합니다.
❹ Arrange by Row : 만들어지는 아트보드를 가로 긴 형태로 배열합니다.
❺ Arrange by Column : 만들어지는 아트보드를 세로 긴 형태로 배열합니다.
❻ Change to Right-to-Left Layout : 아트보드의 가로와 세로의 배열을 반대로 적용합니다.
❼ Spacing : 아트보드 사이의 간격을 조절합니다.

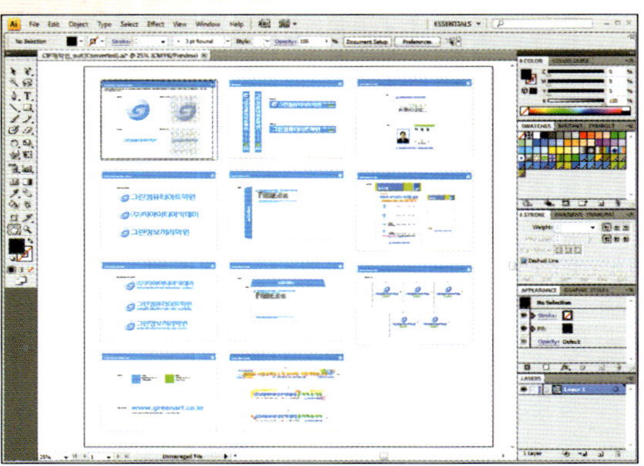

▲ 하나의 아트보드에 작업한 C.I.P

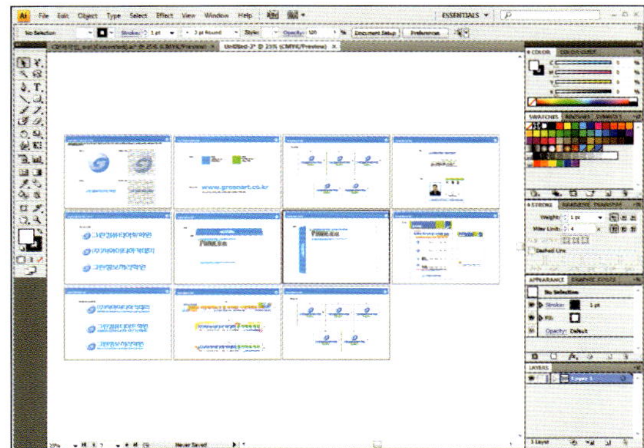

▲ 여러 장의 아트보드에 작업하여 정리한 C.I.P

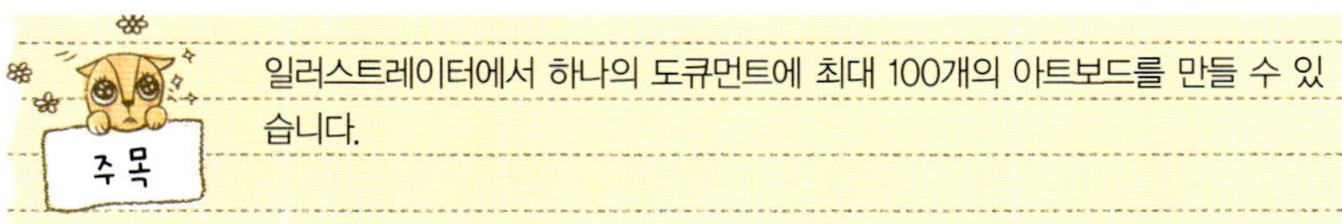

일러스트레이터에서 하나의 도큐먼트에 최대 100개의 아트보드를 만들 수 있습니다.

주목

도큐먼트의 모드 바꾸기

일러스트레이터에서 작업한 결과물들은 대부분 인쇄를 위한 편집 디자인이나 웹을 위한 용도로 사용됩니다. 물론 [New] 대화상자에서 새로운 도큐먼트를 만들 때 부터 작업용도에 맞는 도큐먼트를 설정할 수 있지만 작업 중인 도큐먼트의 이미지 모드를 [Document Color Mode]를 통해서 바꿀 수 있습니다.

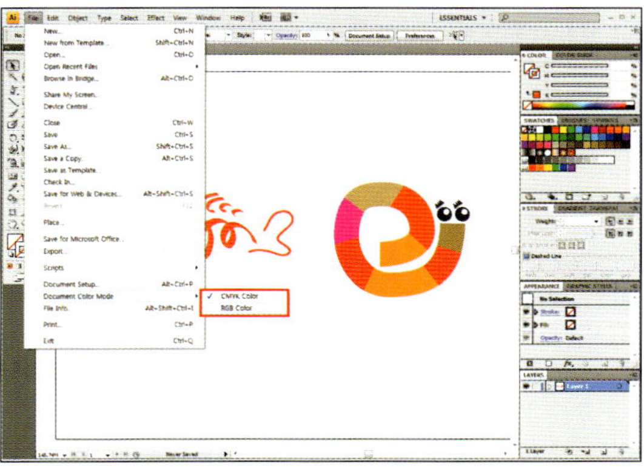

[Pathfinder] 패널로 오브젝트 합치고 나누기

[Pathfinder] 패널은 각각의 개별적인 오브젝트를 합치거나 분리해서 또 다른 새로운 형태의 오브젝트를 만들어주는 기능입니다. [Pathfinder] 패널은 복잡한 모양의 도형도 쉽게 만들 수 있는 장점을 가지고 있어 활용도가 높습니다. 이번 Lesson에서는 다양한 [Pathfinder] 패널의 기능을 살펴보겠습니다.

◎ 예제 파일 : Sample\Part02\love.ai
완성 파일 : Sample\Part02\love완성.ai

01 [File]-[Open] 메뉴를 선택하고 'Sample\Part02\love.ai' 파일을 불러옵니다. 툴 패널에서 돋보기 툴(🔍)을 선택하여 오브젝트를 확대합니다.

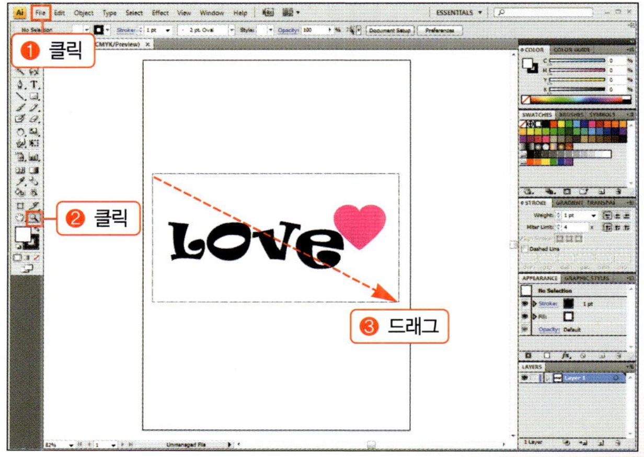

02 툴 패널 하단의 색상 모드에서 면 색은 '없음' 으로 설정하고 선 색은 'CMYK Magenta' 로 선택합니다. 펜 툴 (펜)을 선택한 뒤 그림처럼 첫 번째 위치를 클릭합니다.

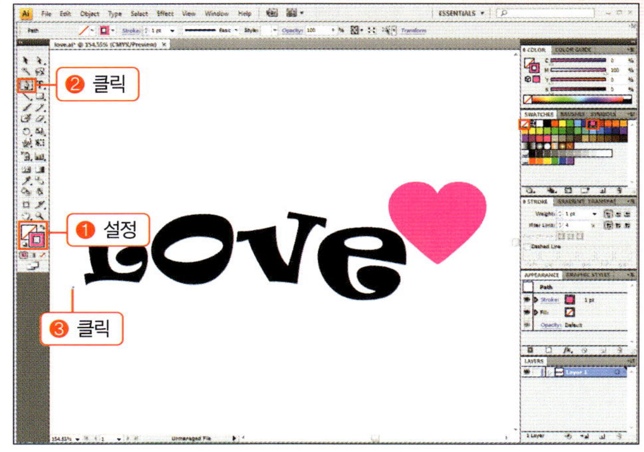

03 두 번째 위치를 클릭과 동시에 오른쪽으로 드래그하면 곡선이 만들어지게 됩니다. 다시 세 번째 위치에서 드래그하여 반복되는 곡선을 그려줍니다.

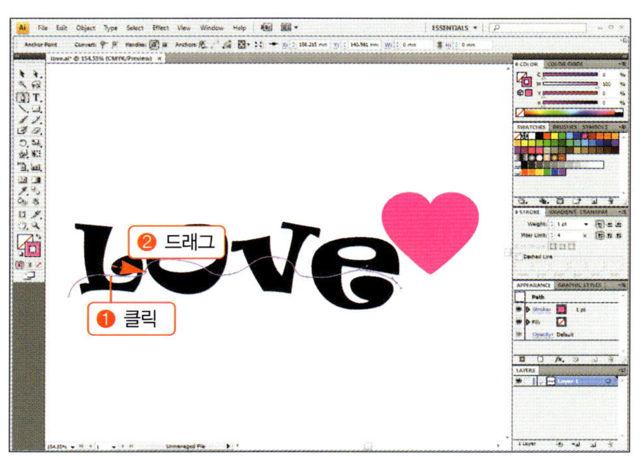

주목 펜 툴(펜)을 이용한 곡선 그리기는 166 page에서 보다 더 자세히 설명 되어 있습니다. 원하는 모양의 곡선을 그리려면 166 page를 참고하세요.

04 구불구불한 모양의 윗면이 모두 만들어졌으면 아랫면은 단순하게 만들어 닫힌 패스로 만들어줍니다.

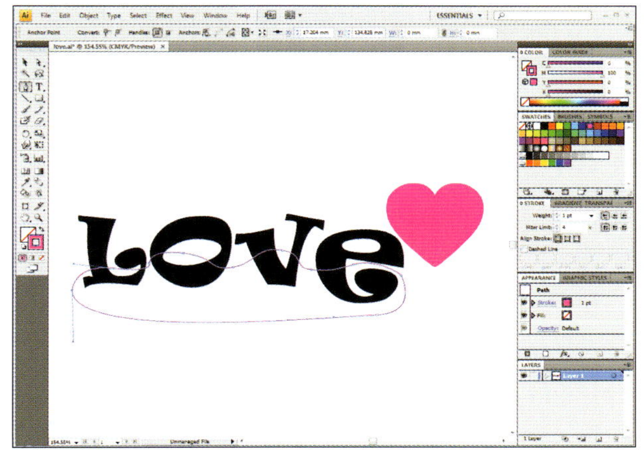

05 툴 패널에서 선택 툴(□)을 선택한 다음 'LOVE'라는 글자와 구불구불하게 만들어진 곡선을 모두 선택합니다. 그리고 [Window]-[Pathfinder] 메뉴를 선택합니다.

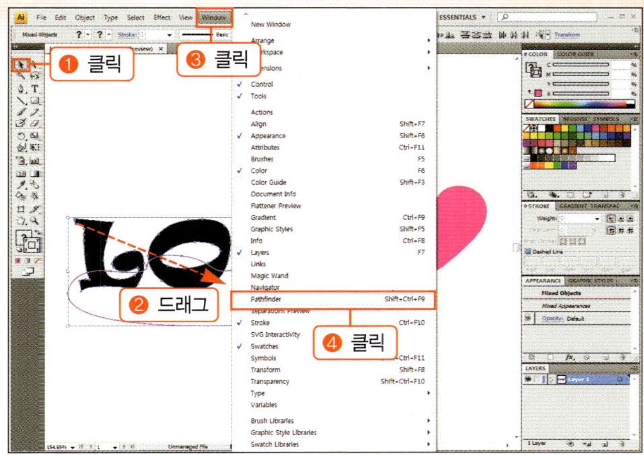

06 [Pathfinder] 패널이 나타나면 패널 옵션에 있는 [Divide] 버튼을 클릭하여 선택한 면을 분할하여 줍니다.

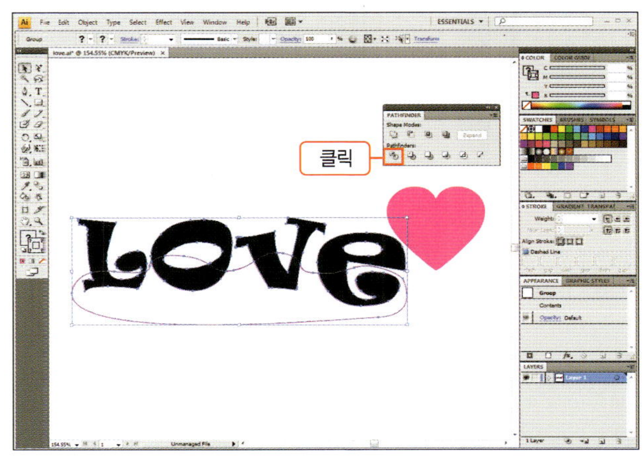

07 툴 패널에서 그룹 선택 툴(□)을 클릭합니다. 분할하여 나누어진 면에서 아랫면을 선택하고 Delete 를 눌러 선택된 면을 삭제합니다.

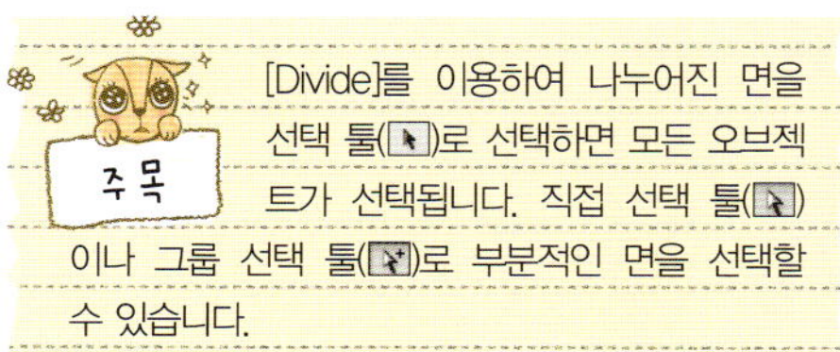
[Divide]를 이용하여 나누어진 면을 선택 툴(□)로 선택하면 모든 오브젝트가 선택됩니다. 직접 선택 툴(□)이나 그룹 선택 툴(□)로 부분적인 면을 선택할 수 있습니다.

주목

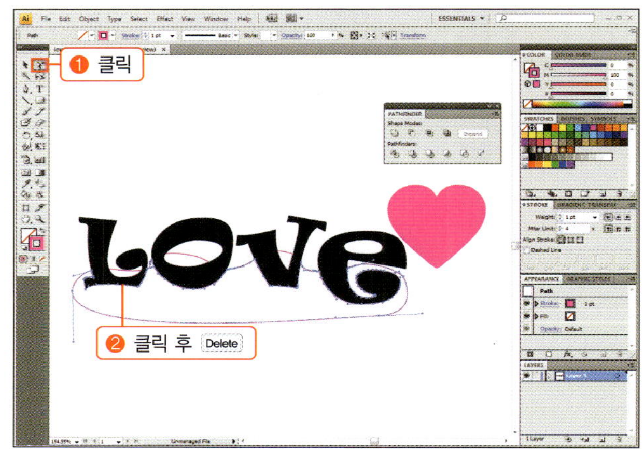

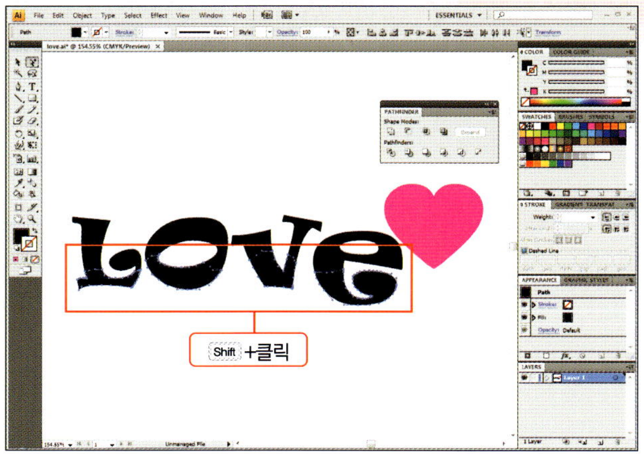

08 같은 방법으로 나누어진 모든 면들을 그림처럼 깨끗하게 삭제하고 구불구불하게 나눴던 아랫면을 [Shift]를 누른 채 클릭하여 선택합니다.

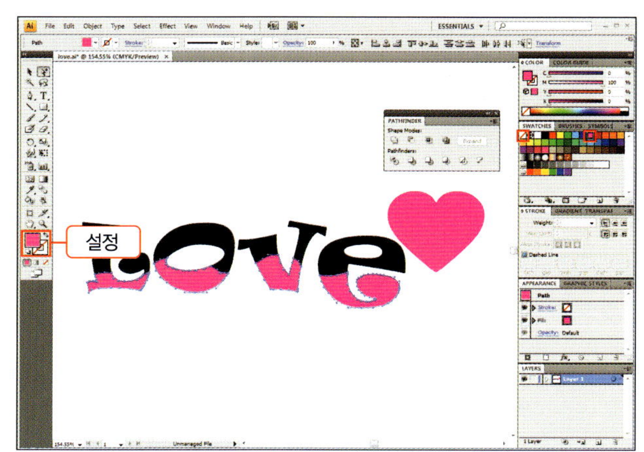

09 색상 모드에서 선 색은 '없음', 면 색은 'CMYK Magenta'로 선택하여 분할된 면에 색상을 채워줍니다.

10 선택 툴(￪)로 도큐먼트의 빈 공간을 클릭하여 선택을 해제한 다음 툴 패널에서 원 툴(◯)을 선택합니다.

11 검은색으로 되어 있는 면 위에 드래그하여 그림처럼 크기가 서로 다른 여러 개의 원을 그려줍니다.

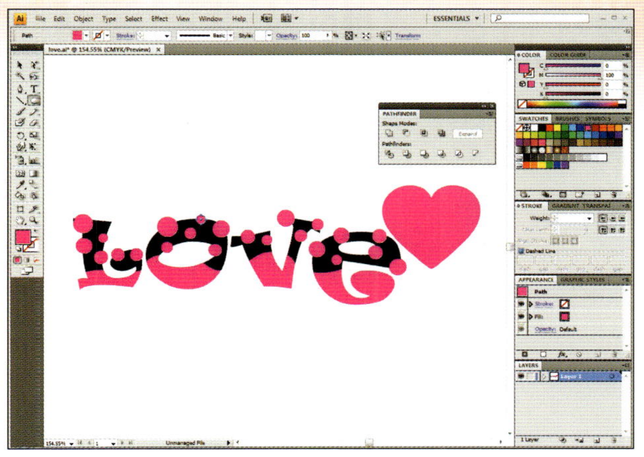

12 그룹 선택 툴( )을 선택한 다음 Shift 를 누르고 원과 검은색의 글자 면을 다중 선택합니다. [Pathfinder] 패널에서 [Divide] 버튼을 클릭하여 다중으로 선택되어 겹쳐진 면을 나눠줍니다.

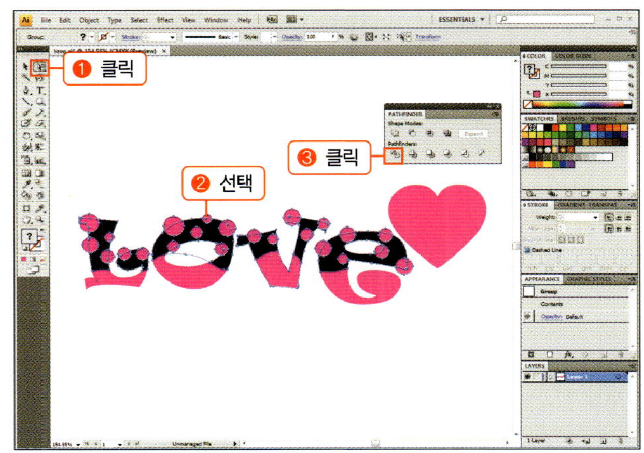

13 선택을 해제한 다음 분할된 면 중에서 외곽으로 튀어나온 부분들을 선택한 후 Delete 를 눌러 삭제해줍니다.

14 선택 툴(￼)을 선택한 다음 Alt를 누르고 하트가 겹치도록 여러 개를 복사합니다. 복사된 하트의 색상을 [Swatches] 패널을 통해 다양하게 지정해 줍니다.

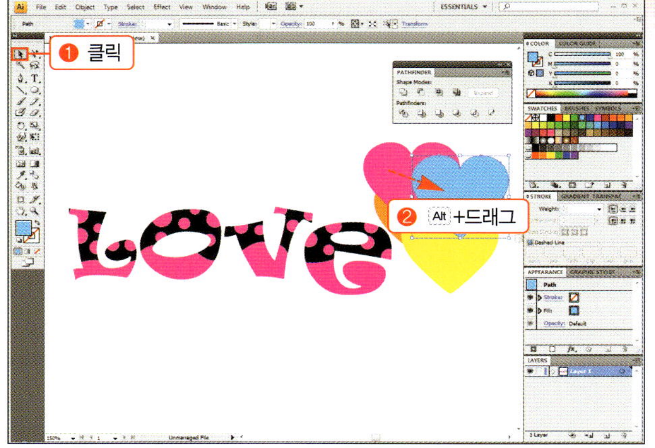

15 색상이 다른 하트들을 모두 선택 툴(￼)로 선택하고 [Pathfinder] 패널에서 [Divide] 버튼을 클릭하여 분할 합니다.

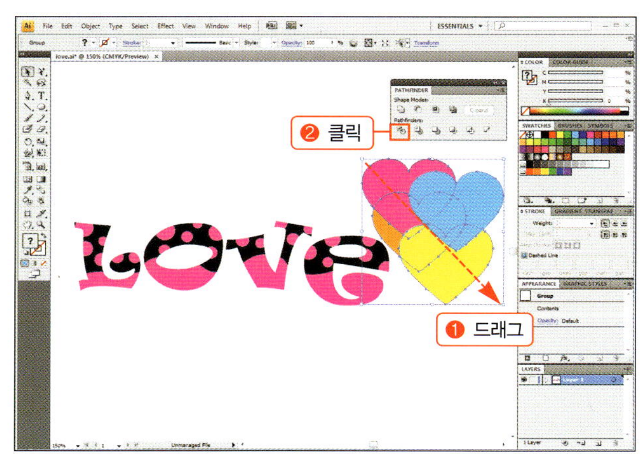

16 툴 패널에서 그룹 선택 툴(￼)을 선택하고 하트의 외부에 있는 면을 선택한 후 삭제하여 이미지를 완성합니다.

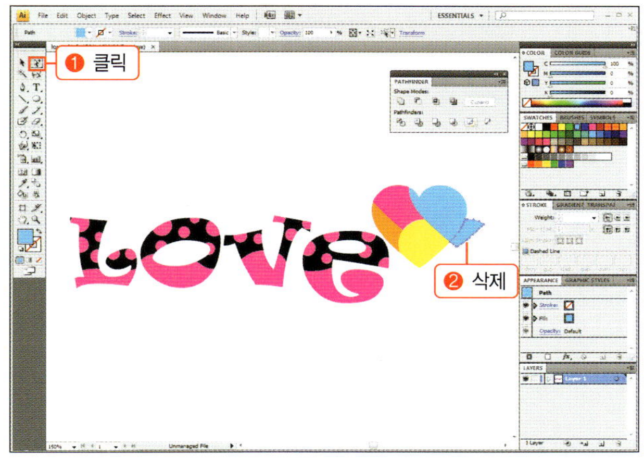

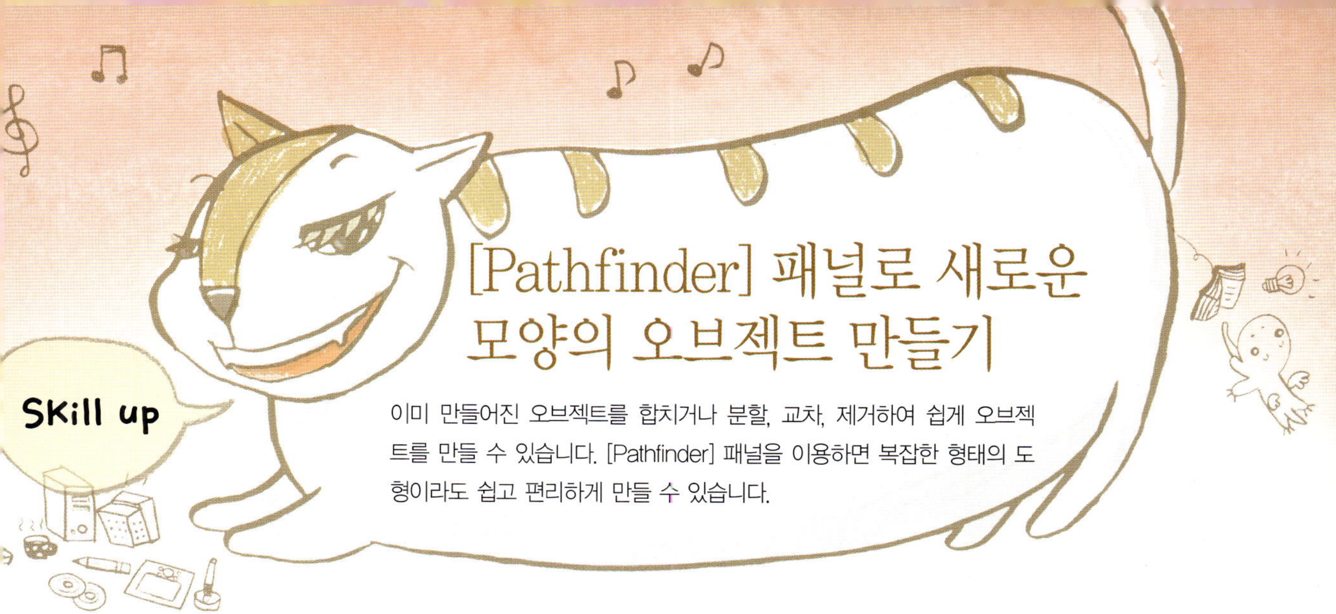

[Pathfinder] 패널로 새로운 모양의 오브젝트 만들기

이미 만들어진 오브젝트를 합치거나 분할, 교차, 제거하여 쉽게 오브젝트를 만들 수 있습니다. [Pathfinder] 패널을 이용하면 복잡한 형태의 도형이라도 쉽고 편리하게 만들 수 있습니다.

SKill up 01 [Pathfinder] 패널 살펴보기

[Pathfinder] 패널은 별도로 만들어진 오브젝트들의 결합, 분리, 교차, 제거 등의 명령을 이용하여 복잡하고 만들기 어려운 오브젝트를 쉽게 만들 수 있는 기능을 가지고 있습니다.

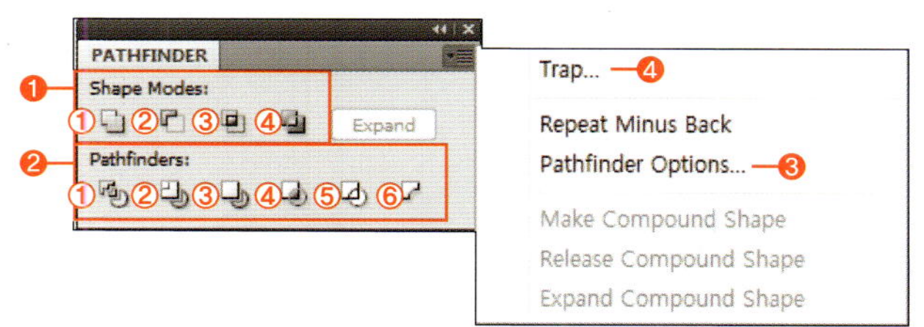

❶ **Shape Modes** : 겹쳐진 오브젝트를 합, 차, 교차, 제거해주는 기능을 가지고 있습니다.

▲ 원본 이미지

① **Unit** : 겹쳐진 두 개 이상의 오브젝트를 하나의 오브젝트로 합쳐주는 명령입니다. 합쳐진 오브젝트는 위에 있는 오브젝트의 속성으로 색상이 바뀌게 됩니다.

② **Minus Font** : 겹쳐진 두 개 이상의 오브젝트에서 위에 있는 오브젝트의 공통 영역을 삭제합니다.

③ **Intersect** : 겹쳐진 오브젝트에서 공통 영역을 뺀 나머지 오브젝트를 삭제합니다.

④ **Exclude** : 겹쳐진 오브젝트에서 공통 영역만 삭제합니다.

▲ [Unit] 적용 후의 이미지

▲ [Minus Font] 적용 후의 이미지

▲ [Intersect] 적용 후의 이미지

▲ [Exclude] 적용 후의 이미지

❷ **Pathfinders** : 겹쳐진 오브젝트를 각각의 오브젝트로 분리하거나 공통 영역만큼 삭제하는 기능을 가지고 있습니다.

① **Divide** : 겹쳐진 오브젝트의 외곽선을 따라 각각의 오브젝트로 분리합니다.

② **Trim** : 겹쳐진 오브젝트 중 뒤에 있는 오브젝트를 공통 영역만큼 삭제합니다.

③ **Merge** : 겹쳐진 오브젝트가 두 개일 경우에는 [Trim]과 동일한 기능을 가지고 있습니다. 오브젝트가 세 개일 경우 세 개의 오브젝트 중에서 동일한 색상을 가진 오브젝트가 있다면 하나의 면으로 인식하여 남은 오브젝트에서 공통 영역을 삭제하고 두 개로 분리합니다.

④ **Crop** : 겹쳐진 오브젝트 중에서 위에 있는 오브젝트에서 공통된 영역만 남기고 삭제하며 마스크와 비슷한 효과를 보여줍니다.

⑤ **Outline** : 겹쳐진 오브젝트 중에서 외곽선만 남기고 내부에 있는 면을 모두 삭제합니다.

⑥ **Minus Back** : 겹쳐진 오브젝트 중에서 앞에 있는 오브젝트의 공통 영역과 뒤에 있는 오브젝트를 삭제합니다.

▲ 원본 이미지

▲ [Divide] 적용 후의 이미지

▲ [Trim] 적용 후의 이미지

▲ [Merge] 적용 후의 이미지

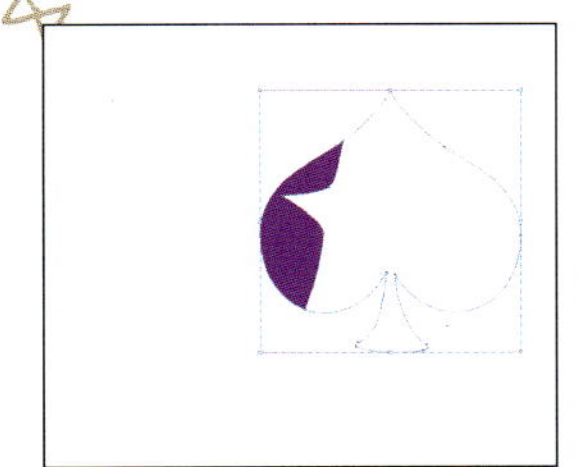

▲ [Crop] 적용 후의 이미지

▲ [Outline] 적용 후의 이미지

▲ [Minus Back] 적용 후의 이미지

❸ **Pathfinder Options** : [Pathfinder] 패널의 오른쪽에 있는 드롭다운 버튼을 클릭하면 나타나는 하위 메뉴에 있는 [Pathfinder Options]를 선택하면 [Pathfinder Options] 대화상자가 나타나게 됩니다. 이 대화상자를 통해 [Pathfinder] 패널의 옵션을 설정할 수 있습니다.

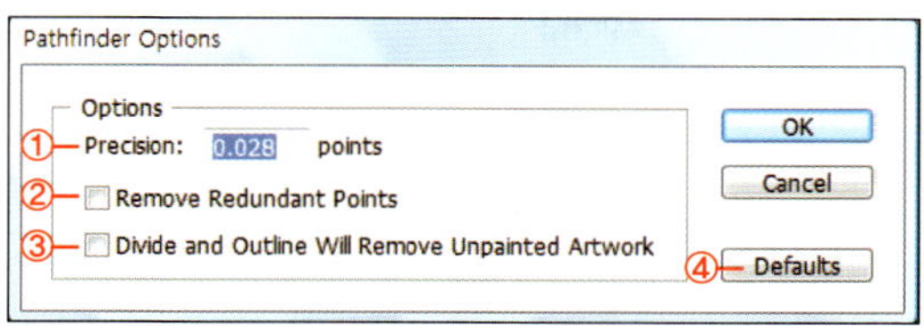

① **Precision** : [Pathfinder] 패널을 이용하여 만들어진 새로운 오브젝트의 정밀도를 조절합니다.

② **Remove Redundant Points** : 만들어진 오브젝트에서 중복되는 고정점을 삭제합니다.

③ **Divide and Outline Will Remove Unpainted Artwork** : 겹쳐진 오브젝트에 [Divide]나 [Outline]을 적용한 경우 색상이 없는 오브젝트를 삭제합니다.

④ **Defaults** : 모든 옵션을 초기 설정 상태로 되돌려줍니다.

❹ **Trap** : 트랩 기능은 오브젝트가 겹쳐진 상태어서 트래핑 효과를 주는 기능입니다. 오브젝트끼리 맞닿아 있는 부분의 색상이 겹쳐 나타나는 경우가 종종 있는데 이때 중첩되는 부분에 두꺼운 색상의 선을 입력하여 인쇄를 깨끗하게 처리하는 기능입니다.

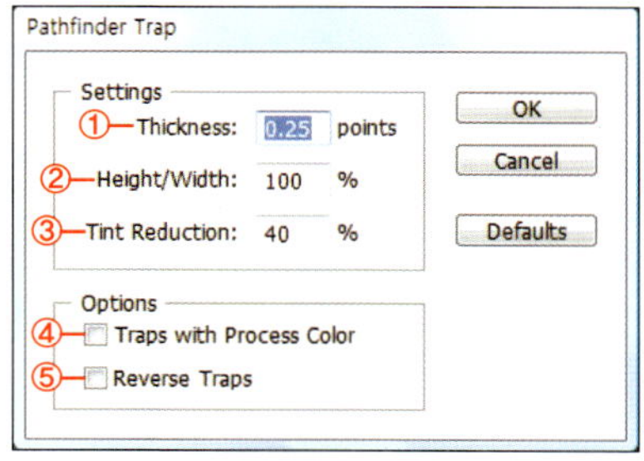

① **Thickness** : 오브젝트가 겹쳐지는 부분의 긁기를 지정합니다.

② **Height/Width** : 선이 겹쳐지는 비율을 400%까지 조절할 수 있습니다.

③ **Tint Reduction** : 색상이 겹쳐지는 부분의 농도를 조절합니다.

④ **Traps with Process Color** : 프로세스 컬러를 사용할 경우 트랩 기능을 적용합니다.

⑤ **Reverse Traps** : 트랩 기능을 반전합니다.

연습이 필요해!
드로잉으로 상상의 날개를 펼쳐보자

지금까지 배운 일반 도형 툴로 복잡한 형태를 가진 오브젝트를 그리는 것은 쉽지 않습니다. 도형 툴로 그리지 못하는 형태의 오브젝트는 직선과 곡선을 자유롭게 그릴 수 있는 툴은 바로 펜 툴입니다. 펜 툴은 원하는 모양의 오브젝트를 쉽게 그릴 수 있기 때문에 캐릭터를 그릴 때 가장 많이 사용되는 툴이기도 합니다. 그리고 브러시 툴을 이용하면 선택한 브러시 모양으로 오브젝트를 자유롭게 드로잉할 수 있습니다.

Lesson 01

펜 툴을 이용하여 직선과 곡선 그리기

펜 툴은 일러스트레이터에서 자유롭게 오브젝트를 그리는 가장 대표적인 도구입니다. 직선과 곡선을 원하는 대로 그릴 수 있어 캐릭터와 같이 복잡한 오브젝트도 빠르게 그릴 수 있습니다. 펜 툴 이외에도 기준점 추가 툴, 기준점 삭제 툴, 기준점 전환 툴 등의 부수적인 툴을 알면 펜 툴로 만들어진 패스를 손쉽게 수정할 수 있습니다.

15분 완성 파일 분석하기

❶ 펜 툴로 직선 그리기 : 178 page
❷ 펜 툴로 곡선 그리기 : 178 page

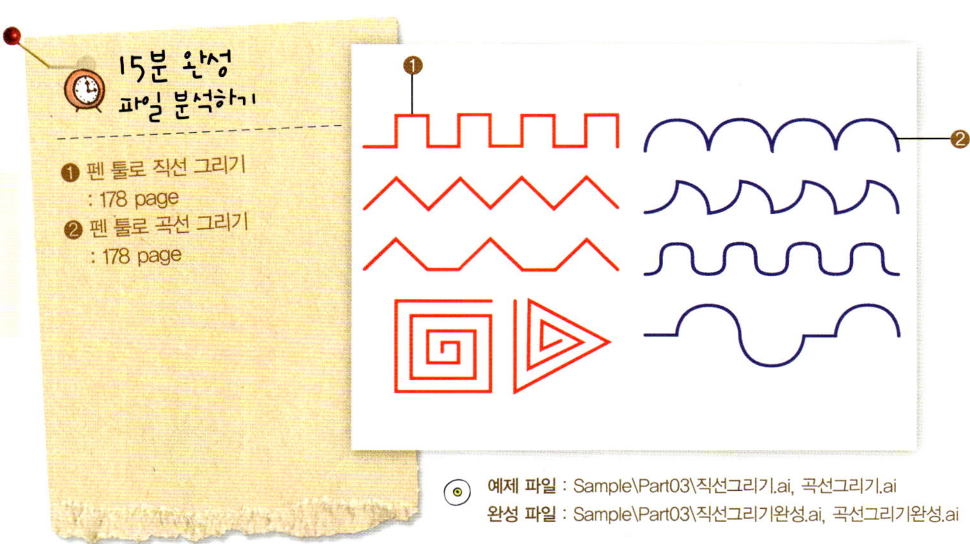

예제 파일 : Sample\Part03\직선그리기.ai, 곡선그리기.ai
완성 파일 : Sample\Part03\직선그리기완성.ai, 곡선그리기완성.ai

■ 펜 툴로 직선 그리기

01 [File]-[Open] 메뉴를 클릭하고 'Sample\Part03\직선그리기.ai' 파일을 불러옵니다. [Layers] 패널에 있는 'Layer 2'를 클릭하여 선택합니다. 툴 패널에서 돋보기 툴(🔍)을 선택한 다음 그림처럼 드래그하여 가장 위에 있는 예제 부분을 확대합니다.

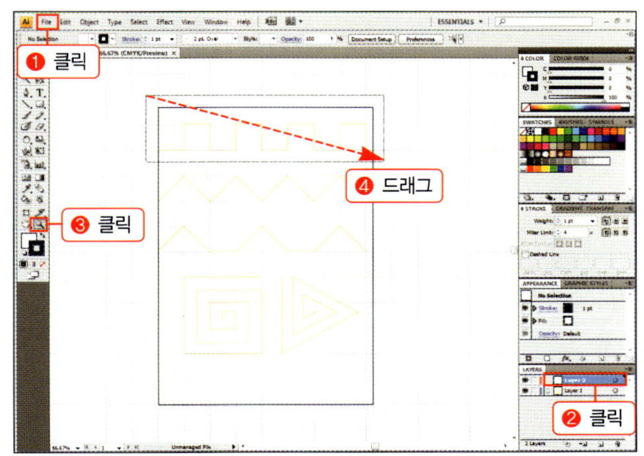

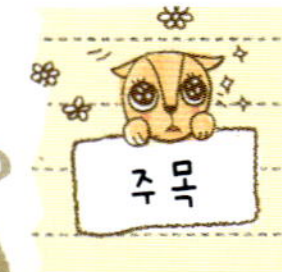

주목 불러온 파일은 펜 툴( ) 연습을 위해 밑그림이 미리 그려져 있으며 선택되지 않도록 선 오브젝트를 잠가 놓은 상태입니다.

02 툴 패널에서 펜 툴( )을 선택한 다음 면 색은 '없음', 선 색은 'M=100, Y=100'으로 선택합니다. [Stroke] 패널에서 [Weight]의 값은 '2'로 입력하여 선의 두께를 조절합니다. 노란색 선의 가장 왼쪽에 있는 시작점을 클릭합니다. 직선을 그리기 위해 Shift 를 누른 채 다른 한 점을 클릭하여 직선을 그려줍니다.

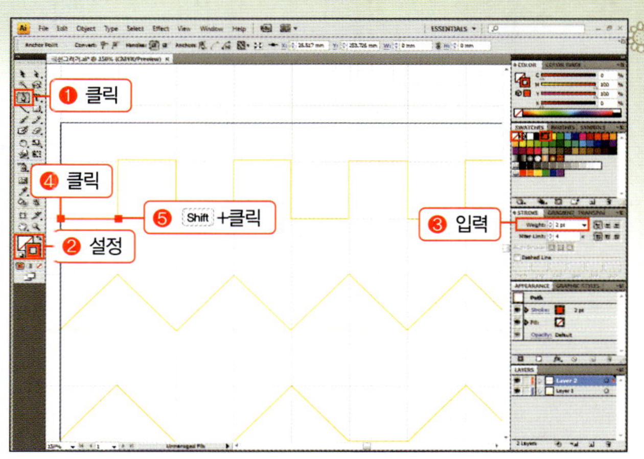

> **주목** 직선 그리는 연습을 보다 쉽게 하기 위해 레이어를 사용하였습니다. 레이어에 대한 부분은 다음 Part에서 자세히 설명하겠습니다.

03 계속해서 같은 방법으로 Shift 를 누른 채 점들을 클릭하여 그림처럼 직선을 그려줍니다. 오브젝트를 너무 확대하여 그림처럼 더 이상 선을 그릴 수 없는 경우에는 Space Bar 를 눌러 손바닥 툴( )로 전환한 다음 화면 위에서 클릭과 동시에 드래그하여 오브젝트를 당긴 다음 계속해서 직선 작업을 연결하여 진행합니다.

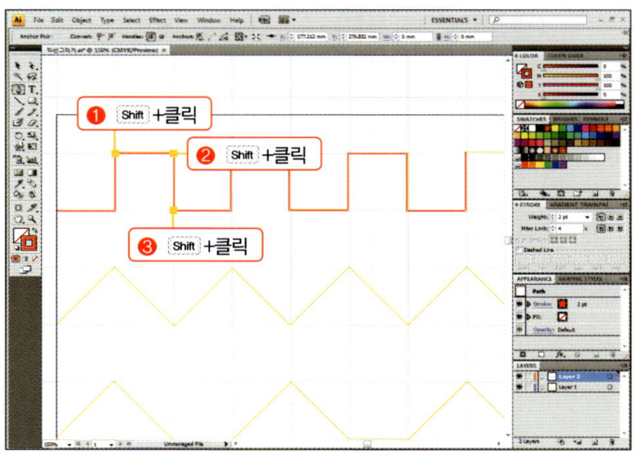

04 직선 오브젝트가 모두 그려졌으면 툴 패널에서 선택 툴( )을 클릭하고 도큐먼트의 화면 빈 공간을 클릭하여 선택을 해제합니다.

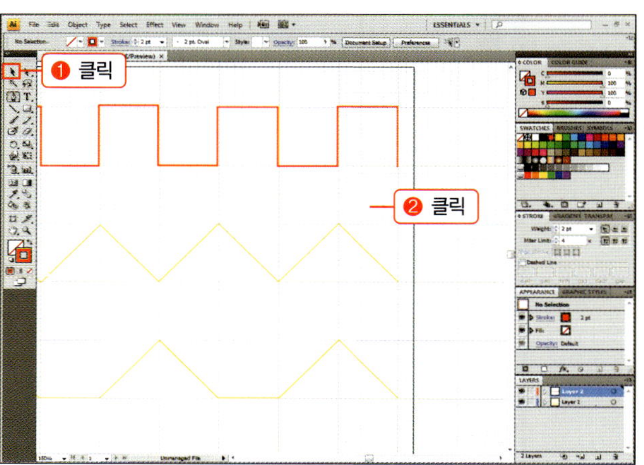

> **주목** 선택 툴( )로 선택을 해제하지 않은 상태에서 선을 그리면 앞에서 그렸던 직선이 계속해서 연결되어 작업되므로 새로운 선을 그리기 위해서는 반드시 선택을 해제해야만 합니다. Ctrl 을 누르면 선택 툴( )로 전환되어 선택 해제를 빠르게 할 수 있습니다.

■ 펜 툴로 사선 그리기

01 Space Bar 를 눌러 손바닥 툴(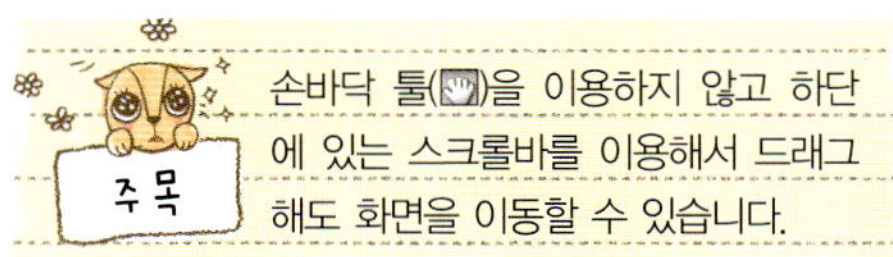)로 전환한 다음 위쪽으로 오브젝트를 당겨 사선이 화면의 중앙에 위치하도록 만들어줍니다.

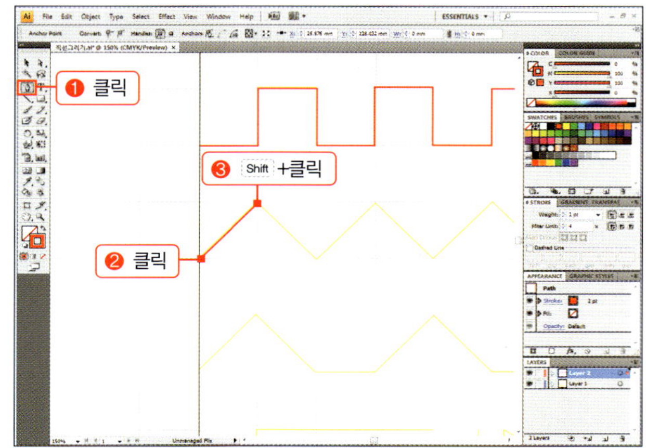

주목 손바닥 툴(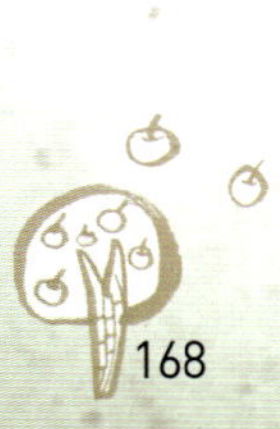)을 이용하지 않고 하단에 있는 스크롤바를 이용해서 드래그 해도 화면을 이동할 수 있습니다.

02 툴 패널에서 펜 툴을 선택하고 첫 번째 점의 위치를 클릭합니다. 정확한 45°의 사선을 그리기 위해 Shift 를 누르고 다음 점의 위치를 클릭합니다. 45°의 각도를 가진 사선이 그려지게 됩니다.

03 계속해서 차례대로 클릭하여 사선을 그려줍니다.

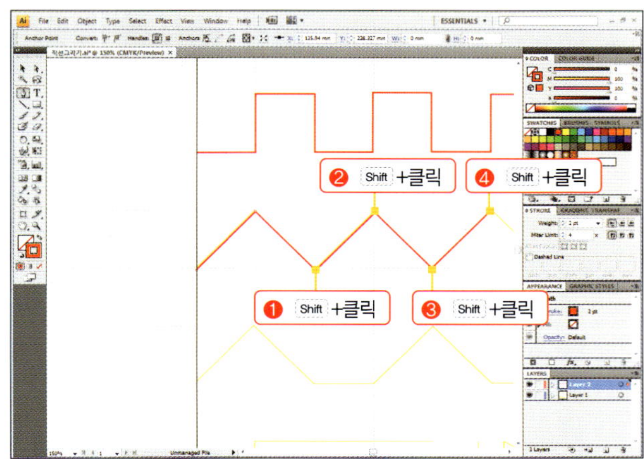

04 앞에서와 마찬가지로 그려질 부분의 위치가 보이지 않을 경우에는 Space Bar 를 눌러 손바닥 툴(🖐)로 전환한 다음 나머지 선을 그려주면 됩니다. Ctrl 을 눌러 선택 툴(▶)로 전환시킨 후 도큐먼트를 클릭하여 선택을 해제합니다.

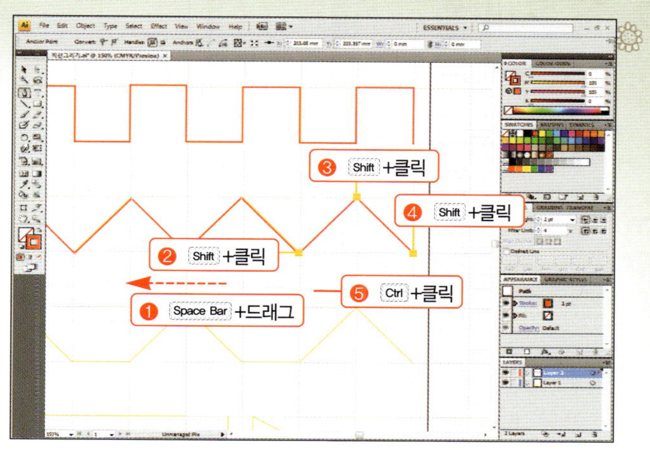

05 이번에는 사선과 직선이 혼합된 선을 그려보겠습니다. 앞에서와 같은 방법으로 손바닥 툴(🖐)을 이용하여 다음 그려질 선을 화면의 중간으로 위치시켜줍니다.

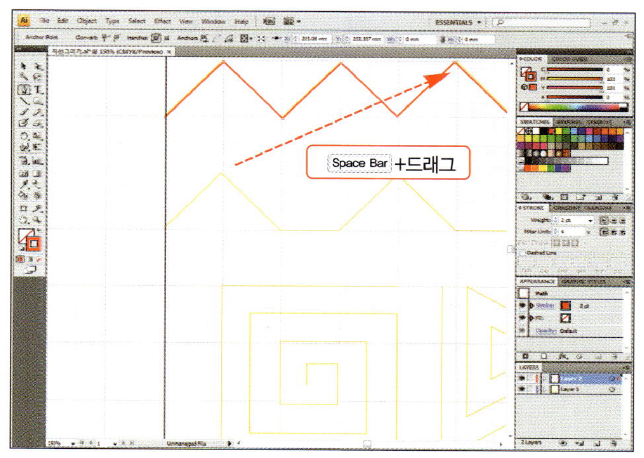

06 같은 방법으로 Shift 를 누르고 순서대로 클릭하여 수평선과 사선이 결합된 형태의 직선을 그려줍니다. 선 그리는 작업이 끝났으면 선택을 해제합니다.

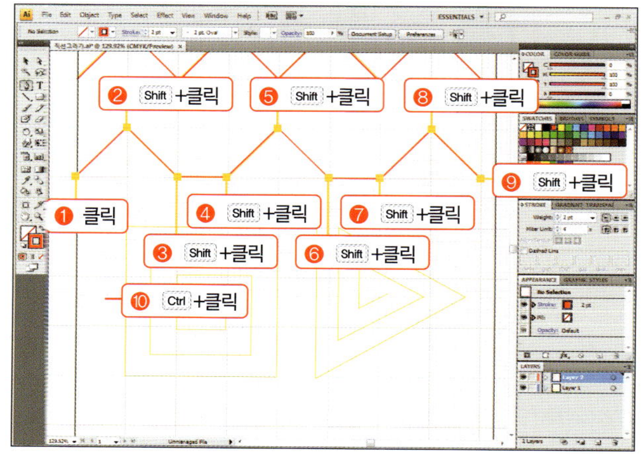

07 손바닥 툴(　)을 이용하여 네 번째 예제를 화면의 중앙으로 위치합니다. 오브젝트가 작게 보인다면 돋보기 툴(　)을 이용하여 오브젝트를 확대합니다.

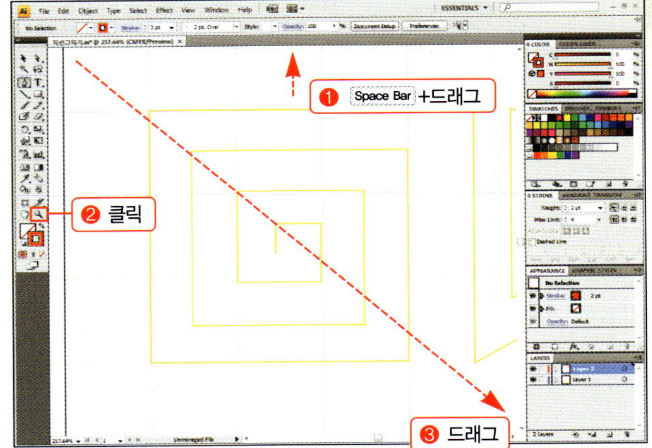

08 펜 툴(　)을 선택하고 가장 밖에 있는 점으로부터 Shift 를 누른 채 순서대로 클릭하여 직선을 그려줍니다.

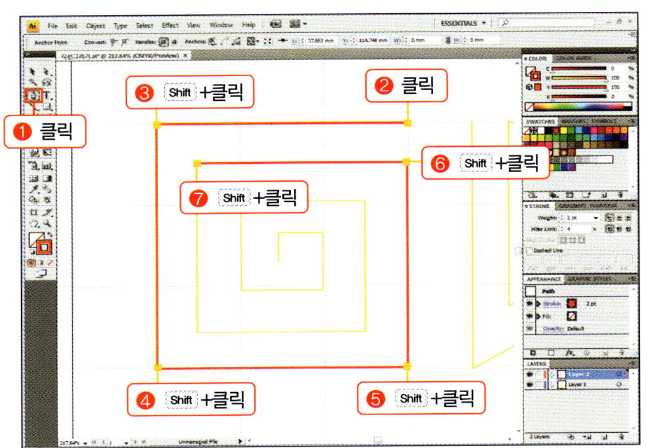

09 계속해서 같은 방법으로 꺾이는 부분을 클릭하여 선을 연결해 직선 그리기를 마칩니다.

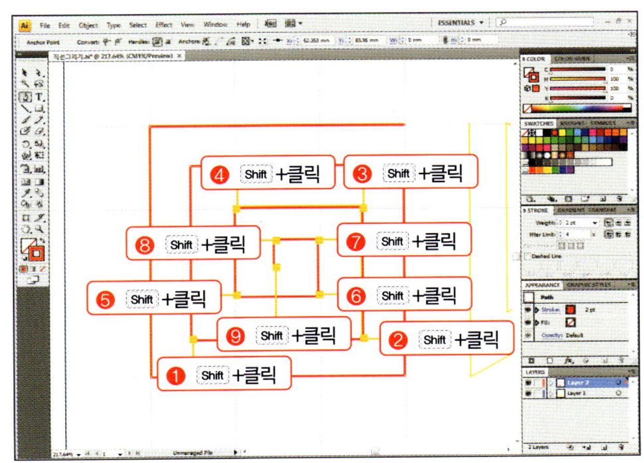

10 옆에 있는 삼각형 회오리도 직선으로 그려줍니다. 삼각형의 사선은 정확한 45°의 사선이 아니기 때문에 Shift 를 누르지 않고 직선을 그려야 합니다.

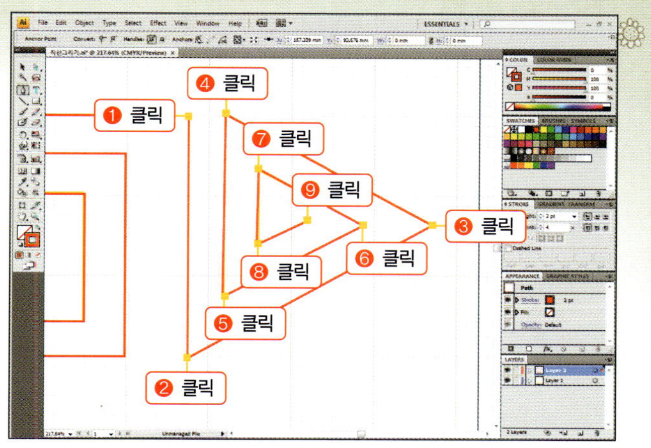

■ 펜 툴로 곡선 그리기 I

01 [File]-[Open] 메뉴를 클릭하고 'Sample\Part03\곡선그리기.ai' 파일을 불러옵니다. [Layers] 패널에 있는 'Layer 2'를 클릭하여 선택합니다. 툴 패널 하단의 색상 모드에서 면 색은 '없음'으로, 선 색은 'CMYK Blue'를 선택합니다. [Stroke] 패널에서 선의 두께는 '3pt'로 설정합니다. 돋보기 툴(🔍)을 선택한 다음 가장 위에 있는 예제를 드래그하여 확대합니다.

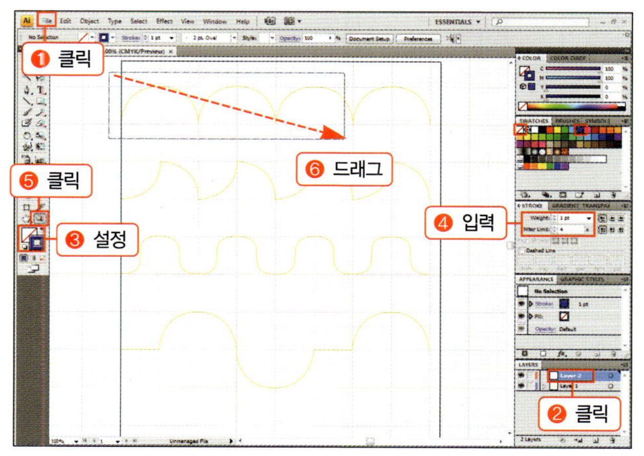

02 확대된 곡선 오브젝트에서 가장 왼쪽에 있는 점을 클릭합니다. 곡선의 기울기가 바뀌는 위치에서 Shift 를 누른 채 클릭과 동시에 드래그합니다.

주목 펜 툴(🖊)을 클릭한 후 드래그하면 양쪽으로 방향선이 생기게 됩니다. 방향선은 곡선의 방향과 길이를 조절하게 됩니다. 방향선의 반대 방향으로 곡선의 모양이 만들어집니다.

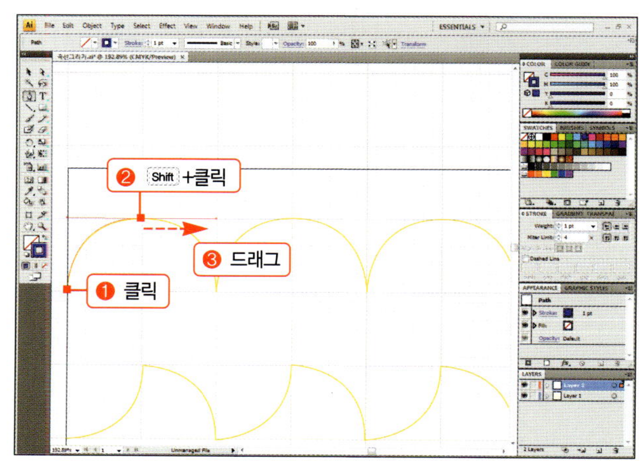

03 다음 방향의 점을 클릭합니다. 앞에서 만들었던 방향선 때문에 클릭만 해도 같은 모양과 길이의 곡선이 만들어집니다.

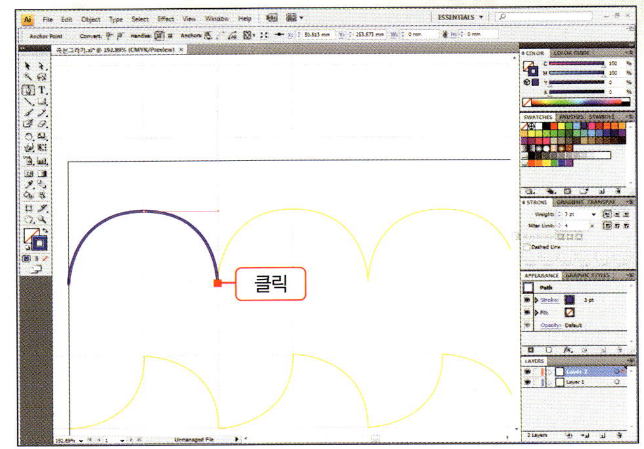

일러스트레이터에서 펜 툴( )로 곡선을 그리면 다음 곡선은 그려진 곡선의 방향으로 만들어지는 속성이 있습니다.

주목

04 다음 곡선의 방향에서 Shift 를 누른 채 클릭하고 오른쪽으로 드래그하여 곡선을 만들어줍니다.

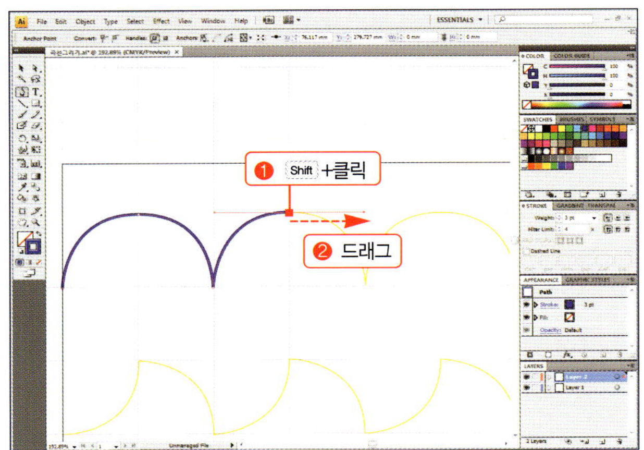

05 다음 곡선의 지점을 클릭하여 그림처럼 반원을 다시 만들어줍니다. 계속해서 같은 방법으로 오브젝트가 그려진 부분까지 반복하여 그려줍니다.

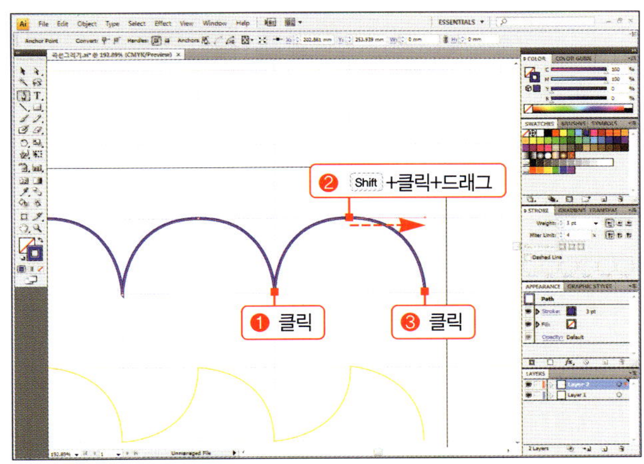

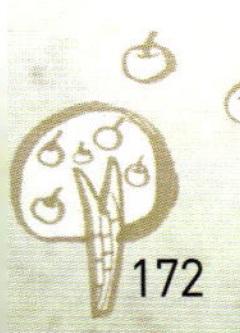

06 툴 패널에서 선택 툴(▶)을 선택하고 도큐먼트의 빈 공간을 클릭하여 선택을 해제합니다. 손바닥 툴(✋)을 선택한 다음 화면을 오른쪽으로 이동한 다음 곡선의 시작 부분을 화면의 가운데로 위치합니다.

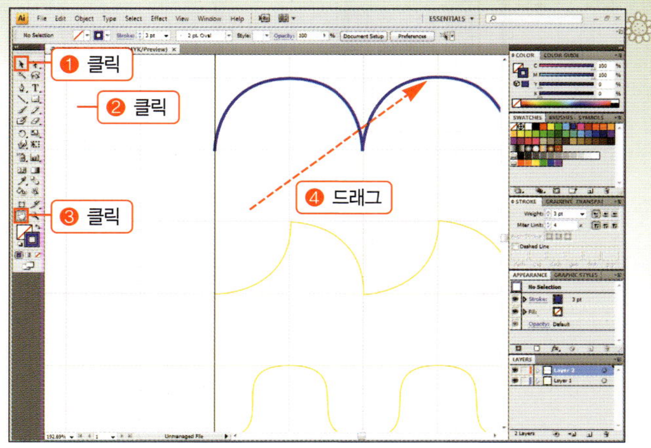

07 펜 툴(✒)을 선택하고 첫 번째 지점을 클릭하고 다음 지점에서 다시 클릭한 후 Shift 를 누른 채 위로 드래그하여 곡선을 만들어줍니다.

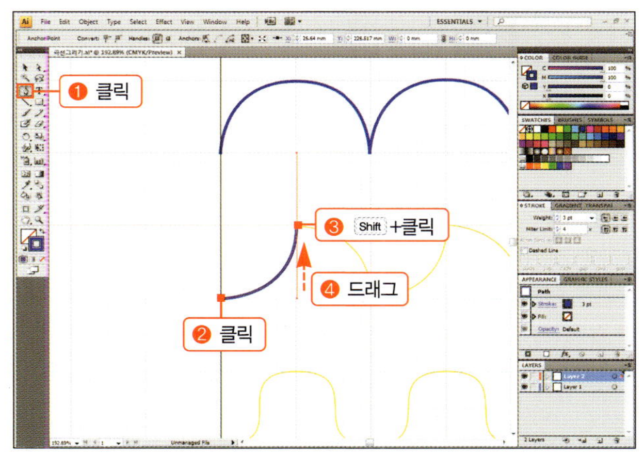

08 다음 지점의 곡선을 클릭하면 곡선의 방향이 다르기 때문에 곡선의 모양이 만들어지지 않게 됩니다. 방향선의 방향을 바꾸기 위해 마우스를 방향선의 중앙에 있는 포인트로 가져가면 마우스 포인터의 모양이 방향점의 전환 툴 모양으로 바뀝니다. 이때 중앙점을 클릭하면 위쪽 방향선이 없어지게 됩니다.

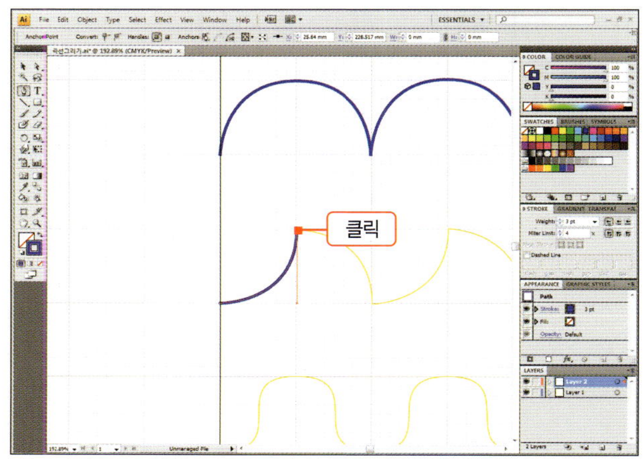

09 다음 곡선을 지정하기 위해 세 번째 지점을 클릭하고 Shift 를 누른 채 아래로 드래그하여 곡선을 그려줍니다.

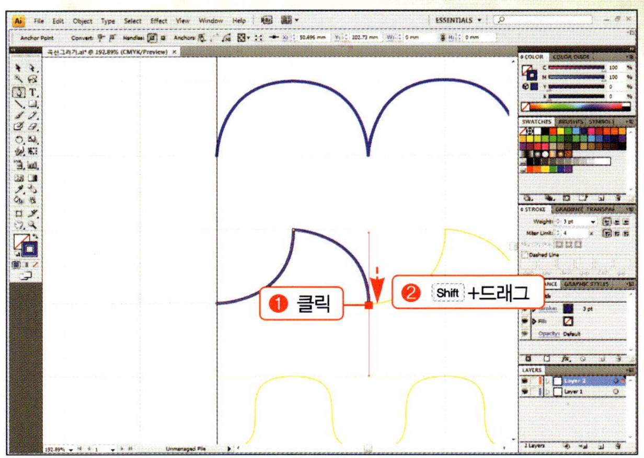

10 다시 곡선의 방향을 바꾸기 위해 방향선의 중앙에 있는 중앙점을 클릭하여 아래쪽 방향선을 제거합니다.

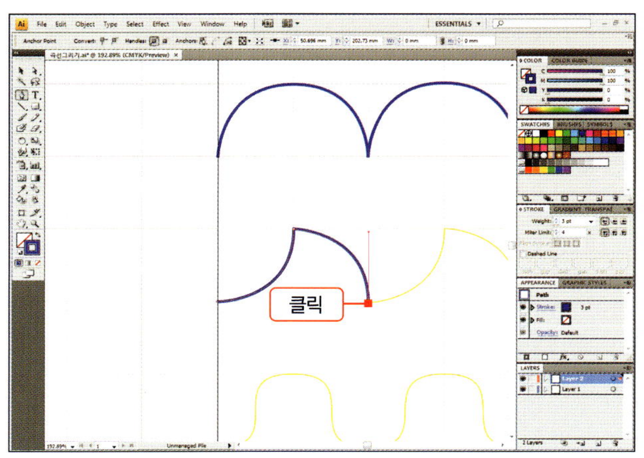

11 같은 방법으로 반대쪽 방향을 가진 곡선을 그려줍니다. 계속해서 중앙점을 클릭하여 방향선을 제거하는 방법으로 톱니바퀴 모양의 곡선을 그려주고 선택 툴( )로 선택을 해제합니다.

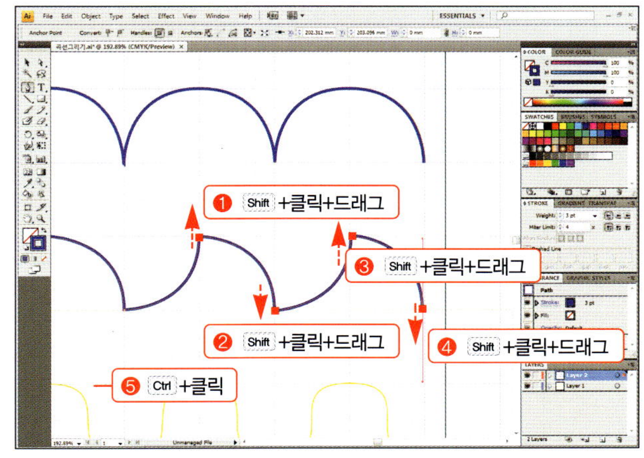

■ 펜 툴로 곡선 그리기 II

01 Space Bar 를 누른 채 화면을 드래 그하여 세 번째 예제가 가운데 부분에 오도록 위치합니다. 한 칸에서 두 번의 방향이 전환되는 곡선을 그리기 위해 첫 번째 지점에서 Shift 를 누른 채 오른쪽으로 클릭과 동시에 드래그하여 방향선을 만들어줍니다.

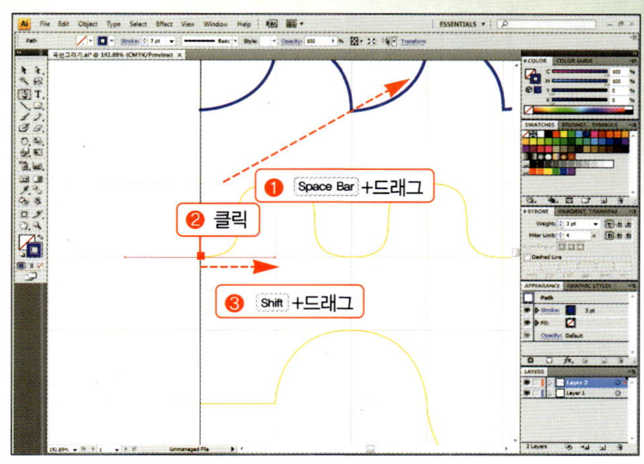

02 두 번째 지점에서 Shift 를 누른 채 오른쪽으로 클릭과 동시에 드래그하여 방향이 두 번 바뀌는 곡선을 그려줍니다.

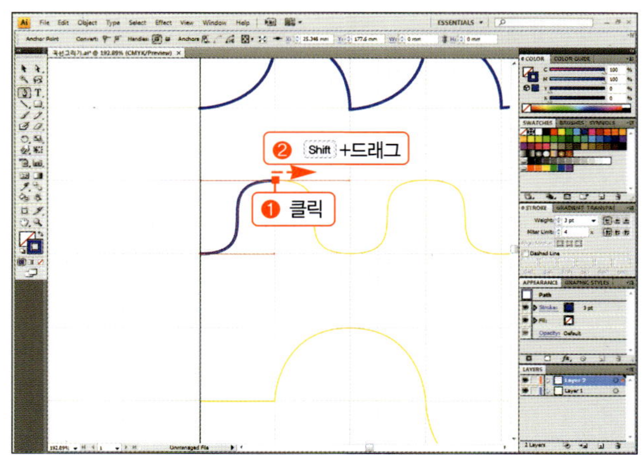

03 세 번째 지점에서 같은 방법으로 Shift 를 누른 채 오른쪽으로 클릭과 동시에 드래그하여 곡선을 그려줍니다.

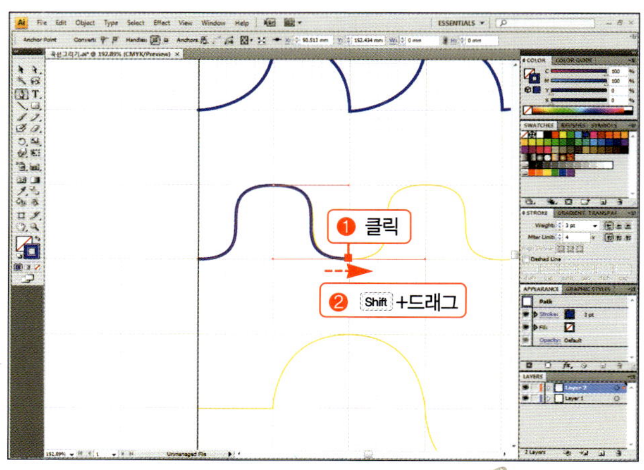

04 계속해서 같은 방법으로 나머지 곡선도 그려줍니다. 화면에 보이지 않는 부분은 Space Bar 를 눌러 손바닥 툴(🖐)로 전환해 화면을 당긴 다음 그리면 됩니다.

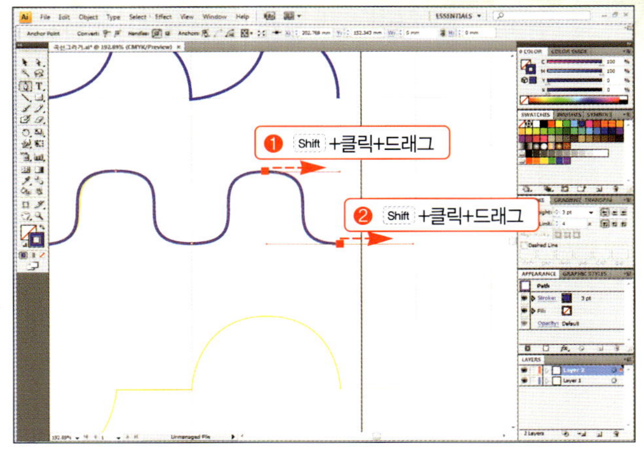

05 선택 툴(▶)을 선택한 다음 도큐먼트의 빈 공간을 클릭하여 선택을 해제하고 손바닥 툴(🖐)로 화면을 중앙으로 위치해 놓습니다.

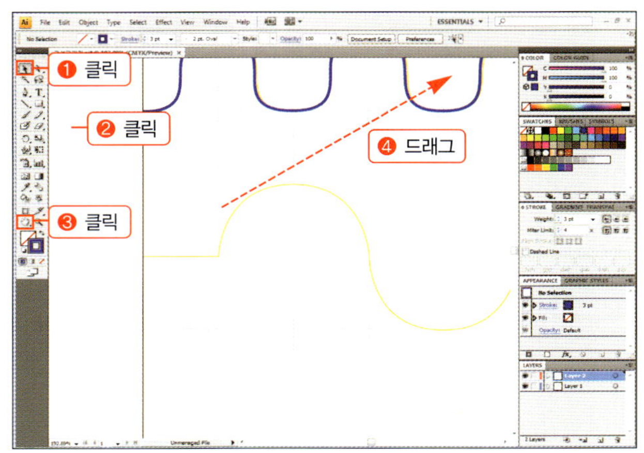

06 이번에는 직선과 곡선이 혼합된 형태의 선입니다. 펜 툴(✎)을 선택한 다음 첫 번째 지점에서 클릭하고 Shift 를 누른 상태에서 두 번째 지점에서 클릭하여 직선을 그려줍니다.

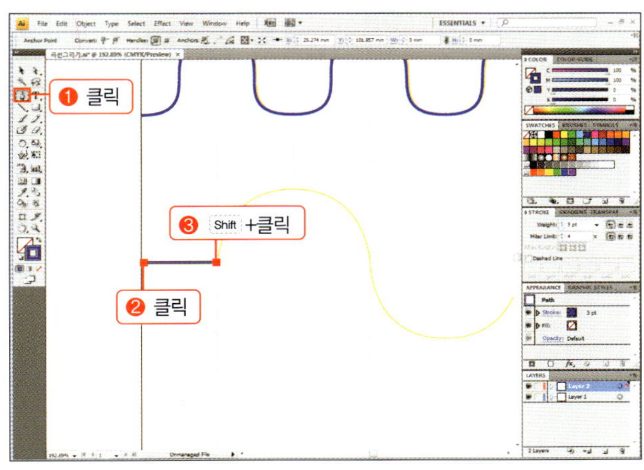

07 세 번째 지점을 클릭한 다음 Shift 를 누른 상태에서 오른쪽으로 드래그하여 곡선을 그려줍니다. 그리고 다음 지점을 클릭하여 반원 모양의 곡선을 그려줍니다.

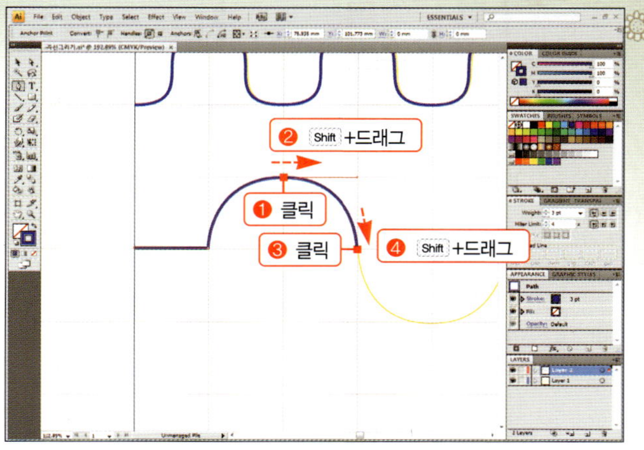

08 다섯 번째 지점을 클릭하고 Shift 를 누른 상태에서 드래그하여 아래 방향의 곡선을 그려줍니다.

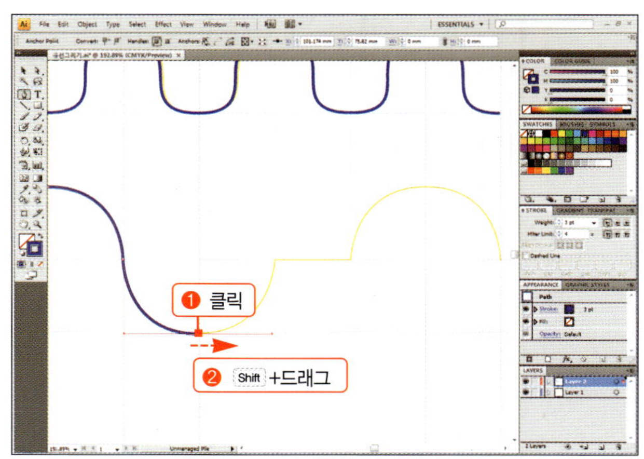

09 다음 선은 직선, 곡선의 순서로 계속해서 반복하여 선 그리기를 마칩니다.

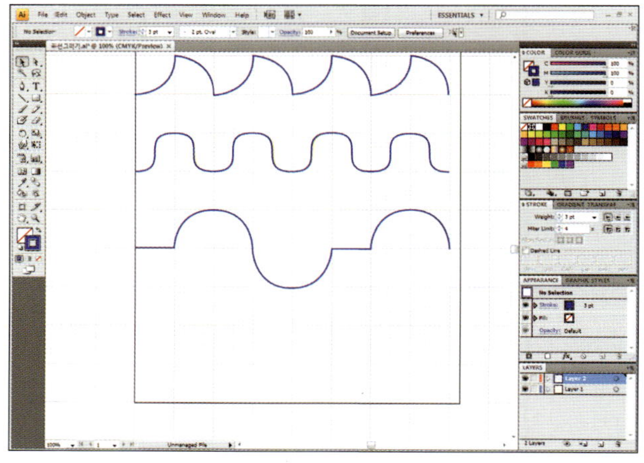

베지어 곡선이란?

베지어 곡선은 벡터 오브젝트를 만들기 위한 기본 요소로 수학적으로 계산된 곡선이 베지어 곡선입니다. 기준점을 연결하는 선인 세그먼트와 방향선, 방향점으로 오브젝트를 만들 수 있습니다.

Skill up 01 베지어 곡선의 구조

베지어 곡선은 기준점, 세그먼트, 방향선, 방향점, 패스로 이루어져 있습니다.

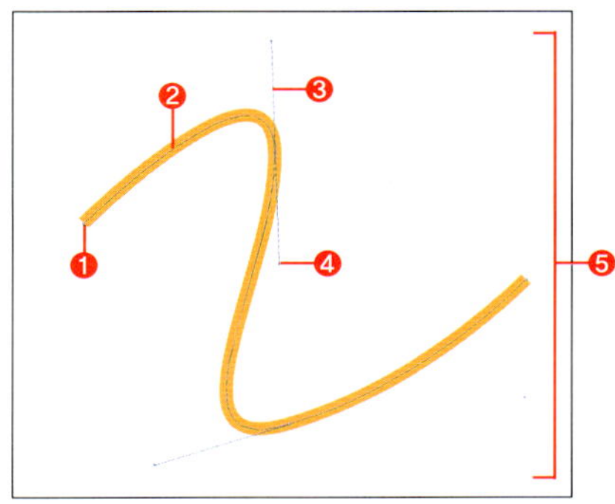

❶ **기준점**(Anchor Point) : 기준점 또는 중심점이라고 하며 오브젝트에서 기준이 되는 점을 말합니다.

❷ **세그먼트**(Segment) : 점과 점 사이를 연결하는 곡선입니다.

❸ **방향선**(Direction Line) : 곡선의 방향을 결정하는 것으로 방향점의 조절을 통해 방향선의 방향이 바뀌고 방향선의 길이에 따라 곡선의 길이와 위치가 달라집니다.

❹ **방향점**(Direction Point) : 방향선의 끝에 위치하는 점으로 드래그하여 곡선의 형태와 모양을 결정합니다.

❺ **패스**(Path) : 여러 개의 세그먼트가 모여진 집합을 말합니다.

Skill up 02 베지어 곡선을 구성하고 있는 구성 요소의 역할

베지어 곡선은 자유로운 형태를 가진 직선과 곡선을 그릴 수 있습니다. 이런 베지어 곡선을 구성하고 있는 기본 요소는 세그먼트, 방향선, 방향점, 패스로 이루어져 있으며 이들을 이용하여 그린 결과물을 오브젝트라고 합니다.

• 세그먼트

두 개의 기준점을 연결하고 있는 직선이나 곡선 하나를 세그먼트라고 합니다. 세그먼트는 점과 연결되어 있어 기준점을 이동하면 세그먼트도 이동됩니다. 일러스트레이터에서는 직접 선택 툴(　)을 이용하여 이런 기준점이나 세그먼트를 선택하여 수정, 편집할 수 있습니다.

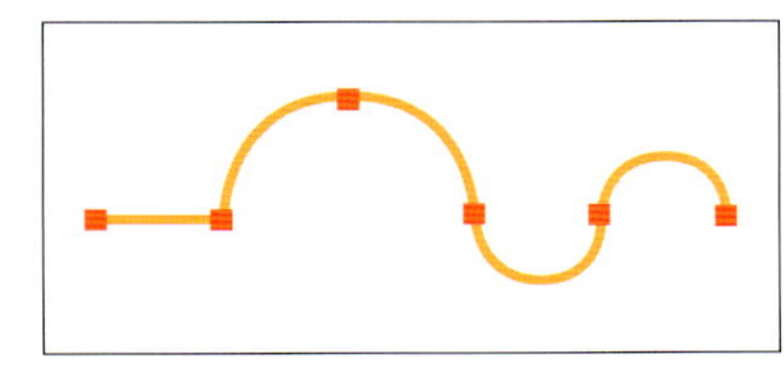

• 방향선

두 개의 기준점을 연결하면 나타나며 연결된 곡선의 형태를 결정짓는 역할을 가지고 있습니다. 방향선의 길이와 각도가 세그먼트의 형태에 영향을 주게 됩니다.

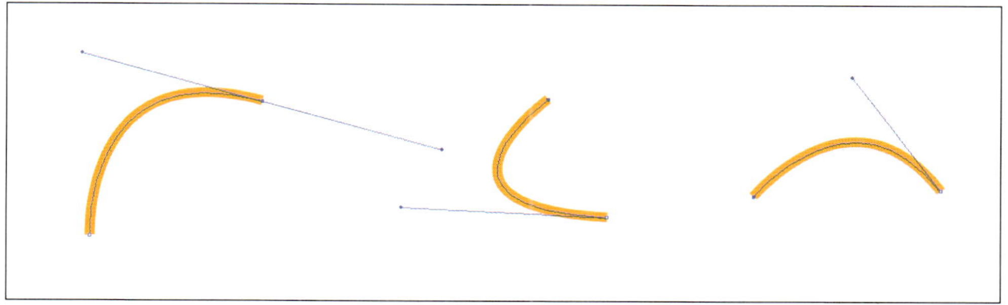

▲ 방향선에 따라 모양이 달라지는 패스

• 방향점

방향점은 방향선의 끝에 위치한 포인트 점을 말합니다. 직접 선택 툴(📍)로 방향점을 클릭하여 선택한 뒤 드래그하면 방향점의 위치를 바꿀 수 있으며 방향점의 위치가 바뀌게 되므로 오브젝트의 모양이 달라집니다.

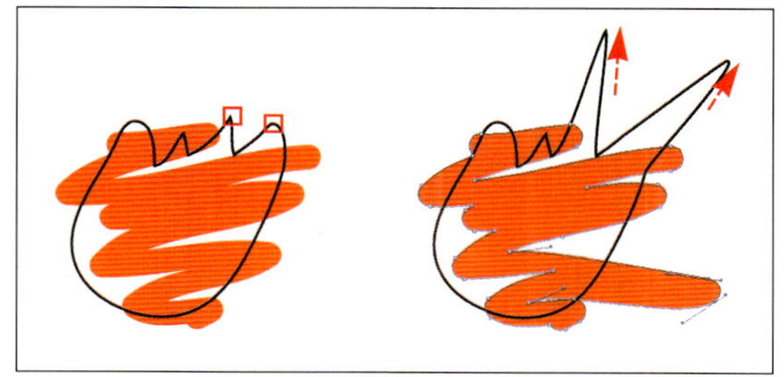

• 패스

패스는 여러 개의 세그먼트가 연결되어 만들어진 것으로 크게 선을 말하는 열린 패스와 면을 말하는 닫힌 패스로 나누어집니다.

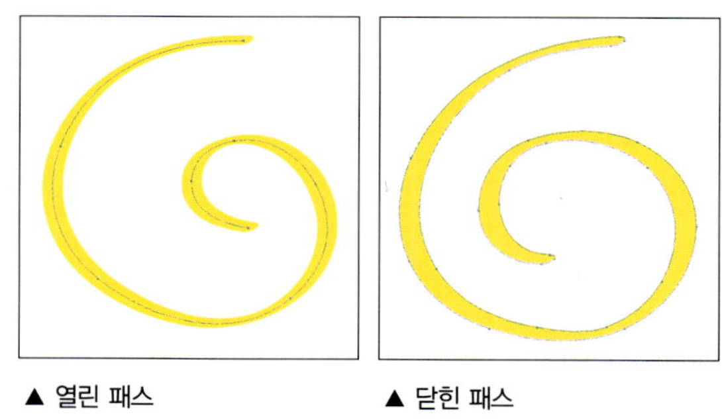

▲ 열린 패스   ▲ 닫힌 패스

• 오브젝트

오브젝트는 열린 패스나 닫힌 패스로 이루어진 형태를 말합니다.

펜 툴로 여러 가지 모양의 다각형 도형 그리기

펜 툴을 이용하면 여러 형태의 도형을 원하는 모양으로 그릴 수 있습니다. 도형을 그릴 때 시작점과 끝점이 만나도록 그려야 하는데 시작점과 끝점이 만난 것을 닫힌 패스라고 합니다. 닫힌 패스를 이용한 도형을 그려보도록 하겠습니다.

15분 완성
파일 분석하기

❶ 기준점 추가하여 그리기
 : 192 page

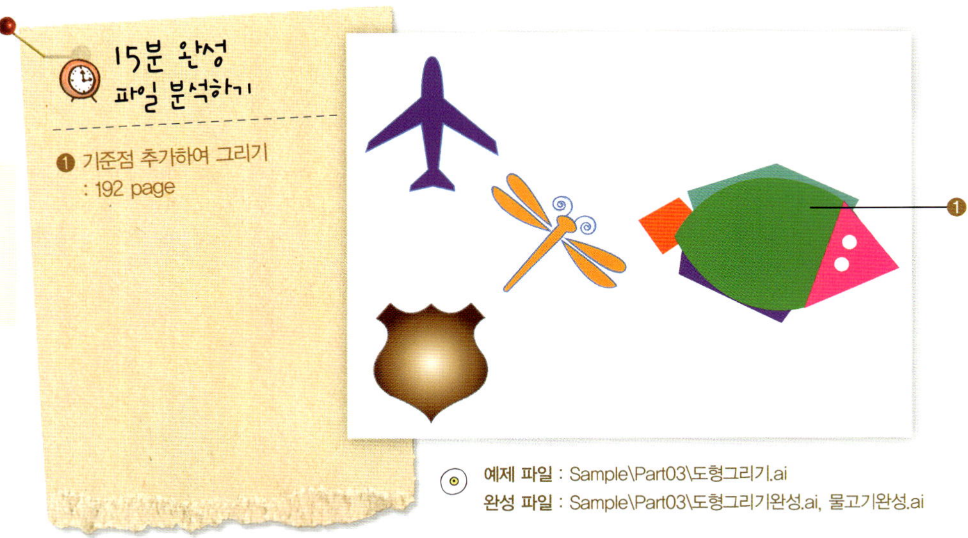

◎ 예제 파일 : Sample\Part03\도형그리기.ai
완성 파일 : Sample\Part03\도형그리기완성.ai, 물고기완성.ai

■ 도형 그리기 I

01 [File]-[Open] 메뉴를 클릭하고 'Sample\Part03\도형그리기.ai' 파일을 불러옵니다. [Layers] 패널에서 'Layers 2'를 클릭하여 선택합니다.

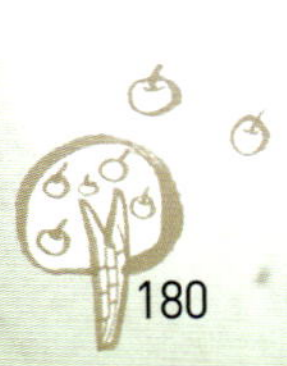

02 툴 패널에서 돋보기 툴(🔍)을 클릭하고 그림처럼 드래그하여 비행기를 확대합니다. 그리고 펜 툴(🖊)을 선택한 뒤 [Swatches] 패널에서 면 색은 'C=75, M=100', 선 색은 'C=50, Y=100'으로 설정합니다. [Stroke] 패널에서는 [Weight]에 '3'을 입력하여 선의 두께를 조절합니다.

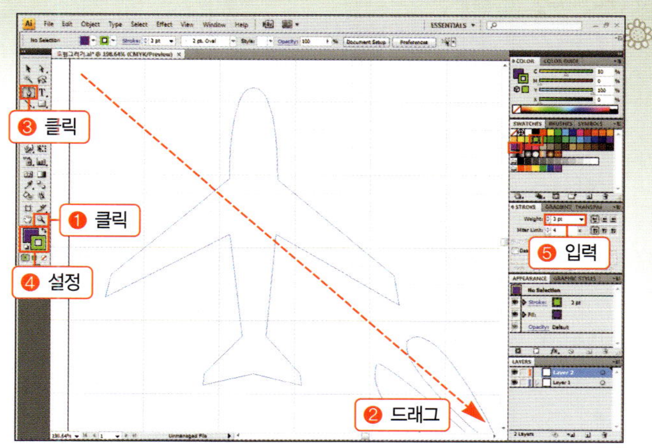

03 펜 툴(🖊)로 시작점을 클릭한 다음 두 번째 지점에서 클릭하고 Shift 를 누른 채 오른쪽으로 드래그하여 그려줍니다.

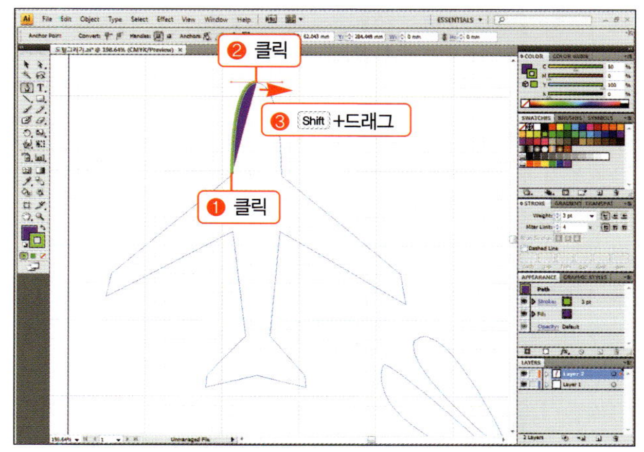

04 반쪽의 원 모양이 현재 그려진 곡선 모양과 동일하기 때문에 날개 부분에 있는 세 번째 위치에서 클릭하여 나머지 선을 그려줍니다. 그리고 다음 직선을 계속해서 클릭하여 그려줍니다.

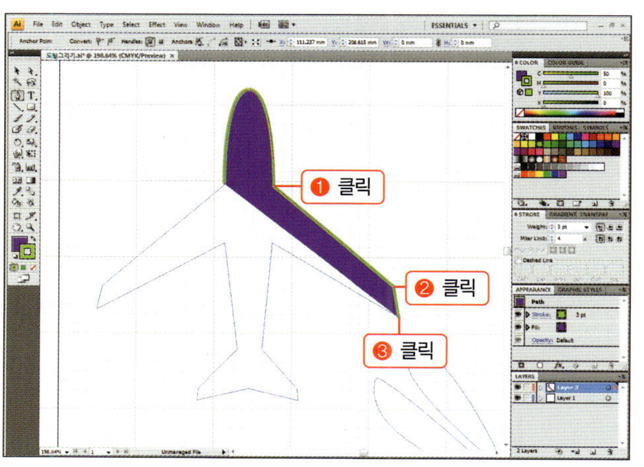

05 같은 방법으로 포인트마다 클릭하여 비행기 도형을 만들어줍니다. 시작한 포인트 점에 마우스 포인터를 위치하면 펜 모양의 오른쪽 부분에 'O' 표시가 나타나게 됩니다. 이 부분을 클릭하여 닫힌 패스를 완성합니다. 작업이 되었으면 툴 패널에서 선택 툴(▶)을 선택한 다음 도큐먼트 바탕을 클릭하여 선택을 해제합니다.

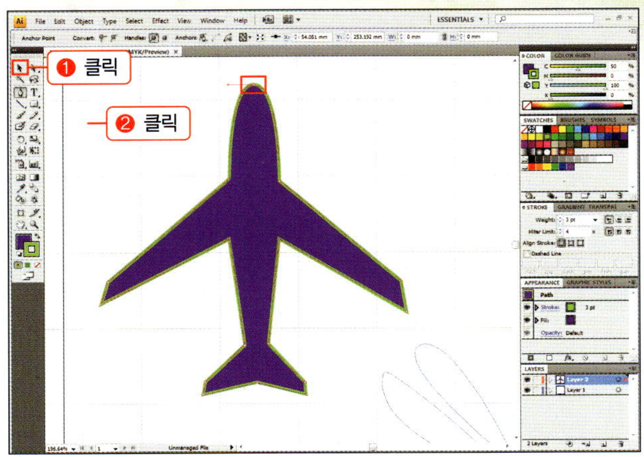

■ 도형 그리기 II

01 툴 패널에서 손바닥 툴(✋)을 선택하고 화면을 드래그하여 잠자리 오브젝트를 중앙에 위치시킵니다. [Swatches] 패널에서 선 색은 'C=85, M=50'을 선택하고, 면 색은 'M=50, Y=100'을 선택합니다. 툴 패널에서 펜 툴(✒)을 선택하고 잠자리 날개의 시작점을 클릭합니다. 그리고 두 번째 위치에서 왼쪽으로 드래그하여 곡선을 그려줍니다.

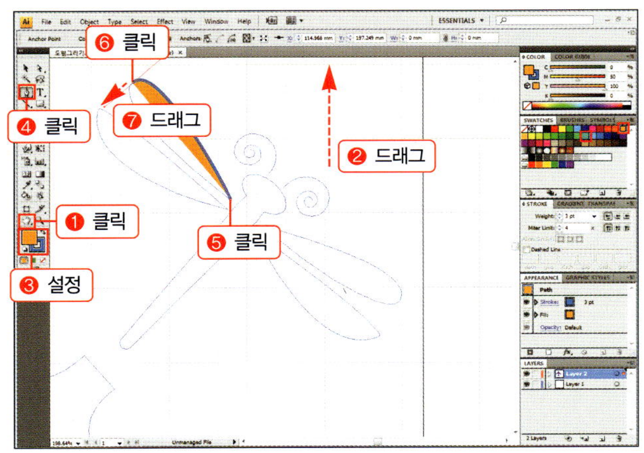

02 시작점에 마우스 포인터를 이동하면 펜 모양의 마우스 포인터 옆에 'O' 표시가 나타납니다. 이때 클릭하면 닫힌 패스를 만들어 줄 수 있습니다.

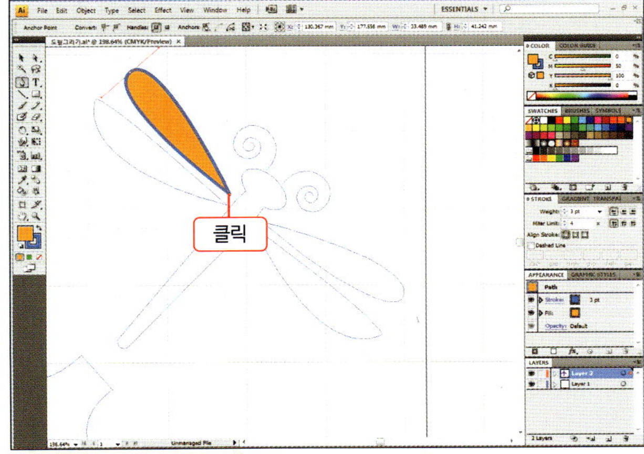

03 선택 툴(   )을 선택하고 도큐먼트의 여백을 클릭하여 선택을 해제합니다. 다시 펜 툴(   )을 선택한 후 밑에 있는 날개의 시작점을 클릭하고 두 번째 위치를 클릭한 다음 왼쪽 위로 드래그하여 곡선을 그려줍니다.

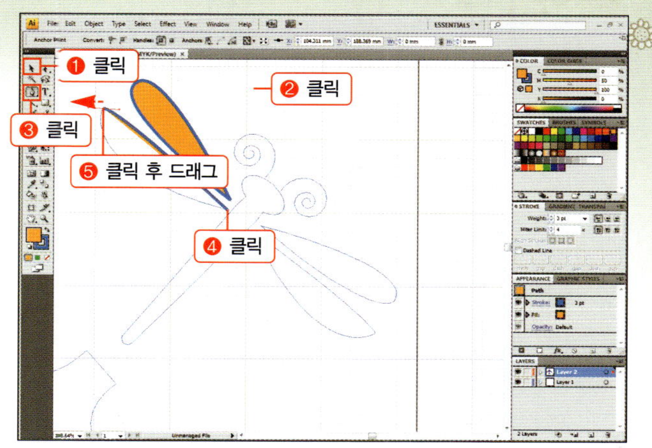

04 시작점에 마우스 포인터를 이동한 다음 클릭과 동시에 오른쪽으로 길게 드래그하여 닫힌 패스 모양의 나머지 날개를 만들어줍니다.

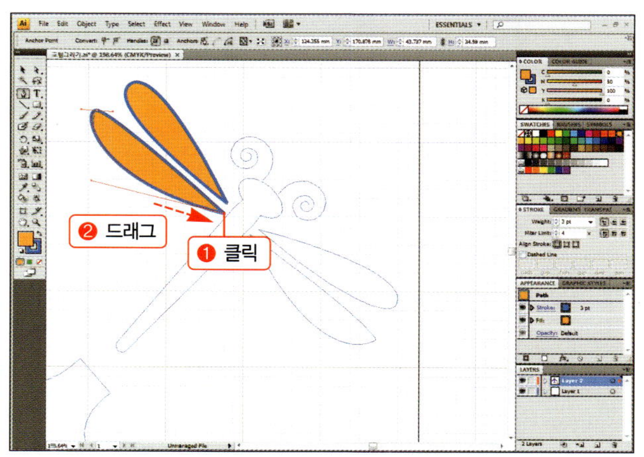

05 선택을 해제하고 펜 툴(   )을 선택한 후 첫 번째 지점을 클릭한 다음 두 번째 지점에서 드래그하여 곡선을 만들어줍니다. 계속해서 세 번째 지점까지 클릭과 동시에 드래그하여 잠자리의 머리 부분을 그려줍니다.

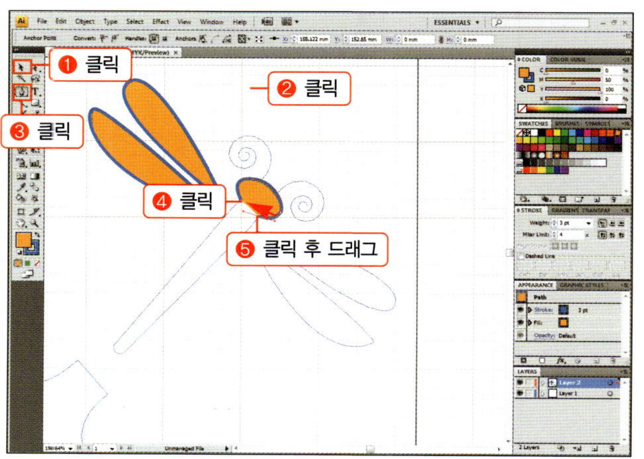

06 계속해서 나머지 부분을 클릭과 동시에 드래그하여 닫힌 패스 형태로 잠자리 몸통을 완성합니다.

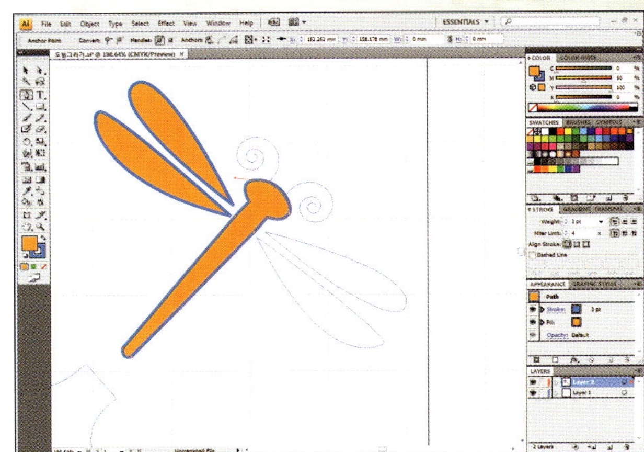

07 선택 툴(￼)로 선택을 해제한 다음 반대편에 있는 잠자리 날개도 같은 방법으로 그려줍니다. 선택 툴(￼)로 선택을 해제하여 잠자리 몸통 그리기를 완료합니다.

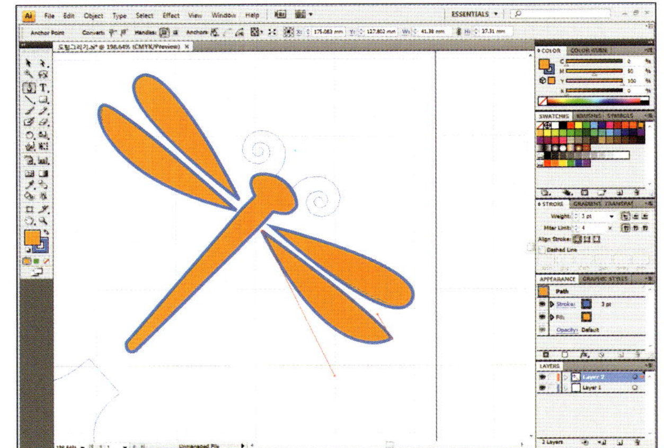

08 툴 패널 하단에서 면 색은 '없음'으로 설정하고 나선 툴(￼)을 선택합니다. 나선 툴(￼)이 선택되었으면 도큐먼트의 빈 공간을 클릭하여 [Spiral] 대화상자를 나타냅니다. 대화상자를 그림과 같이 설정하고 [OK] 버튼을 클릭합니다.

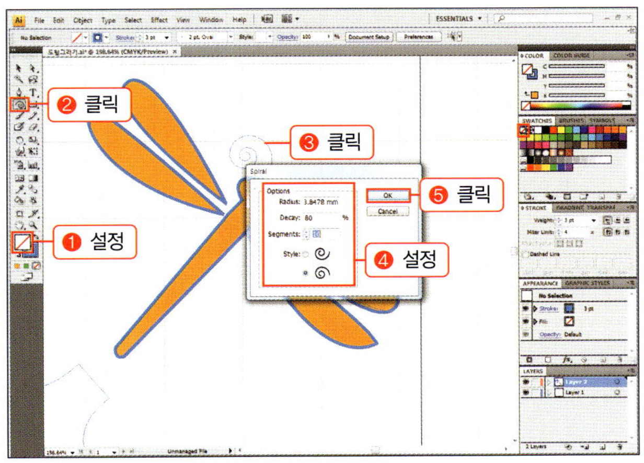

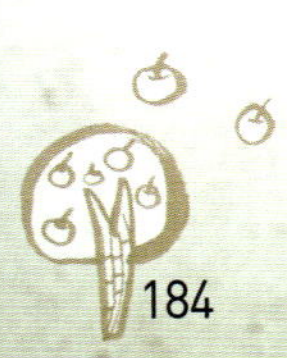

09 잠자리의 더듬이 부분에서 그려진 나선을 드래그하여 더듬이를 그려 줍니다.

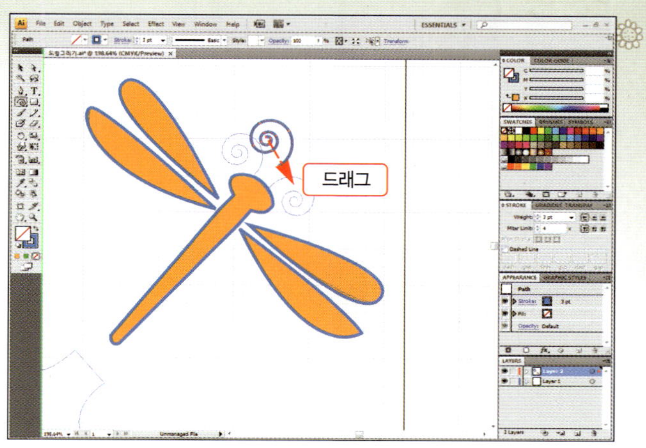

10 툴 패널에서 선택 툴()을 선택한 다음 외곽의 바운딩 박스로 크기를 조절하고 회전한 후 더듬이를 위치시킵니다.

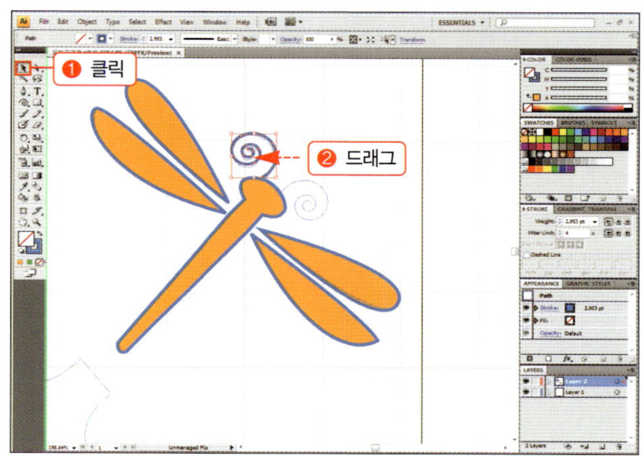

11 반대편에도 같은 방법으로 나선형 모양의 더듬이를 만들어줍니다. 툴 패널에서 선택 툴()을 선택하고 도큐먼트 바탕을 클릭하여 선택을 해제합니다.

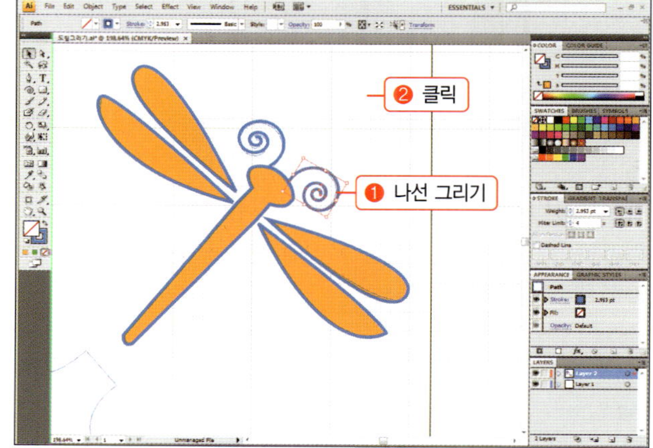

주 목

반대편에 있는 나선형의 모양은 앞에서 만든 것과는 소용돌이의 방향이 반대이기 때문에 [Spiral] 대화상자에서 [Style]을 반대 방향으로 설정해야 합니다.

01 툴 패널에서 손바닥 툴(✋)을 선택하고 화면을 드래그하여 마크 오브젝트가 화면의 중앙에 위치하도록 만들어줍니다. [Swatches] 패널에서 면 색은 'Copper Radial' 을 선택하고, 선 색은 'C=40, M=65, Y=90, K=35' 로 지정합니다.

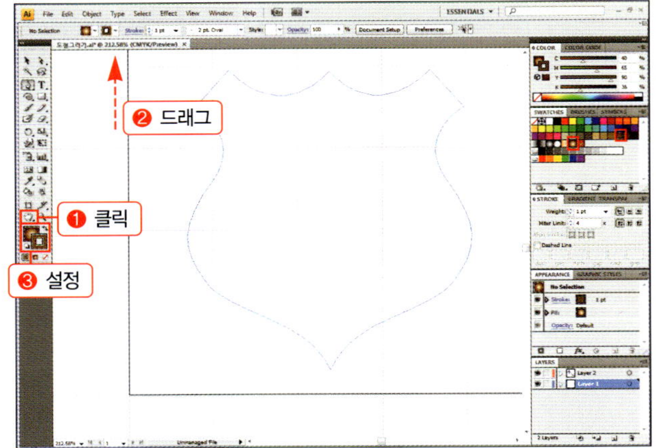

02 툴 패널에서 펜 툴(✒)을 선택한 다음 시작점을 클릭합니다. 계속해서 두 번째 지점을 클릭하여 직선을 그려줍니다. 다음 곡선을 그리기 위해 세 번째 지점을 클릭하고 오른쪽 위로 드래그하여 곡선을 만들어줍니다.

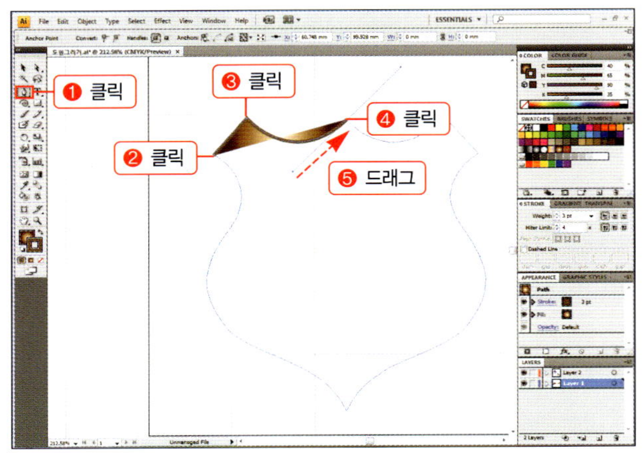

03 다음 곡선은 현재 그려진 곡선과 반대의 방향을 가지고 있기 때문에 방향선의 중앙에 마우스 포인터를 위치한 후 클릭하여 방향선을 삭제합니다. 그리고 다음 지점을 클릭한 후 드래그하여 곡선을 그려줍니다.

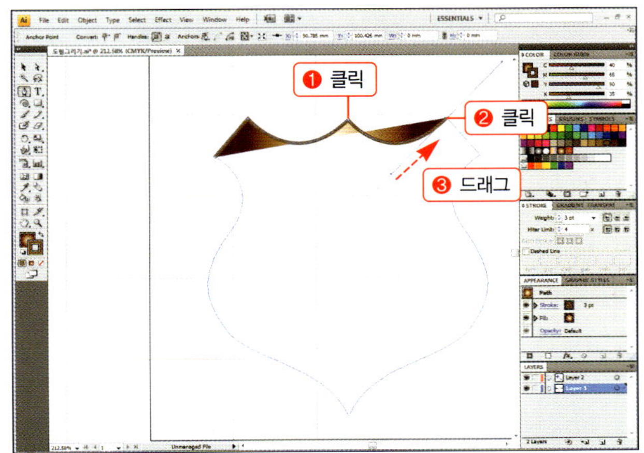

04 다음 직선을 그리기 위해 앞에서 처럼 방향선을 삭제한 다음 다섯 번째 지점을 클릭하여 직선을 그려줍니다.

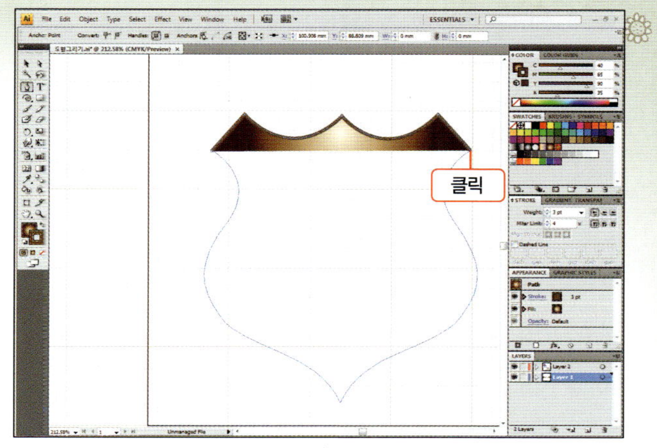

05 같은 방법으로 계속해서 나머지 곡선을 그려 닫힌 패스 모양의 마크를 그려줍니다.

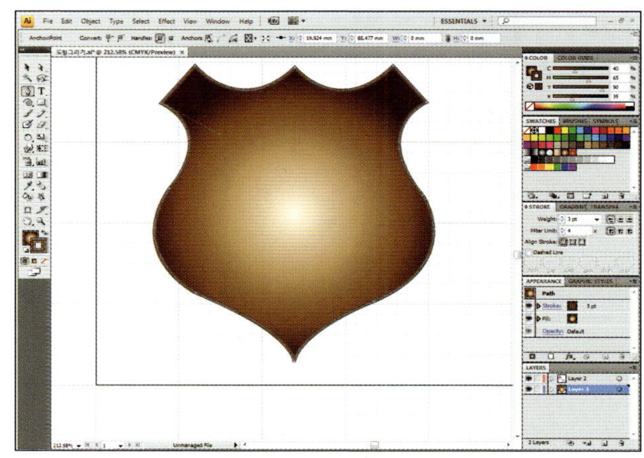

06 툴 패널에서 선택 툴(￼)을 클릭하여 선택하고 그려진 오브젝트를 선택합니다. [Stroke] 패널에서 [Dashed Line]을 클릭하고 하단에서 [dash]는 '3pt'로, [gap]은 '1.5pt'를 입력하여 외곽선을 점선으로 만들어줍니다.

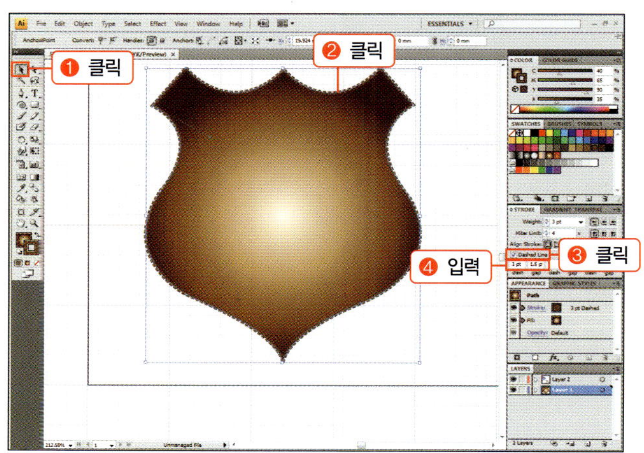

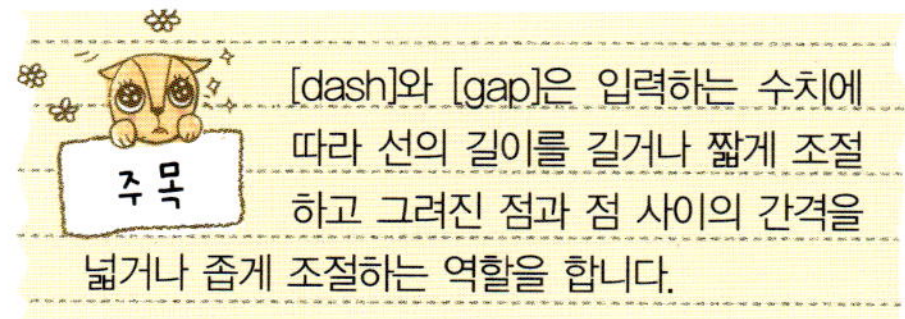

■ 직선과 곡선을 활용하여 물고기 오브젝트 그리기

01 메뉴 바에서 [File]-[New] 메뉴를 선택합니다. [New Document] 대화상자에서 [Number of Artboards]를 '1'로, Size는 'A4'로 설정한 뒤 [OK] 버튼을 클릭합니다.

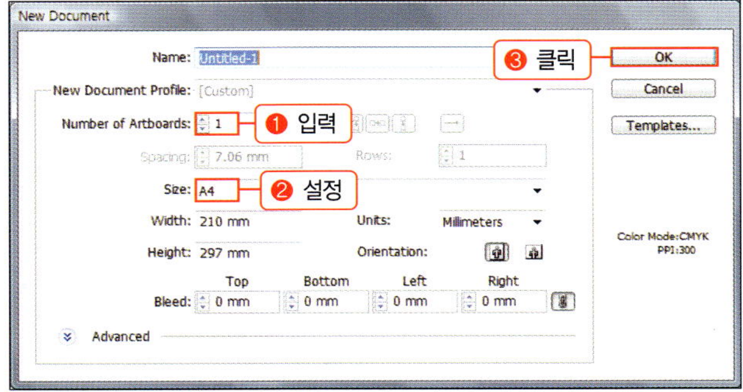

02 새로운 도큐먼트가 만들어지면 툴 패널에서 펜 툴(　)을 클릭하고 색상 모드에서 선 색은 '없음'으로 설정한 후 면 색을 'C=75, Y=100'을 선택합니다. 펜 툴(　)을 이용하여 도큐먼트에서 그림과 같이 첫 번째 지점을 클릭한 뒤 두 번째 지점을 클릭하고 오른쪽으로 드래그하여 곡선을 만들어줍니다.

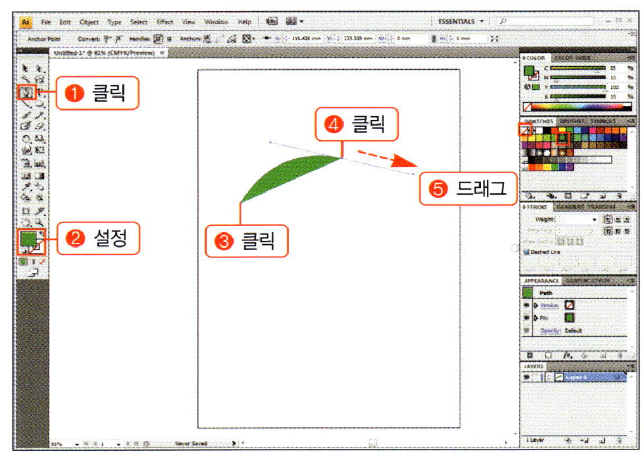

03 세 번째 지점을 클릭하여 반원을 그려줍니다. 네 번째 지점에서 클릭하여 왼쪽으로 드래그해 곡선을 만들고 처음 시작점에 마우스 커서를 위치한 다음 클릭하여 반원 모양의 닫힌 패스를 만들어줍니다.

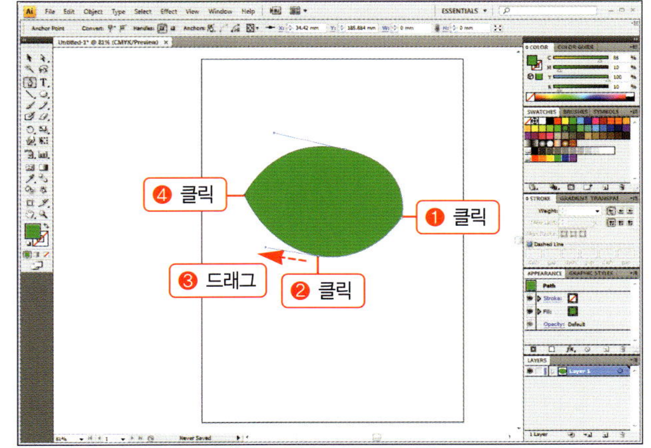

주목 ― 그려지는 모양이 닫힌 패스이기 때문에 시작점에 마우스를 가져가면 'O' 표시가 나타나게 됩니다.

04 찌그러진 모양의 반원이 만들어 졌으면 선택 툴(￼)을 선택하여 선택을 해제한 뒤 펜 툴(￼)을 선택합니다. [Swatches] 패널에서 면 색을 'CMYK Magenta'로 선택합니다.

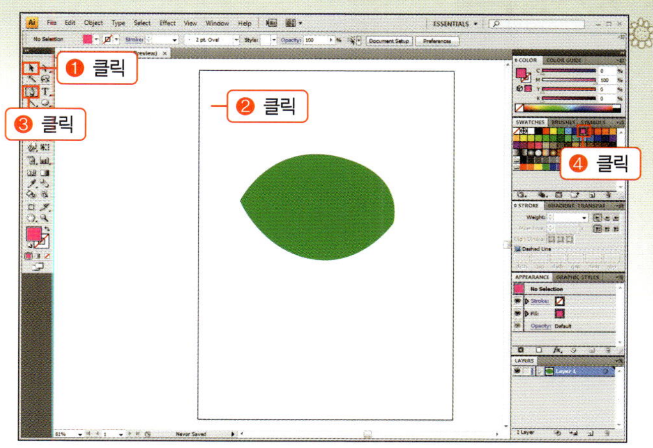

> **주목** 펜 툴(￼)에서 Ctrl 을 누르면 일시적으로 선택 툴(￼)로 변환되어 바탕을 클릭하면 바탕을 해제할 수 있습니다.

05 다시 펜 툴(￼)을 이용하여 첫 번째 지점을 클릭합니다. 점이 만들어졌으면 두 번째와 세 번째 지점을 순서대로 클릭하여 삼각형을 그림처럼 위치해 만들어줍니다.

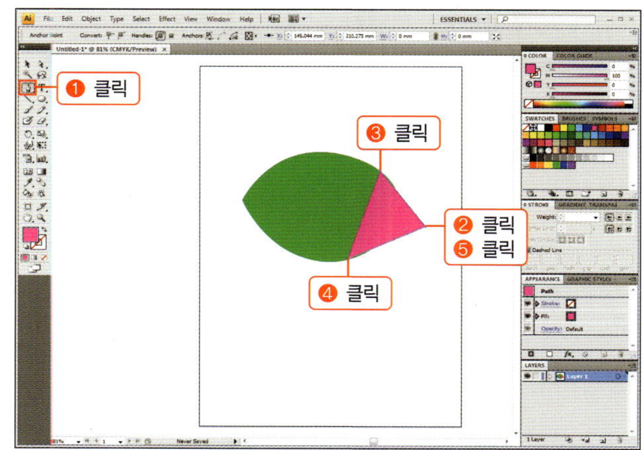

06 선택 툴(￼)로 선택을 해제한 뒤 펜 툴(￼)을 선택하고 이번에는 [Swatches] 패널에서 'M=90, Y=85'를 지정합니다. 반대편에 앞에서와 같은 직선으로 순서대로 클릭하여 꼬리 부분을 그려줍니다.

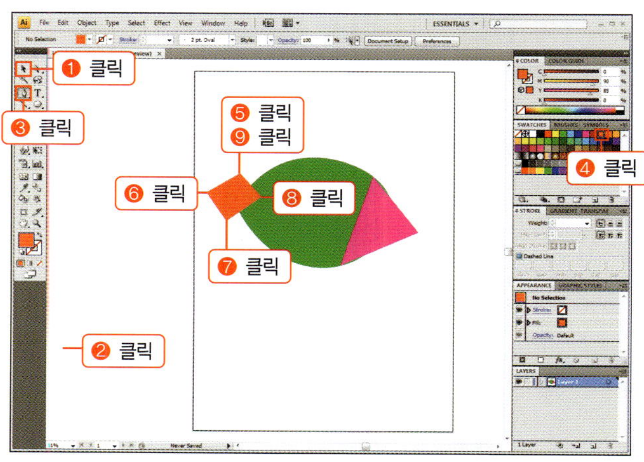

07 선택을 해제한 뒤 펜 툴( )을 클릭하고 [Swatches] 패널에서 'C=75, M=100'의 보라색을 지정합니다. 그리고 직선으로 순서대로 클릭하여 지느러미 부분을 그려줍니다.

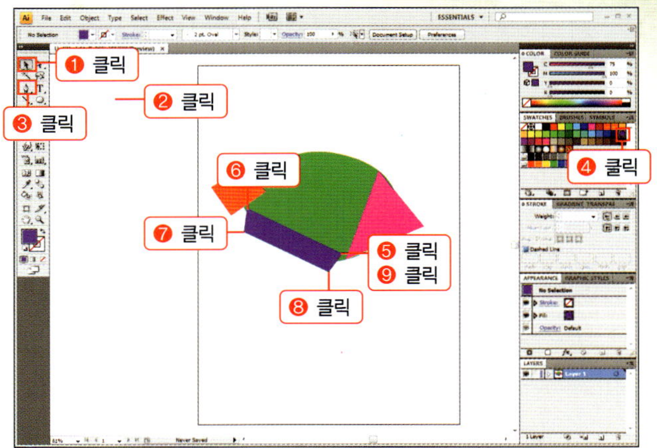

08 다시 선택을 해제한 뒤 펜 툴( )을 클릭하고 [Swatches] 패널에서 'C=80, M=10, Y=45'를 선택한 다음 반대편에 있는 지느러미를 그림처럼 순서대로 클릭하여 그려줍니다.

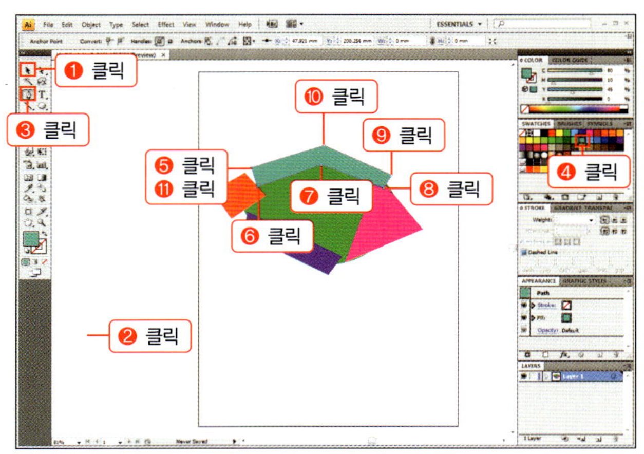

09 툴 패널에서 다시 선택 툴( )을 선택하고 Shift 를 누른 채 그림처럼 꼬리와 양쪽의 지느러미를 클릭하여 선택합니다. 선택된 지느러미들을 녹색 몸통의 뒤로 보내기 위해서 [Object]-[Arrange]-[Send to Back] 메뉴를 선택합니다.

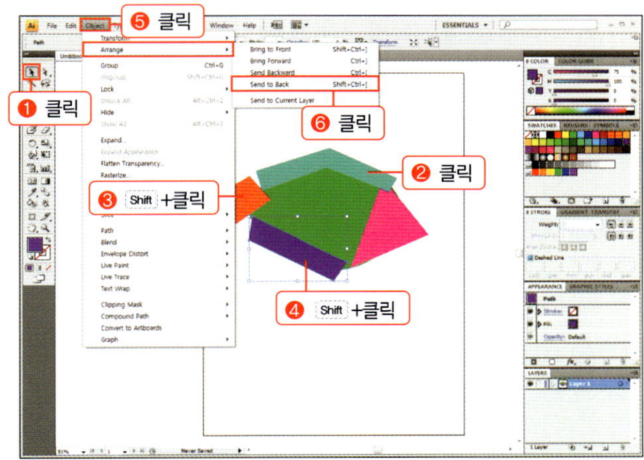

10 선택을 해제하면 물고기 모양의 오브젝트를 만들 수 있습니다. 눈을 그리기 위해 툴 패널에서 원 툴(◎)을 선택하고 [Swatches] 패널에서 면 색을 'White'로 지정합니다.

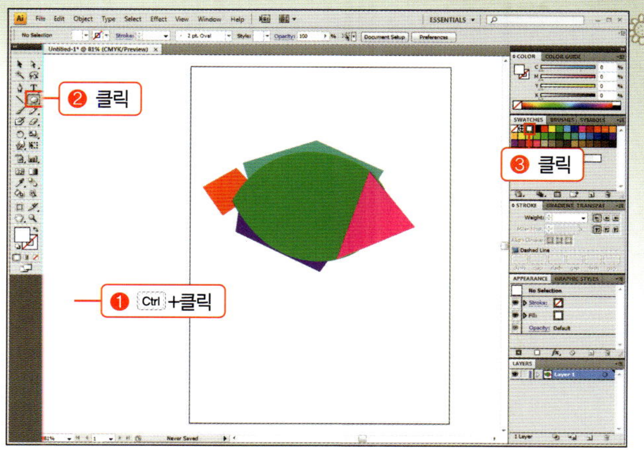

11 Shift 를 누른 채 오른쪽 아래로 드래그하여 삼각형 위에 흰색의 작은 원을 그려줍니다.

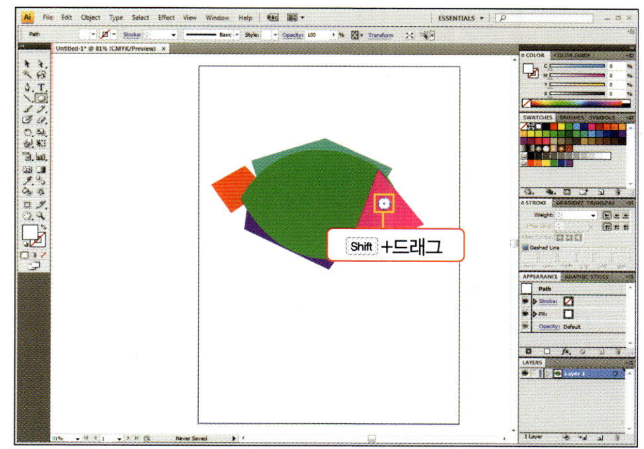

12 툴 패널에서 선택 툴(▶)을 선택한 다음 만들어진 원을 클릭하여 선택하고 Alt 를 누른 채 아래쪽으로 드래그하여 원을 복사해 이미지를 완성합니다.

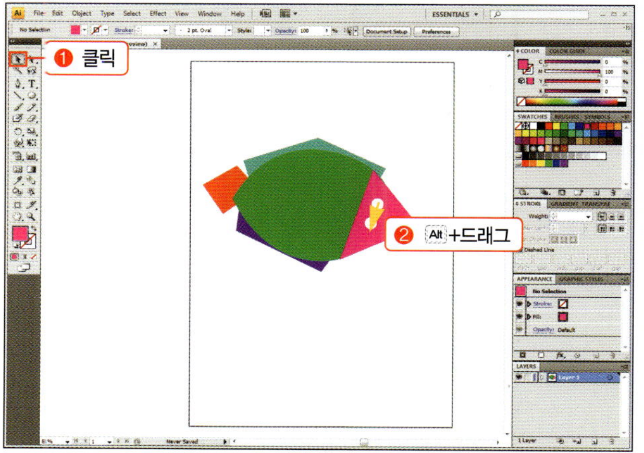

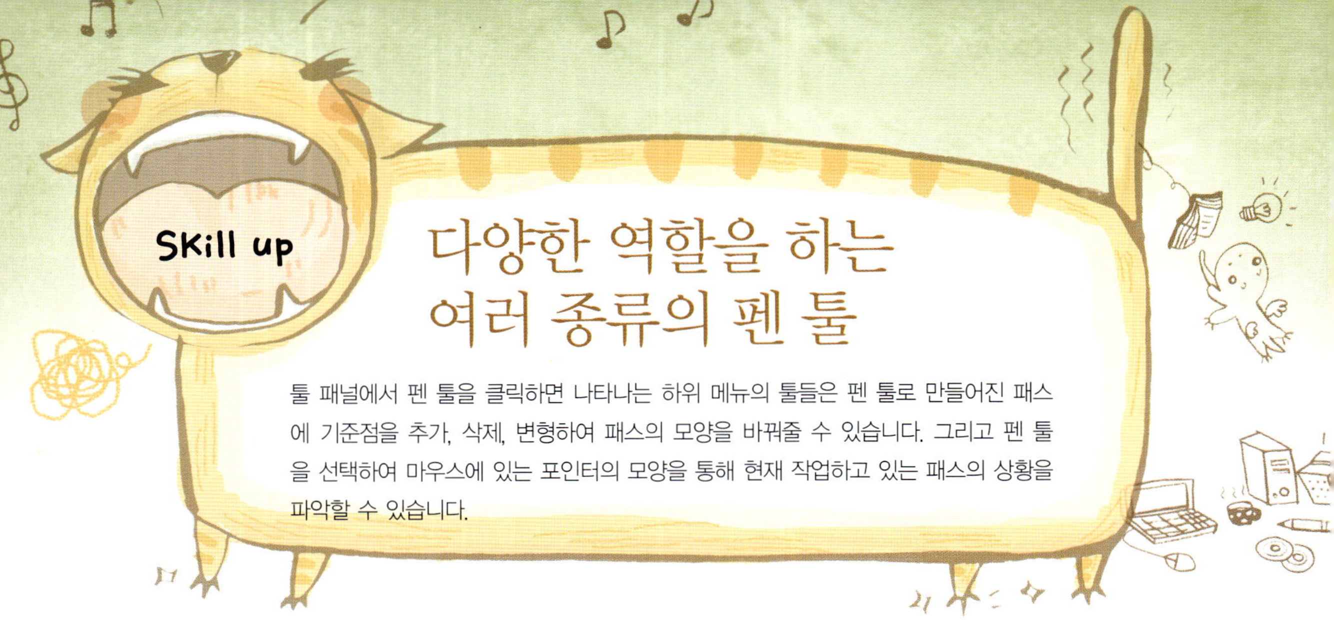

툴 패널에서 펜 툴을 클릭하면 나타나는 하위 메뉴의 툴들은 펜 툴로 만들어진 패스에 기준점을 추가, 삭제, 변형하여 패스의 모양을 바꿔줄 수 있습니다. 그리고 펜 툴을 선택하여 마우스에 있는 포인터의 모양을 통해 현재 작업하고 있는 패스의 상황을 파악할 수 있습니다.

Skill up 01 기준점 추가 툴로 앵커 포인트 추가하기

기준점 추가 툴(🖊)은 그려진 패스 위를 클릭하면 클릭한 위치에 기준점이 추가되는 툴입니다. 선택한 패스 위에 기준점 추가 툴을 선택하고 기준점(앵커 포인트)이 추가될 위치에 클릭하면 됩니다. 직접 선택 툴(🖎)로 추가된 기준점을 클릭하여 드래그하면 오브젝트의 모양을 바꿀 수 있습니다.

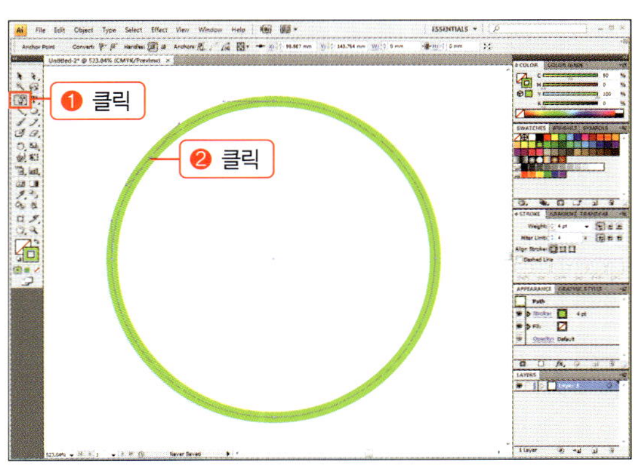

▲ 원본 이미지

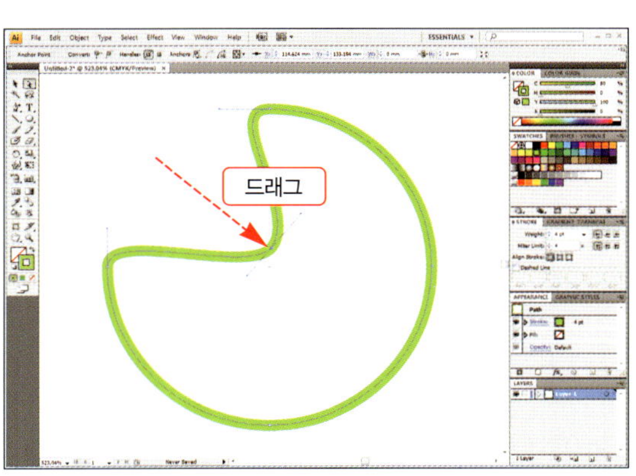

▲ 앵커 포인트 추가한 이미지

기준점 삭제 툴(🖊)은 기준점 추가 툴과는 반대로 오브젝트에 있는 기준점을 클릭하여 삭제하는 기능입니다. 기준점을 삭제하면 열린 패스가 아닌 닫힌 패스 상태에서 기준점만 삭제가 되므로 오브젝트의 모양이 변하게 됩니다.

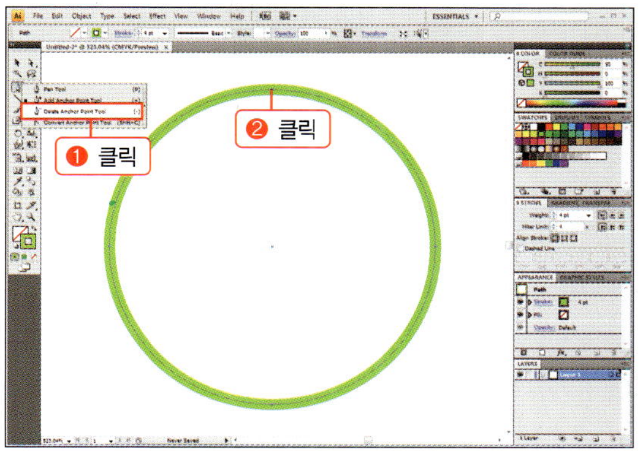

▲ 원본 이미지

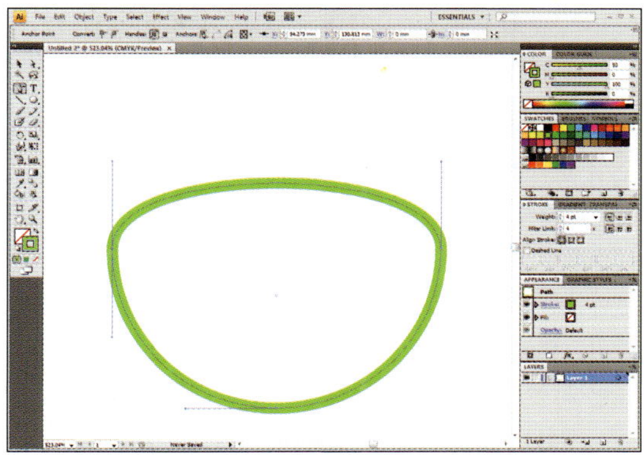

▲ 앵커 포인트 삭제한 이미지

Skill up 03 방향점 전환 툴로 패스의 속성 바꾸기

방향점 전환 툴(▷)은 기준점이 가지고 있는 속성을 변환해 직선은 곡선으로, 곡선은 직선으로 바꿔줄 수 있습니다.

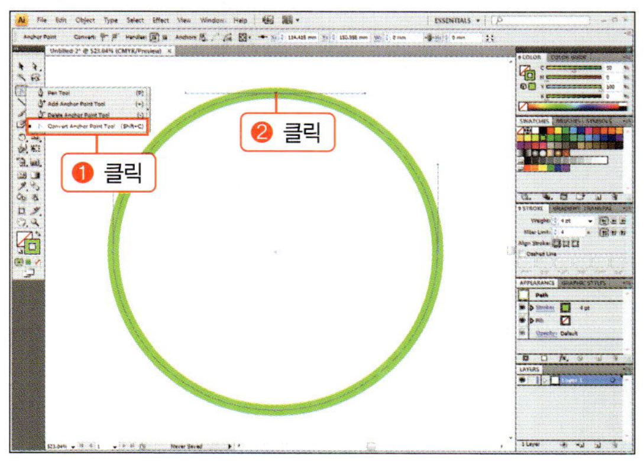

▲ 원본 이미지

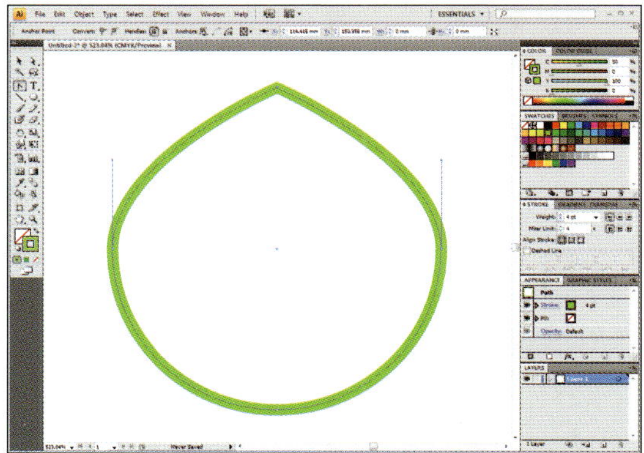

▲ 패스 속성 바꾼 이미지

오브젝트를 그리는 데 있어 펜 툴(🖊)은 유용하게 사용됩니다. 이런 펜 툴(🖊)로 드로잉 작업을 할 때 작업의 상황에 따라 마우스 포인터의 모양을 바꿔 실수 없이 작업할 수 있습니다. 펜 툴(🖊) 옆에 있는 포인터의 모양으로 현재 작업 중인 상황을 파악할 수 있습니다.

- '✗' 표시 : 드로잉 작업을 처음 시작할 때 나타내는 표시로 툴 패널에서 펜 툴(🖊)을 선택하고 도큐먼트 위에 마우스 포인터를 올려놓으면 기본으로 나타나는 표시입니다.
- '∧' 표시 : 곡선 패스를 만들 경우 방향선이 양방향으로 나타나 있을 때 한쪽 방향의 방향선을 삭제할 경우 나타나는 표시입니다.
- '/' 표시 : 열린 패스에서 포인트 점을 연결하여 패스 작업을 할 경우에 나타나는 표시입니다. 열린 패스의 한쪽 포인트 점에 마우스 포인터를 이동하면 펜 모양 옆에 '/' 표시가 나타나고 클릭하면 열린 패스에서 연결하여 오브젝트 작업을 할 수 있습니다.
- '+' 표시 : 작업 중인 오브젝트의 패스에 포인트 점을 추가할 경우 나타납니다. 클릭하면 패스 위에 새로운 포인트 점이 나타나게 됩니다.
- '−' 표시 : 작업 중인 오브젝트에 나타난 포인트 점을 삭제할 경우 나타나게 됩니다. 포인트 위에서 클릭하면 패스는 그대로 둔 채 포인트만 삭제됩니다.
- 'O' 표시 : 열린 패스를 닫힌 패스로 만드는 표시입니다. 펜 툴(🖊)을 이용하여 작업할 때 시작점에 마우스 포인터를 이동하면 나타나게 됩니다.

열린 패스를 닫힌 패스로 만들기

오브젝트를 그리다 보면 열린 패스를 닫힌 패스로 만들어야 하는 경우가 생기게 됩니다. 열려진 패스를 닫힌 패스로 만들려면 먼저 펜 툴(🖊)을 선택하고 열린 패스의 한쪽 포인트 점에 마우스 포인터를 이동한 후 클릭하여 열린 패스 전체를 활성화시켜 줍니다. 그리고 열려진 다른 한점에서 클릭하여 닫힌 패스로 만들 수 있습니다. 그리고 또 다른 방법으로는 두 개의 열린 패스를 선택하고 [Object]-[Path]-[Join] 메뉴를 선택하면 두 패스가 자동으로 연결됩니다.

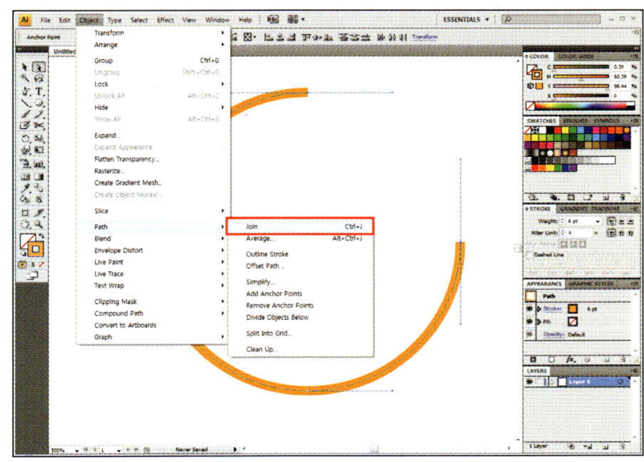

펜 툴로 그리는
깜찍하고 귀여운 여자 캐릭터

펜 툴은 작업자가 원하는 형태의 자유로운 곡선을 그릴 수 있기 때문에 캐릭터와 같은 오브젝트의 제작에 많이 사용됩니다. 스케치한 밑그림을 스캔하고 입력하여 이를 밑그림의 배경 이미지로 위치합니다. 그 위에 새로운 레이어를 생성하면 펜 툴과 브러시 툴로 캐릭터를 그릴 수 있습니다.

15분 완성
파일 분석하기

① [Same] 메뉴를 이용하여 오브젝트 쉽게 선택하기 : 202 page

예제 파일 : Sample\Part03\여자 캐릭터.ai
완성 파일 : Sample\Part03\여자 캐릭터완성.ai

01 [File]-[Open] 메뉴를 선택하여 'Sample\Part03\여자 캐릭터.ai' 파일을 불러옵니다. [Layers] 패널에서 'Layer 2'를 클릭하여 선택한 후 면 색은 '없음', 선 색은 [Swatches] 패널에서 'CMYK Magenta'를 선택합니다. 툴 패널에서 돋보기 툴(🔍)을 선택하고 눈 부분을 패스로 만들기 위해 드래그하여 이미지를 확대합니다.

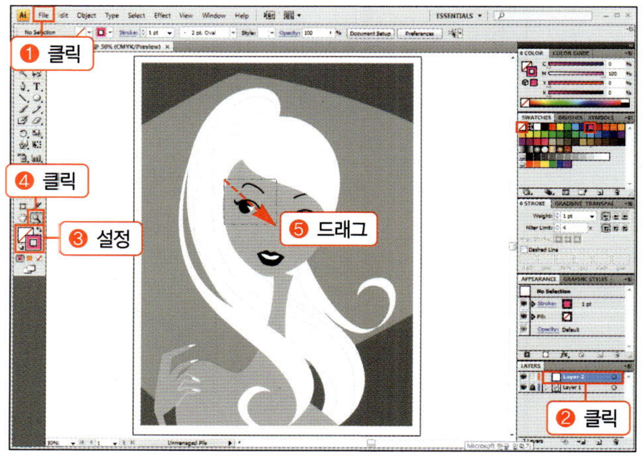

주목 밑그림을 레이어로 만들어 잠그거나 [Lock] 기능을 이용하면 오브젝트를 잠글 수 있습니다.

02 펜 툴(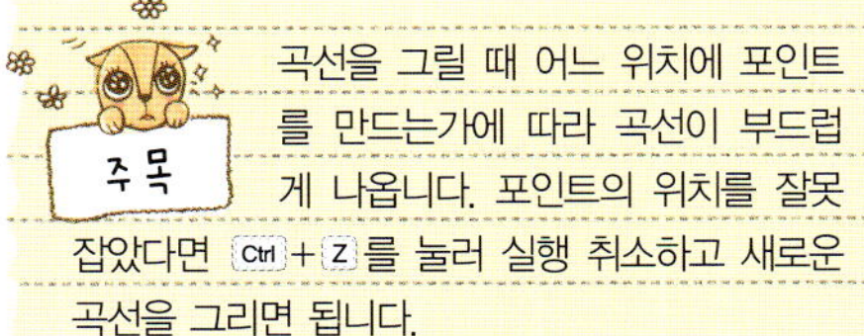)을 선택한 다음 왼쪽 눈의 끝에서 시작점을 클릭하여 곡선을 그려줍니다.

> **주목**
> 곡선을 그릴 때 어느 위치에 포인트를 만드는가에 따라 곡선이 부드럽게 나옵니다. 포인트의 위치를 잘못 잡았다면 Ctrl + Z 를 눌러 실행 취소하고 새로운 곡선을 그리면 됩니다.

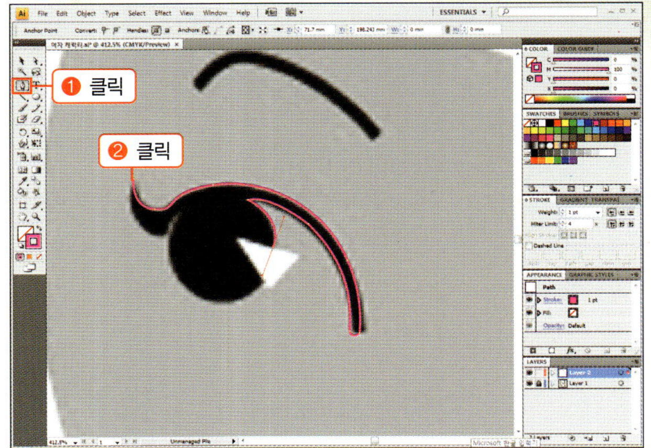

03 밑그림을 따라 패스 선을 계속해서 그려줍니다. 패스 선의 시작점의 끝점을 위치하면 마우스 포인터에 'O' 표시가 나타나게 됩니다. 클릭하면 닫힌 패스로 만들어 줄 수 있습니다.

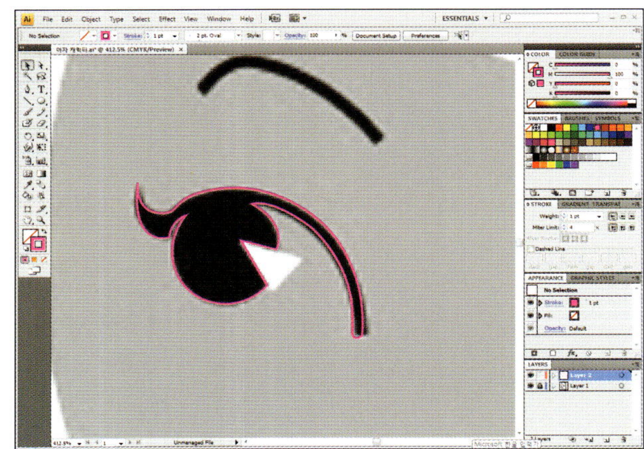

04 계속해서 눈동자 안의 흰색 부분도 펜 툴을 이용하여 직선 모양의 삼각형으로 그려줍니다. 이때 그려진 삼각형이 곡선 모양으로 만든 눈동자의 일부와 겹쳐지도록 그려야 합니다.

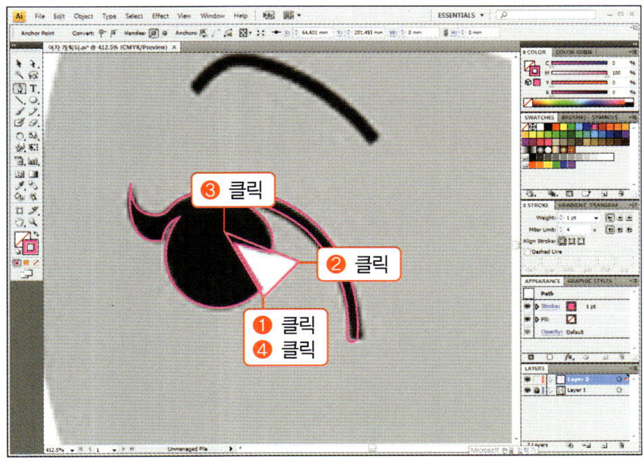

05 Space Bar 를 눌러 손바닥 툴(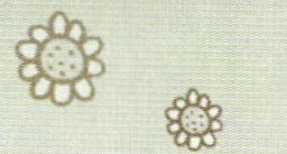)로 전환한 다음 오른쪽 눈이 화면의 중앙에 위치하도록 이동합니다. 선택을 해제한 뒤 오른쪽 눈도 왼쪽 눈과 같은 방법으로 펜 툴()을 이용하여 닫힌 패스로 그려줍니다.

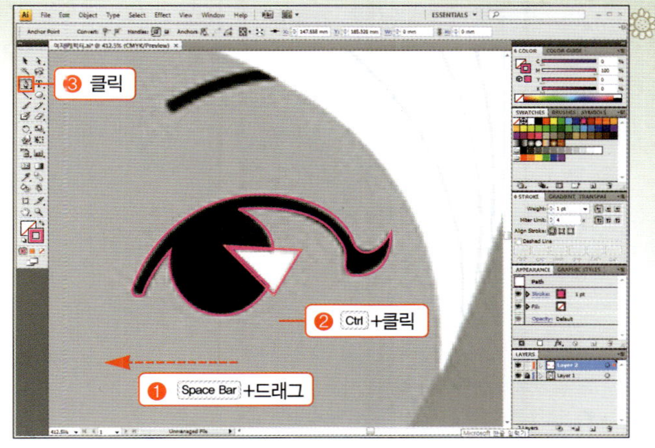

06 손바닥 툴(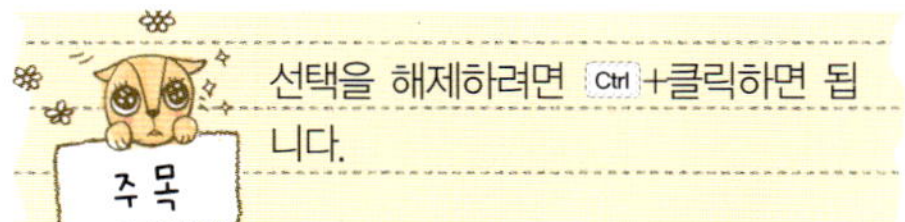)로 전환하여 입술이 화면에 보이도록 이동합니다. 선택을 해제하고 펜 툴()을 다시 클릭하여 입술의 모양에 맞게 닫힌 패스로 윗입술 모양의 선을 그려줍니다.

> **주목** 선택을 해제하려면 Ctrl +클릭하면 됩니다.

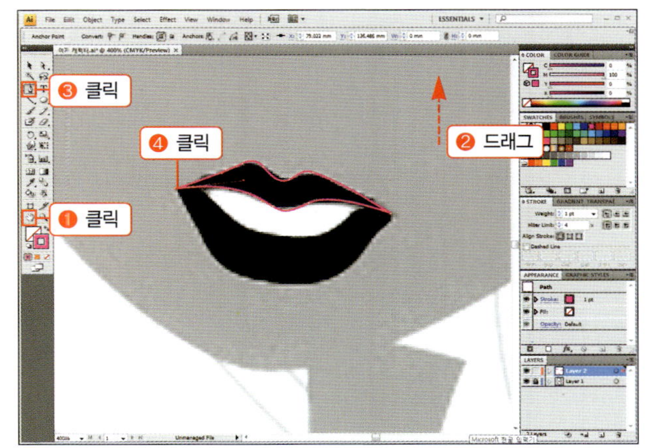

07 선택을 해제한 후 펜 툴()을 클릭하여 아랫입술도 닫힌 패스로 그린 다음 만들어진 패스의 모양이 어색한 경우에는 직접 선택 툴()을 이용하여 패스의 모양을 조절합니다.

> **주목** 직접 선택 툴()로 패스에서 조절하려는 부분의 기준점을 클릭합니다. 나타나는 방향점과 방향선을 이용하여 선의 모양을 조절해줍니다. 방향선과 방향점을 이용하여 선의 모양을 다듬는 것이 초보자에게 쉽지 않지만 자주 선을 그려 손에 익는 것이 중요합니다.

08 전체적인 이미지를 확인하기 위해 돋보기 툴(🔍)을 선택한 뒤 Alt 를 눌러 축소 돋보기 툴로 전환한 다음 도큐먼트를 3~4번 클릭하여 화면을 축소합니다. 펜 툴(✎)을 선택하고 얼굴 전체의 윤곽선을 곡선으로 그려줍니다.

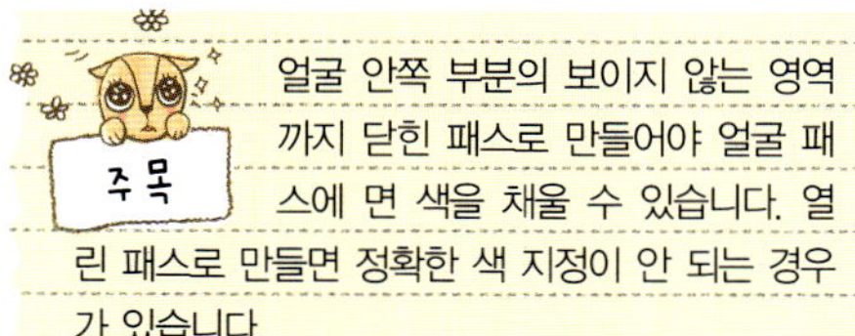

> **주목** 얼굴 안쪽 부분의 보이지 않는 영역까지 닫힌 패스로 만들어야 얼굴 패스에 면 색을 채울 수 있습니다. 열린 패스로 만들면 정확한 색 지정이 안 되는 경우가 있습니다.

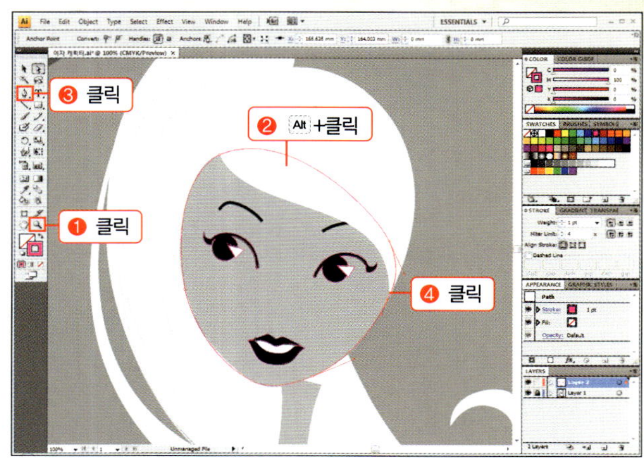

09 손바닥 툴(✋)과 돋보기 툴(🔍)을 이용하여 몸이 보일 수 있도록 화면 크기를 조절합니다. 얼굴과 같은 방법으로 패스 선을 그려줍니다.

10 같은 방법으로 손, 머리카락의 외곽 부분을 모두 닫힌 패스로 만들어줍니다.

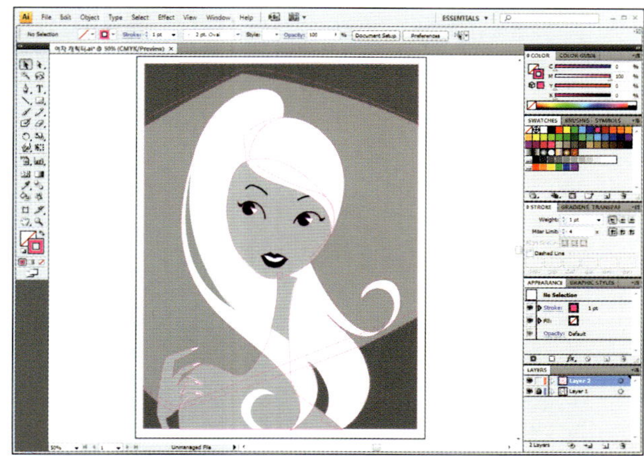

11 닫힌 패스의 면이 모두 그려졌으면 눈썹, 머리카락은 열린 패스로 그려줍니다.

12 선 작업을 모두 마쳤으면 색상을 적용하기 위해 [Layers] 패널에서 'Layer 1'의 눈 아이콘(◉)을 클릭하여 밑그림이 보이지 않게 만들어줍니다.

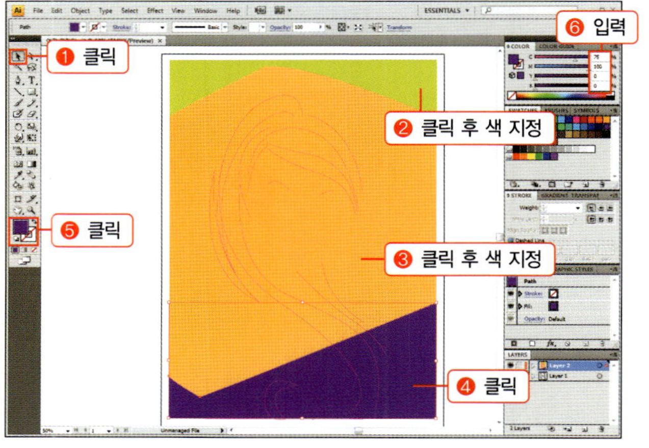

13 선택 툴(▶)로 가장 위에 있는 배경을 클릭하여 선택한 다음 선 색은 '없음'으로 설정하고 [Color] 패널에서 면 색을 'C=20, Y=100'으로 입력하여 설정합니다. 두 번째 배경의 면은 'M=35, Y=85'로 지정하고, 세 번째 배경의 색은 'C=75, M=100'을 입력하여 지정합니다.

14 얼굴 윤곽선, 눈, 눈썹처럼 나중에 그려져 화면에 그려진 오브젝트가 보이지 않기 때문에 색이 채워진 배경을 다른 오브젝트의 가장 뒤로 보내야 합니다. Shift 를 누른 채 배경을 클릭하여 중복 선택하고 [Object]-[Arrange]-[Send to Back] 메뉴를 선택합니다.

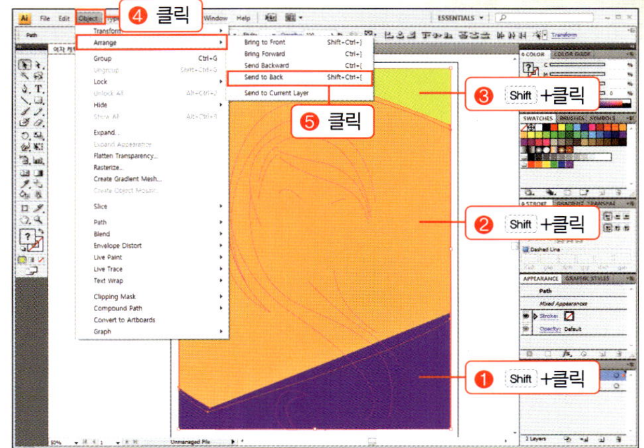

15 돋보기 툴( )로 눈동자 부분을 확대합니다. [Swatches] 패널에서 눈과 눈썹의 선 색은 '없음', 면 색은 'Black', 눈동자는 'White'로 지정합니다.

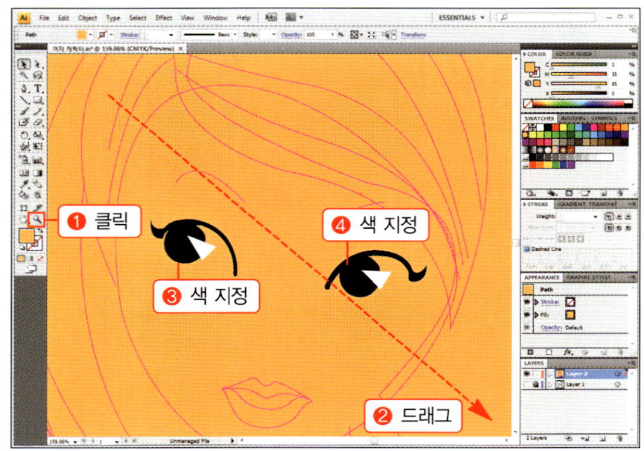

16 선택 툴( )로 얼굴을 선택하고 [Color] 패널에서 'M=20, Y=60'으로, 입술은 'Y=100, M=100'을 입력하여 색상을 채워줍니다.

17 같은 방법으로 목과 손가락, 머리카락에도 색상을 적용합니다.

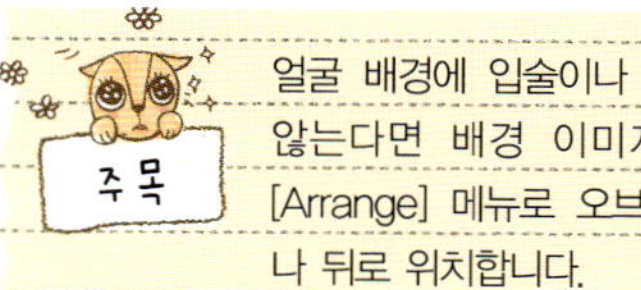

18 머리카락 한 올을 선택한 뒤 [Select]–[Same]–[Fill & Stroke] 메뉴로 같은 굵기의 머리카락을 전부 선택합니다.

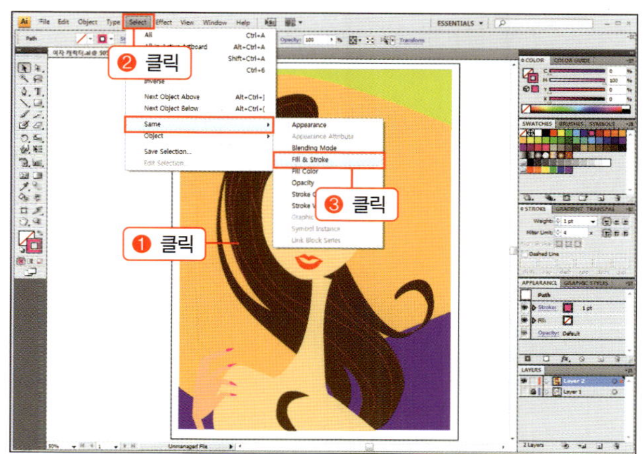

19 머리카락의 선 색을 'White'로 설정한 후 눈썹을 선택합니다. 선 색을 'Black'으로 설정하고 [Stroke] 패널에서 [Weight]를 '7pt'로 입력하여 두껍게 조절해 이미지를 완성합니다.

같은 속성을 가진 오브젝트를 빠르게 선택하기

하나의 도큐먼트에서 많은 오브젝트를 만들면 원하는 오브젝트를 일일이 선택하는 것만 해도 시간이 많이 소요됩니다. 비슷한 속성을 가진 오브젝트라면 [Select] 메뉴로 빠르게 선택할 수 있습니다. 같은 속성의 오브젝트를 빠르게 선택하는 방법을 알아보겠습니다.

Skill up 01 [Select] 메뉴를 이용하여 오브젝트 쉽게 선택하기

[Select] 메뉴는 오브젝트가 복잡하게 있는 경우 쉽고 빠르게 오브젝트를 선택하기 위한 것입니다. 선택한 오브젝트를 기준으로 면 색이나 선 색 등 같은 항목이 있을 때 빠르게 선택할 수 있습니다.

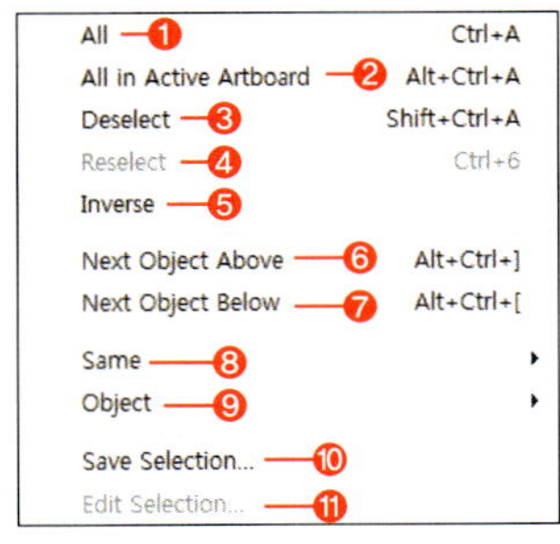
▲ [Select] 메뉴

❶ **All** : 도큐먼트 위에 있는 모든 오브젝트를 선택합니다.

❷ **All in Active Artboard** : 아트보드 위에 있는 모든 오브젝트를 선택합니다.

❸ **Deselect** : 선택되어 있는 모든 오브젝트의 선택을 해제합니다.

❹ **Reselect** : 바로 전 단계에서 선택한 오브젝트를 다시 선택합니다.

❺ **Inverse** : 현재 선택된 오브젝트를 제외한 나머지 오브젝트를 선택합니다.

❻ **Next Object Above** : 현재 선택된 오브젝트의 바로 위에 있는 오브젝트를 선택합니다.

❼ **Next Object Below** : 현재 선택된 오브젝트의 바로 아래에 있는 오브젝트를 선택합니다.

❽ **Same** : 항목별로 같은 속성을 가진 오브젝트끼리 선택합니다.

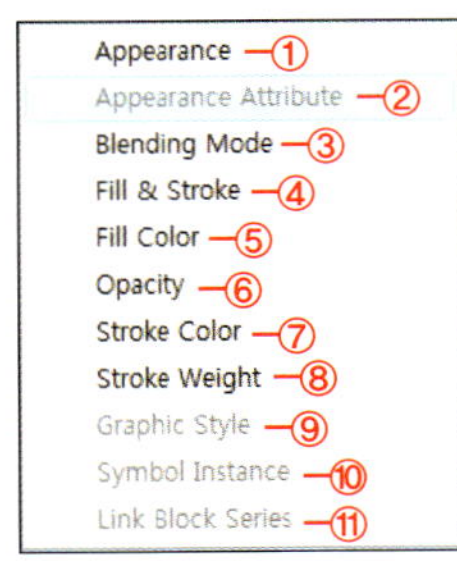
▲ [Same] 메뉴

① **Appearance** : 선택한 오브젝트와 속성이 같은 오브젝트를 모두 선택합니다.

② **Appearance Attribute** : 선택한 오브젝트와 오버 프린트 속성이 같은 오브젝트를 모두 선택합니다.

③ **Blending Mode** : 블렌딩 모드가 설정된 오브젝트를 선택합니다.

④ **Fill & Stroke** : 면 색과 선 색이 동일한 오브젝트를 선택합니다.

⑤ **Fill Color** : 면 색이 동일한 오브젝트를 선택합니다.

⑥ **Opacity** : 동일한 값의 불투명도가 설정된 오브젝트를 선택합니다.

⑦ **Stroke Color** : 선 색이 동일한 오브젝트를 모두 선택합니다.

⑧ **Stroke Weight** : 선의 두께가 동일한 오브젝트를 모두 선택합니다.

⑨ **Graphic Style** : 그래픽 스타일이 동일한 오브젝트를 모두 선택합니다.

⑩ **Symbol Instance** : 심벌 인스턴스가 동일한 오브젝트를 모두 선택합니다.

⑪ **Link Block Series** : 링크되어 있는 오브젝트를 모두 선택합니다.

❾ **Object** : [Brush], [Text] 등 항목에 해당하는 오브젝트만 선택합니다.

❿ **Save Select on** : 현재 오브젝트가 선택된 상태에서 그대로 저장하면 선택된 상터를 나중에 다시 불러올 수 있습니다.

⓫ **Edit Selection** : [Save Selection] 메뉴를 클릭하여 저장된 상태의 이름을 수정할 수 있습니다.

 ## 마술봉 툴의 [Select Similar Options]로 선택하기

마술봉 툴을 이용하면 [Select Similar Options] 메뉴의 9가지 명령을 이용하여 세밀하고 빠른 오브젝트의 선택이 가능합니다.

❶ **All** : [Magic Wand] 패널의 [Tolerance] 값에 따라 면 색상, 선 색상, 선 두께, 투명도, 스타일이 같은 유사 영역을 선택합니다.

❷ **Fill Color** : [Tolerance] 값에 따라 유사한 면 색상을 선택합니다.

❸ **Stroke Color** : [Tolerance] 값에 따라 유사한 선 색상을 선택합니다.

❹ **Fill & Stroke Color** : [Tolerance] 값에 따라 유사한 면과 선 색상을 선택합니다.

❺ **Stroke Weight** : [Tolerance] 값에 따라 유사한 선 두께를 선택합니다.

❻ **Opacity** : [Tolerance] 값에 따라 유사한 투명도를 선택합니다.

❼ **Graphic Style** : [Tolerance] 값에 따라 유사한 그래픽 스타일이 적용된 오브젝트를 선택합니다.

❽ **Appearance** : [Tolerance] 값에 따라 [Appearance] 속성이 유사한 오브젝트를 선택합니다.

❾ **Appearance Attribute** : [Appearance] 속성이 적용된 오브젝트만 선택합니다.

연필 툴로 간단한 오브젝트 그리기

연필 툴은 마우스를 자유롭게 드래그하여 오브젝트를 그려주는 툴입니다. 마우스가 아닌 태블릿을 사용하는 사용자라면 연필 툴을 이용하여 빠르게 밑그림을 그려줄 수 있습니다. 연필 툴로 그려진 오브젝트는 면이 아닌 패스의 속성을 가지며 직접 선택 툴을 이용하여 수정할 수 있습니다.

15분 완성
파일 분석하기

❶ 연필 툴로 그림 그리기
  : 208 page

◉ 완성 파일 : Sample\Part03\딸기완성.ai

01 [File]-[New] 메뉴를 선택하면 나타나는 [New Document] 대화상자에서 [Size]를 'A4'로 설정한 새로운 도큐먼트를 만듭니다.

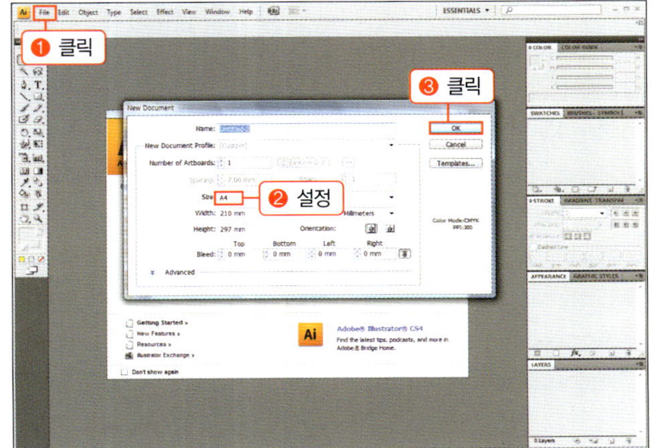

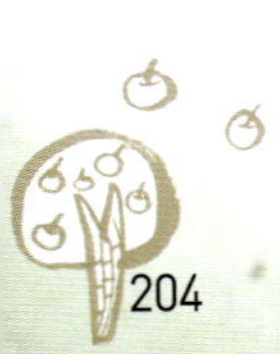

02 새로운 도큐먼트가 만들어졌으면 툴 패널에서 돋보기 툴(🔍)을 선택하고 화면을 확대합니다. 연필 툴(✏️)을 선택한 다음 [Swatches] 패널에서 면 색은 '없음', 선 색은 'M=100, Y=100' 으로 지정하고 [Stroke] 패널에서는 [Weight]를 '1pt' 로 설정합니다.

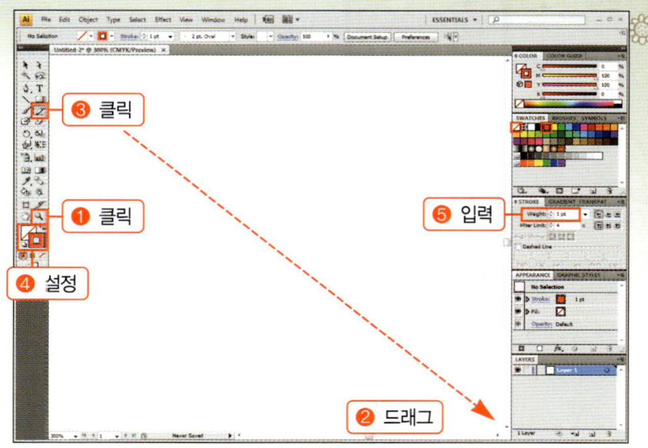

03 마우스를 이용하여 그림처럼 드래그하여 딸기를 그려줍니다. 바로 옆에 딸기의 꼭지 부분을 그려줍니다.

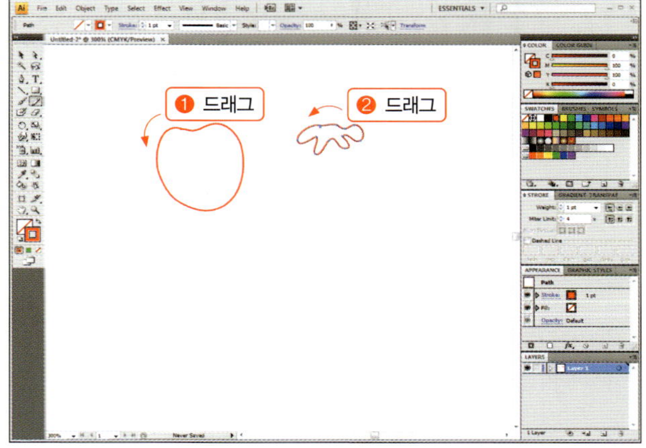

주목

연필 툴(✏️)로 딸기를 드래그하면서 Alt 를 누르면 마우스의 포인터가 'O' 모양으로 변하며 마우스에서 손을 떼면 자동으로 닫힌 패스를 만들 수 있습니다.

04 선택 툴(▶)로 원 오브젝트를 선택한 뒤 색상 모드의 면 색과 선 색을 바꿔주는 [Swap Fill and Stroke](↻)를 클릭하여 색상을 전환합니다.

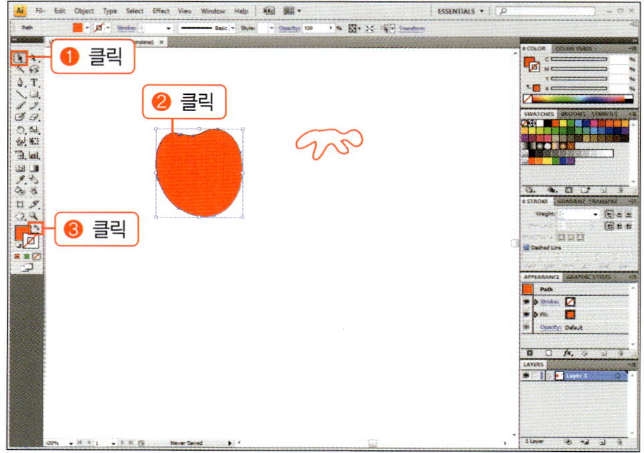

05 꼭지를 선택하고 선 색은 '없음', 면 색은 [Swatches] 패널에서 'C=75, Y=100'으로 지정합니다. 선택 툴(▶)로 꼭지를 선택하여 딸기 위로 위치합니다.

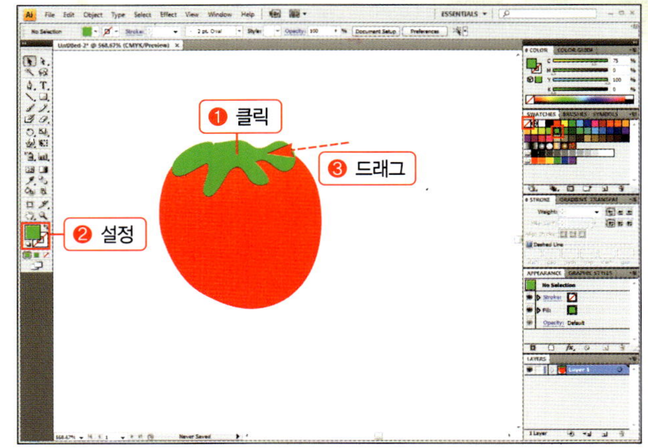

06 딸기 씨의 색상은 'Y=100'으로 지정하고 연필 툴(✏)을 이용하여 여러 개를 그려줍니다.

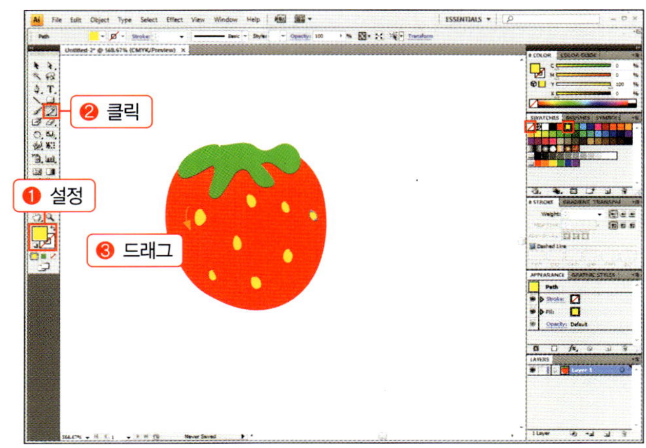

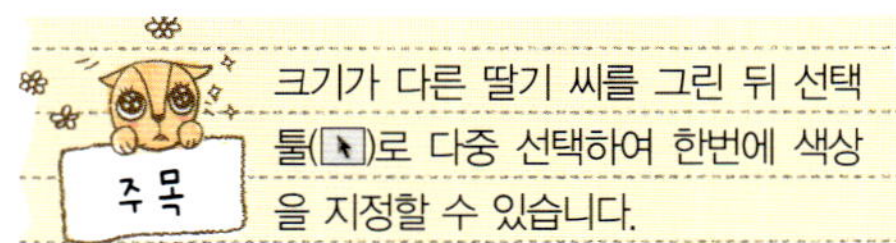

크기가 다른 딸기 씨를 그린 뒤 선택 툴(▶)로 다중 선택하여 한번에 색상을 지정할 수 있습니다.

07 선택을 해제한 후 딸기 꼭지는 면 색을 'C=85, M=10, Y=100'으로 설정하고 연필 툴(✏)을 이용하여 그려줍니다.

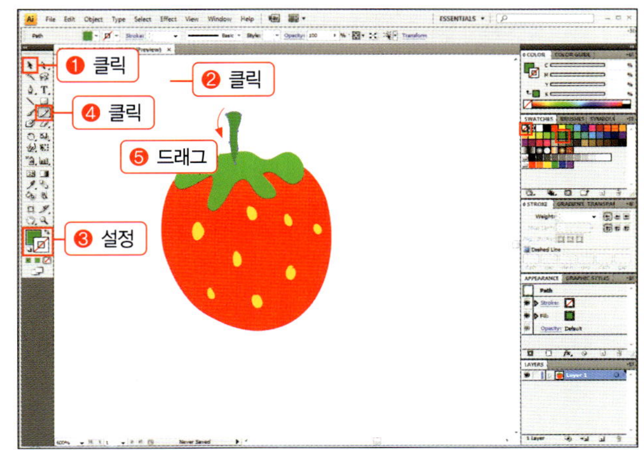

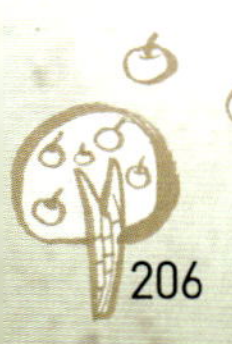

08 선택을 해제한 후 딸기 몸 쪽 부분에 그림자 효과를 주기 위해 선 색을 'M=80, Y=95'로 설정하고 열린 패스로 딸기의 몸을 감싸는 그림자를 자유롭게 드래그하여 2~3개 정도를 그려줍니다.

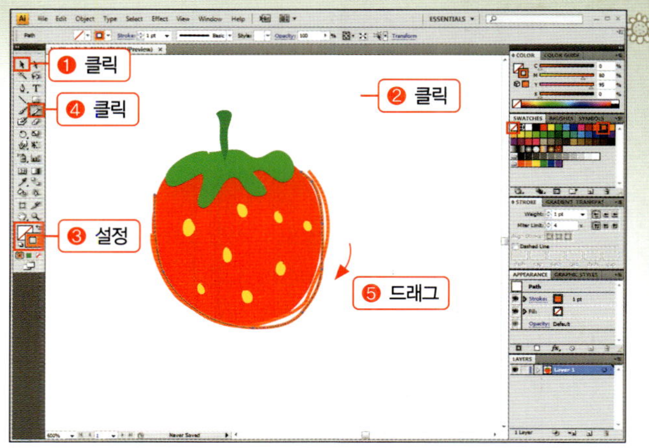

연필 툴(✎)로 그려진 오브젝트의 두께는 [Stroke] 패널의 [Weight]에서 조절할 수 있습니다.

주목

09 선택 툴(▶)로 선택을 해제하고 연필 툴(✎)을 선택한 다음 선 색을 'C=40, M=70, Y=100, K=50'로 지정합니다. 딸기의 오른쪽 여백으로 회전하듯이 드래그하여 이미지를 완성합니다.

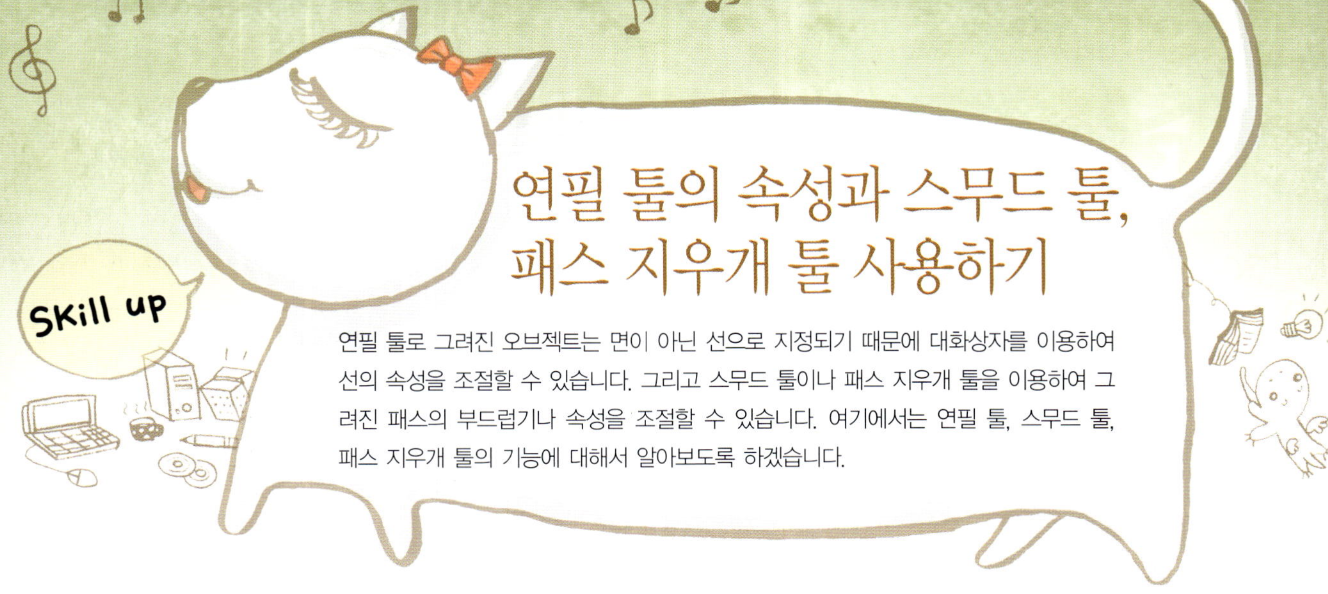

연필 툴의 속성과 스무드 툴, 패스 지우개 툴 사용하기

연필 툴로 그려진 오브젝트는 면이 아닌 선으로 지정되기 때문에 대화상자를 이용하여 선의 속성을 조절할 수 있습니다. 그리고 스무드 툴이나 패스 지우개 툴을 이용하여 그려진 패스의 부드럽기나 속성을 조절할 수 있습니다. 여기에서는 연필 툴, 스무드 툴, 패스 지우개 툴의 기능에 대해서 알아보도록 하겠습니다.

Skill up 01 연필 툴의 대화상자와 기능 살펴보기

연필 툴(✎)을 더블클릭하면 나타나는 [Pencil Tool Options] 대화상자에서 연필 툴(✎)의 속성을 조절할 수 있습니다.

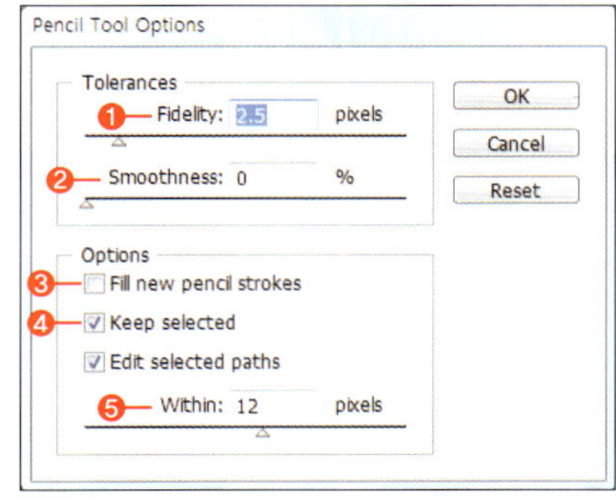

❶ **Fidelity** : 연필 툴로 드로잉할 때의 정확도를 0.5~20까지 수치로 설정합니다.

❷ **Smoothness** : 드로잉할 때 선의 부드러운 정도를 나타내며 0~100%까지 설정할 수 있습니다.

❸ **Fill new pencil strokes** : 옵션을 체크하면 지정된 면 색상이 적용됩니다.

❹ **Keep selected** : 오브젝트를 그리고 난 후 그려진 오브젝트가 바로 선택됩니다.

❺ **Within** : 값이 커질수록 해당 선의 끝점에 정확하게 마우스를 위치하지 않아도 쉽게 연결할 수 있습니다. 수치 값이 작아질수록 정확하게 마우스를 위치해야 합니다.

Skill up 02 스무드 툴로 오브젝트의 외곽선 부드럽게 만들기

스무드 툴(✐)은 오브젝트의 모서리를 부드러운 모양으로 바꿔주는 툴입니다. 오브젝트를 선택한 뒤 스무드 툴(✐)을 이용하여 선택된 오브젝트의 모서리를 클릭하면 클릭한 부분이 부드럽게 만들어지게 됩니다. 모서리의 앵커 포인트를 없애는 것이 아니라 앵커 포인트에서 방향선을 뽑아내어 부드럽게 만들기 때문에 앵커 포인트에는 영향이 없습니다.

▲ 원본 이미지

▲ 스무드 툴(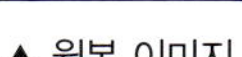)로 오브젝트의 모서리를 부드럽게 만들기

Skill up 03 패스 지우개 툴로 열린 패스 만들기

스무드 툴(　)이 오브젝트의 모서리 부분을 부드럽게 만드는 데 비해서 패스 지우개 툴(　)은 선택한 오브젝트의 패스를 지워 열린 패스로 만들어주게 됩니다. 오브젝트를 선택한 뒤 패스 지우개 툴(　)로 선택된 오브젝트의 패스 위로 드래그하면 해당 패스가 삭제되면서 열린 패스로 만들어지게 됩니다.

▲ 원본 이미지

▲ 패스 지우개 툴(　)로 열린 패스 만들기

브러시 툴로 환상의 칵테일 그리기

브러시 툴도 연필 툴과 마찬가지로 마우스를 자유롭게 드래그하여 오브젝트를 그릴 수 있습니다.
연필 툴과 브러시 툴 모두 패스 선으로 그려지지만 브러시 툴은 [Brushes] 패널을 통해서 브러시의
모양을 지정할 수 있기 때문에 다양한 형태의 자유 곡선을 그릴 수 있습니다.

예제 파일 : Sample\Part03\칵테일.ai
완성 파일 : Sample\Part03\칵테일완성.ai

01 [File]-[Open] 메뉴를 선택하여
'Sample\Part03\칵테일.ai' 파
일을 불러옵니다. 툴 패널에서 펜 툴(📷)
을 선택하고 면 색을 'CMYK Yellow'로
설정합니다.

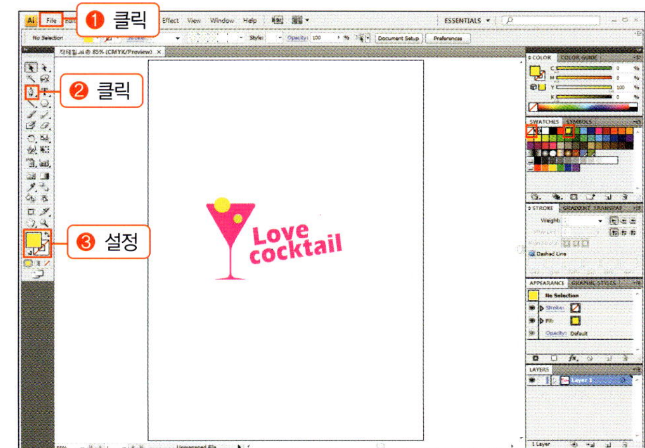

02 새로운 곡선 모양의 닫힌 패스를 그리기 위해 첫 번째 지점에서 클릭합니다. 두 번째 지점을 클릭하고 오른쪽 아래로 드래그하여 곡선을 그려줍니다.

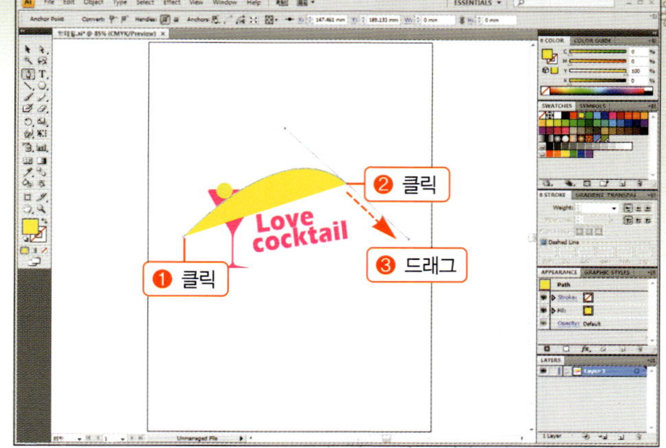

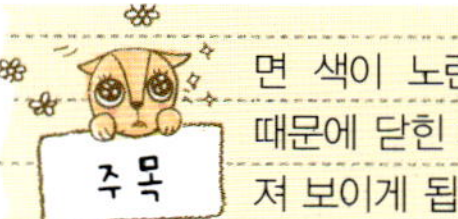

면 색이 노란색으로 지정되어 있기 때문에 닫힌 패스처럼 노란색이 채워져 보이게 됩니다.

03 세 번째 지점을 클릭하고 곡선의 모양이 볼록해지도록 만듭니다. 처음 시작점에 마우스 포인터를 이동하여 마우스 포인터에 'O' 표시가 나타나면 클릭하여 닫힌 패스로 만들어줍니다.

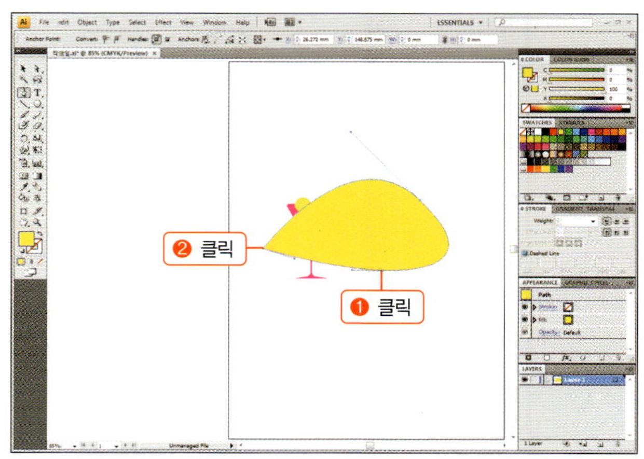

04 선택 툴(▶)로 노란색 오브젝트를 선택하고 [Object]-[Arrange]-[Send to Back] 메뉴를 클릭하여 선택한 오브젝트를 가장 뒤로 보내줍니다.

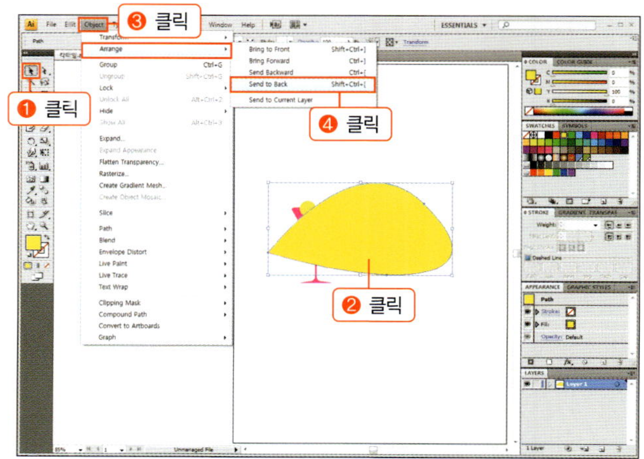

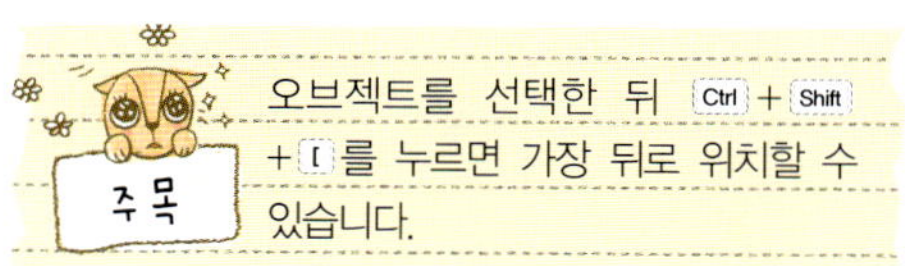

오브젝트를 선택한 뒤 Ctrl + Shift + [를 누르면 가장 뒤로 위치할 수 있습니다.

05 `Ctrl` + `Space Bar`를 누른 채 화면을 클릭하여 확대합니다. [Window]-[Brushes] 메뉴를 선택하여 [Brushes] 패널을 꺼냅니다.

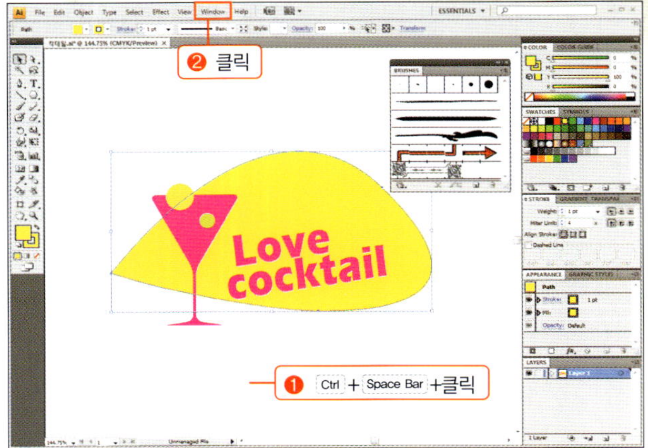

06 [Brushes] 패널 왼쪽 아래의 [Brushes Libraries Menu]( ) 버튼을 클릭하면 나타나는 하위 메뉴에서 [Borders]-[Borders_Dashed]를 선택합니다.

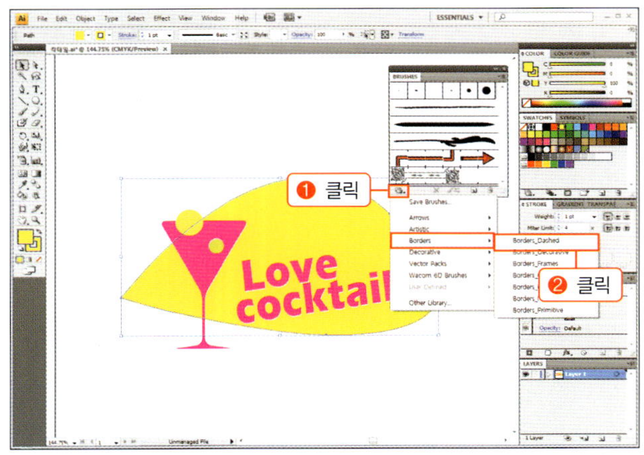

07 [Borders_Dashed] 패널이 나타나면 'Dashed Circles 1.2'를 선택하여 선택된 닫힌 패스의 외곽 모양대로 그려지는 브러시를 적용합니다. 선택을 해제하고 [Borders_Dashed] 패널은 닫아줍니다.

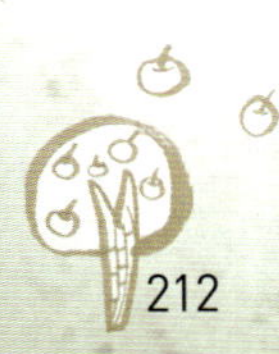

08 툴 패널에서 브러시 툴(　)을 선택하고 면 색은 '없음', 선 색은 'CMYK Magenta'를 선택합니다. [Brushes] 패널에서 'Charcoal'을 선택하고 [Stroke] 패널에서 [Weight]의 설정 값을 '2pt'로 입력합니다.

09 칵테일 잔의 위에서 아래로 드래그하여 목탄으로 그린 것 같은 모양의 빨대를 그려줍니다. 같은 방법으로 노란색 오브젝트의 오른쪽 위에 두께가 서로 다른 붓 터치를 그려줍니다.

10 툴 패널에서 선택 툴(　)을 선택하고 'Love cocktail'을 선택한 뒤 바운딩 박스를 조절하여 크기와 위치를 설정합니다.

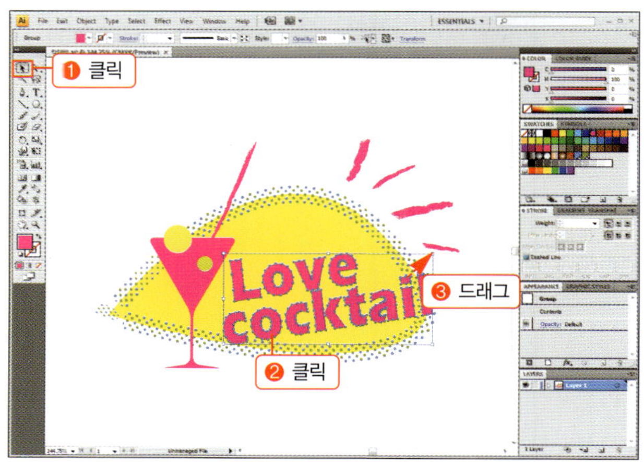

11 위치와 크기가 조절된 글자 오브
젝트에 테두리를 주기 위해서
[Object]-[Path]-[Offset Path] 메뉴를
선택합니다.

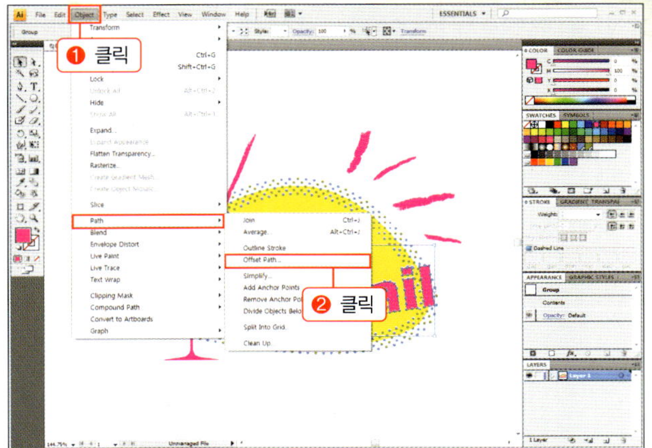

12 [Offset Path] 대화상자가 나타나
면 [Offset]에 '2mm'를 입력하고
[OK] 버튼을 클릭합니다.

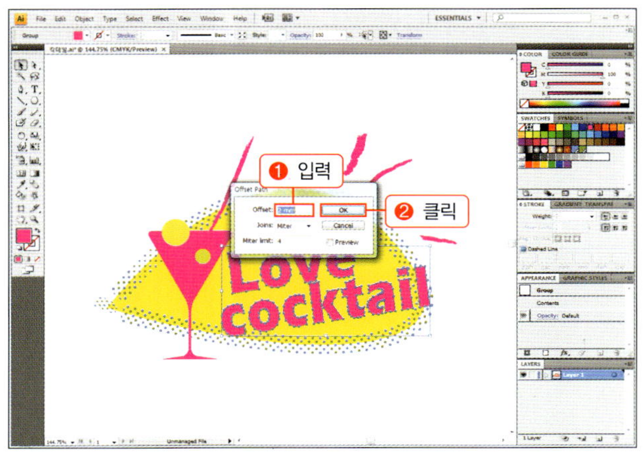

13 선택한 글자의 외곽 부분을 감싸
는 테두리가 만들어지게 됩니다.
[Swatches] 패널에서 'C=100, M=95'를
선택하여 이미지를 완성합니다.

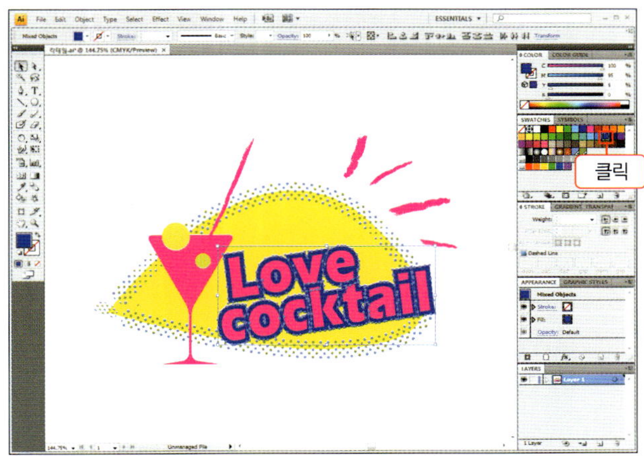

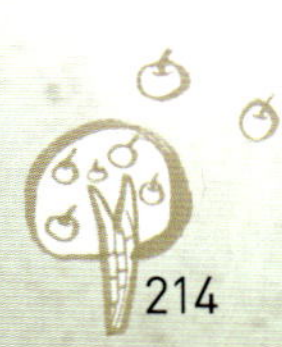

브러시의 종류와 [Brushes] 패널 사용하기

브러시 툴은 자유로운 드로잉으로 회화적인 느낌의 오브젝트를 만들 수 있는 툴입니다. [Brushes] 패널에서 여러 가지 모양의 붓 터치를 선택할 수 있으며 브러시 모양을 직접 만들어 [Brushes] 패널에 등록할 수도 있습니다. 일러스트레이터 CS4에서는 추가된 블럽 브러시 툴을 이용하여 브러시의 모양대로 닫힌 패스를 만들 수 있습니다.

Skill up 01 브러시 툴과 블럽 브러시 툴의 다른 점 살펴보기

브러시 툴(✎)은 연필 툴(✎)과 마찬가지로 자유롭게 선을 그릴 수 있는 툴입니다. 브러시 툴(✎)로 그린 오브젝트는 선으로 인식되기 때문에 [Stroke] 패널에서 두께를 조절할 수 있으며 [Brushes] 패널에서 그려진 브러시의 모양을 지정할 수 있습니다. 하지만 블럽 브러시 툴(✎)로 그려진 오브젝트는 면으로 인식되며 그려진 뒤에는 [Stroke] 패널을 통해서 브러시의 두께를 조절할 수 없습니다.

▲ 브러시 툴(✎)로 그려진 오브젝트

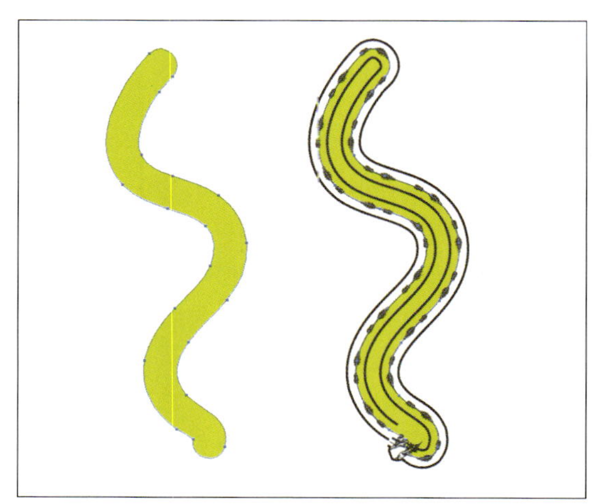

▲ 블럽 브러시 툴(✎)로 그려진 오브젝트

[Brushes] 패널에는 다양한 종류의 브러시가 기본적으로 저장되어 있으며 브러시를 등록하거나 수정하여 사용할 수 있습니다. 브러시 툴(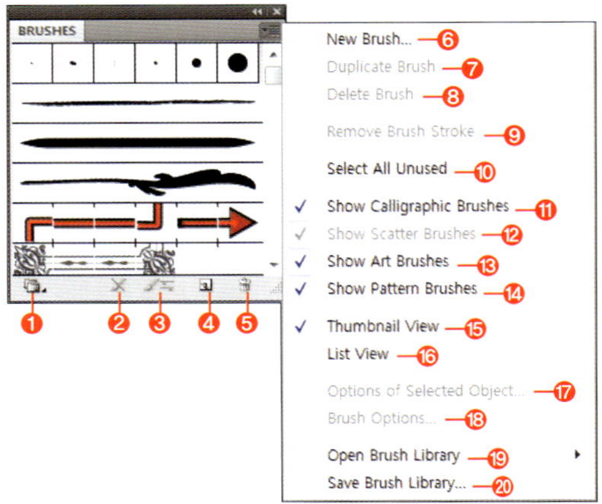)은 [Window]-[Brushes] 메뉴를 선택하여 불러올 수 있으며 캘리그래피(Calligraphic), 분사(Scatter), 아트(Art), 패턴(Pattern) 브러시의 4가지 형태를 지원합니다.

❶ **Brushes Libraries Menu** : 일러스트레이터에서 제공하는 다양한 종류의 브러시를 선택하여 불러올 수 있습니다.

❷ **Remove Brush Stroke** : 선택된 오브젝트에 적용된 브러시 효과를 없애 줍니다.

❸ **Options of Selected Object** : 선택한 오브젝트에 적용된 브러시의 옵션을 다시 설정합니다.

❹ **New Brush** : 새로운 브러시를 만들어 주거나 [Brushes] 패널에 있는 브러시를 드래그하여 복사할 수 있습니다.

❺ **Delete Brush** : 선택한 브러시를 삭제합니다.

❻ **New Brush** : 새로운 브러시를 만듭니다.

❼ **Duplicate Brush** : 선택한 브러시를 복사합니다.

❽ **Delete Brush** : 선택한 브러시를 삭제합니다.

❾ **Remove Brush Stroke** : 선택된 오브젝트에 적용된 브러시 효과를 없애 줍니다.

❿ **Select All Unused** : 선택한 브러시를 제외한 나머지 브러시를 모두 선택합니다.

⓫ **Show Calligraphic Brushes** : 캘리그래피 브러시를 [Brushes] 패널에 보여줍니다.

⓬ **Show Scatter Brushes** : 분산 브러시를 [Brushes] 패널에 보여줍니다.

⓭ **Show Art Brushes** : 아트 브러시를 [Brushes] 패널에 보여줍니다.

⓮ **Show Pattern Brushes** : 패턴 브러시를 [Brushes] 패널에 보여줍니다.

⓯ **Thumbnail View** : [Brushes] 패널을 미리보기가 있는 브러시 정렬로 바꿔줍니다.

⓰ **List View** : [Brushes] 패널을 브러시 이름만 나타나있는 정렬로 바꿔줍니다.

⓱ **Options of Selected Object** : 선택한 오브젝트의 브러시 옵션을 설정합니다.

⓲ **Brush Options** : [Brush Options] 대화상자를 통해 선택한 브러시의 옵션을 설정합니다.

⓳ **Open Brush Library** : [Arrows], [Artistic], [Borders], [Decorative], [Vector Packs] 등과 같은 브러시 라이브러리를 불러옵니다.

⓴ **Save Brush Library** : 사용자가 만든 브러시를 라이브러리에 저장합니다.

브러시 툴(✐)을 더블클릭하면 [Paintbrush Tool Options] 대화상자가 나타납니다. 이 대화상자를 통해서 선의 정밀도와 부드러운 정도 등을 조절할 수 있습니다.

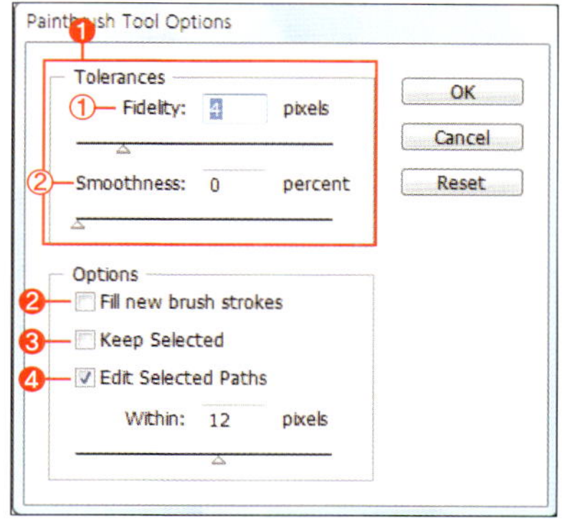

❶ **Tolerances** : 브러시로 그려진 선의 정밀도와 부드러운 정도를 설정합니다.

① **Fidelity** : 선의 정밀도를 설정하는 옵션으로 수치 값이 적을수록 브러시 툴(✐)로 드래그할 때 포인트가 많이 생겨 거친 모양을 만듭니다.

② **Smoothness** : 선의 부드러운 정도를 실행합니다. 값이 클수록 부드러운 곡선이 만들어집니다.

❷ **Fill new brush strokes** : 옵션을 체크하면 툴 패널에서 설정한 내부색이 선에 적용됩니다. 체크가 해제되면 내부색은 없음으로 선 색만 적용됩니다.

❸ **Keep Selected** : 옵션을 체크하면 드로잉 작업이 끝난 오브젝트가 바로 선택됩니다.

❹ **Edit Selected Paths** : 옵션이 체크되면 드로잉된 오브젝트를 수정할 수 있는데 아래에 있는 [Within]에서 수정 기능이 적용되는 거리를 조절할 수 있습니다.

캘리그래피 브러시는 붓글씨와 같은 표현을 나타내주는 브러시입니다. 요즘은 많은 디자인 작업물에서 캘리그래피를 활용한 다양한 작업물이 만들어지고 있습니다. 일러스트레이터에서는 브러시 툴(✐)을 이용하여 작업이 가능한데 세부적인 조절은 [Calligraphic Brush Options] 대화상자에서 할 수 있습니다.

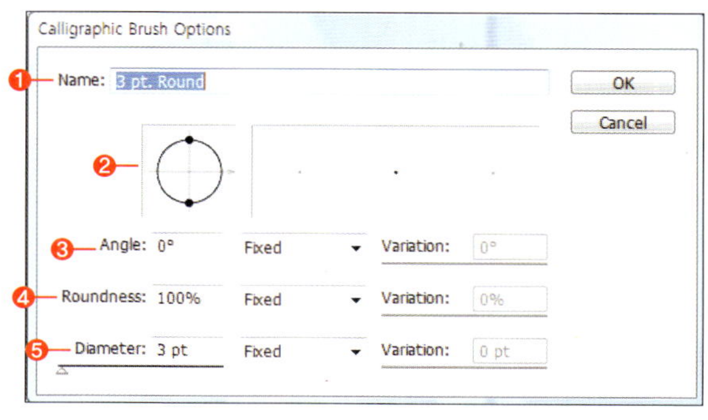

❶ **Name** : 브러시의 이름을 입력합니다.

❷ **Brush Shape Editor** : 브러시의 모양과 각도를 직접 조절할 수 있습니다.

❸ **Angle** : 브러시가 회전하는 각도를 조절합니다.

❹ **Roundness** : 브러시의 형태를 정원이나 타원으로 설정합니다. 수치가 낮을수록 납작한 모양이 됩니다.

❺ **Diameter** : 브러시의 크기를 설정합니다.

분산 브러시는 선택한 오브젝트를 패스를 따라 흩뿌리는 브러시로 동일한 모양의 오브젝트를 여러 개로 표현할 경우에 효과적으로 사용할 수 있습니다.

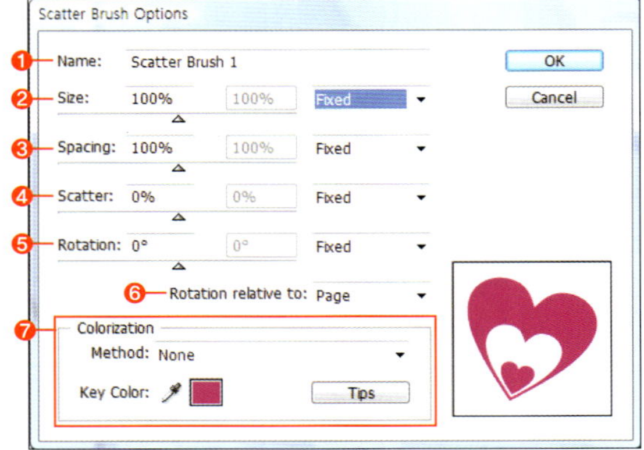

❶ **Name** : 브러시의 이름을 입력합니다.

❷ **Size** : 브러시로 입력된 오브젝트의 크기를 확대하거나 축소합니다.

❸ **Spacing** : 오브젝트 간의 간격을 설정합니다.

❹ **Scatter** : 오브젝트가 흩뿌려지는 정도를 설정합니다.

❺ **Rotation** : 오브젝트의 회전되는 정도를 설정합니다.

❻ **Rotation relative to** : 'Page'와 'Path' 중에서 선택이 가능한데 'Page'를 선택하면 도큐먼트를 기준으로 오브젝트의 회전되는 정도를 유지하고, 'Path'를 선택하면 패스를 기준으로 오브젝트의 회전되는 정도가 결정됩니다.

❼ **Colorization** : 브러시의 색상을 오브젝트의 외곽선 색상과 바꿔줍니다.

아트 브러시는 붓으로 그림을 그릴 때처럼 패스를 따라 효과를 낼 수 있는 브러시 툴(✎)로 붓 터치 느낌이나 오브젝트를 패스의 형태로 효과를 낼 때 사용하면 개성 있는 작업을 할 수 있습니다.

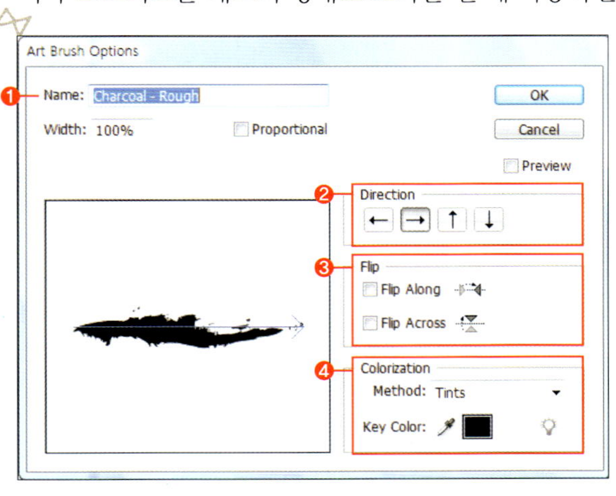

❶ **Name** : 브러시의 이름을 입력합니다.

❷ **Direction** : 패스의 방향을 설정하여 선택한 방향에 따라 오브젝트의 방향을 바꿀 수 있어 같은 오브젝트라고 하더라도 다른 효과를 얻을 수 있습니다.

❸ **Flip** : 브러시가 적용된 오브젝트를 상하좌우로 반전할 수 있습니다.

❹ **Colorization** : 브러시의 색상을 오브젝트 외곽선 색상으로 바꿔줍니다.

패턴 브러시는 설정한 오브젝트가 규칙성을 가지고 반복되어 나열되는 것으로 브러시를 선택하여 오브젝트에 적용할 수 있습니다.

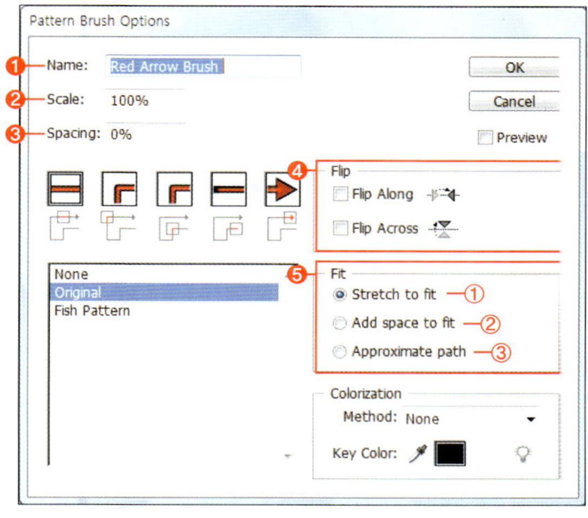

❶ **Name** : 브러시의 이름을 입력합니다.

❷ **Scale** : 패턴의 크기를 조절합니다.

❸ **Spacing** : 적용되는 패턴의 간격을 조절합니다.

❹ **Flip** : 브러시가 적용되어 오브젝트를 상하좌우로 반전합니다.

❺ **Fit** : 패턴이 채워질 형태를 설정합니다.

  ① **Stretch to fit** : 패턴 오브젝트를 신축성 있게 늘려줍니다.

  ② **Add space to fit** : 패턴 오브젝트 사이에 빈 공간을 추가합니다.

  ③ **Approximate path** : 패스에 최대한 가까이 접근할 수 있도록 설정합니다.

일러스트레이터에서는 프로그램 상에서 미리 만들어 놓은 여러 종류의 브러시가 있어 별도로 브러시를 등록하지 않고도 오브젝트에 브러시 적용이 가능합니다. 이 브러시를 이용하여 이미지 작업을 하거나 브러시를 변형하여 사용할 수 있습니다. 브러시 라이브러리는 [Brushes] 패널의 드롭다운(▼≣) 버튼을 클릭하면 나타나는 메뉴의 [Open Brush Library]에서 선택할 수 있습니다.

· **[Arrows] 라이브러리** : 다양한 모양의 화살표가 있습니다.

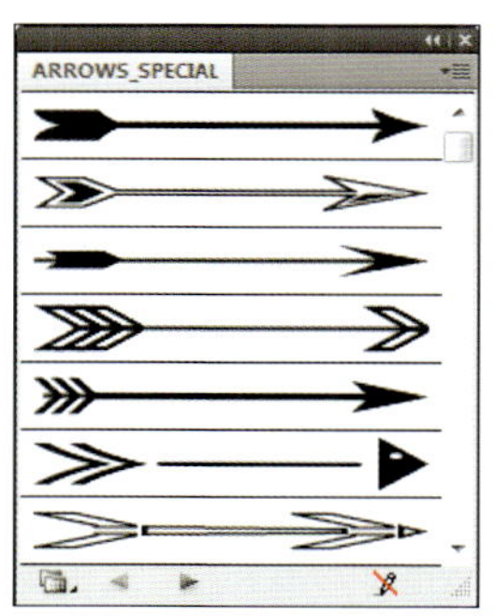

▲ Arrows_Special

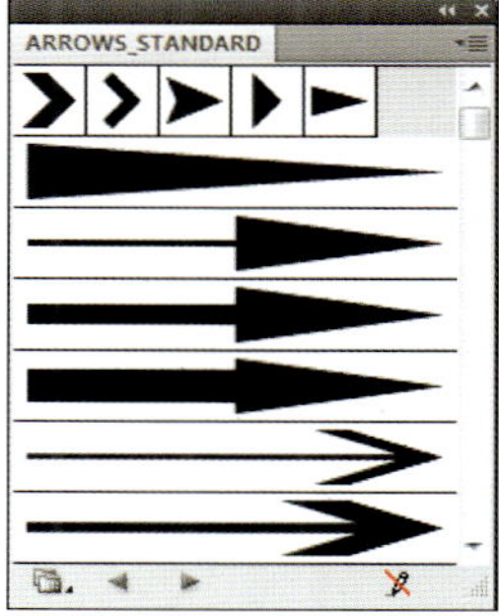

▲ Arrows_Standard

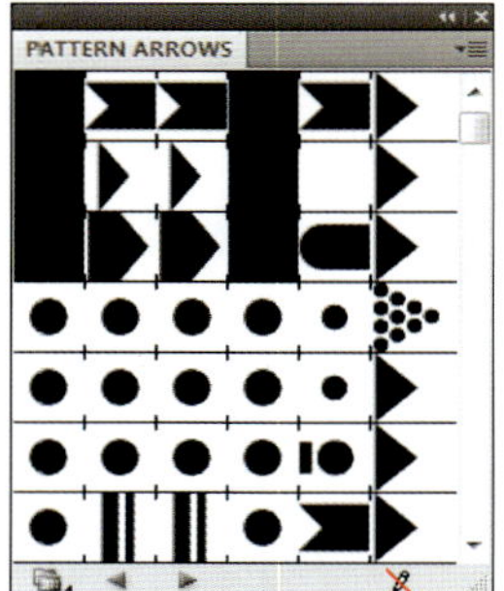

▲ Pattern Arrows

· **[Artistic] 라이브러리** : 캘리그래피, 페인트 브러시, 잉크 브러시, 수채화에 대한 다양한 브러시 형태
  가 있습니다.

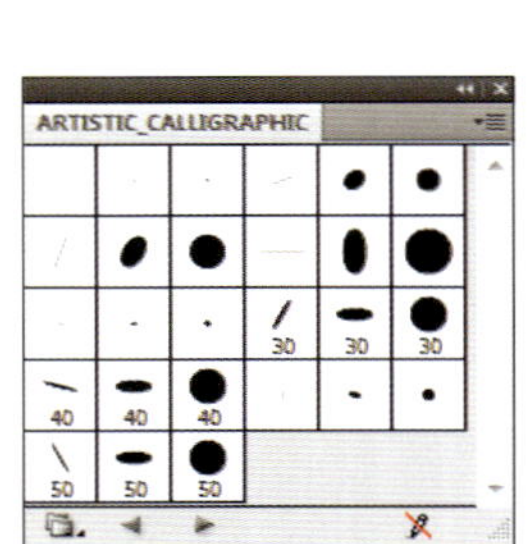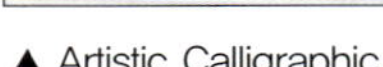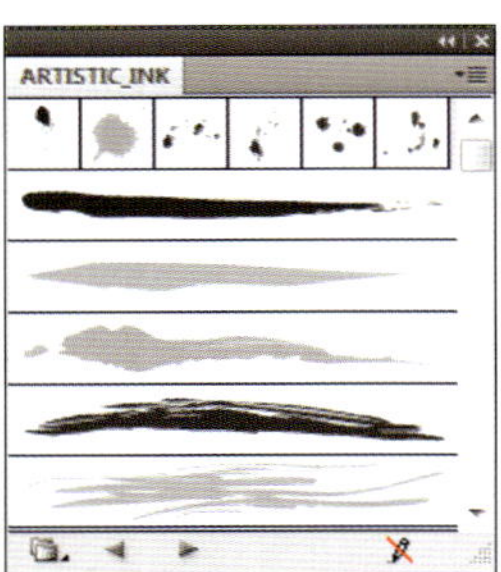

▲ Artistic_Calligraphic   ▲ Artistic_ChalkCharcoalPencil   ▲ Artistic_Ink

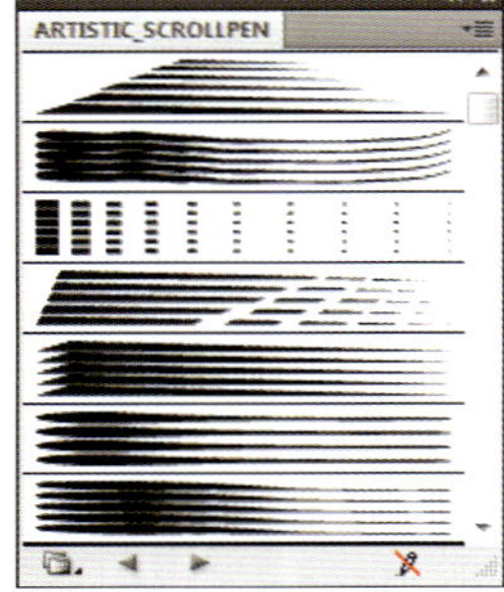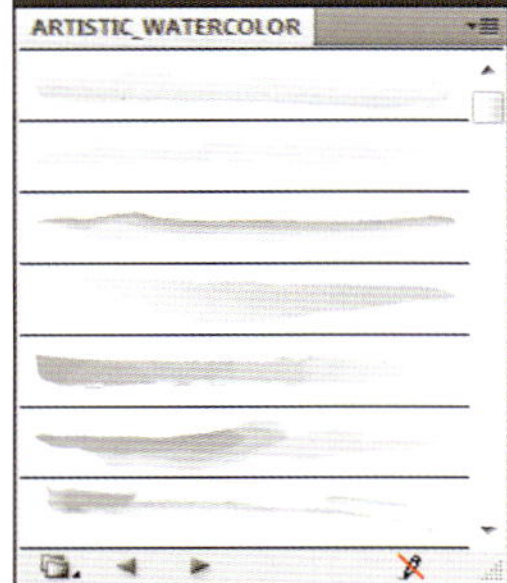

▲ Artistic_Paintbrush   ▲ Artistic_ScrollPen   ▲ Artistic_Watercolor

· **[Borders] 라이브러리** : 주로 패턴의 형태로 되어 있으며 테두리에 대한 브러시 모양을 설정합니다.

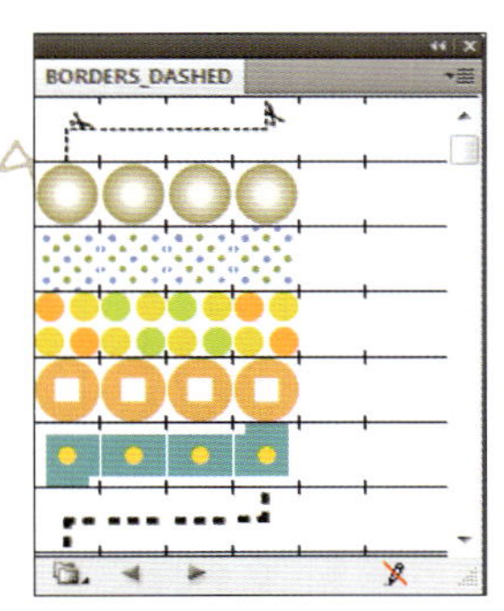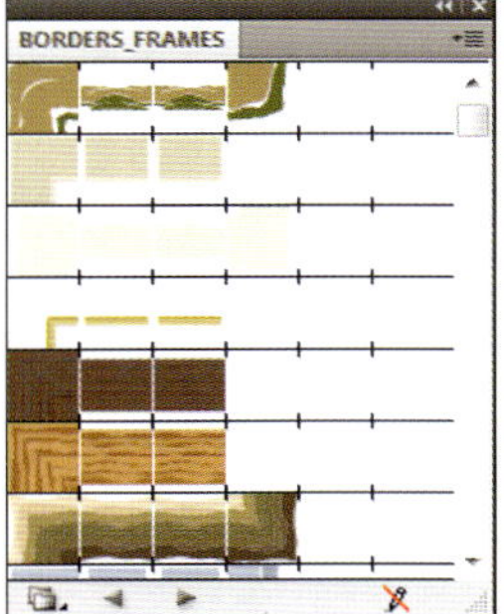

▲ Borders_Dashed   ▲ Borders_Decorative   ▲ Borders_Frames

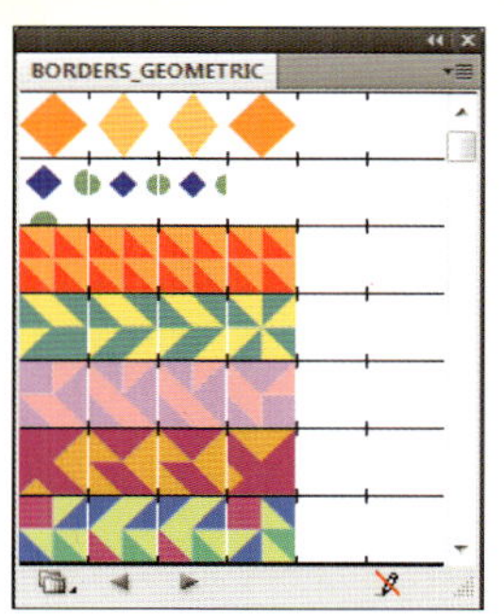 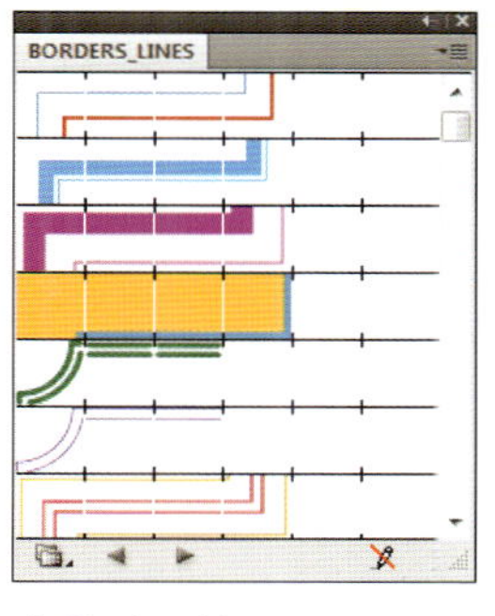 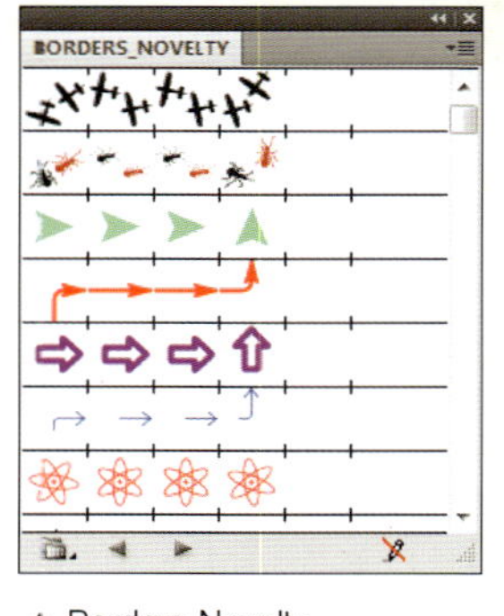 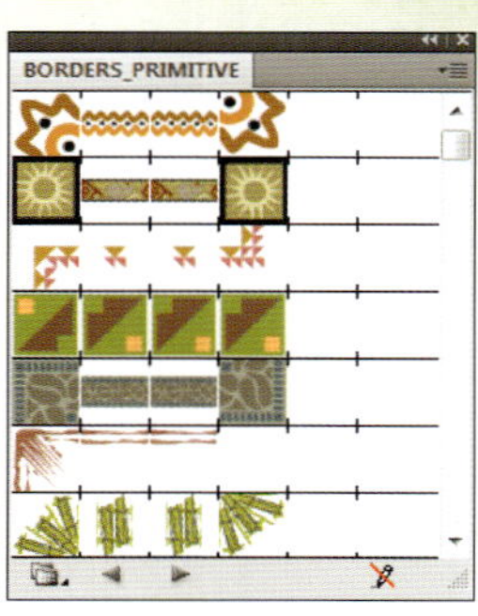

▲ Borders_Geometric　　▲ Borders_Lines　　▲ Borders_Novelty　　▲ Borders_Primitive

· [Decorative] 라이브러리 : 배너와, 도형, 문양, 구름무늬 등으로 브러시 모양을 설정합니다.

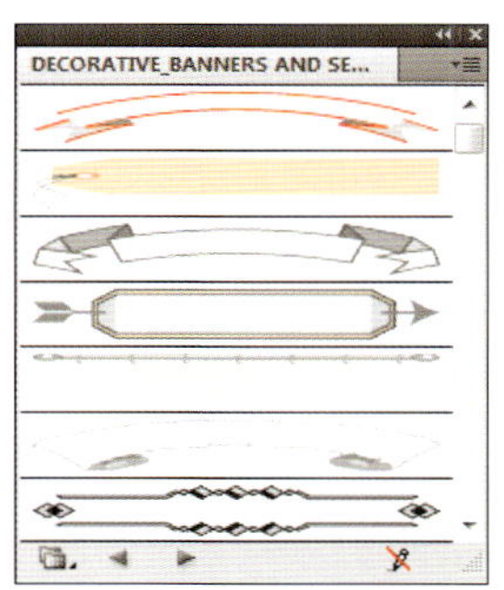  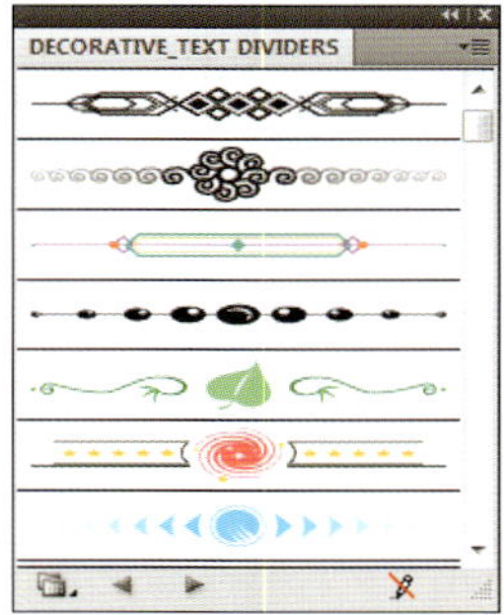 

▲ Decorative_Banners and Seals　　▲ Decorative_Scatter　　▲ Decorative_Text Dividers　　▲ Elegant Curl Floral Brush Set

· [Vector Packs] 라이브러리 : 허름한 모양과 손으로 그린 붓 터치 모양을 설정합니다.

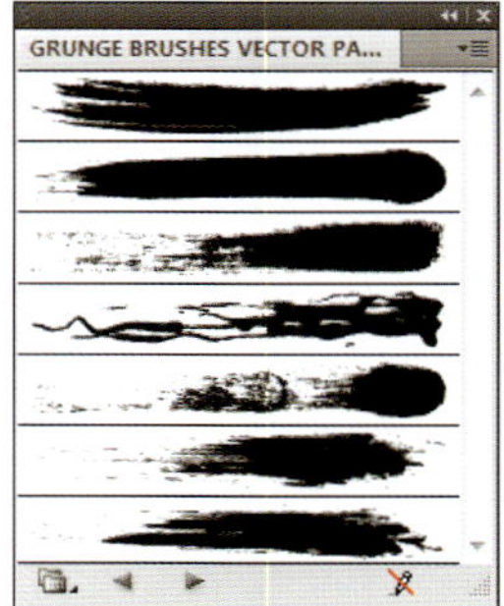 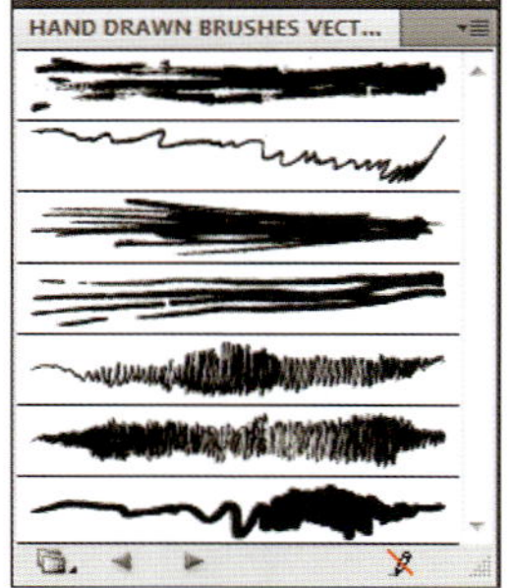

▲ Grunge brushes vector pack　　▲ Hand Drawn brushes vector pack

· [Wacom 6D Brushes] 라이브러리 : 다양한 형태와 모양의 캘리그래피 모양으로 설정합니다.

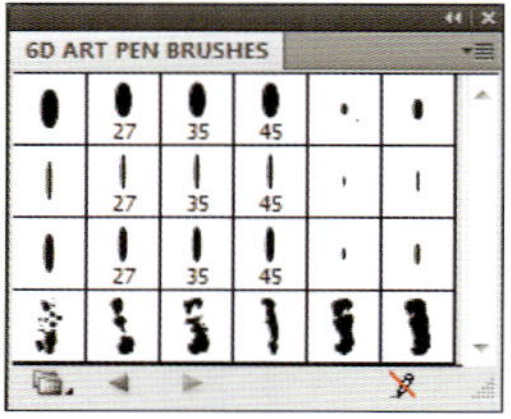

▲ 6D Art Pen Brushes

아름다운 문자 디자인을 위한 타이포그래피

타이포그래피는 글자를 이용하여 디자인 이미지를 만드는 것으로 글자가 디자인의 부분적인 요소가 되는 것입니다. 일러스트레이터에서는 툴 패널의 문자 툴을 이용하여 이미지에 글자를 직접 입력할 수 있으며 입력된 글자를 여러 가지 모양과 형태로 꾸며줄 수 있습니다. 이번 Part를 통해 문자 디자인을 위한 일러스트레이터의 기능을 살펴보도록 하겠습니다.

- Lesson 01　문자 툴로 가로 문자 입력하고 편집하기
- Lesson 02　다양한 방법으로 둔자 입력하기
- Lesson 03　문자를 변형하여 ㄷ 자인하기
- Lesson 04　아웃라인으로 문자를 그림으로 만들기

문자 툴로 가로 문자 입력하고 편집하기

일러스트레이터에서는 툴 패널의 문자 툴을 이용하여 문자를 입력할 수 있습니다. 문자 툴로 문자를 입력하는 방법은 크게 도큐먼트를 클릭하여 문자를 입력하는 방법과 문자 툴을 드래그하여 글 상자를 만든 다음 글 상자에 맞춰 문자를 입력하는 방법이 있습니다.

15분 완성
파일 분석하기

❶ [Character] 패널로 문자 조절하기 : 229 page

예제 파일 : Sample\Part04\편지지.ai
완성 파일 : Sample\Part04\편지지완성.ai

01 [File]-[Open] 메뉴를 선택하여 'Sample\Part04\편지지.ai' 파일을 불러옵니다. 툴 패널에서 돋보기 툴(🔍)을 이용하여 화면을 확대한 다음 문자 툴(T)을 선택합니다. 문자 툴(T)로 글자가 입력될 위치를 클릭하면 문자 입력 상태로 바뀌면서 커서가 깜빡이게 됩니다.

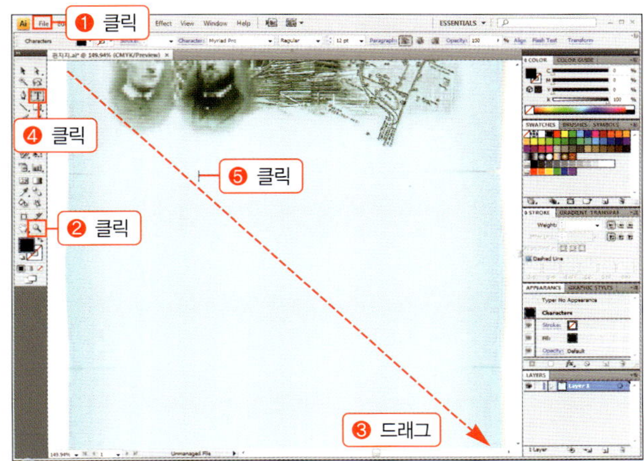

02 커서가 깜빡이면 'antiquarian' 이라고 입력합니다. 그리고 Enter 를 눌러 줄을 바꾼 뒤 'BOOK FAIR' 라고 입력합니다.

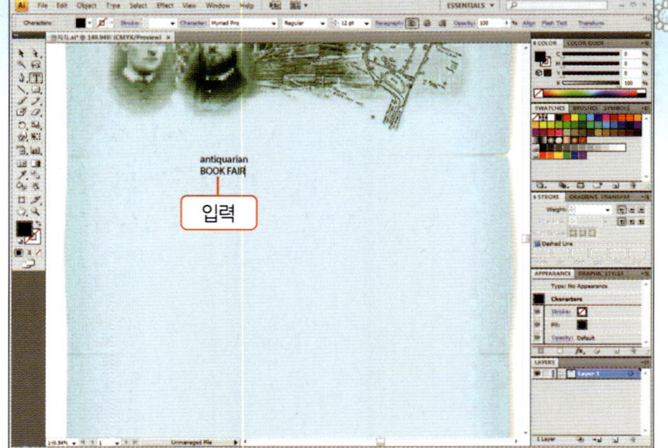

주목 | 문자를 입력할 때 대문자나 소문자로 전환하려면 키보드에서 Tab 을 누르면 됩니다.

03 툴 패널에서 선택 툴(▶)을 선택하면 문자 입력이 종료되면서 문자 선택 상태로 바뀌게 됩니다.

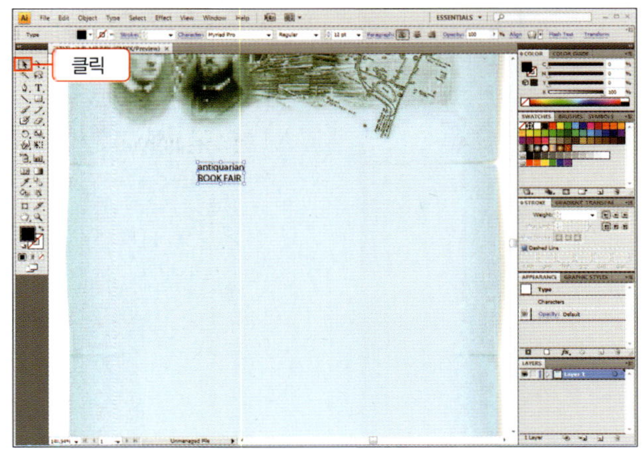

04 [Window]-[Type]-[Character] 메뉴를 선택하여 [Character] 패널을 꺼냅니다. 입력된 글자가 선택된 상태에서 [Character] 패널의 글자 크기를 '60pt' 로 선택하여 글자의 크기를 조절합니다.

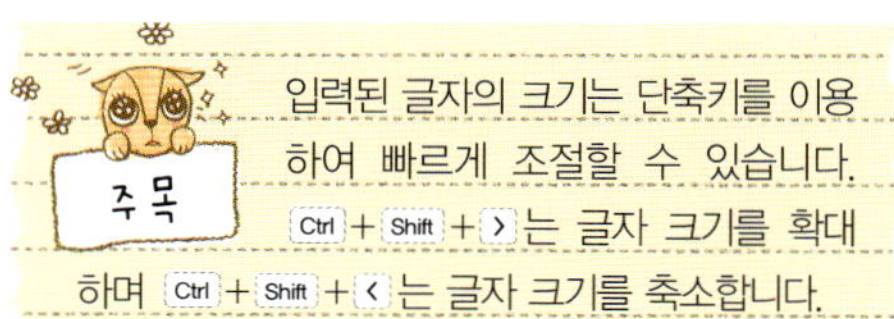
주목 | 입력된 글자의 크기는 단축키를 이용하여 빠르게 조절할 수 있습니다. Ctrl + Shift + > 는 글자 크기를 확대하며 Ctrl + Shift + < 는 글자 크기를 축소합니다.

05 이번에는 글꼴을 클릭한 후 메뉴가 나타나면 'Times New Roman'을 선택하여 글꼴을 바꿔줍니다.

글꼴이 없을 경우 다른 글꼴을 선택해도 됩니다.

주목

06 [Character] 패널에서 행간을 조절하는 [Set the leading]의 값을 '60'으로 입력하여 행과 행 사이의 간격을 좁게 조절합니다.

07 입력된 글자를 정렬하기 위해서 [Window]-[Type]-[Paragraph] 메뉴를 선택하여 [Paragraph] 패널을 불러옵니다. 옵션에서 [Align center]를 클릭하여 가운데로 정렬하고 선택 툴(   )로 정렬된 글자를 가운데에 위치시킵니다.

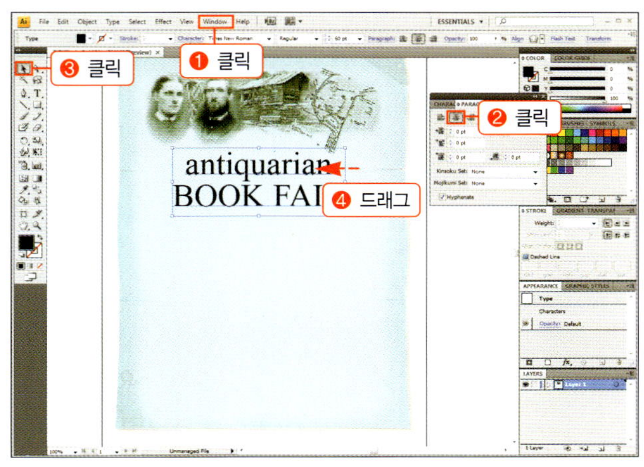

08 다시 [Character] 패널을 꺼냅니다. 글자의 크기 항목에서 글자 크기를 '18pt'로 설정하고 드래그하여 글 상자를 만들어줍니다. 글 상자에 글을 입력할 때 Enter 를 누르지 말고 계속해서 입력하도록 합니다.

> **주목** 빠르게 [Character] 패널을 불러오려면 키보드에서 단축키 Ctrl + T 를 눌러도 됩니다.

09 입력된 글자의 행간을 [Character] 패널에서 [Set the leading]의 값을 'Auto'로 설정하여 조절합니다. 입력된 글 상자의 왼쪽과 오른쪽 조절점을 좌우로 늘려 그림처럼 조절하여 입력된 글이 두 줄이 되도록 만들어줍니다.

> **주목** 글 상자에서 불필요한 아래쪽의 바운딩 박스를 위쪽으로 올려 주면 다른 글을 입력할 때 겹치지 않아 작업이 수월하게 됩니다.

10 글 상자를 조절하기 위해서 툴 패널에서 직접 선택 툴( )을 선택합니다. 글이 입력된 글 상자의 왼쪽 위에 있는 기준점을 클릭합니다.

11 클릭하여 선택된 기준점을 오른쪽으로 드래그하여 아래에 있는 기준점도 클릭하고 글 상자의 모양을 그림처럼 바꿔줍니다.

12 선택을 해제하고 다시 툴 패널에서 문자 툴(T)을 선택한 다음 'BOOK FAIR'를 드래그하여 블록으로 설정합니다.

13 [Swatches] 패널에서 'CMYK Red'를 선택하여 블록으로 설정된 글자의 색상을 빨간색으로 바꿔 이미지를 완성합니다.

입력된 문자의 속성을 설정하는 [Character] 패널

문자 툴은 문자를 입력하여 원하는 내용을 표현해줄 수 있는 툴입니다. 입력된 문자는 글꼴, 크기, 모양, 자간, 행간 등의 문자 속성을 조절한 뒤 광고 디자인, 웹 디자인, 로고, 타이포그래피 등에 사용됩니다. 여기에서는 [Character] 패널의 기능에 대해 알아보도록 하겠습니다.

SKill up 01 [Character] 패널로 문자 조절하기

글꼴이나 글자의 크기, 자간, 행간 등과 같은 글자의 속성은 [Character] 패널을 통해서 조절할 수 있습니다. [Character] 패널은 [Window]–[Type]–[Character] 메뉴를 클릭하거나 Ctrl + T 를 눌러 불러올 수 있으며 옵션 바에서도 설정할 수 있습니다.

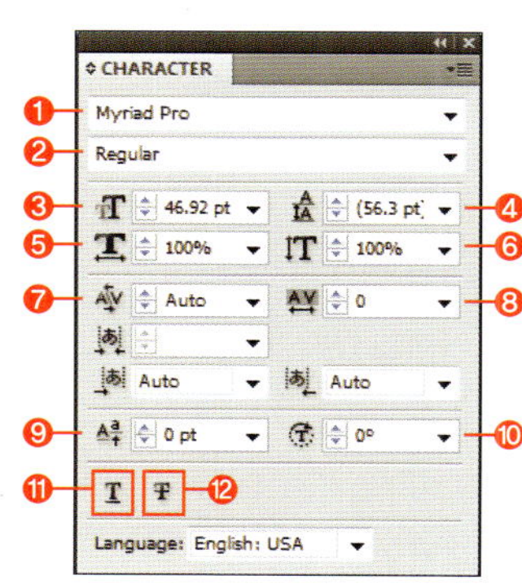

❶ **Set the font family** : 서체, 폰트를 말하며 시스템에 설치되어 있는 글꼴을 선택합니다. [Character] 패널에 현재 설치된 글꼴 이외에 다른 글꼴을 사용하려면 별도로 추가 설치해야 합니다.

❷ **Set the font style** : 선택된 글꼴에서 변형된 글꼴을 선택할 수 있습니다. Regular(보통), Italic(기울기), Bold(굵기), Bold Italic(굵은 기울기)의 4가지 변형 타입이 제공됩니다. 주로 영문 글꼴에서 지원되며 한글 글꼴에는 일반적으로 지원이 되지 않습니다.

❸ **Set the font size** : 글자 크기를 조절합니다. 수치를 입력하거나 미리 입력된 크기를 선택할 수 있습니다.

❹ **Set the leacing** : 글줄이 있는 경우 위 문장과 아래 문장 사이의 공간을 조절합니다. 일반적으로는 글자의 크기에 영향을 받는 'Auto'로 선택되어 있습니다.

▲ 글자 25pt, 행간 30pt    ▲ 글자 25pt, 행간 12pt    ▲ 글자 25pt, 행간 40pt

❺ Horizontal Scale : 글자의 가로 폭을 조절합니다. 수치 값이 높을수록 가로로 길어지게 됩니다.

❻ Vertical Scale : 글자의 세로 폭을 조절합니다. 수치 값이 높을수록 세로로 길어지게 됩니다.

❼ Set the Kerning between two characters : 낱개의 글자 사이 간격을 조절할 때 사용합니다. 글자의 모양에 따라 각 글자 사이의 공간을 조절할 경우에 사용하며 조절하려는 두 글자 사이에 커서를 위치한 뒤 조절합니다.

❽ Set the tracking for the selected characters : 글자 사이의 간격을 조절할 경우에 사용합니다. '-' 자간을 사용하면 글자 간격이 붙어 보이고, '+' 자간을 사용하면 글자 사이의 간격이 넓어져 보이게 됩니다.

▲ -100인 경우   ▲ 50인 경우

❾ Set the baseline shift : 문자의 위치를 결정하는 기준선을 위나 아래로 이동합니다. '-'일 경우에는 기준선보다 아래쪽에 위치하고, '+'일 경우에는 기준선보다 위쪽에 위치하게 됩니다.

❿ Character Rotation : 각도에 따라 글자를 회전합니다.

⓫ Underline : 문자의 하단에 밑줄을 만들어줍니다.

⓬ Strikethrough : 문자의 중앙을 통과하는 선을 만들어줍니다.

입력된 문자를 옵션 바로 조절하기

입력된 문자를 선택 툴로 선택하면 옵션 바의 옵션을 통해 문자를 변형시킬 수 있습니다.

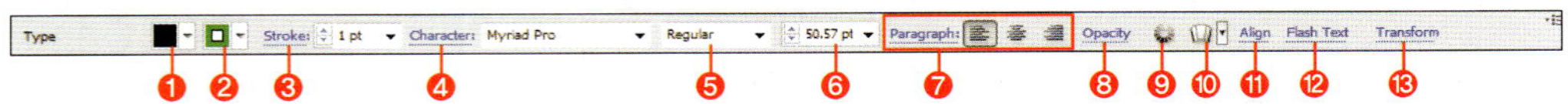

❶ 면 색 : 오브젝트의 면 색상을 선택합니다.

❷ 선 색 : 오브젝트의 선 색상을 선택합니다.

❸ Stroke : 오브젝트에 적용된 선의 두께를 조절합니다.

❹ Character : 문자 오브젝트의 글꼴을 설정합니다.

❺ Font Style : 문자 오브젝트에 적용된 글꼴에 따른 스타일을 선택합니다.

❻ Font Size : 문자 오브젝트에 적용된 글자의 크기를 조절합니다.

❼ Paragraph : 입력된 글자를 정렬합니다.

❽ Opacity : 선택된 글자 오브젝트의 불투명도를 조절합니다.

❾ Recolor Artwork : [Recolor Artwork] 대화상자를 통해서 색상을 설정합니다.

❿ Make Envelope : [Warp Options] 대화상자를 통해 글자의 모양을 변형시켜 줍니다.

⓫ Align : 오브젝트를 정렬합니다.

⓬ Flash Text : 글자를 플래시에 사용될 수 있도록 설정해 줍니다.

⓭ Transform : 글자의 위치와 크기를 [Transform] 대화상자를 통해 설정합니다.

다양한 방법으로 문자 입력하기

일러스트레이터에서는 여러 가지 방법으로 문자를 입력할 수 있습니다. 앞의 Lesson에서처럼 단순하게 글자를 입력하고 수정할 수도 있지만 오브젝트나 패스를 따라 흐르게 문자를 입력할 수 있습니다. 예제를 통해 다양한 문자 입력 방법을 살펴보겠습니다.

15분 완성 파일 분석하기

❶ [Paragraph] 패널로 문자 조절하기 : 236 page

◎ 예제 파일 : Sample\Part04\하트.ai, 영문.txt
완성 파일 : Sample\Part04\하트완성.ai

01
[File]-[Open] 메뉴를 선택하고 'Sample\Part04\하트.ai' 파일을 불러옵니다. 툴 패널에서 선택 툴(▶)을 선택한 뒤 크게 그려져 있는 빨간색 하트를 선택합니다. 툴 패널에서 문자 툴(T)을 클릭하면 나타나는 하위 메뉴에서 영역 문자 툴(T)을 선택합니다.

02 영역 문자 툴(T)을 빨간색 하트의 외곽 부분에 클릭하면 오브젝트가 글 상자로 변경되면서 문자를 입력할 수 있는 상태로 만들어집니다.

03 'Sample\Part04\영문.txt' 파일을 메모장에서 열어 줍니다. 미리 입력된 문장을 드래그하여 전체 선택한 다음 Ctrl + C 를 선택하여 복사합니다.

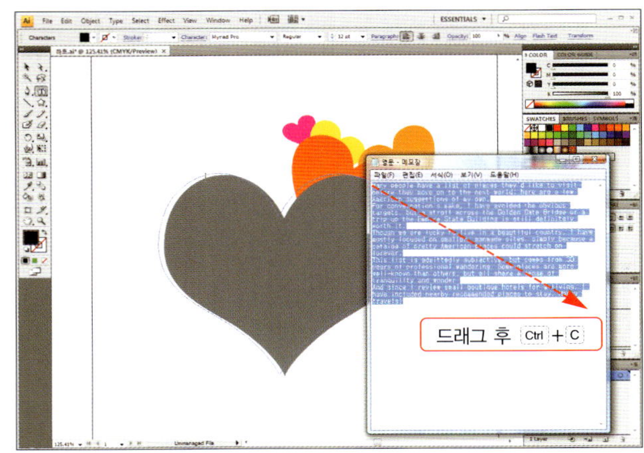

04 선택된 하트 모양에 복사한 글자를 입력하기 위해서 Ctrl + V 를 눌러 복사한 글자를 붙여 넣습니다. 글자가 하트 모양으로 입력됩니다.

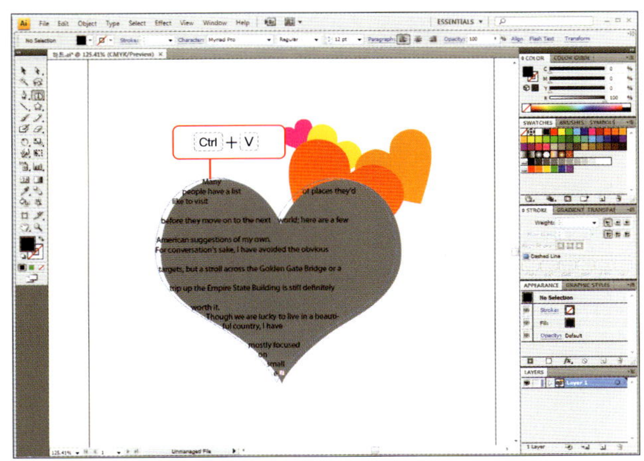

05 하트 모양대로 글자를 채우기 위해 빈 공간이 보이는 부분의 글자 뒤에 커서를 위치하고 Delete 를 눌러 빈 공간을 삭제하여 글자의 간격을 조절해줍니다.

06 상단의 옵션 바에서 글자의 크기를 '12.7'로 입력하여 글자를 키워줍니다. 글자가 커지면서 글자와 글자 사이에 여백이 생기게 됩니다. 앞에서와 같은 방법으로 빈 공간은 Delete 를 눌러 삭제합니다.

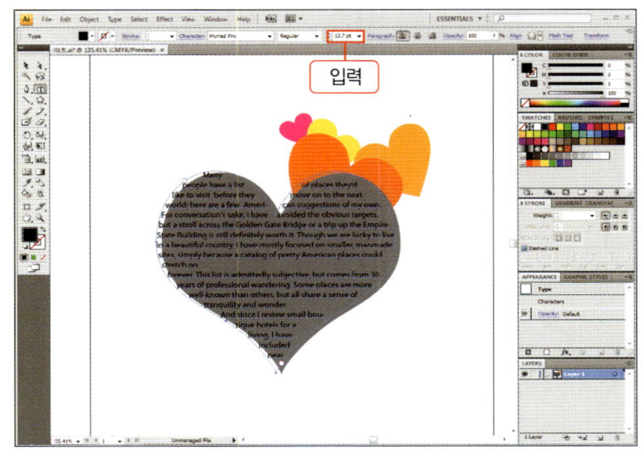

07 툴 패널에서 선택 툴(▶)을 선택한 다음 모양으로 입력된 글자를 선택하여 위치를 조절한 후 [Swatches] 패널에서 'White'를 선택하여 흰색으로 만들어줍니다.

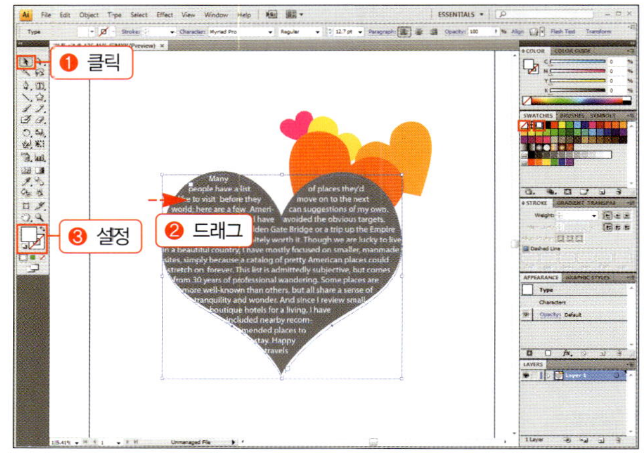

08 선택을 해제하고 선택 툴(▶)로 다시 뒤에 있는 회색 하트를 선택합니다. 하트가 선택되었으면 [Swatches] 패널에서 'CMYK Red'를 선택합니다.

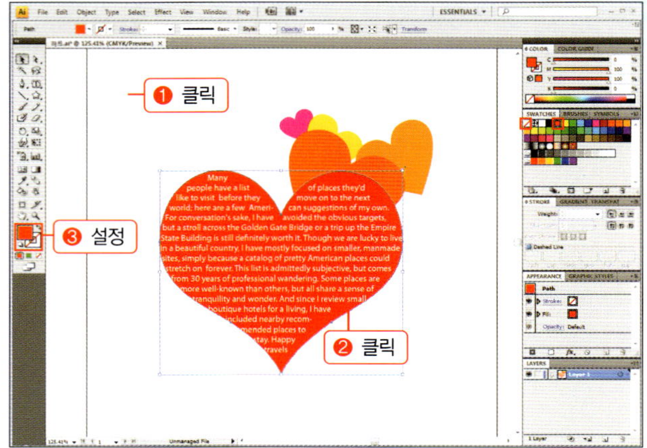

09 선택 툴(▶)을 이용하여 오브젝트의 선택을 해제합니다. 툴 패널에서 펜 툴(✒)을 선택한 다음 면 색은 '없음', 선 색은 '빨강'을 선택하고 그림과 같이 첫 번째 지점에서 클릭합니다.

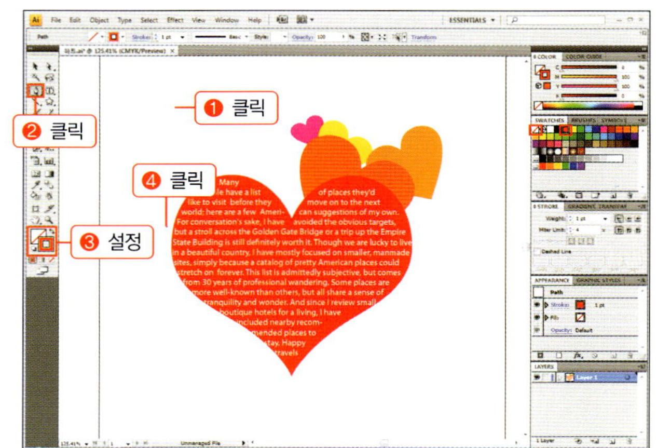

10 두 번째 지점을 클릭한 뒤 드래그하여 곡선을 그려줍니다. 계속해서 글자가 입력될 패스를 클릭, 드래그하여 그려줍니다. 선택 툴(▶)을 이용하여 선택을 해제한 다음 툴 패널에서 문자 툴(T)을 클릭하면 나타나는 하위 메뉴의 패스 문자 툴(✐)을 선택합니다.

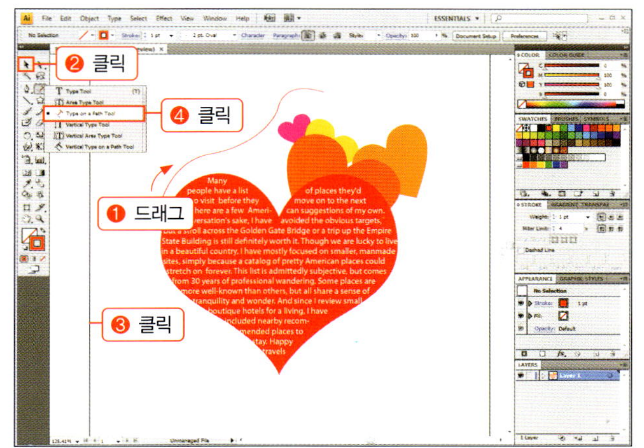

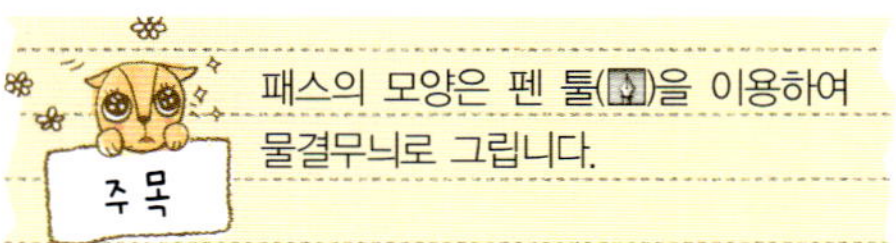
주목

패스의 모양은 펜 툴(✒)을 이용하여 물결무늬로 그립니다.

11 패스 문자 툴(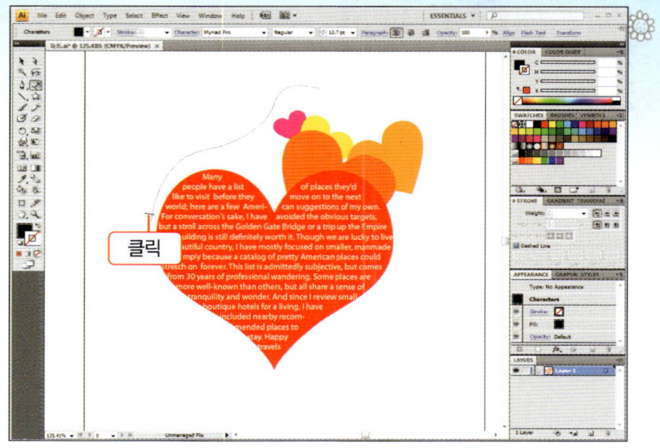)을 그려진 곡선 위에서 클릭하면 문자 입력 상태로 전환됩니다.

12 글자를 입력하면 그림과 같이 그려진 곡선 패스의 외곽선을 따라 문자가 입력되는 것을 볼 수 있습니다.

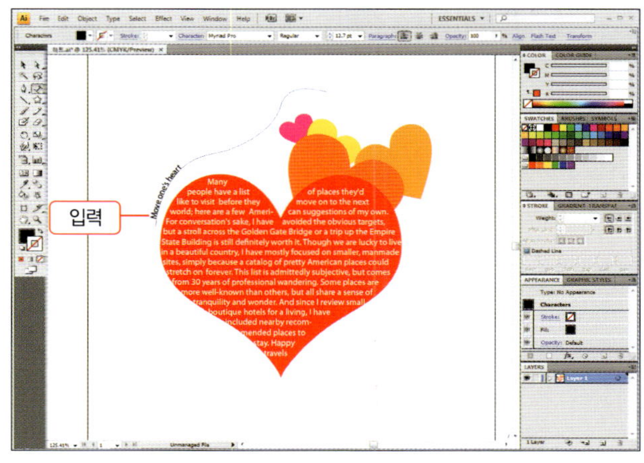

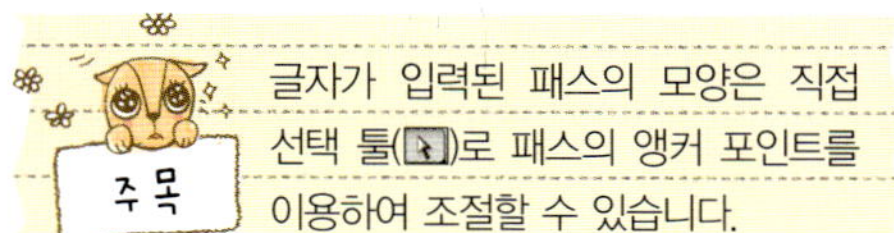

주목

글자가 입력된 패스의 모양은 직접 선택 툴로 패스의 앵커 포인트를 이용하여 조절할 수 있습니다.

13 툴 패널에서 선택 툴을 선택한 후 글자를 선택한 상태에서 [Swatches] 패널에서 'CMYK Red'를 선택하여 빨간색으로 만듭니다. 옵션 바에서 글자의 크기를 '48pt'로 설정하여 패스를 따라 흐르는 문자를 완성합니다.

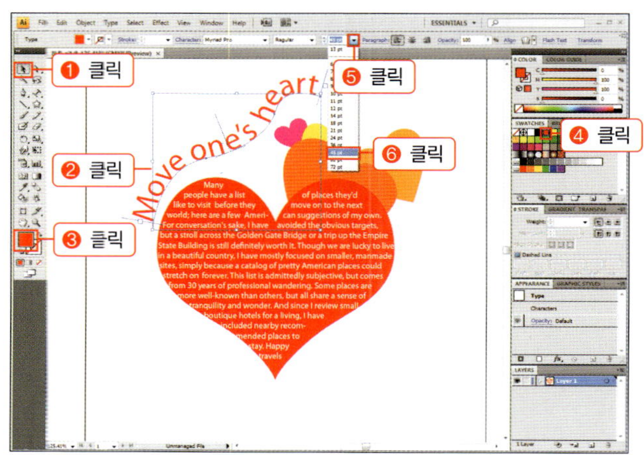

주목

입력된 글자의 세부적인 속성 조절은 [Character] 패널을 이용하여 조절할 수 있습니다.

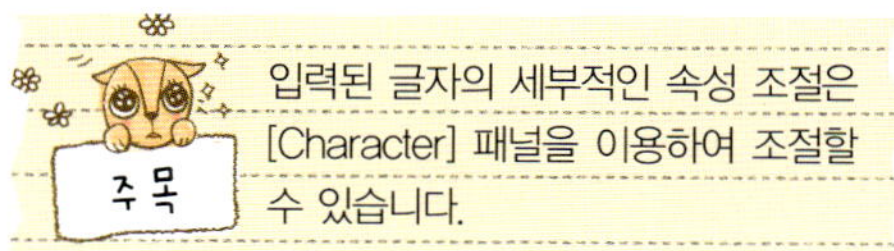

세로 문자의 입력과 [Paragraph] 패널을 이용하여 문장 정렬하기

[Paragraph] 패널의 왼쪽 정렬, 오른쪽 정렬, 가운데 정렬, 양끝 맞춤과 들여쓰기의 기능을 이용하여 입력된 문장을 가독성 있게 정렬할 수 있습니다. 세로 방향 문자 툴은 한자나 한글을 세로로 입력할 수 있습니다.

Skill up 01 [Paragraph] 패널로 문자 조절하기

문장의 앞과 뒤에 방향을 맞춰 문장을 정렬하는 패널로 [Character] 패널에서 오른쪽에 있는 [Paragraph] 패널 탭을 클릭하면 나타납니다.

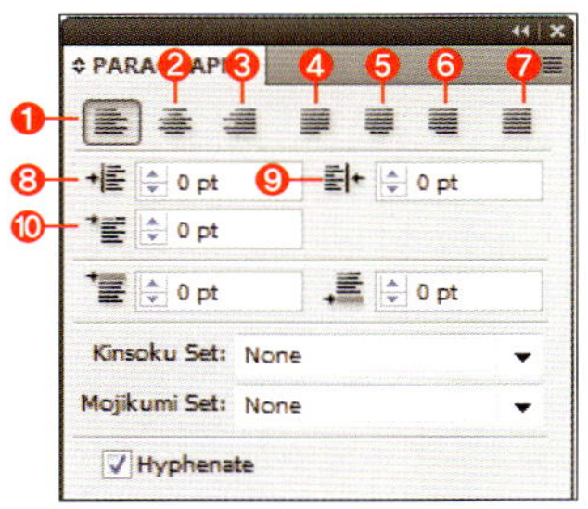

❶ **Align Left(왼쪽 정렬)** : 입력된 문단이 왼쪽으로 정렬됩니다.

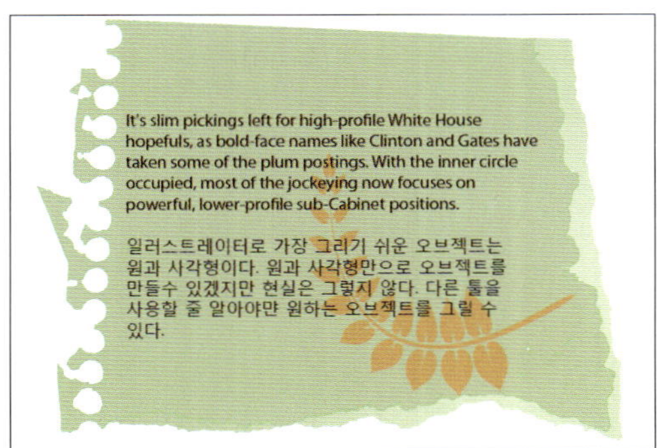

❷ **Align Center(가운데 정렬)** : 입력된 문단이 가운데로 정렬됩니다.

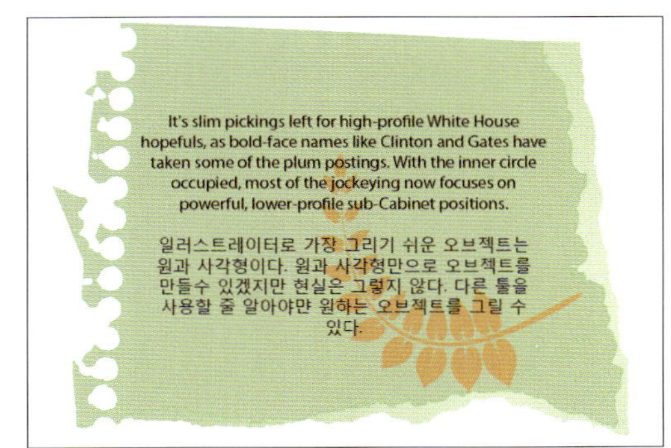

❸ Align Right(오른쪽 정렬) : 입력된 문단이 오른쪽으로 정렬됩니다.

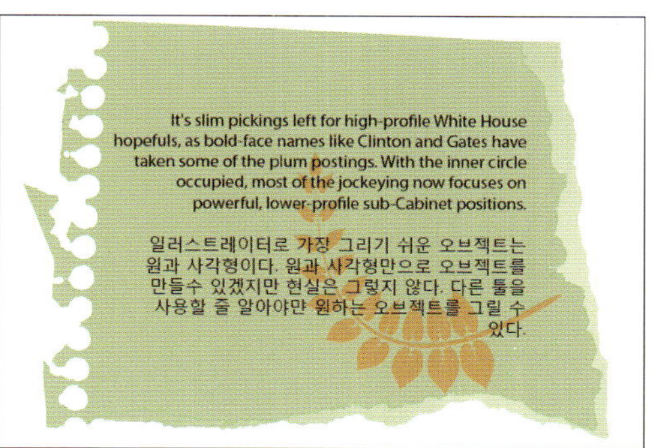

❹ Justify with last line aligned left(양끝 왼쪽 정렬) : 글 상자를 통해 문단이 입력될 경우 글 상자의 좌우 끝 선에 맞게 양쪽 정렬되면서 문단의 마지막 줄이 왼쪽 정렬됩니다.

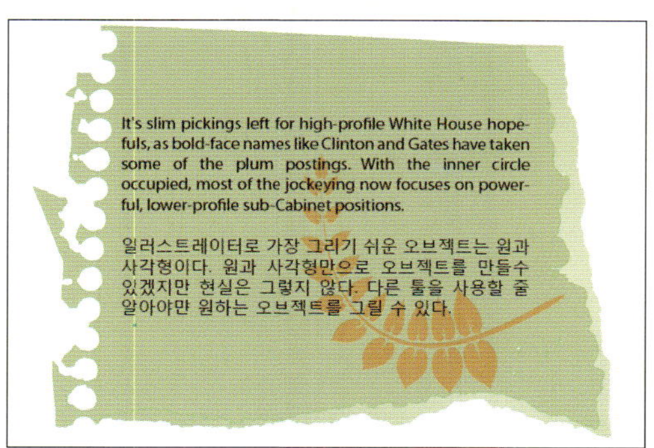

❺ Justify with last line aligned center(양끝 가운데 정렬) : 글 상자를 통해 문단이 입력될 경우 글 상자의 좌우 끝 선에 맞게 양쪽 정렬되면서 문단의 마지막 줄이 가운데 정렬됩니다.

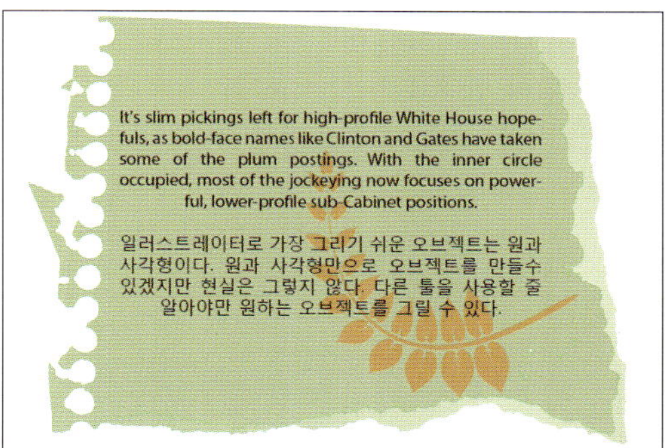

❻ Justify with last line aligned right(양끝 오른쪽 정렬) : 글 상자를 통해 문단이 입력될 경우 글 상자의 좌우 끝 선에 맞게 양쪽 정렬되면서 문단의 마지막 줄이 오른쪽 정렬됩니다.

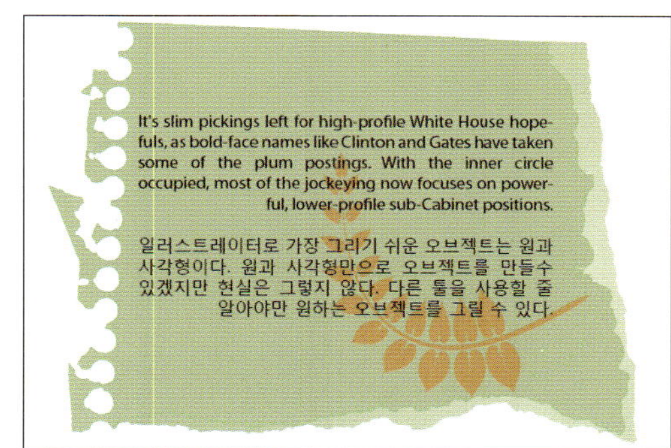

❼ Justify all lines(강제 정렬) : 글 상자로 입력된 문단을 양쪽으로 강제 정렬시켜 자간이 불규칙하게 됩니다.

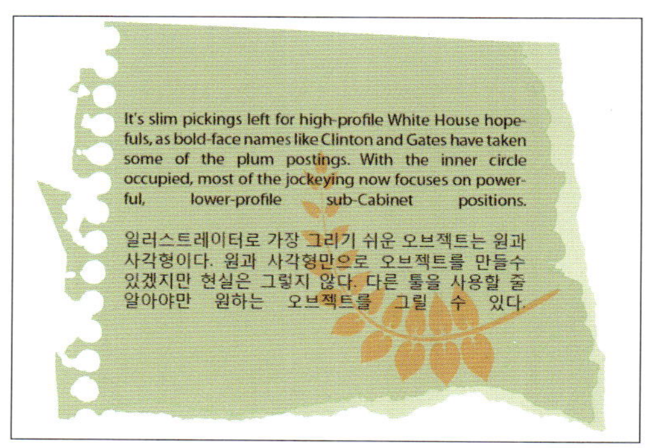

❽ Left indent(왼쪽 여백 설정) : 글 상자가 선택된 상태에서 [Left indent]에 수치를 입력하면 입력한 수치만큼 글 상자의 외곽으로부터 왼쪽 여백이 설정됩니다.

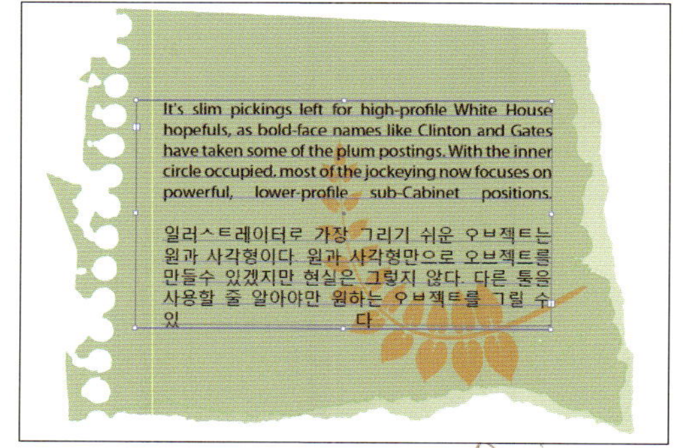

❾ Right indent(오른쪽 여백 설정) : 글 상자가 선택된 상태에서 [Right indent]에 수치를 입력하면 입력한 수치만큼 글 상자의 외곽으로부터 오른쪽으로 여백이 설정됩니다.

❿ First line left indent(첫 문단 들여쓰기) : 글 상자에서 문단이 나누어질 때 첫 문단의 여백을 입력한 수치만큼으로 설정합니다.

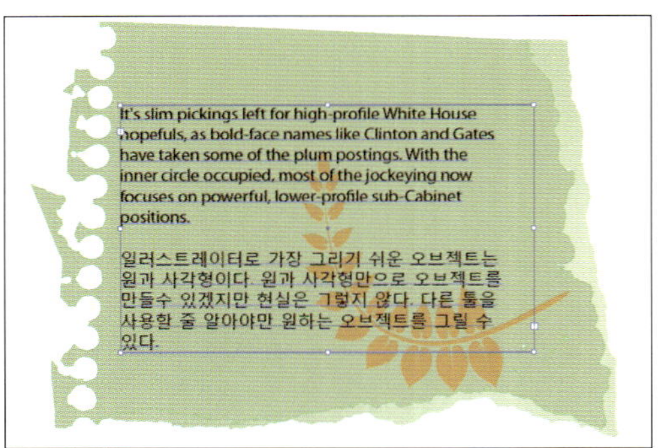

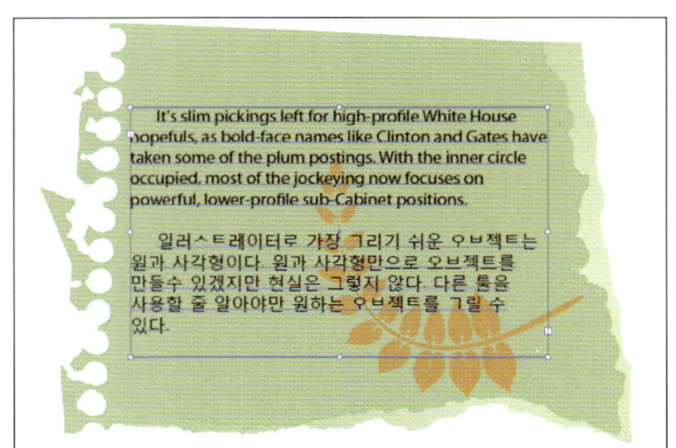

SKill up 02 세로 방향으로 문자 입력하기

세로 방향 문자 툴(T)을 이용하면 가로로만 입력되던 글자를 세로로 입력할 수 있습니다. 세로 글자 입력은 우리나라, 일본, 중국과 같은 언어 문화권에서의 글자 입력 방식이며 가로 글자 입력과 같은 방법으로 입력할 수 있습니다. 세로 영역 문자 툴(T)을 이용하면 영역 문자 툴(T)처럼 이미 만들어진 오브젝트를 글 상자로 사용하여 글자를 입력할 수 있습니다. 글을 입력할 오브젝트를 선택하고 세로 영역 문자 툴(T)을 선택하고 클릭하면 오브젝트의 영역 안에 세로 방향의 글자를 입력할 수 있습니다.

▲ 세로 방향 문자 입력

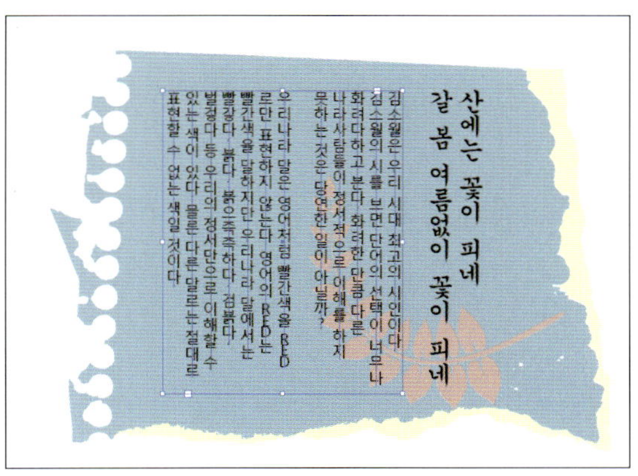

▲ 세로 영역 문자 입력

문자를 변형하여 디자인하기

앞의 Lesson을 응용하여 다양한 방법으로 문자를 입력해봅니다. 오브젝트 모양에 따라 입력하는 방법과 입력한 텍스트의 모양을 수정하는 방법에 대해 알아봅니다. 다양한 방법으로 문자를 만들면 멋진 타이포그래피를 디자인할 수 있습니다.

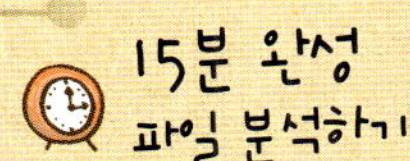

15분 완성
파일 분석하기

❶ [Warp Options] 대화상자로 문자 변형하기 : 246 page

예제 파일 : Sample\Part04\크리스마스트리배경.ai, 크리스마스트리.ai, 영문2.txt
완성 파일 : Sample\Part04\크리스마스트리배경완성.ai

01

[File]-[Open] 메뉴를 선택하고 'Sample\Part04\크리스마스트리배경.ai' 파일과 'Sample\Part04\크리스마스트리.ai' 파일을 불러옵니다. 두 개의 파일 중에서 '크리스마스트리.ai' 파일을 선택합니다. 툴 패널에서 펜 툴(✒)을 선택하고 [Swatches] 패널에서 면 색은 '없음', 선 색은 'CMYK Red'를 선택합니다.

주목 두 개 이상의 파일을 불러오면 제목 부분에 자동으로 탭이 만들어집니다.

02 키보드의 [Ctrl] + [Space Bar] 를 눌러 돋보기 툴(🔍)로 잠시 전환하여 '크리스마스트리' 오브젝트를 확대합니다. 펜 툴(✏)을 이용하여 크리스마스트리의 외곽을 만들어줍니다. 이때 트리와 만들어지는 패스에 약간의 여백을 만들어서 그려줍니다.

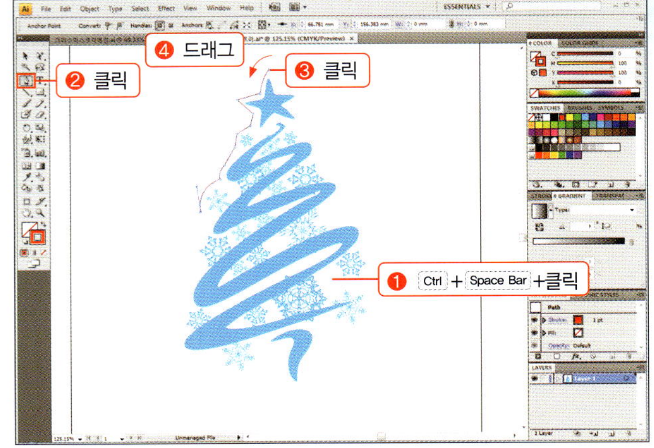

03 패스의 시작점에 끝점을 위치하면 마우스 포인터에 'O' 표시가 나타나게 됩니다. 'O' 표시에서 마우스를 클릭하여 닫힌 패스를 만들어줍니다.

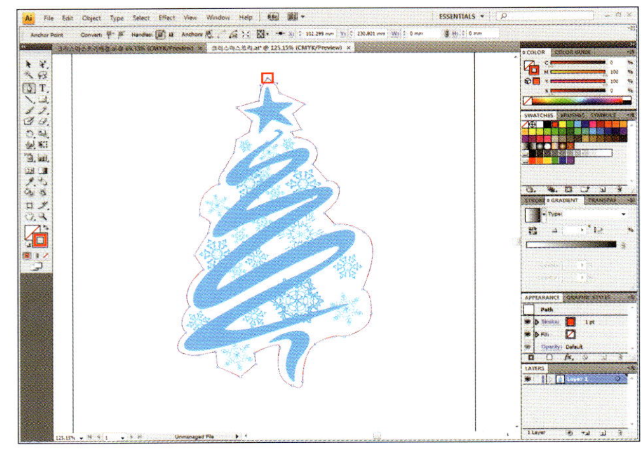

04 툴 패널에서 선택 툴(▶)을 선택하고 오브젝트를 전체 드래그하여 선택한 후 [Edit]-[Copy] 메뉴를 선택합니다.

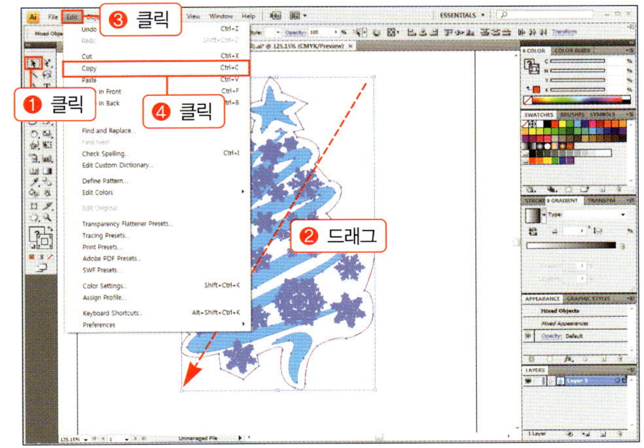

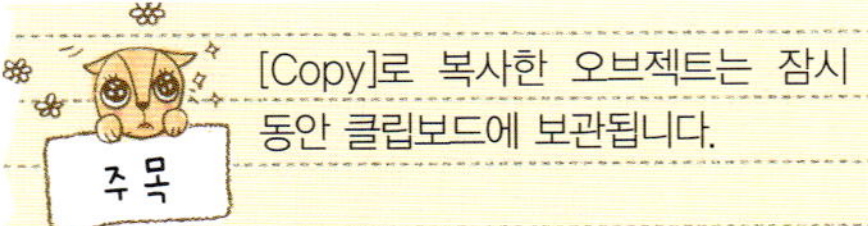
[Copy]로 복사한 오브젝트는 잠시 동안 클립보드에 보관됩니다.

주목

05 작업한 오브젝트가 복사되었으면 제목 탭에서 '크리스마스배경.ai'을 클릭합니다.

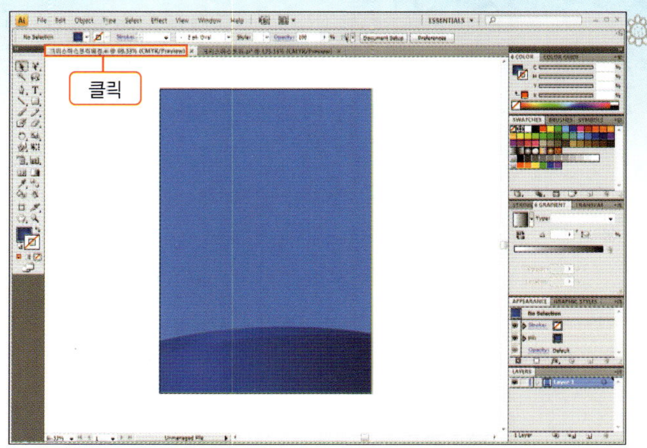

06 [Edit]-[Paste] 메뉴를 선택하면 복사한 오브젝트가 나타납니다. 불러들인 오브젝트를 선택 툴(▶)로 선택하여 오른쪽의 빈 여백으로 이동합니다.

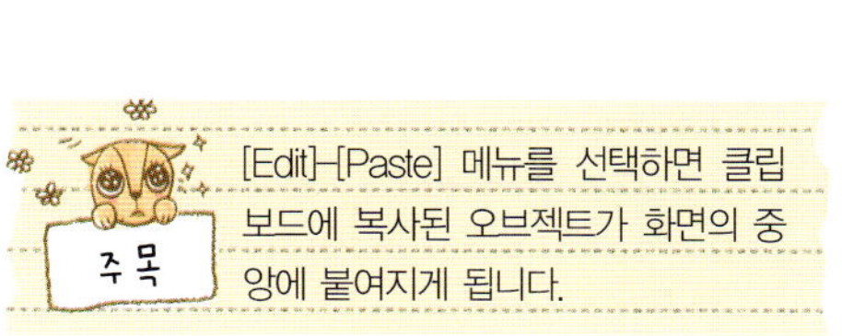

[Edit]-[Paste] 메뉴를 선택하면 클립보드에 복사된 오브젝트가 화면의 중앙에 붙여지게 됩니다.

주목

07 빈 공간을 클릭하여 선택을 해제한 다음 툴 패널에서 문자 툴(T)을 선택합니다. 문자 툴(T)로 파란색 공간을 클릭하여 커서가 깜빡이면 'Dress a Christmas tree'를 입력합니다.

08 선택 툴( )을 선택하면 입력된 글자 전체가 선택됩니다. 옵션 바에서 글꼴을 'Berlin Sans FB'로 선택하고 글자의 크기를 '50pt'로 설정합니다.

> 'Berlin Sans FB' 글꼴이 없는 경우에는 다른 글꼴로 대치해도 됩니다.

09 툴 패널에서 문자 툴( )을 선택하고 파란 바탕화면을 가로지르는 사각형을 그려 커다란 글 상자를 만들어줍니다. 글 상자에 글자를 입력합니다. 여기에서는 'Sample\Part04\영문2.txt' 파일을 메모장에서 열어 글을 전체 선택하고 Ctrl + C 를 눌러 복사합니다.

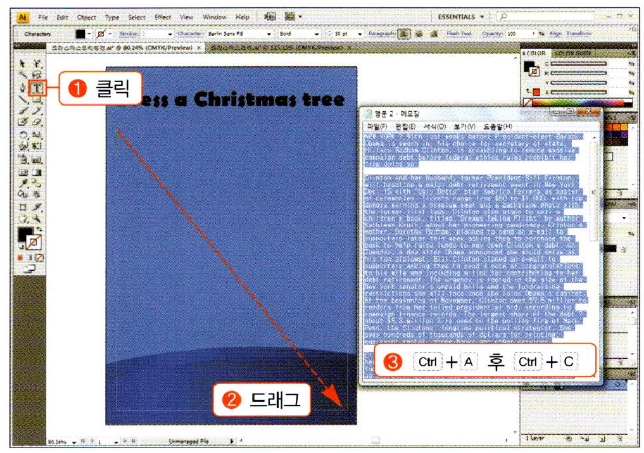

10 다시 일러스트레이터로 되돌아와서 Ctrl + V 를 눌러 복사한 글을 삽입합니다.

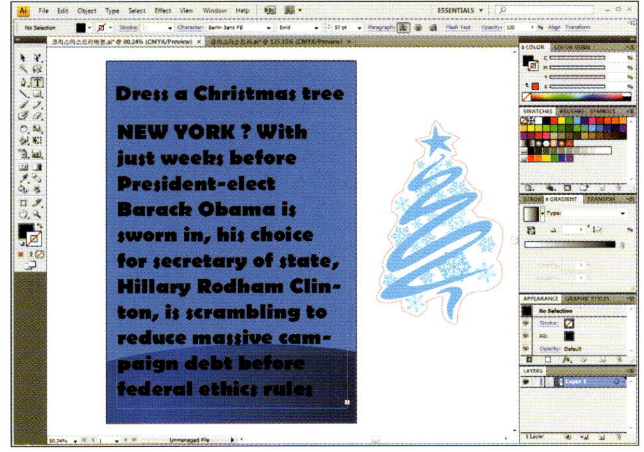

11 선택 툴(▶)을 선택하고 옵션 바에서 글꼴을 'Times New Roman', 글자 크기를 '12pt'로 설정합니다.

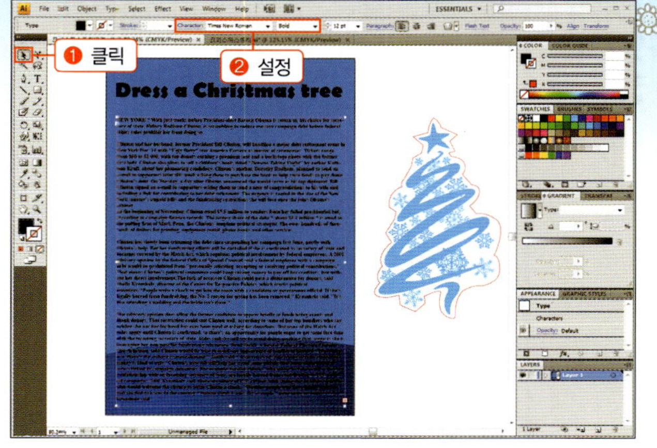

12 [Swatches] 패널에서 입력된 모든 글자의 색상을 '흰색'으로 설정하고 선택 툴(▶)을 이용하여 오른쪽에 그려진 '크리스마스트리' 오브젝트를 글자 위로 이동합니다.

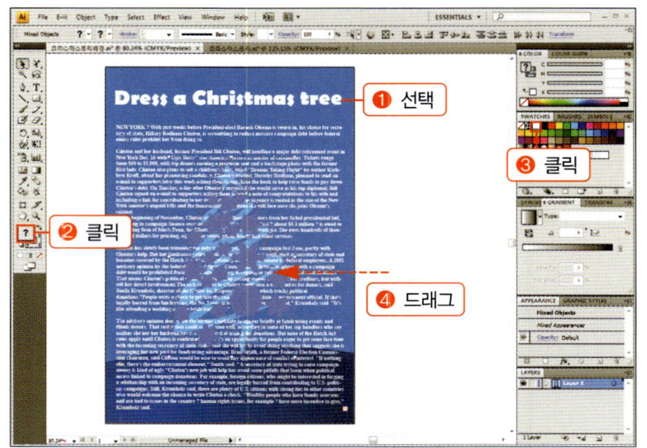

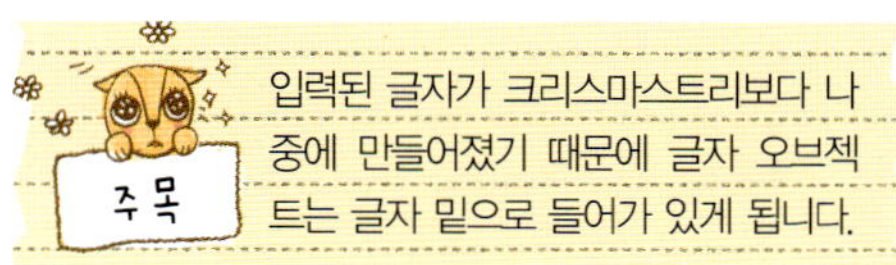

입력된 글자가 크리스마스트리보다 나중에 만들어졌기 때문에 글자 오브젝트는 글자 밑으로 들어가 있게 됩니다.

13 선택하여 가져온 크리스마스트리가 글자보다 위로 올라오게 만들어야 하기 때문에 [Object]-[Arrange]-[Bring to Front] 메뉴를 선택합니다.

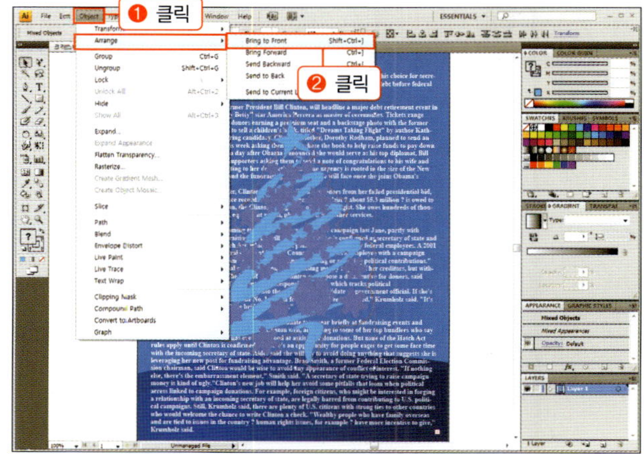

14 돋보기 툴(🔍)로 오브젝트를 확대한 다음 선택 툴(▶)을 클릭합니다. Shift 를 누르고 만들어 앞에서 미리 만들어 놓은 크리스마스트리의 외곽선과 글상자에 입력된 흰색 글만 선택합니다.

> **주목** 이때 반드시 글 상자에 입력된 글자와 오브젝트의 외곽 테두리 선만 선택되어야 합니다.

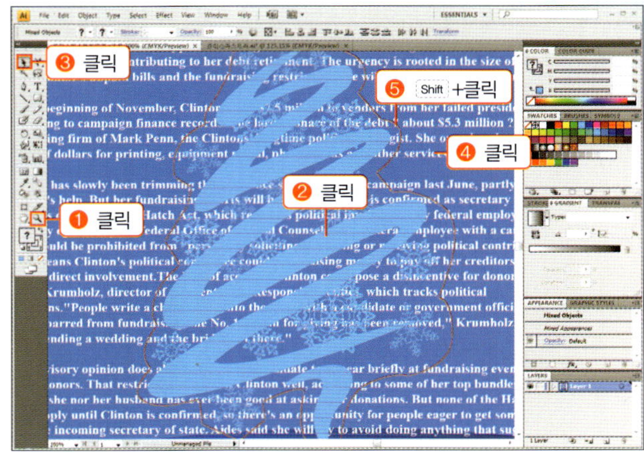

15 [Object]-[Text Wrap]-[Make] 메뉴를 선택합니다. 문자가 선택된 오브젝트의 외곽 영역을 감쌀 것인지를 물어보는 대화상자가 나타나면 [OK] 버튼을 클릭합니다.

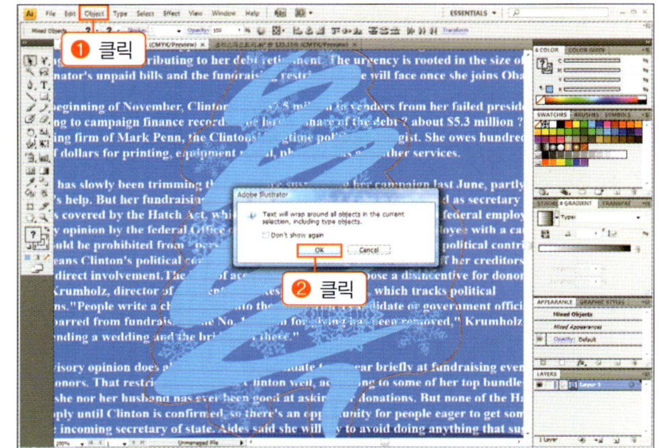

16 선택한 글자의 외곽선을 감싸면서 글자가 입력됩니다. 손바닥 툴(✋)을 더블클릭하면 아트보드 전체를 확인할 수 있습니다. 선택 툴(▶)로 빨간색의 외곽선만 선택한 다음 툴 패널 하단의 색상 모드에서 선 색을 '없음' 으로 설정합니다.

> **주목** 글 상자와 외곽선 테두리와의 간격 조절은 [Object]-[Text Wrap]-[Text Wrap Options] 메뉴를 선택하면 나타나는 [Text Warp Options] 대화상자에서 [Offset]에 수치를 입력하여 조절할 수 있습니다. [Offset]의 값이 클수록 패스 선과 문자와의 간격이 넓어지게 됩니다.

17 입력된 글 상자를 단으로 나누기 위해서 글자가 입력된 글 상자를 클릭하여 선택하고 [Type]-[Area Type Options] 메뉴를 선택합니다. [Area Type Options] 대화상자가 나타나면 [Columns]의 [Number]를 '2'로 입력하고 [OK] 버튼을 클릭합니다.

주목 [Area Type Options] 대화상자에서는 글 상자의 단을 설정할 수 있으며, 단과 단 사이의 간격, 글 상자의 크기, 글 상자와의 링크 등을 조절할 수 있습니다.

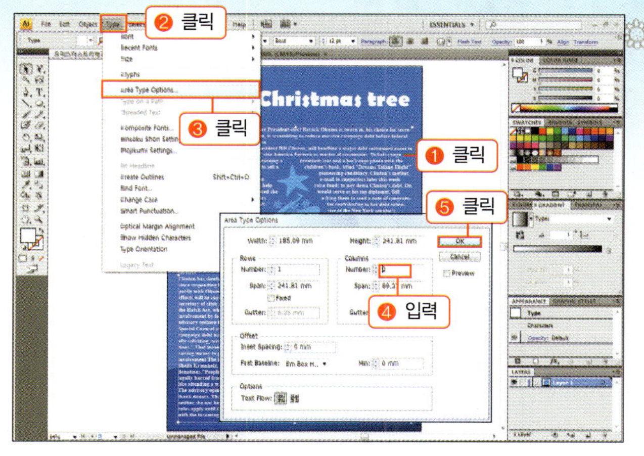

18 선택 툴( )로 도큐먼트의 빈 공간을 클릭하여 선택을 해제하고 'Dress a Christmas tree'를 클릭하여 선택합니다. 옵션 바에서 [Make Envelope]를 선택합니다. [Warp Options] 대화상자가 나타나면 [Style]을 선택하여 'Arc Upper'를 선택한 다음 [OK] 버튼을 클릭합니다.

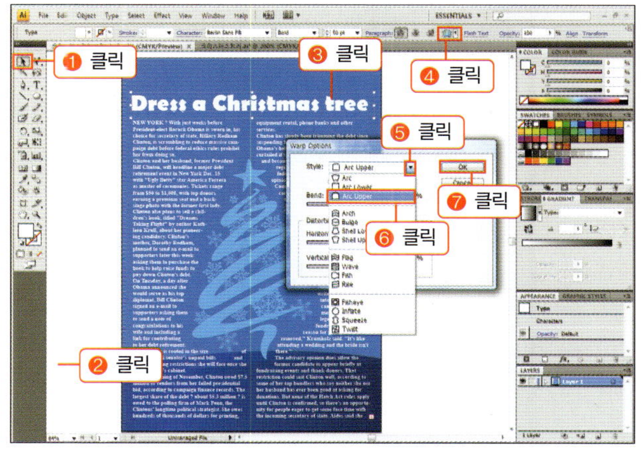

19 글자의 왜곡이 이루어지게 됩니다. 왜곡된 글자가 크게 되었으므로 글자의 외곽 바운딩 박스를 조절하여 글자의 크기를 작게 만듭니다. 가운데 있는 크리스마스트리도 [Swatches] 패널에서 흰색으로 설정하여 이미지를 완성합니다.

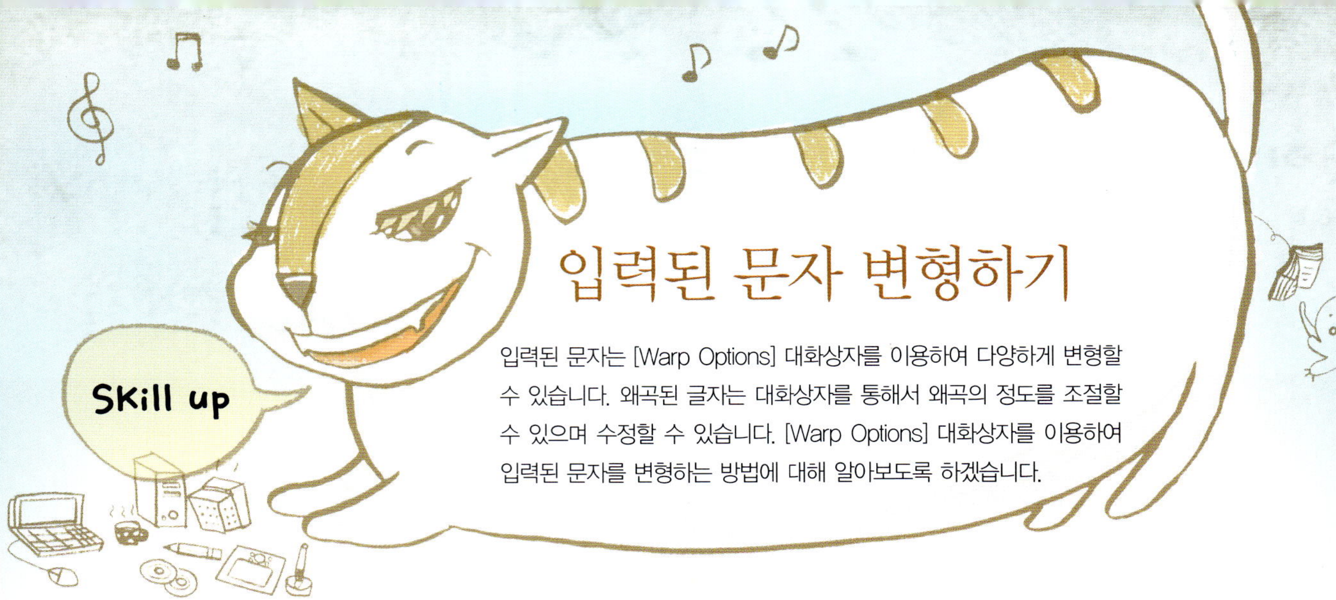

입력된 문자 변형하기

입력된 문자는 [Warp Options] 대화상자를 이용하여 다양하게 변형할 수 있습니다. 왜곡된 글자는 대화상자를 통해서 왜곡의 정도를 조절할 수 있으며 수정할 수 있습니다. [Warp Options] 대화상자를 이용하여 입력된 문자를 변형하는 방법에 대해 알아보도록 하겠습니다.

Skill up 01 [Warp Options] 대화상자 살펴보기

[Warp Options] 대화상자에서는 15가지 모양의 글자 왜곡 스타일을 설정하고 변형할 수 있습니다.

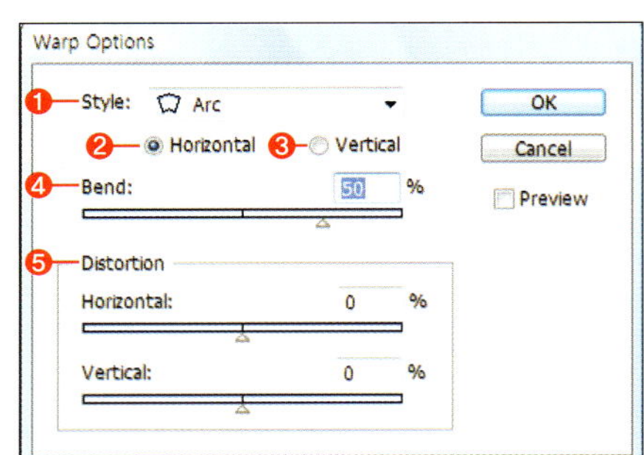
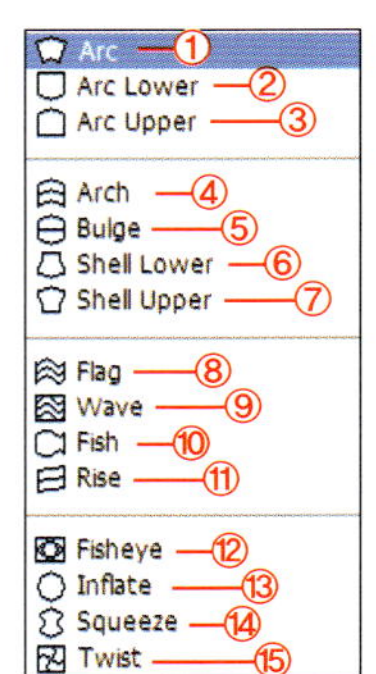

❶ **Style** : 15가지의 스타일을 통해 글자를 변형할 수 있습니다.

▲ 원본 오브젝트

▲ Arc

▲ Arc Lower

▲ Arc Upper

▲ Arch

▲ Bulge

▲ Shell Lower

▲ Shell Upper

▲ Flag

▲ Wave

▲ Fish

▲ Rise

▲ Fisheye

▲ Inflate

▲ Squeeze

▲ Twist

① **Arc** : 호 모양으로 왜곡합니다.

② **Arc Lower** : 아래쪽 호 모양으로 왜곡합니다.

③ **Arc Upper** : 위쪽으로 변형된 호 모양으로 왜곡합니다.

④ **Arch** : 아치 모양으로 왜곡합니다.

⑤ **Bulge** : 불록한 모양으로 왜곡합니다.

⑥ **Shell Lower** : 아래쪽이 퍼진 조개 모양으로 왜곡합니다.

⑦ **Shell Upper** : 위쪽이 퍼진 조개 모양으로 왜곡합니다.

⑧ **Flag** : 깃발처럼 흔들리는 모양으로 왜곡합니다.

⑨ **Wave** : 파동이 생기는 모양으로 왜곡합니다.

⑩ **Fish** : 물고기 모양으로 왜곡합니다.

⑪ **Rise** : 한쪽이 솟아오르는 모양으로 왜곡합니다.

⑫ **Fisheye** : 물고기의 눈처럼 튀어나온 모양으로 왜곡합니다.

⑬ **Inflate** : 부풀려지는 모양으로 왜곡합니다.

⑭ **Squeeze** : 꽉 쥐어져 찌그러지는 모양으로 왜곡합니다.

⑮ **Twist** : 비트는 모양으로 왜곡합니다.

❷ **Horizontal** : 선택한 글자를 수평 방향으로 왜곡합니다.

❸ **Vertical** : 선택한 글자를 수직 방향으로 왜곡합니다.

❹ **Bend** : 왜곡할 때 굴곡의 정도를 수치로 표시합니다. −100~100%까지의 수치가 있으며 수치가 '0'에 가까울수록 왜곡되는 정도가 약해집니다.

❺ **Distortion** : 왜곡되는 정도를 수치로 조절해줍니다.

아웃라인으로 문자를
그림으로 만들기

일러스트레이터에 입력된 문자는 문자로만 인식되기 때문에 일반적인 오브젝트처럼 변환하기가 어렵습니다. 하지만 문자를 이미지로 바꿔주면 일반 오브젝트처럼 다양한 변형이 가능합니다. 이미지로 바꿔준 문자는 [Character] 패널에서 글자 속성을 바꿔줄 수 없습니다.

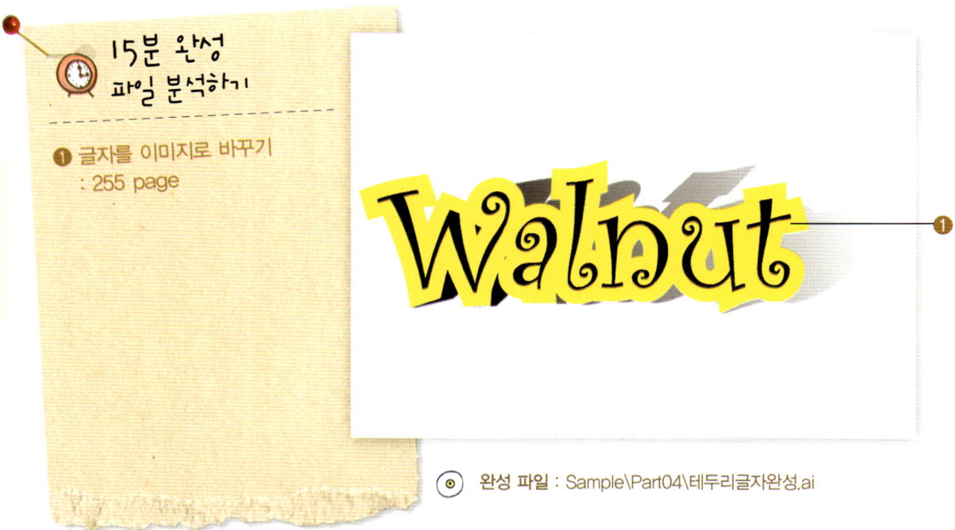

◎ 완성 파일 : Sample\Part04\테두리글자완성.ai

01 [File]-[New] 메뉴를 선택하거나 [Welcome Screen] 대화상자에서 [Print Document]를 선택합니다. [New Document] 대화상자가 나타나면 [Size]를 'A4'로 선택하고 [OK] 버튼을 클릭합니다.

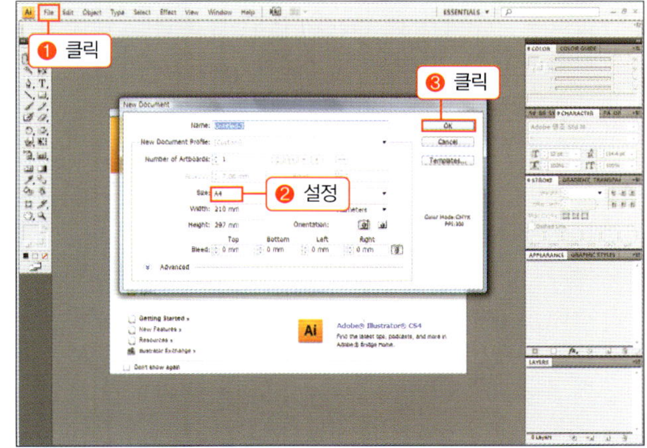

02 새로운 도큐먼트가 만들어지면 툴 패널에서 문자 툴(T)을 선택합니다. 문자 툴(T)을 도큐먼트 위에 클릭하여 커서가 깜빡이면 'Walnut'라는 글자를 입력합니다.

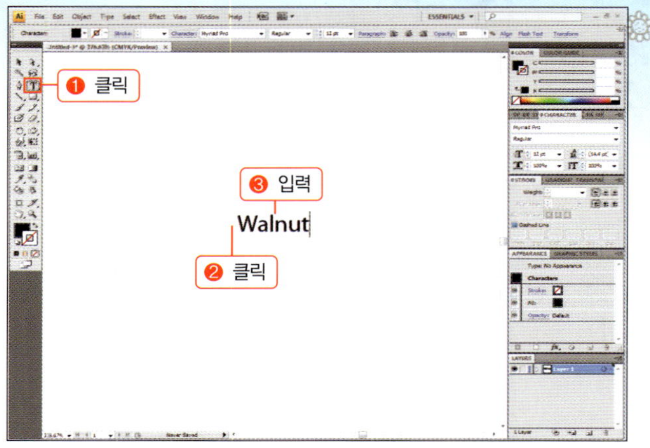

03 툴 패널에서 선택 툴(▶)을 선택하면 입력한 글자 전체가 선택됩니다. Ctrl+T를 누르면 나타나는 [Character] 패널에서 글꼴을 'Curlz MT'로 설정하고, 글자의 크기를 '72pt'로 설정합니다.

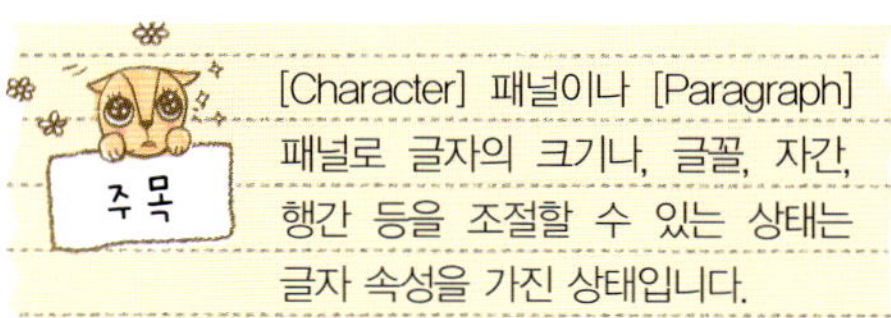

[Character] 패널이나 [Paragraph] 패널로 글자의 크기나, 글꼴, 자간, 행간 등을 조절할 수 있는 상태는 글자 속성을 가진 상태입니다.

주목

04 글자의 속성이 모두 조절되었으면 글자를 이미지로 만들기 위해서 [Type]-[Create Outlines] 메뉴를 선택합니다.

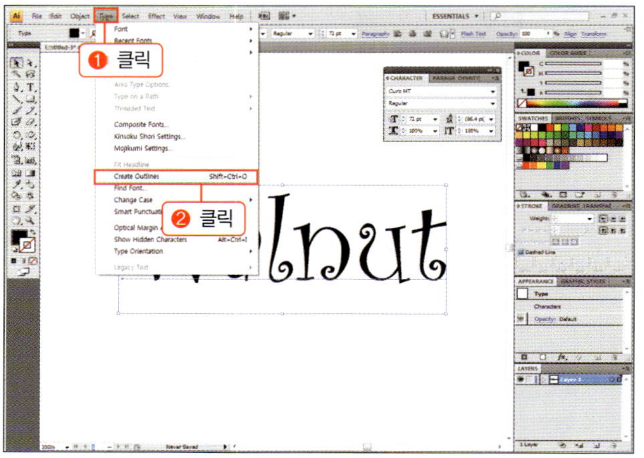

05 글자의 모양으로 패스 선이 만들어졌습니다. 이제 이미지로 만들어진 글자에 글자의 모양과 동일한 간격을 가진 패스를 만들기 위해 메뉴 바에서 [Object]-[Path]-[Offset Path]를 선택합니다. [Offset Path] 대화상자에서 [Offset]에 '2.5mm'를 입력하고 [OK] 버튼을 클릭합니다.

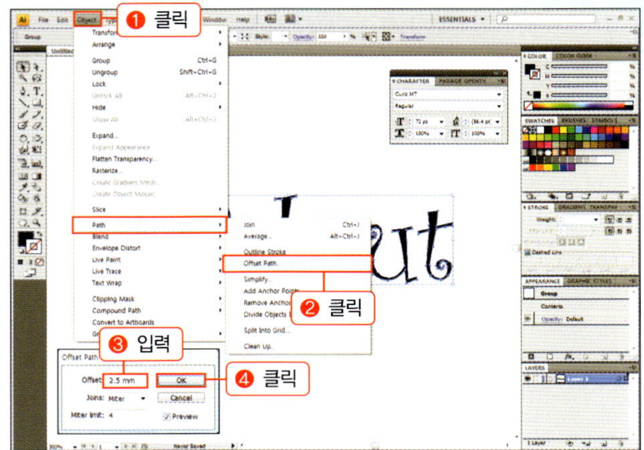

06 오브젝트가 선택한 간격만큼 동일한 간격으로 넓어지게 됩니다.

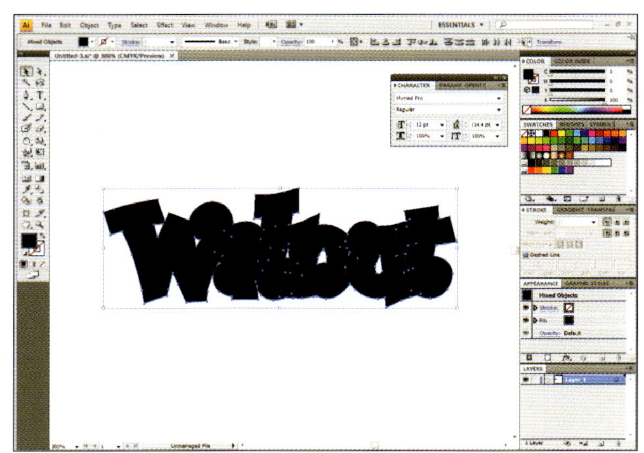

07 넓어진 간격에 색상을 적용하기 위해서 [Swatches] 패널에서 'CMYK Yellow'를 선택합니다.

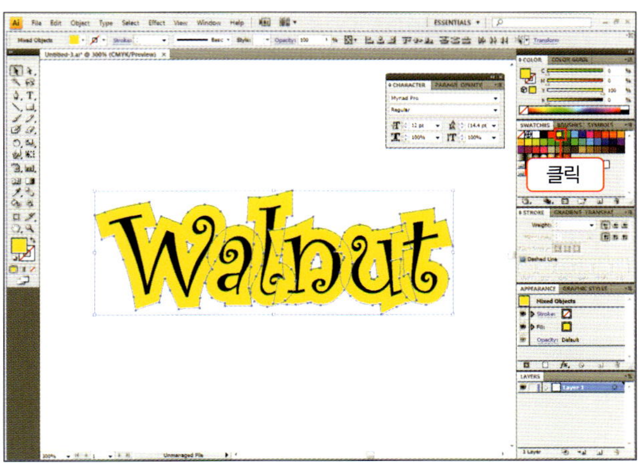

08 작업된 글자를 보면 글자의 간격이 넓어지면서 원래의 글자와 간격이 넓어진 글자가 겹쳐져 있는 것을 확인할 수 있습니다. 원래의 검은색 글자를 위로 올려주기 위해 선택 툴(▶)로 오브젝트를 선택합니다. 작업된 글자는 모두 그룹으로 묶여 있습니다. 따라서 [Object]-[Ungroup] 메뉴를 선택합니다.

09 도큐먼트의 빈 공간을 클릭하여 선택을 해제하고 Shift 를 누른 채 다른 오브젝트보다 위로 올려줄 글자를 선택합니다. 여기에서는 'a', 'l', 'n', 'u', 't' 를 다중 선택합니다.

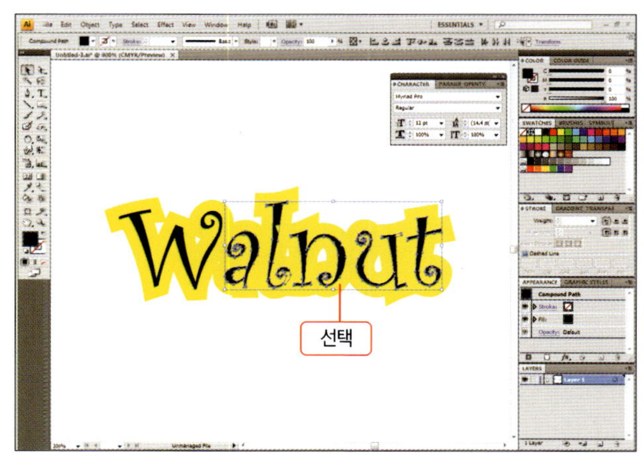

10 선택된 오브젝트를 위로 올리기 위해 [Object]-[Arrange]-[Bring to Front] 메뉴를 선택합니다.

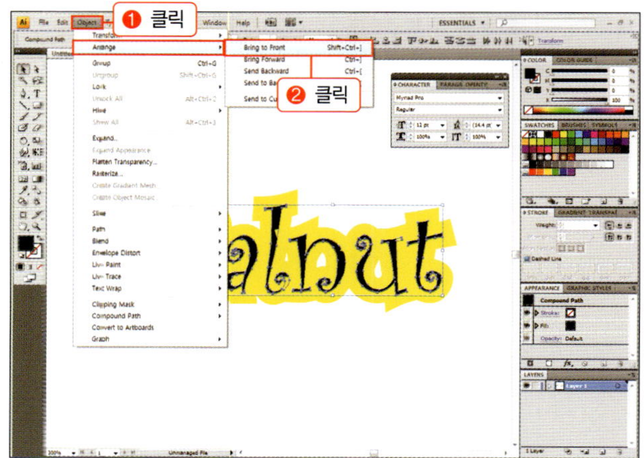

11 툴 패널에서 선택 툴( )을 선택
하고 Shift 를 누른 채 노란색의 외
곽 테두리만 클릭하여 다중 선택합니다.

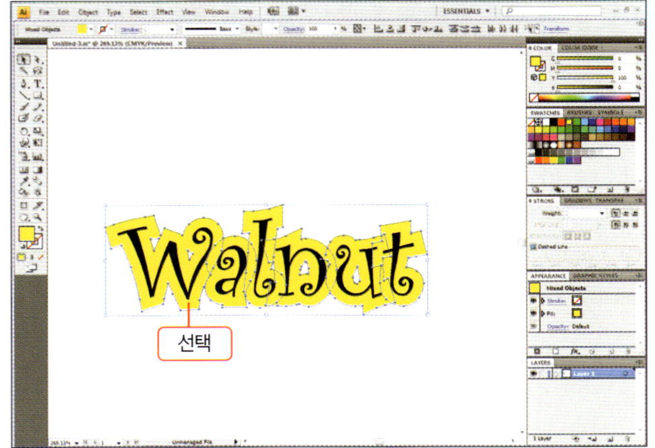

12 선택한 오브젝트에 기울기를 주기
위해 툴 패널에서 기울기 툴( )
을 선택합니다. 중심점을 'W'의 왼쪽 아
랫부분을 클릭하여 이동한 다음 Shift 를
누른 채 왼쪽으로 드래그하여 기울어지게
만든 후 원하는 기울기가 나오면 Alt 를 눌
러 복사합니다.

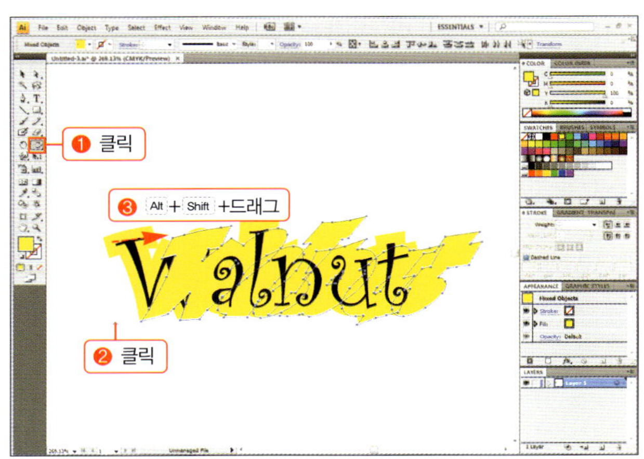

13 기울어진 오브젝트가 전체 선택된
상태에서 선택된 오브젝트를 가장
뒤로 보내기 위해 [Object]-[Arrange]-
[Send to Back] 메뉴를 선택합니다.

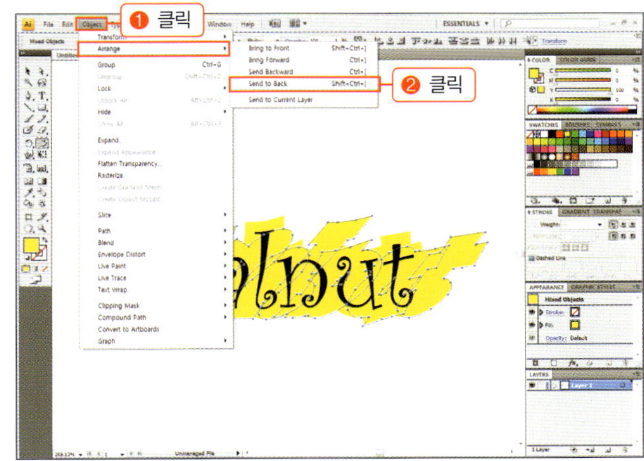

14 툴 패널에서 그레이디언트 툴(□)을 선택하고 [Swatches] 패널에서 'Linear Gradient'를 클릭하여 각각의 오브젝트에 '검은색'에서 '흰색'으로 이어지는 그레이디언트를 선택합니다.

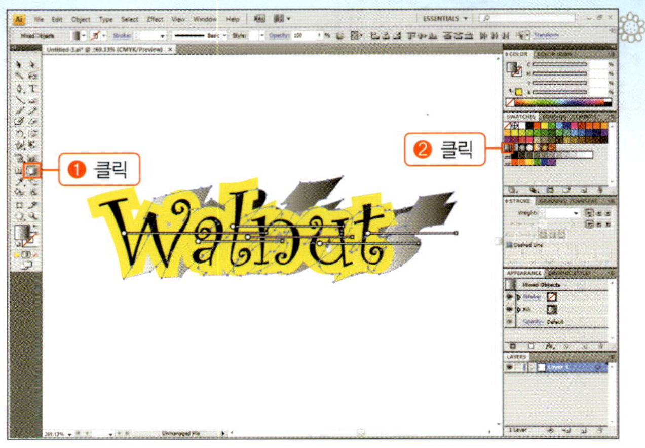

15 그레이디언트가 오브젝트에 각각 적용되었습니다. 하나의 오브젝트로 인식하여 그레이디언트를 적용하기 위해서 그레이디언트 툴(□)이 선택된 상태에서 오른쪽 위에서 왼쪽 아래로 드래그하여 그레이디언트의 방향을 새롭게 설정해 줍니다.

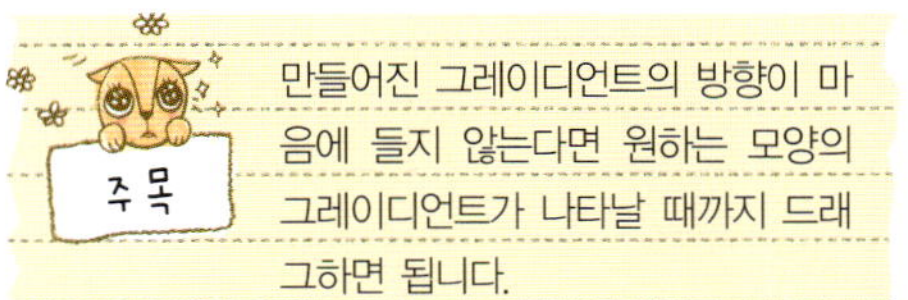
주목

만들어진 그레이디언트의 방향이 마음에 들지 않는다면 원하는 모양의 그레이디언트가 나타날 때까지 드래그하면 됩니다.

16 툴 패널에서 선택 툴(▶)을 선택하고 오브젝트의 선택을 해제합니다. 그림처럼 외곽선 테두리가 만들어지고 그림자가 적용된 이미지를 만들 수 있습니다.

[Taps] 패널로 글자 간격 조절 및 이미지로 바꾸기

[Taps] 패널을 이용하면 입력된 문장의 간격 조절을 쉽게 할 수 있기 때문에 보다 표와 같은 작업을 쉽게 할 수 있습니다. 글자의 속성과 간격 등이 조절된 글자는 [Create Outline]을 이용하여 이미지로 바꿀 수 있으며 변형 툴을 이용하여 기울이기, 회전, 크기 조절 등의 기능을 이용하여 변형을 줄 수 있습니다.

Skill up 01 [Tabs] 패널 살펴보기

입력된 문장에 있는 문단의 줄 간격, 여백 설정을 일일이 Space Bar 를 이용해서 조절하는 것은 굉장히 번거롭습니다. 이럴 때 사용하는 기능이 바로 탭(Tap)이라는 기능인데, 한글과 같은 워드 문서처럼 일러스트레이터에서도 입력된 문장에 대해서 탭을 사용할 수 있습니다. [Window]-[Type]-[Tabs] 메뉴를 선택하면 나타나는 [Tabs] 패널을 통해 글자와 글자의 간격 조절을 정밀하게 설정할 수 있습니다. 탭을 이용하면 글자의 간격을 쉽게 조절할 수 있기 때문에 표도 쉽게 만들 수 있습니다.

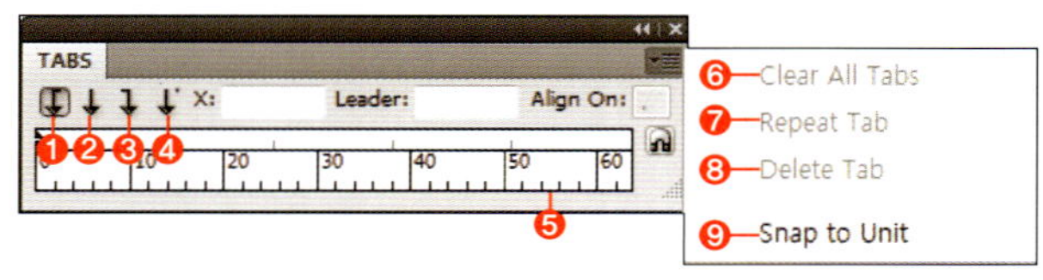

❶ 좌측 탭 : 입력한 문자를 왼쪽을 기준으로 정렬합니다.
❷ 중앙 탭 : 입력한 문자를 중앙을 기준으로 정렬합니다.
❸ 우측 탭 : 입력한 문자를 오른쪽을 기준으로 정렬합니다.
❹ 소수점 탭 : 입력한 문자를 소수점을 기준으로 정렬합니다.
❺ Position Panel Above Text : 스냅을 이용하여 탭 룰러에서 탭이 눈금까지 가면 자석처럼 눈금에 붙습니다.
❻ Clear All Tabs : 이전에 설정한 탭을 모두 삭제합니다.
❼ Repeat Tab : 이전에 설정한 탭을 반복합니다.
❽ Delete Tab : 이전에 설정한 탭 중에서 선택한 탭만 삭제합니다.
❾ Snap to Unit : 설정한 기본 단위에 탭이 달라붙게 됩니다.

Skill up 02 글자를 이미지로 바꾸기

일러스트레이터에서 글자를 입력하고 글꼴이나 크기, 행간과 같은 글자의 속성을 조절한 상태에서 바로 인쇄물 작업을 위한 출력이나 글자의 변형과 같은 작업을 할 경우에 제대로 기능 발휘를 못하는 경우가 생기게 됩니다. 특히 내 컴퓨터에서 사용한 글꼴이 출력소나 다른 컴퓨터에 없는 경우에는 다른 글꼴로 대치되거나 해당 글꼴로 인쇄를 할 수 없는 경우도 생깁니다. 그렇기 때문에 일러스트레이터에서 입력한 글자는 [Type]-[Create Outline] 메뉴를 선택하여 글자를 이미지로 바꿔야 합니다. 단, [Create Outline] 메뉴로 글자를 이미지로 바꾸면 [Character] 패널이나 [Paragraph] 패널에서 글자의 속성을 조절할 수 없습니다.

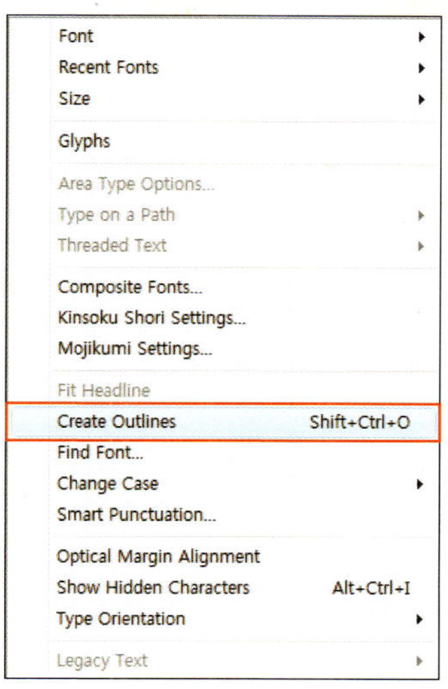

끊어진 문단 링크하여 사용하기

문자 툴을 이용하여 입력한 문자가 넘치는 경우에는 문단의 가장 끝 부분에 문단 넘침 표시가 나타나게 됩니다. 선택 툴을 이용하여 문단의 가장 끝에 있는 빨간색 문단 넘침 표시를 더블클릭합니다. 입력된 문단의 크기와 동일한 문단 상자가 나타나면서 끊어진 문단이 링크되어 넘친 텍스트가 나타나게 됩니다.

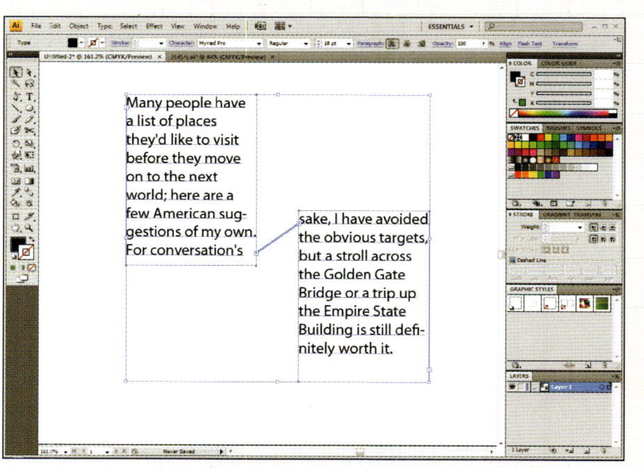

그려진 오브젝트가 많아지면 작업이나 편리를 위해 오브젝트를 하나의 그룹으로 묶거나 숨겨 관리하게 됩니다.

'Sample\Part04 \편지.ai' 파일을 불러옵니다. 빨간색으로 색상이 적용된 글자 오브젝트를 Shift 를 누르고 다중 선택한 후 [Object]−[Group] 메뉴를 클릭합니다. 선택을 해제하고 그룹으로 묶여진 오브젝트를 다시 클릭하면 빨간색 글자 오브젝트만 선택되는 것을 확인할 수 있습니다. 그룹으로 된 오브젝트를 해제하려면 [Object]−[Ungroup] 메뉴를 선택하면 그룹을 해제할 수 있습니다.

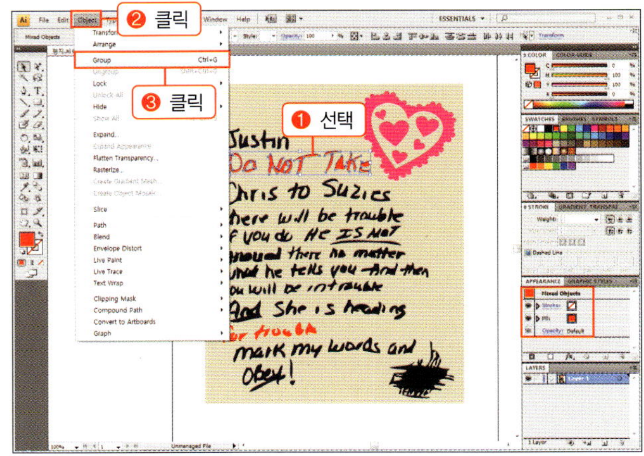

▲ 그룹으로 묶기 전 이미지

▲ 그룹으로 묶은 후 이미지

오브젝트 숨기기

작업 중인 오브젝트가 겹쳐져 뒤쪽에 있는 오브젝트를 수정하기 어려울 경우에는 앞에 있는 오브젝트를 숨겨 작업할 수 있습니다. 숨기려는 오브젝트를 선택하고 [Object]−[Hide]−[Selection] 메뉴를 선택하면 화면에서 숨길 수 있습니다. 다시 보여주려면 [Object]−[Show All] 메뉴를 선택하면 됩니다. Ctrl + 3 을 눌러도 오브젝트를 숨길 수 있습니다.

• 오브젝트를 잠금 기능으로 관리하기

오브젝트의 편리한 관리를 위해 화면에서
는 보이지만 선택이 되지 않도록 하는 잠금
기능이 있습니다. 베이지색 배경을 클릭한
뒤 [Object]-[Lock]-[Selection] 메뉴를
선택하면 선택한 오브젝트가 잠겨 선택되
지 않습니다. 잠긴 오브젝트를 해제할 때
[Object]-[Unlock All] 메뉴를 선택하면
됩니다.

▲ 잠그기 전 이미지

▲ 잠근 후의 이미지 : 배경이 선택되지 않습니다.

내 컴퓨터에 글꼴 설치하기

일러스트레이터에서 원하는 글꼴을 사용하려면 내 컴퓨
터에 해당 글꼴을 설치해야 합니다. 글꼴은 한글의 경
우 별도로 구매해야 하며 인터넷 검색을 통해 글꼴을
판매하는 업체를 통해 구매할 수 있습니다. 글꼴을 세
트로 구매해서 설치 CD가 있는 경우라면 자동으로 글
꼴이 설치되지만 낱개로 구매하는 경우라면 [제어판]-
[글꼴]을 통해 설치할 수 있습니다. [글꼴] 대화상자에
선택한 글꼴을 복사하여 붙여 넣거나 마우스 오른쪽 버
튼을 클릭하면 나타나는 [새 글꼴 설치] 메뉴를 이용하
여 설치할 수 있습니다.

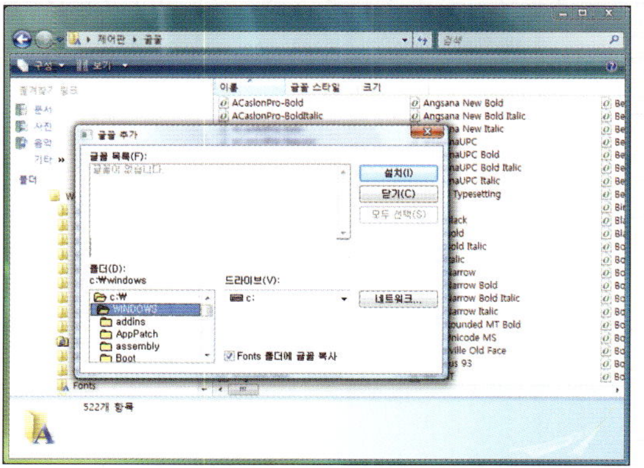

▲ 글꼴 설치하기

Part 05

입체감이 있는 오브젝트
제작을 위한 일러스트레이터

일러스트레이터의 왜곡 툴과 변형 툴을 이용하면 만들어진 오브젝트를 원하는 모양으로 변형시켜 개성 있는 오브젝트를 만들 수 있습니다. 같은 오브젝트를 반복적으로 만드는 경우라면 심벌을 이용하여 작은 용량으로 같은 작업을 무한 반복할 수 있습니다. 이번 Part에서는 만들어진 오브젝트를 변형하고 편집, 심벌로 만드는 방법에 대해서 살펴보겠습니다.

- **Lesson 01** 경로에 따라 오브젝트 변형하기
- **Lesson 02** 심벌을 이용하여 밤하늘에 반짝이는 별 만들기
- **Lesson 03** 심벌 수정하고 한 번에 바꾸기
- **Lesson 04** 크기가 서로 다른 패턴으로 CD 커버 만들기
- **Lesson 05** 교차되는 패턴을 만들어 원피스에 적용하기
- **Lesson 06** 그레이디언트를 이용하여 초청장 만들기
- **Lesson 07** 메시 툴을 이용하여 아이디어 이미지 만들기
- **Lesson 08** 블렌드 툴로 흩날리는 눈 이미지 만들기

Lesson 01
경로에 따라 오브젝트 변형하기

만들어진 오브젝트는 [Warp] 기능을 이용하여 변형할 수 있지만 [Envelope] 메뉴를 이용하면 보다
정밀한 변형을 할 수 있습니다. 이미 만들어진 오브젝트에 [Envelope] 메뉴를 이용하여 오브젝트를
변형시켜 보겠습니다.

예제 파일 : Sample\Part05\달팽이.ai
완성 파일 : Sample\Part05\달팽이변형완성.ai

01 [File]−[Open] 메뉴를 선택하여
'Sample\Part05\달팽이.ai' 파
일을 불러옵니다.

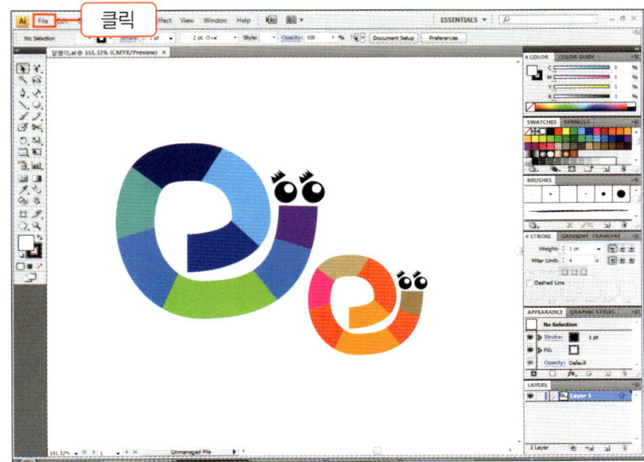

02 선택 툴(   )을 선택하고 동시에 드래그하여 달팽이 오브젝트 전체를 선택합니다. [Object]-[Envelope Distort] -[Make with Mesh] 메뉴를 선택합니다. [Envelope Mesh] 대화상자가 나타나면 [Mesh]의 [Rows]와 [Columns]에 각각 '5' 를 입력하고 [OK] 버튼을 클릭합니다.

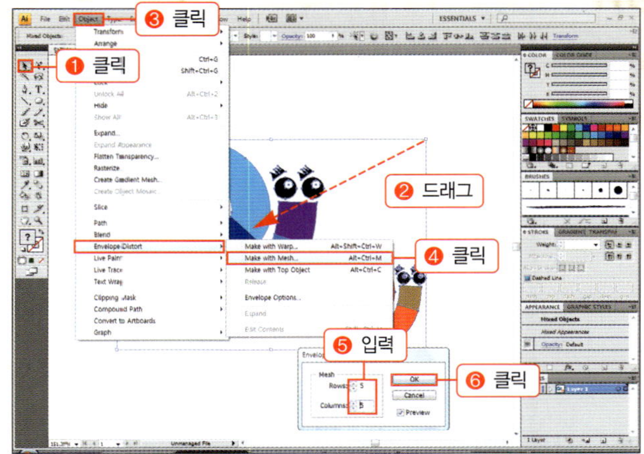

03 선택한 오브젝트에 가로와 세로가 각각 5개로 이루어진 메시 앵커 포인트가 만들어집니다.

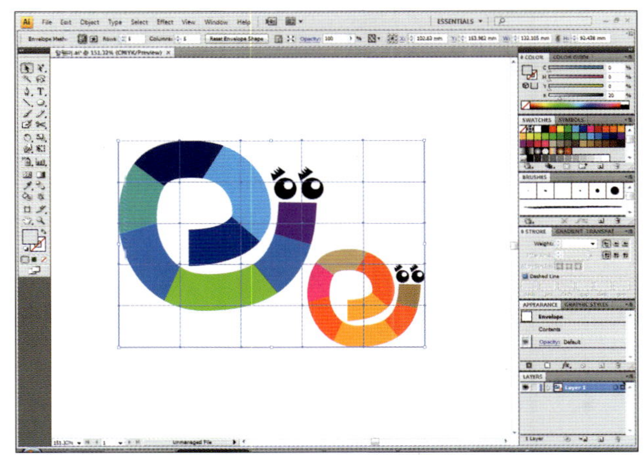

04 툴 패널에서 직접 선택 툴(   )을 선택합니다. 왼쪽 세 번째 위에 있는 포인트를 드래그하여 선택하고 위로 드래그합니다. 드래그한 방향으로 오브젝트의 변형이 이루어집니다.

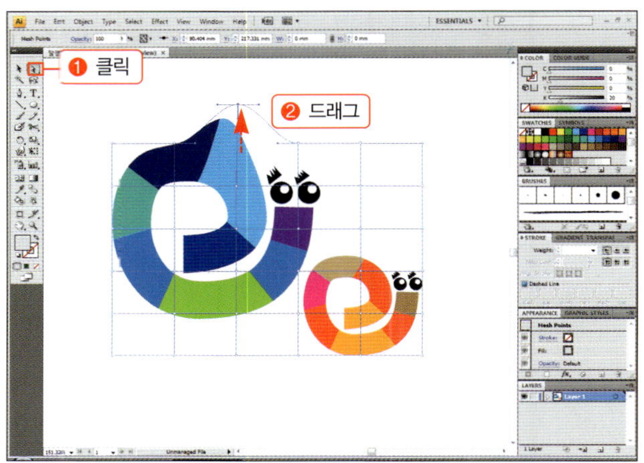

05 중간에 있는 오브젝트의 조절점을 조절하여 오브젝트를 자유롭게 왜곡합니다.

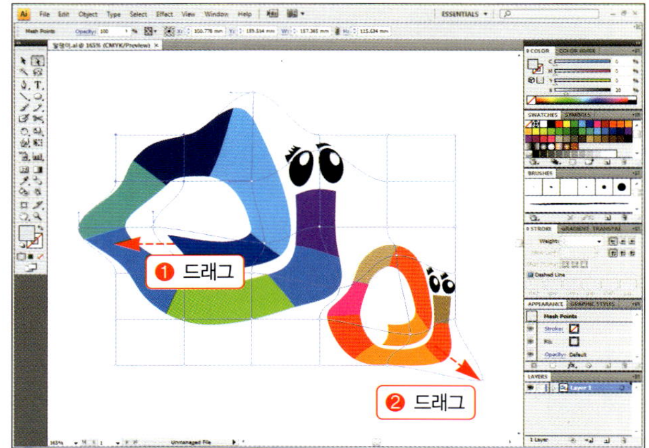

06 변형된 오브젝트를 수정하거나 일부분을 완만한 모양으로 만들고 싶은 경우에는 먼저 해당 앵커 포인트를 선택합니다. 여기에서는 가운데 왜곡된 앵커 포인트를 선택합니다. Delete 를 눌러 선택한 앵커 포인트를 삭제합니다.

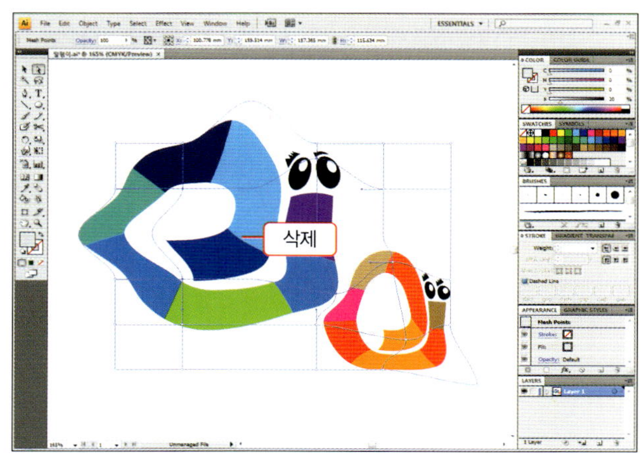

07 계속해서 다른 메시 앵커 포인트도 삭제해보면 삭제한 만큼 원본 이미지로 되돌아오는 것을 확인할 수 있습니다.

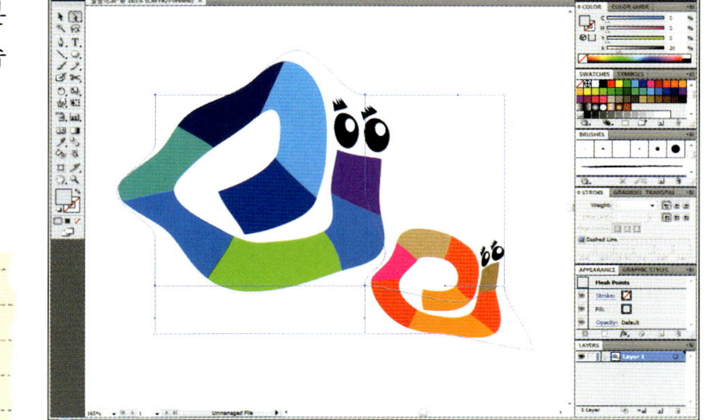

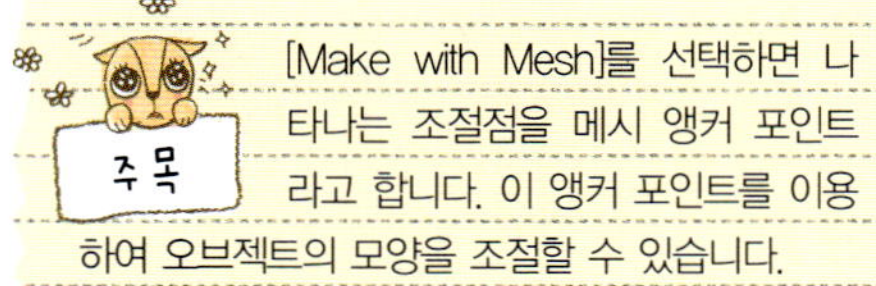
[Make with Mesh]를 선택하면 나타나는 조절점을 메시 앵커 포인트라고 합니다. 이 앵커 포인트를 이용하여 오브젝트의 모양을 조절할 수 있습니다.

왜곡 툴을 이용하여 오브젝트 변형하기

[Envelope]는 오브젝트에 만들어진 메시 선을 이용하여 변형하지만 왜곡 툴을 이용해 드래그하여 비틀거나 구기는 등의 변형이 가능합니다.

Skill up 01 왜곡 툴로 오브젝트 변형하기

왜곡 툴(🖉)은 오브젝트를 잡아당기듯 드래그하면 오브젝트가 드래그한 방향에 따라 변형됩니다. 왜곡 툴(🖉)을 더블클릭하면 나타나는 대화상자에서는 브러시의 크기 등을 조절할 수 있습니다.

▲ 왜곡 툴(🖉)로 변형된 오브젝트

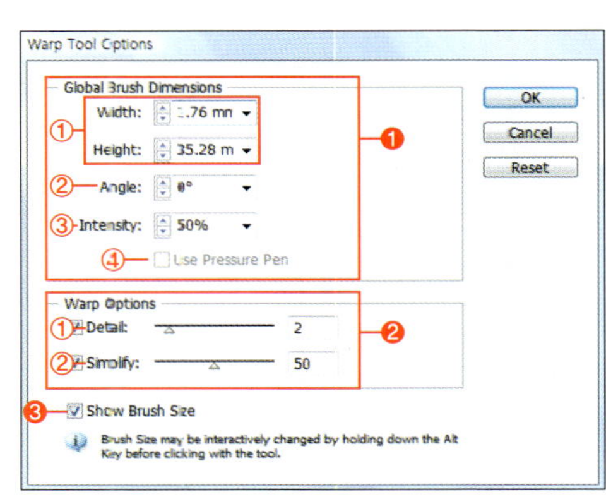

▲ [Warp Tool Options] 대화상자

❶ **Global Brush Dimensions** : 브러시의 크기와 각도, 강도, 압력감지 등을 설정합니다.
  ① **Width/Height** : 브러시의 가로와 세로 크기를 설정합니다.
  ② **Angle** : 브러시가 적용되는 각도를 지정합니다.
  ③ **Intensity** : 브러시의 강도를 설정합니다.
  ④ **Use Pressure Pen** : 태블릿과 같은 압력감지 펜을 사용할 경우에 활성화됩니다.
❷ **Warp Options** : 기준점 사이의 간격과 브러시의 크기를 설정합니다.
  ① **Detail** : 오브젝트의 외부에 있는 기준점 사이의 간격을 조절합니다. 수치 값이 높을수록 기준점 사이가 가까워지게 됩니다.
  ② **Simplify** : 0.2~100까지 수치를 조절하여 기준점을 제거합니다.
❸ **Show Brush Size** : 도큐먼트에서 브러시의 크기가 표시되어 볼 수 있습니다.

비틀기 툴()은 선택한 오브젝트를 비틀어줍니다. 클릭하거나 드래그하여 사용합니다.

▲ 비틀기 툴()로 왜곡된 이미지

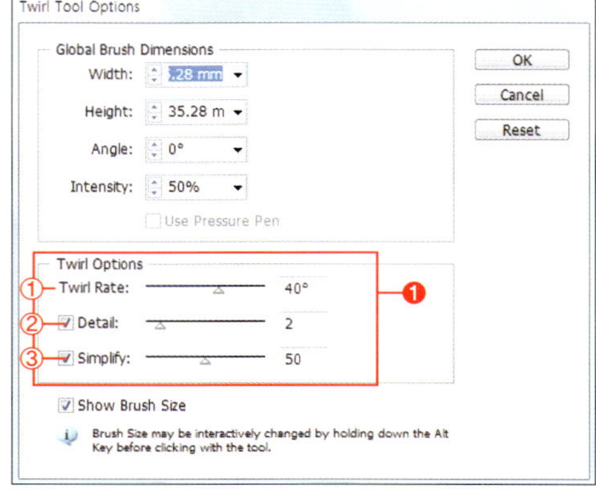
▲ [Twirl Tool Options] 대화상자

❶ Twirl Options : 기준점 사이의 간격과 브러시의 크기를 설정합니다.
　① Twirl Rate : 이미지가 비틀어지는 방향을 설정합니다.
　② Detail : 오브젝트의 기준점 사이 간격을 조절하는 옵션으로 수치가 높을수록 기준점 사이가 가까워집니다.
　③ Simplify : 0.2~100까지의 수치 값을 입력하여 불필요한 기준점을 제거합니다.

구김 툴()은 오브젝트를 클릭한 지점을 중심으로 오브젝트가 모이도록 해줍니다. 클릭하고 있는 만큼 클릭 점을 중심으로 오브젝트가 모입니다.

▲ 구김 툴()로 왜곡된 이미지

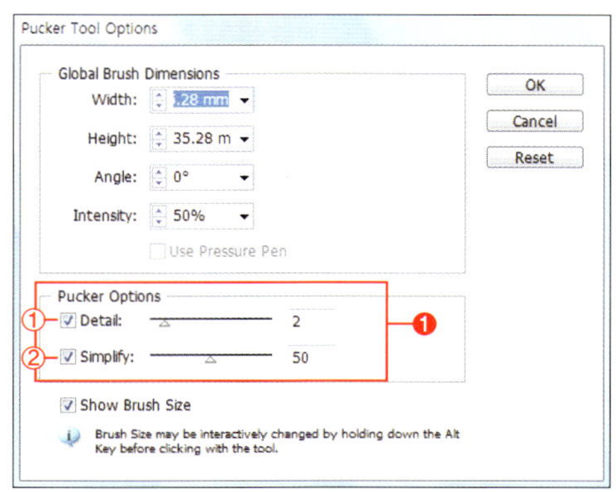
▲ [Pucker Tool Options] 대화상자

❶ **Pucker Options** : 기준점 사이의 간격과 브러시의 크기를 설정합니다.
　① **Detail** : 오브젝트 외부의 기준점 사이 간격을 조절합니다.
　② **Simplify** : 0.2~100까지의 수치 값을 입력하여 불필요한 기준점을 제거합니다.

Skill up 04 팽창 툴로 오브젝트 부풀어 오르게 만들기

팽창 툴(◌)은 오브젝트를 부풀어 오르는 것처럼 팽창하게 만듭니다. 구김 툴(◌)과는 반대의 효과를 지니며 클릭하고 있는 만큼 오브젝트가 부풀어 오릅니다.

▲ 팽창 툴(◌)로 왜곡된 이미지

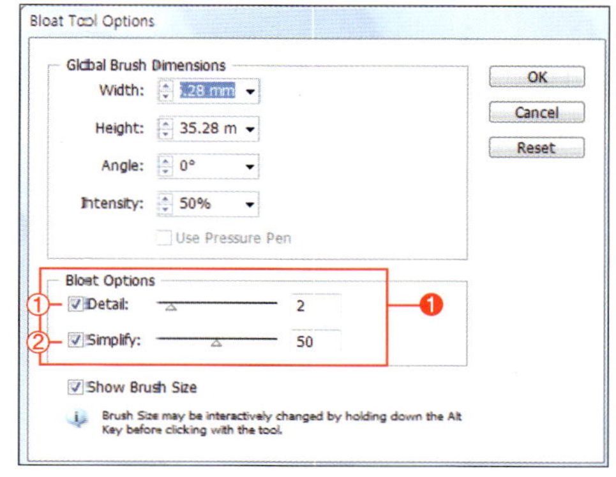

▲ [Bloat Tool Options] 대화상자

❶ **Bloat Options** : 기준점 사이의 간격과 브러시의 크기를 설정합니다.
　① **Detail** : 오브젝트 외부의 기준점 사이 간격을 조절합니다.
　② **Simplify** : 0.2~100까지의 수치 값을 입력하여 불필요한 기준점을 제거합니다.

입력된 문자 오브젝트 변형하기

오브젝트 왜곡 툴은 선택하지 않은 오브젝트라고 하더라고 선택한 변형 툴에 따라 오브젝트를 회전, 비틀기, 구김 등의 모양으로 변형시킬 수 있습니다. 하지만 문자 툴을 이용하여 입력된 문자의 경우 변형 툴로 아무리 드래그해도 변형시킬 수 없습니다. 문자 툴은 [Type]-[Create Outline] 메뉴를 이용하여 오브젝트로 만든 후 변형 툴로 변형시킬 수 있습니다.

부채꼴 툴()은 클릭한 부분의 오브젝트를 안쪽으로 날카롭게 만들어줍니다.

▲ 부채꼴 툴(🔲)로 왜곡된 이미지

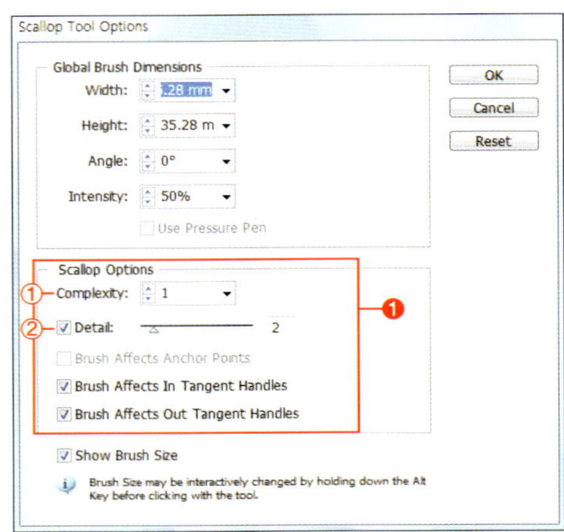
▲ [Scallop Tool Options] 대화상자

❶ **Scallop Options** : 외부 주름 간격, 기준점 사이의 간격 등을 조절합니다.
　① **Complexity** : 브러시의 세부 항목을 조절하여 오브젝트 외곽 부분의 간격 배치를 설정합니다. 수치가 높으면 주름 모양이 더 세밀해집니다.
　② **Detail** : 오브젝트 외부의 기준점 사이 간격을 조절합니다.

크리스털 툴(🔲)은 클릭한 부분의 오브젝트를 바깥쪽으로 날카롭게 만들어줍니다.

▲ 크리스털 툴(🔲)로 왜곡된 이미지

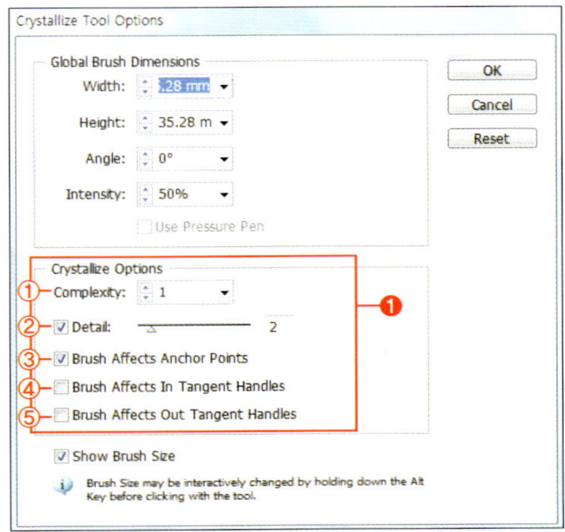
▲ [Scallop Tool Options] 대화상자

❶ **Crystallize Options** : 브러시의 기준점 사이의 간격, 주름모양 등을 설정합니다.
  ① **Complexity** : 브러시의 세부 항목을 조절하여 오브젝트 외곽 부분의 간격 배치를 설정합니다.
  ② **Detail** : 오브젝트 외부의 기준점 사이 간격을 조절합니다.
  ③ **Brush Affects Anchor Points** : 옵션이 체크되면 앵커 포인트 하나를 중심으로 주름이 모입니다.
  ④ **Brush Affects In Tangent Handles** : 브러시가 기준점의 방향선 접선 안쪽으로 영향을 줍니다.
  ⑤ **Brush Affects Out Tangent Handles** : 브러시가 기준점의 방향선 바깥쪽으로 영향을 줍니다.

SKill up 07 링클 툴로 오브젝트를 주름지게 만들기

링클 툴(▨)을 선택하고 오브젝트 위를 클릭하고 있으면 오브젝트에 물결무늬와 같은 주름이 만들어지게 됩니다.

▲ 링클 툴(▨)로 왜곡된 이미지

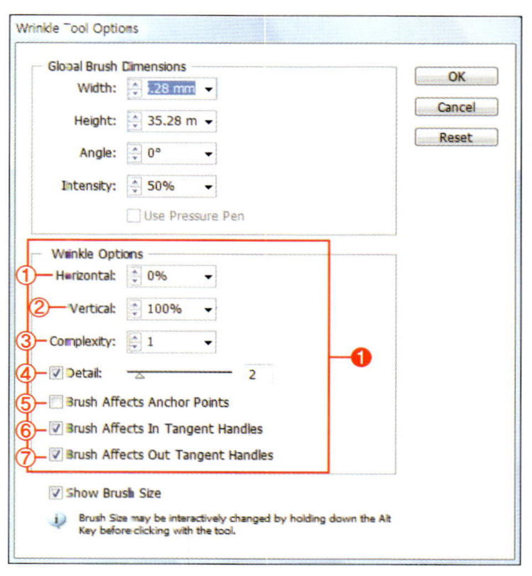

▲ [Wrinkle Tool Options] 대화상자

❶ **Wrinkle Options** : 간격의 위치, 주름의 모양, 방향선의 영향 등을 설정합니다.
  ① **Horizontal** : 조절점으로부터 수평으로 얼마만큼의 간격으로 위치할 것인지를 설정합니다.
  ② **Vertical** : 조절점으로부터 수직으로 얼마만큼의 간격으로 위치할 것인지를 설정합니다.
  ③ **Complexity** : 브러시의 세밀한 세부 항목을 조절하여 오브젝트 외곽부분의 간격 배치를 설정합니다.
  ④ **Detail** : 오브젝트 외부의 기준점 사이의 간격을 조절합니다.
  ⑤ **Brush Affects Anchor Points** : 옵션이 체크되면 앵커 포인트 하나를 중심으로 주름이 모입니다.
  ⑥ **Brush Affects In Tangent Handles** : 브러시가 기준점의 방향선 접선 안쪽으로 영향을 줍니다.
  ⑦ **Brush Affects Out Tangent Handles** : 브러시가 기준점의 방향선 바깥쪽으로 영향을 줍니다.

심벌을 이용하여
밤하늘에 반짝이는 별 만들기

심벌은 반복적인 이미지 제작에 있어 매우 활용도가 높은 기능입니다. 원하는 오브젝트를 [Symbols] 패널에 등록하여 심벌을 사용할 수 있습니다. 등록된 심벌은 심벌 편집 기능을 이용하여 심벌의 크기, 개수, 밀도 등을 조절하여 효과적으로 사용할 수 있습니다.

15분 완성
파일 분석하기

❶ 다양한 기능의 심벌 툴로 그림 그리기 : 272 page
❷ [Symbolism Tools Options] 대화상자에서 심벌 편집하기 : 273 page
❸ [Symbols] 패널로 수정하기 : 273 page

예제 파일 : Sample\Part05\밤하늘.ai
완성 파일 : Sample\Part05\밤하늘완성.ai

01 [File]-[Open] 메뉴를 선택한 뒤 'Sample\Part05\밤하늘.ai' 파일을 불러옵니다. 미리 그려진 밤하늘 이미지에 별 모양의 심벌을 등록해보겠습니다. 툴 패널에서 사각형 툴(▢)을 클릭하면 나타나는 메뉴에서 별 툴(☆)을 선택합니다.

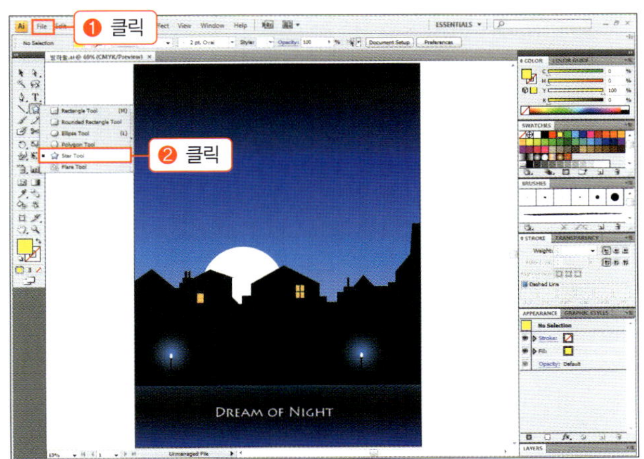

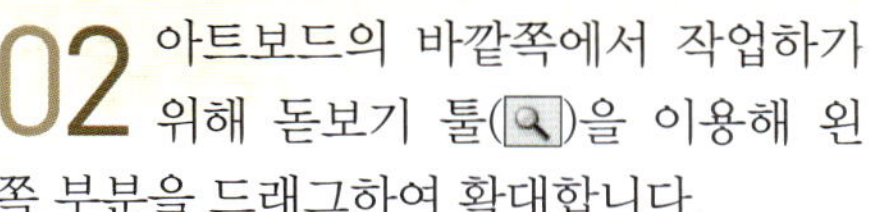

02 아트보드의 바깥쪽에서 작업하기 위해 돋보기 툴(🔍)을 이용해 왼쪽 부분을 드래그하여 확대합니다.

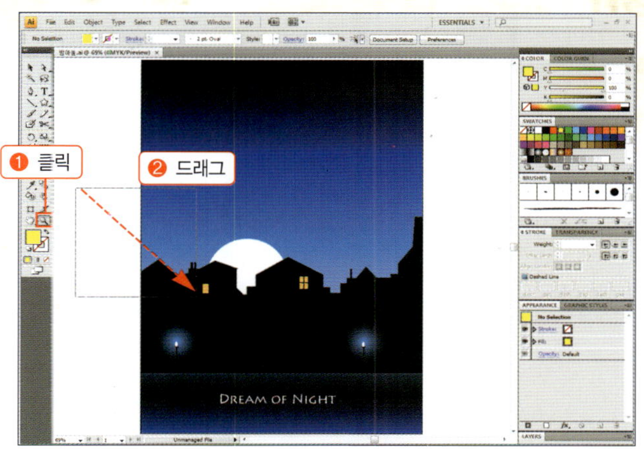

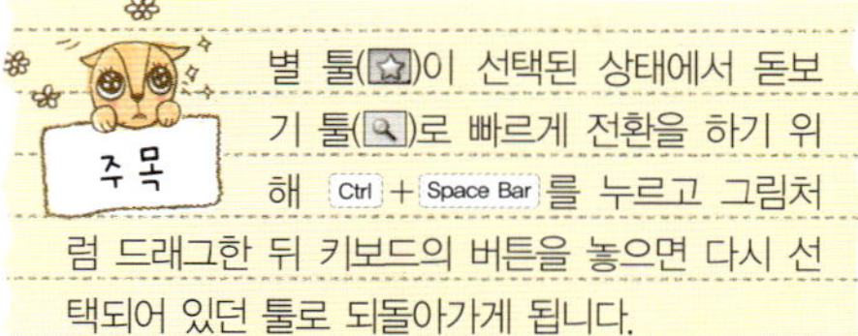

03 별 툴(⭐)을 다시 선택하고 툴 패널 하단의 색상 모드에서 선 색은 '없음'으로, 면 색은 'CMYK Yellow'로 설정합니다. Shift + Alt 를 동시에 누른 채 드래그하여 그림과 같이 별을 그려줍니다.

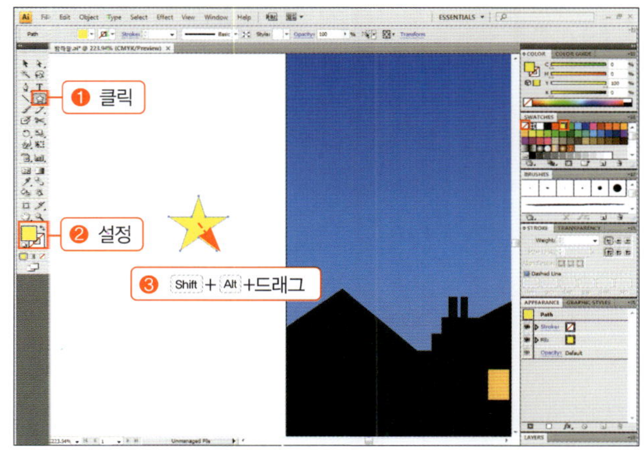

04 그려진 별의 테두리 부분을 부드럽게 곡선으로 만들어 주기 위해서 [Effect]-[Stylize]-[Round Corners] 메뉴를 선택합니다. [Round Corners] 대화상자가 나타나면 [Radius]에 '2.5mm'를 입력하고 [OK] 버튼을 클릭합니다.

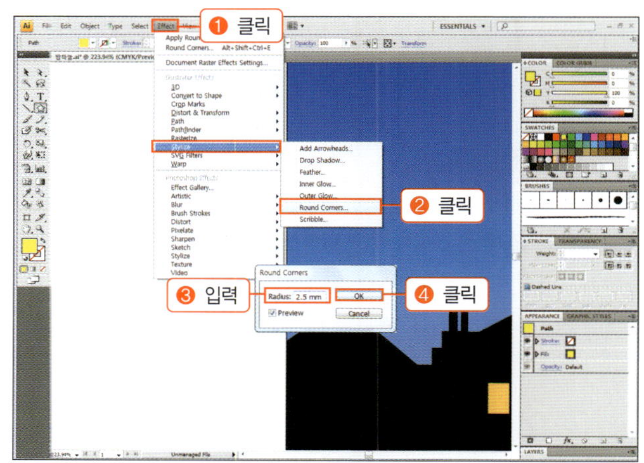

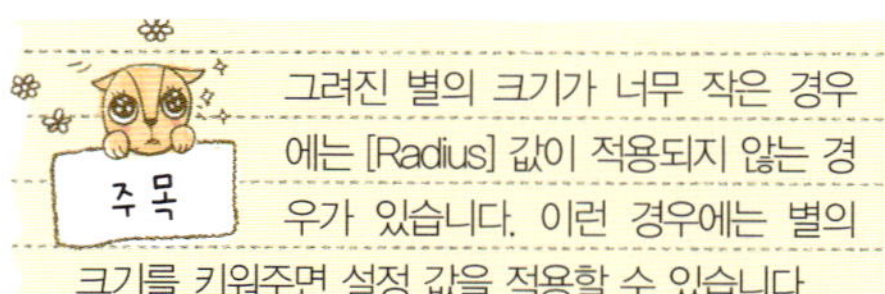

05 [Window]–[Symbols] 메뉴를 선택
하여 [Symbols] 패널을 꺼냅니다.
모서리가 둥근 별을 선택하고 [Symbols]
패널 위로 드래그하면 마우스 포인터에
'+' 표시가 나타나면서 심벌로 등록됩니
다. [Symbol Options] 대화상자가 나타나
면 [Type]을 'Graphic'으로 설정하고
[OK] 버튼을 클릭합니다.

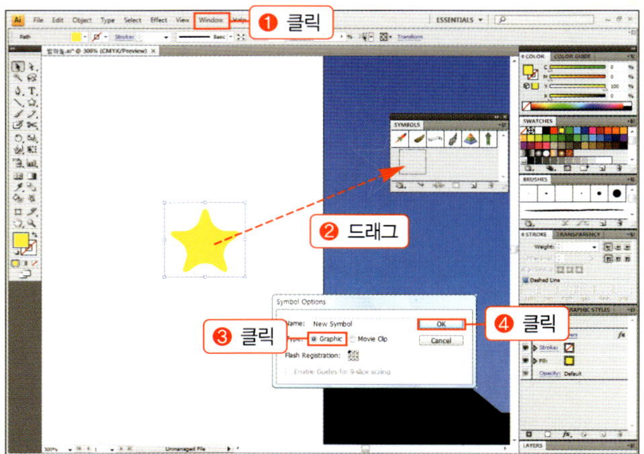

06 [Symbols] 패널에 심벌로 등록이
되었습니다. 손바닥 툴( )을 더
블클릭하여 전체 이미지가 화면에 꽉 찬
상태로 만들고 툴 패널에서 심벌 스프레이
어 툴( )을 선택합니다.

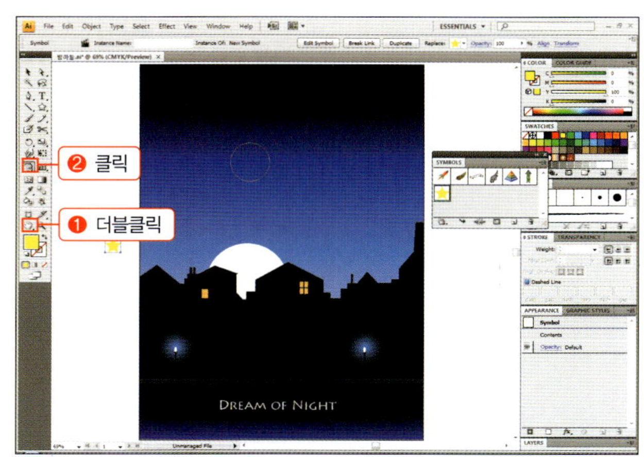

07 심벌 스프레이어 툴( )을 더블클
릭합니다. 더블클릭하면 나타나는
[Symbolism Tools Options] 대화상자에
서 [Diameter]의 크기를 '30'으로 입력하
고 [Symbol Set Density]의 값을 '5'로
입력한 다음 [OK] 버튼을 클릭합니다.

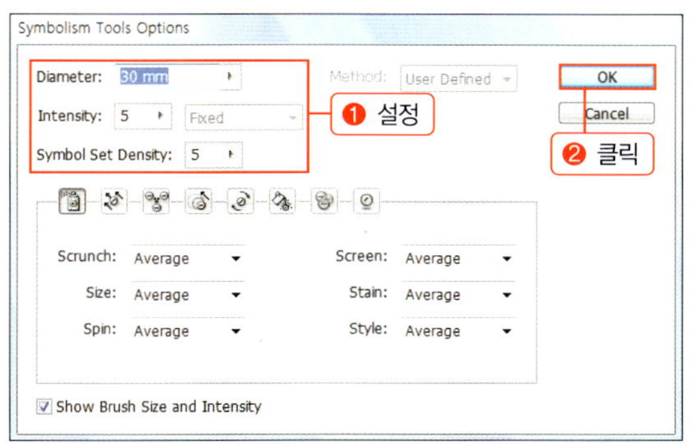

08 심벌 스프레이어 툴( )을 밤하늘 위로 드래그합니다. [Symbols] 패널에서 등록된 별이 화면 위로 별 인스턴스가 되어 나타납니다.

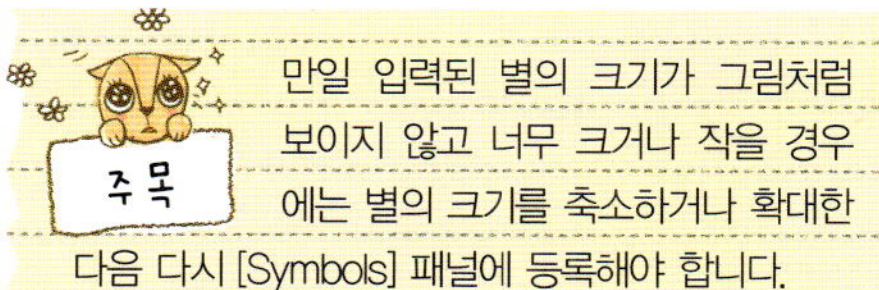

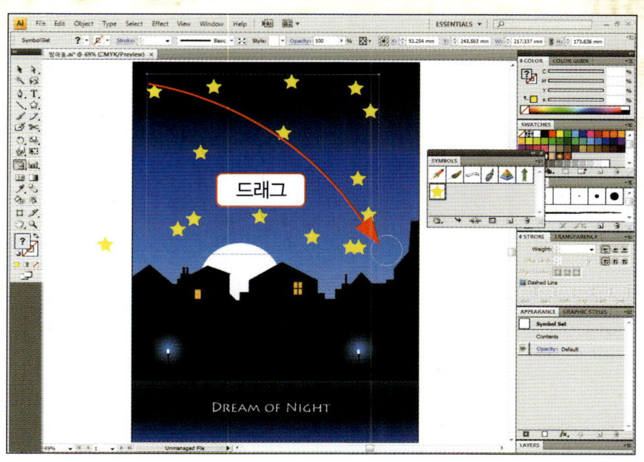

09 화면에 나타난 심벌 중 겹쳐진 심벌의 위치를 이동하기 위해서 심벌 스프레이어 툴( )을 클릭하면 나타나는 메뉴에서 심벌 이동 툴( )을 선택합니다.

10 별 인스턴스 중에서 겹쳐지거나 이동을 원하는 인스턴스 위로 드래그하여 별 인스턴스의 위치를 이동해 이미지를 완성합니다.

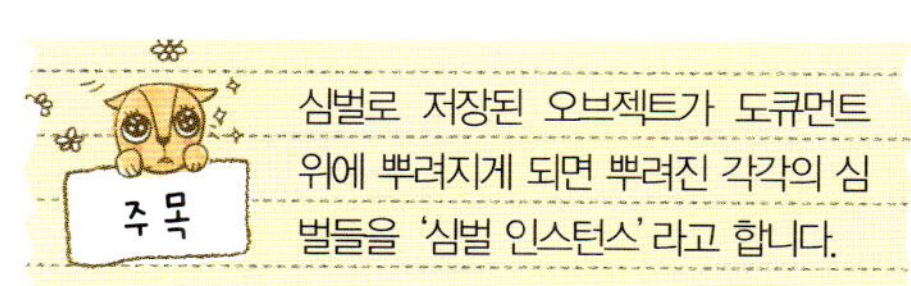

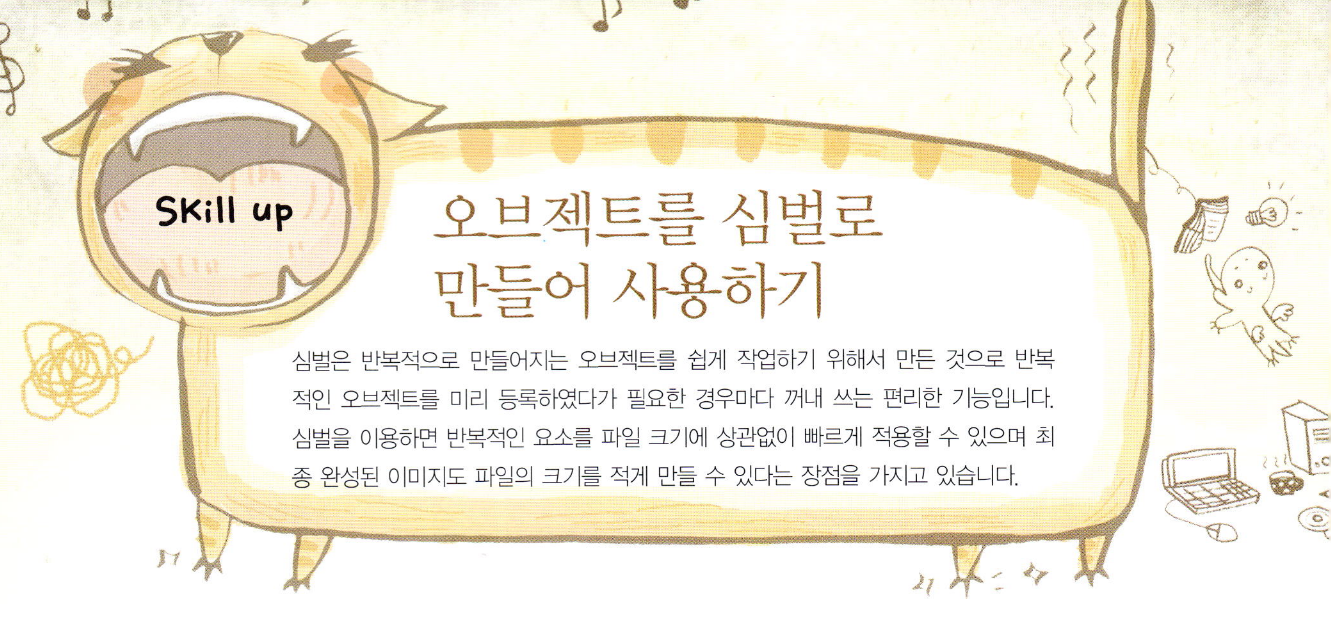

오브젝트를 심벌로 만들어 사용하기

심벌은 반복적으로 만들어지는 오브젝트를 쉽게 작업하기 위해서 만든 것으로 반복적인 오브젝트를 미리 등록하였다가 필요한 경우마다 꺼내 쓰는 편리한 기능입니다. 심벌을 이용하면 반복적인 요소를 파일 크기에 상관없이 빠르게 적용할 수 있으며 최종 완성된 이미지도 파일의 크기를 적게 만들 수 있다는 장점을 가지고 있습니다.

Skill up 01 다양한 기능의 심벌 툴 살펴보기

툴 패널의 심벌 툴에서는 심벌의 크기, 간격, 각도, 색상, 투명도, 스타일 등을 조절할 수 있는 툴들로 구성되어 있습니다.

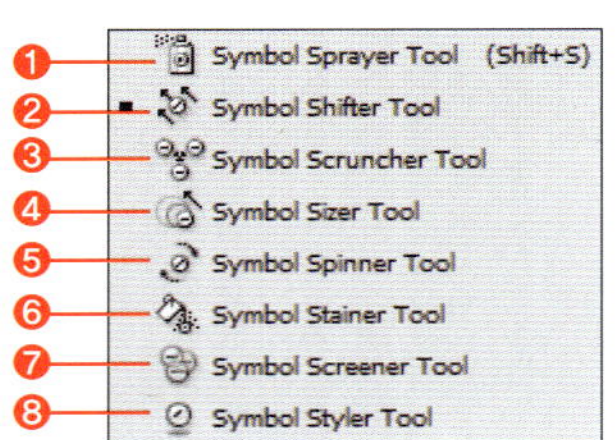

❶ **심벌 스프레이어 툴(Symbol Sprayer Tool)** : [Symbols] 패널에 등록된 심벌을 도큐먼트에 뿌려주는 역할을 합니다.

❷ **심벌 이동 툴(Symbol Shifter Tool)** : 도큐먼트에 만들어진 심벌들을 이동하는 도구입니다.

❸ **심벌 스크런처 툴(Symbol Scruncher Tool)** : 도큐먼트에 작성된 심벌들을 드래그하여 안쪽으로 모아주거나 바깥쪽으로 흩어지게 합니다.

❹ **심벌 스케일 툴(Symbol Sizer Tool)** : 도큐먼트에 작성된 심벌들의 크기를 드래그하여 확대하거나 축소합니다.

❺ **심벌 회전 툴(Symbol Spinner Tool)** : 도큐먼트에 작성된 심벌들을 드래그하여 회전합니다.

❻ **심벌 색조 툴(Symbol Stainer Tool)** : 도큐먼트에 작성된 심벌 위로 드래그하면 심벌들의 색상을 바꿔줍니다.

❼ **심벌 투명 툴(Symbol Screener Tool)** : 도큐먼트에 작성된 심벌들을 드래그하여 심벌들의 투명도를 조절합니다.

❽ **심벌 스타일 툴(Symbol Styler Tool)** : 도큐먼트에 작성된 심벌들을 드래그하여 스타일 패널에 등록된 스타일을 적용하는 도구입니다.

심벌 툴을 더블클릭하면 나타나는 [Symbolism Tools Options] 대화상자에서는 심벌에 대한 옵션을 설정할 수 있습니다.

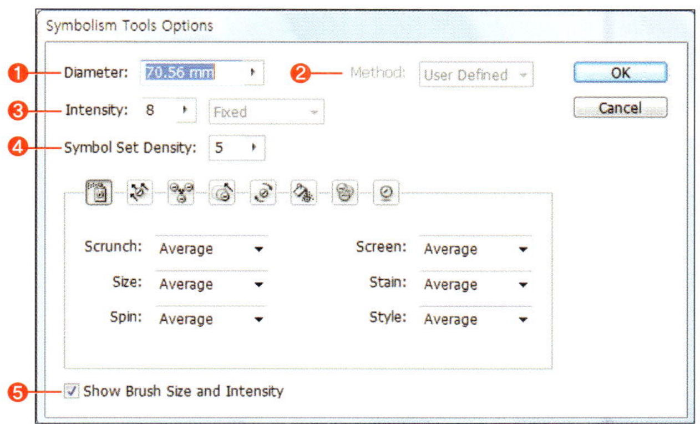

❶ **Diameter** : 심벌 툴의 브러시 크기를 조절합니다.

❷ **Method** : 심벌 툴을 사용할 때 심벌의 적용 방식으로 Average(평균 적용), User Defined(사용자 지정), Random(임의 적용) 중 하나를 선택할 수 있습니다.

❸ **Intensity** : 심벌 툴을 드래그할 때 뿌려지는 심벌의 양을 조절할 수 있습니다.

❹ **Symbol Set Density** : 심벌을 드래그할 때 뿌려지는 심벌의 양을 조절할 수 있습니다.

❺ **Show Brush Size and Intensity** : 심벌 툴을 적용할 때의 브러시 영역이 화면에 표시됩니다.

Skill up 03 [Symbols] 패널 살펴보기

[Symbols] 패널은 등록된 심벌을 선택하는 곳입니다. [Symbols] 패널이 화면에 보이지 않는 경우에는 [Window]-[Symbols] 메뉴를 클릭하면 패널을 불러올 수 있습니다. [Symbols] 패널 오른쪽 상단의 드롭다운(▾≡) 버튼을 클릭하면 [Symbols] 패널의 메뉴가 나타나게 됩니다.

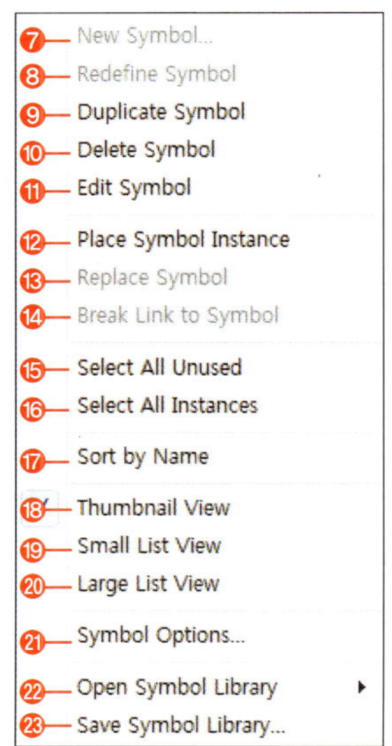

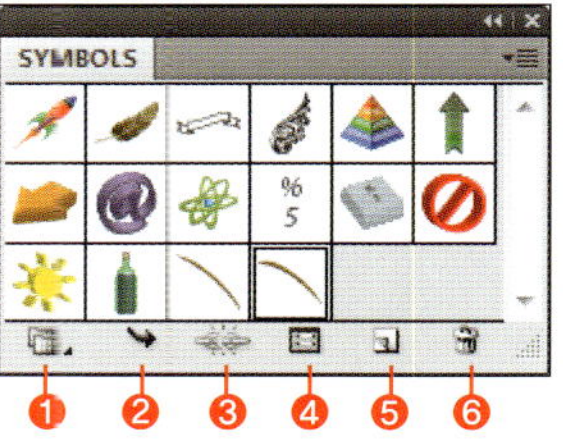

▲ [Symbols] 패널과 드롭다운 메뉴

❶ **Symbol Libraries Menu** : 삼각형을 클릭하고 원하는 심벌을 [Symbol Libraries Menu]( ) 버튼에서 바로 선택하여 열 수 있습니다.

❷ **Place Symbol Instance** : [Symbols] 패널에서 선택한 심벌을 도큐먼트에 나타나게 해줍니다.

❸ **Break Link to Symbol** : 도큐먼트에서 선택한 심벌과 [Symbols] 패널의 심벌 관계를 끊어 서로 간에 영향이 없도록 만들어줍니다.

❹ **Symbol Options** : [Symbol Options] 대화상자를 엽니다.

❺ **New Symbol** : 도큐먼트에 선택된 심벌을 [Symbols] 패널에 새 심벌로 등록합니다.

❻ **Delete Symbol** : [Symbols] 패널에 선택된 심벌을 삭제합니다.

❼ **New Symbol** : 도큐먼트에서 선택한 오브젝트를 새로운 심벌로 등록합니다.

❽ **Redefine Symbol** : 심벌을 새롭게 정의하거나 수정할 때 사용하는 기능으로 지정한 심벌을 선택된 심벌 인스턴스나 오브젝트로 새롭게 정의할 수 있습니다.

❾ **Duplicate Symbol** : 선택한 심벌을 복사합니다.

❿ **Delete Symbol** : 선택한 심벌을 삭제합니다.

⓫ **Edit Symbol** : 선택한 심벌을 심벌 수정 창을 통해 수정합니다.

⓬ **Place Symbol Instance** : [Symbols] 패널에서 지정되어 있는 심벌을 화면에 나타나게 합니다.

⓭ **Replace Symbol** : 도큐먼트에서 선택한 심벌을 [Symbols] 패널에서 선택한 심벌로 대체합니다.

⓮ **Break Link to Symbol** : 도큐먼트의 심벌과 심벌 인스턴스와 연결을 끊게 되며, 심벌의 속성을 잃게 됩니다.

⓯ **Select All Unused** : 사용되지 않은 심벌을 모두 선택합니다.

⓰ **Select All Instances** : 선택한 심벌과 같은 도큐먼트에 있는 심벌 인스턴스를 모두 선택합니다.

⓱ **Sort by Name** : [Symbols] 패널에서 심벌을 이름순으로 표시합니다.

⓲ **Thumbnail View** : [Symbols] 패널의 심벌을 아이콘 모양으로 표시합니다.

⓳ **Small List View** : [Symbols] 패널의 심벌을 작은 그림과 목록으로 표시합니다.

⓴ **Large List View** : [Symbols] 패널의 심벌을 큰 그림과 목록으로 표시합니다.

㉑ **Symbol Options** : [Symbols] 패널에서 지정한 심벌의 이름을 수정할 수 있는 대화상자가 나타나게 됩니다.

㉒ **Open Symbol Library** : 일러스트레이터에서 제공되는 심벌 라이브러리를 선택합니다.

㉓ **Save Symbol Library** : 사용자가 만든 심벌 라이브러리를 파일로 저장하여 필요한 경우에 다시 불러 내서 사용할 수 있습니다.

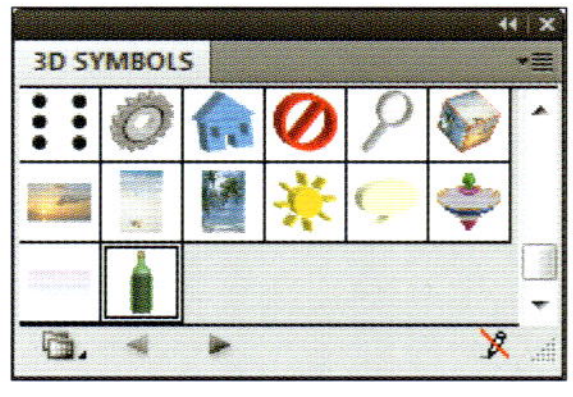

▲ [3D Symbols] 패널

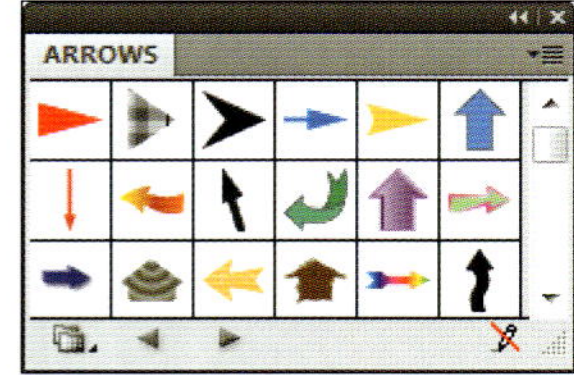

▲ [Arrows] 패널

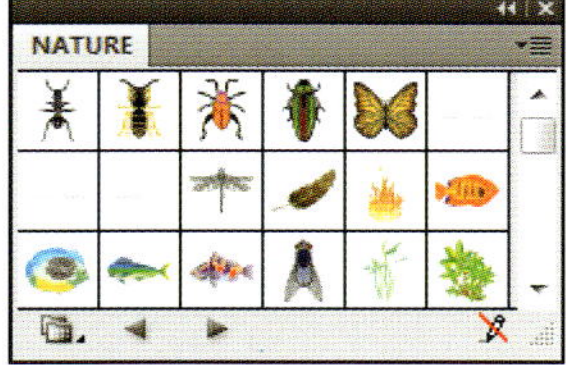

▲ [Nature] 패널

심벌 수정하고 한 번에 바꾸기

도큐먼트에 사용한 심벌 인스턴스는 [Symbols] 패널을 이용하여 다른 심벌로 대체할 수 있습니다.
그리고 심벌 편집 툴을 이용하여 심벌의 크기, 색상, 형태, 각도, 투명도, 스타일 등을 수정하거나 대
체할 수도 있습니다. 등록된 심벌을 편집하여 수정하는 방법을 이용해 예제를 만들어보겠습니다.

15분 완성
파일 분석하기

❶ 심벌 스프레이어 툴 사용하기
 : 279 page

❷ 심벌 모으고 모여진 심벌 분
 산하기 : 280 page

❸ 등록된 심벌 크기 조정하기
 : 281 page

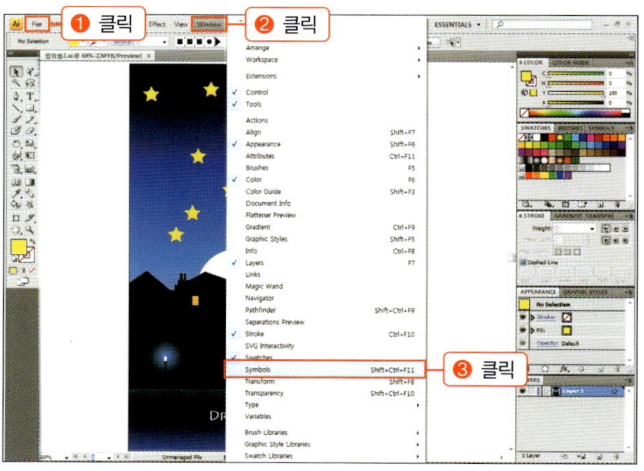

예제 파일 : Sample\Part05\밤하늘2.ai
완성 파일 : Sample\Part05\밤하늘2완성.ai

01
[File]-[Open] 메뉴를 선택하고
'Sample\Part05\밤하늘2.ai' 파
일을 불러옵니다. [Window]-[Symbols]
메뉴를 선택하여 [Symbols] 패널을 불러
옵니다.

02 [Symbols] 패널에는 미리 작업한 별 모양 심벌이 등록되어 있습니다. 툴 패널에서 심벌 스프레이어 툴(　)을 선택하고 [Symbols] 패널에서 'Rocket'을 선택합니다.

03 검은색 지붕 위에 클릭하여 선택한 로켓 인스턴스를 추가합니다.

04 입력한 심벌이 그림과는 별로 어울리지 않기 때문에 다른 심벌로 교체해보겠습니다. [Symbols] 패널 하단의 [Symbol Libraries Menu](　) 버튼을 클릭하면 나타나는 메뉴에서 [Tiki]를 선택합니다.

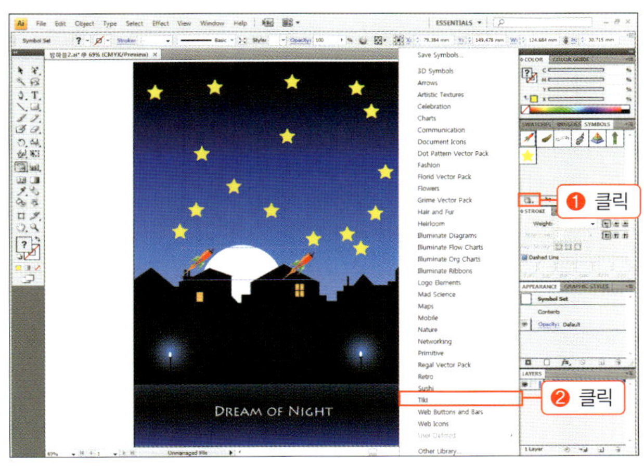

05 [Tiki] 패널이 나타나면 'Dog' 심벌을 클릭하여 선택합니다. 'Dog' 심벌이 [Symbols] 패널에 등록됩니다.

06 툴 패널에서 선택 툴( )을 선택하고 로켓 심벌을 클릭하여 선택합니다. [Symbols] 패널에서는 'Dog' 심벌을 선택하고 패널의 드롭다운( ) 버튼을 클릭하면 나타나는 메뉴에서 [Replace Symbol]을 선택합니다.

주목 선택한 심벌이 잘 보이도록 여기에서는 [Symbols] 패널을 별도로 분리하였습니다.

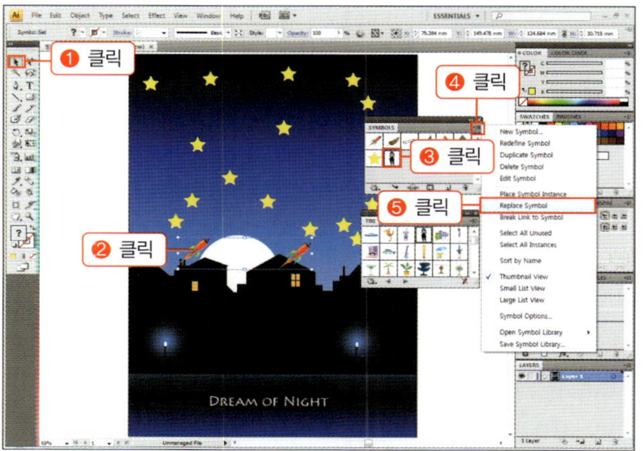

07 로켓 심벌이 선택한 강아지 모양 심벌로 대치된 것을 알 수 있습니다.

08 이번에는 별 심벌이 전체 이미지에서 크기 때문에 심벌 편집 기능을 이용하여 크기를 조절해보겠습니다. [Symbols] 패널에서 별 모양 심벌을 선택하고 패널의 드롭다운(⬇) 버튼을 클릭한 뒤 메뉴에서 [Edit Symbol]을 선택합니다.

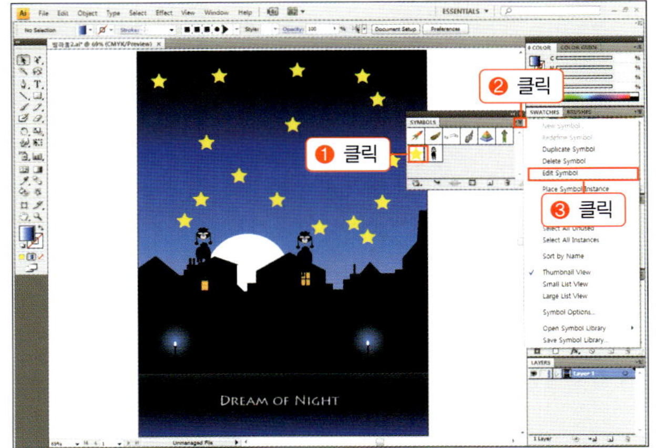

09 도큐먼트 화면에서 심벌 편집 모드 화면으로 바뀝니다. 툴 패널에서 선택 툴(▶)을 선택하고 별 심벌을 선택한 다음 선택한 별 모양 심벌의 외곽에 있는 바운딩 박스를 조절하여 별 모양 심벌의 크기를 축소합니다.

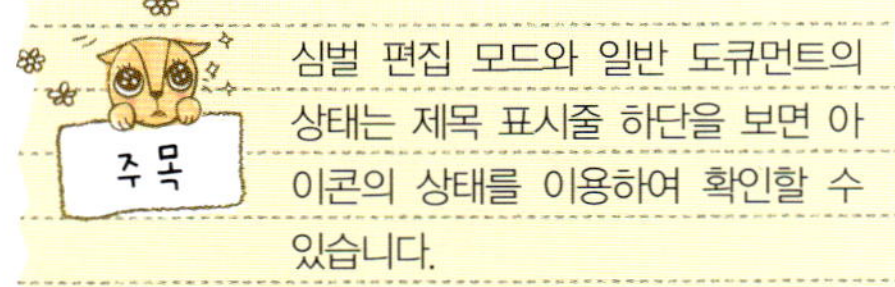

심벌 편집 모드와 일반 도큐먼트의 상태는 제목 표시줄 하단을 보면 아이콘의 상태를 이용하여 확인할 수 있습니다.

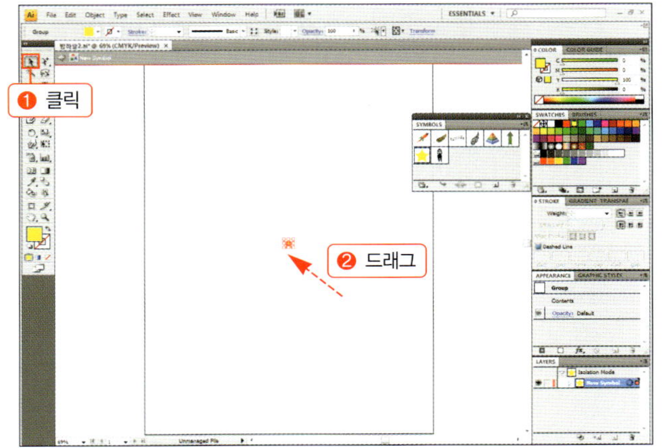

10 심벌의 크기가 축소되면 심벌 편집 모드 화면을 클릭하여 선택을 해제한 다음, 도큐먼트의 빈 공간을 더블클릭합니다. 심벌 편집 모드에서 도큐먼트 화면으로 이동되며 별 모양 심벌의 크기가 수정되어 축소된 것을 확인할 수 있습니다.

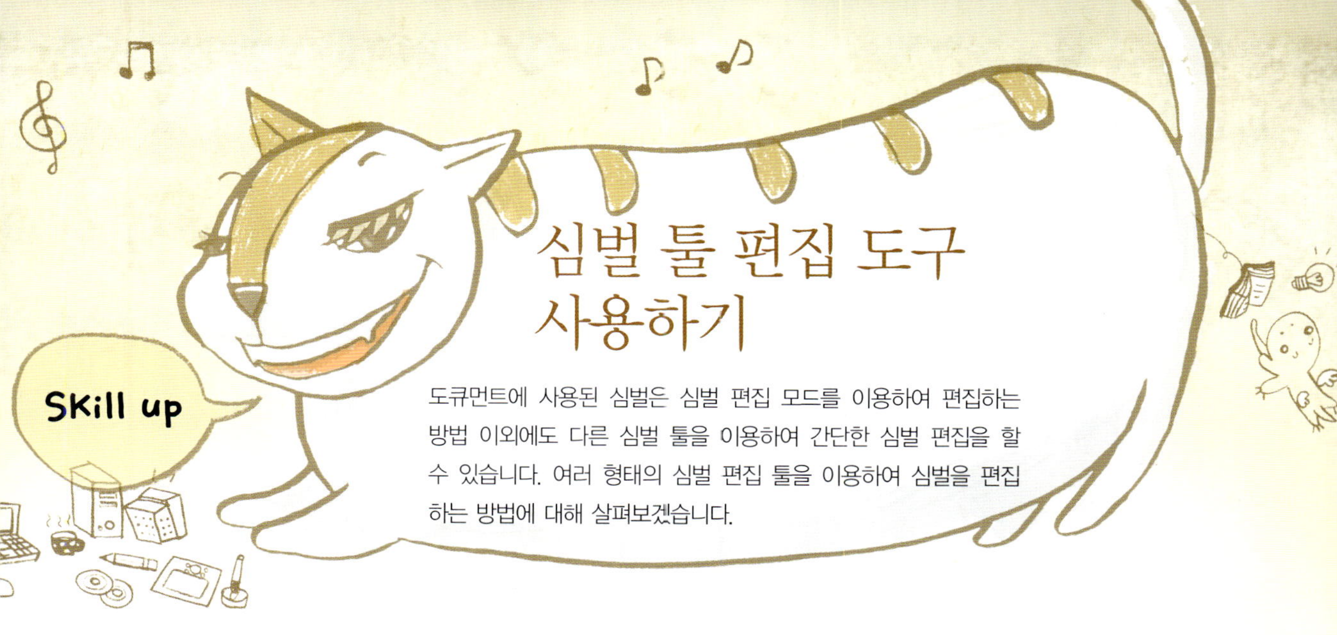

심벌 툴 편집 도구 사용하기

도큐먼트에 사용된 심벌은 심벌 편집 모드를 이용하여 편집하는 방법 이외에도 다른 심벌 툴을 이용하여 간단한 심벌 편집을 할 수 있습니다. 여러 형태의 심벌 편집 툴을 이용하여 심벌을 편집하는 방법에 대해 살펴보겠습니다.

SKill up 01　심벌 스프레이어 툴 사용하기

심벌 스프레이어 툴(　)은 [Symbols] 패널에 등록된 심벌을 선택하고 선택된 심벌을 도큐먼트에 뿌려주는 역할을 가지고 있습니다. 예제 파일을 불러온 뒤 툴 패널에서 심벌 스프레이어 툴(　)을 선택하고 [Symbols] 패널에 등록된 'Green Apple' 심벌을 클릭하면 한 개의 심벌이 뿌려지게 됩니다. 드래그하면 궤적에 따라 심벌이 흩뿌려지게 됩니다.

◉ 예제 파일 : Sample\Part05\푸른하늘.ai

▲ 심벌 적용 전 이미지

▲ 드래그하여 심벌 적용하기

주목　심벌 스프레이어 툴(　)로 도큐먼트를 드래그하면 선택한 심벌을 뿌려줄 수 있습니다. 뿌려진 심벌 인스턴스는 바운딩 박스에 묶여 하나의 심벌 세트를 이루게 되는데 Alt 를 누른 채 심벌 세트를 드래그하면 심벌 인스턴스의 수가 점점 감소하게 됩니다.

Skill up 02 심벌 이동하기

등록된 심벌의 위치는 심벌 이동 툴( )을 이용하여 원하는 심벌을 이동할 수 있습니다. 심벌이 등록된
상태에서 심벌 이동 툴( )을 선택하고 이동하려는 심벌 인스턴스 위에서 드래그하면 원하는 위치로 심
벌을 이동할 수 있습니다.

▲ 이동 전 이미지

▲ 심벌 인스턴스 이동하기

심벌 인스턴스도 일반 오브젝트와 마찬가지로 나중에 그려진 오브젝트는 먼저 그려진 오
브젝트보다 위로 올라와 있게 됩니다. 만일 뒤에 위치해 있는 심벌 인스턴스를 위로 배열
하려면 Shift 를 누른 채 드래그하고, Alt + Shift 를 누른 채 드래그하면 뒤로 배열이 됩니다.

Skill up 03 심벌 모으고 모여진 심벌 분산하기

심벌 스크런처 툴( )을 선택하여 심벌을 안쪽으로 모으거나 바깥쪽으로 흩뿌려 밀도를 조절할 수 있습
니다. 앞에서 그려진 'Green Apple' 심벌은 Delete 를 눌러 삭제하고 [Symbols] 패널에서 'Bumble
Bee' 심벌을 선택한 후 심벌 스프레이어 툴( )을 이용하여 심벌을 뿌려줍니다. 툴 패널에서 심벌 스크
런처 툴( )을 선택하고 심벌 인스턴스 위에서 드래그하면 심벌 인스턴스의 간격이 좁아집니다. Alt 를
누르고 드래그하면 반대로 심벌 인스턴스의 간격이 넓어지게 됩니다.

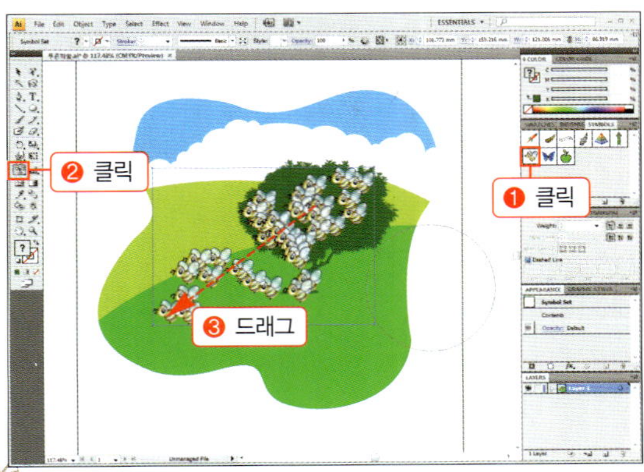

▲ 이동 전 이미지

▲ 심벌 인스턴스 간격 넓히기

도큐먼트에 등록된 심벌은 심벌 스케일 툴(圖)을 이용하여 크기를 조절할 수 있습니다. 크기를 조절하려는 심벌을 선택하고 클릭하면 클릭하고 있는 시간과 비례해서 크기가 조절됩니다. 오래 클릭할수록 심벌의 크기가 커지게 됩니다. Alt 를 누른 채 클릭하면 반대로 심벌 인스턴스의 크기가 줄어듭니다.

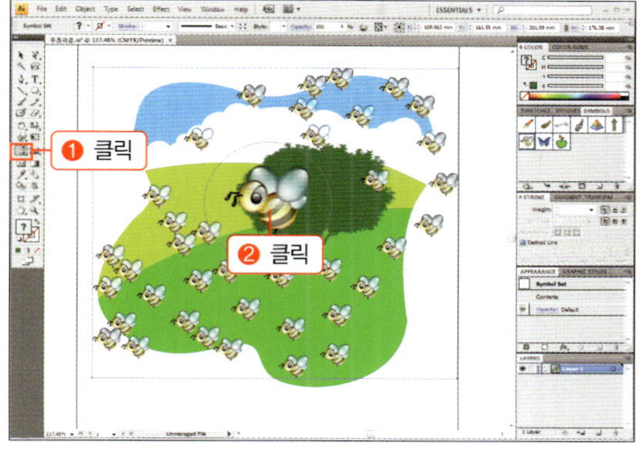

▲ 심벌 확대하기

▲ 심벌 축소하기

심벌 회전 툴(圖)은 등록된 심벌의 각도를 조절하는 툴로 마우스 포인터가 움직이는 방향으로 회전됩니다. 마우스로 심벌을 드래그할 때 심벌을 클릭하면 인스턴스의 방향이 화살표를 통해 미리 표시되므로 심벌 인스턴스의 회전 정도를 미리 확인할 수 있습니다.

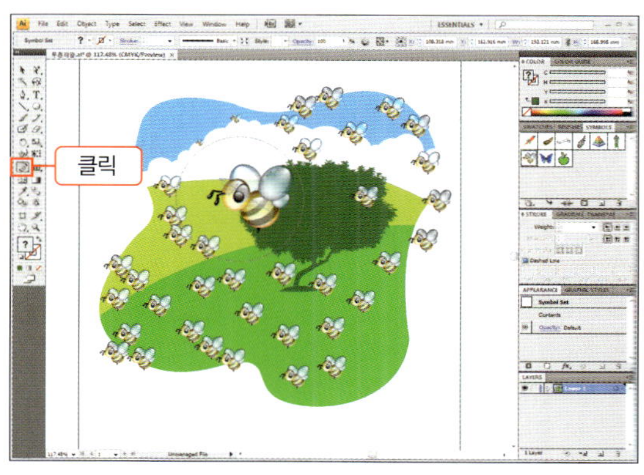

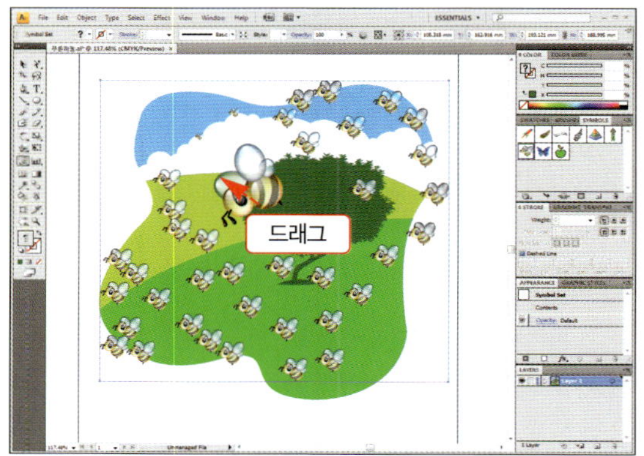

▲ 심벌 회전하기

주목

여러 개의 심벌을 한번에 크기 조절하거나 회전하려면 심벌 회전 툴(圖)을 더블클릭하면 나타나는 [Symbolism Tools Options] 대화상자의 [Diameter]에서 브러시의 크기를 키우면 브러시의 크기를 확대/축소할 수 있습니다. 또는 키보드의 단축키 [나] 를 눌러도 축소/확대가 가능합니다.

심벌의 색상은 [Swatches] 패널에서 선택한 색상
으로 조절이 가능합니다. 툴 패널 하단의 색상 모드
에서 선 색은 '없음'으로 설정하고 면 색을 원하는
색으로 선택합니다. 심벌 색상 툴(   )을 선택하고
원하는 심벌 인스턴스 위에서 드래그하면 심벌의
색상이 선택한 색상으로 조절됩니다.

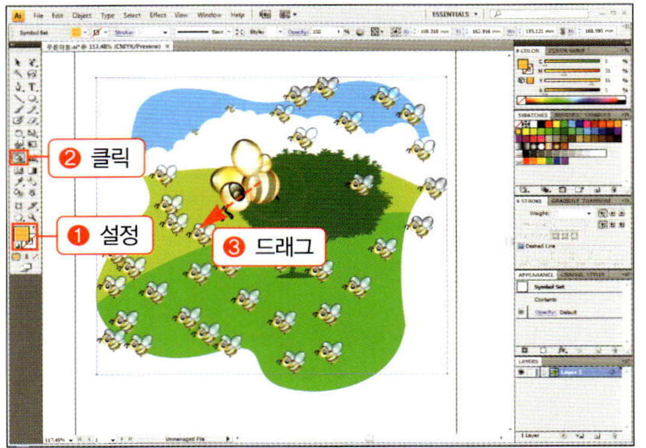

▲ 심벌의 색상 바꾸기

심벌 투명 툴(   )은 등록된 심벌 인스턴스의 투명
도를 조절하는 기능입니다. 심벌 투명 툴(   )을 선
택하고 원하는 심벌 인스턴스 위로 드래그하면 드
래그한 심벌 인스턴스가 투명해집니다. 마우스를
클릭하거나 드래그하는 횟수에 따라 투명해지는 농
도를 조절할 수 있습니다.

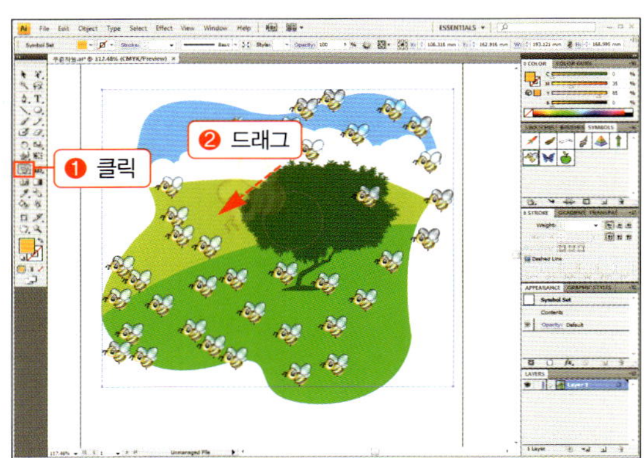

▲ 심벌을 투명하게 바꾸기

심벌 스타일 툴(   )은 [Graphic Styles] 패널에서
선택한 스타일로 심벌 인스턴스를 바꿔주는 역할을
가지고 있습니다. [Window]-[Graphic Styles]를
선택하면 나타나는 [Graphic Styles] 패널에서
'Color Halftone'을 선택합니다. 툴 패널에서 심
벌 스타일 툴(   )을 선택하고 원하는 심벌 위로 드
래그하면 선택한 스타일로 심벌이 바뀌게 됩니다.

▲ 선택한 스타일로 심벌 바꾸기

크기가 서로 다른 패턴으로 CD 커버 만들기

패턴은 연속적으로 반복되어 보이는 무늬를 말하며 벽지, 이미지의 배경 등에 유용하게 사용됩니다. 다양한 무늬와 모양을 만들 수 있는 패턴은 사용자가 직접 등록할 수 있으며 등록된 패턴도 다시 수정할 수 있습니다. 크기가 서로 다른 패턴을 만들어 이미지에 등록해보겠습니다.

예제 파일 : Sample\Part05\퍼즐.ai
완성 파일 : Sample\Part05\패턴완성.ai

---

01 [File]-[New] 메뉴를 선택하여 'A4' 크기의 새로운 도큐먼트를 만듭니다. 툴 패널에서 원 툴(　)을 선택합니다. 면 색은 '없음', 선 색은 'Black'으로 설정한 다음 도큐먼트의 빈 공간을 클릭합니다. [Ellipse] 대화상자가 나타나면 [Width]와 [Height]에 '30mm'를 입력하고 [OK] 버튼을 클릭합니다.

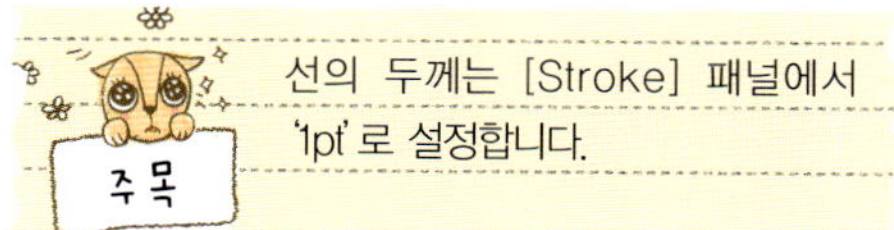

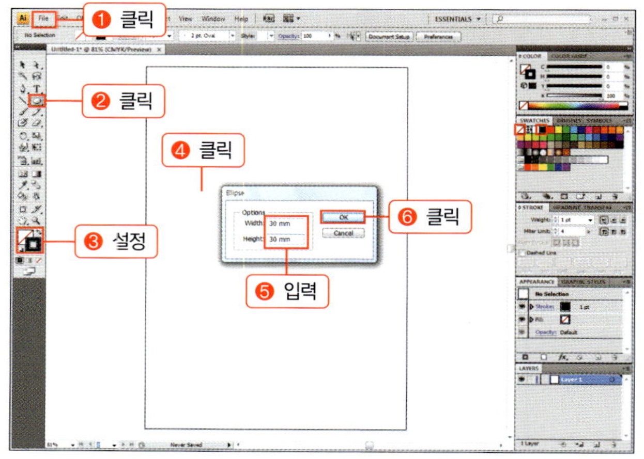

주목 | 선의 두께는 [Stroke] 패널에서 '1pt'로 설정합니다.

02 지름이 '30mm' 인 원이 만들어졌으면 툴 패널에서 돋보기 툴(🔍)을 선택하고 그려진 원을 확대한 뒤 스케일 툴(📐)을 선택하고 더블클릭합니다. 더블클릭하면 나타나는 [Scale] 대화상자의 [Uniform]에 [Scale]을 '125%'로 입력합니다. [Options]의 [Scale Strokes & Effects]를 체크한 다음 [Copy] 버튼을 클릭합니다.

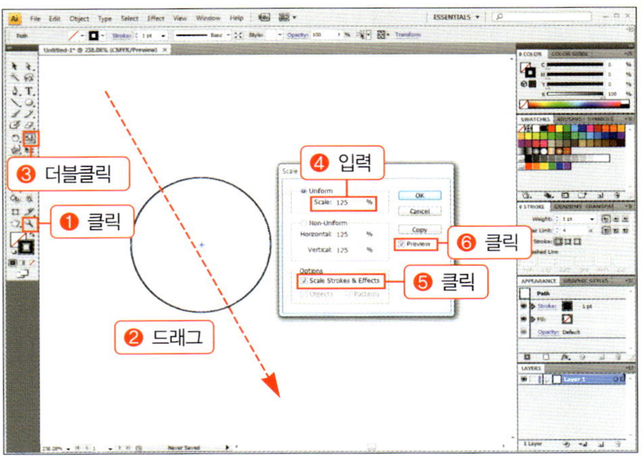

03 크기와 굵기가 서로 다른 원이 만들어졌으면 [Object]-[Transform]-[Transform Again] 메뉴를 선택하여 같은 방법으로 원 오브젝트를 복사합니다. 이 명령을 세 번 더 적용하거나 Ctrl + D 를 세 번 더 눌러 같은 비율로 이미지를 복사합니다.

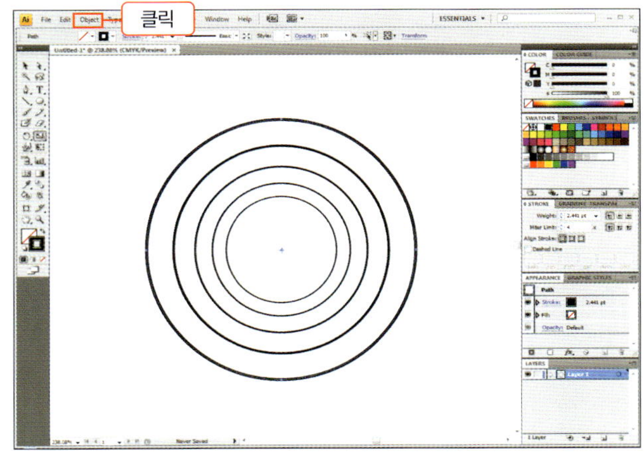

04 툴 패널에서 선택 툴(▶)을 선택한 다음 만들어진 원들을 모두 드래그하여 선택합니다. 그리고 [Swatches] 패널에서 면 색은 '없음'으로 하고 선 색은 'C=50, Y=100'으로 설정합니다.

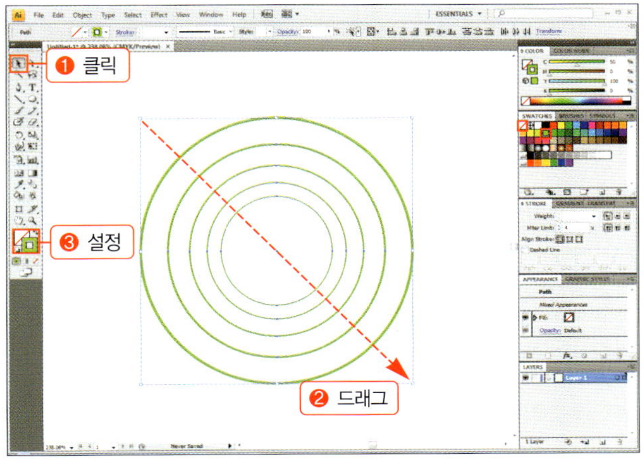

05 도큐먼트의 흰 여백 부분을 클릭하여 선택을 해제한 다음 다시 가장 안쪽에 있는 원을 클릭하여 선택합니다. 원의 면 색을 'C=90, M=30, Y=95, K=30' 으로 설정합니다.

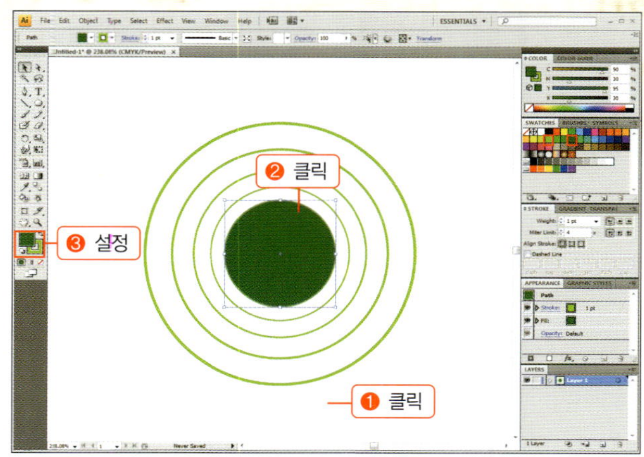

06 지금까지와 같은 방법으로 원 툴( )을 이용하여 그림과 같은 색상의 배치를 가지고 있는 두 개의 원을 그려줍니다. 선택 툴( )을 이용하여 두 개의 원 오브젝트의 중심이 비슷한 위치에 오도록 위치를 이동합니다.

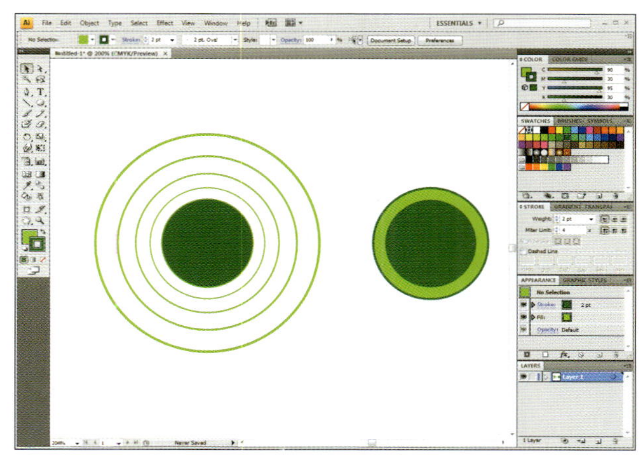

07 선택 툴( )을 이용하여 그려진 오브젝트를 모두 선택합니다. 툴 패널에서 회전 툴( )을 클릭하고 선택된 원 오브젝트의 아래쪽을 클릭하여 중심점을 만들어줍니다. 오브젝트의 외곽 부분을 클릭하고 Shift + Alt 를 누른 채 드래그하여 회전시켜 복사합니다.

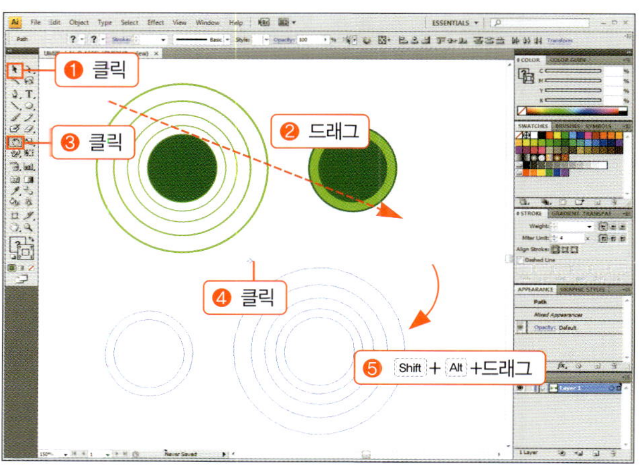

주목   이미지가 회전되어 복사되었으면 다시 선택 툴( )로 원 오브젝트가 적당한 위치에 올 수 있도록 위치를 조절합니다.

08 툴 패널에서 사각형 툴(□)을 선택하고 [Color] 패널을 통해 면 색은 'C=20, Y=100'으로 설정한 다음 선색은 '없음'으로 설정합니다.

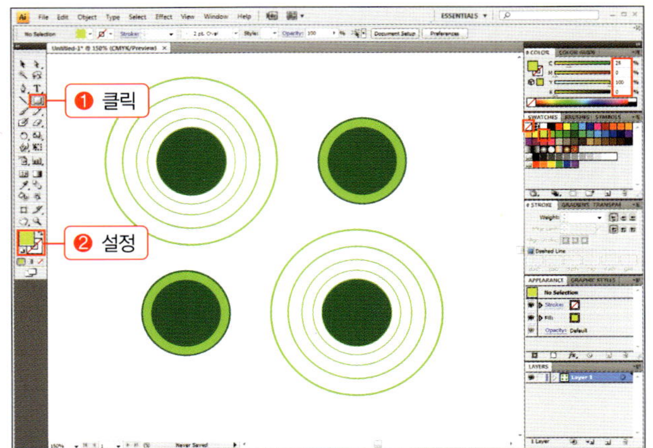

09 그려진 모든 원들이 포함되도록 사각형 툴(□)을 크게 드래그하여 그려줍니다. [Object]-[Arrange]-[Send to Back] 메뉴를 선택하여 사각형을 원 오브젝트들의 가장 뒤로 보내줍니다.

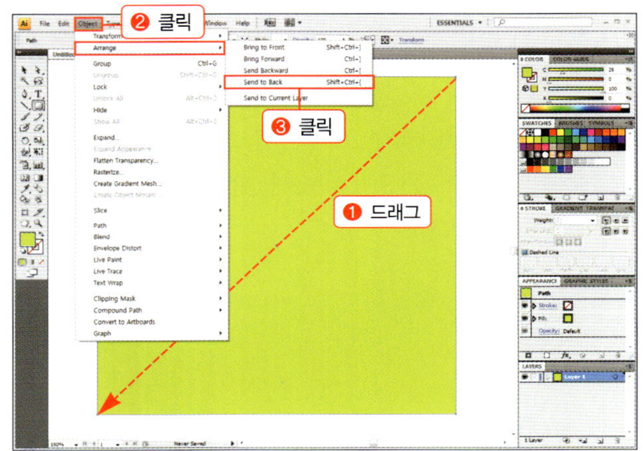

10 툴 패널에서 선택 툴(▶)을 선택한 뒤 만들어진 모든 오브젝트를 선택합니다. [Swatches] 패널을 연 뒤 오브젝트를 드래그하여 패턴으로 등록합니다.

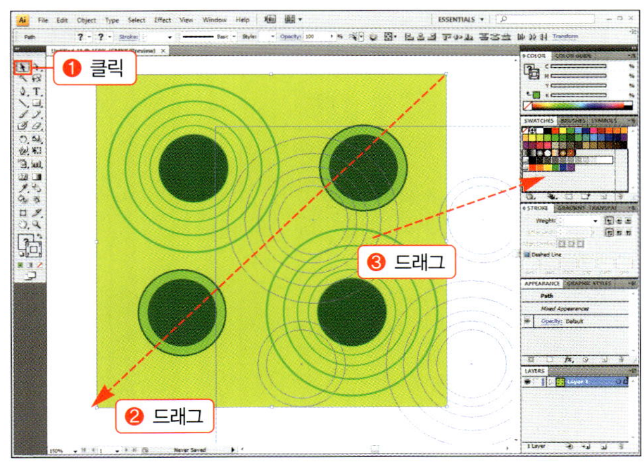

11 [File]-[Open] 메뉴를 선택하고 'Sample\Part05\퍼즐.ai' 파일을 불러옵니다. 불러온 파일이 새로운 탭으로 만들어지면서 작업된 이미지가 불러들여집니다. 툴 패널에서 선택 툴(❘)을 선택한 다음 전체 오브젝트를 드래그하여 선택하고 Ctrl + C 를 눌러 복사합니다.

> **주목** 새로 등록한 패턴은 작업하는 도큐먼트에서만 사용이 가능하므로 다른 오브젝트에 있는 패턴을 복사해서 가져와야 사용할 수 있습니다.

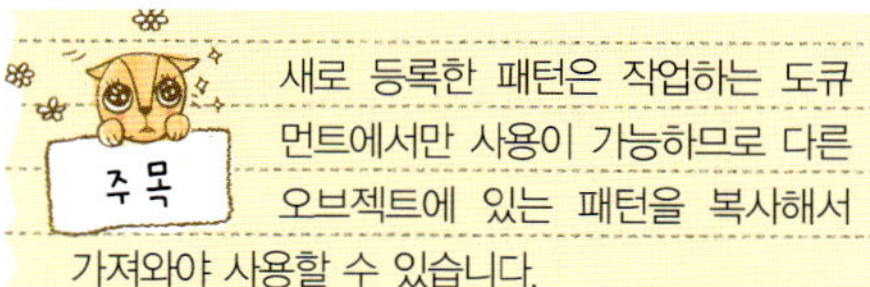
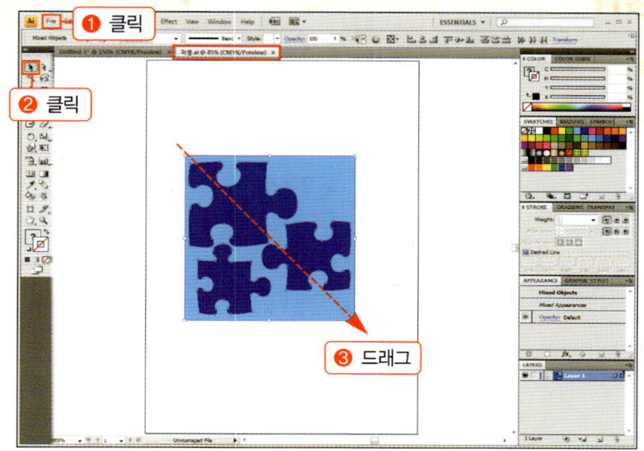

12 작업 탭에서 패턴 작업하던 탭을 클릭하여 선택합니다. 돋보기 툴(🔍)로 화면을 축소한 뒤 Ctrl + V 를 눌러 복사한 이미지를 붙여 넣습니다. 툴 패널에서 선택 툴(❘)을 선택한 다음 붙여진 파일에서 하늘색 배경 이미지를 클릭하여 선택합니다.

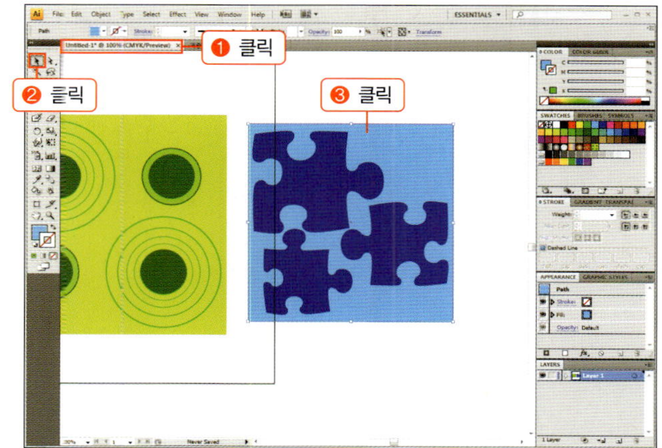

13 툴 패널 하단의 색상 모드에서 면 색을 클릭하여 선택한 후 [Swatches] 패널에서 새롭게 등록한 패턴을 클릭하여 패턴을 적용합니다.

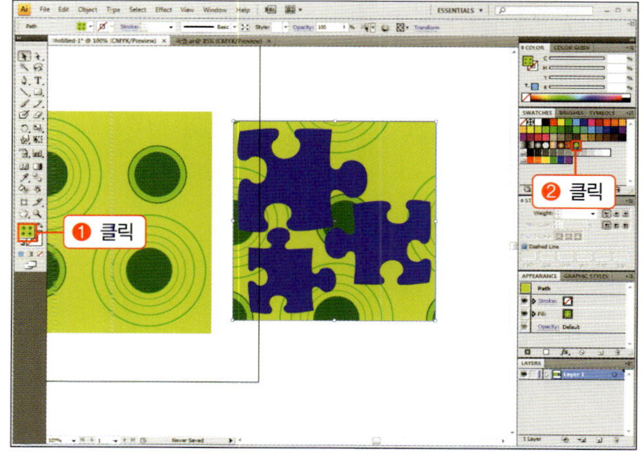

14 등록한 패턴의 크기와 오브젝트에 적용한 패턴의 크기가 동일하기 때문에 패턴의 크기를 줄이기 위해 툴 패널에서 스케일 툴( )을 더블클릭합니다. [Scale] 대화상자가 나타나면 [Uniform]의 [Scale]은 '25'로 입력하고 [Options]에서 [Patterns]만 체크를 한 다음 [Objects]의 체크는 해제합니다. 모든 옵션의 설정이 되었으면 [OK] 버튼을 클릭합니다.

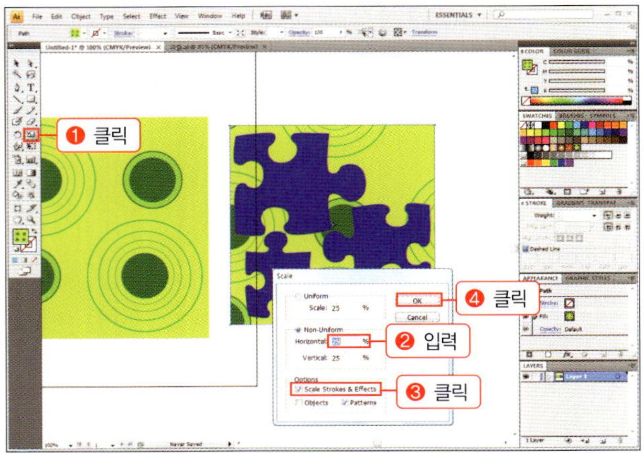

15 선택 툴( )을 이용하여 등록한 패턴은 Delete 를 이용하여 삭제하고 블록 모양의 오브젝트를 아트보드의 가운데로 이동합니다. 파란색으로 이루어진 오브젝트에도 작업한 패턴을 선택하여 적용합니다.

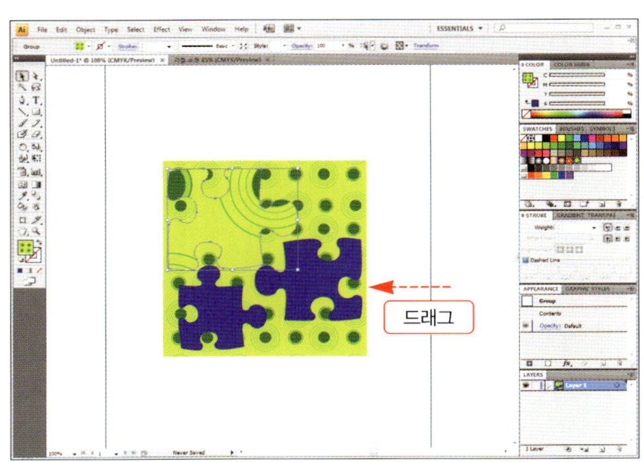

16 앞에서와 같은 방법으로 스케일 툴( )을 이용하여 등록된 패턴의 크기를 조절합니다. 다른 오브젝트에도 패턴을 적용한 다음 패턴의 크기를 다양하게 조절해줍니다.

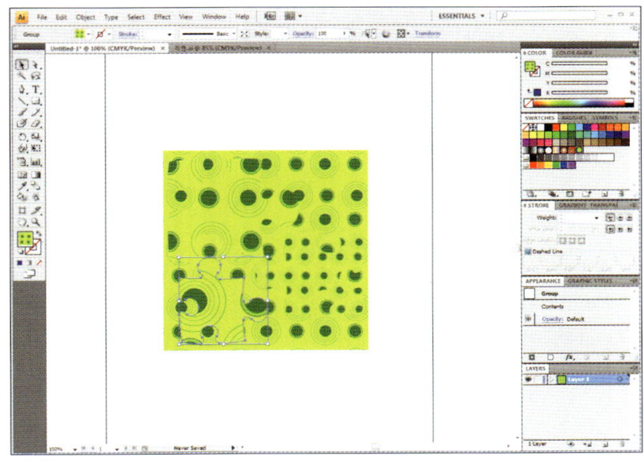

17 배경으로 사용된 이미지와 블록 모양의 오브젝트에 적용된 패턴을 분리하기 위해서 선택 툴(▶)을 선택하고 Shift 를 누른 상태에서 세 개의 블록을 다중 선택합니다.

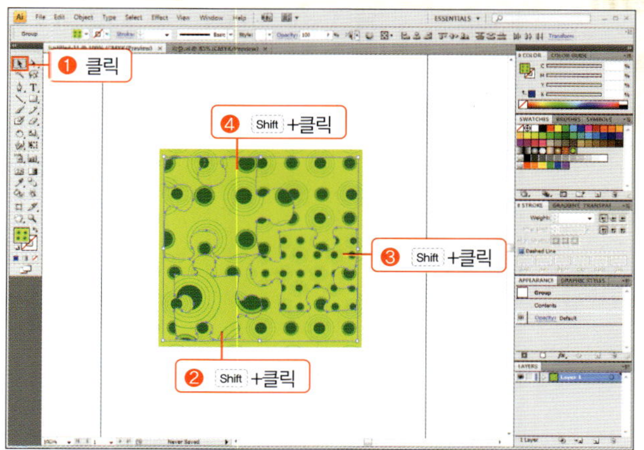

18 메뉴 바에서 [Effect]–[Stylize]–[Drop Shadow] 메뉴를 선택합니다. [Drop Shadow] 대화상자에서 [Opacity]는 '85', [Blur]는 '1.3' 으로 입력하고 [OK] 버튼을 클릭합니다.

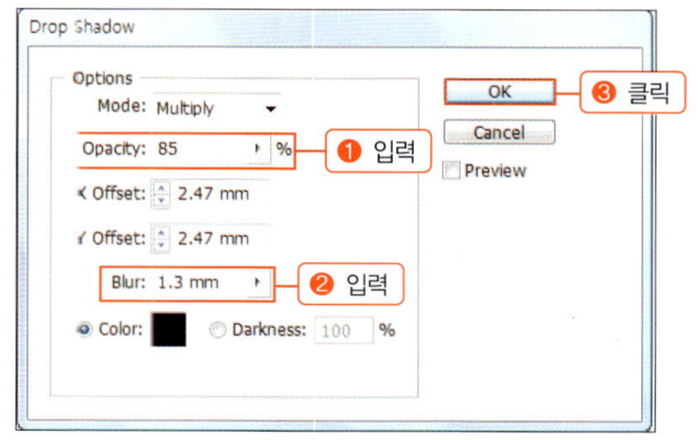

19 패턴이 적용된 배경 이미지가 완성되었습니다. 문자 툴(T)을 이용해 문자를 입력하여 CD 커버 이미지를 만들면 됩니다.

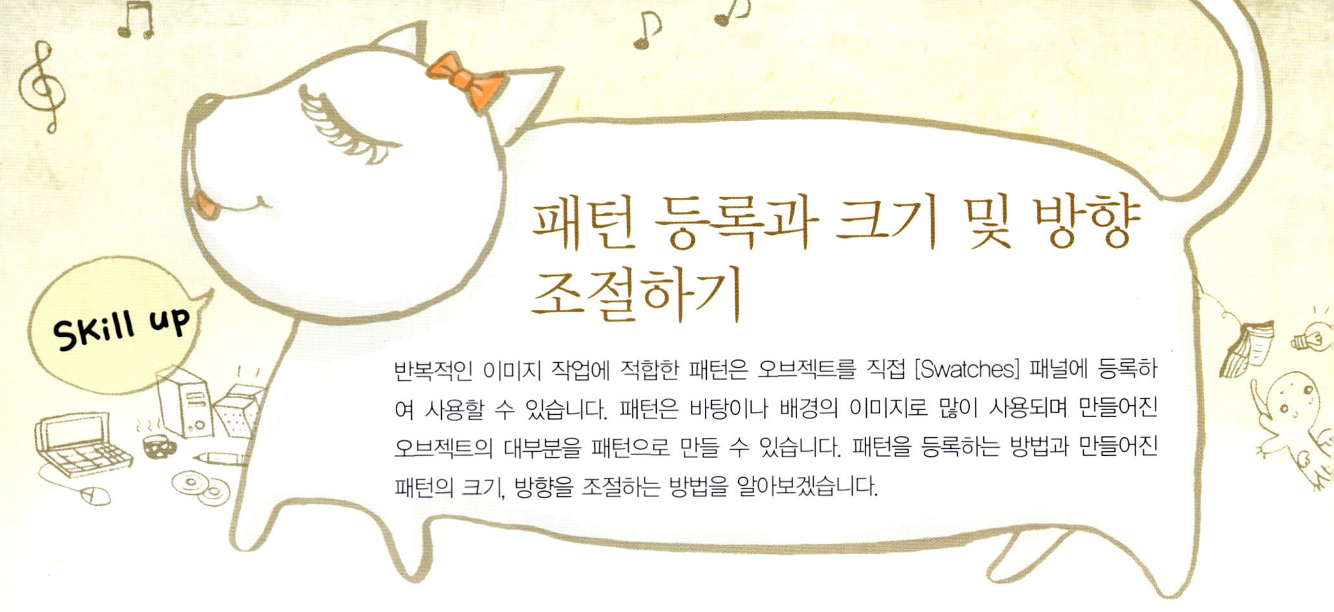

패턴 등록과 크기 및 방향 조절하기

반복적인 이미지 작업에 적합한 패턴은 오브젝트를 직접 [Swatches] 패널에 등록하여 사용할 수 있습니다. 패턴은 바탕이나 배경의 이미지로 많이 사용되며 만들어진 오브젝트의 대부분을 패턴으로 만들 수 있습니다. 패턴을 등록하는 방법과 만들어진 패턴의 크기, 방향을 조절하는 방법을 알아보겠습니다.

Skill up 01 패턴 등록하기

그려진 오브젝트를 패턴으로 등록하려면 앞의 예제에서처럼 가장 빠르게 등록하는 방법이 [Swatches] 패널로 드래그하는 방법이 있습니다. 오브젝트를 선택한 후 [Swatches] 패널로 드래그하면 바로 패턴으로 등록됩니다. 등록된 패턴은 바로 오브젝트에 적용하여 사용할 수 있습니다. 또 다른 패턴 등록 방법으로는 [Edit]-[Define Pattern] 메뉴를 선택하면 나타나는 [New Swatch] 대화상자를 이용해 패턴으로 등록할 수도 있습니다.

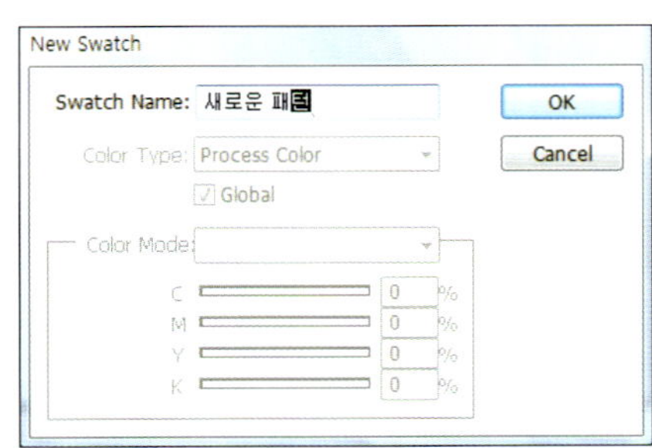

▲ 대화상자에 패턴 등록하기

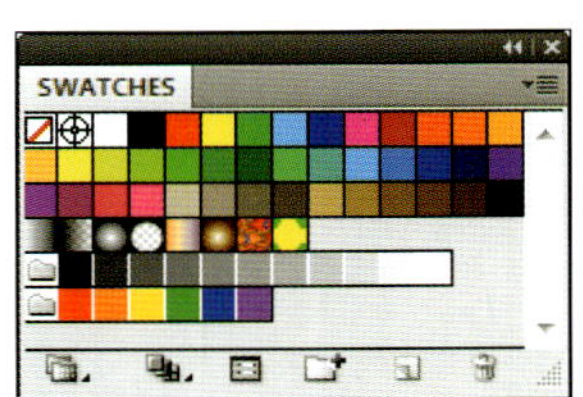

▲ 패턴이 등록된 [Swatches] 패널

오브젝트에 적용된 패턴은 처음 등록한 크기로 적용이 됩니다. 만일 오브젝트에 적용된 패턴이 크거나 작을 경우 오브젝트의 크기는 그대로 둔 채 패턴의 크기만을 조절할 수 있습니다. 패턴이 적용된 오브젝트를 선택하고 스케일 툴(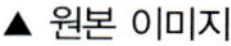)을 더블클릭하면 나타나는 [Scale] 대화상자에서 [Objects]의 체크를 해제하고 [Patterns]만 체크되어 있으면 오브젝트의 크기는 변하지 않고 패턴의 크기만 조절이 가능합니다.

▲ 원본 이미지

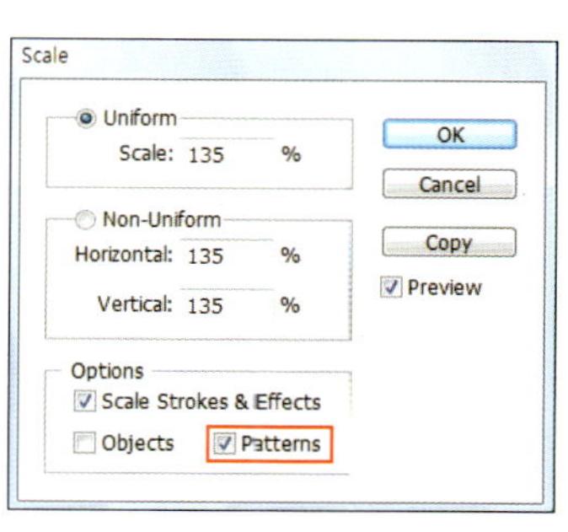

▲ 대화상자에서 크기 조절하기

▲ 크기가 조절된 이미지

패턴이 적용된 오브젝트를 선택하고 회전 툴(⟳)을 선택한 다음 [Rotate] 대화상자를 불러옵니다. [Objects]의 체크를 해제하고 [Patterns]만 체크되어 있으면 오브젝트는 그대로 둔 채 패턴만 입력한 각도만큼 회전됩니다.

▲ 원본 이미지

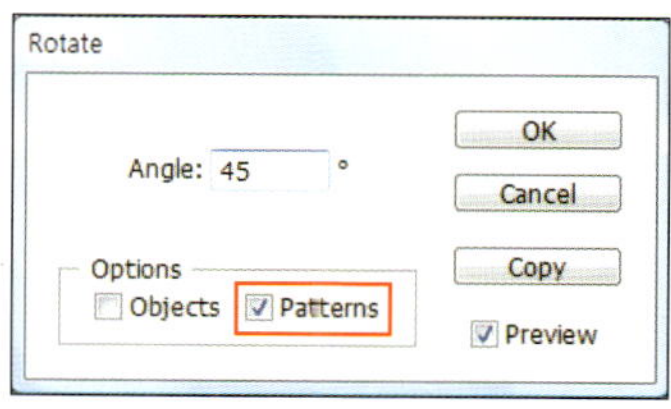

▲ 대화상자에서 회전하기

▲ 회전된 패턴

등록된 패턴을 오브젝트의 모양은 그대로 두고 패턴만 반전할 수 있습니다. 앞에서와 같은 방법으로 [Reflect] 대화상자의 [Options]에서 [Pattern]만 체크하고 [OK] 버튼을 클릭하면 됩니다.

▲ 원본 이미지

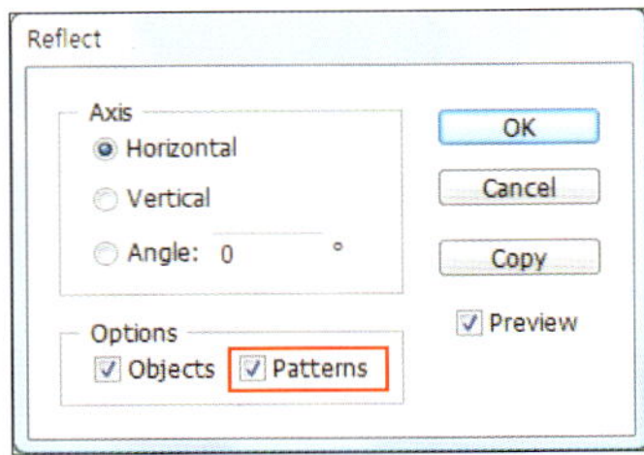

▲ 대화상자에서 반전하기

▲ 반전된 패턴

등록된 오브젝트의 모양은 그대로 두고 패턴만 기울여줄 수 있습니다. [Shear] 대화상자의 [Options]에서 [Pattern]만 체크하고 [OK] 버튼을 클릭하면 됩니다.

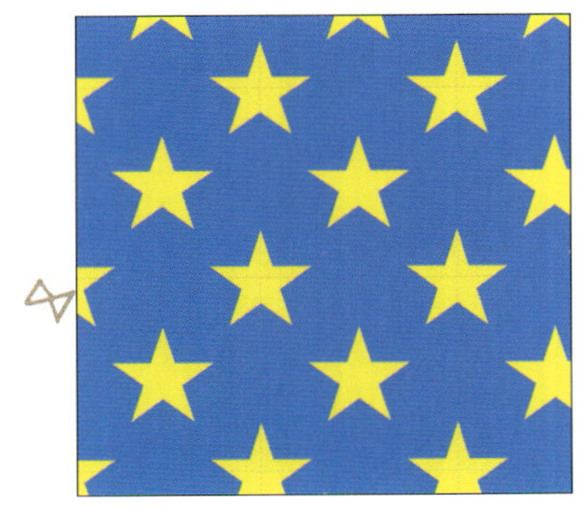

▲ 원본 이미지

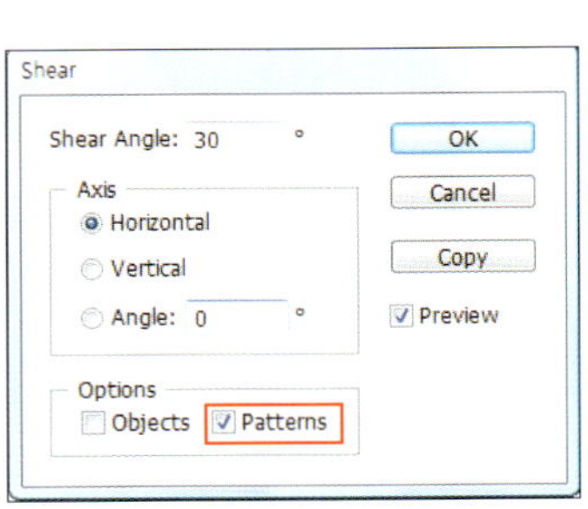

▲ 대화상자에서 기울이기

▲ 기울어진 패턴

교차되는 패턴을 만들어 원피스에 적용하기

수직으로 반복된 패턴이 아닌 교차도는 패턴은 패턴의 지루함을 덜어줄 수 있습니다. 일러스트레이터에서 만들어지는 패턴은 사각형 안에서 패턴이 만들어지고 상, 하, 좌, 우가 서로 맞물려 만들어집니다. 이런 패턴의 원리를 이용하여 교차되는 형태의 패턴을 만들어보겠습니다.

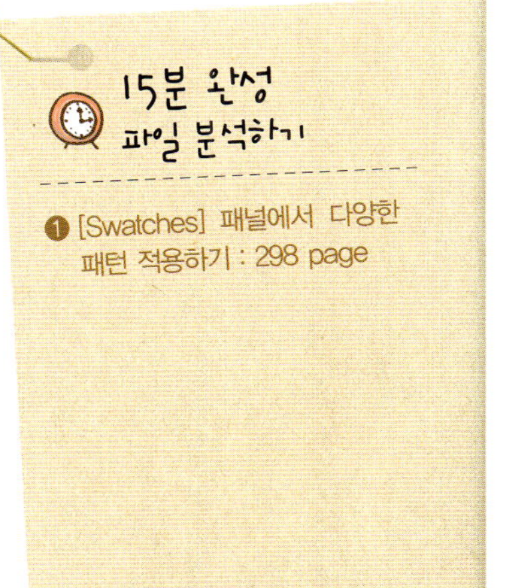

15분 완성
파일 분석하기

❶ [Swatches] 패널에서 다양한 패턴 적용하기 : 298 page

예제 파일 : Sample\Part05\고양이.ai, 바구니든여자.ai
완성 파일 : Sample\Part05\바구니든여자완성.ai

01 [File]-[Open] 메뉴를 선택하고 'Sample\Part05\고양이.ai' 파일을 선택하여 불러옵니다. 불러온 고양이 오브젝트에 배경색을 지정하기 위해 먼저 툴 패널에서 사각형 툴(▢)을 선택하고 하단의 색상 모드에서 면 색은 'M=35, Y=85'로 지정한 다음 선 색은 '없음'으로 설정합니다. 도큐먼트의 흰 바탕 부분을 클릭하면 나타나는 [Rectangle] 대화상자에서 [Width]와 [Height]의 값을 각각 '50mm'로 입력하고 [OK] 버튼을 클릭합니다.

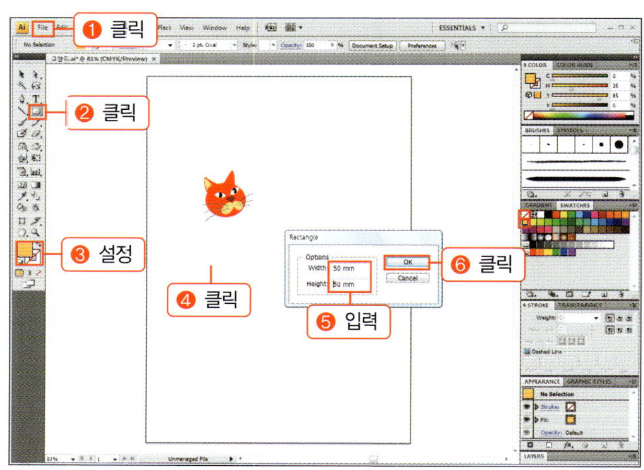

02 선택 툴( )을 선택하여 만들어진 정사각형을 고양이 위로 드래그한 다음 [Object]-[Arrange]-[Send to Back] 메뉴를 선택하여 사각형을 고양이 뒤로 보내줍니다.

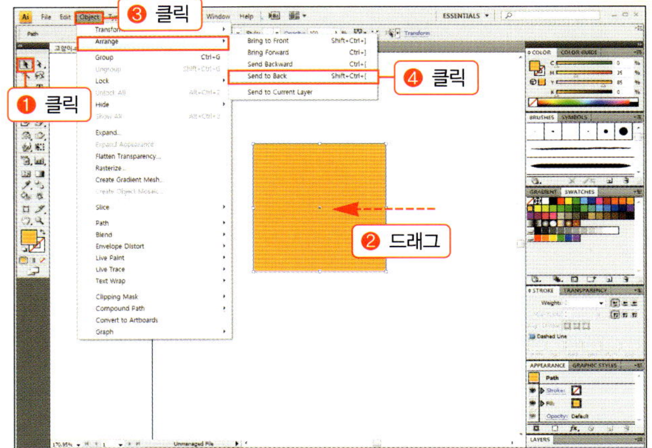

03 툴 패널에서 선택 툴( )을 선택하고 그려진 고양이와 사각형을 드래그하여 모두 선택합니다. 오브젝트를 복사하기 위해서 [Object]-[Transform]-[Move] 메뉴를 선택합니다. [Move] 대화 상자가 나타나면 [Horizontal]에는 '0'을 [Vertical]에는 '-50mm'을 입력하고 [Copy]를 클릭합니다.

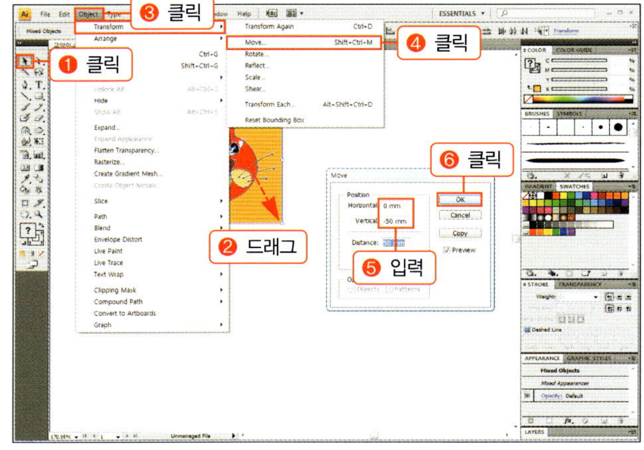

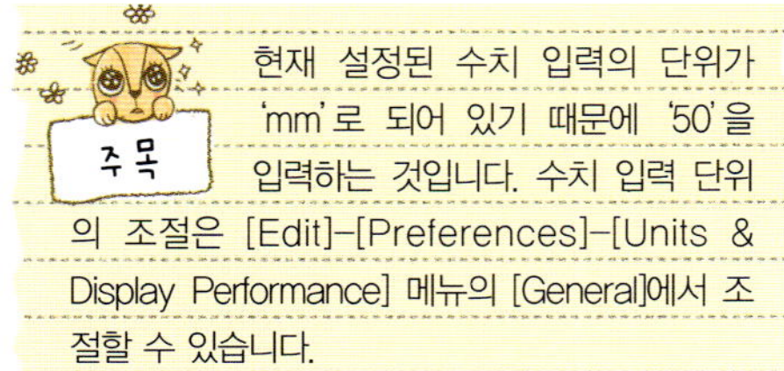

현재 설정된 수치 입력의 단위가 'mm'로 되어 있기 때문에 '50'을 입력하는 것입니다. 수치 입력 단위의 조절은 [Edit]-[Preferences]-[Units & Display Performance] 메뉴의 [General]에서 조절할 수 있습니다.

04 선택한 오브젝트가 세로로 같은 크기의 공간만큼 이동하면서 복사됩니다. 똑같이 한 번 더 같은 공간으로 오브젝트를 복사하기 위해 키보드에서 Ctrl + D 를 누릅니다.

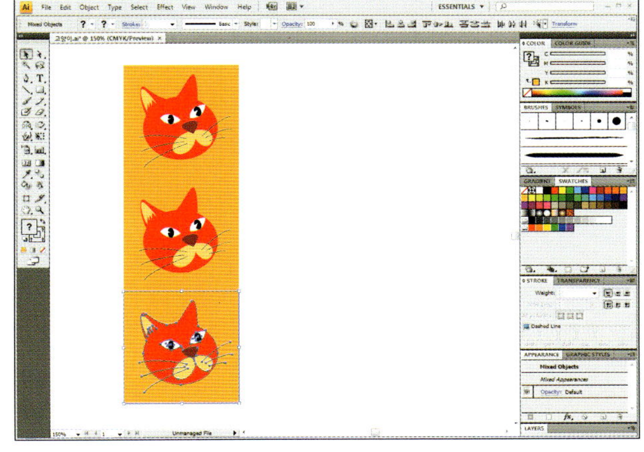

05 이번에는 위에 있는 두 개의 고양이 오브젝트를 선택 툴(▶)을 이용하여 선택합니다. 다시 [Object]-[Transform]-[Move] 메뉴를 선택하고 [Move] 대화상자에서 [Horizontal]에는 '50mm'를 입력한 다음 [Vertical]에는 '-25mm'를 입력한 후 [Copy] 버튼을 클릭합니다.

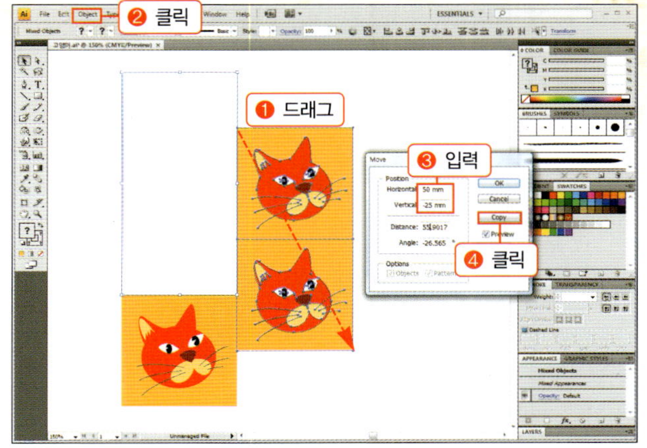

06 패턴으로 적용할 이미지가 모두 만들어졌습니다. 교차되는 사방 연속무늬의 패턴을 만들기 위해 선택을 해제한 뒤 툴 패널에서 사각형 툴(▭)을 선택하고 툴 패널 하단에 있는 색상 모드에서 면 색은 '없음', 선 색도 '없음'으로 설정합니다.

07 면과 색상이 없는 사각형 패스를 그림처럼 교차된 사각형에 맞추어 그려줍니다.

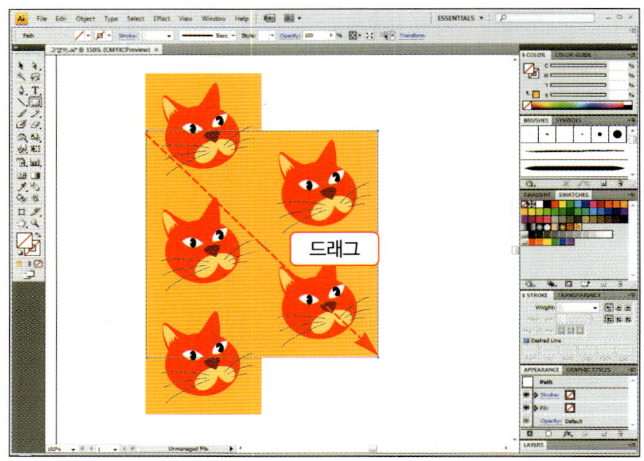

08 사각형 패스가 선택된 상태에서 [Object]-[Arrange]-[Send to Back] 메뉴를 선택하여 그려진 오브젝트의 가장 아래로 보내줍니다.

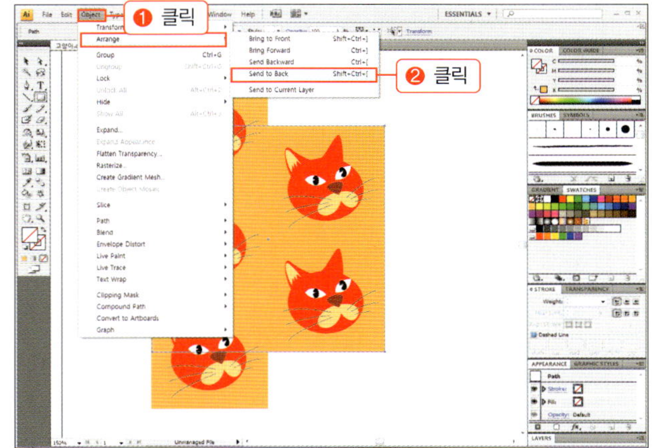

주목) 면과 선의 색상이 없는 사각형 패스를 뒤쪽으로 보내주지 않으면 고양이와 주변에 있는 흰색 여백까지 패턴으로 인식되어 등록됩니다. 사각형 패스를 만들어주는 이유는 사각형의 영역만큼만 패턴으로 등록하라는 명령입니다.

09 툴 패널에서 선택 툴(　)을 선택하고 모든 오브젝트를 선택합니다. 그리고 [Swatches] 패널로 드래그하여 패턴으로 등록합니다.

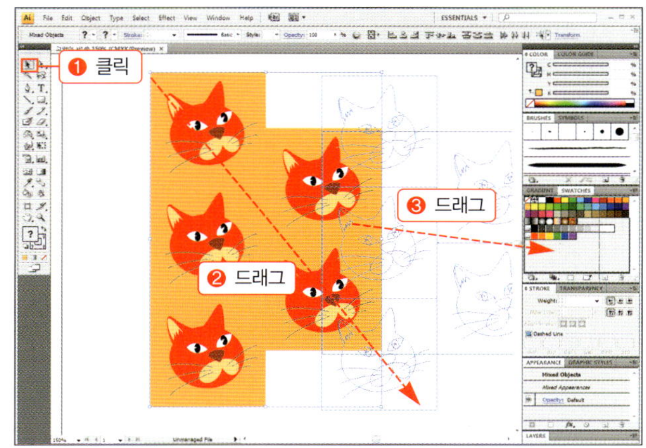

10 [File]-[Open] 메뉴를 선택하여 'Sample\Part05\바구니든여자.ai' 파일을 불러옵니다. 툴 패널에서 선택 툴(　)을 선택하고 여자 오브젝트를 드래그하여 모두 선택한 다음 [Edit]-[Copy] 메뉴를 선택하여 복사합니다.

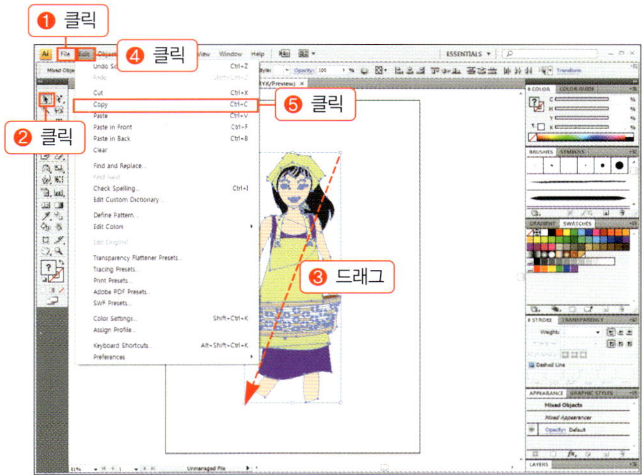

11 고양이 패턴이 등록된 도큐먼트 탭을 클릭한 다음 [Edit]-[Paste] 메뉴를 선택하여 복사한 '바구니든여자' 오브젝트를 붙여줍니다. 도큐먼트의 빈 공간을 클릭하여 선택을 해제합니다. 선택 툴(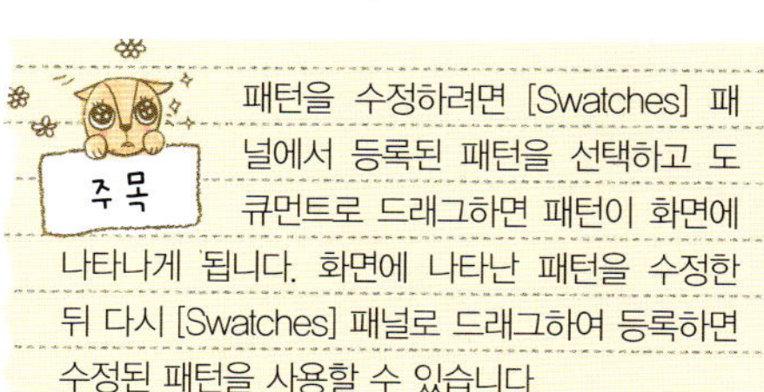)이 선택된 상태에서 Shift 를 누른 채 앞치마와 두건을 클릭하여 다중 선택합니다.

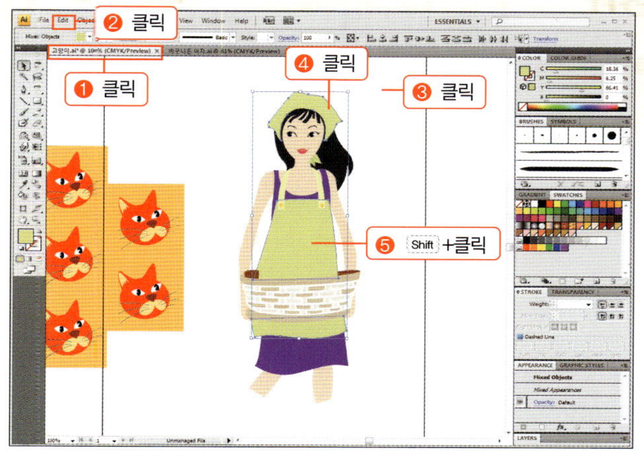

12 등록된 고양이 패턴을 [Swatches] 패널에서 선택하여 선택한 부분에 적용합니다.

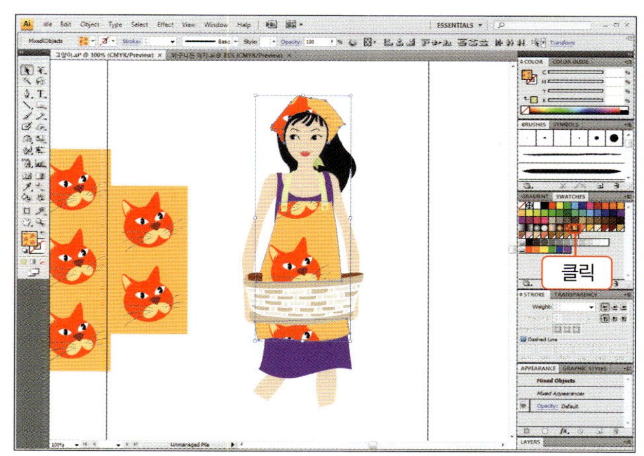

13 등록된 패턴의 크기가 너무 크기 때문에 툴 패널에서 스케일 툴()을 선택하고 더블클릭합니다. 나타나는 [Scale] 대화상자에서 [Uniform]의 [Scale]에는 '15'를 입력하고 [Options]의 [Objects]를 체크 해제한 다음 [OK] 버튼을 클릭하여 패턴의 크기를 작게 만들어 이미지를 완성합니다.

> **주목**
> 패턴을 수정하려면 [Swatches] 패널에서 등록된 패턴을 선택하고 도큐먼트로 드래그하면 패턴이 화면에 나타나게 됩니다. 화면에 나타난 패턴을 수정한 뒤 다시 [Swatches] 패널로 드래그하여 등록하면 수정된 패턴을 사용할 수 있습니다.

[Swatches] 패널에서
패턴 선택하고 모드 변경하기

[Swatches] 패널에는 색상, 색상 그룹, 그레이디언트와 패턴을 선택하여 적용할 수 있습니다. [Swatches] 패널에 보이는 색상이나 그레이디언트, 패턴 이외에도 다양한 색을 불러와서 오브젝트에 산뜻하고 다양한 색상을 적용할 수 있습니다.

Skill up 01 [Swatches] 패널에서 다양한 패턴 선택하기

[Swatches] 패널 하단에 있는 [Swatches Libraries menu](　　) 버튼을 클릭하면 나타나는 메뉴에서 [Patterns]의 안에 있는 메뉴의 여러 가지 패턴을 선택하여 적용할 수 있습니다.

• Basic Graphics

기본적인 형태와 모양의 그래픽 패턴이 들어 있습니다.

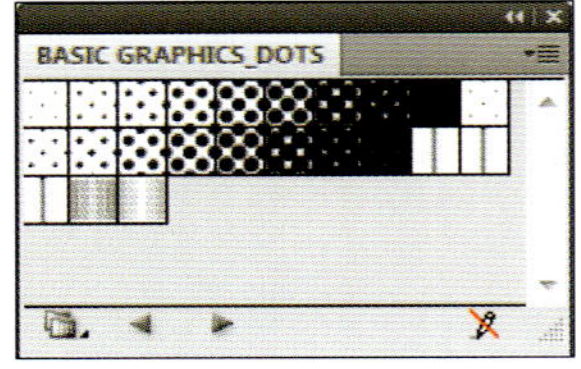

▲ [Basic Graphics_Dots] 패널

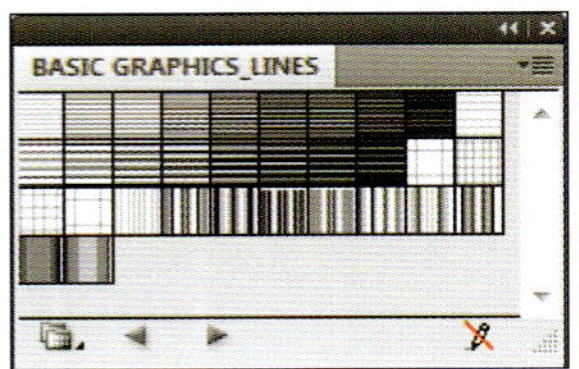

▲ [Basic Graphics_Lines] 패널

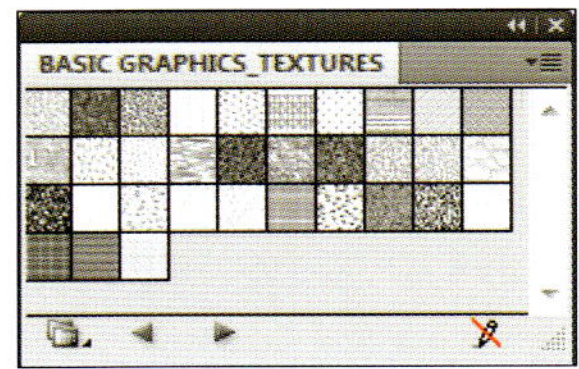

▲ [Basic Graphics_Textures] 패널

• Decorative

짜임새가 있는 오브젝트 패턴이나 화살표 모양, 체크 모양 등의 장식적인 패턴이 들어 있습니다.

▲ [Decorative_Classic] 패널

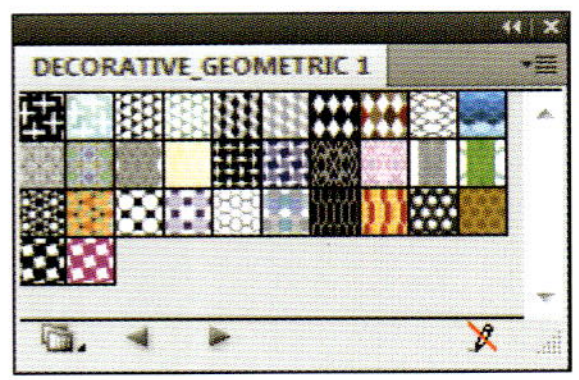

▲ [Decorative_Geometric 1] 패널

▲ [Decorative_Geometric 2] 패널

▲ [Decorative_Modern] 패널

▲ [Decorative_Ornament] 패널

▲ [Decorative_Primitive] 패널

• Nature

동물이나 식물 등을 이용한 패턴이 들어있습니다.

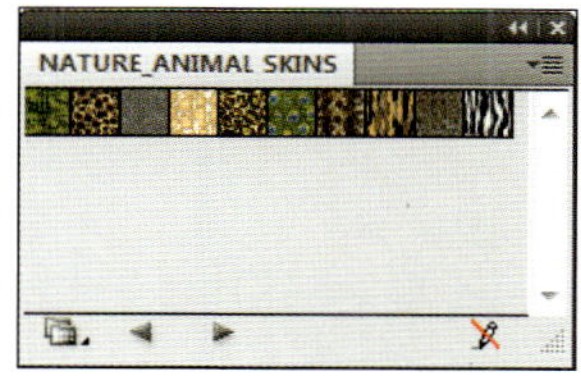
▲ [Nature_Animal Skins] 패널

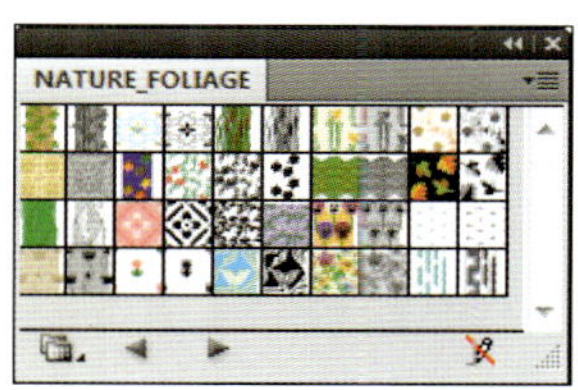
▲ [Nature_Foliage] 대널

Skill up 02 [Swatches] 패널의 모드 변경하기

[Swatches] 패널의 색상 패널 모드를 바꾸고 싶을 경우에는 [Swatches] 패널 하단에 있는 [Show Swatch Kinds menu]( ) 버튼을 클릭하면 하위 메뉴에서 선택하여 바꿀 수 있습니다.

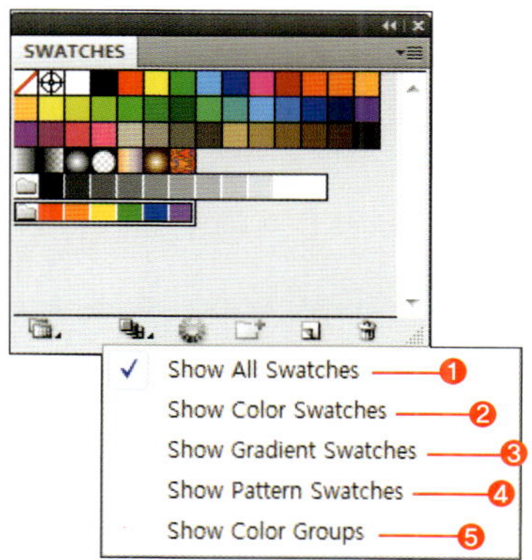

❶ Show All Swatches : 모든 색상 견본(단일 색상, 그레이디언트, 패턴)를 보이게 합니다.

❷ Show Color Swatches : [Swatches] 패널에 등록된 단일 색상으로 보여줍니다.

❸ Show Gradient Swatches : [Swatches] 패널에 등록된 그레이디언트로 보여줍니다.

❹ Show Pattern Swatches : [Swatches] 패널에 등록된 패턴으로 보여줍니다.

❺ Show Color Groups : [Swatches] 패널에 등록된 컬러 그룹으로 보여줍니다.

그레이디언트를 이용하여 초청장 만들기

그레이디언트는 서로 다른 색상을 점진적으로 부드럽게 표현해주는 것을 말합니다. 그레이디언트를 이용하면 입체적인 느낌의 이미지를 제작하거나 부드러운 색상을 오브젝트에 적용할 수 있습니다.

◎ 완성 파일 : Sample\Part05\그레이디언트완성.ai

01 [File]-[New] 메뉴를 선택하면 나타나는 [New Document] 대화상자에서 [Size]를 'A4'로 설정하여 새로운 도큐먼트를 만들어줍니다. 툴 패널에서 원 툴(⬭)을 선택합니다. Ctrl + Space Bar 를 누른 상태로 클릭하여 화면을 확대한 다음 도큐먼트의 바탕 부분을 클릭합니다. 나타나는 [Ellipse] 대화상자의 [Width]와 [Height]에 '20mm'를 입력하고 [OK] 버튼을 클릭하여 지름이 '20mm'인 원을 만들어줍니다.

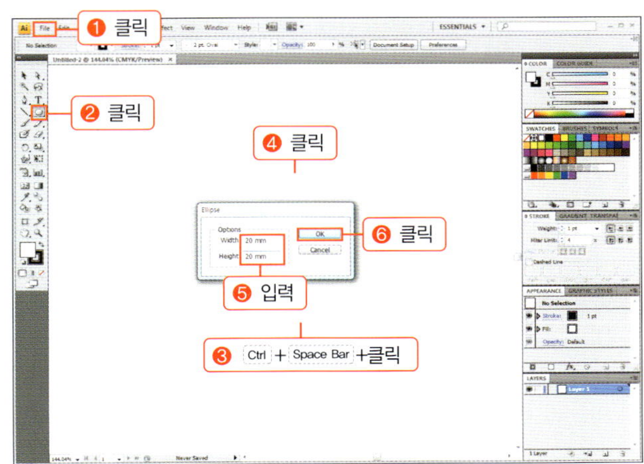

02 선 색은 '없음'으로 설정하고 면 색을 클릭한 다음 [Swatches] 패널에서 미리 만들어진 'Linear Gradient'를 선택하여 그려진 원 오브젝트에 그레이디언트를 적용합니다.

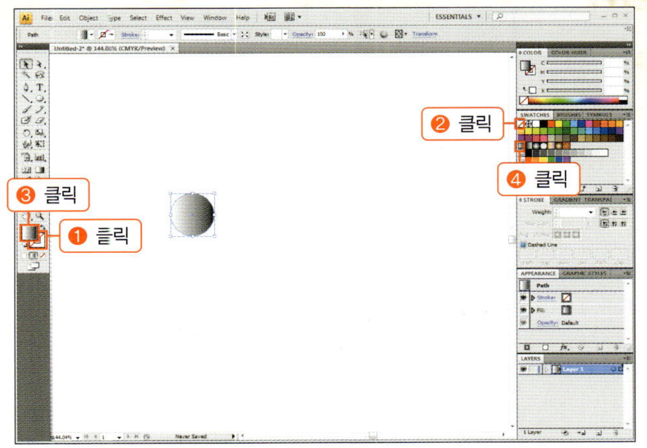

03 그레이디언트를 수정하기 위해 [Window]-[Gradient] 메뉴를 선택하여 [Gradient] 패널을 불러옵니다.

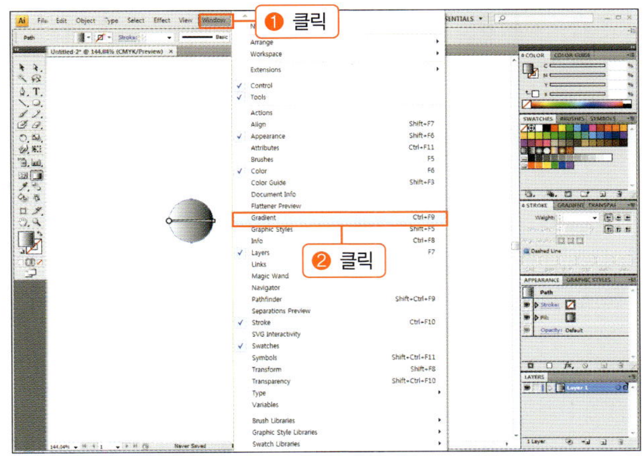

04 [Gradient] 패널의 [Gradient Slider] 아래에 있는 흰색 색상 탭을 클릭한 다음 [Color] 패널에서 'M=100, Y=100'을 입력하여 빨간색으로 만들어줍니다.

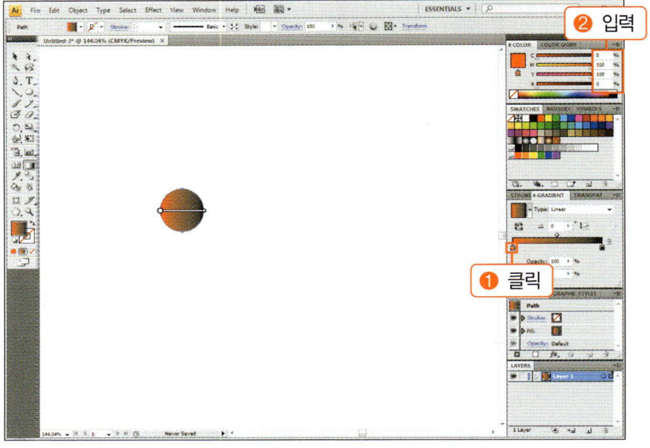

05 [Gradient] 패널의 [Gradient Slider] 아래에 있는 검은색 색상 탭을 클릭한 다음 [Color] 패널에서 'M=100, Y=100'을 입력하여 똑같은 빨간색으로 만들어줍니다.

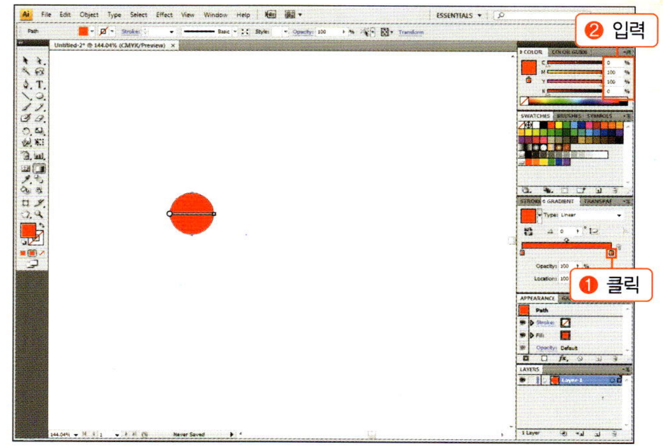

06 [Gradient] 패널의 [Gradient Slider]의 중간 부분을 클릭하여 새로운 탭을 만들어줍니다. 새로운 탭의 색상은 [Color] 패널에서 'M=100, Y=100, K=40'으로 입력해줍니다.

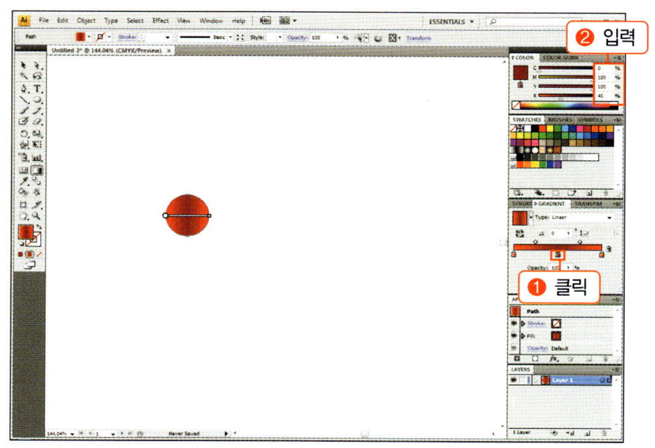

07 검은색이 적용된 색상 슬라이더를 왼쪽으로 조금 드래그합니다. 그리고 다시 [Gradient Slider]에 한 번 더 클릭하여 새로운 색상 탭을 만들어줍니다.

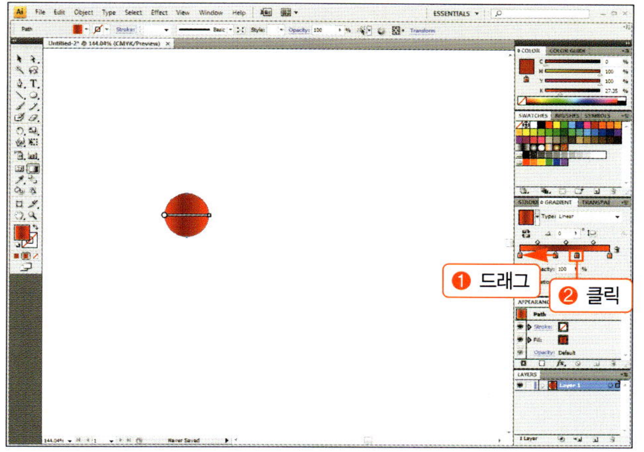

08 [Color] 패널에서 'M=100, Y=100, K=55'를 입력하여 더 어두운 색상을 가진 그레이디언트로 만들어줍니다.

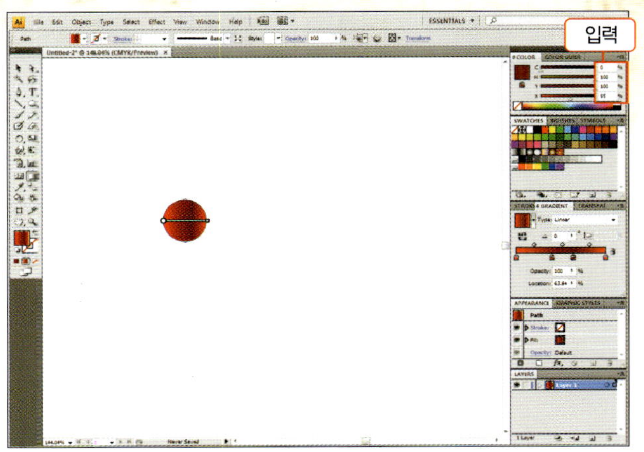

09 툴 패널에서 선택 툴( )을 선택한 다음 Shift + Alt 를 누른 채 그림처럼 아래로 드래그하여 원과 원 사이가 일부 겹쳐지게 오브젝트를 복사합니다.

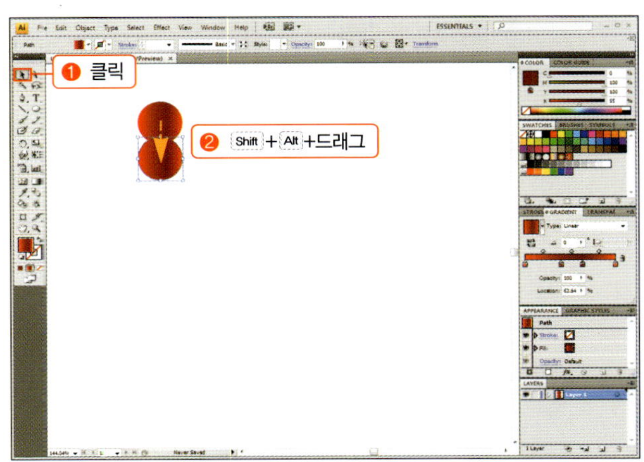

10 키보드에서 Ctrl + D 를 눌러 동일한 간격만큼 원 오브젝트를 복사합니다. Ctrl + D 를 7번 더 눌러 여러 개를 복사합니다.

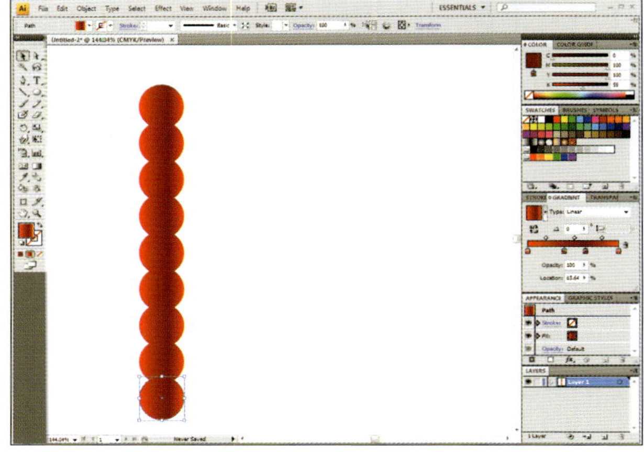

11 선택을 해제하고 다시 그려진 모든 오브젝트를 선택합니다. 툴 패널에서 회전 툴( )을 클릭하면 나타나는 반사 툴( )을 클릭하여 선택합니다.

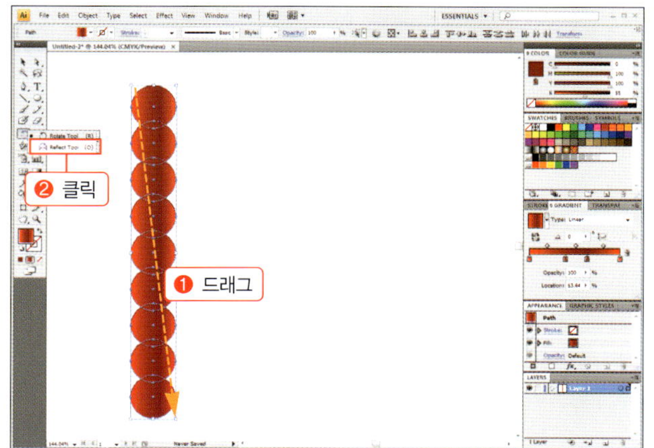

12 반사 툴( )의 중심이 선택된 원들의 오브젝트에서 벗어나지 않는 부분을 클릭하여 위치를 바꿔줍니다. 그리고 Shift + Alt 를 누른 채 드래그하여 그림처럼 원이 반사되어 복사된 모양을 만들어 줍니다.

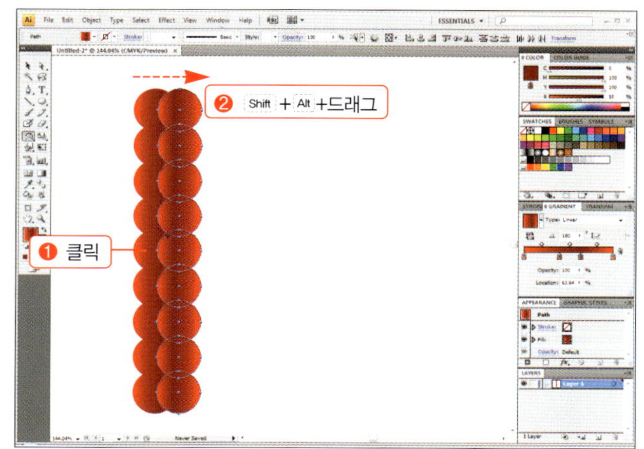

13 선택 툴( )로 복사되어 만들어진 모든 원 오브젝트를 선택합니다. 그리고 반사 툴( )을 선택합니다.

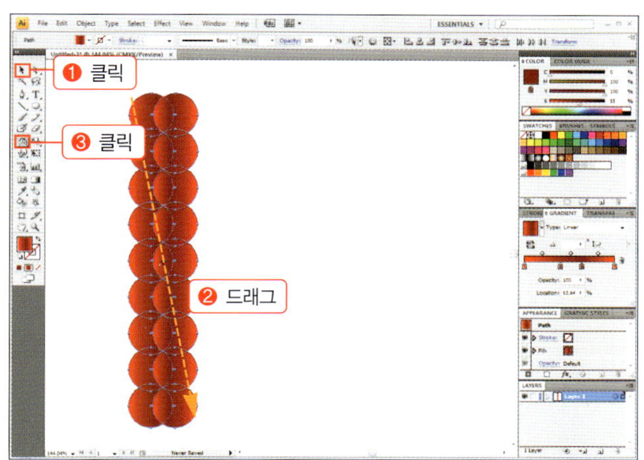

14 앞에서와 같은 방법으로 두 줄로 선택된 오브젝트의 중심점 위치가 오른쪽 부분이 되도록 클릭하여 만들고 Shift + Alt 를 누른 채 드래그하여 반사해서 복사해줍니다.

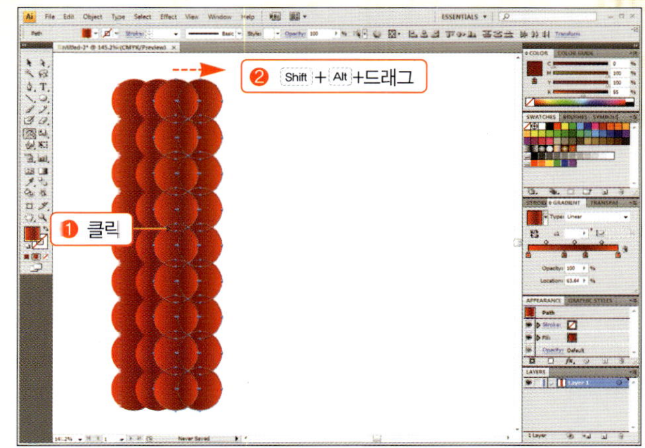

15 툴 패널에서 선택 툴( )을 선택하고 전체 오브젝트를 선택합니다. Shift + Alt 를 누르고 오른쪽으로 수평 이동하여 복사합니다.

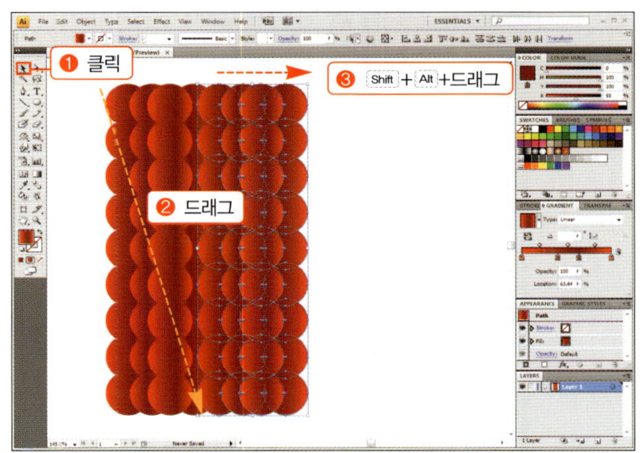

16 Ctrl + D 를 눌러 복사한 영역만큼 두 번 복사하여 배경으로 사용될 이미지를 완성합니다.

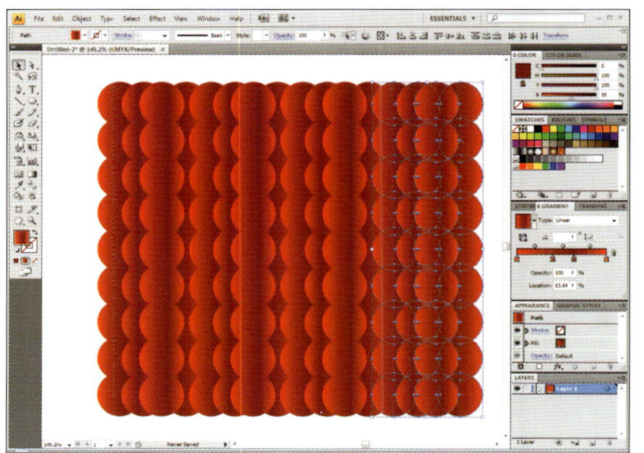

17 [Gradient] 패널에 그레이디언트 미리보기를 클릭하고 [Swatches] 패널로 드래그하여 만들어진 그레이디언트를 등록합니다.

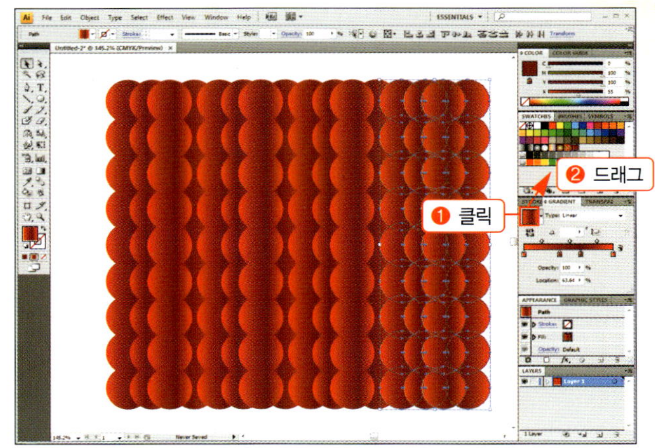

> 만들어진 그레이디언트를 [Swatches] 패널로 등록하면 다른 오브젝트에 동일한 효과의 그레이디언트를 쉽고 빠르게 적용할 수 있습니다.
>
> 주목

18 선택을 해제하고 툴 패널에서 사각형 툴(□)을 선택한 다음 만들어진 원 오브젝트들의 1/3을 가로 지르는 긴 사각형을 그려줍니다. [Gradient] 패널에서 [Reverse Gradient](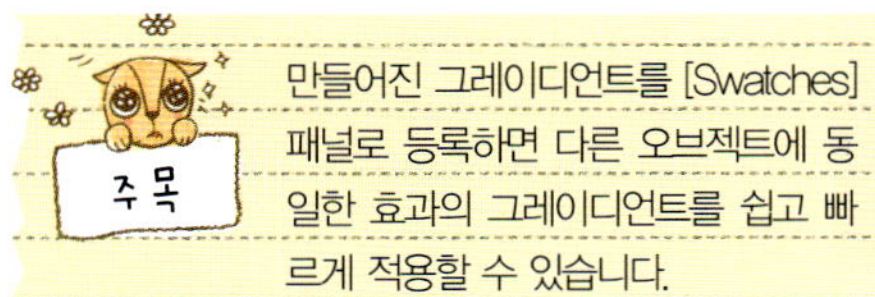) 버튼을 클릭하여 사각형에 적용된 그레이디언트를 반전합니다.

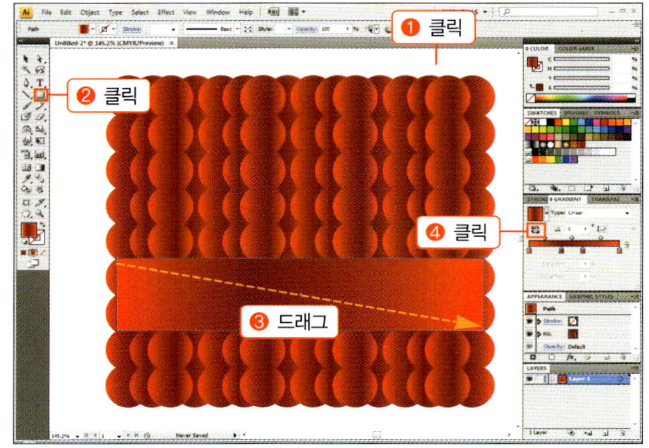

19 [Window]-[Transparency] 메뉴를 선택하면 나타나는 [Transparency] 패널에서 [Opacity]의 값을 '80%'로 조절합니다. 배경 이미지가 만들어졌으면 문자 툴(T)을 이용하여 글자를 입력한 후 이미지를 완성합니다.

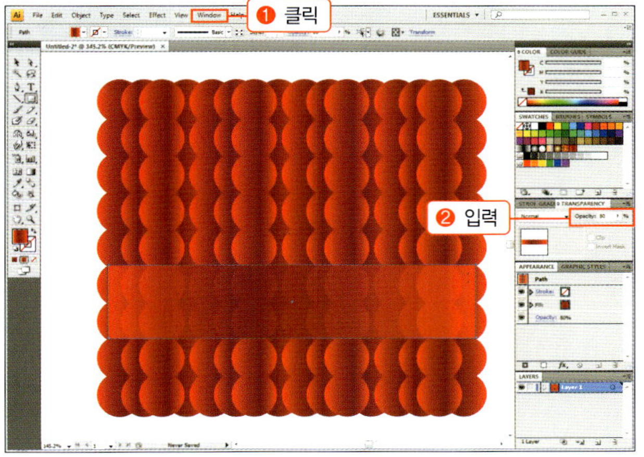

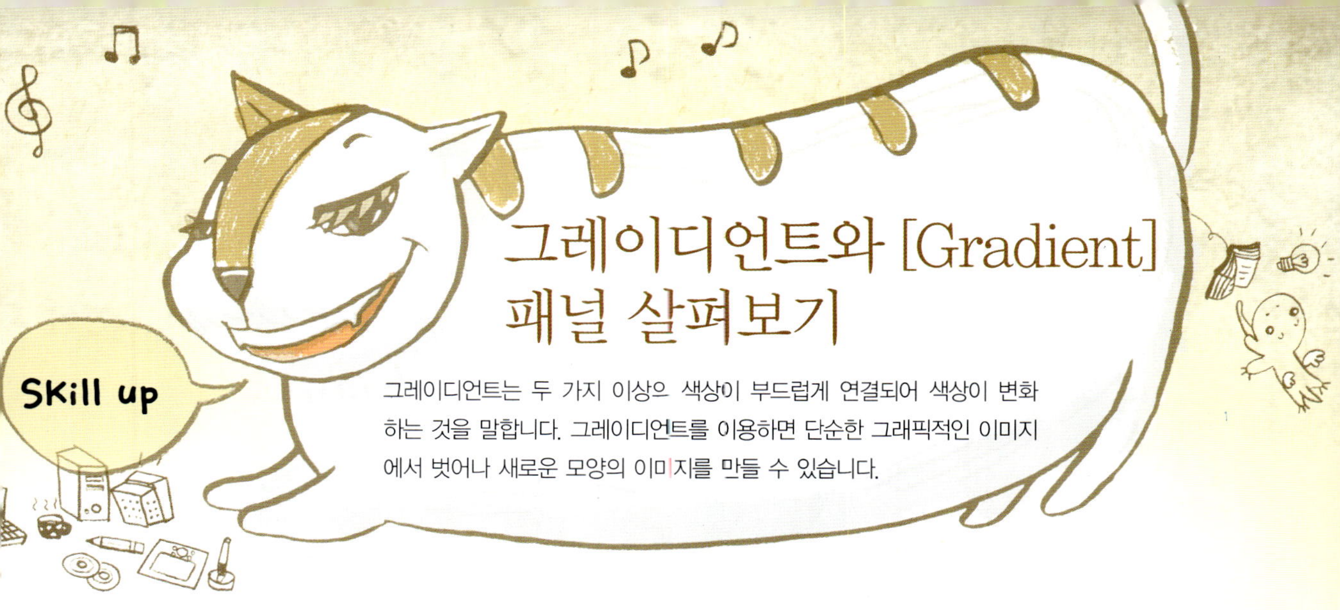

그레이디언트와 [Gradient] 패널 살펴보기

그레이디언트는 두 가지 이상으 색상이 부드럽게 연결되어 색상이 변화하는 것을 말합니다. 그레이디언트를 이용하면 단순한 그래픽적인 이미지에서 벗어나 새로운 모양의 이미지를 만들 수 있습니다.

Skill up 01 [Gradient] 패널 살펴보기

일러스트레이터에서 지원되는 그레이디언트는 원형과 직선형을 제공하고 있으며 사용자가 원하는 방향과 범위 등을 직접 조절할 수 있습니다.

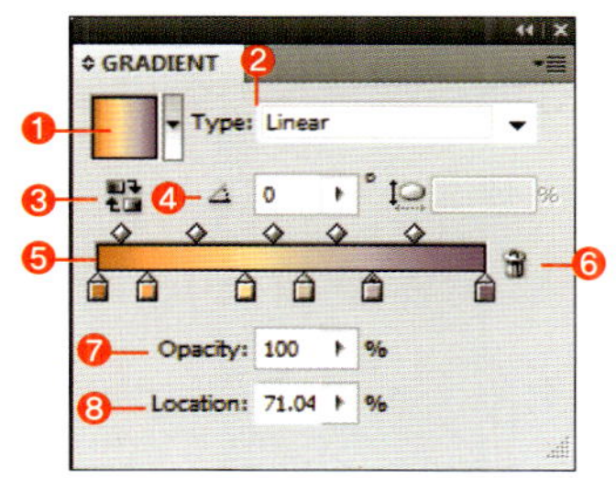

❶ **미리보기** : 선택된 그레이디언트를 미리 보여줍니다.

❷ **Type** : 그레이디언트의 종류를 선택할 수 있습니다.

❸ **Reverse Gradient** : 만들어진 그레이디언트의 방향을 반전합니다.

❹ **Angel** : 그레이디언트 방향의 각도를 설정할 수 있습니다.

❺ **Gradient Spectrum** : 그레이디언트의 색상 배열을 보여주며 그레이디언트의 설정 값으로 조절할 수 있습니다.

❻ **휴지통** : 선택한 색상 탭을 드래그하여 삭제할 수 있습니다.

❼ **Opacity** : 선택한 색상 탭의 불투명도를 조절합니다.

❽ **Location** : 색상 탭과 색상 탭 사이의 마름모형 핀의 위치를 조절하여 색상의 단계를 조절할 수 있습니다. 색상 탭을 추가하면 기본적으로 50%로 설정됩니다.

그레이디언트는 오브젝트를 입체감이나 볼륨감, 깊이감을 나타낼 경우에 주로 사용합니다. 블렌드 기능과는 다르게 하나의 오브젝트에서 색상을 점진적으로 표현하기 때문에 만들어진 오브젝트이 용량이 적다는 장점이 있습니다. 그레이디언트를 사용하는 데 있어 주의할 점은 다른 툴과 비교해서 그레이디언트 툴은 이미지를 표현할 때 제약이 많습니다. 그레이디언트 종류도 Liner와 Radial의 두 종류 밖에 없기 때문에 그레이디언트의 모양이 복잡해지면 이미지 표현의 한계가 있습니다. 그렇기 때문에 그레이디언트 툴은 다른 툴에 비교해서 응용을 잘 해야 합니다. 그레이디언트를 응용하는 방법을 간단하게 살펴보겠습니다.

▲ 그레이디언트를 응용하여 만든 오브젝트

• 직선이나 정원이 아닌 물체일 경우에는 면을 분할하여 적용한다

오브젝트를 만들다보면 직선이나 정원, 정사각형 등의 오브젝트일 경우는 거의 없습니다. 대부분 불규칙한 형태의 오브젝트인 경우가 대부분인데 이 오브젝트에 그레이디언트를 입체감이 나도록 적용하기 위해서는 오브젝트의 면을 세분화하여 그레디이언트를 적용시키면 됩니다. 또는 뒤에서 배우게 될 그레이디언트 메시를 이용하여 면 분할을 적용할 수 있습니다.

• 비슷한 컬러나 톤으로 입체감을 살려 준다

그레이디언트는 한 가지 색상에서 다른 색으로 부드럽게 연결되는 효과입니다. 만일, 보다 입체감이 나는 모양으로 오브젝트를 만들려면 비슷한 색상으로 그레이디언트를 구성하면 전체적으로 풍부하고 입체감이 나는 오브젝트를 만들 수 있습니다.

• 불투명도를 적절히 활용한다

그레이디언트는 선택한 색상에서 투명한 색상으로 이어지게 만들 수 있습니다. 이를 응용하면 보다 부드럽고 다양한 색상이 적용된 오브젝트를 만들 수 있게 됩니다.

▲ 그레이디언트를 활용하여 그린 이미지

메시 툴을 이용하여
아이디어 이미지 만들기

일러스트레이터에서 만들어지는 이미지는 대부분 평면적인 2D 그래픽 이미지입니다. 평면적인 이미지를 입체적인 이미지로 만드는 툴은 그레이디언트와 블렌드가 있습니다. 하지만 그레이디언트나 블렌드는 입체적인 표현을 하는 데 한계가 있기 때문에 메시 기능을 이용하여 보다 세밀한 입체적인 표현을 할 수 있습니다.

15분 완성
파일 분석하기

❶ 메시 툴로 그리기 : 315 page

예제 파일 : Sample\Part05\아이디어.ai
완성 파일 : Sample\Part05\아이디어완성.ai

01 [File]-[Open] 메뉴를 선택하고 'Sample\Part05\아이디어.ai' 를 불러옵니다. 툴 패널에서 스케일 툴(□)을 더블클릭하면 나타나는 [Scale] 대화상자에서 [Uniform]-[Scale]에 '125' 를 입력하고 [Copy] 버튼을 클릭합니다.

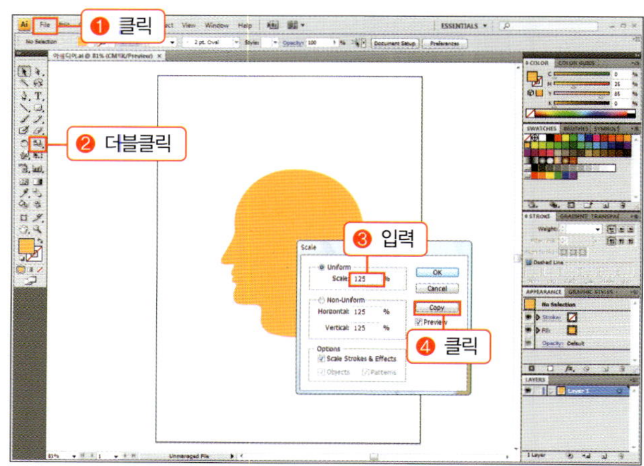

02 오브젝트의 중심을 기준으로 오브 젝트가 125% 확대됩니다. 확대된 오브젝트는 기존의 오브젝트 위로 올라오 기 때문에 [Object]-[Arrange]-[Send to Back] 메뉴를 선택하여 뒤로 보내줍니다. 툴 패널에서 선택 툴(▶)을 선택하고 가운 데 있는 오브젝트를 클릭한 뒤 [Swatches] 패널에서 흰색을 지정합니다.

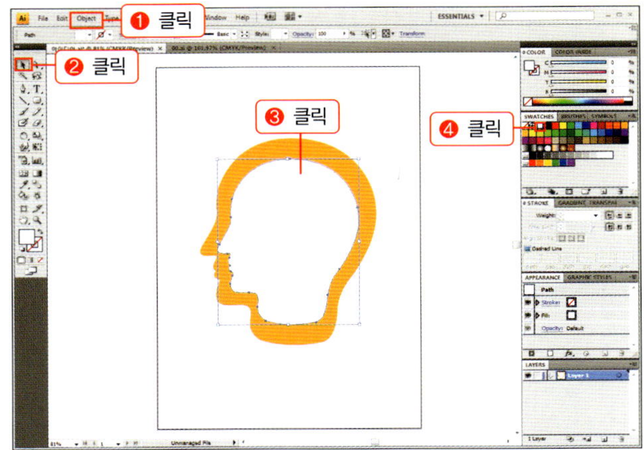

03 흰색 머리 오브젝트가 선택된 상 태에서 [Edit]-[Copy] 메뉴를 선 택하여 선택한 오브젝트를 미리 복사해둡 니다.

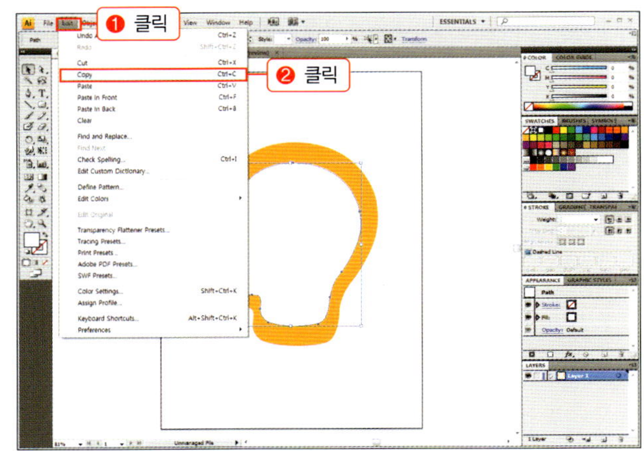

04 선택 툴(▶)로 만들어진 오브젝트 전체를 선택하고 툴 패널에서 블 렌드 툴(🔳)을 클릭하여 선택합니다. 선택 된 두 개의 오브젝트에서 같은 위치의 앵 커 포인트를 클릭합니다. 먼저 노란색에 있는 가장 위의 앵커 포인트를 클릭하고 가운데에 있는 흰색 오브젝트의 앵커 포인 트를 클릭하면 자동으로 중간 단계가 만들 어집니다.

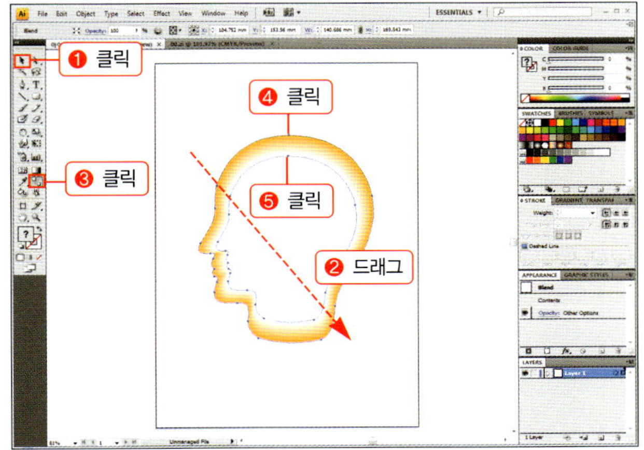

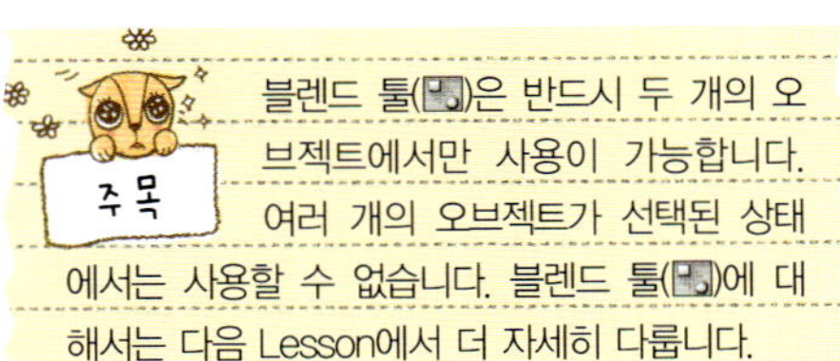

블렌드 툴(🔳)은 반드시 두 개의 오 브젝트에서만 사용이 가능합니다. 여러 개의 오브젝트가 선택된 상태 에서는 사용할 수 없습니다. 블렌드 툴(🔳)에 대 해서는 다음 Lesson에서 더 자세히 다룹니다.

05 [Edit]-[Paste in Front] 메뉴를 선택하여 앞에서 복사한 흰색 오브젝트를 복사한 위치 바로 앞에 다시 붙여줍니다.

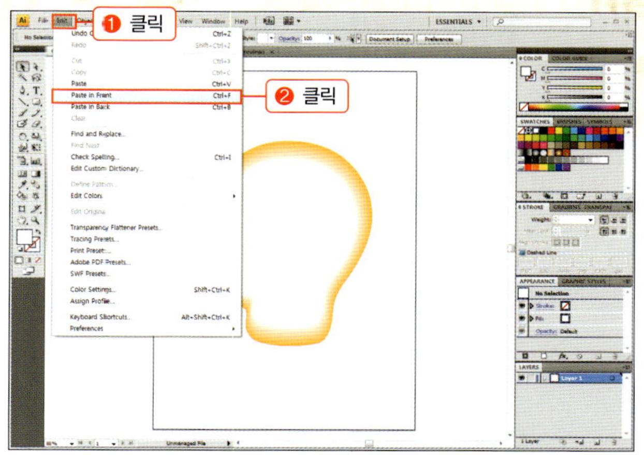

06 툴 패널에서 메시 툴()을 선택하고 복사된 흰색 오브젝트의 오른쪽 윗부분을 클릭하여 메시 앵커 포인트를 만들어줍니다.

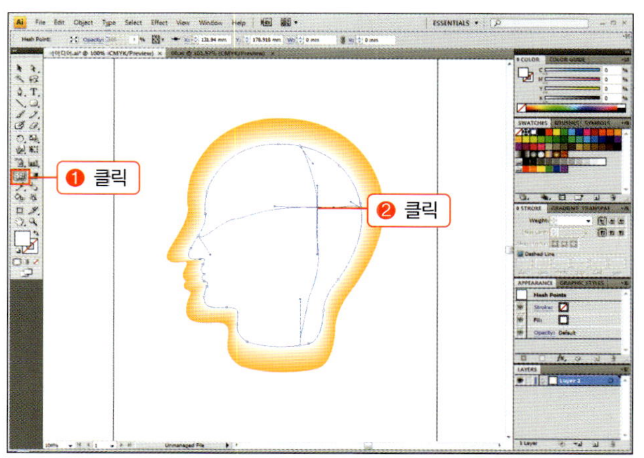

07 툴 패널에서 직접 선택 툴()을 클릭하여 선택하고 만들어진 메시 앵커 포인트를 선택합니다. [Swatches] 패널에서 'CMYK Yellow'를 클릭합니다.

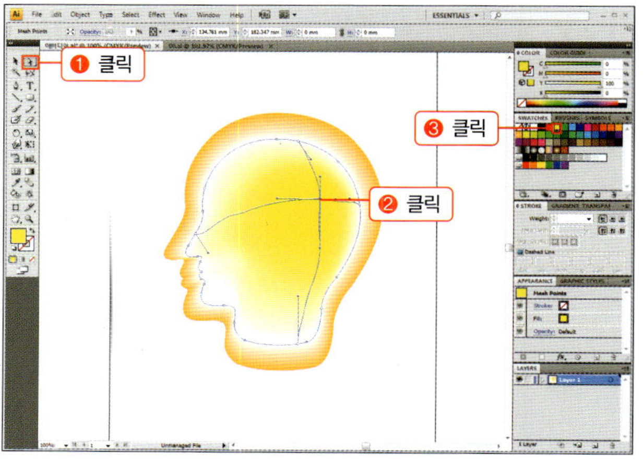

08 직접 선택 툴(   )로 메시 앵커 포인트를 아래로 드래그하여 적용된 메시의 위치를 이동합니다.

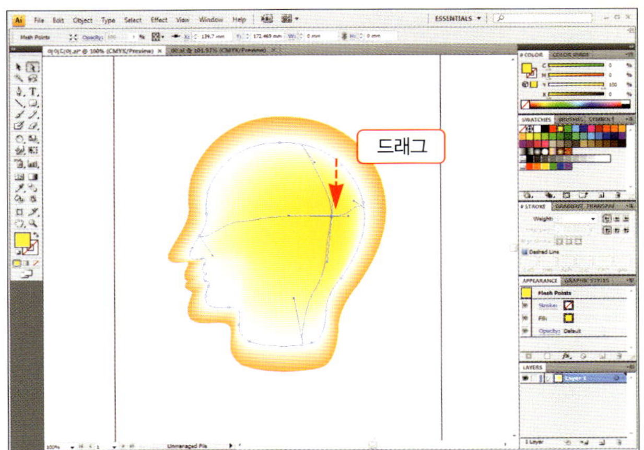

09 툴 패널에서 둥근 사각형 툴(   )을 선택한 다음 색상 모드에서 선 색은 '없음'으로 면 색은 '회색'으로 설정하고 그려진 오브젝트의 아래쪽에 드래그하여 그려줍니다.

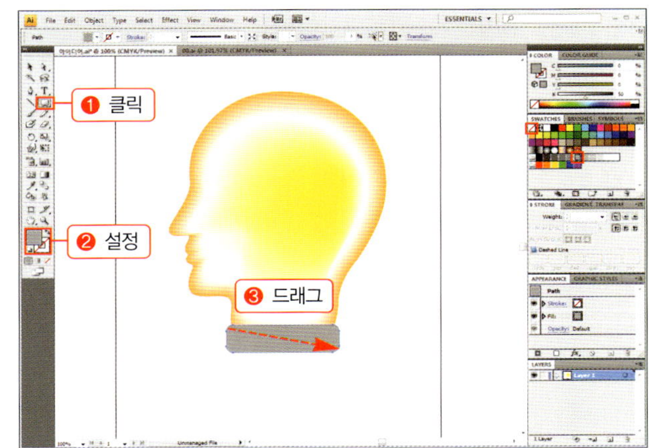

10 이번에는 먼저 그려진 둥근 사각형보다 가로와 세로가 더 작은 사각형을 드래그하여 그려줍니다.

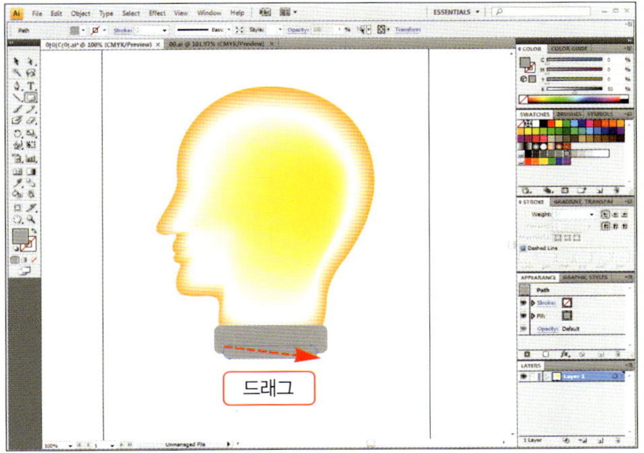

11 툴 패널에서 선택 툴(▶)을 선택하고 그려진 작은 사각형을 Shift + Alt 를 누른 채 아래로 드래그하여 복사합니다.

12 복사하기 이전의 둥근 사각형을 선택하고 [Swatches] 패널에서 'Black'을 클릭하여 검은색으로 채워줍니다.

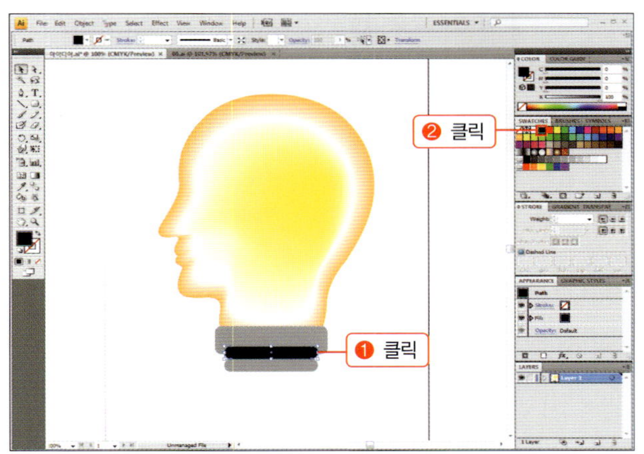

13 선택 툴(▶)을 이용하여 검은색과 회색의 둥근 사각형을 선택하고 Shift + Alt 를 누른 채 아래로 드래그하여 복사해줍니다.

14 도큐먼트의 흰 여백을 클릭하여 선택을 해제하고 툴 패널에서 원 툴(◎)을 선택합니다. 그림처럼 둥근 사각형의 가운데 부분에서 Shift + Alt 를 누른 채 드래그하여 원을 그려줍니다. 그려진 원은 [Swatches] 패널에서 'Black'을 선택하여 검은색으로 지정합니다.

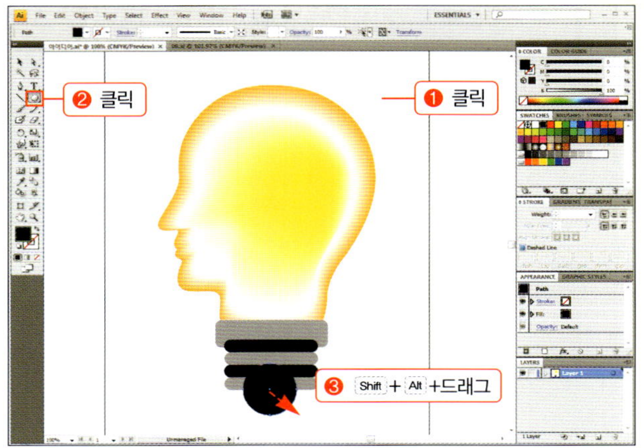

15 그려진 검은색 원이 선택된 상태에서 [Object]-[Arrange]-[Send to Back] 메뉴를 선택하여 다른 오브젝트들의 가장 뒤로 보내줍니다.

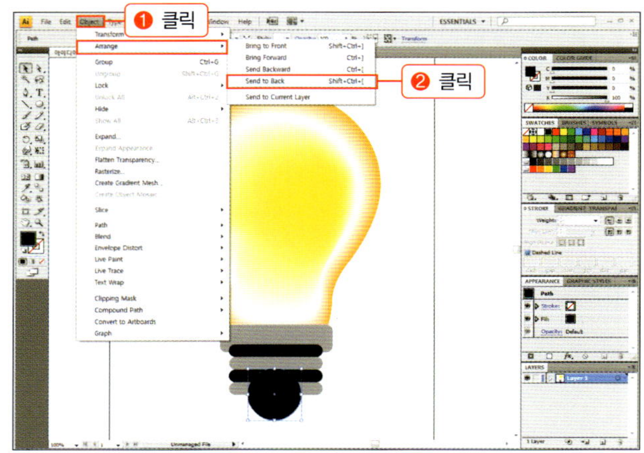

16 툴 패널에서 블럽 브러시 툴(🖌)을 선택한 다음 [Stroke] 패널에서 [Weight]를 '1pt'로 설정하고 면 색은 '없음' 선 색은 '흰색'으로 설정한 후 그림처럼 드래그하여 필라멘트 부분을 그려줍니다. 같은 방법으로 녹색의 영문을 마우스로 자유롭게 드래그해서 글자를 그려준 다음 문자 툴(T)로 글자를 입력하여 이미지를 완성합니다.

그레이디언트 메시의 구조와 옵션 살펴보기

그레이디언트 메시는 그레이디언트로 표현하지 못하는 단계적인 색상 표현을 보다 디테일하게 적용할 수 있습니다. 그레이디언트 메시의 구조를 알고 [Create Gradient Mesh] 대화상자를 이용하면 그레이디언트 메시를 능숙하게 사용할 수 있습니다.

Skill up 01 그레이디언트 메시의 구조

그레이디언트 메시는 메시 앵커 포인트와 메시 포인트, 메시 라인, 메시 패치로 구성되어 있습니다.

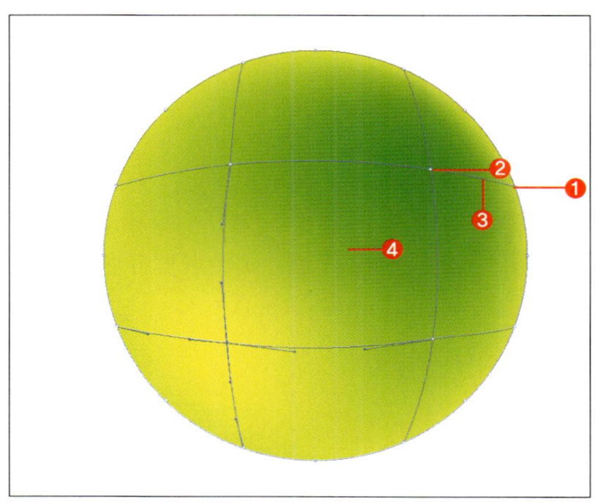

❶ **앵커 포인트(Anchor Point)** : 오브젝트의 형태를 설정합니다.
❷ **메시 포인트(Mesh Point)** : 메시 툴(🔲)을 클릭하면 만들어지는 툴로 색상의 축이 됩니다.
❸ **메시 라인(Mesh Line)** : 앵커 포인트와 메시 프인트를 연결하는 선으로 색상의 흐름을 관리합니다.
❹ **메시 패치(Mesh Patch)** : 메시와 메시 사이의 영역으로 자연스러운 그레이디언트를 만들어줍니다.

[Create Gradient Mesh] 대화상자

[Object]-[Create Gradient Mesh] 메뉴를 선택하면 나타나는 [Create Gradient Mesh] 대화상자를 통해 그레이디언트 메시의 패스 숫자를 조절할 수 있습니다.

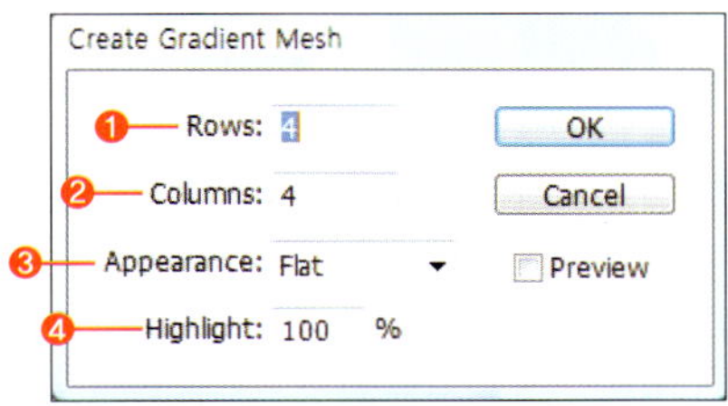

❶ **Rows** : 가로로 만들어지는 열의 개수를 조절합니다.
❷ **Columns** : 세로로 만들어지는 행의 개수를 조절합니다.
❸ **Appearance** : 그레이디언트 메시의 밝기 형태를 설정할 수 있습니다.
　• **Flat** : 원본 이미지입니다.
　• **To Center** : 오브젝트의 중심에 밝기를 적용합니다.
　• **To Edge** : 오브젝트의 바깥쪽에 밝기를 적용합니다.
❹ **Highlight** : 메시에 적용되는 밝기를 수치로 설정합니다.

Skill up 03　그레이디언트와 그레이디언트 메시의 차이점

그레이디언트와 그레이디언트 메시는 모두 점진적으로 색상을 표현하여 이미지를 입체감 있도록 만듭니다. 그레이디언트가 점진적으로 색상을 표현하다 보니 정밀한 형태의 그레이디언트 제작이 어렵습니다. 이에 비해 그레이디언트 메시는 오브젝트에 그물망 형태의 망점을 만들어 그레이디언트가 적용되는 범위를 설정해 보다 현실감있는 그레이디언트를 만듭니다. 물론 블렌드 효과를 이용하여 만들 수도 있지만 여러 개의 패스를 만들다보니 용량이 커지며 오브젝트가 복잡해집니다.

▲ 메시 툴(▦)을 이용하여 그린 오브젝트

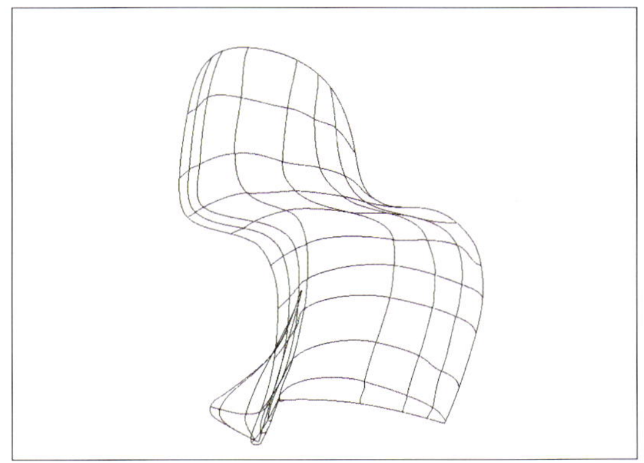

▲ 그레이디언트 메시가 적용된 Outline 상태의 오브젝트

블렌드 툴로 흩날리는
눈 이미지 만들기

블렌드 기능은 하나의 오브젝트에서 다른 또 하나의 오브젝트로 변화되어가는 과정을 만드는 기능입니다. 오브젝트의 형태나 색상 등을 점진적으로 변화하여 독특한 이미지를 만들 수 있으며 블렌드 설정에 따라 오브젝트 속성의 변화를 조절할 수 있습니다.

◎ 예제 파일 : Sample\Part05\파란밤하늘.ai
◎ 완성 파일 : Sample\Part05\파란밤하늘완성.ai

01 [File]-[Open] 메뉴를 선택하고 'Sample\Part05\파란밤하늘.ai' 파일을 불러옵니다. 불러온 파일에는 배경으로 사용할 밤하늘 이미지와 크기가 다른 원형 이미지 두 개가 들어 있습니다.

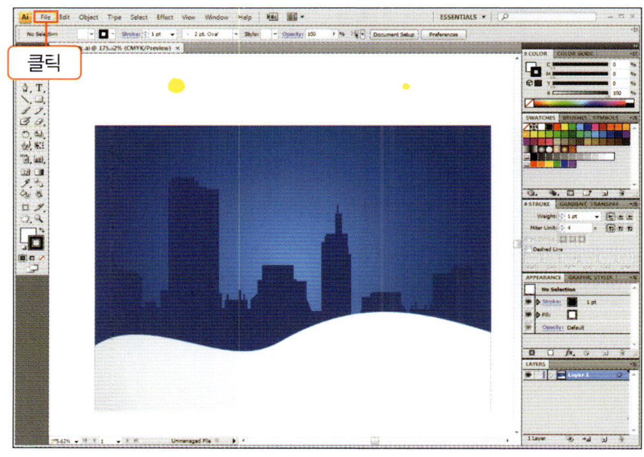

02 툴 패널에서 블렌드 툴(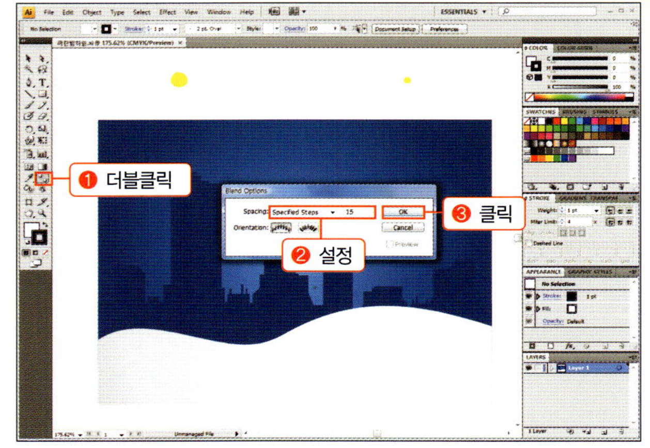)을 더블 클릭하면 [Blend Options] 대화상 자가 나타납니다. [Spacing]을 클릭하면 나타나는 메뉴에서 [Specified Steps]를 선택하고 '15'를 입력한 뒤 [OK] 버튼을 클릭합니다.

03 Space Bar 를 누르면 나타나는 손바 닥 툴(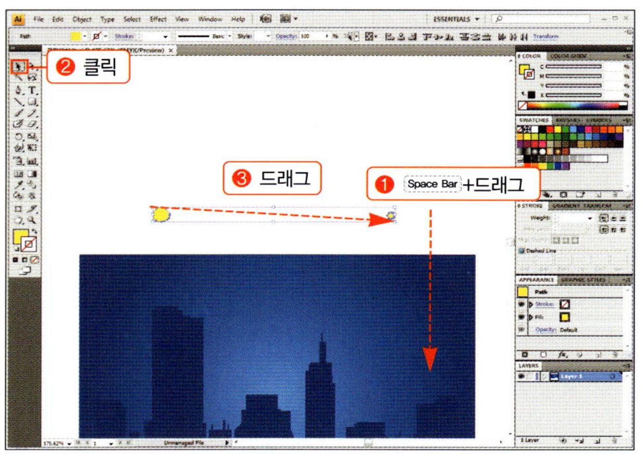)을 이용하여 위에 있는 오브젝트를 당겨 동그란 오브젝트를 화면 의 가운데로 이동합니다. 툴 패널에서 선 택 툴( )을 선택하여 두 개의 노란색 원 을 드래그하여 선택합니다.

> 블렌드 툴( )을 오브젝트에 적용할
> 때 선택을 하지 않아도 적용할 수
> 있습니다. 하지만 오브젝트를 선택
> 하면 오브젝트의 포인트 점이 보이기 때문에 같
> 은 위치의 앵커 포인트를 클릭하여 블렌드를 적
> 용할 수 있습니다.

04 다시 블렌드 툴( )을 선택하고 선택된 원 오브젝트의 왼쪽에 있 는 포인트를 클릭합니다. 오른쪽에 있는 작은 원에서 원의 동일한 위치를 클릭합 니다. 첫 번째 오브젝트와 두 번째 오브젝 트 사이의 중간 단계가 연결되면서 블렌 드 툴( )에서 설정한 개수가 화면에 나 타납니다.

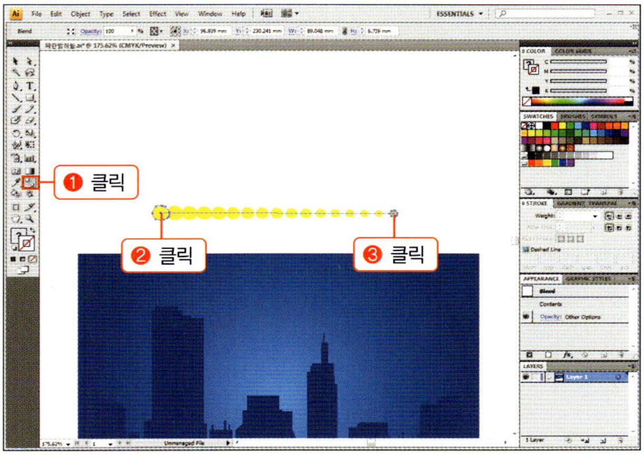

05 다시 Space Bar 를 누르면 나타나는 손바닥 툴( )을 이용하여 도시의 밤하늘 이미지가 가운데로 올 수 있도록 위치합니다. 선택을 해제하고 툴 패널 하단의 색상 모드에서 면 색은 '없음', 선 색도 '없음'으로 설정합니다.

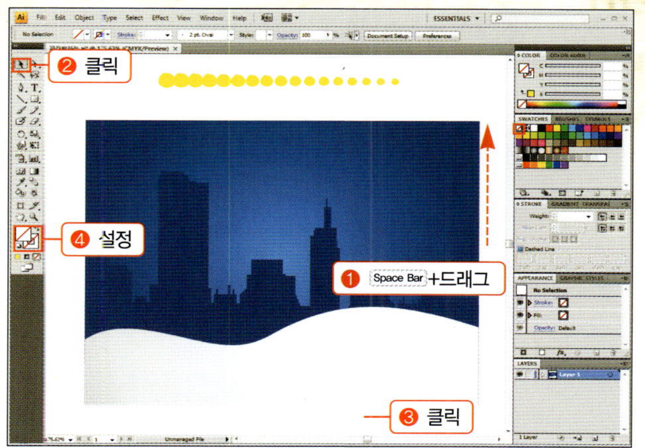

06 툴 패널에서 펜 툴( )을 선택하고 화면에서 클릭과 동시에 드래그하여 그림처럼 곡선 패스를 그려줍니다.

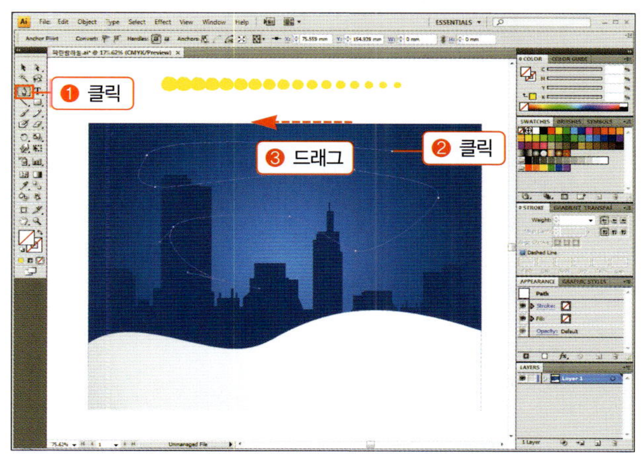

07 선택 툴( )을 선택하여 블렌드로 만들어진 툴과 그려진 곡선 패스를 다중 선택합니다.

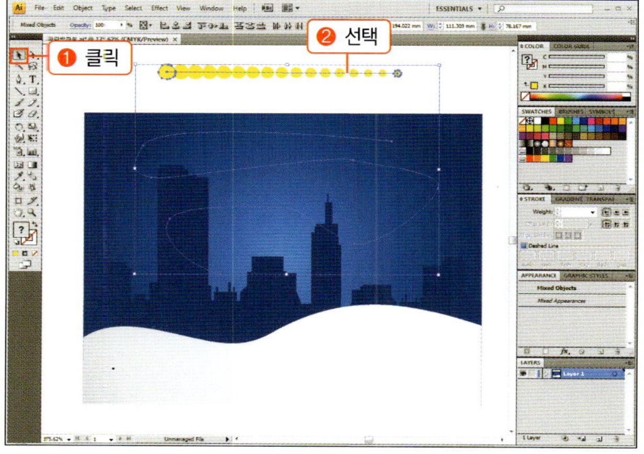

08 메뉴 바에서 [Object]-[Blend]-[Replace Spine] 메뉴를 선택합니다.

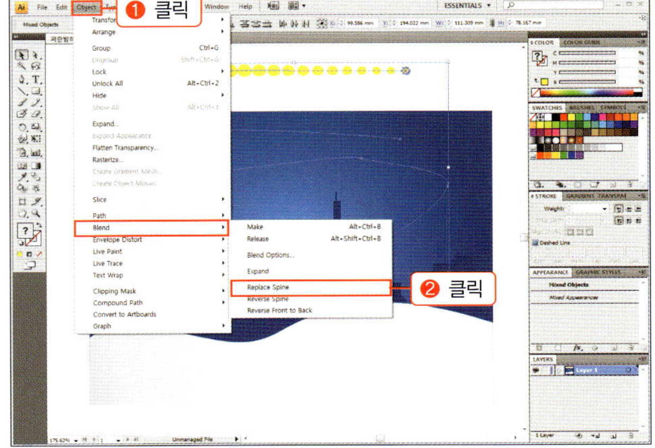

09 원형 오브젝트들이 패스를 따라 배열되는 것을 볼 수 있습니다. 툴 패널에서 블렌드 툴(🔲)을 더블클릭하면 나타나는 [Blend Options] 대화상자에서 '35'를 입력한 후 [OK] 버튼을 클릭합니다.

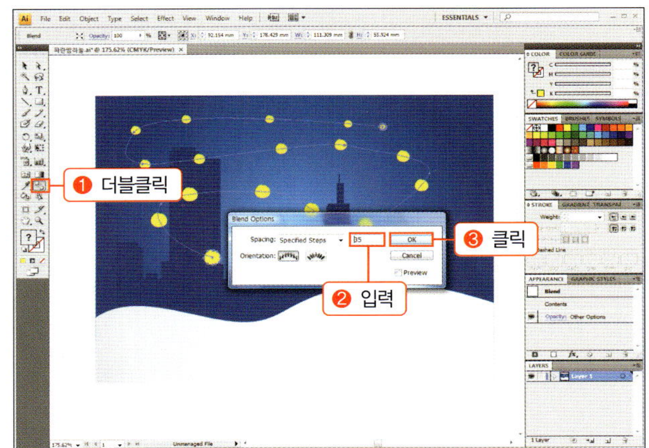

10 블렌드의 중간 단계가 수정되어 개수가 늘어납니다. 이번에는 툴 패널에서 직접 선택 툴(▷)을 선택한 뒤 패스의 포인트를 드래그하거나 패스를 선택하여 드래그하여 패스의 모양을 바꿔줍니다.

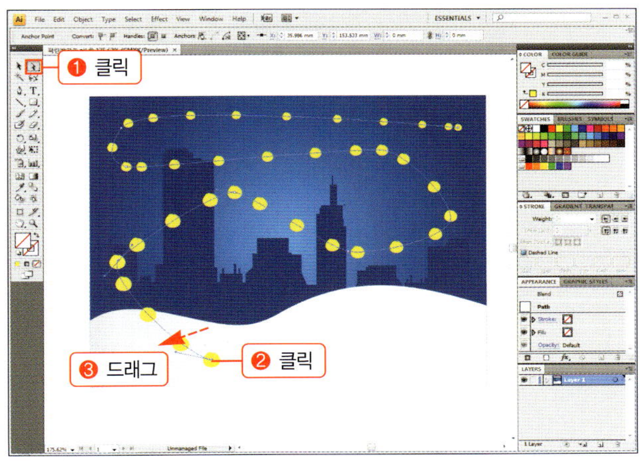

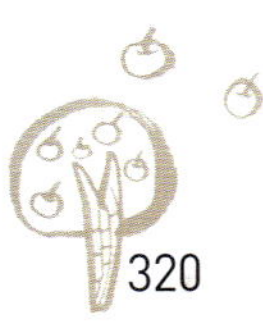

11 선택 툴(▶)을 이용하여 만들어진 패스를 선택하고 Alt 를 누른 채 드래그하여 하나를 더 복사합니다. 그리고 다시 직접 선택 툴(▷)로 패스의 앵커 포인트와 패스를 클릭하고 드래그하여 원이 많아지도록 해줍니다.

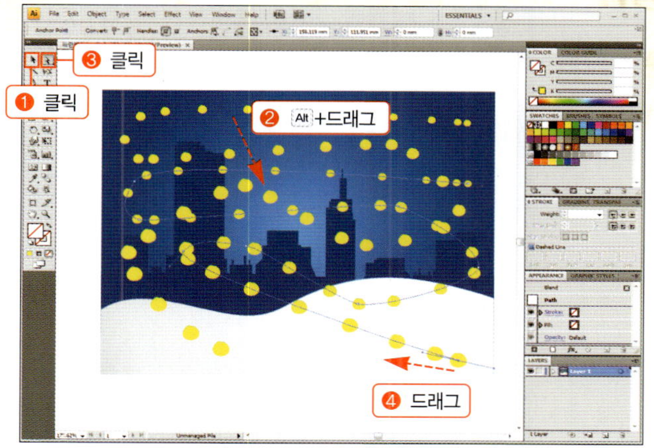

12 블렌드로 만들어진 오브젝트를 모두 선택하고 [Object]-[Expand] 메뉴를 선택합니다. [Expand] 대화상자가 나타나면 [OK] 버튼을 클릭합니다.

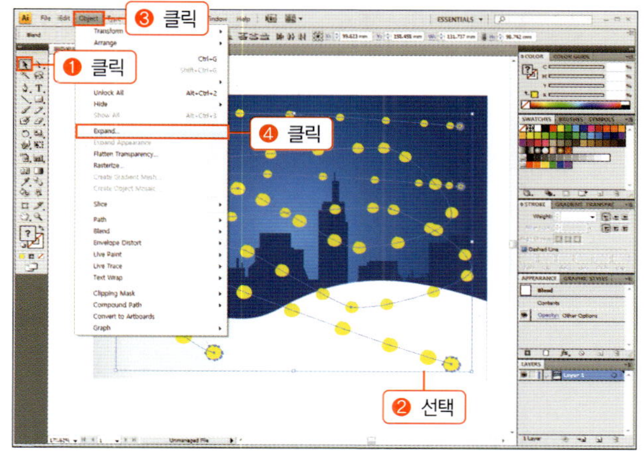

13 오브젝트가 낱개의 개별적인 오브젝트로 분리됩니다. 분리된 오브젝트는 그룹으로 묶여 있으므로 [Object]-[Ungroup] 메뉴를 선택하여 각각의 오브젝트를 선택할 수 있도록 만들어줍니다. 중간 중간에 있는 오브젝트를 선택하여 [Swatches] 패널에서 흰색을 적용하고 눈사람을 그려 이미지를 완성합니다.

블렌드 툴 다양하게 적용하기

블렌드는 두 개 이상의 오브젝트 사이에서 중간 단계를 만들어주는 기능으로 색상은
물론 형태도 중간 단계를 만들어주게 됩니다. 사용자가 원하는 단계의 개수를 직접
조절할 수 있으며 만들어진 중간 단계의 오브젝트는 각각 별도의 오브젝트로 분할하
여 사용할 수 있습니다.

SKill up 01 블렌드 툴의 옵션과 블렌드 툴 다양하게 적용하기

블렌드 기능을 사용하기 위해서는 [Object]-[Blend] 메뉴를 선택하면 나타나는 메뉴를 통해서 선택할
수 있습니다.

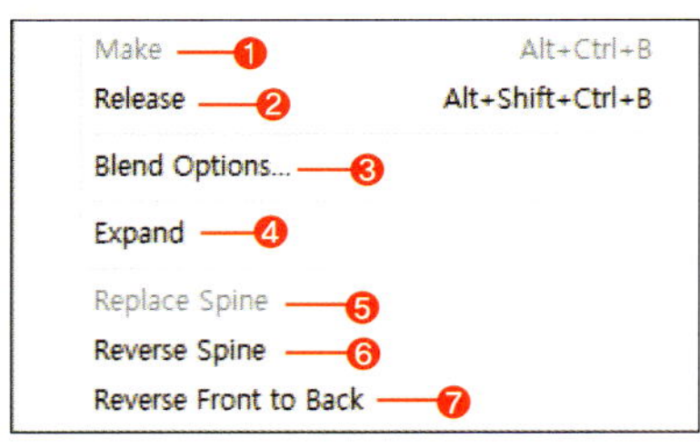

❶ Make : 두 개의 오브젝트에 중간 단계를 만들어 블렌드합니다.
❷ Release : 블렌드 효과가 적용된 오브젝트를 해제합니다.
❸ Blend Options : 대화상자를 통해 블렌드의 방향과 단계를 설정할 수 있습니다.
❹ Expand : 블렌드를 적용하여 만들어진 중간 단계의 오브젝트를 각각의 독립된 오브젝트로 변환합니다.
❺ Replace Spine : 블렌드 패스의 방향을 다른 형태나 패스로 만들어 방향을 바꿔줍니다.
❻ Reverse Spine : 블렌드를 적용한 오브젝트의 순서를 바꿔줍니다.
❼ Reverse Front to Back : 블렌드가 적용된 상태에서 앞에 위치한 오브젝트와 뒤에 위치되어 있는
오브젝트의 순서를 바꿔줍니다.

Skill up 02 [Blend Options] 대화상자 살펴보기

블렌드 툴()을 더블클릭하면 나타나는 [Blend Options] 대화상자에서 블렌드의 옵션을 설정할 수 있습니다.

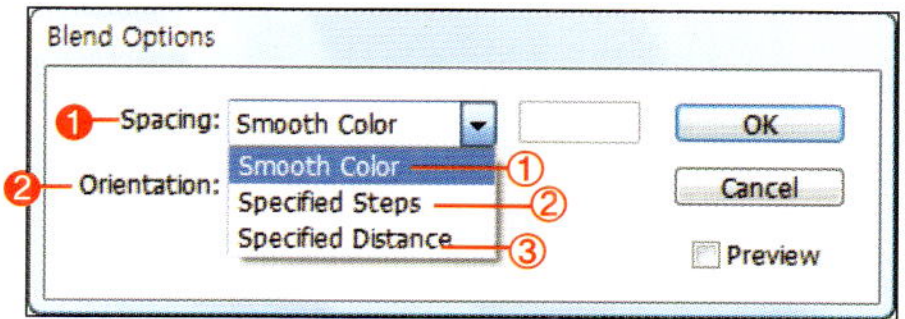

❶ **Spacing** : 블렌드하는 데 있어 간격 설정하는 옵션을 메뉴를 통해 지정합니다.
　① **Smooth Color** : 255단계의 중간 단계를 만들어 색상이 자연스럽게 변화됩니다.
　② **Specified Steps** : 중간 단계를 직접 입력하여 사용자가 설정할 수 있습니다.
　③ **Specified Distance** : 2개의 오브젝트의 중간 단계를 일정한 거리를 두고 생성합니다.
❷ **Orientation** : 오브젝트의 중간 단계들의 방향을 지정합니다.
　· **Align To Page** : 오브젝트들이 패스의 경로에 상관없이 본래의 방향을 유지합니다.
　· **Align To Path** : 오브젝트들이 패스의 경로어 따라 각도를 맞춰 정렬합니다.

Skill up 03 블렌드 툴로 만들어진 오브젝트 분리하기

블렌드 툴()은 그레이디언트에서 표현하기 힘든 중간 단계의 색상을 보다 자연스럽게 만들 수 있으며 사용하는 방법에 따라 오브젝트의 변형이나 점진적인 표현 등이 가능합니다. 블렌드 툴을 이용하여 자동으로 만들어진 오브젝트는 선택 툴로 선택하면 하나의 오브젝트로 선택되는 것을 확인할 수 있습니다. 이 오브젝트를 각각의 오브젝트로 분리하여 사용하려면 [Object]-[Blend]-[Expand] 메뉴를 선택하고 선택된 오브젝트를 [Object]-[Ungroup] 메뉴로 각각의 개별 오브젝트로 분리하여 사용할 수 있습니다.

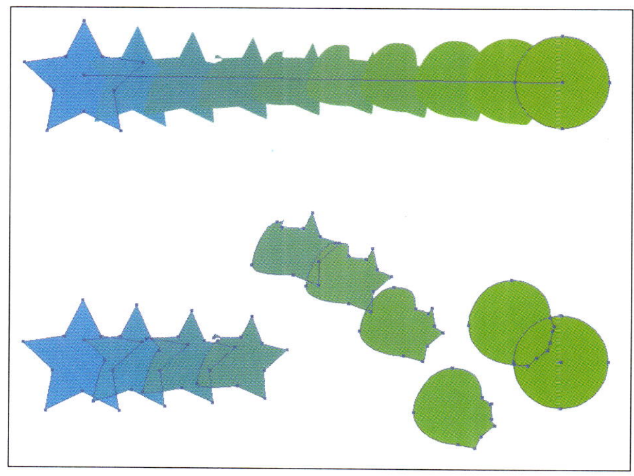

▲ 블렌딩 툴로 만들어진 오브젝트와 개별적으로 분리된 오브젝트

전문가의 손길이 느껴지는
3D 오브젝트와 이펙트

지금까지 만들어봤던 오브젝트들은 모두 평던적인 그래픽 이미지였습니다. 이번 Part에서 만들어 볼 이미지는 평면 오브젝트가 아닌 입체적인 오브젝트입니다. 입체적인 오브젝트의 제작을 위한 3D 툴은 평면 이미지를 쉽게 입체적인 모양으로 만들 수 있으며, 이펙트를 이용하면 독특한 느낌의 이미지를 만들 수 있습니다.

- **Lesson 01** 볼륨감이 살아 있는 3D 오브젝트 만들기
- **Lesson 02** 이펙트 기능을 활용하여 웰빙 카드 만들기

볼륨감이 살아 있는
3D 오브젝트 만들기

3D 오브젝트를 전문적으로 제작하는 3ds Max와 같은 프로그램들에서만 제작할 수 있었던 입체 오브젝트를 일러스트레이터에서도 제작할 수 있습니다. 회전, 돌출, 광원 효과 등을 이용하여 볼륨감이 살아있는 3D 오브젝트를 만들어보겠습니다.

예제 파일 : Sample\Part06\판다.ai
완성 파일 : Sample\Part06\3D완성.ai

01 메뉴 바에서 [File]-[New] 메뉴를 선택하거나 [Welcome Screen] 대화상자를 클릭하면 나타나는 [New Document] 대화상자에서 [Size]를 'A4'로 설정하여 새로운 도큐먼트를 만들어줍니다.

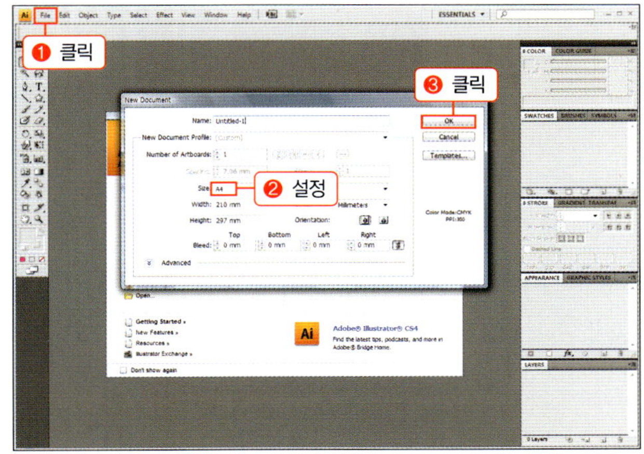

02 툴 패널에서 문자 툴(T)을 선택하고 Ctrl + T 를 눌러 [Character] 패널을 불러옵니다. [Character] 패널에서 'Myriad Pro' 글꼴을 선택하고, 글자의 크기는 '36pt'로 설정합니다. 화면을 클릭하고 문자 입력 커서가 깜빡이면 'Panda'를 입력합니다.

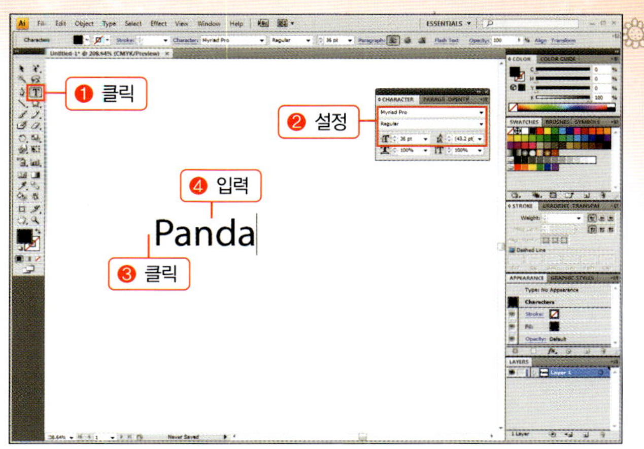

03 툴 패널에서 선택 툴(▶)을 선택하여 입력된 글자를 선택합니다. [Swatches] 패널에서 'CMYK Red'를 클릭하여 빨간색 글자로 만들고 [Type]-[Create Outlines] 메뉴를 선택합니다.

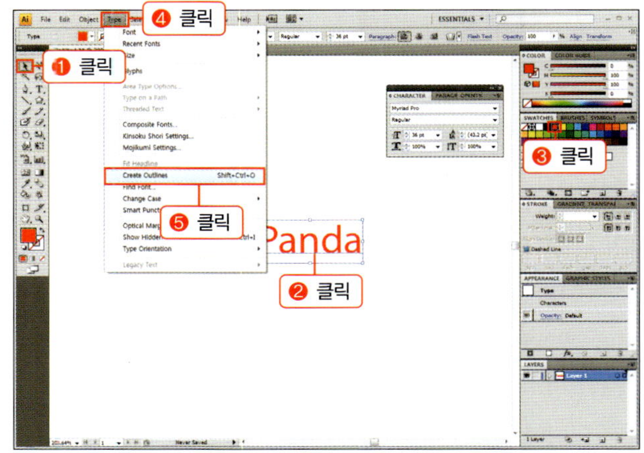

04 [Character] 패널을 닫은 후 [Effect]-[3D]-[Extrude & Bevel] 메뉴를 선택합니다.

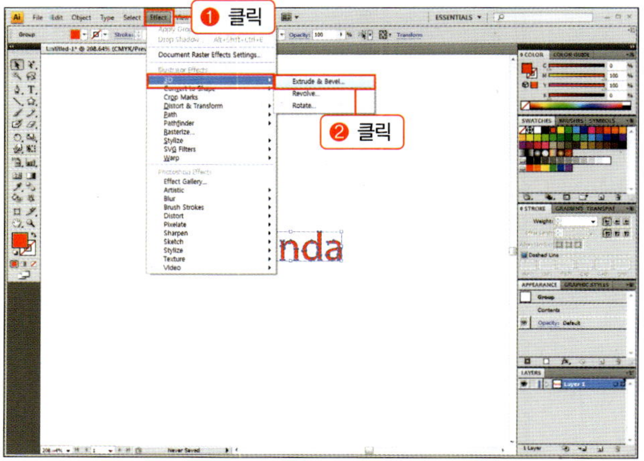

05 [3D Extrude & Bevel Options] 대화상자가 나타나면 대화상자에서 [Preview]를 체크하여 오브젝트에 두께가 적용되어 입체적으로 보이는 것을 미리 확인합니다.

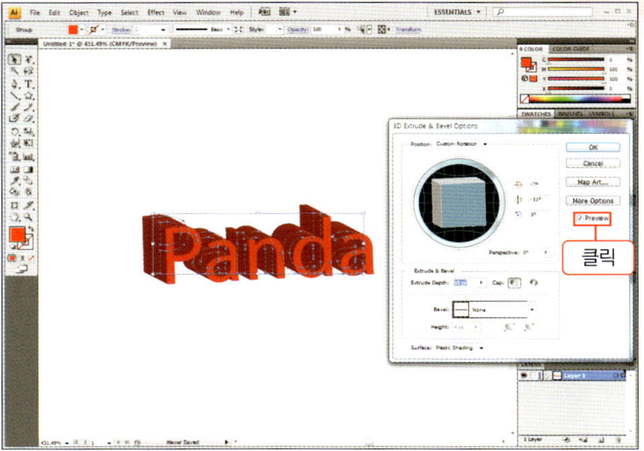

06 대화상자의 왼쪽에 있는 육면체를 드래그하면 오브젝트가 드래그한 포지션으로 적용되면서 돌출된 입체의 모양으로 나타납니다. 정확한 수치를 입력하기 위해 X, Y, Z 축의 위치를 순서대로 '-7', '-8', '0'의 순서로 입력합니다. 돌출되는 두께를 조절하기 위해서 [Extrude Depth]의 값을 '35pt'로 입력하고 [OK] 버튼을 클릭합니다.

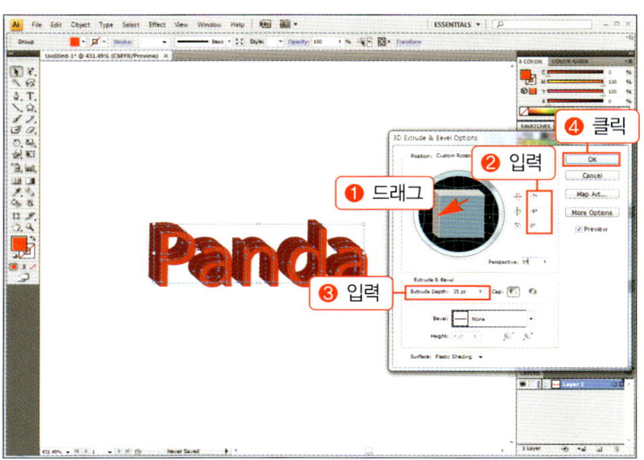

07 [File]-[Open] 메뉴를 선택하고 'Sample\Part06\판다.ai' 파일을 선택하여 불러옵니다. 툴 패널에서 선택 툴( )을 선택하여 판다를 선택하고 [Edit]-[Copy] 메뉴를 선택하여 판다 오브젝트를 복사합니다.

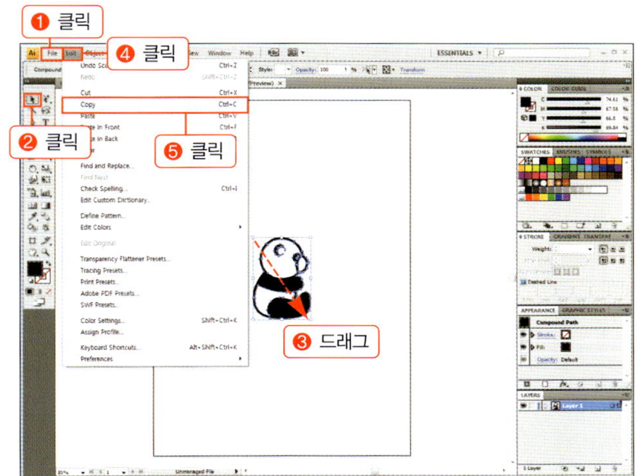

08 3D 모양의 오브젝트 작업 중인 도 큐먼트 탭을 클릭하여 선택하고 [Edit]-[Paste] 메뉴를 선택하여 오브젝트를 붙입니다.

09 불러들인 판다의 외곽 바운딩 박스를 조절하여 오브젝트의 크기를 줄여 글자의 왼쪽으로 위치합니다.

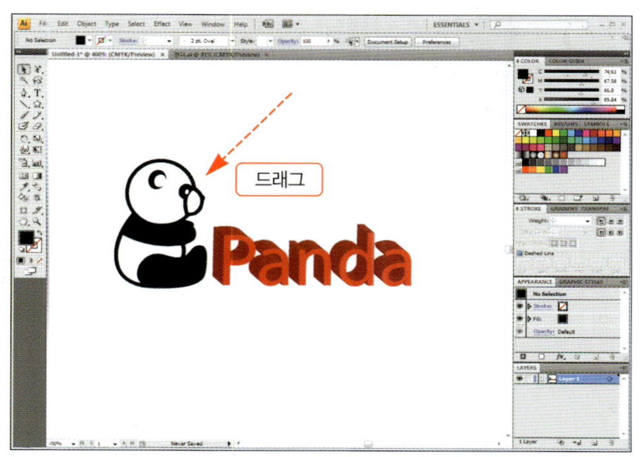

10 이번에는 툴 패널에서 원 툴(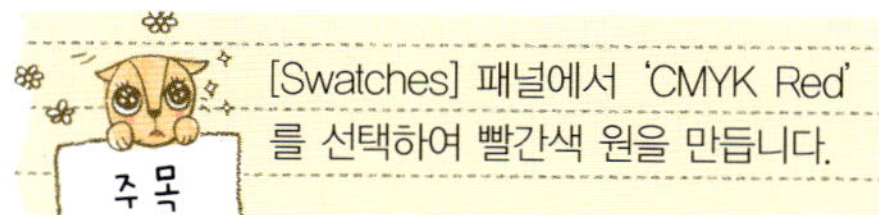)을 선택하고 입체 모양의 글자의 오른쪽 부분에 드래그하여 빨간색 원을 그려줍니다.

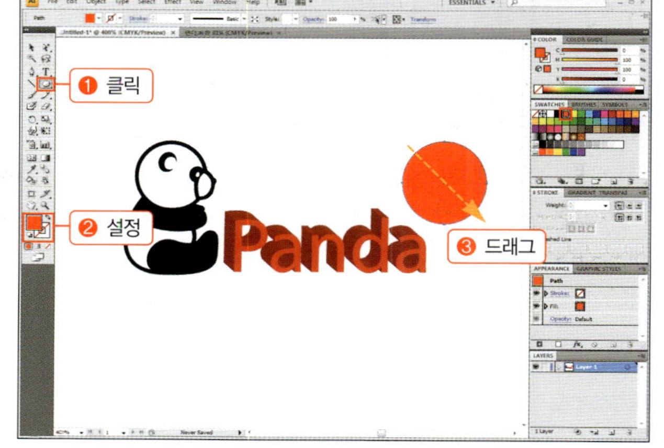

[Swatches] 패널에서 'CMYK Red'를 선택하여 빨간색 원을 만듭니다.

주목

11 직접 선택 툴(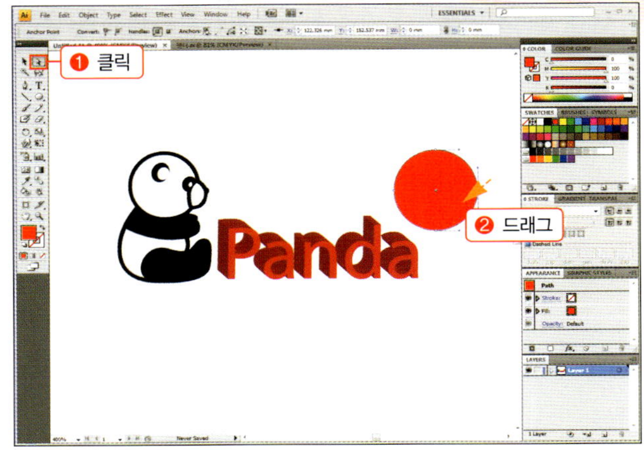)을 선택한 다음 그려진 원의 오른쪽 앵커 포인트를 드래그하여 선택합니다.

12 Delete 를 눌러 선택된 포인트를 삭제하여 열린 패스 모양의 반원으로 만들어줍니다.

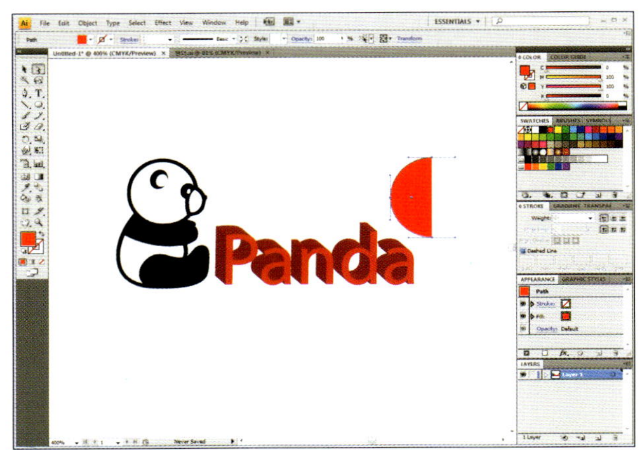

13 이번에는 만들어진 3D 회전체의 매핑 소스로 사용하게 될 오브젝트를 만들어보겠습니다. 툴 패널에서 사각형 툴(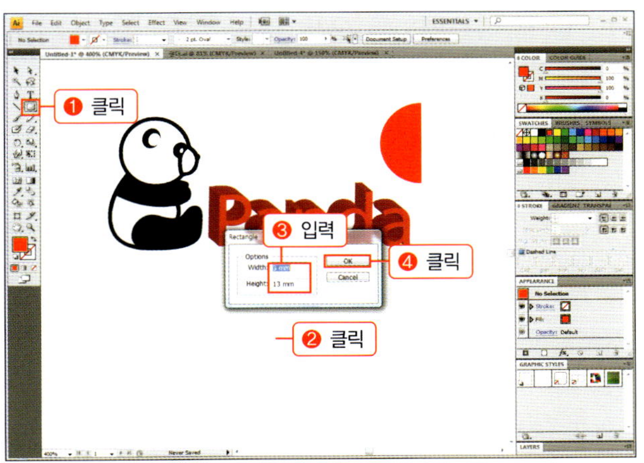)을 선택하고 도큐먼트를 클릭하면 나타나는 [Rectangle] 대화상자의 [Width]에 '3mm'를 입력한 다음 [Height]에 '13mm'를 입력한 후 [OK] 버튼을 클릭하여 직사각형을 그려줍니다.

14 [Object]-[Transform]-[Move] 메뉴를 선택합니다. [Position]의 [Horizontal]에 '3mm', [Vertical]에는 '0'을 입력한 다음 [Copy] 버튼을 클릭하여 동일한 간격으로 복사합니다.

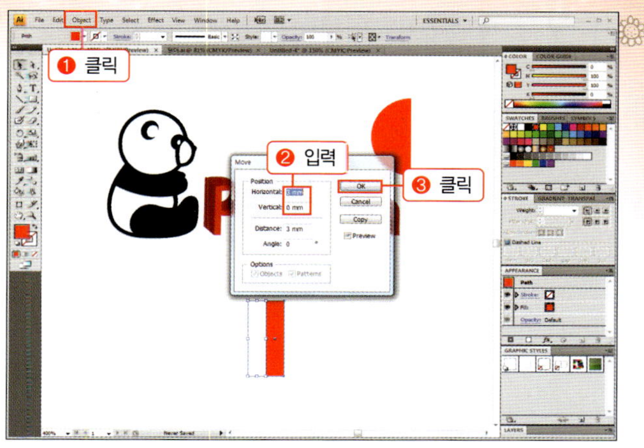

15 Ctrl + D 를 5회 정도 눌러 동일한 간격만큼 오브젝트를 계속해서 복사합니다.

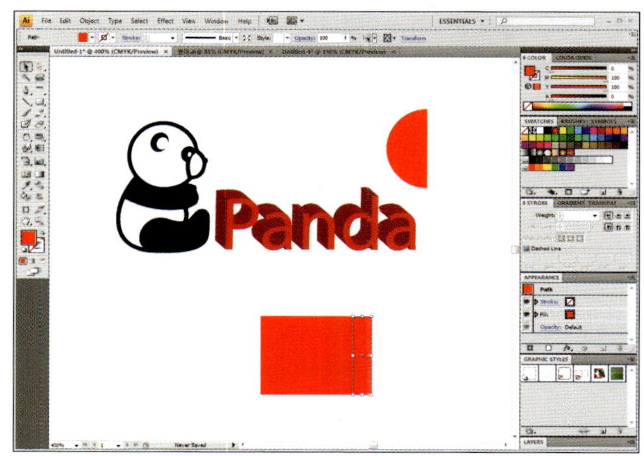

16 [Swatches] 패널에서 여러 다양한 색상을 순서대로 클릭하여 색동의 형태로 색상을 지정합니다. [Window]-[Symbols] 메뉴를 선택하여 [Symbols] 패널을 꺼냅니다. 툴 패널에서 선택 툴(▶)을 선택하고 만들어진 색동 이미지를 드래그하여 선택합니다. 선택된 오브젝트를 [Symbols] 패널로 드래그합니다.

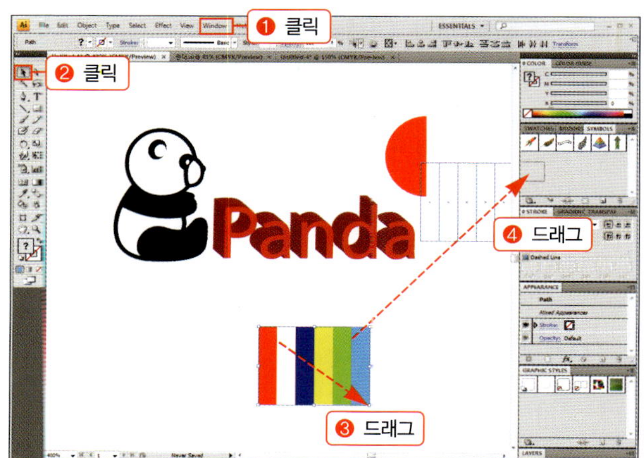

17 [Symbol Options] 대화상자가 나
타나면 [Type]을 'Graphic' 으로
설정하고 [OK] 버튼을 클릭합니다.

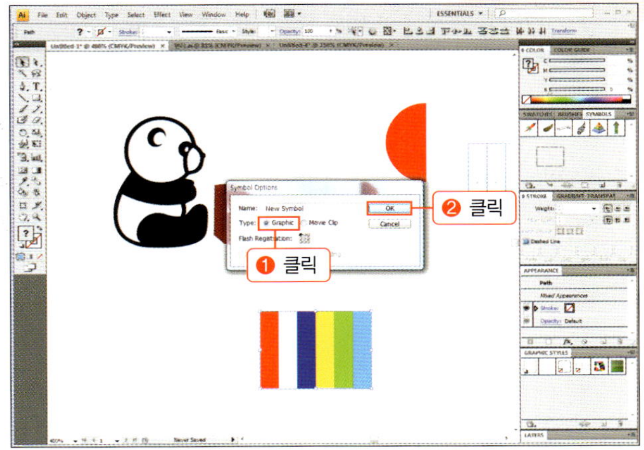

18 빨간색 반원을 선택한 다음 메뉴
바에서 [Effect]-[3D]-[Revolve]
메뉴를 선택합니다.

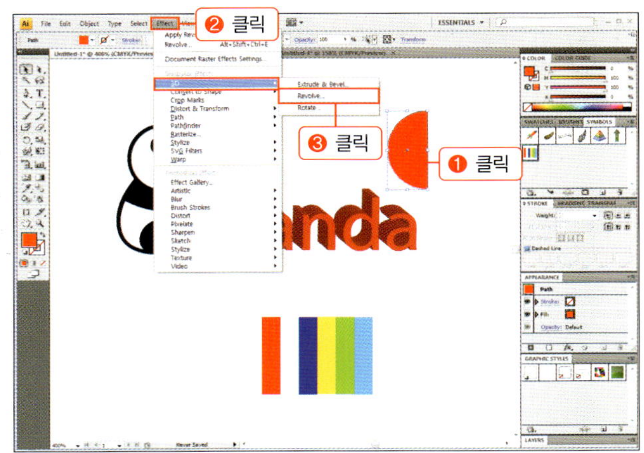

19 [3D Revolve Options] 대화상자
가 나타나면 [Preview]를 체크하
고 [Revolve]에서 [from]은 'Right
Edge' 로 선택합니다.

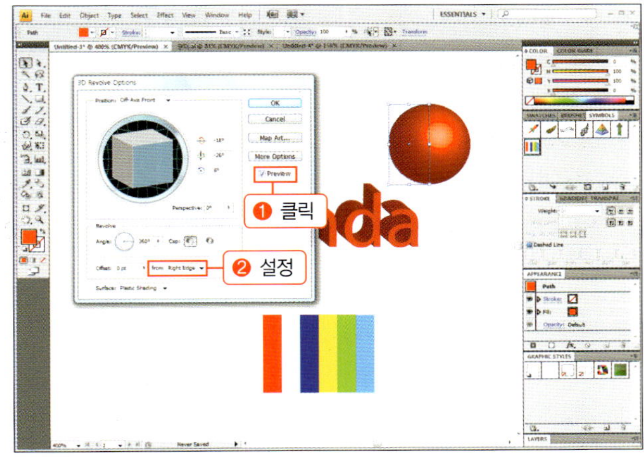

20 동그란 원으로 만들어진 오브젝트에 매핑을 하기 위해 [Map Art]를 클릭합니다. [Map Art] 대화상자의 [Symbol]을 클릭하면 나타나는 메뉴에서 앞에서 등록한 심벌을 클릭하여 선택합니다. [Map Art] 대화상자에서 [Scale to Fit]를 클릭하여 선택된 심벌이 화면에 꽉 차도록 만들고 입체감을 주기 위해 [Shade Artwork (slower)]를 선택한 다음 [OK] 버튼을 클릭합니다.

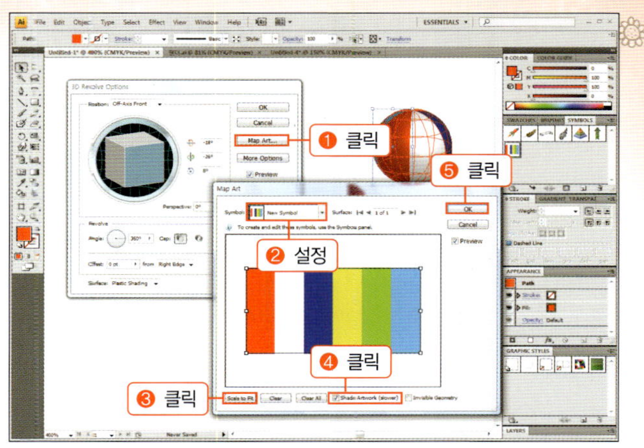

21 [More Options] 버튼을 클릭하면 나타나는 하위 메뉴에서 그림자 미리보기에서 빛의 방향을 왼쪽 위로 만들고 [OK] 버튼을 클릭합니다.

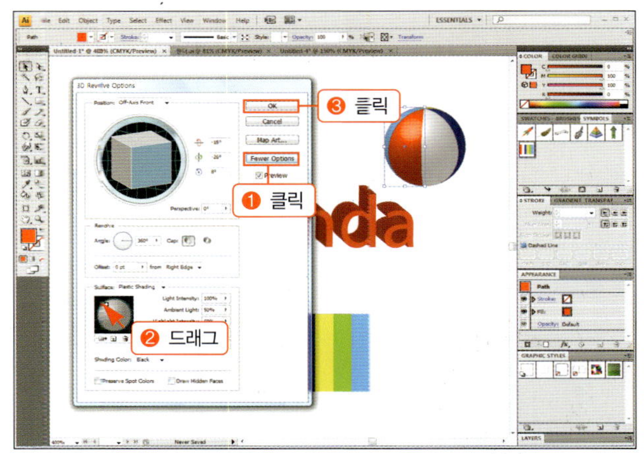

22 심벌로 사용된 색동 무늬는 선택 툴(　)로 선택한 뒤 Delete 를 눌러 삭제하고 이미지를 완성합니다.

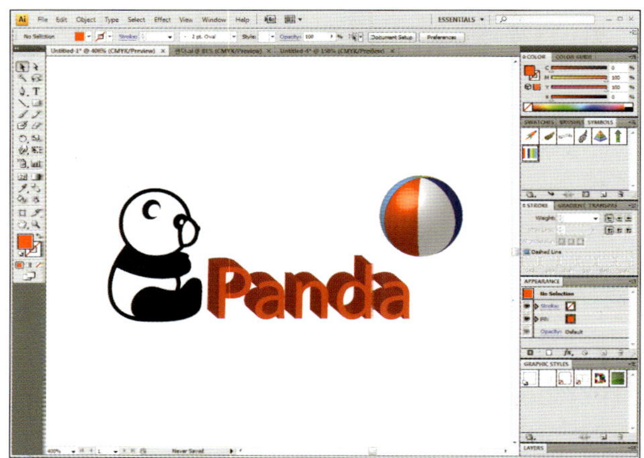

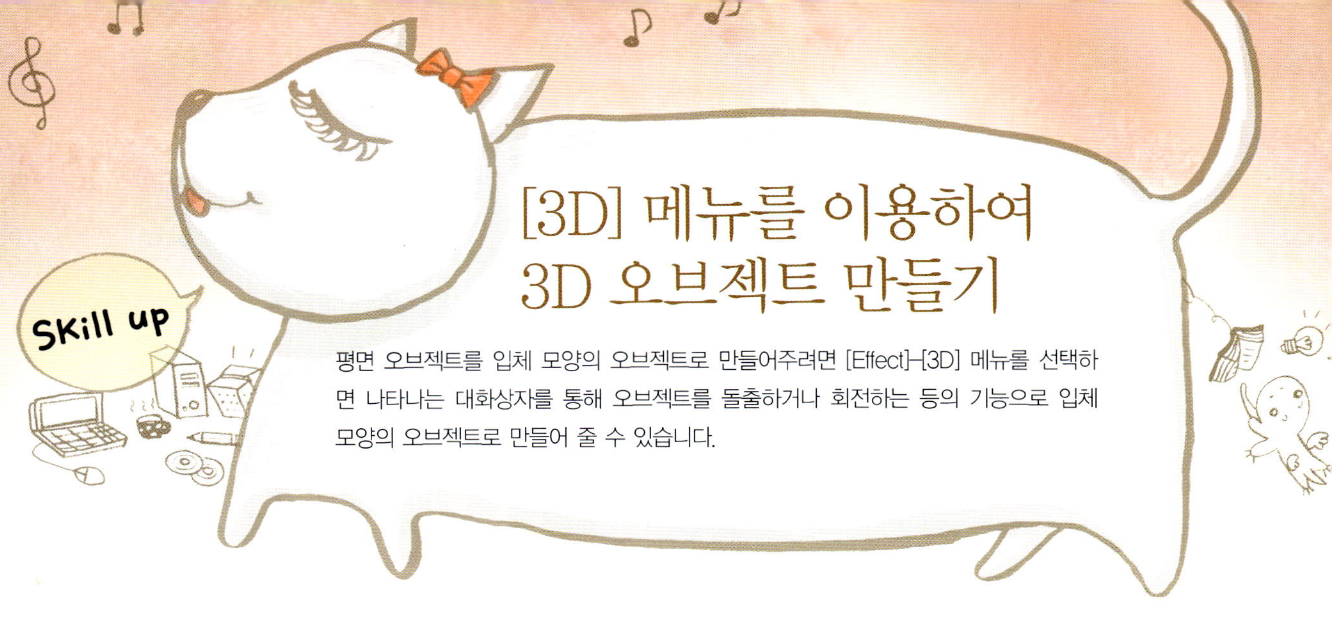

[3D] 메뉴를 이용하여 3D 오브젝트 만들기

평면 오브젝트를 입체 모양의 오브젝트로 만들어주려면 [Effect]–[3D] 메뉴를 선택하면 나타나는 대화상자를 통해 오브젝트를 돌출하거나 회전하는 등의 기능으로 입체 모양의 오브젝트로 만들어 줄 수 있습니다.

Skill up 01 [3D Extrude & Bevel Options] 대화상자로 돌출 오브젝트 만들기

[3D Extrude & Bevel Options] 대화상자는 평면 오브젝트를 돌출하여 입체 모양의 오브젝트로 만들어 줍니다. 미리보기 화면에 직접 드래그하여 돌출되는 모양을 설정하거나 [Position]을 통해 미리 저장된 3D 입체 모양을 선택할 수 있습니다.

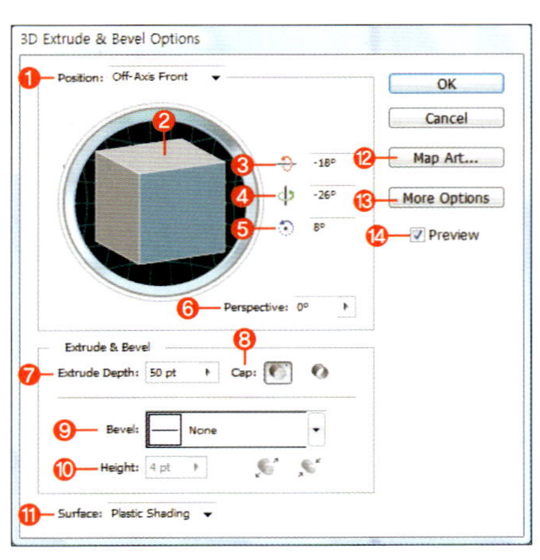

❶ **Position** : 하위 메뉴를 통해 3D 오브젝트의 시점과 위치를 선택하여 지정할 수 있습니다.

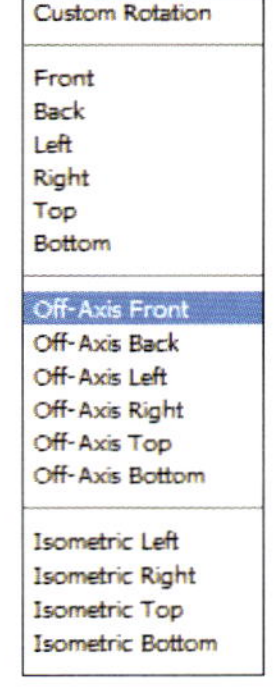

❷ **Track Cube** : 육면체 형태의 오브젝트를 마우스로 직접 드래그하여 3D 오브젝트의 시점, 위치 등을 설정할 수 있습니다.

❸ **X axis** : X축으로 3D 오브젝트의 위치를 설정합니다.

❹ **Y axis** : Y축으로 3D 오브젝트의 위치를 설정합니다.

❺ **Z axis** : Z축으로 3D 오브젝트의 위치를 설정합니다.

❻ **Perspective** : 3D 오브젝트를 원근법 방식으로 화면에 표시합니다.

❼ **Extrude Depth** : 오브젝트를 돌출하는 정도를 설정합니다.

❽ **Cap** : 3D 오브젝트의 내부를 채워서 렌더링할 것인지 비워서 렌더링할 것인지를 결정합니다.

❾ **Bevel** : 3D 오브젝트 모서리의 모양을 선택할 수 있습니다.

⑩ **Height** : 모서리 형태의 크기를 설정합니다.

⑪ **Surface** : 3D 오브젝트의 재질과 조명 상태를 조절합니다.

⑫ **Map Art** : 3D 오브젝트의 겉 표면에 다른 이미지를 매핑하고 배치합니다.

⑬ **More Options** : [Surface]를 확장해 보여줍니다.

⑭ **Preview** : 설정한 값에 따라 만들어지는 오브젝트를 미리보기합니다.

Skill up 02 빛을 조절하는 [Surface] 살펴보기

[3D Extrude & Bevel Options] 대화상자 오른쪽에 있는 [More Options] 버튼을 클릭하면 [3D Extrude & Bevel Options] 대화상자의 아래로 [Surface]가 나타납니다. [Surface]에서는 3D 오브젝트의 조명 상태를 조절합니다.

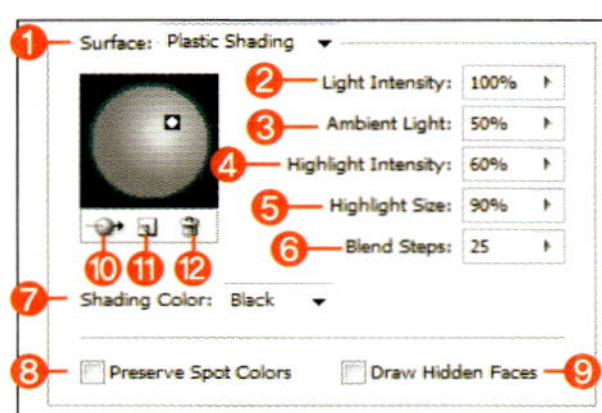

❶ **Surface** : 3D 오브젝트의 렌더링 옵션을 4가지 중에서 선택할 수 있습니다.

❷ **Light Intensity** : 조명의 강도를 설정합니다.

❸ **Ambient Light** : 주변 광량을 설정합니다.

❹ **Highlight Intensity** : 가장 밝은 부분의 강도를 설정합니다.

❺ **Highlight Size** : 가장 밝은 부분의 크기를 설정합니다.

❻ **Blend Steps** : 렌더링의 단계를 설정합니다. 수치가 크면 클수록 렌더링 품질이 좋아집니다.

❼ **Shading Color** : 그늘 부분의 색상을 설정합니다.

❽ **Preserve Spot Colors** : 오브젝트가 가지고 있는 색상을 지킵니다.

❾ **Draw Hidden Faces** : 옵션을 체크하면 화면에 보이지 않는 부분도 렌더링됩니다.

⑩ **Move selected light to back of object** : 선택한 조명을 뒤쪽으로 배치합니다.

⑪ **New Light** : 새로운 조명을 추가합니다. 조명은 30개까지 추가가 가능합니다.

⑫ **Delete Light** : 선택한 조명을 삭제할 수 있습니다.

Skill up 03 [3D Revolve Options] 대화상자로 회전하는 오브젝트 만들기

[3D]-[3D Revolve Options]를 선택하면 나타나는 대화상자에서 회전하는 오브젝트의 형태를 설정할 수 있습니다.

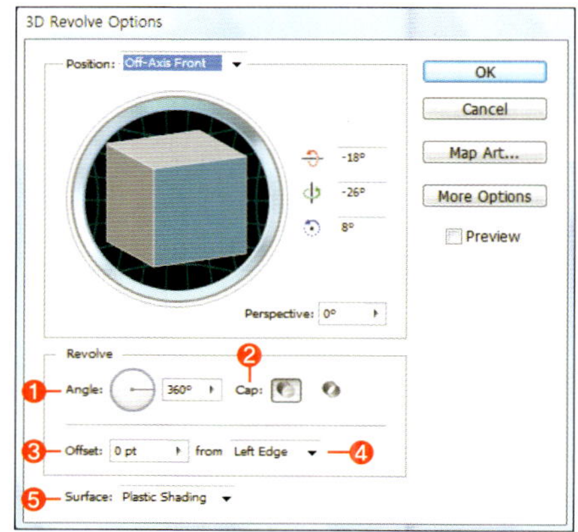

❶ **Angle** : 회전되는 오브젝트의 렌더링하는 각도를 설정합니다.

❷ **Cap** : 3D 오브젝트의 내부를 채워서 렌더링을 할 것인지 비워서 렌더링할 것인지를 선택합니다.

❸ **Offset** : 정해진 중심축으로부터 확장하여 렌더링합니다.

❹ **from** : 선택한 패스의 오른쪽이나 왼쪽을 중심축으로 정해줍니다.

❺ **Surface** : 3D 오브젝트의 재질과 조명 상태를 조절합니다.

[3D]-[Rotate] 메뉴를 선택하면 나타나는 대화상자에서는 회전하는 오브젝트의 형태를 설정할 수 있습니다.

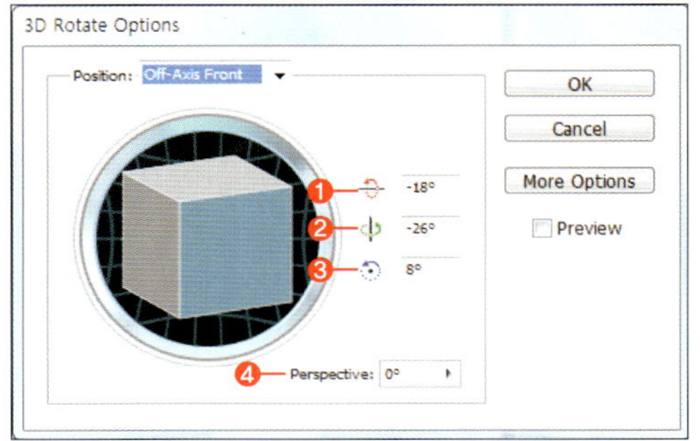

❶ X axis : X축으로 3D 오브젝트의 위치를 설정합니다.
❷ Y axis : Y축으로 3D 오브젝트의 위치를 설정합니다.
❸ Z axis : Z축으로 3D 오브젝트의 위치를 설정합니다.
❹ Perspective : 회전하는 각도를 입력하여 조절합니다.

3D 오브젝트의 표면에 다른 이미지를 매핑하여 배치하는 옵션을 설정할 수 있습니다.

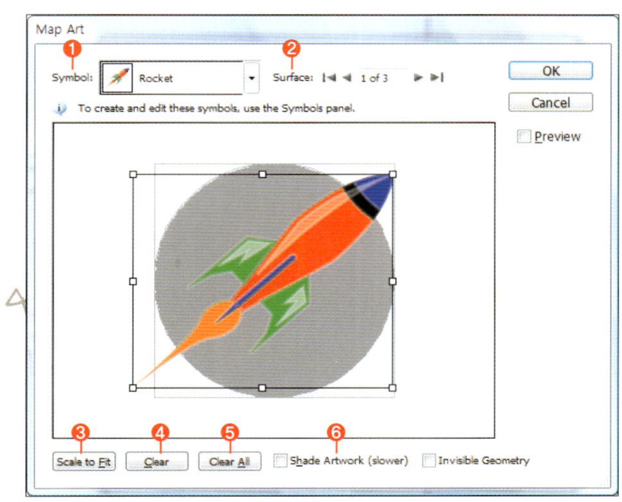

❶ Symbol : [Symbols] 패널에 등록된 심벌을 보여주며 매핑 소스를 선택할 수 있습니다.
❷ Surface : 3D 오브젝트의 각 부분을 차례대로 보여줍니다.
❸ Scale to Fit : 불러들인 매핑 이미지를 화면에 맞게 크기 조절합니다.
❹ Clear : 현재 [Surface]로 불러들인 매핑 이미지를 삭제합니다.
❺ Clear All : 불러들인 매핑 이미지를 모두 삭제합니다.
❻ Shade Artwork(Slower) : 매핑 이미지에도 명암을 적용합니다.

[3D Extrude & Bevel Options] 대화상자에서는 포지션에 따라 각각 다른 효과가 적용됩니다. 효과별로 적용되는 느낌을 알고 있으면 오브젝트에 보다 수월하고 빠르게 적용할 수 있습니다.

▲ Position : Front

▲ Position : Back

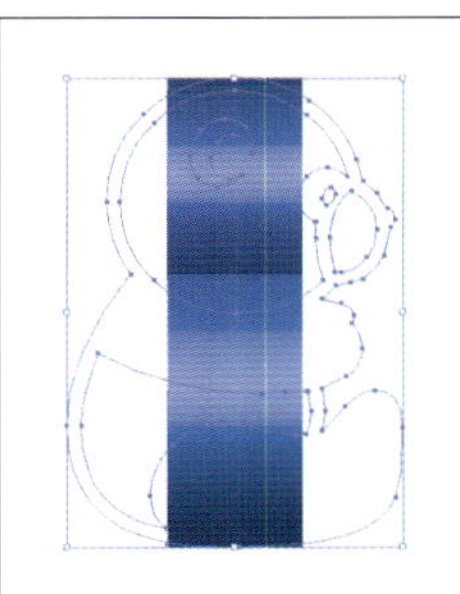

▲ Position : Right

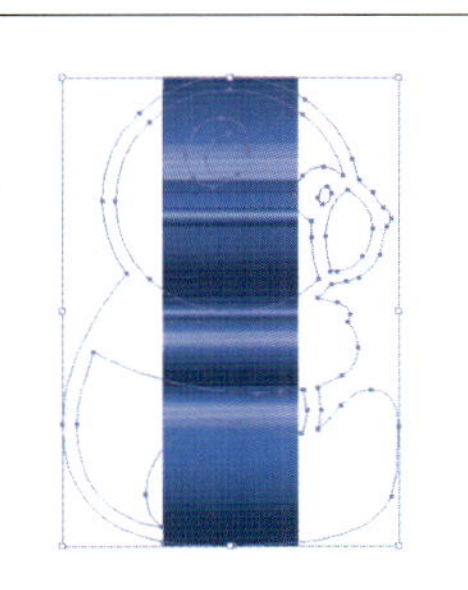

▲ Position : Left

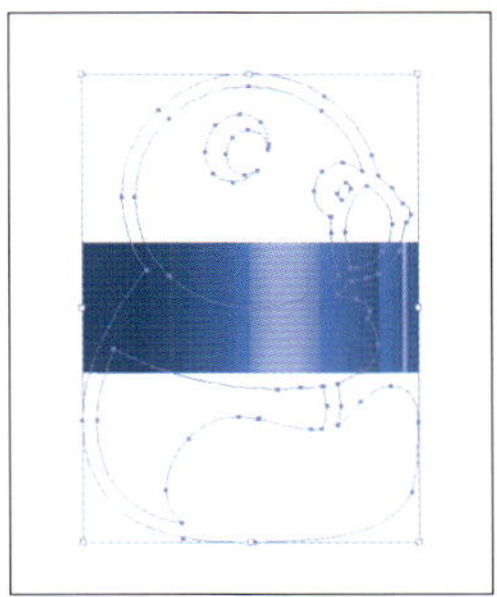

▲ Position : Top

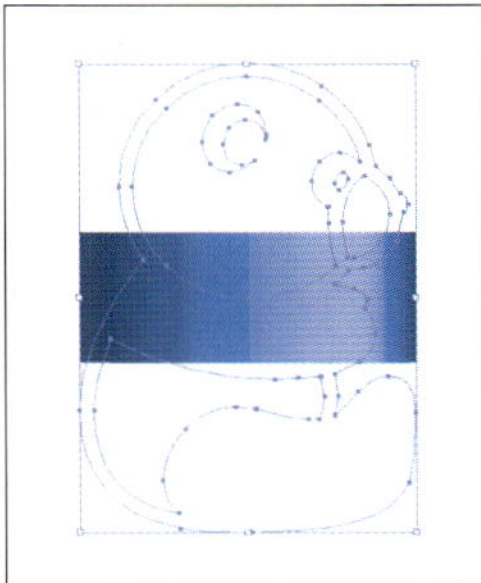

▲ Position : Bottom

▲ Position : Off-Axis Front

▲ Position : Off-Axis Back

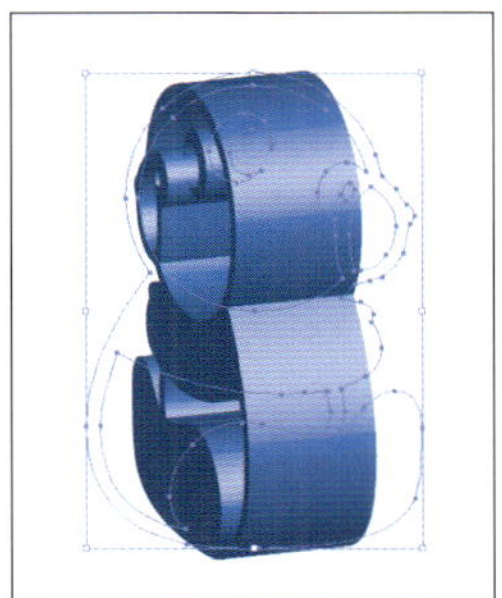

▲ Position : Off-Axis Left

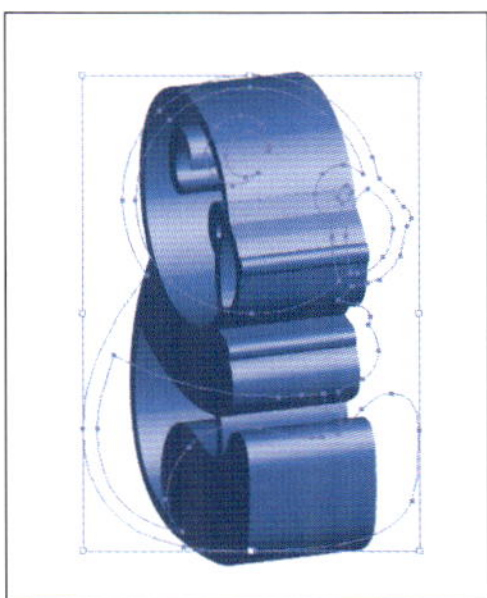

▲ Position : Off-Axis Right

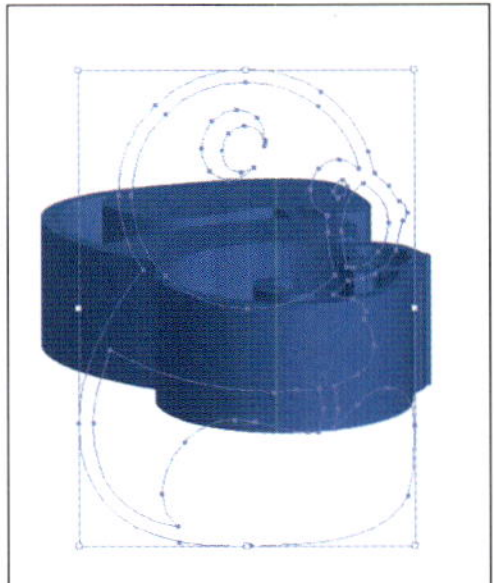

▲ Position : Off-Axis Top

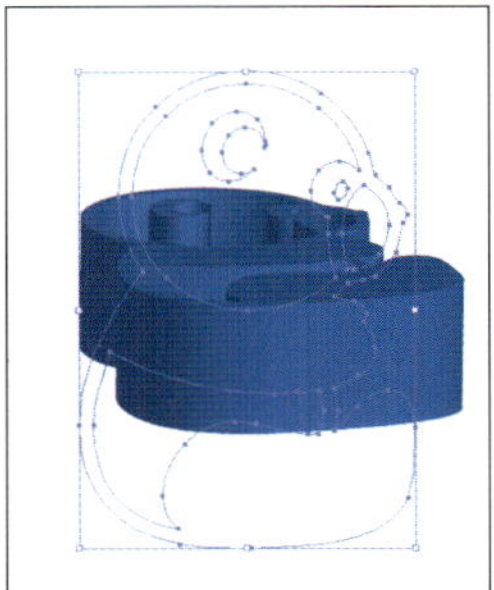

▲ Position : Off-Axis Bottom

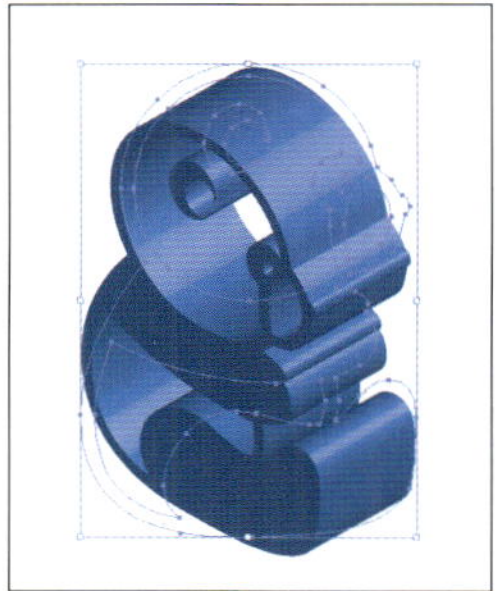

▲ Position : Isometric Left

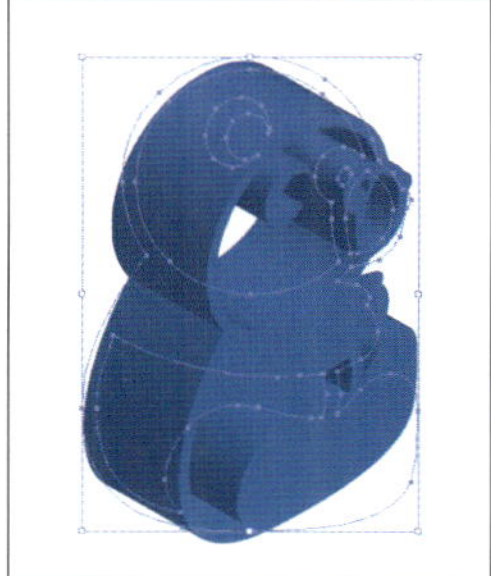

▲ Position : Isometric Left

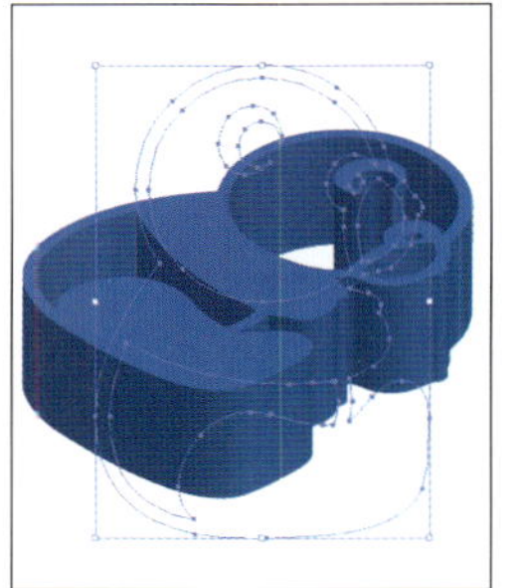

▲ Position : Isometric Top

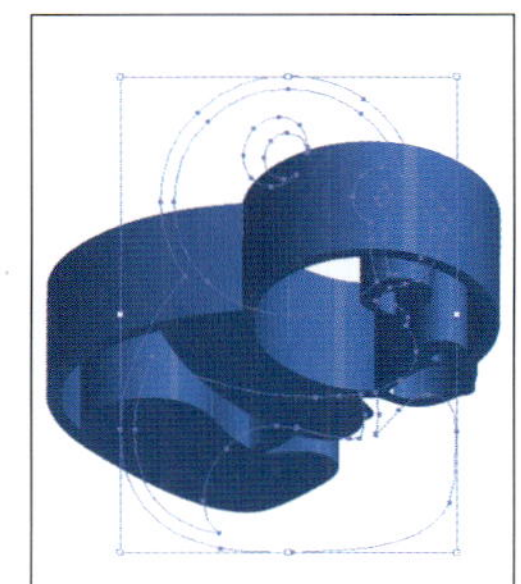

▲ Position : Isometric Bottom

이펙트 기능을 활용하여
웰빙 카드 만들기

이펙트 기능은 벡터 오브젝트와 비트맵 이미지에 여러 형태의 그래픽 효과를 적용하는 기능입니다. 간단한 명령으로 특별한 효과를 얻을 수 있기 때문에 유용하게 사용할 수 있습니다. 일러스트레이터의 이펙트 기능은 오브젝트의 속성을 유지하고 선택한 효과를 적용할 수 있습니다.

15분 완성
파일 분석하기

❶ [Effect] 메뉴 적용하기 : 350 page

예제 파일 : Sample\Part06\호두배경.jpg, 작은호두.jpg, 작은호두2.jpg
완성 파일 : Sample\Part06\웰빙카드완성.ai

01 [File]-[New] 메뉴를 선택하고 [Width]에 '100mm', [Height]에 '160mm'를 설정한 다음 [OK] 버튼을 클릭합니다.

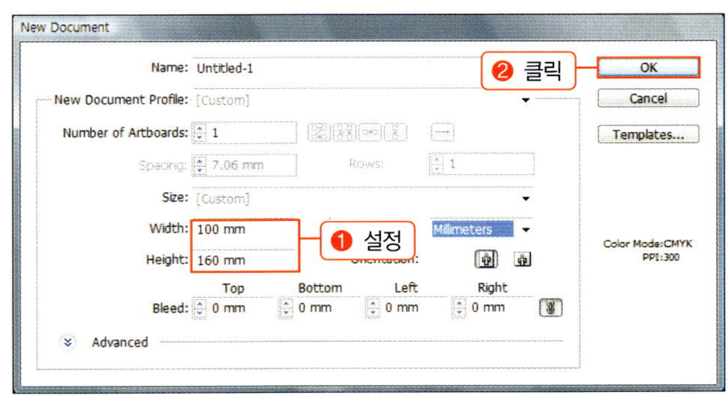

02 새로운 도큐먼트가 만들어지면 메뉴 바에서 [File]-[Place] 메뉴를 선택한 뒤 'Sample\Part06\호두배경.jpg' 파일을 선택하여 이미지 파일을 불러옵니다.

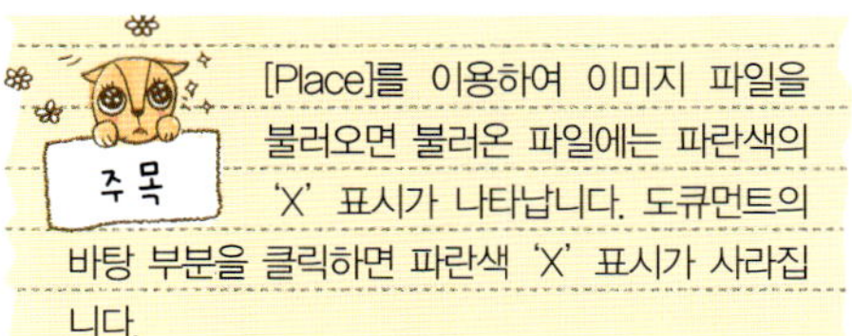

03 툴 패널의 색상 모드에서 면 색은 '없음' 으로 선 색은 '연두색' 계열로 지정합니다. 사각형 툴(□)을 선택한 다음 [Stroke] 패널에서 [Weight]의 두께를 '20pt' 로 설정하고 드래그하여 연두색 사각형을 그려줍니다.

04 그려진 사각형 모양의 외곽선에 패턴을 적용하기 위해서 [Swatches] 패널의 왼쪽 하단에 있는 [Swatches Libraries menu](□.) 버튼을 클릭하면 나타나는 하위 메뉴에서 [Patterns]-[Decorative]-[Decorative_Geometric1]을 선택합니다.

05 [Decorative_Geometric1] 패널에서 'Hexagon Persian Color' 패턴을 클릭하여 선택합니다.

06 외곽선을 면으로 만들기 위해서 [Object]-[Path]-[Outline Stroke] 메뉴를 선택하여 패턴이 적용된 외곽선만큼 면으로 만들어줍니다.

07 툴 패널에서 문자 툴(T)을 선택하고 옵션 바에서 [Character] 메뉴를 클릭하여 글꼴을 'Curlz MT'로 설정한 다음 글자의 크기를 '72pt'로 설정합니다.

08 도큐먼트를 클릭하여 커서가 깜빡 이면 'Welnut'이라고 입력합니다. 툴 패널에서 선택 툴(▶)을 선택하고 [Type]-[Create Outlines] 메뉴를 선택하여 입력된 글자를 패스 형태의 외곽선으로 만들어줍니다.

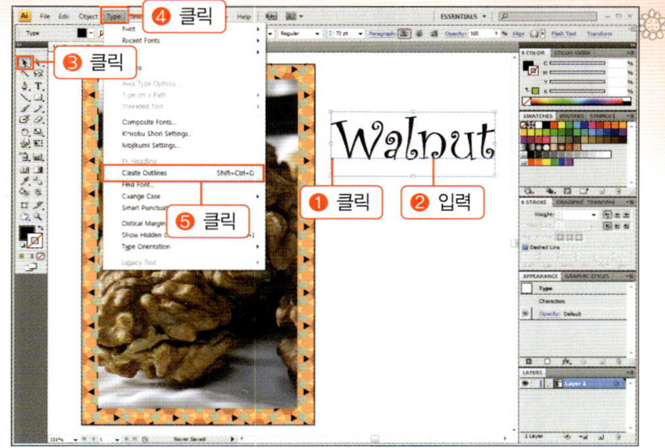

09 [Object]-[Path]-[Offset Path] 메뉴를 선택하면 나타나는 [Offset Path] 대화상자의 [Offset]에 '2.3mm'를 입력하고 [OK] 버튼을 클릭합니다.

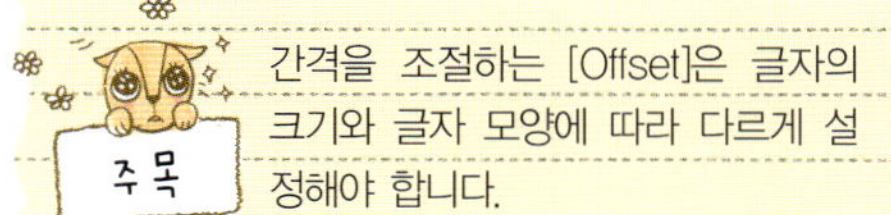

주목 간격을 조절하는 [Offset]은 글자의 크기와 글자 모양에 따라 다르게 설정해야 합니다.

10 글자의 외곽 패스가 만들어졌으면 [Swatches] 패널에서 'CMYK Yellow'를 선택하여 만들어진 외곽 패스를 노란색으로 만들어줍니다.

11 선택 툴(	)로 글자를 선택한 다음 [Object]–[Ungroup] 메뉴를 선택하여 글자의 그룹을 해제합니다. 선택을 해제하고 Shift 를 누른 채 가운데 있는 검은색 글자만 클릭하여 다중 선택합니다. 다중 선택된 글자는 [Object]–[Arrange]–[Bring to Front] 메뉴를 선택하여 오브젝트의 위치를 위로 올려줍니다.

> **주목** [Offset Path]를 이용하여 글자의 외곽선을 강제로 늘리면 이전에 있던 글자와 늘어난 패스의 글자가 겹쳐집니다. 이런 이유로 원래의 글자만 선택하여 늘어난 패스 위로 올려주는 것입니다.

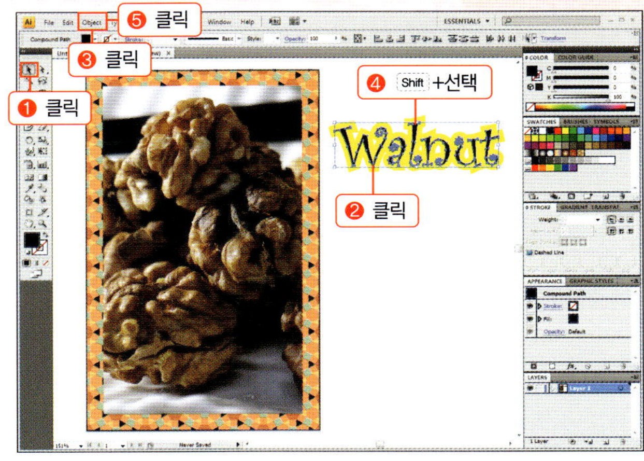

12 선택 툴(	)로 작업된 글자를 다시 드래그하여 선택합니다. Ctrl + G 를 눌러 선택된 오브젝트를 그룹화한 뒤 작업된 배경 이미지 위로 드래그합니다.

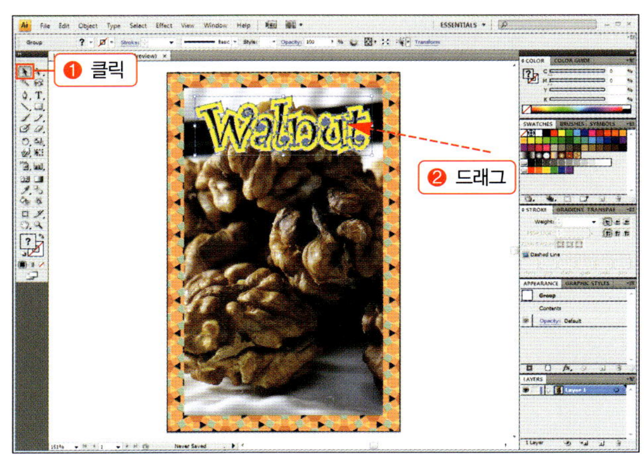

13 선택을 해제한 뒤 툴 패널에서 사각형 툴(	)을 클릭하여 선택하고 색상 모드에서 면 색은 'White', 선 색은 'Black'으로 지정합니다. [Stroke] 패널에서 [Weight]의 두께를 '0.5'로 설정한 다음 만들어진 배경 이미지 위로 드래그하여 흰색 사각형을 그려줍니다.

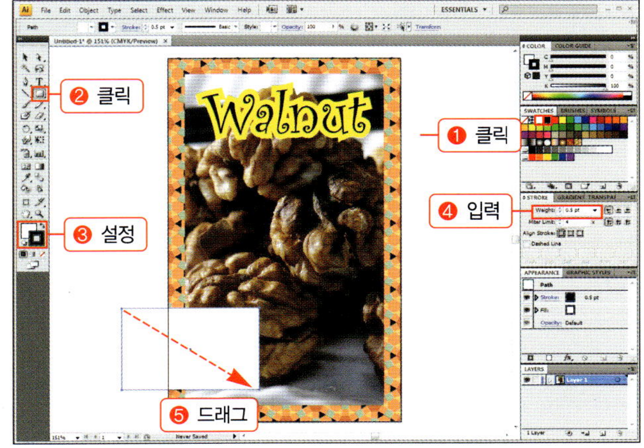

14 [File]-[Place] 메뉴를 선택하여 'Sample\Part06\작은호두.jpg' 파일을 불러옵니다. 불러온 파일이 배경 이미지보다 크기 때문에 바운딩 박스를 조절하여 흰색 사각형보다 작게 크기를 줄여 줍니다.

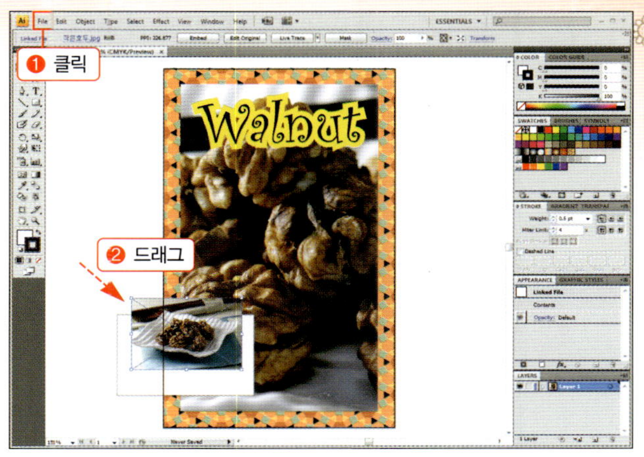

> **주목** 바운딩 박스의 크기를 줄이기 위해서는 선택 툴(▶)을 클릭한 다음 박스를 드래그하여 원하는 크기에 맞게 줄이면 됩니다.

15 흰색 사각형을 선택한 다음 [Effect] -[Stylize]-[Drop Shadow] 메뉴를 선택합니다.

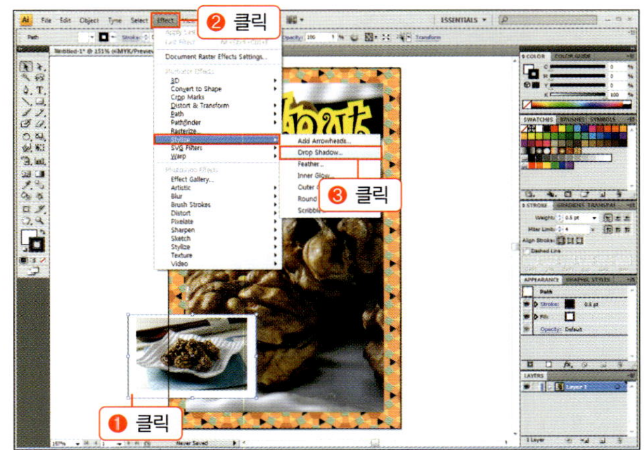

16 [Options]에 [X Offset]과 [Y Offset]에 '1.8mm'을 입력하고 [OK] 버튼을 클릭하여 그림자 효과를 줍니다.

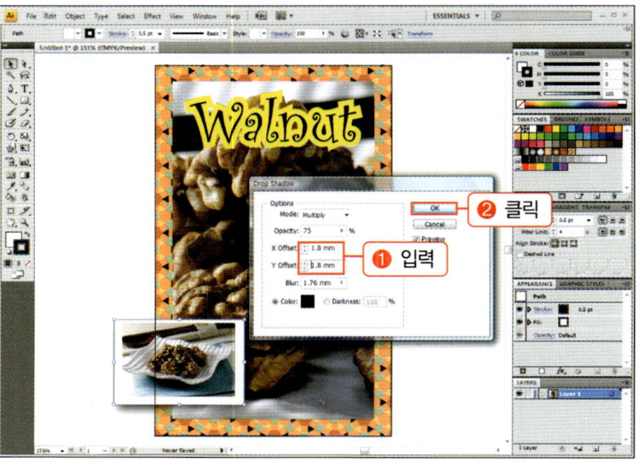

17 그림자 효과가 적용된 사각형과 이미지를 배경 이미지의 안쪽으로 이동합니다. 사각형 배경만 Alt를 누르고 드래그하여 복사한 다음 [File]-[Place] 메뉴를 선택하여 'Sample\Part06\작은 호두2.jpg'를 불러온 후 바운딩 박스를 조절하여 폴라로이드 사진 이미지로 만들어줍니다.

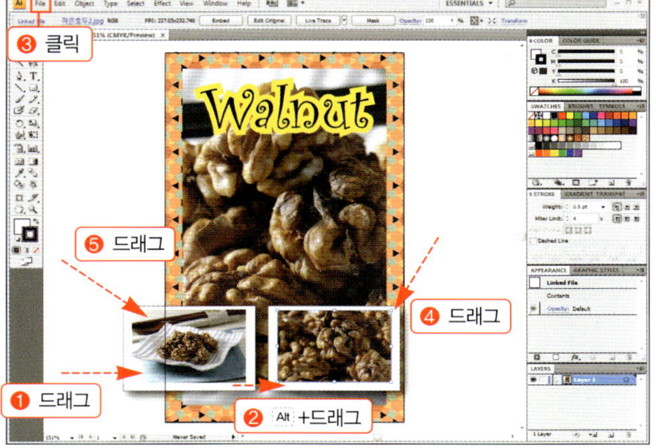

18 각각의 폴라로이드 사진 이미지를 드래그한 뒤 Ctrl + G를 눌러 그룹으로 만들어줍니다. 툴 패널에서 회전 툴(⟳)을 선택하고 폴라로이드 사진 이미지를 회전하여 완성합니다.

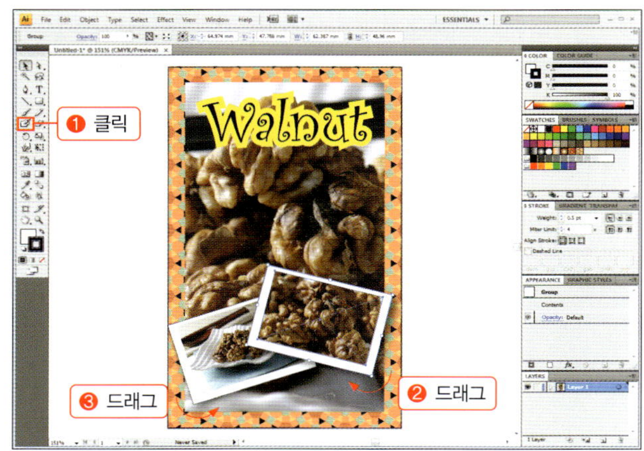

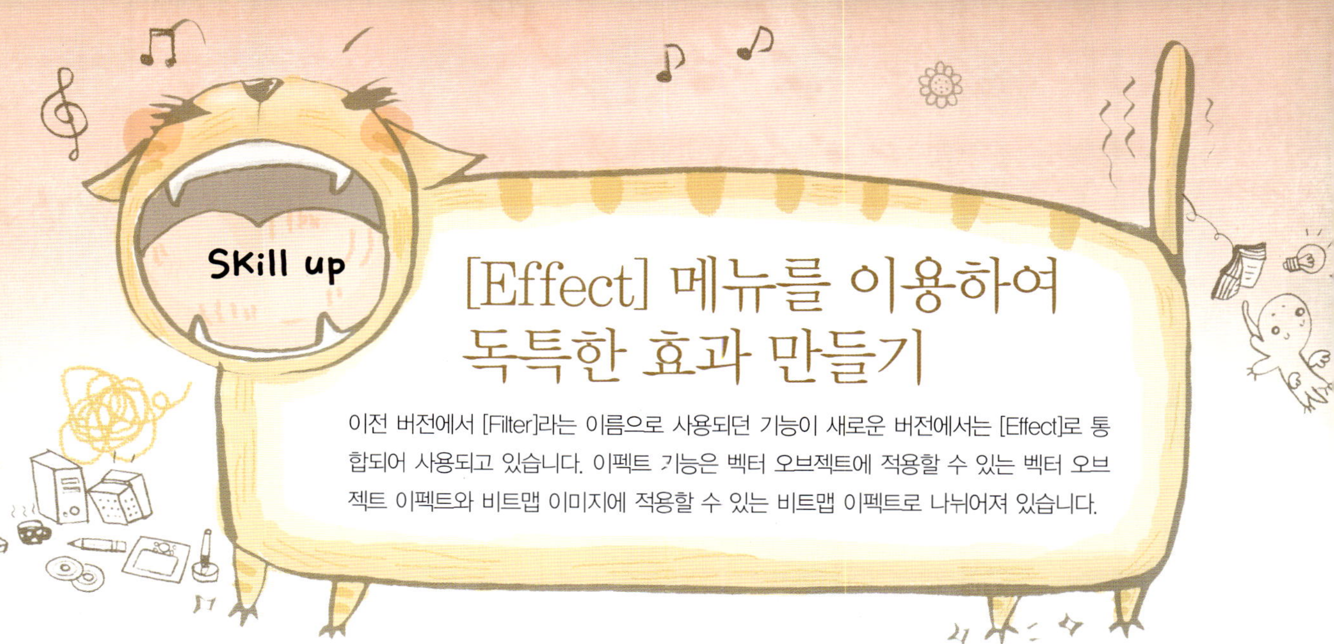

[Effect] 메뉴를 이용하여 독특한 효과 만들기

이전 버전에서 [Filter]라는 이름으로 사용되던 기능이 새로운 버전에서는 [Effect]로 통합되어 사용되고 있습니다. 이펙트 기능은 벡터 오브젝트에 적용할 수 있는 벡터 오브젝트 이펙트와 비트맵 이미지에 적용할 수 있는 비트맵 이펙트로 나뉘어져 있습니다.

SKill up 01 [Effect] 메뉴 이해하기

벡터 이미지와 비트맵 이미지에 별도로 적용할 수 있는 이펙트 효과는 벡터 오브젝트와 비트맵 이미지에 적용할 수 있습니다. 벡터 오브젝트에 비트맵 이펙트를 적용하려면 벡터 오브젝트를 [Effect]-[Document Raster Effects Settings] 메뉴를 통해 비트맵 이미지로 전환해 이펙트 효과를 적용하면 됩니다. 또한 [Document Raster Effects Settings] 대화상자에서는 출력되는 이미지의 설정에 따라 해상도를 'Screen', 'Medium', 'High'로 나누어 적용할 수 있으며 사용자가 직접 해상도를 조절하여 입력할 수 있습니다.

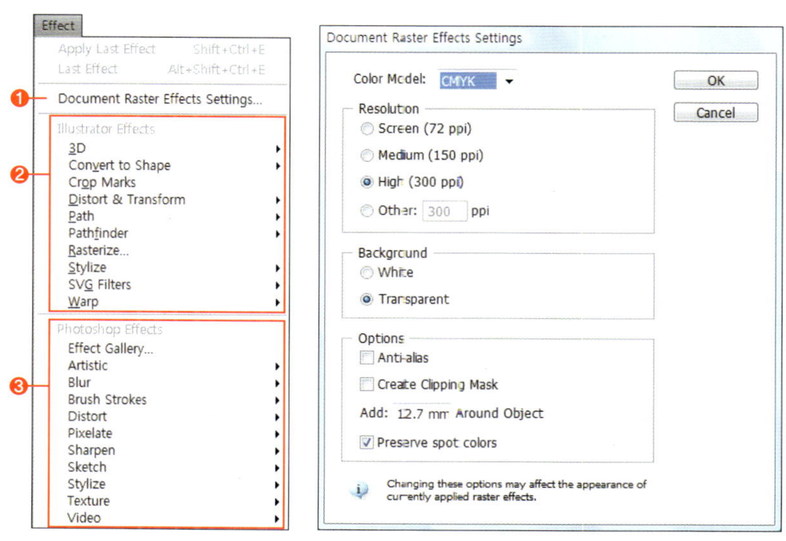

❶ **Document Raster Effects Settings** : [Document Raster Effects Settings] 대화상자를 통해서 벡터 오브젝트를 비트맵 이미지로 바꿀 수 있으며 [Color Mode]와 [Resolution]을 설정할 수 있습니다.

❷ **Illustrator Effects** : 벡터 오브젝트에 적용하는 이펙트 효과로 대화상자의 옵션을 통해 조절할 수 있습니다.

❸ **Photoshop Effects** : 비트맵 이미지에 적용하는 이펙트 효과로 포토샵 CS4에서 제공하는 필터와 동일한 기능을 가지고 있습니다.

Skill up 02 벡터 이미지에 적용하는 이펙트 효과

벡터 오브젝트에 적용하는 이펙트 효과는 주로 오브젝트의 모양을 변형해주는 효과를 가지고 있습니다. 벡터 오브젝트에 적용하는 이펙트 효과로는 3D, Convert to Shape, Crop Marks, Distort & Transform, Path 등의 효과를 적용할 수 있습니다.

• 3D 이펙트

3ds Max와 같은 3D 이미지 제작 프로그램을 사용하지 않고도 2D 오브젝트를 3D 오브젝트로 만들 수 있는 이펙트 효과입니다. 평면 이미지를 돌출하거나 선택한 오브젝트를 회전하여 원하는 모양의 입체 오브젝트를 만들 수 있습니다.

· **Extrude & Bevel** : 선택한 오브젝트를 돌출하고 모서리의 모양을 조절하여 만들어줍니다.
· **Revolve** : 오브젝트를 회전하여 입체 모양의 오브젝트를 만들어줍니다.
· **Rotate** : 오브젝트를 다양한 시점으로 변경합니다.

▲ 원본 이미지

▲ Extrude & Bevel

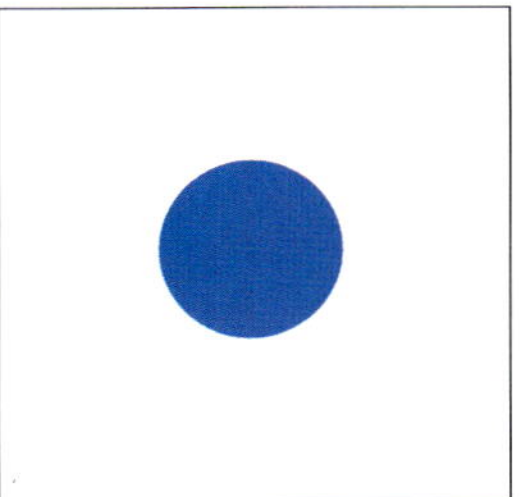

▲ 원본 이미지

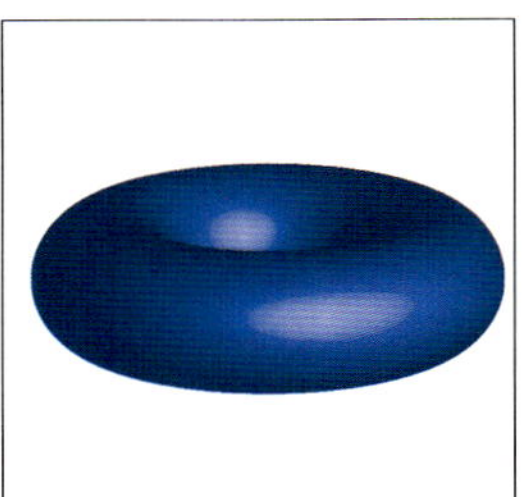

▲ Revolve

• Convert to Shape

오브젝트의 속성은 그대로 유지한 채 선택된 오브젝트를 사각형, 모서리가 둥근 사각형, 원형으로 바꿔줍니다. [Shape]를 통해서 오브젝트의 형태를 바꿔줄 수 있으며, 자동 크기 조절을 통해 오브젝트의 크기를 설정할 수 있습니다.

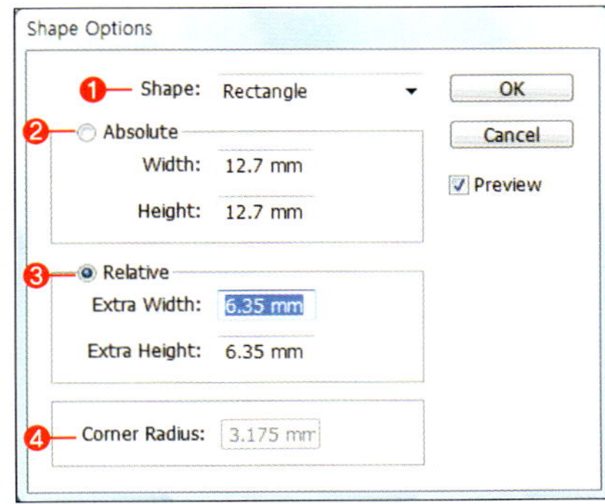

❶ **Shape** : 오브젝트에 적용하는 도형의 모양을 선택합니다.

▲ 원본 이미지

▲ Rectangle

▲ Rounded Rectangle

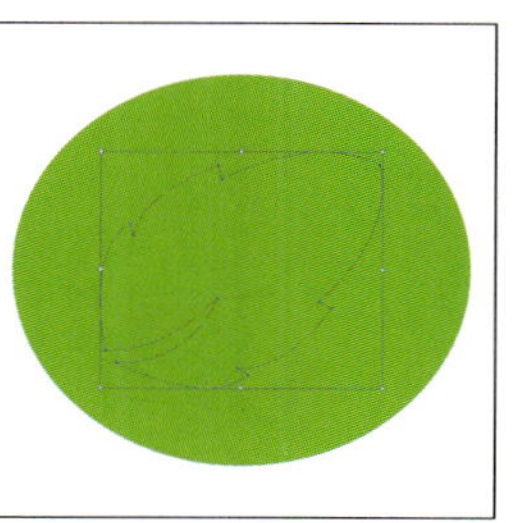
▲ Ellipse

❷ **Absolute** : 원본 오브젝트의 크기에 상관없이 가로와 세로의 길이를 조절합니다.

❸ **Relative** : 원본 오브젝트의 길이에 수치 값을 더해 길이를 조절할 수 있습니다.

❹ **Corner Radius** : 'Rounded Rectangle' 에만 사용할 수 있는 옵션이며, 둥근 모서리의 반지름을 설정할 수 있습니다.

• Crop Marks

선택한 오브젝트 외곽에 오브젝트의 인쇄를 위한 재단선을 자동으로 만들어줍니다.

• Distort & Transform

선택한 오브젝트를 여러 가지 방법으로 변형해주는 기능으로 팽창, 수축, 거칠거나 비트는 등의 효과를 가지고 있습니다.

· **Free Distort** : [Free Distort] 대화상자를 통해서 선택한 오브젝트의 형태를 자유롭게 변형합니다.

· **Pucker & Bloat** : 대화상자의 수치를 입력하거나 슬라이더를 조절하여 오브젝트의 모양을 뾰족하거나 둥글게 만들어줍니다.

· Roughen : 대화상자의 수치 값을 조절하여 선택한 오브젝트의 표면을 울퉁불퉁하거나 거칠게 만들어줍니다.

· Transform : 대화상자를 통해 오브젝트의 가로와 세로의 비율이나 오브젝트를 입력한 수치 값과 기준점을 기준으로 이동, 회전, 크기 조절을 할 수 있습니다.

· Tweak : 선택한 오브젝트를 비틀어 왜곡합니다. 설정 값이 클수록 왜곡되는 정도가 커지게 되므로 [Preview]를 이용하여 확인하면서 수치를 조절해야 합니다.

· Twist : 선택한 오브젝트를 꼬고 비틀어 오브젝트를 회전합니다.

· Zig Zag : 선택한 오브젝트의 외곽을 지그재그 모양으로 왜곡합니다.

• Path

[Object]-[Path] 메뉴와 같은 명령으로 오브젝트는 그대로 유지한 채 면을 채우거나 패스 선을 오브젝트로 변경합니다.

· Offset Path : 대화상자의 [Offset] 부분에 입력한 수치 값만큼 패스가 확대되거나 축소되며 확대/축소된 오브젝트는 별도의 독립된 오브젝트로 만들어집니다.
· Outline Object : 오브젝트에 면이 채워진 오브젝트로 만들어줍니다.
· Outline Stroke : 패스 선을 두께 값만큼 면 오브젝트로 만들어줍니다.

• Pathfinder

두 개 이상의 오브젝트를 합치거나 나누어 새로운 오브젝트를 만드는 기능으로 [Pathfinder] 패널과 동일한 기능을 가지고 있습니다.

· Offset Path : 두 개 이상의 오브젝트가 겹쳐진 경우 겹쳐진 면을 중심으로 하나의 오브젝트로 결합됩니다.
· Subtract : 두 개의 오브젝트가 겹쳐져 있을 때 위쪽에 위치한 오브젝트의 영역이 삭제됩니다.
· Intersect : 두 개의 오브젝트가 겹쳐져 있을 대 겹쳐진 부분을 제외한 나머지 부분을 삭제합니다.
· Exclude : 두 개의 오브젝트가 겹쳐진 경우 겹쳐진 부분을 삭제합니다.
· Divide : 두 개의 오브젝트가 겹쳐진 경우 겹쳐진 패스를 기준으로 각각의 개별 오브젝트로 분리합니다.
· Minus Back : 두 개의 오브젝트가 겹쳐진 경우 앞에 위치한 오브젝트가 뒤에 위치한 오브젝트의 영역만큼 삭제됩니다.
· Trim : 두 개의 오브젝트가 겹쳐진 경우 뒤에 있는 오브젝트는 앞에 있는 오브젝트에 겹쳐진 부분만큼 삭제되며 보이는 부분은 분리합니다.
· Merge : 두 개의 오브젝트가 겹쳐진 경우 뒤어 있는 오브젝트에서 앞에 있는 오브젝트의 겹쳐진 부분만큼 삭제되고 같은 색상의 오브젝트를 하나의 오브젝트로 합쳐줍니다.
· Crop : 겹쳐진 오브젝트 중에서 겹쳐진 부분을 남기고 나머지 부분은 삭제됩니다.
· Outline : 두 개의 오브젝트가 겹쳐진 경우 겹쳐진 오브젝트를 분리하며 각각의 오브젝트를 패스로 만들어줍니다.
· Hard Mix : 겹쳐진 오브젝트를 [Pathfinder] 대화상자를 통해 합쳐줍니다.
· Soft Mix : 겹쳐진 오브젝트를 [Pathfinder] 대화상자를 통해 합쳐줍니다.
· Trap : CMYK 색상 모드로 바꾸고 이미지를 출력할 경우 오브젝트가 맞닿는 경계면에 두꺼운 선을 만들어 틈이 생기지 않도록 만들어줍니다.

• Rasterize

벡터 오브젝트를 비트맵 이미지로 만들어주는 기능이며 [Object]-[Rasterize] 메뉴와 같은 기능입니다. 벡터 오브젝트를 비트맵 이미지로 만들 때 만들어지는 오브젝트의 해상도를 조절할 수 있습니다.

▲ 원본 이미지

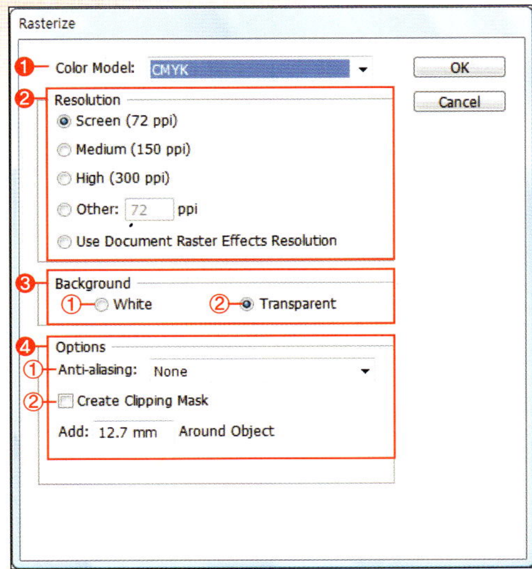

❶ **Color Model** : 만들어지는 오브젝트의 색상 모드를 선택합니다.

❷ **Resolution** : 비트맵 이미지로 전환하였을 때 오브젝트의 해상도를 선택합니다.

❸ **Background** : 오브젝트의 배경색을 선택합니다.
　① **White** : 비트맵 이미지의 배경을 흰색으로 채워 줍니다.
　② **Transparent** : 비트맵 이미지의 배경색을 투명하게 처리합니다.

❹ **Options**
　① **Anti-aliasing** : 비트맵 이미지에 Anti-aliasing을 적용하여 곡선 부분의 계단 현상을 부드럽게 만들어줍니다.
　② **Create Clipping Mask** : 비트맵 이미지에 [Clipping Mask]를 자동으로 만들어줍니다.

• Stylize

화살표를 만들거나 오브젝트의 외곽선을 부드럽게 만드는 경우에 주로 사용합니다. 포토샵에 있는 [Layer Style]과 비슷한 효과를 가지고 있습니다.

· **Add Arrowheads** : 그려진 선 오브젝트를 화살표로 만들 수 있습니다. 대화상자를 통해서 앞과 뒤의 화살표 모양을 설정할 수 있습니다.

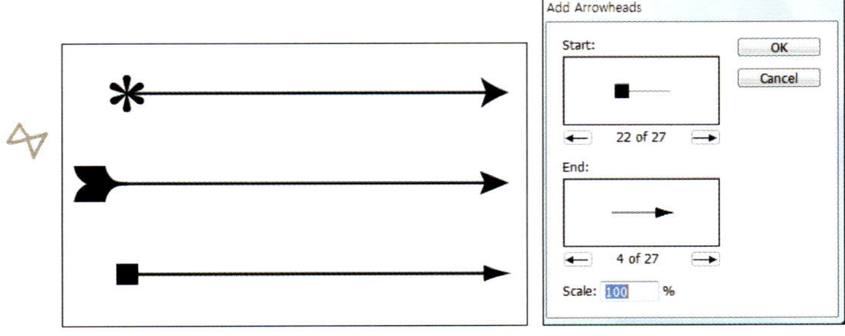

· **Drop Shodow** : 선택한 오브젝트의 아랫부분에 부드러운 모양의 그림자를 만들어줍니다.
· **Feather** : 선택한 오브젝트의 외곽 부분을 부드럽게 만들어줍니다.
· **Inner Glow** : 오브젝트의 내부에 빛이 퍼지는 효과를 만들어줍니다.
· **Outer Glow** : 오브젝트의 외부에 빛이 퍼지는 효과를 만들어줍니다.
· **Round Corners** : 선택한 오브젝트의 모서리를 대화상자에 입력한 수치만큼 부드럽게 처리합니다.
· **Scribble** : 선택한 오브젝트를 손으로 그린 것처럼 구불구불하게 오브젝트를 표현한 이미지로 만들어줍니다.

▲ 원본 이미지

▲ Drop Shadow

▲ Feather

▲ Scribble

• SVG Filters

색상의 진하기, 튀어나오는 효과, 그레이디언트, 그림자 등의 효과를 오브젝트에 적용할 수 있으며 파일이 웹 브라우저에 보이기 전까지 비트맵 이미지로 레스터화되지 않으므로 깨지는 현상 없이 이펙트를 적용할 수 있습니다.

· Apply SVG Filter : [SVG Filters]를 오브젝트에 적용합니다.

· Import SVG Filter : 다른 SVG 파일에 사용된 필터를 불러옵니다.

· AI_Alpha_1 : 선택한 오브젝트에 알파 값을 적용합니다.

· AI_Alpha_4 : [AI_Alpha_1]보다 진하게 표현됩니다.

· AI_BevelShadow_1 : 베벨과 그림자 효과가 적용되어 오브젝트가 앞으로 튀어나오는 효과로 표현됩니다.

· AI_CoolBreeze : 원본 오브젝트에 상관없이 짙은색으로 바뀌면서 주변 부위가 파란색의 그레이디언트가 적용됩니다.

· AI_Dilate_3 : 선택한 오브젝트를 팽팽하게 확대합니다.

· AI_Dilate_6 : [AI_Dilate_3]보다 더 오브젝트를 더 확대합니다.

· AI_Erode_3 : 선택한 오브젝트를 축소합니다.

· AI_Erode_6 : [AI_Erode_3]보다 더 오브젝트를 축소합니다.

· AI_GaussianBlur_4 : 선택한 오브젝트에 [Gaussian Blur]를 적용하여 부드럽고 흐릿하게 만들어줍니다.

· AI_GaussianBlur_7 : [AI_GaussianBlur_4]보다 더 부드럽고 흐릿하게 만들어줍니다.

· AI_PixelPlay_1 : 웹 브라우저상에서 원본 오브젝트를 픽셀 단위의 애니메이션처럼 보여줍니다.

· AI_PixelPlay_2 : 웹 브라우저상에서 원본 오브젝트를 픽셀 단위의 애니메이션처럼 보여줍니다.

· AI_Shadow_1 : 오브젝트에 그림자 효과를 적용합니다.

· AI_Shadow_2 : [AI_Shadow_1]보다 더 넓고 흐린 형태의 그림자 효과를 적용합니다.

· AI_Static : 오브젝트를 작은 점으로 만들며 웹에서는 작은 점들이 반짝거리는 효과로 보입니다.

· AI_Turbulence_3 : 원본 오브젝트가 무지개 색상으로 보입니다.

· AI_Turbulence_5 : [AI_Turbulence_3]보다 입자가 고운 모양으로 보입니다.

· AI_Woodgrain : 원본 오브젝트가 나무 느낌의 색상과 질감으로 보입니다.

• Warp

선택한 오브젝트의 형태를 왜곡하거나 변형합니다. [Object]-
[Envelope Distort]-[Make With Warp] 메뉴와 같이 적용합니다.

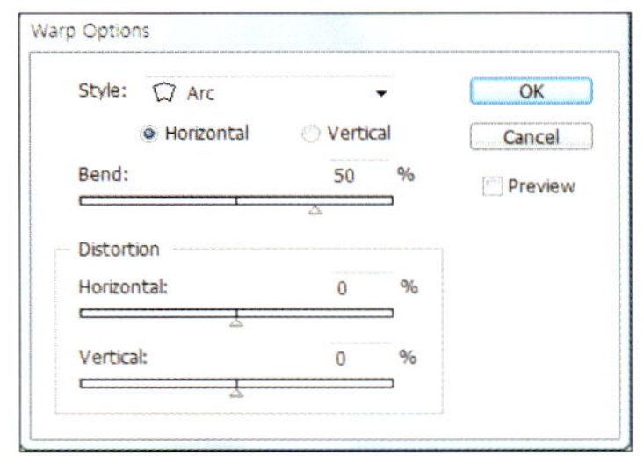

▲ [Warp Options] 대화상자

비트맵 이미지에 적용하는 이펙트 효과

비트맵 이미지에 적용하는 이펙트 효과는 포토샵의 필터와 거의 비슷한 기능을 가지고 있으며 이미지를
다양한 형태로 변형하여 특별한 느낌을 줍니다.

• 선택한 이펙트를 미리보기하여 적용하는 [Effect Gallery]

[Effect Gallery] 대화상자를 통해서 선택한 이펙트를 미리보기하여 적용할 수 있습니다. 적용된 이펙트
는 오른쪽에 있는 대화상자를 통해 설정 값을 조절할 수 있으며 [Appearance] 패널을 통해 설정 값을
수정할 수 있습니다.

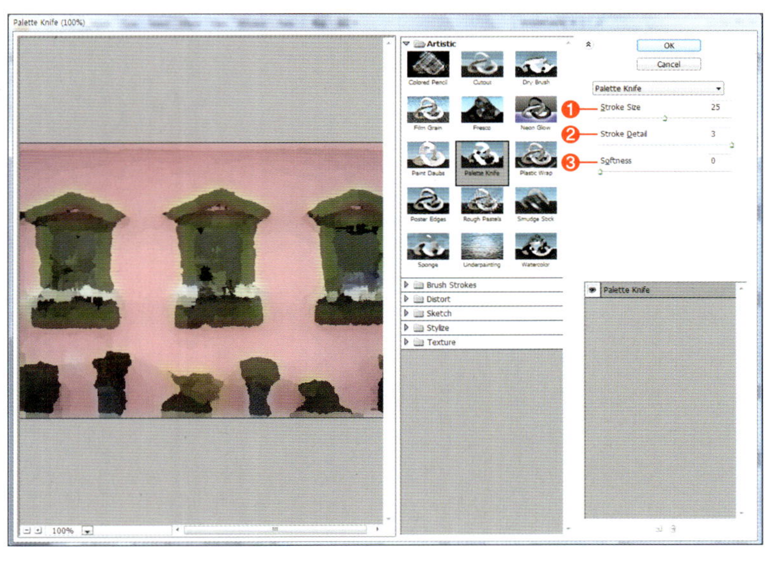

❶ Stroke Size : 경계선의 두께를 나타내며 수치가 작을수록 외각을 뚜렷하게 표현합니다.
❷ Stroke Detail : 경계선의 섬세한 정도를 표현합니다.
❸ Softness : 경계선의 부드러운 정도, 수치가 높을수록 부드럽게 표현합니다.

• 한 번의 클릭으로 예술 작품을 만드는 [Artistic]

비트맵 이미지를 그림을 그린 것처럼 회화적인 느낌의 이미지로 바꿔줍니다.

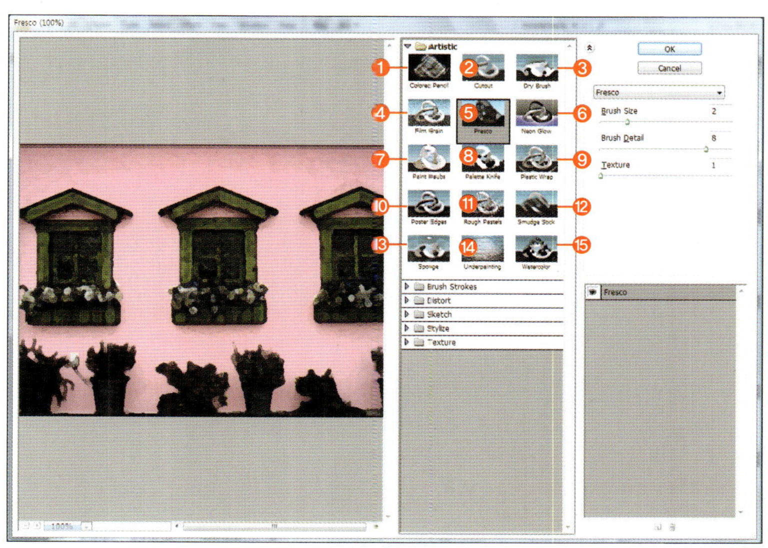

❶ **Colored Pencil** : 색연필로 스케치한 느낌을 주는 이펙트 효과입니다.

❷ **CutOut** : 종이를 오려 붙인 것처럼 단순하고 경쾌한 느낌으로 만들어줍니다.

❸ **Dry Brush** : 거친 붓 터치의 질감을 표현합니다.

❹ **Film Grain** : 이미지에 망점을 나타내며 노이즈를 만들어줍니다.

❺ **Fresco** : 벽에 물감을 칠한 것처럼 전체적으로 어둡고 또렷하게 표현됩니다.

❻ **Neon Glow** : 이미지가 네온이 비치는 것처럼 표현됩니다.

❼ **Paint Daubs** : 이미지에 물감을 덧칠한 느낌으로 만들어줍니다.

❽ **Palette Knife** : 나이프로 물감을 바른 듯한 느낌의 이미지로 만들어줍니다.

❾ **Plastic Warp** : 이미지에 플라스틱 랩을 씌운 느낌의 이미지로 만들어주는데, 이미지 부분에 광택이 납니다.

❿ **Poster Edges** : 이미지의 그림자 부분에 검은색의 경계를 만들어 강한 느낌을 줍니다.

⓫ **Rough Pastels** : 파스텔로 거칠게 스케치한 느낌으로 만들어줍니다.

⓬ **Smudge Stick** : 수채화 느낌으로 이미지를 만들어줍니다.

⓭ **Sponge** : 젖은 스펀지로 문지른 느낌의 이미지로 만들어줍니다.

⓮ **Underpainting** : 질감을 지정할 수 있으며 느낌이 달라집니다.

⓯ **Watercolor** : 수채화 느낌의 이미지로 만들며, 색이 번지고 어둡게 표현됩니다.

• 부드러운 이미지로 만드는 [Blur]

픽셀 주변 색상의 값을 평균화시키며 전체적으로 이미지를 흐릿하고 부드러운 느낌으로 만들 수 있습니다.

· **Gaussian Blur** : 대화상자를 통해 수치 조절로
이미지를 흐릿하게 만들 수 있습니다.

· **Radial Blur** : 이미지의 중앙에 소용돌이치는
것처럼 이미지가 회전됩니다.

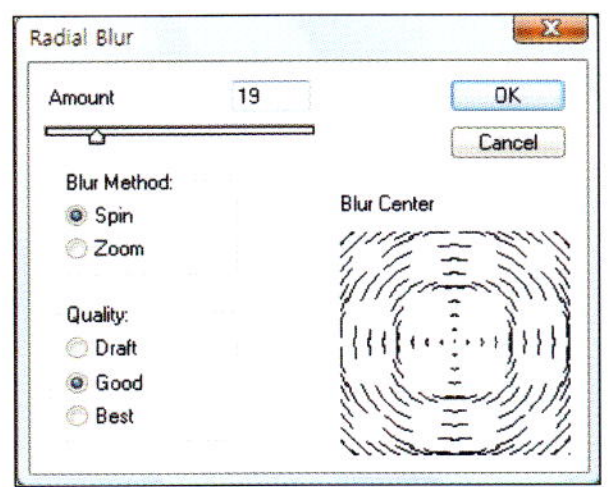

· **Smart Filter** : 이미지의 노이즈를 제거해주는
필터로 선명하게 만들어줍니다.

• 브러시 효과를 적용하는 [Brush Strokes]

브러시를 이용하여 여러 회화적인 효과를 나타낼 경우에 사용합니다.

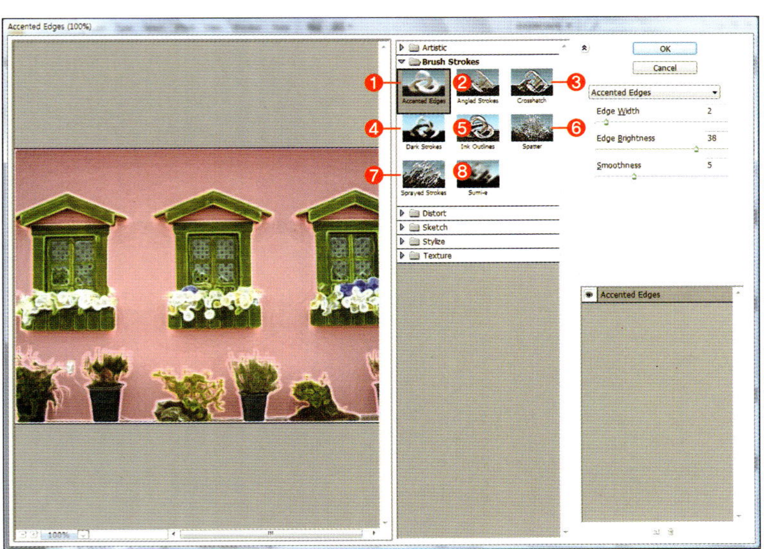

❶ **Accented Edges** : 색상 대비가 높은 영역을 찾아서 경계선을 부드럽게 하거나 두드러지게 덧칠한 효과로 만들어줍니다.

❷ **Angled Strokes** : 대각선 방향으로 빗살무늬를 만들어 붓 터치 효과를 적용하며, 유화 느낌의 이미지가 됩니다.

❸ **Crosshatch** : 뾰족한 붓이나 연필로 거칠게 그린 것과 같은 이미지로 표현됩니다.

❹ **Dark Strokes** : 이미지의 어두운 부분에 브러시를 이용하여 짧은 터치를 적용하고 밝은 부분에는 긴 터치를 적용해줍니다.

❺ **Ink Outlines** : 이미지의 경계선 부분을 펜으로 어둡게 선을 그린 것과 같은 효과를 줍니다.

❻ **Spatter** : 이미지에 스프레이를 뿌린 것과 같이 에어브러시 효과를 줍니다.

❼ **Sprayed Strokes** : 붓 터치가 미세하게 왜곡되며 이미지에 스프레이를 뿌린 것과 같은 느낌을 줍니다.

❽ **Sumi-e** : 수묵화 느낌으로 이미지를 만들어줍니다.

• 이미지를 마음대로 왜곡하는 [Distort]

[Distort]에 사용되는 필터는 대부분 이미지를 비틀거나 찌그러트리거나 픽셀의 크기를 조절하여 이미지를 변형하는 필터입니다.

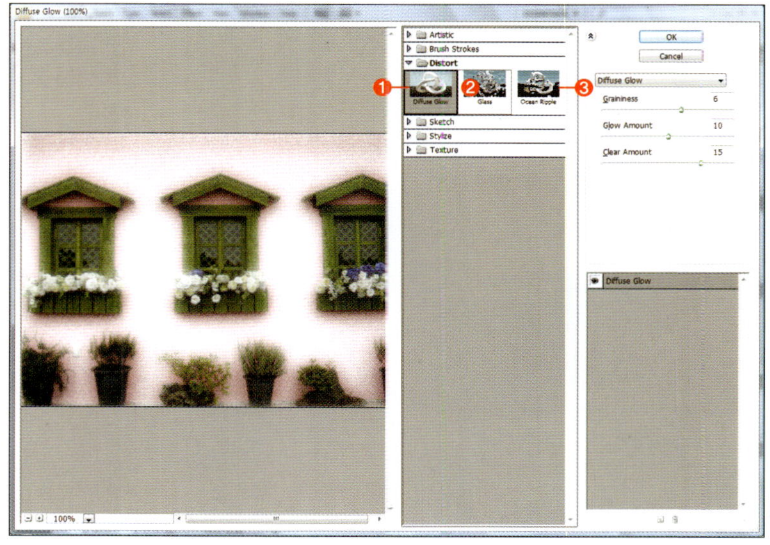

❶ **Diffuse Glow** : 이미지의 하이라이트에 빛이 반사되는 효과를 적용합니다.

❷ **Glass** : 질감이 있는 그윽한 경치를 통해 이미지를 본 것과 같은 효과를 보여줍니다.

❸ **Ocean Ripple** : 물결이 치는 바다 물결을 통해 이미지를 본 것과 같은 효과를 적용합니다.

• 픽셀을 직접 변형해 주는 [Pixelate]

이미지의 픽셀을 재조합하거나 잘게 나누는 등의 방법을 통해 다양한 형태로 변형하는 픽셀 아트를 만듭니다.

· Color Halftone : 인쇄할 때 나타나는 망점으로 이미지를 표현합니다.

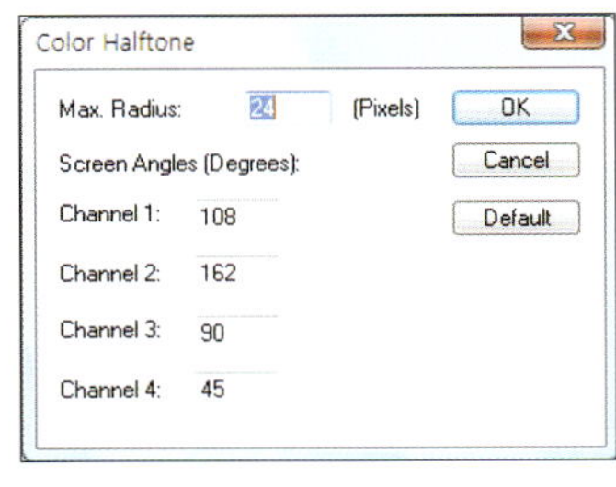

· Crystallize : 크리스털처럼 다각형으로 이미지를 크게 분할하여 표현해줍니다.
· Mezzotint : 금속 칼로 이미지를 조각한 동판화처럼 표현합니다.
· Pointillize : 이미지를 색상에 따라 점묘한 듯이 표현합니다.

• 선명한 이미지로 만들어주는 [Sharpen]

이미지의 경계 부분의 대비를 조절하여 선명하고 또렷하게 만드는 이펙트입니다.

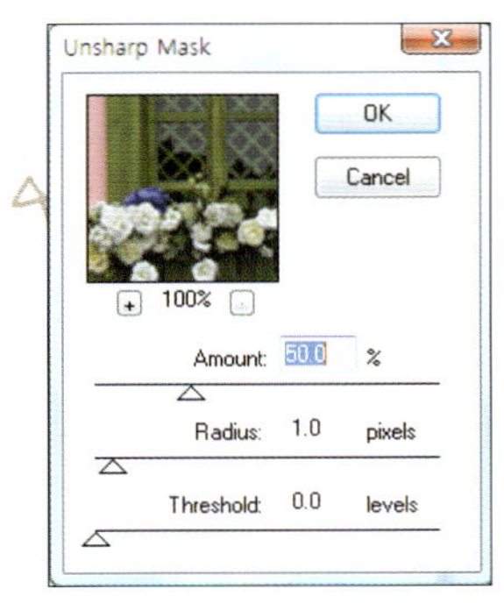

· Unsharp Mask : 이미지의 경계선을 선명하고 또렷한 대비 효과를 가진 이미지로 만들어줍니다. 이미지가 흐릿할 경우 이 효과를 이용하여 또렷한 이미지로 만들 수 있습니다.

• 스케치한 그림으로 만들어주는 [Sketch]

펜, 연필, 목탄 등의 그림을 그리는 재료를 이용하여 이미지를 그린 것처럼 회화적인 효과를 줄 수 있습니다.

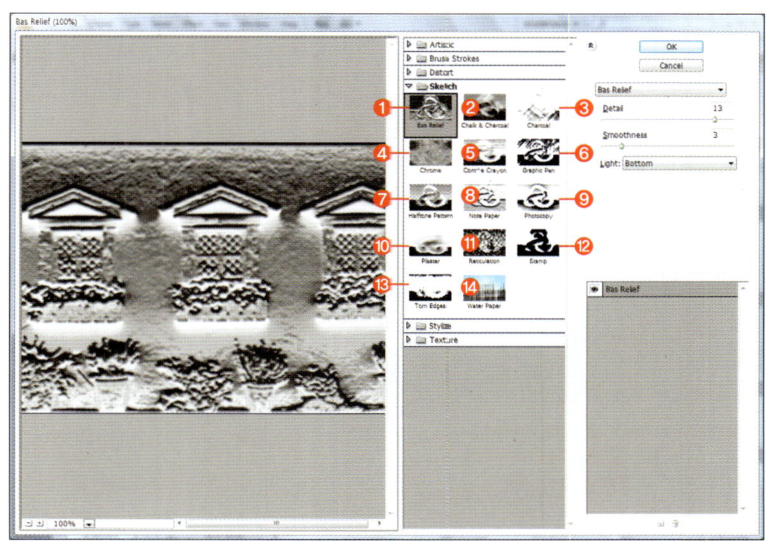

❶ **Bas Relief** : 이미지에 양각 효과를 주어 입체적인 느낌을 표현합니다.

❷ **Chalk & Charcoal** : 분필이나 목탄으로 그린 효과를 표현합니다.

❸ **Charcoal** : 목탄으로 그린 것처럼 흑백의 강약으로 이미지를 표현합니다.

❹ **Chrome** : 금속 재질을 이미지에 표현하며 입체적으로 보이게 만들어줍니다.

❺ **Conte Crayon** : 이미지를 크레용으로 그린 듯한 느낌으로 표현합니다.

❻ **Graphic Pen** : 가는 펜으로 그림을 그린 듯한 느낌으로 표현합니다.

❼ **Halftone Pattern** : 인쇄된 것처럼 이미지를 망점으로 표현합니다.

❽ **Note Paper** : 이미지의 명도 차이에 의해서 입체적으로 이미지를 표현합니다.

❾ **Photocopy** : 대비가 심한 부분을 경계로 남기면서 단순화하여 이미지를 표현합니다.

❿ **Plaster** : 이미지를 부조물에 찍어낸 것처럼 표현합니다.

⓫ **Reticulation** : 그물망 위로 물감을 뿌려낸 것처럼 망점을 보여줍니다.

⓬ **Stamp** : 이미지를 도장으로 찍은 것처럼 단순화하여 표현합니다.

⓭ **Torn Edges** : [Stamp] 이펙트와 유사하지만 좀 더 거칠게 표현되며 종이가 찢겨 나간 듯한 느낌이 납니다.

⓮ **Water Paper** : 젖은 종이에 물감의 번짐 효과를 이용하여 그린 것처럼 표현됩니다.

• 네온 효과로 만들어주는 [Stylize]

이미지의 경계에 있는 색상을 변환하여 질감이나 명도 등을 조절하는데 일러스트레이터에서는
[Glowing Edges] 효과만 가지고 있습니다.

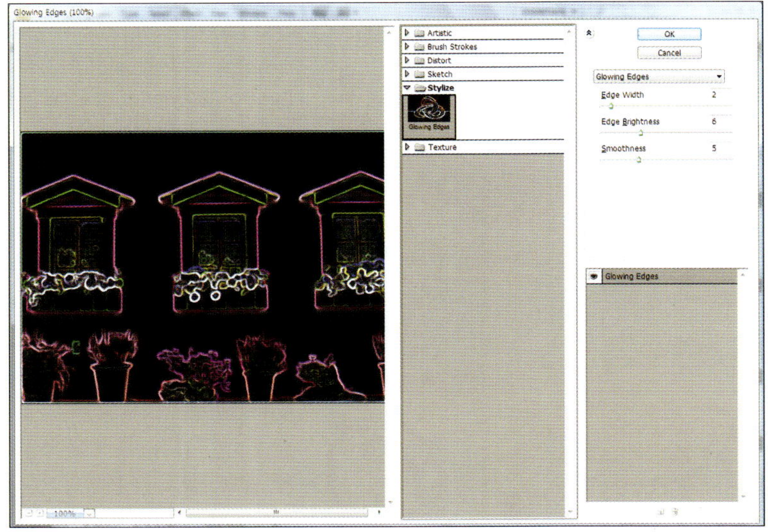

· **Glowing Edges** : 이미지의 경계 부분을 네온 효과로 표현합니다.

• 타일 느낌의 재질감을 주는 [Texture]

이미지의 질감을 표현하는 이펙트로 프로그램에서 제공하는 질감 이외에 다른 질감을 별도로 불러와
직접 표현도 가능합니다.

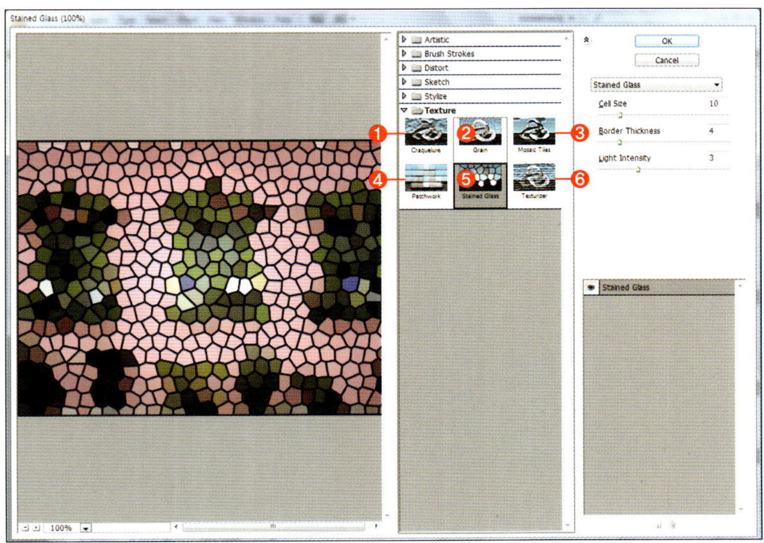

❶ **Craquelure** : 균열된 벽면을 페인팅한 느낌이 나도록 표현합니다.

❷ **Grain** : 이미지에 작은 점을 뿌려 흐려진 듯한 효과가 나도록 표현합니다.

❸ **Mosaic Tiles** : 이미지에 불규칙한 사각형의 입체 타일로 표현합니다.

❹ **Patchwork** : 이미지를 벽돌처럼 사각형의 그리드를 만들어 표현합니다.

❺ **Stained Glass** : 이미지를 작게 분할하여 성당에서 볼 수 있는 스테인드글라스의 모양으로 표현합니다.

❻ **Texturizer** : 이미지에 질감을 표현하는 필터로 [Load Texture]를 이용하면 사용자가 원하는 텍스처를 직접 불러올 수 있습니다.

• 동영상 제작물로 보내주는 [Video]

동영상 제작물에 사용하는 필터로 주사선 제거 기능이나 TV에서 표현되는 색상으로 변환하는 기능이 있습니다.

· **De-Interlace** : TV나 비디오와 같은 영상화면을 캡처하는 경우 나타나는 주사선을 제거합니다.

· **NTSC Colors** : NTSC 방식의 TV에 적용되는 색상으로 TV에서 표현되는 색상으로 변환됩니다.

벡터 이미지를 비트맵 이미지로 변환시키기

[Object]–[Rasterize] 메뉴를 이용하여 벡터 이미지를 비트맵 이미지로 변환시켜야 비트맵 이펙트를 적용할 수 있습니다.

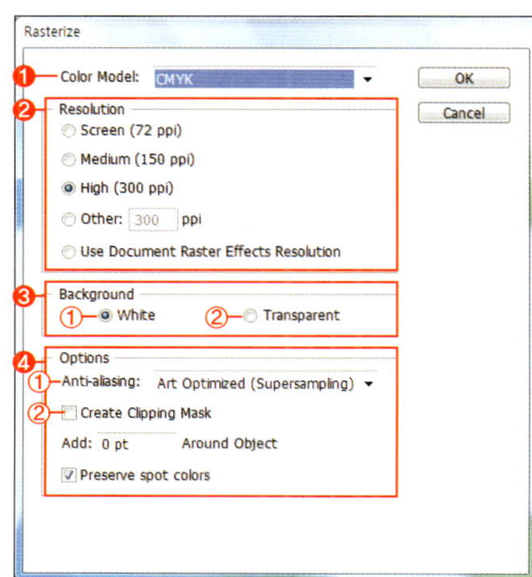

❶ **Color Mode** : CMYK와 RGB 모드 중에서 사용하려는 색상 모드를 선택합니다.

❷ **Resolution** : 비트맵 이미지로 변환했을 때의 해상도를 선택합니다.

❸ **Background** : 배경색을 선택합니다.
　① White : 비트맵 이미지의 배경을 흰색으로 설정합니다.
　② Transparent : 비트맵 이미지의 배경을 투명하게 설정합니다.

❹ **Options**
　① Anti-aliasing : 비트맵 이미지에 Anti-aliasing 옵션을 적용하여 외곽선을 부드럽게 만들어 줍니다.
　② Create Clipping Mask : 비트맵 이미지에 [Clipping Mask]를 자동으로 만들어 줍니다.

빠른 실행을 위한 레이어와 액션 그리고 또 다른 기능

레이어는 복잡한 오브젝트 작업을 할 경우에 오브젝트를 층으로 구성하여 빠르고 효율적으로 오브젝트를 관리할 수 있습니다. 레이어를 사용하면 오브젝트를 편집하거나 관리할 수 있으며 마스크를 이용하여 오브젝트의 모양으로 효과를 줄 수 있습니다. 지금까지 살펴본 기능 이외에 그래프와 실무에서 활용할 수 있는 일러스트레이터의 다양한 기능을 살펴보겠습니다.

- **Lesson 01** 레이어를 이용하여 오브젝트 편집하기
- **Lesson 02** 레이어 마스크를 이용하여 라벨 디자인하기
- **Lesson 03** 액션으로 작업 기록 후 오브젝트에 적용하기
- **Lesson 04** 수치와 데이터를 이용한 그래프 만들기
- **Lesson 05** 디자인한 일러스트를 적용한 다양한 그래프 만들기
- **Lesson 06** 웹 사이트를 위한 일러스트레이터의 기능 살펴보기
- **Lesson 07** 일러스트레이터에서 만든 오브젝트 포토샵으로 채색하기

레이어를 이용하여 오브젝트 편집하기

오브젝트의 분류와 관리에 효과적인 기능을 가진 레이어는 작업자의 필요에 따라 새롭게 만들거나 삭제할 수 있습니다. 복잡한 오브젝트라고 할지라도 오브젝트의 종류에 따라 구분할 수 있으며 레이어에 이름을 주어 분류할 수 있습니다. 사용하지 않는 레이어는 숨기거나 잠그도록 할 수 있어 빠른 작업에 편리합니다.

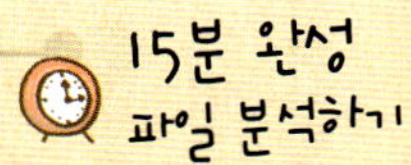

15분 완성
파일 분석하기

❶ [Layers] 패널의 상위 레이어와 하위 레이어로 순서 지정하기 : 373 page

◉ 예제 파일 : Sample\Part07\레이어예제.ai

■ 새로운 레이어 만들기

01 [File]-[Open] 메뉴를 선택하여 'Sample\Part07\레이어예제.ai' 파일을 불러옵니다. 오른쪽에 있는 패널 모음에서 [Layers] 패널을 밖으로 드래그하여 별도로 분리합니다. [Layers] 패널에서 '나비와 꽃' 레이어를 클릭하고 패널 하단의 [Create New Layer](⬚) 버튼을 클릭합니다.

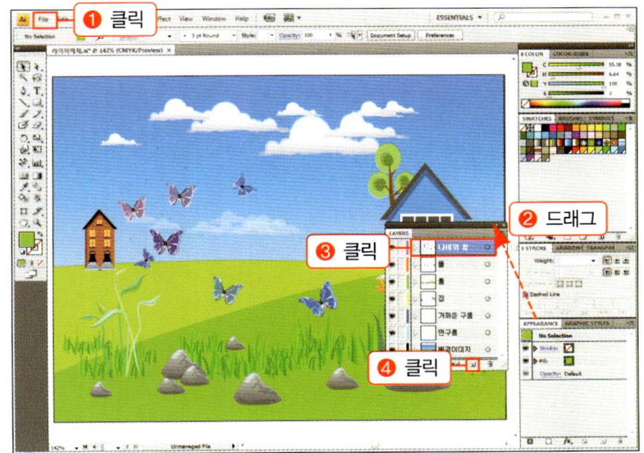

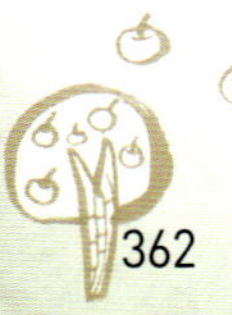

02 '나비와 꽃' 레이어 위에 'Layer 8'이라는 새로운 레이어가 만들어졌습니다. 'Layer 8'을 선택하고 더블클릭하면 [Layer Options] 대화상자가 나타납니다. [Name]에 '글자'라고 입력하고 [OK] 버튼을 클릭합니다.

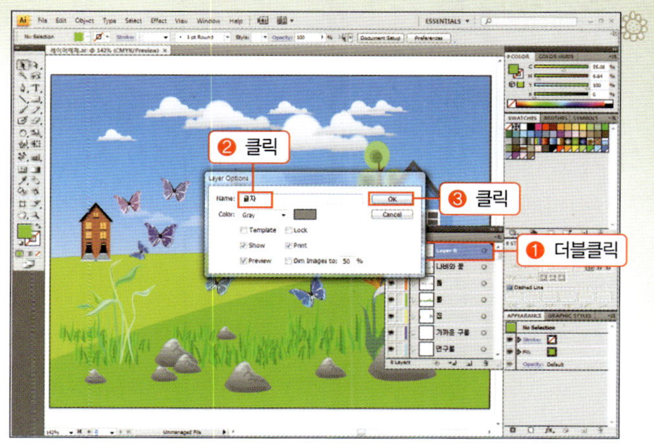

03 툴 패널에서 문자 툴(T)을 선택하고 화면 위를 클릭한 뒤 커서가 깜빡이면 'Say it with flowers'라는 문자를 입력한 다음 선택 툴(▶)을 선택합니다.

04 Ctrl+T를 눌러 [Character] 패널을 꺼내 글꼴과 글자 크기를 지정하고 패널을 닫습니다. 입력된 글자가 새로운 레이어에서 작업을 이루며 패스의 색상이 '회색'으로 설정됩니다.

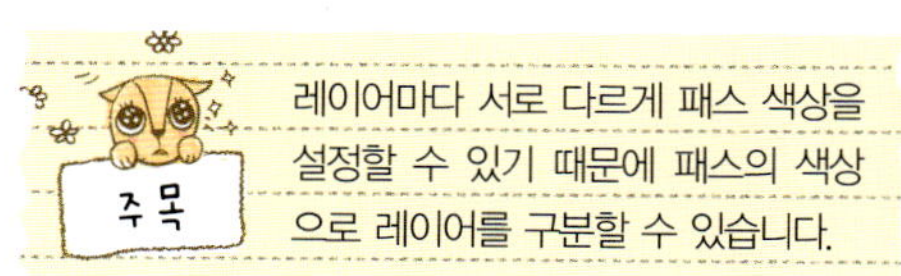

레이어마다 서로 다르게 패스 색상을 설정할 수 있기 때문에 패스의 색상으로 레이어를 구분할 수 있습니다.

■ 레이어 숨기기

01 [Layers] 패널에서 '나비와 꽃' 레이어의 삼각형(▷)을 클릭하면 삼각형(▽)의 방향이 바뀌면서 하위 레이어가 나타납니다.

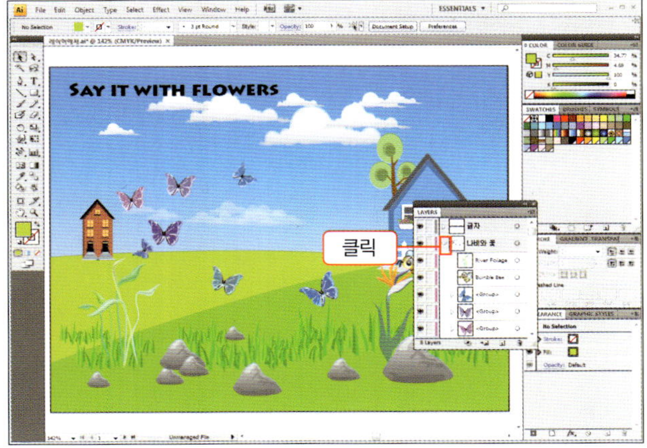

02 [Layers] 패널에서 '나비와 꽃' 레이어의 눈 아이콘(👁)을 클릭하면 '나비와 꽃' 레이어에 위치한 모든 오브젝트가 도큐먼트에서 보이지 않게 됩니다.

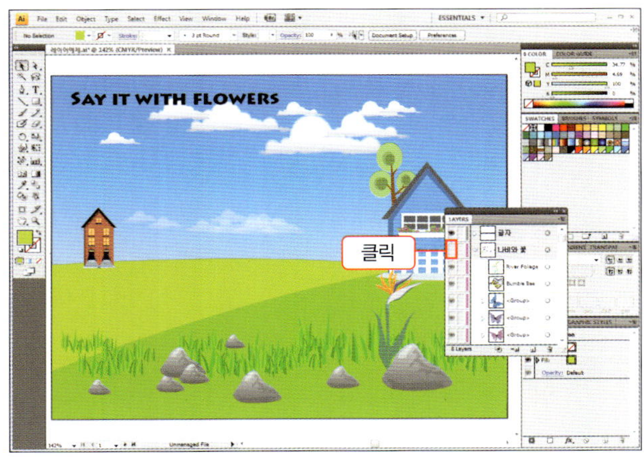

03 다시 눈 아이콘(👁)을 클릭하면 숨겨진 오브젝트가 보입니다. '나비와 꽃' 레이어의 하위 레이어에서 'Bumble Bee' 레이어의 눈 아이콘(👁)을 클릭하면 '나비와 꽃' 레이어 중에서 '벌' 오브젝트만 도큐먼트에서 숨겨지게 됩니다.

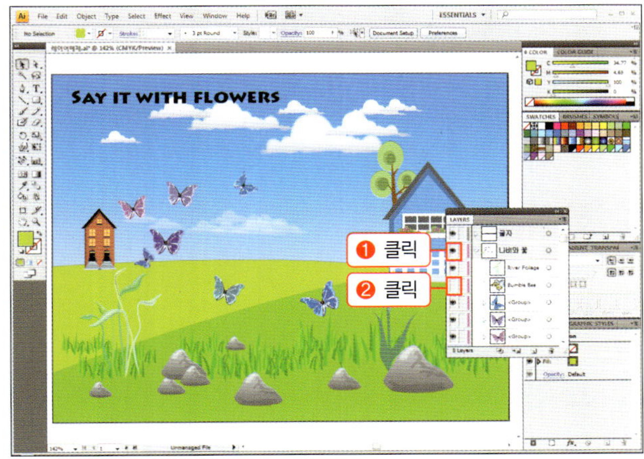

04 다시 'Bumble Bee' 레이어의 눈 아이콘(👁)을 클릭하여 숨겨진 오브젝트가 나타나게 합니다. Ctrl 을 누르고 '나비와 꽃' 레이어의 눈 아이콘(👁)을 클릭하면 모양이 하얗게 변하면서 '나비와 꽃' 레이어에 있는 모든 오브젝트들의 패스만 보입니다.

주목 불필요한 레이어는 [Layers] 패널의 휴지통 버튼으로 드래그하면 삭제할 수 있습니다.

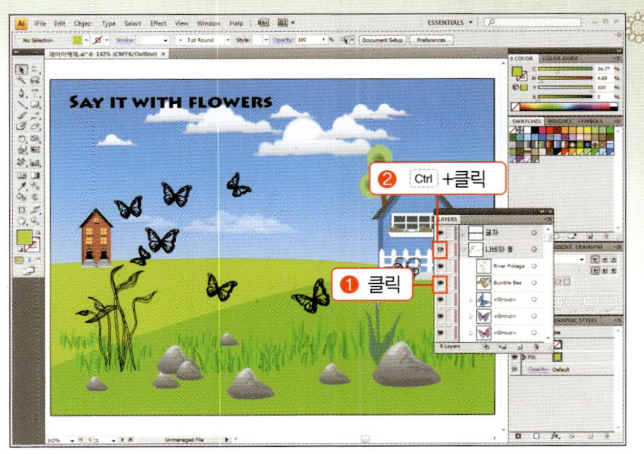

05 Ctrl 을 누르고 다시 '나비와 꽃' 레이어의 눈 아이콘(👁)을 클릭하여 미리보기 상태로 만들어줍니다. '나비와 꽃' 레이어의 삼각형(▷)을 클릭하여 열려진 하위 레이어를 닫아주고, Alt 를 누른 다음 '돌' 레이어의 눈 아이콘(👁)을 클릭합니다. '돌' 레이어의 오브젝트를 제외한 나머지 레이어들이 숨겨지게 됩니다.

주목 다시 Alt 를 누르고 '돌' 레이어의 눈 아이콘(👁)을 클릭하면 숨겨진 모든 레이어가 나타나게 됩니다.

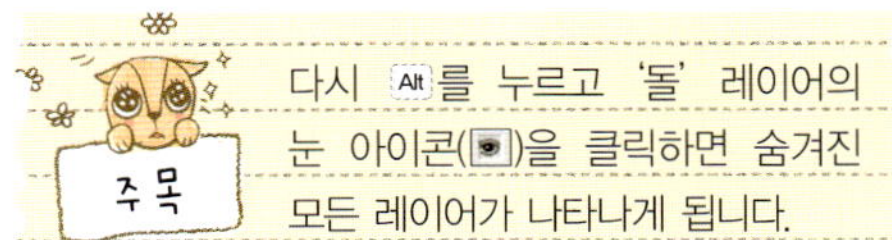

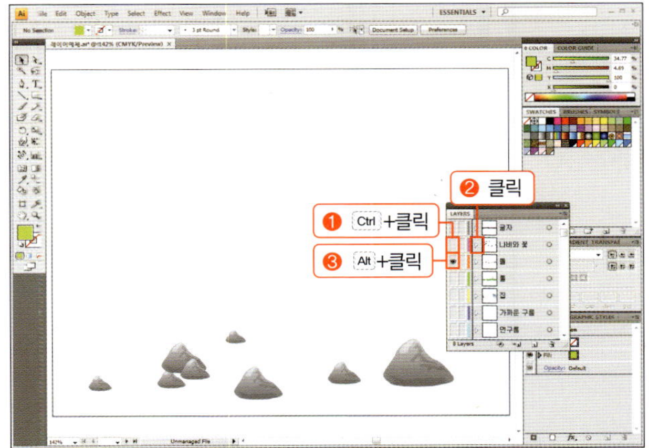

■ 레이어 잠그기와 풀기

01 [Layers] 패널에서 '집' 레이어의 눈 아이콘(👁) 옆에 자물쇠(🔒)를 클릭합니다.

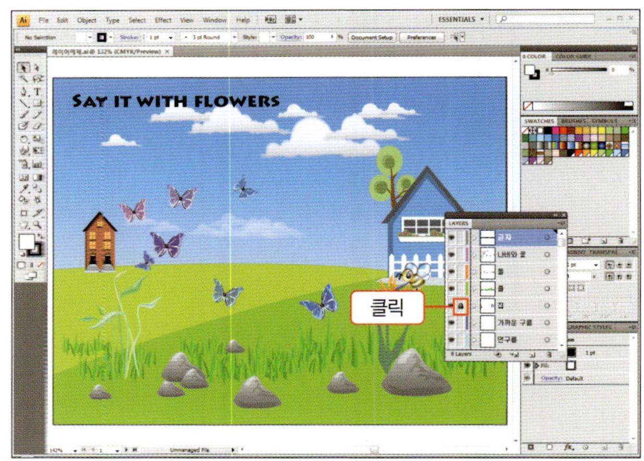

02 `Ctrl`+`A`를 눌러 오브젝트 전체를 선택합니다. 잠긴 레이어에 있는 '집' 오브젝트만 제외하고 모두 선택됩니다.

03 선택 툴(▶)을 이용하여 선택된 오브젝트를 드래그하여 이동하면 잠겨있는 집 오브젝트를 제외한 오브젝트만 이동됩니다.

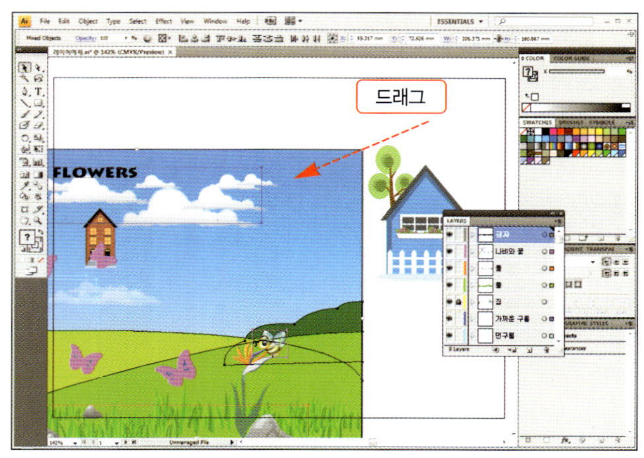

04 `Ctrl`+`Z`를 눌러 원래의 상태로 되돌린 다음 자물쇠(🔒)를 클릭하여 잠금을 해제합니다.

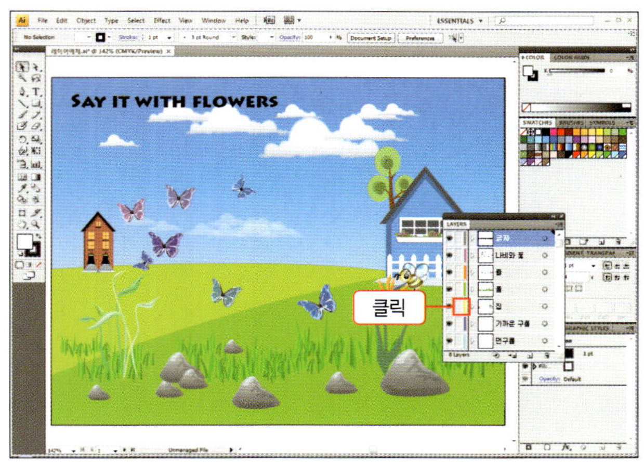

05 다시 Ctrl + A 를 누르면 잠금 해제
된 '집' 오브젝트까지 모두 선택됩
니다. 드래그하여 이동하면 모든 오브젝트
를 이동할 수 있습니다.

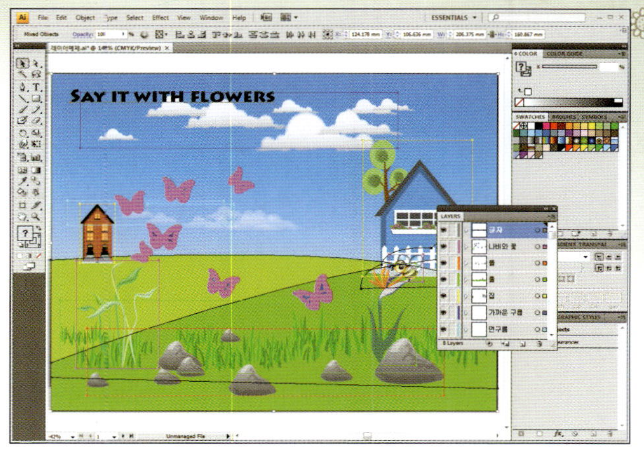

■ 레이어 이동과 복사하기

01 [Layers] 패널에서 '글자' 레이어
를 선택하고 타깃(◉)을 클릭하면
'글자' 레이어의 모든 오브젝트가 선택됩
니다.

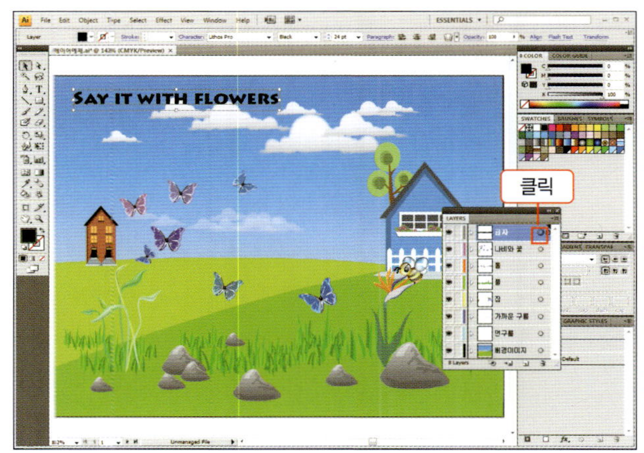

02 '글자' 레이어를 [Layers] 패널의
[Create New Layer](　) 버튼
위로 드래그하여 마우스 포인터에 '+' 표
시가 나타나면 손을 뗍니다.

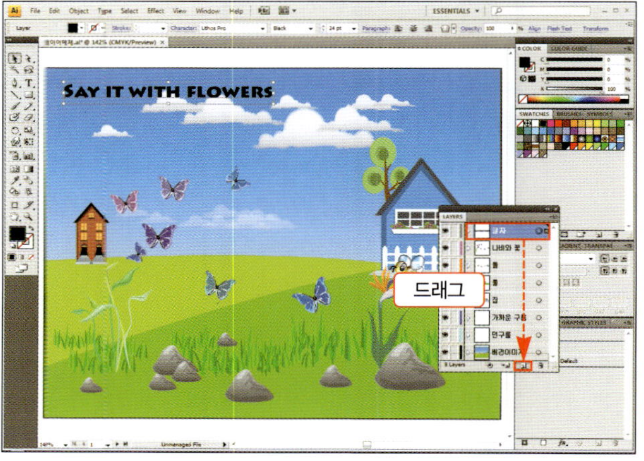

03 [Layers] 패널에 '글자' 레이어 위에 '글자 copy' 레이어가 복사되어 만들어진 것을 확인할 수 있습니다.

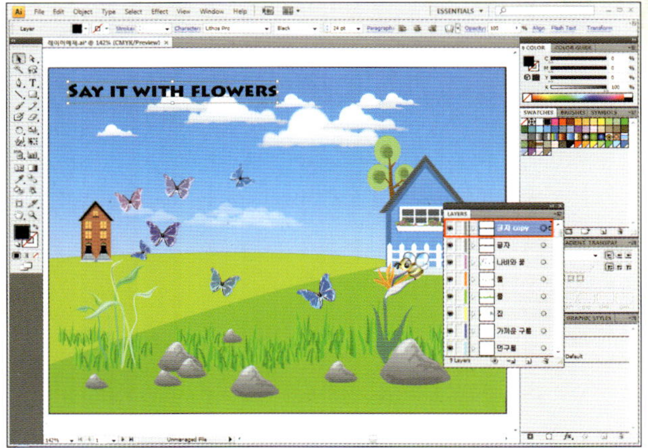

04 복사된 '글자 copy' 레이어는 [Layers] 패널의 휴지통(🗑)으로 드래그하여 삭제합니다. [Layers] 패널의 '글자' 레이어가 선택된 상태에서 Ctrl 을 누른 채 '나비와 꽃' 레이어를 클릭하여 다중 선택합니다.

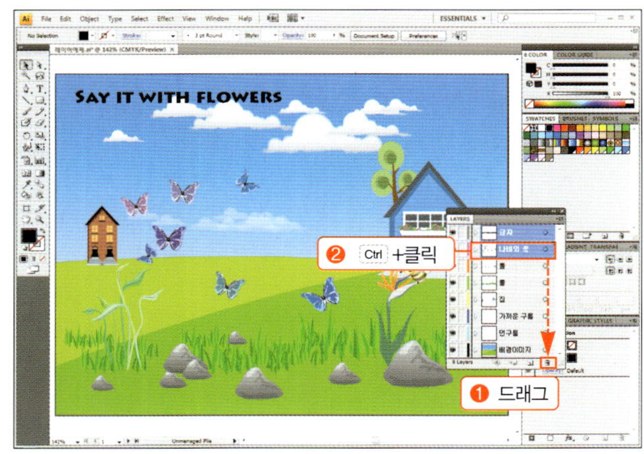

05 [Layers] 패널의 드롭다운(▼≡) 버튼을 클릭하여 하위 메뉴에서 [Merge Selected]를 클릭합니다.

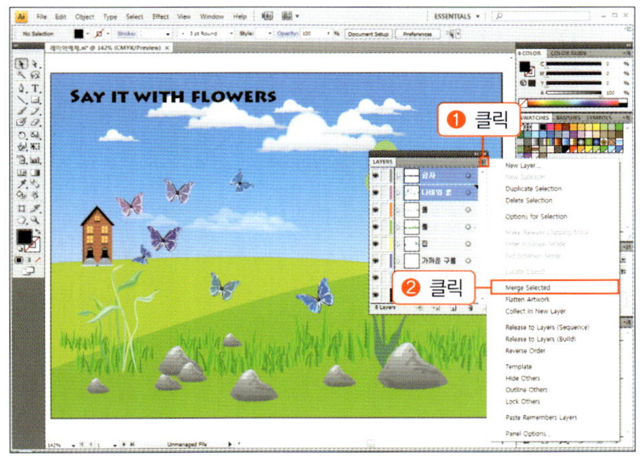

두 개의 레이어가 선택된 상태에서만 [Merge Selected] 메뉴가 활성화됩니다.

주목

06 선택한 두 개의 레이어가 '나비와 꽃' 레이어 하나로 합쳐집니다.

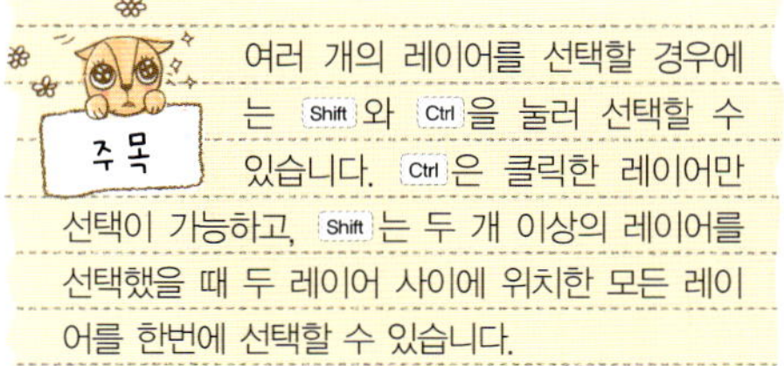

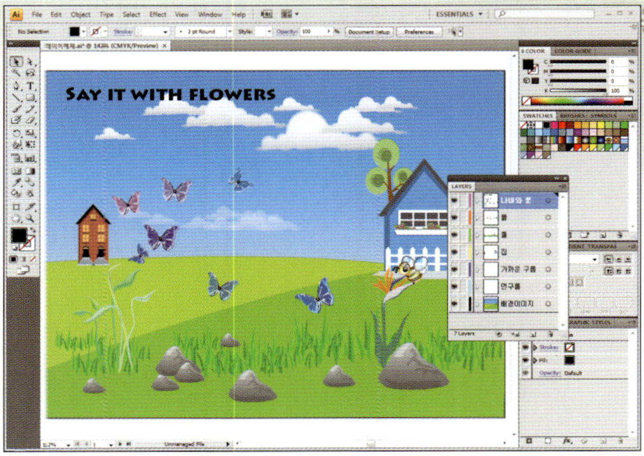

> **주목** 여러 개의 레이어를 선택할 경우에는 Shift 와 Ctrl 을 눌러 선택할 수 있습니다. Ctrl 은 클릭한 레이어만 선택이 가능하고, Shift 는 두 개 이상의 레이어를 선택했을 때 두 레이어 사이에 위치한 모든 레이어를 한번에 선택할 수 있습니다.

■ 레이어 속성을 복사하여 다른 레이어에 적용하기

01 Ctrl + Z 를 눌러 작업을 취소합니다. [Layers] 패널에서 '나비와 꽃' 레이어 오른쪽의 타깃(◉)을 클릭하여 선택한 레이어 위에 있는 모든 오브젝트를 선택합니다. [Effect]-[Stylize]-[Drop Shadow] 메뉴를 클릭하여 [Drop Shadow] 대화상자를 꺼냅니다.

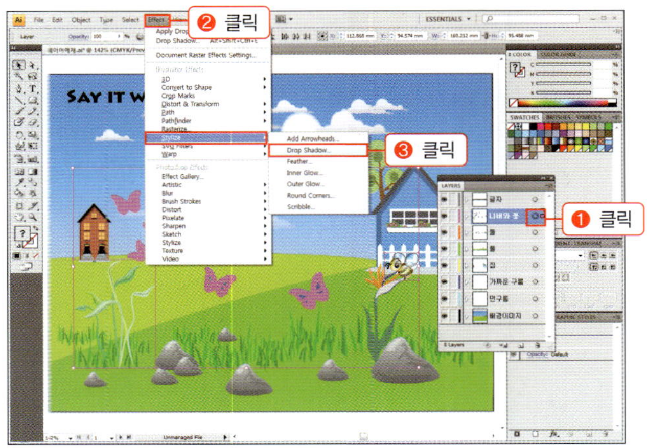

02 [Preview]를 체크하고 [Mode]는 'Multiply', [Opacity]는 '75%', [X Offset]과 [Y Offset]은 각각 '2.47mm', [Blur]는 '1.76mm'로 설정한 다음 [OK] 버튼을 클릭합니다.

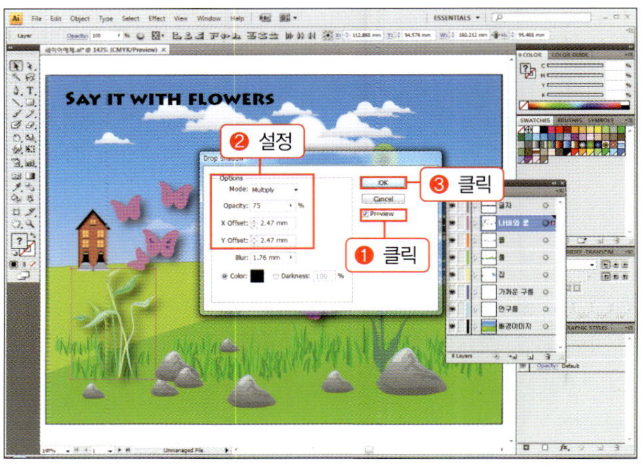

03 선택한 레이어에 있는 모든 오브 젝트에 그림자 효과가 적용되었습 니다.

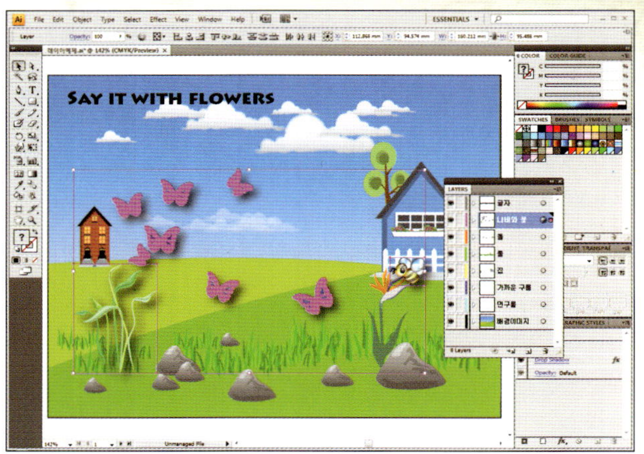

04 적용된 [Drop Shadow] 효과를 아 래에 있는 '돌' 레이어에 복사해보 겠습니다. Alt 를 누르고 '나비와 꽃' 레이 어의 타깃(◉)을 클릭한 다음 '돌' 레이어 로 이동합니다.

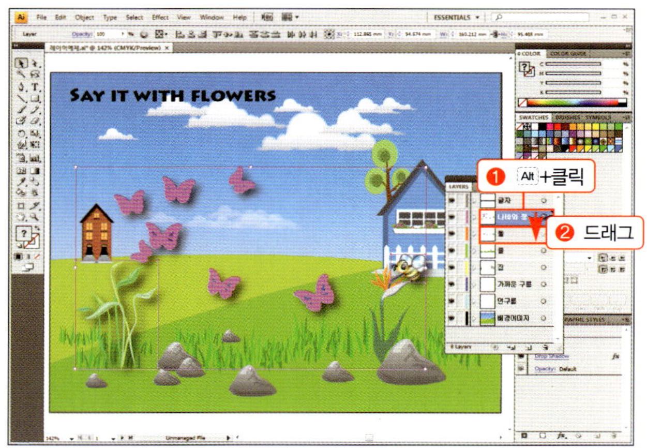

05 '돌' 레이어에도 동일한 [Drop Shadow] 효과가 적용된 것을 확 인할 수 있습니다.

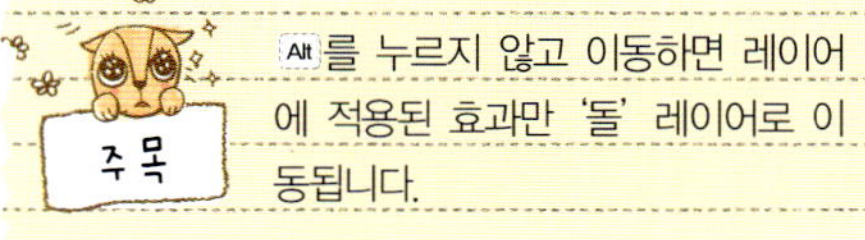

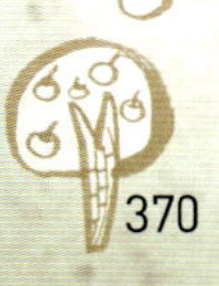

레이어의 이해와
[Layers] 패널 살펴보기

레이어는 일러스트레이터나 포토숍과 같은 그래픽 프로그램에서 작업 중인 오브젝트 또는 이미지를 보다 수월하고 쉽게 관리하기 위한 편리한 기능입니다. 레이어의 다양한 기능을 이용하면 수월한 이미지의 관리가 가능합니다.

Skill up 01 레이어 이해하기

레이어는 '층', '층을 쌓아 올리다' 는 개념으로 투명한 종이 위에 그려진 그림이 여러 겹으로 겹쳐지면서 하나의 이미지를 완성하는 것을 말합니다. 레이어로 만들어진 오브젝트일 경우 특정한 레이어 위에 있는 오브젝트는 다른 오브젝트에 영향을 받지 않고 선택을 하거나 오브젝트에 변형을 줄 수 있기 때문에 수월한 작업을 할 수 있습니다. 작업된 레이어는 숨김, 잠금 등의 명령을 적용할 수 있으며 작업된 레이어의 순서를 변경할 수 있습니다. [Layers] 패널의 레벨 개념을 이용한 플래시 애니메이션의 제작이나 레이어 상태로 포토샵으로 오브젝트 보내기, 각각의 레이어에 [Appearance] 패널을 이용한 개별적인 작업, 레이어 마스크 작업 등이 가능합니다.

▲ 층으로 된 레이어

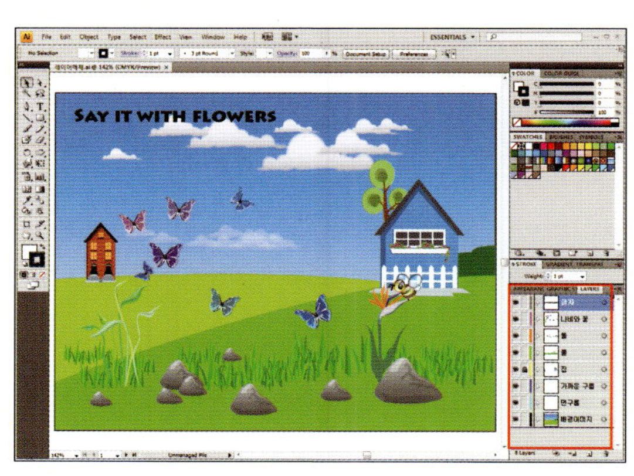

▲ [Layers] 패널의 모습

[Window]-[Layers] 메뉴를 선택하면 [Layers] 패널이 화면에 나타나며 [Layers] 패널을 통해서 레이어를 조작할 수 있습니다.

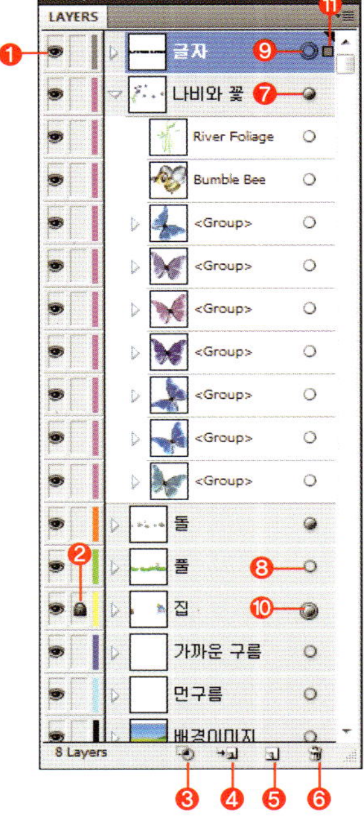

❶ **Toggles Visibility** : 눈 모양의 아이콘이 있으면 해당 레이어에 있는 오브젝트가 화면에 보이게 되고 눈을 한 번 더 클릭하면 눈이 꺼지고 선택한 레이어에 있는 오브젝트가 보이지 않게 됩니다. Ctrl 을 누른 상태에서 눈 아이콘(👁)을 클릭하면 선택된 레이어의 오브젝트들이 패스 선만 보이는 Outline 상태로 보이게 됩니다.

❷ **Toggles Lock** : 선택한 레이어를 잠그는 기능으로 자물쇠(🔒)가 있으면 해당 레이어에 있는 오브젝트는 선택할 수 없습니다.

❸ **Make/Release Clipping Mask** : 마스크를 적용할 레이어를 선택한 뒤 아이콘을 클릭하면 클리핑 마스크가 실행됩니다.

❹ **Create New Sublayer** : 선택한 레이어의 아랫부분으로 들어갈 하위 레이어를 만들어줍니다.

❺ **Create New Layer** : 새로운 레이어를 만들어줍니다.

❻ **Delete Selection** : 선택한 레이어를 삭제합니다.

❼ ◉ : 타깃(◉)으로 안쪽이 채워진 형태의 원은 타깃으로 정해지지 않았지만 이미 Appearance 설정을 가지고 있는 레이어가 또 다시 목표로 설정되어 있음을 표시합니다.

❽ ◎ : 레이어, 그룹 오브젝트, 오브젝트가 타깃으로 정해지지 않고 어떤 Appearance 효과도 적용되지 않은 상태를 의미합니다.

❾ ◎ : 두 개의 겹쳐진 원은 레이어, 그룹 오브젝트, 오브젝트가 목표로 정해진 것을 나타내며 Appearance 효과를 적용할 대상물이 된 것을 말합니다. 사용자가 특수효과를 적용하면 두 개의 원이 겹쳐진 곳에 효과가 적용됩니다.

❿ ◉ : Appearance 설정이 되어 있는 레이어가 또 다시 목표로 설정된 경우입니다.

⓫ ◼ : 레이어 옆에 있는 작은 사각형은 선택한 레이어의 패스 색상을 표시합니다.

레이어를 이용하면 그려진 그림들을 층 개념에 의해 종이가 겹쳐진 것처럼 이미지를 구성할 수 있습니다. [Layers] 패널의 일반 레이어를 'Parent Layer'라고 하고 밑으로 종속되어 있는 레이어에 포함된 오브젝트를 'Sub Layer'라고 합니다. [Layers] 패널에서 레이어를 세부적으로 구분하여 오브젝트 관리를 체계적으로 할 수 있습니다.

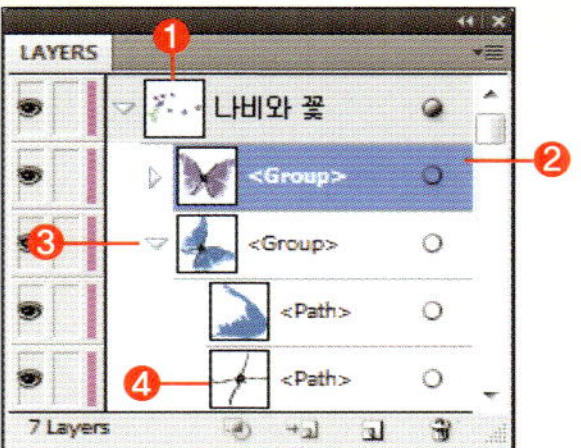

❶ **Parent Layer** : 부모 격이 되는 레이어로 가장 큰 범위의 레이어를 말합니다.

❷ **Sub Layer** : 'Parent Layer'에 포함된 하위 레이어를 말합니다.

❸ **Group** : 오브젝트들이 그룹으로 묶여져 있는 상태를 말합니다.

❹ **Compound Path** : 혼성 패스로 이루어진 패널의 가장 최소 단위를 말합니다.

SKill up 04 [Layers] 패널의 드롭다운 메뉴

[Layers] 패널의 오른쪽 상단에 있는 드롭다운(▾≡) 버튼을 클릭하면 나타나는 메뉴에서 레이어에 대한 기능을 선택할 수 있습니다.

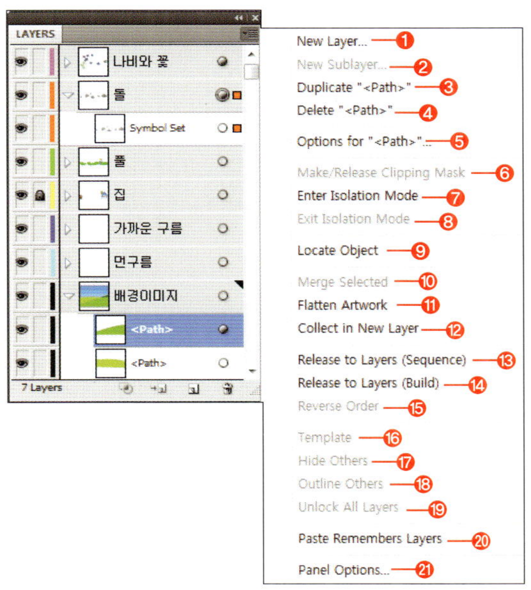

❶ **New Layer** : 새로운 레이어를 만듭니다.

❷ **New Sublayer** : 선택된 레이어 안에 포함되는 서브 레이어를 만듭니다.

❸ **Duplicate Laye** : 선택한 레이어와 동일한 레이어를 복사하여 한 개의 레이어를 더 만들어줍니다.

❹ **Delete Layer** : 선택된 레이어를 삭제합니다.

❺ **Options for Selection** : 이름과 속성 같은 레이어의 옵션을 조절합니다.

❻ **Make/Release Clipping Mask** : 마스크 기능을 적용하거나 해제합니다.

❼ **Enter Isolation Mode** : 들어가기 차단 모드를 실행합니다.

❽ **Exit Isolation Mode** : 나가기 차단 모드에서 빠져 나갑니다.

❾ **Locate Object** : 선택한 오브젝트가 어떤 레이어에 속한 것인지를 속한 위치를 확인할 수 있습니다.

❿ **Merge Selected** : 2개 이상의 레이어를 동시에 선택하고 레이어에 있는 오브젝트를 하나의 레이어로 합쳐줍니다.

⓫ **Flatten Artwork** : 도큐먼트에 들어있는 모든 레이어를 하나의 레이어로 합쳐줍니다.

⓬ **Collect in New Layer** : 선택한 레벨이나 레이어를 새로운 레이어나 레벨에 배치하려고 할 때 사용하는 기능입니다.

⓭ **Release to Layers(Sequence)** : 선택한 레이어의 모든 오브젝트를 각각의 개별 레이어로 만들며 플래시 애니메이션 제작 시에 사용됩니다.

⓮ **Release to Layers(Build)** : 선택된 레이어에 포함된 모든 오브젝트들이 차례로 보이는 형태의 레이어를 만듭니다.

⑮ **Reverse Order** : 선택한 여러 오브젝트의 순서를 역순서로 바꿉니다.

⑯ **Template** : 선택된 레이어를 선택이나 이동을 할 수 없는 템플릿 레이어로 바꿉니다.

⑰ **Hide Others** : 선택된 레이어의 오브젝트들만 보이고 나머지는 숨깁니다.

⑱ **Outline Others** : 선택된 레이어의 오브젝트들만 보이고 나머지는 패스의 형태로 보여줍니다.

⑲ **Unlock All Layers/Lock Others** : 선택된 레이어를 제외한 나머지 레이어의 오브젝트를 모두 잠급니다.

⑳ **Paste Remembers Layers** : 옵션이 체크된 레이어에서 오브젝트를 복사한 후에는 다른 레이어를 선택하지 않고 [Paste] 기능을 실행해도 원래의 레이어에 붙여집니다. 옵션 체크가 되지 않은 경우에는 선택한 레이어에 오브젝트가 붙여집니다.

㉑ **Panel Options** : [Layers] 패널의 환경을 조절합니다.

SKill up 05 [Layer Options] 대화상자

[Layers] 패널의 레이어를 더블클릭하면 나타나는 [Layers Options] 대화상자에서 레이어의 이름, 패스 색상, 잠그기, 흐리기 등을 조정할 수 있습니다.

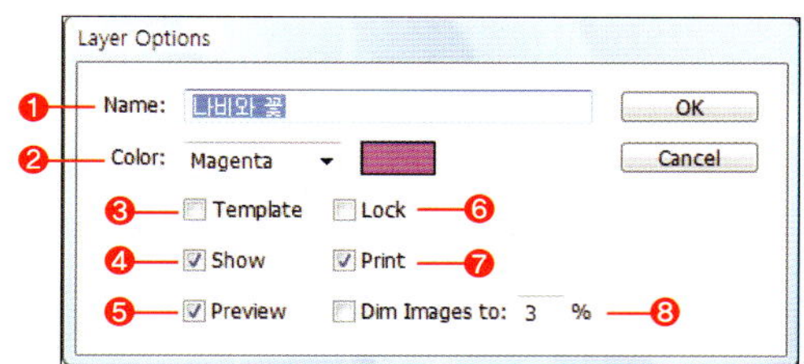

❶ **Name** : 레이어의 이름을 지정합니다.

❷ **Color** : 레이어에 있는 오브젝트들을 구분하기 위해 오브젝트의 패스 색상을 다르게 분리합니다. 이곳을 클릭하여 색상을 설정하면 설정한 색상으로 패스의 색상이 바뀌게 됩니다.

❸ **Template** : 템플릿은 펜 툴과 같은 드로잉 툴을 이용하여 이미지를 본뜨기 위한 상태를 말하며 옵션을 체크하면 오브젝트는 잠기고 흐릿하게 흐려집니다.

❹ **Show** : 레이어의 이미지를 보여 주거나 감춰 [Layers] 패널의 눈 아이콘(👁)과 같은 역할을 가지고 있습니다.

❺ **Preview** : 옵션 체크를 해제하면 레이어의 이미지가 Outline 상태로 보이게 됩니다.

❻ **Lock** : 레이어의 이미지를 선택하지 못하게 잠그거나 해제합니다.

❼ **Print** : 인쇄 시 레이어를 인쇄 출력합니다.

❽ **Dim Images to** : 퍼센트 수치 값을 조절하여 레이어에 있는 비트맵 이미지를 흐릿하게 해줍니다.

374

레이어 마스크를 이용하여 라벨 디자인하기

마스크는 두 개 이상의 오브젝트에서 위에 있는 오브젝트의 형태로 아래에 있는 오브젝트를 감추거나 드러낼 경우에 사용하는 기능입니다. 필요 없는 부분은 마스크를 이용하여 가려줄 수 있으므로 원하는 오브젝트의 모양으로 만들 경우에 사용합니다.

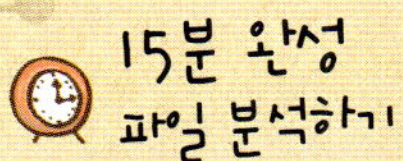

15분 완성
파일 분석하기

❶ 클리핑 마스크 적용하기
　 : 381 page

예제 파일 : Sample\Part07\라벨글자.ai
완성 파일 : Sample\Part07\마스크완성.ai

01 [File]-[New] 메뉴를 선택하고 [Size]가 'A4'인 새로운 도큐먼트를 만들어줍니다. 툴 패널에서 사각형 툴(▢)을 선택한 후 도큐먼트를 클릭합니다. 나타나는 [Rectangle] 대화상자의 [Width]는 '90mm', [Height]는 '190mm'를 입력한 다음 [OK] 버튼을 클릭합니다.

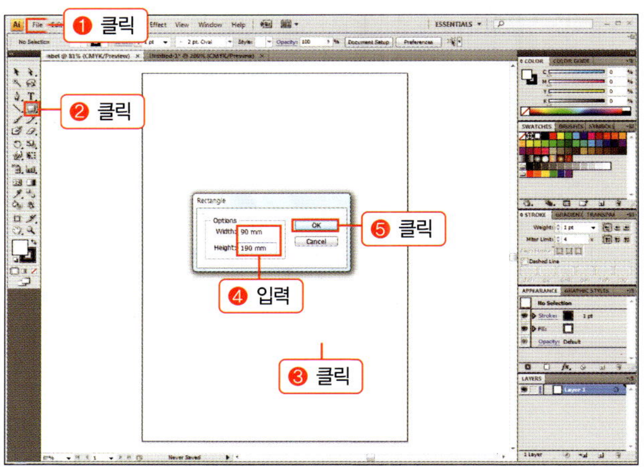

02 [Swatches] 패널의 [Swatches Libraries menu](   ) 버튼을 클릭하고 하위 메뉴에서 [Patterns]-[Nature] -[Nature_Foliage]를 선택합니다.

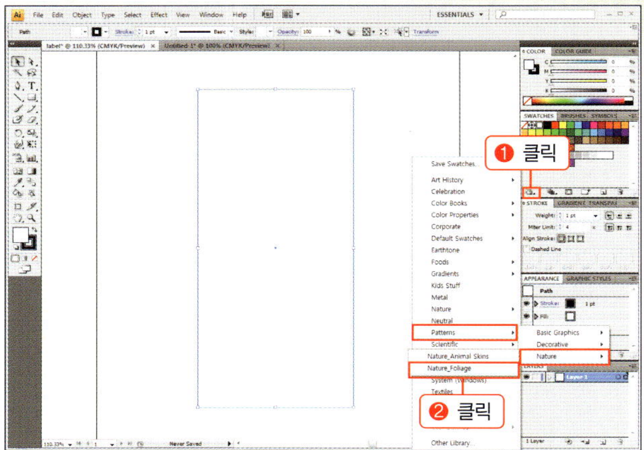

03 [Nature_Foliage] 패널이 나타나면 패널에 만들어져있는 패턴 중에서 'Wild Flowers Color'를 클릭하여 사각형의 면에 꽃무늬의 패턴을 적용하고 선색은 '없음'으로 설정합니다. 선택을 해제한 뒤 [Color] 패널의 면 색에 'C=20, M=30, Y=50'을 입력합니다. 사각형 툴(   )을 선택하고 도큐먼트를 클릭하여 [Rectangle] 대화상자에서 [Width]는 '55mm', [Height]는 '140mm'를 입력해 사각형을 그려줍니다.

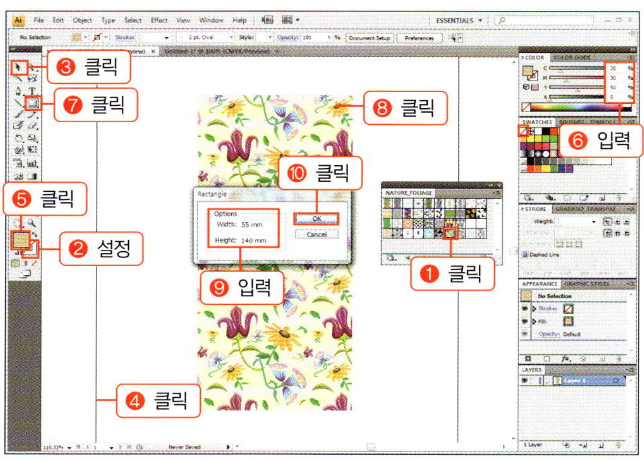

04 그려진 사각형은 선택 툴(   )을 이용하여 꽃무늬 위로 위치하고, 사각형의 테두리의 색을 'White'로 설정한 다음 두께는 '3pt'로 설정합니다.

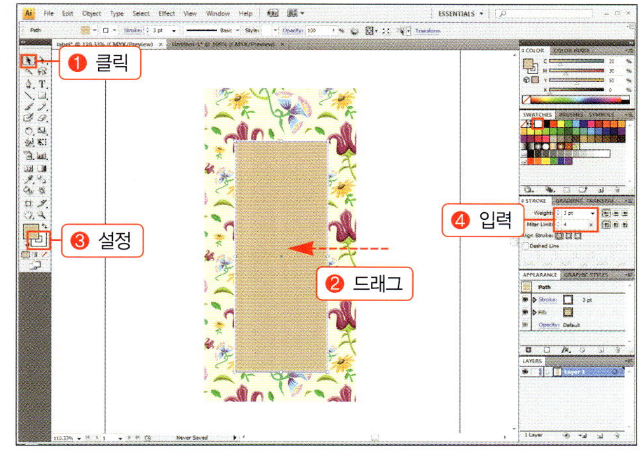

[Nature_Foliage] 패널은 닫기 버튼을 클릭하여 닫아줍니다.
주목

05 [File]-[Open] 메뉴를 선택하고 'Sample\Part07\라벨글자.ai' 파일을 불러옵니다. 선택 툴(▶)을 선택한 다음 불러온 글자를 모두 드래그하여 선택한 뒤 [Edit]-[Copy] 메뉴를 선택합니다.

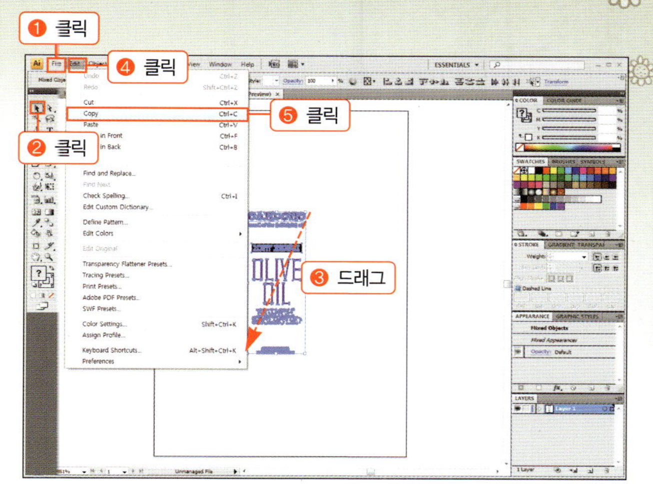

> **주목** 여기에서는 다양한 글꼴을 사용하다 보니 미리 글자를 입력하여 [Create Outline]으로 글자를 패스로 만들었습니다.

06 작업하던 도큐먼트의 탭을 클릭하여 불러온 뒤 복사한 글자 라벨을 [Edit]-[Paste] 메뉴를 선택하여 붙여넣습니다. 선택 툴(▶)을 이용하여 불러온 글자를 사각형의 중앙으로 위치합니다.

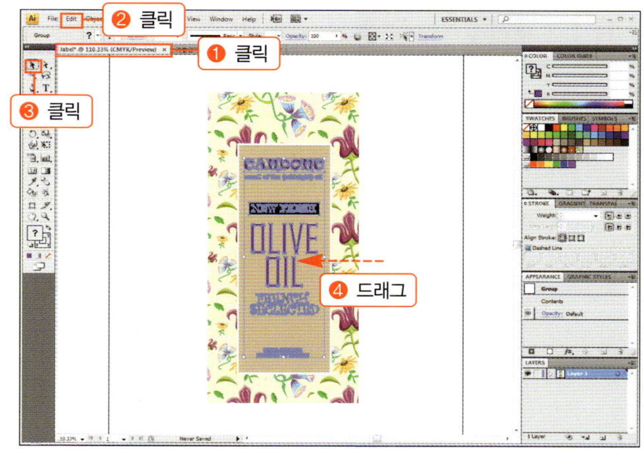

07 선택을 해제하고 원 툴(◯)을 선택합니다. 도큐먼트를 클릭하여 [Ellipse] 대화상자가 나타나면 [Width]에 '70mm', [Height]에 '70mm'를 입력하여 지름이 '70mm'인 원을 만들어줍니다.

> **주목** 색상 모드의 면 색은 어떤 색을 사용해도 상관없으며 다만 선 색만 '없음'으로 설정합니다.

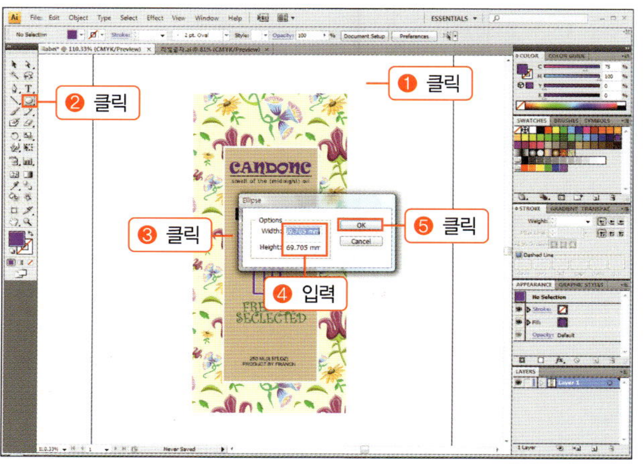

08 사각형 툴(□)을 선택하고 도큐먼트를 클릭하여 [Rectangle] 대화상자에서 [Width]는 '70mm', [Height]는 '145mm'를 입력해서 사각형을 그려줍니다.

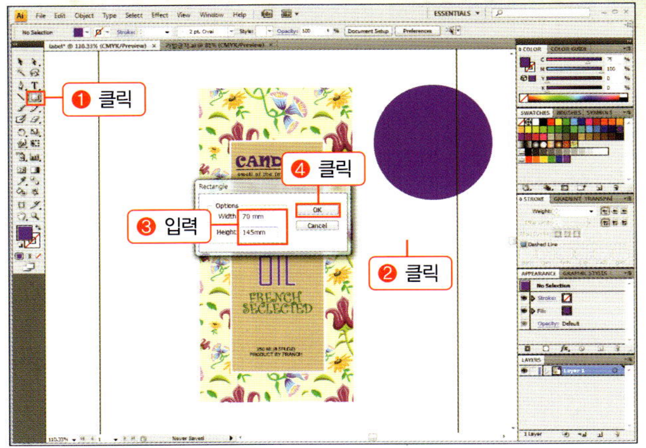

09 만들어진 사각형을 원의 중심으로 위치합니다. [Window]-[Align] 메뉴를 선택하여 [Align] 패널을 꺼냅니다. 원과 사각형이 선택된 상태에서 [Align] 패널에서 [Horizontal Align Left] 버튼을 클릭하여 사각형의 위쪽 면과 원의 중심이 정확하게 위치할 수 있도록 만들어줍니다.

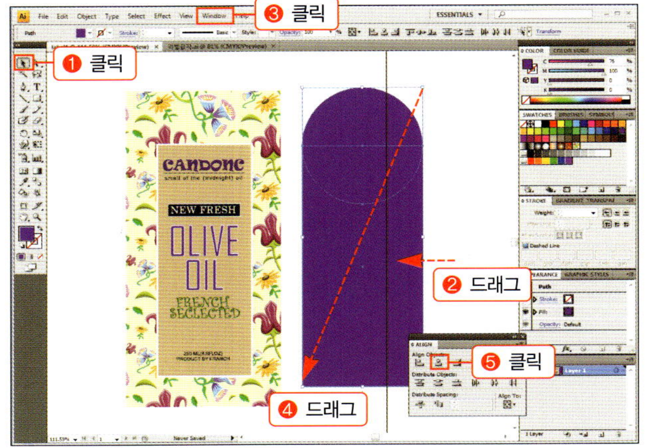

10 [Window]-[Pathfinder] 메뉴를 선택하여 [Pathfinder] 패널을 꺼냅니다. [Pathfinder] 패널의 [Unit] 버튼을 클릭하여 두 개의 오브젝트를 하나의 오브젝트로 합쳐줍니다.

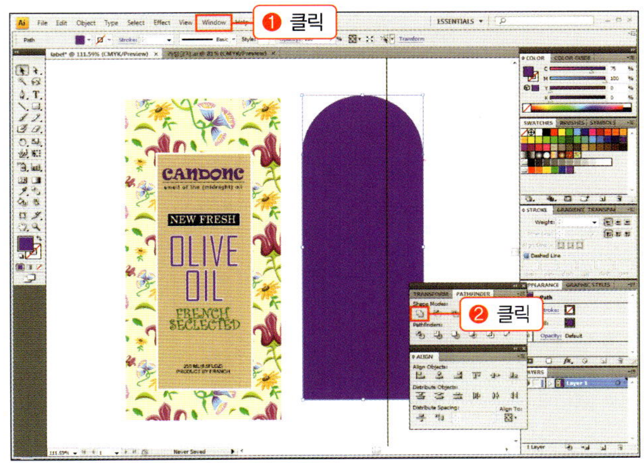

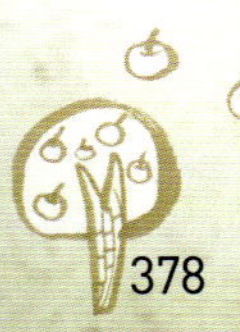

11 선택 툴()을 이용하여 하나로 합쳐진 오브젝트를 라벨 작업 중인 오브젝트 위로 드래그하여 올려줍니다.

12 모든 오브젝트를 드래그하여 선택하고 [Object]-[Clipping Mask]-[Make] 메뉴를 선택합니다.

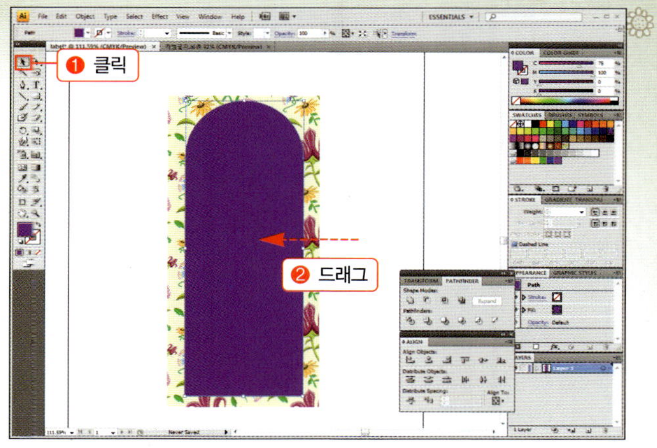

13 위에 있는 오브젝트의 모양으로 아래에 있는 오브젝트들이 감춰져 마스크가 적용되어 이미지를 완성할 수 있습니다.

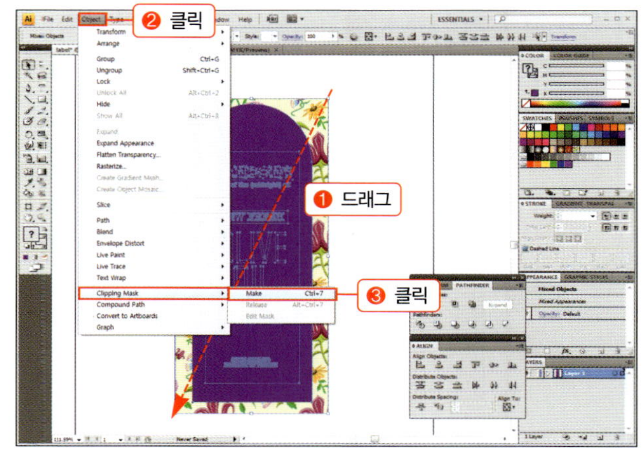

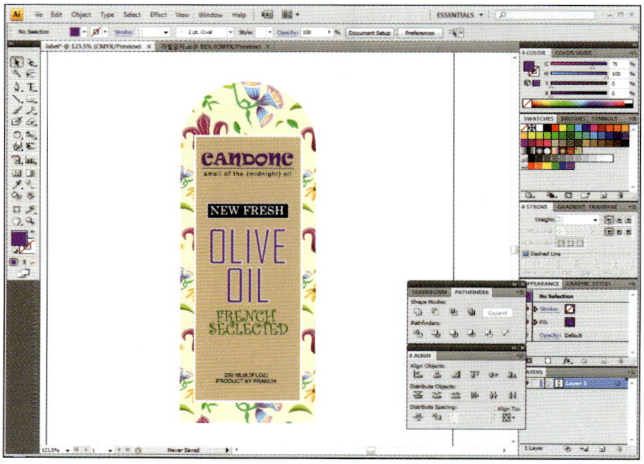

마스크와 레이어에 마스크 적용하기

마스크는 위에 있는 오브젝트의 모양으로 아래에 있는 오브젝트의 형태를 가려줄 경우에 사용합니다. 주로 특정한 이미지에서 감춰야 할 부분과 드러나야 할 부분을 구분해서 표현해주는 경우에 사용하며 일러스트레이터에서는 클리핑 마스크, 레이어 마스크, 불투명 마스크의 세 가지 형태를 가지고 있습니다.

Skill up 01 불투명도 마스크

불투명도 마스크는 마스크를 적용한 오브젝트의 외곽 영역이 날카롭게 잘리는 것을 보완하여 부드럽게 투명하게 보이도록 해줍니다. 불투명도 마스크는 [Transparency] 패널의 드롭다운(▼≡) 버튼을 클릭하면 나타나는 [Make Opacity Mask] 메뉴를 이용하여 만들 수 있습니다.

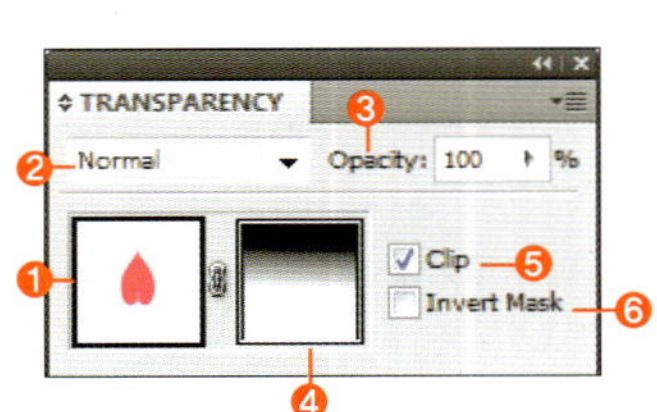

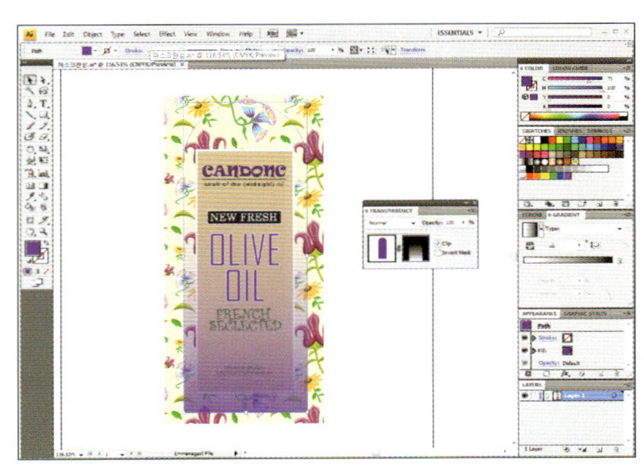

▲ [Transparency] 패널을 통해 불투명 마스크가 적용된 오브젝트

❶ **원본 이미지 미리보기** : 현재 작업 중인 오브젝트, 그룹, 레이어를 미리 보여줍니다.

❷ **Transparency 모드 선택 메뉴** : 클릭하면 나타나는 하위 메뉴에서 [Darken], [Multiply] 등의 모드를 적용할 수 있습니다.

❸ **Opacity** : 수치를 입력하여 불투명도를 조절합니다.

❹ **마스크 미리보기** : 현재 적용 중인 불투명도 마스크의 형태를 미리 보여줍니다.

❺ **Clip** : 오브젝트와 마스크 사이의 링크를 표시합니다. 옵션이 체크되면 마스크와 오브젝트가 같이 이동되고, 옵션이 해제되면 마스크와 오브젝트가 별도로 이동됩니다.

❻ **Invert Mask** : 불투명도 마스크의 효과를 반대로 적용합니다.

[Layers] 패널의 메뉴에 있는 [Make/Release Clipping Mask]( ) 버튼을 클릭하여 레이어에서도 마스크를 적용할 수 있습니다. 오브젝트의 작업이 레이어와 하위 레이어를 이용하여 만들어졌다면 마스크를 적용할 오브젝트를 레이어에서 가장 위로 올려주고 [Layers] 패널의 [Make/Release Clipping Mask]( ) 버튼을 클릭하면 마스크를 적용할 수 있습니다. 'Sample\Part07\레이어 마스크 사용하기.ai' 파일을 선택하여 가져온 다음 [Layers] 퍼널의 가장 위에 있는 'Layer 2'를 클릭합니다. 패널의 [Make/Release Clipping Mask]( ) 버튼을 클릭하여 마스크를 적용합니다.

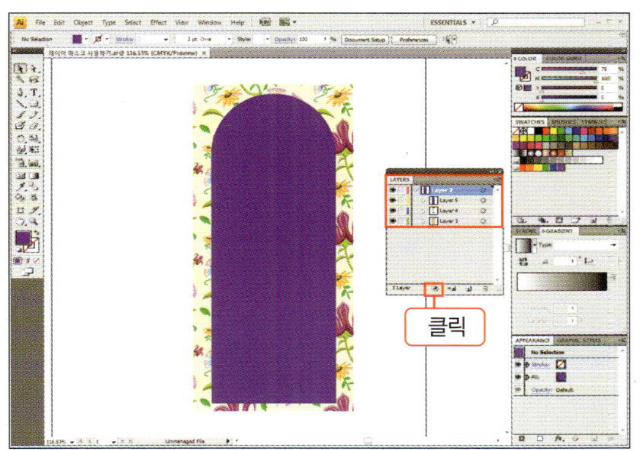

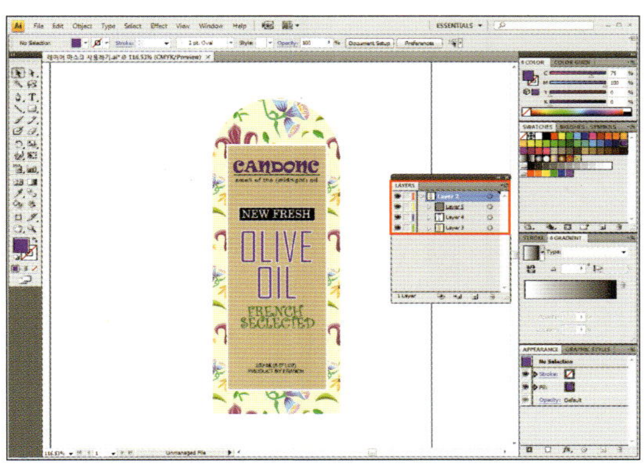

▲ 레이어 마스크로 위에 있는 필요한 오브젝트만큼 보이게 하기

레이어 마스크를 적용하려면 오브젝트는 레기어와 하위 레이어로 구성되어 있어야 합니다. 각각의 개별적인 레이어로 구성되어 있으면 마스크를 적용할 수 없습니다.

두 개 이상의 오브젝트가 동시에 선택되었을 때 위에 있는 오브젝트의 모양으로 마스크를 적용하여 아래에 있는 오브젝트의 일부분을 가려줄 수 있습니다. 클리핑 마스크의 적용은 [Object]-[Clipping Mask]-[Make] 메뉴로 적용할 수 있으며 [Release] 메뉴로 적용된 마스크 효과를 해제할 수 있습니다.

액션으로 작업 기록 후 오브젝트에 적용하기

액션은 많은 오브젝트에 대해서 동일한 작업을 반복하여 적용할 때 작업하는 과정을 기록하여 다른 오브젝트에 동일하게 적용할 수 있는 기능입니다. 빠른 시간 안에 동일한 작업을 쉽고 빠르게 할 수 있습니다.

15분 완성
파일 분석하기

❶ 액션 적용하기 : 386 page

예제 파일 : Sample\Part07\액션예제.ai
완성 파일 : Sample\Part07\액션예제완성.ai

■ 액션 적용하기

01 [File]-[Open] 메뉴를 선택하고 'Sample\Part07\액션예제.ai' 파일을 불러옵니다. 불러온 파일은 기록을 위한 이미지와 실행하기 위한 이미지로 나뉘어져 있습니다. [Window]-[Actions] 메뉴를 선택하여 [Actions] 패널을 불러옵니다.

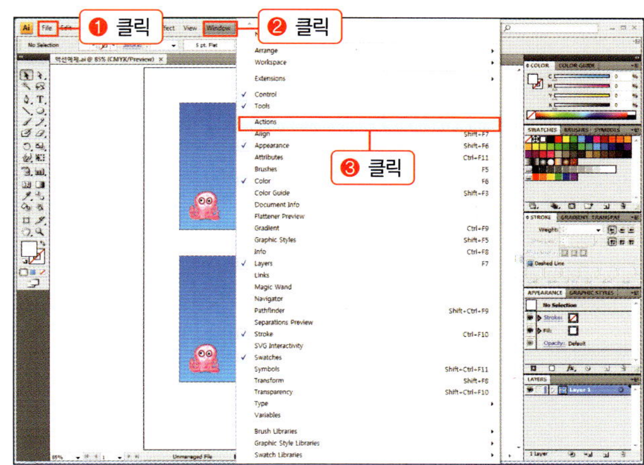

02 [Actions] 패널 하단에서 [Create New Set](📄) 버튼을 클릭하고 나타나는 [New Set] 대화상자의 [Name]에 '새 액션'이라고 입력한 다음 [OK] 버튼을 클릭합니다.

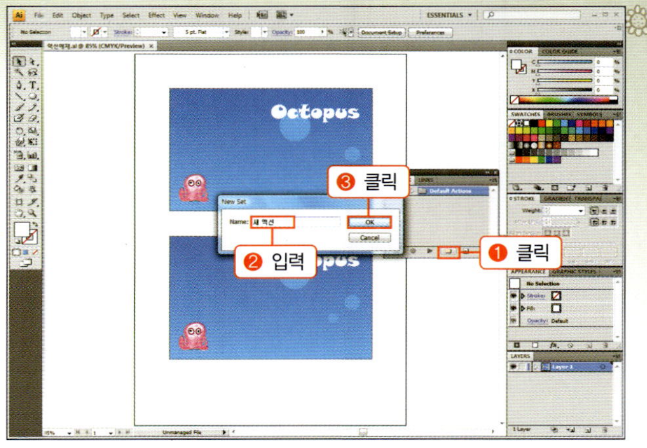

03 새로운 액션 폴더가 만들어졌습니다. 새로운 액션을 만들기 위해서 [Actions] 패널의 [Create New Action](🔲) 버튼을 클릭합니다. [New Action] 대화상자에서 [Name]을 'New Action'으로 입력하고 [Function Key]는 'F2'를 선택한 후 [Record] 버튼을 클릭하여 기록을 시작합니다.

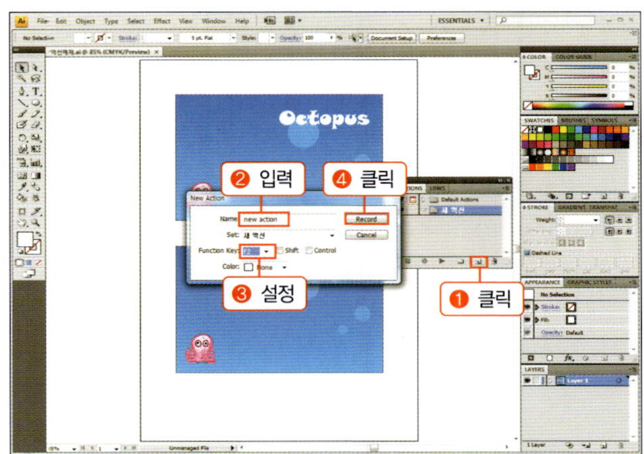

04 선택 툴(▶)을 이용하여 문어 오브젝트를 선택한 다음 Shift 를 누른 채 바운딩 박스를 드래그하여 오브젝트를 크게 만듭니다. [Actions] 패널을 보면 'Scale'이 하위 메뉴에 기록되고 있습니다.

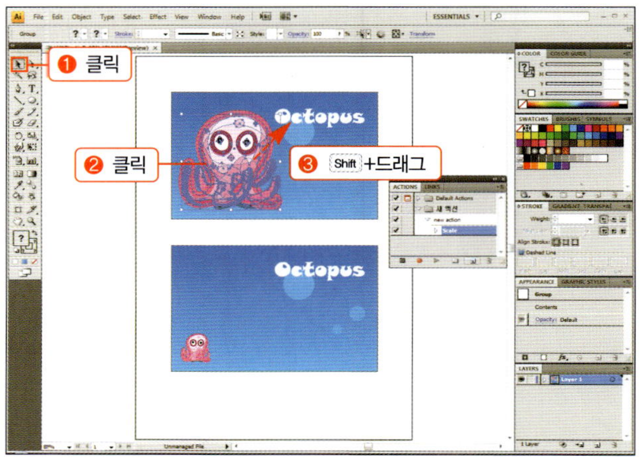

05 크기가 커진 오브젝트를 Shift 를 누른 채 오른쪽으로 드래그하여 위치를 이동합니다. [Actions] 패널 하단의 [Stop Playing/Recording](■) 버튼을 클릭하여 기록을 종료합니다. [Actions] 패널에서 '새 액션' 을 클릭하고 [Create New Action](⬚) 버튼을 클릭하여 '투명' 이라는 이름의 새로운 액션을 만든 후 [Record] 버튼을 클릭하여 기록을 시작합니다.

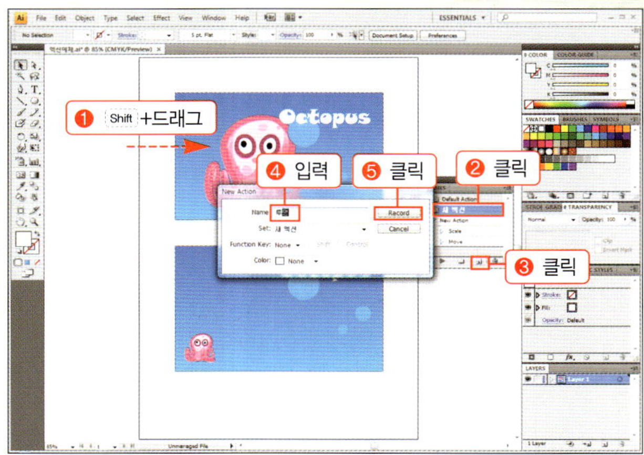

06 흰색의 'Octopus' 글자를 선택하고 위치를 가운데 부분으로 드래그하여 내려줍니다. [Window]-[Transparency] 메뉴를 선택하여 [Transparency] 패널에서 [Opacity]를 '50%' 로 설정하고 [Actions] 패널에서 [Stop Playing/Recording] 버튼을 클릭하여 기록을 종료합니다.

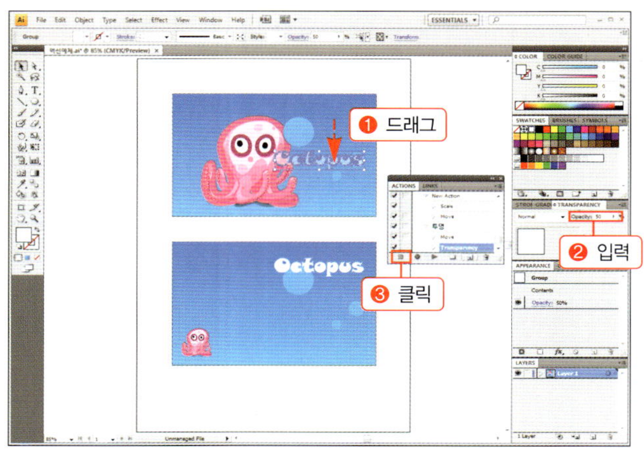

07 선택을 해제하고 아래에 있는 이미지 중에서 문어 오브젝트를 선택합니다.

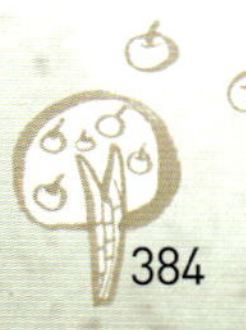

08 [Actions] 패널에서 'New Action'을 클릭한 후 [Play Current Selection](▶) 버튼을 클릭하여 재생합니다. 문어 오브젝트의 크기가 자동으로 커지면서 위치가 이동됩니다.

09 아래 이미지의 'Octopus' 글자를 선택하고 [Actions] 패널에서 '투명' 이라는 이름의 액션을 선택합니다.

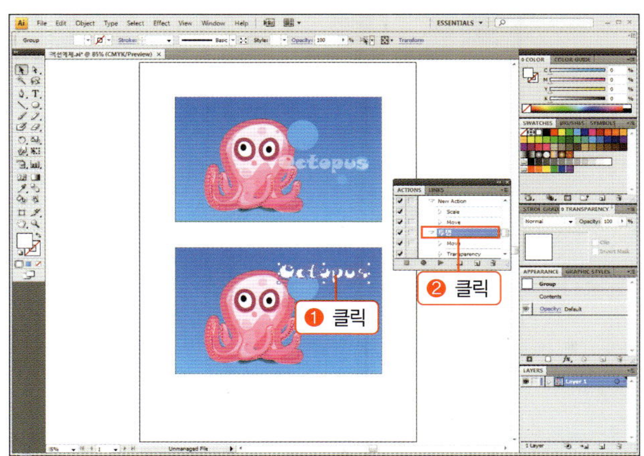

10 [Actions] 패널의 [Play Current Selection](▶) 버튼을 클릭하여 재생하면 글자의 위치가 이동되면서 투명해집니다. 앞에서 실행한 작업과정과 동일한 작업과정이 버튼 하나로 손쉽게 완성됩니다.

Skill up 01 [Actions] 패널 살펴보기

[Window]-[Actions] 메뉴를 선택하면 [Actions] 패널을 불러올 수 있습니다. [Actions] 패널을 통해서 작업과정을 기록할 수 있으며 반복 작업을 빠르게 할 수 있습니다.

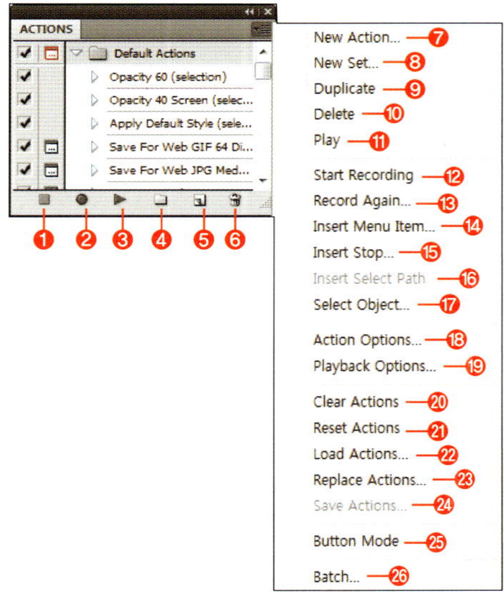

❶ **Stop Playing/Recording** : 현재 진행되고 있는 액션의 실행을 멈추거나 기록을 멈춥니다.

❷ **Begin Recording** : 작업의 기록을 시작합니다.

❸ **Play Current Selection** : 새로운 액션을 재생합니다.

❹ **Create New Set** : 새로운 액션 세트를 만들어줍니다.

❺ **Create New Action** : 새로운 액션을 만들어줍니다.

❻ **Delete Selection** : 선택한 액션을 삭제합니다.

❼ **New Action** : 새로운 액션을 만듭니다.

❽ **New Set** : 새로운 세트를 만들어줍니다.

❾ **Duplicate** : 선택한 액션을 복사합니다.

❿ **Delete** : 선택한 액션을 삭제합니다.

⓫ **Play** : 선택한 액션을 실행합니다.

⓬ **Start Recording** : 기록을 시작합니다.

⓭ **Recording Again** : 기록을 다시 시작합니다.

⓮ **Insert Menu Item** : 실행하면 [Inset Menu Item] 대화상자가 나타나면서 메뉴 아이템을 검색하여 선택하고 삽입할 수 있습니다.

⓯ **Insert Stop** : [Insert Stop] 대화상자를 통해서 메시지를 삽입할 수 있으며 기록을 멈춥니다.

⓰ **Insert Select Path** : 현재 작업 단계에서 선택한 패스를 삽입합니다.

⓱ **Select Object** : 오브젝트를 선택합니다

⑱ **Action Options** : [Action Options] 대화상자를 불러옵니다.
⑲ **Playback Options** : [Playback Options] 대화상자를 불러옵니다.
⑳ **Clear Actions** : 액션을 모두 삭제합니다.
㉑ **Reset Actions** : 액션을 모두 초기화합니다.
㉒ **Load Actions** : 저장된 다른 액션을 불러옵니다.
㉓ **Replace Actions** : 만든 액션을 교체합니다.
㉔ **Save Actions** : 만든 액션을 저장합니다.
㉕ **Button Mode** : [Actions] 패널을 버튼 형식으로 변경합니다.
㉖ **Batch** : [Batch] 대화상자를 불러옵니다.

SKill up 02 [New Action] 대화상자 살펴보기

새로운 액션을 만들 때 나타나는 [New Action] 대화상자에서는 액션의 이름과 액션의 색상을 지정할 수 있습니다.

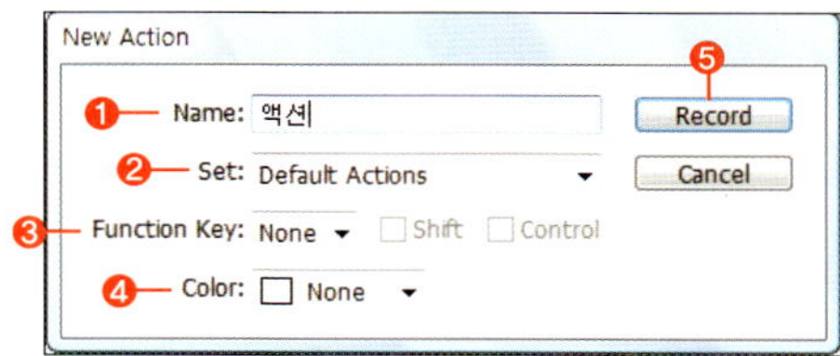

▲ [New Action] 대화상자

❶ **Name** : 만들게 될 액션의 이름을 입력합니다.
❷ **Set** : [Actions] 패널에서 만들어 놓은 액션 세트 중에서 만들어질 액션이 포함될 세트를 지정할 수 있습니다.
❸ **Function Key** : 기록된 액션을 오브젝트에 적용할 때 빠른 작업을 위해 [Function Key]를 지정할 수 있으며 Shift 와 Ctrl 을 혼합하여 지정할 수 있습니다.
❹ **Color** : 액션의 색상을 지정합니다.
❺ **Record** : 액션 기록을 시작합니다.

[Appearance] 패널은 만들어진 오브젝트의 속성을 관리할 수 있는 속성 선택, 추가 등의 작업이 가능합니다. 하나의 오브젝트에 각각 면과 선의 속성을 다르게 주어 여러 번에 걸쳐 해야 할 작업을 [Appearance] 패널을 이용하여 한 번에 쉽게 할 수 있으며, 적용된 속성은 필요에 따라 추가하거나 삭제할 수 있습니다.

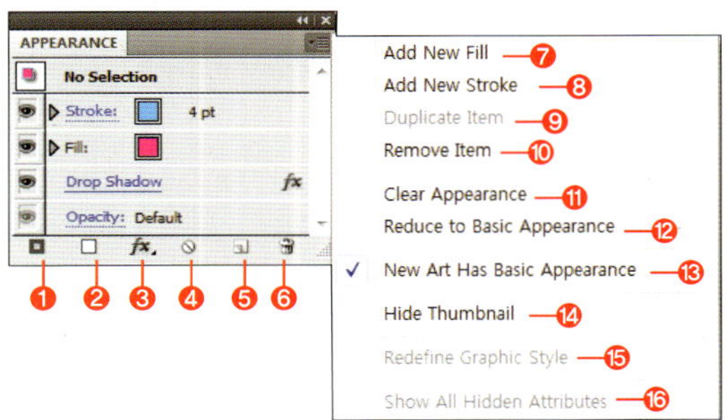

❶ **Add New Stroke** : 선택한 오브젝트에 새로운 선 속성을 추가합니다.

❷ **Add New Fill** : 선택한 오브젝트에 새로운 면 속성을 추가합니다.

❸ **Add New Effect** : 선택한 오브젝트에 새로운 이펙트 효과를 추가합니다.

❹ **Clear Appearance** : 선택한 오브젝트의 모든 속성을 제거합니다.

❺ **Duplicate Selected Item** : 패널에 등록된 효과 아이템을 선택하고 버튼을 클릭하면 똑같은 효과가 하나 더 복사됩니다.

❻ **Delete Selected Item** : 패널에 등록된 속성을 선택하고 클릭하면 오브젝트에 적용된 속성이 삭제됩니다.

❼ **Add New Fill** : 선택한 오브젝트나 레이어에 새로운 면 색상 속성을 추가합니다.

❽ **Add New Stroke** : 선택한 오브젝트나 레이어에 새로운 선 속성을 추가하기 위해 사용합니다.

❾ **Duplicate Item** : 필요한 속성을 복사합니다.

❿ **Remove Item** : 목록에 있는 속성 중에서 불필요한 속성을 제거할 경우에 사용합니다.

⓫ **Clear Appearance** : 오브젝트에 적용된 속성을 해제할 경우에 사용합니다.

⓬ **Reduce to Basic Appearance** : 기본 속성으로 되돌려줍니다.

⓭ **New Art Has Basic Appearance** : 새로 그려지는 오브젝트는 이전에 그렸던 오브젝트의 속성이 적용되지 않고 일반적인 오브젝트가 되도록 해주는 명령입니다. 오브젝트에 적용된 효과를 끊을 경우에 사용합니다.

⓮ **Hide Thumbnail** : 패널에 나타난 오브젝트의 형태를 가릴 경우에 사용합니다.

⓯ **Redefine Graphic Style** : [Graphic Style] 패널의 스타일을 수정할 경우에 사용합니다.

⓰ **Show All Hidden Attributes** : 오브젝트에 숨겨진 중심점을 모두 찾아줍니다.

수치와 데이터를 이용한 그래프 만들기

그래프는 복잡한 통계와 수치를 이미지로 표현하여 보기 쉽게 만드는 것이 그래프입니다. 일러스트레이터에서는 여러 가지 종류와 모양의 그래프를 수치 입력으로 제작할 수 있습니다. 직접 디자인한 오브젝트를 그래프의 모양으로 만들 수 있어 차별화된 그래프 모양을 만들 수 있습니다.

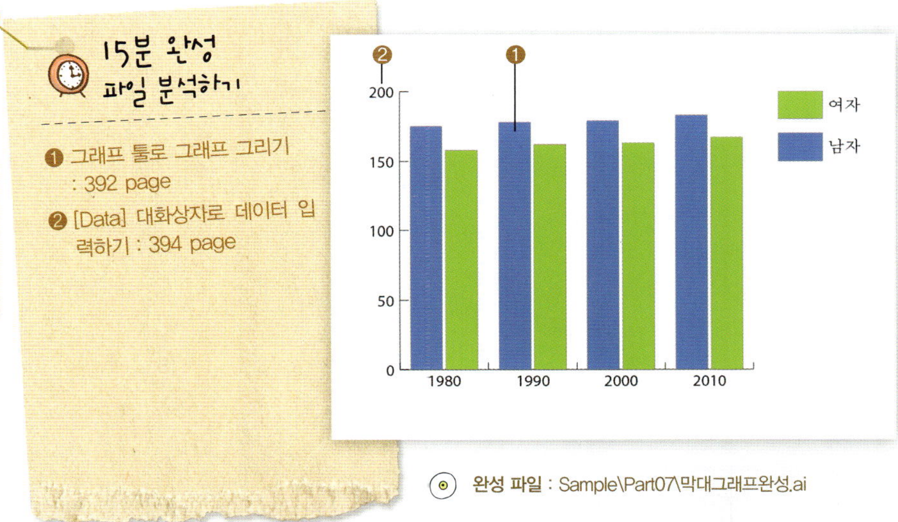

◉ 완성 파일 : Sample\Part07\막대그래프완성.ai

01 [File]-[New] 메뉴를 선택하면 나타나는 [New Document] 대화상자에서 [Size]를 'A4'로 선택하고 [OK] 버튼을 클릭하여 새로운 도큐먼트를 만들어줍니다. 툴 패널에서 그래프 툴(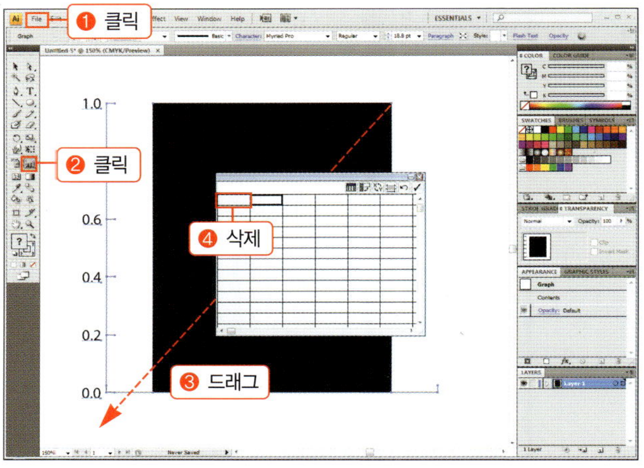)을 선택하고 화면에 원하는 크기의 사각 형태로 드래그합니다. 화면에 데이터를 입력할 수 있는 데이터 입력 상자가 나타납니다. 데이터 입력 상자의 왼쪽 첫 칸에 미리 적용된 '1.00'을 Delete 를 눌러 삭제하고 오른쪽 방향키를 눌러 한 칸 이동합니다.

02 왼쪽 첫 칸은 비워둔 상태에서 그림처럼 수치 값을 입력합니다. 그림은 1980년대부터 2010년까지 남자와 여자의 평균키를 수치로 입력한 것입니다. 수치가 입력되었으면 [Apply](✓) 버튼을 클릭합니다.

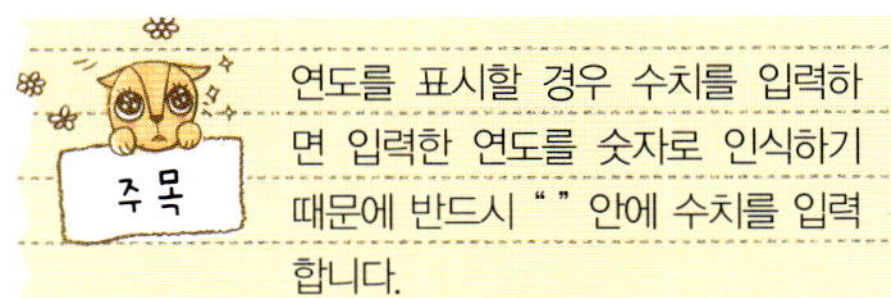

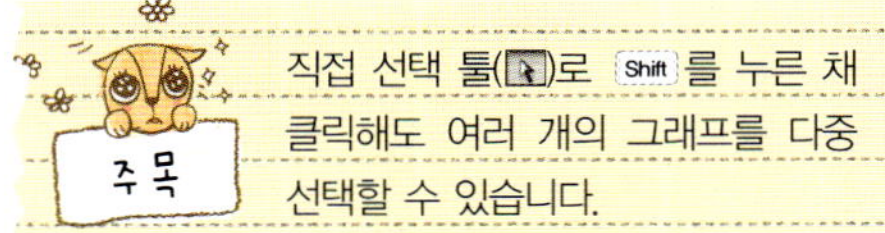

03 입력한 수치에 맞도록 그래프가 만들어졌습니다. 수치를 입력하는 데이터 입력 상자를 닫습니다. 툴 패널에서 그룹 선택 툴(⇗)을 선택하고 도큐먼트를 클릭하여 선택을 해제합니다. 오른쪽에 있는 범례에서 '여자'를 두 번 클릭하여 회색 막대 그래프를 모두 선택합니다.

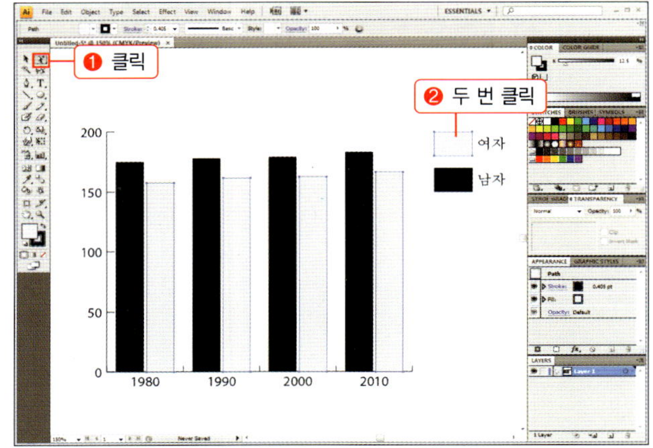

04 [Swatches] 패널에서 'C=50, Y=100'의 연두색을 클릭하여 선택한 그래프가 연두색이 채워지도록 만들어줍니다.

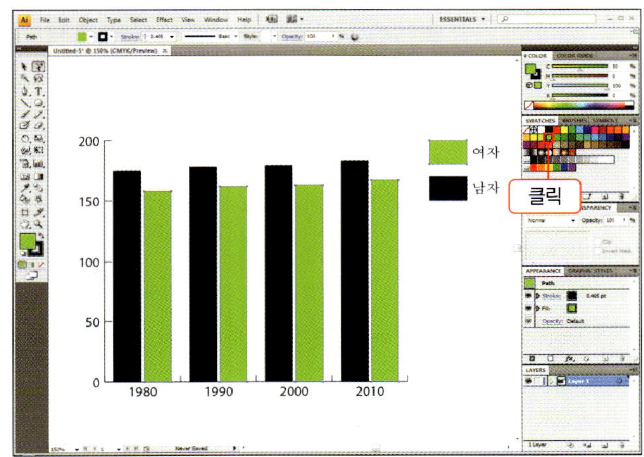

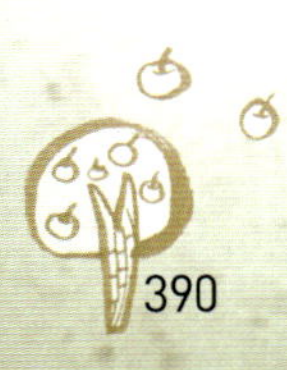

05 선택을 해제하고 이번에는 '남자' 범례 부분을 두 번 클릭하여 검은색 그래프를 모두 선택합니다. [Swatches] 패널에서 'C=85, M=50'의 파란색을 선택하여 그래프에 색상을 적용합니다.

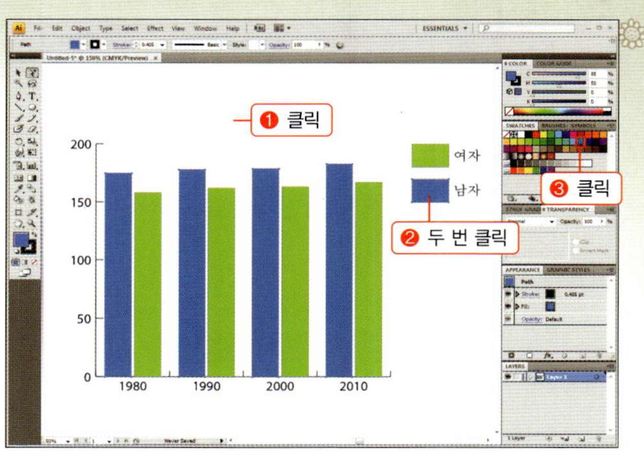

주목 더블클릭은 빠르게 두 번 클릭하는 것이며 두 번 클릭은 더블클릭보다 느린 속도로 두 번 클릭하는 것을 말합니다.

06 만들어진 그래프의 타입을 변경해 보겠습니다. 툴 패널에서 선택 툴(▶)을 선택한 다음 Shift를 누른 채 그려진 그래프를 선택합니다. [Object]-[Graph]-[Type] 메뉴를 선택합니다. [Graph Type] 대화상자에서 [Line] 그래프 형식을 선택하고 [OK] 버튼을 클릭합니다.

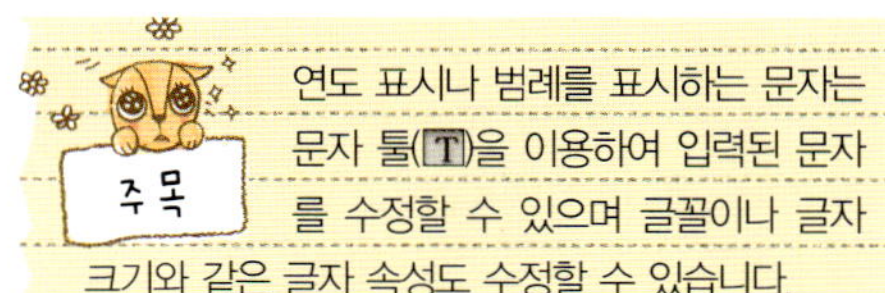

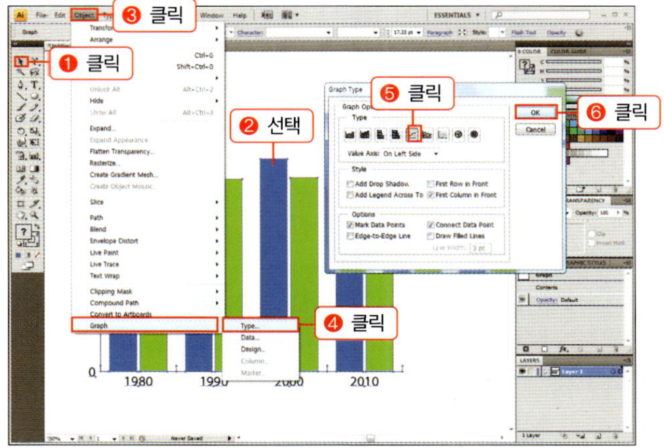

주목 연도 표시나 범례를 표시하는 문자는 문자 툴(T)을 이용하여 입력된 문자를 수정할 수 있으며 글꼴이나 글자 크기와 같은 글자 속성도 수정할 수 있습니다.

07 그래프의 모양이 선 그래프로 바뀐 것을 확인할 수 있습니다.

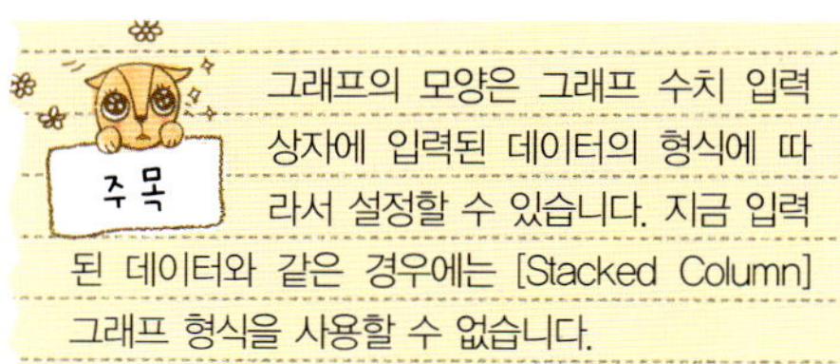

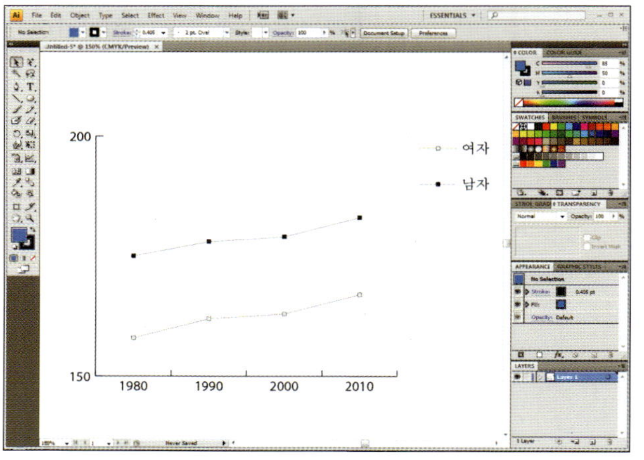

주목 그래프의 모양은 그래프 수치 입력 상자에 입력된 데이터의 형식에 따라서 설정할 수 있습니다. 지금 입력된 데이터와 같은 경우에는 [Stacked Column] 그래프 형식을 사용할 수 없습니다.

그래프를 이용하여 데이터를 디자인하기

일러스트레이터에서는 다양한 종류와 모양의 그래프를 제공하고 있습니다. 툴 패널의 그래프 툴과 그래프 옵션을 이용하면 여러 가지 모양의 그래프를 만들 수 있으며 사용자가 만든 오브젝트를 그래프의 디자인으로 적용할 수 있습니다.

Skill up 01 다양한 형태와 모양의 그래프 툴

9가지 형태의 그래프를 제공하고 있는데 각각의 그래프는 수치를 입력하면 자동으로 계산되어 수치 값대로 그래프가 그려집니다. 이외에도 사용자가 그린 오브젝트를 직접 그래프로 등록할 수도 있어 형태와 목적에 따라 다양한 모양의 그래프를 그릴 수 있습니다.

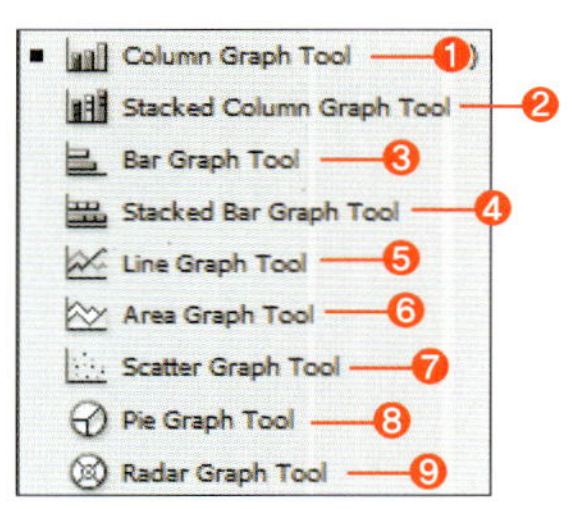

❶ 세로 막대 그래프 툴(Column Graph Tool) : 세로 방향으로 구성되는 막대 그래프입니다.

❷ 분할 세로 막대 그래프 툴(Stacked Column Graph Tool) : 하나의 막대에 두 개 이상의 수치가 적용되어 세로 방향으로 구성되는 막대 그래프입니다.

❸ 가로 막대 그래프 툴(Bar Graph Tool) : 가로 방향으로 구성되는 막대 그래프입니다.

❹ 분할 가로 막대 그래프 툴(Stacked Bar Graph Tool) : 하나의 막대에 두 개 이상의 수치가 적용되어 가로 방향으로 구성되는 막대 그래프입니다.

❺ 선 그래프 툴(Line Graph Tool) : 점과 선으로 구성되는 그래프입니다.

❻ 영역 그래프 툴(Area Graph Tool) : 수치에 따라 각각 다른 변수들의 변화를 영역으로 구성하는 그래프입니다.

❼ 분산 그래프 툴(Scatter Graph Tool) : 데이터를 이용하여 X와 Y 좌표 값으로 점의 위치를 표시하는 그래프입니다.

❽ 파이 그래프 툴(Pie Graph Tool) : 파이 모양의 그래프로 수치에 따라 원을 조각으로 나눠 데이터의 비율을 볼 수 있는 그래프입니다.

❾ 레이더 그래프 툴(Radar Graph Tool) : 방사형으로 분할된 데이터를 레이더처럼 점의 치우침으로 쉽게 알아볼 수 있는 그래프입니다.

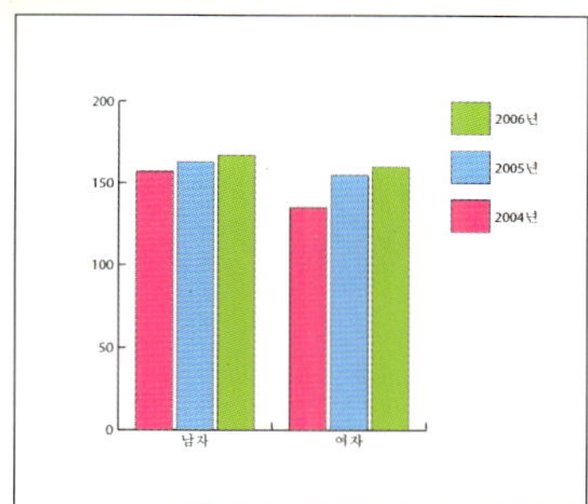

▲ 세로 막대 그래프

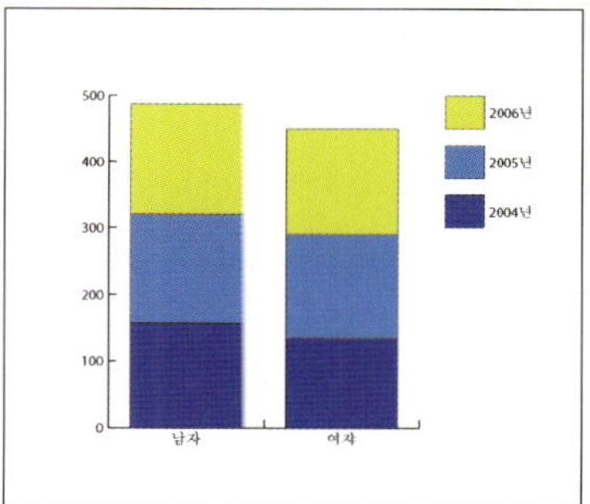

▲ 분할 세로 막대 그래프

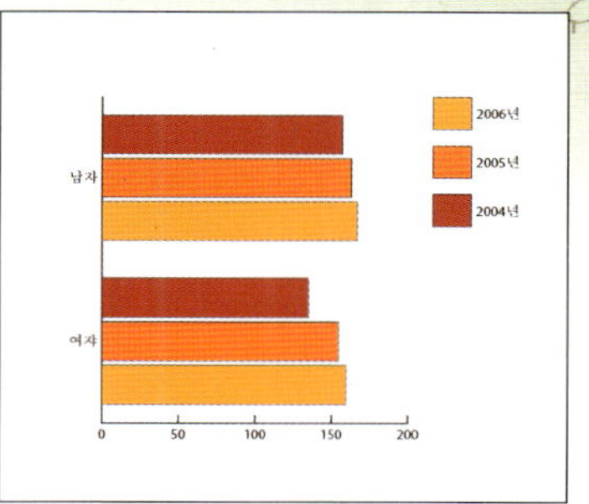

▲ 가로 막대 그래프

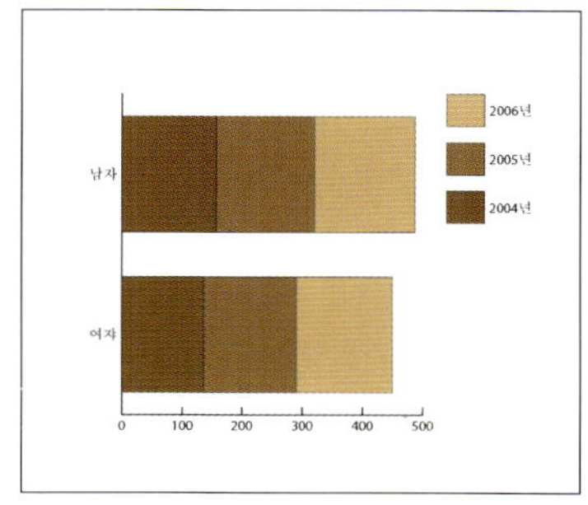

▲ 분할 가로 막대 그래프

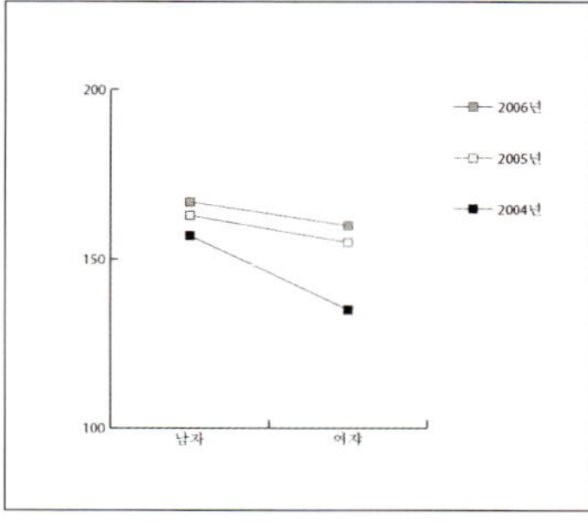

▲ 선 그래프

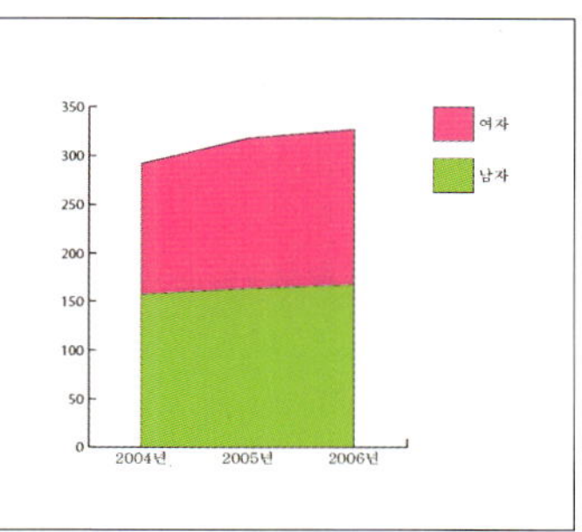

▲ 영역 그래프

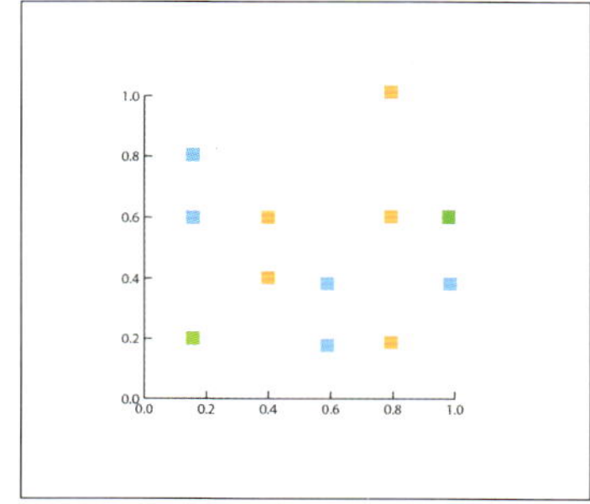

▲ 분산 그래프

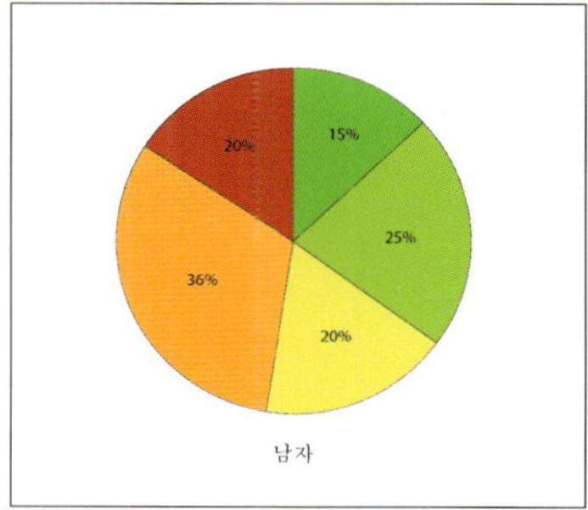

▲ 파이 그래프

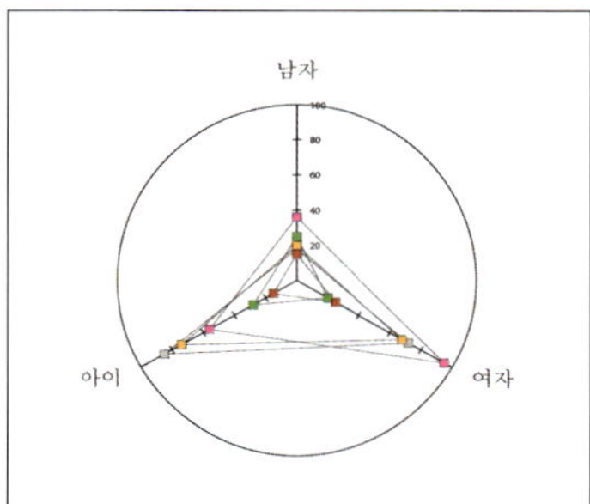

▲ 레이더 그래프

툴 패널에서 그래프 툴을 선택하고 드래그하거나 [Object]-[Graph]-[Data] 메뉴를 선택하면 데이터를
입력할 수 있는 [Data] 대화상자가 나타납니다. 이 대화상자에 필요한 데이터를 입력하여 그래프를 그
리거나 입력된 데이터를 수정할 수 있습니다.

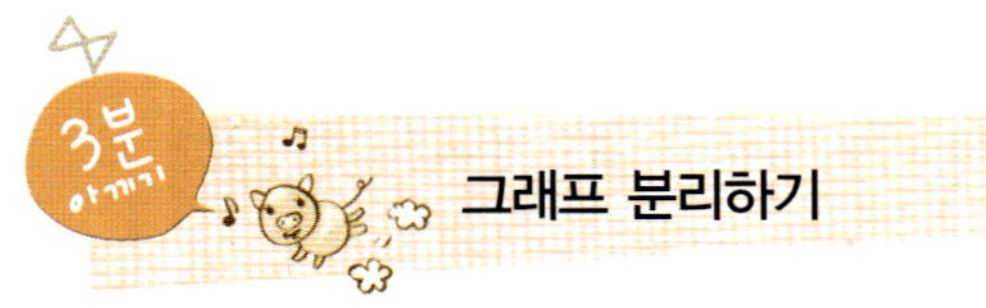

❶ Import data(▦) : 텍스트 형식으로 되어 있는 외부의 데이터를 불러올 수 있습니다.
❷ Transpose row/column(▣) : 데이터가 입력된 표의 가로 열과 세로 열의 배열을 교체합니다.
❸ Switch x/y(▨) : 분산 그래프일 경우에 사용할 수 있으며, X 좌표와 Y 좌표를 서로 교체합니다.
❹ Cell style(▤) : 셀의 크기를 조절합니다.
❺ Revert(↺) : 데이터를 초기 값으로 되돌려줍니다.
❻ Apply(✓) : 선택한 그래프 스타일에 입력한 수치를 지정합니다.

그래프 분리하기

만들어진 그래프를 구성하고 있는 오브젝트를 각각의 개별적인 오브젝트로 분리하여 수정하려면 [Object]-
[Ungroup] 메뉴를 이용하여 오브젝트를 분리할 수 있습니다. [Ungroup] 메뉴를 적용하면 나타나는 대화상자에서
[Yes] 버튼을 클릭하면 그래프의 오브젝트가 개별적인 오브젝트로 분리되어 개별적으로 사용할 수 있습니다. 하지만
그래프의 고유의 기능은 해제되기 때문에 데이터 값을 수정할 수 없습니다.

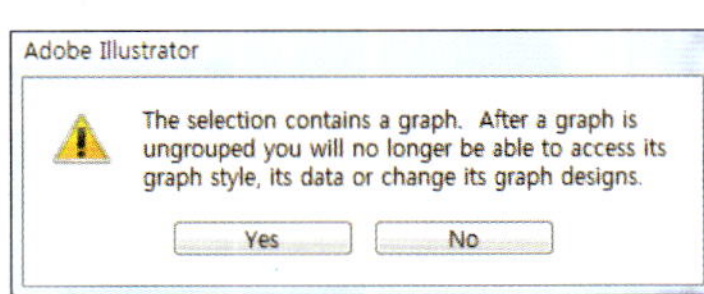

디자인한 일러스트를 적용한 다양한 그래프 만들기

그래프는 일러스트레이터에서 제공하는 그래프 이외에 사용자가 그린 디자인을 그래프에 직접 등록하여 만들 수 있습니다. 디자인이 적용된 그래프를 만들려면 먼저 이미지를 준비하고 디자인을 등록하면 그래프에 적용할 수 있습니다.

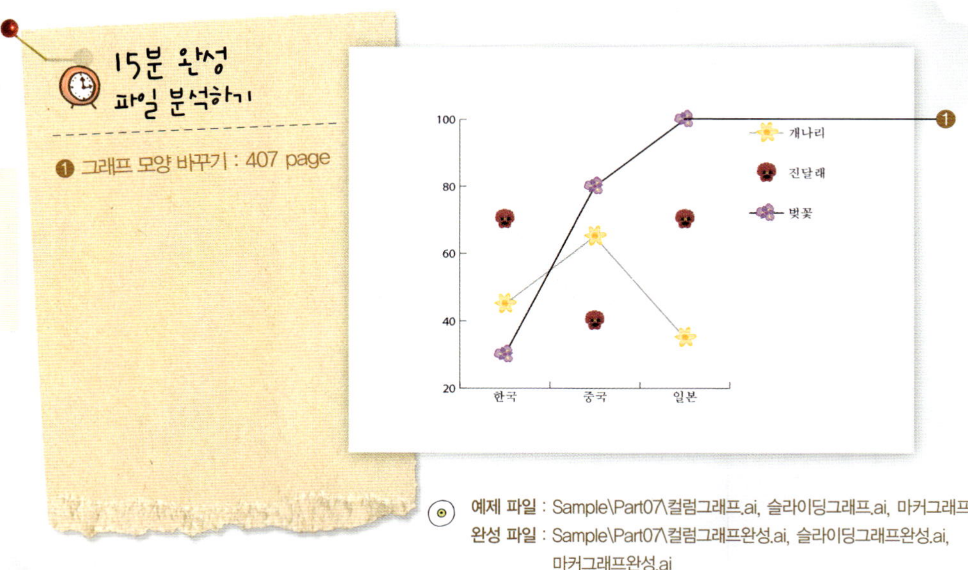

예제 파일 : Sample\Part07\컬럼그래프.ai, 슬라이딩그래프.ai, 마커그래프.ai
완성 파일 : Sample\Part07\컬럼그래프완성.ai, 슬라이딩그래프완성.ai, 마커그래프완성.ai

■ 칼럼 그래프에 디자인 적용하기

01 [File]-[Open] 메뉴를 선택하고 'Sample\Part07\컬럼그래프.ai' 파일을 불러옵니다. 불러온 도큐먼트는 미리 작성된 그래프 디자인과 그래프 디자인으로 사용될 카메라와 스피커 오브젝트가 있습니다.

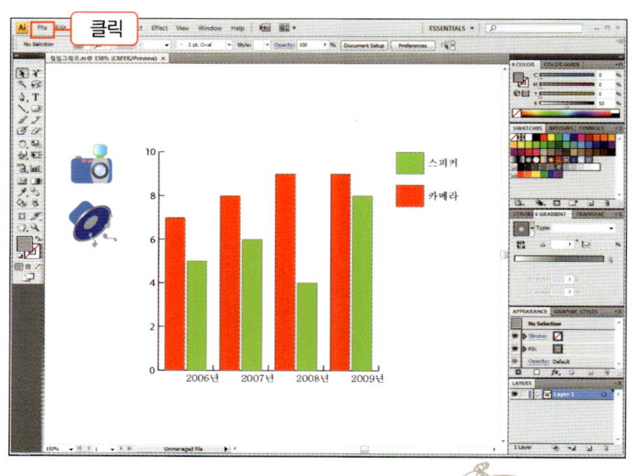

02 돋보기 툴(🔍)을 선택한 뒤 그래프 디자인으로 등록할 카메라 오브젝트를 확대합니다. 선택 툴(▶)로 카메라 오브젝트를 드래그하여 선택합니다. 선택한 오브젝트를 디자인으로 등록하기 위해 [Object]-[Graph]-[Design] 메뉴를 선택합니다.

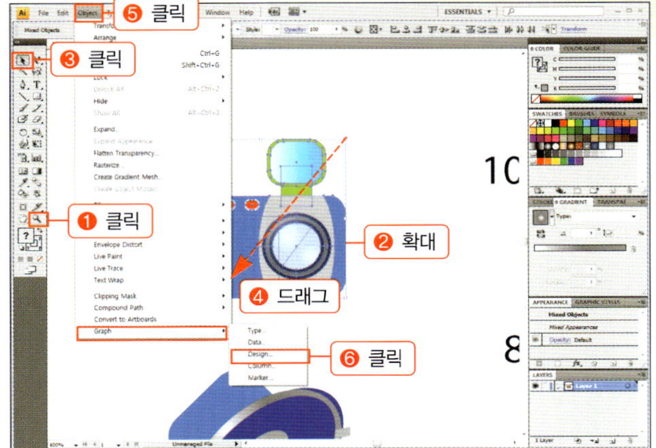

03 [Graph Design] 대화상자에서 [New Design]을 클릭하면 도큐먼트에서 선택한 이미지가 등록됩니다. 등록한 디자인 오브젝트의 이름을 입력하기 위해 [Rename] 버튼을 클릭합니다. [Rename] 대화상자의 [Name]에 '카메라' 라고 입력하고 [OK] 버튼을 클릭한 후 [Graph Design] 대화상자의 [OK] 버튼도 클릭합니다.

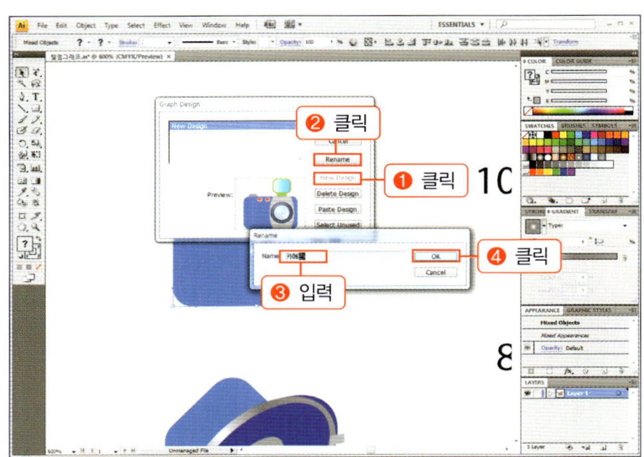

04 손바닥 툴(✋)로 아래에 있는 스피커가 중앙에 올 수 있도록 화면을 이동합니다. 다시 선택 툴(▶)을 이용하여 스피커 오브젝트를 선택하고 [Object]-[Graph]-[Design] 메뉴를 선택합니다.

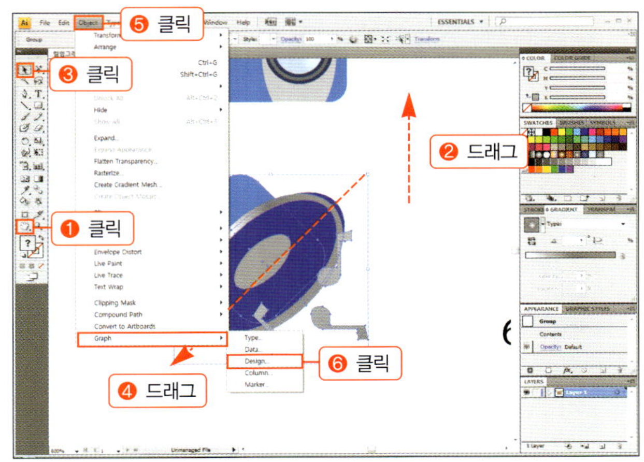

05 [Graph Design] 대화상자에서 [New Design] 버튼을 클릭하여 새로운 디자인을 등록하고, [Rename] 버튼을 클릭하여 새로 등록한 디자인의 이름을 '스피커'라고 입력한 후 [OK] 버튼을 클릭합니다.

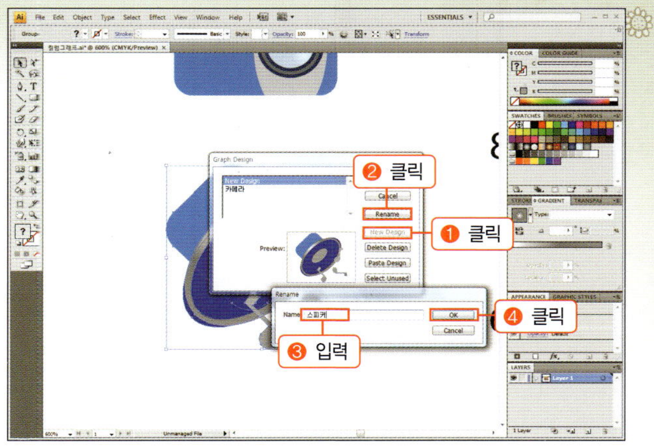

06 모든 오브젝트가 등록되었으면 돋보기 툴( )로 화면을 축소하여 막대 그래프가 화면에 차도록 만들어줍니다. 툴 패널의 직접 선택 툴( )을 클릭하면 나타나는 그룹 선택 툴( )을 선택합니다.

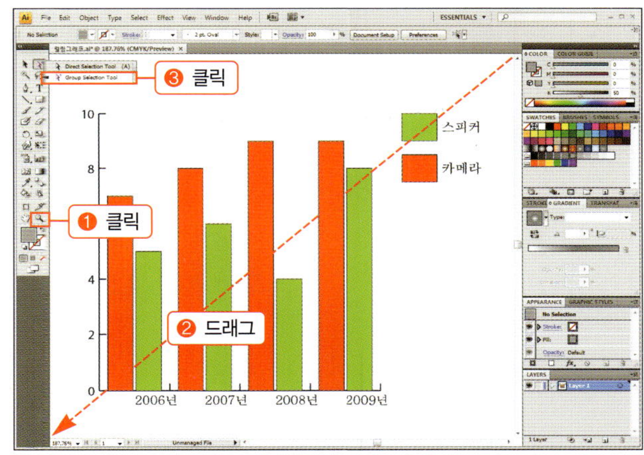

07 그룹 선택 툴( )로 범례의 스피커를 두 번 클릭하여 범례와 연두색 막대 그래프를 모두 선택합니다. 그래프를 등록하기 위해서 [Object]-[Graph]-[Column] 메뉴를 선택합니다.

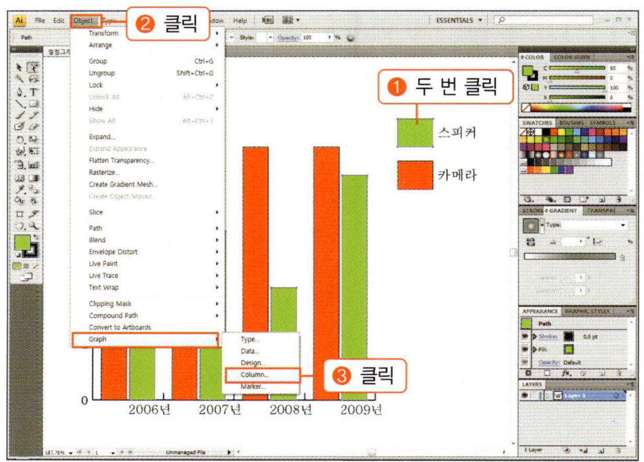

08 [Graph Column] 대화상자가 나타나면 이미 등록해둔 '스피커'를 클릭하여 선택하고 [OK] 버튼을 클릭합니다.

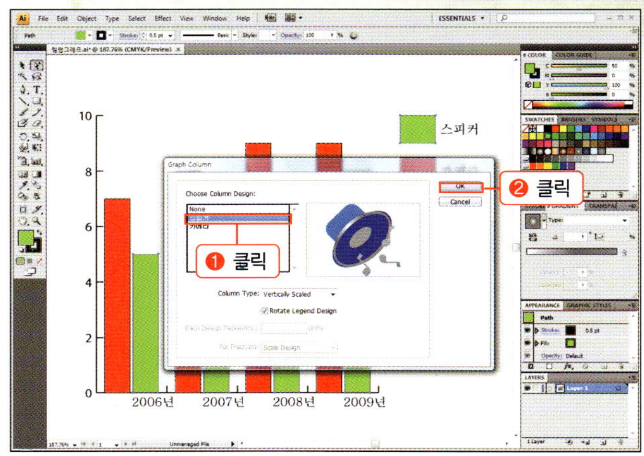

09 선택한 그래프의 막대 형태가 등록한 디자인으로 대체됩니다. 같은 방법으로 범례 부분의 '카메라'를 두 번 클릭하여 막대 그래프와 같이 선택합니다.

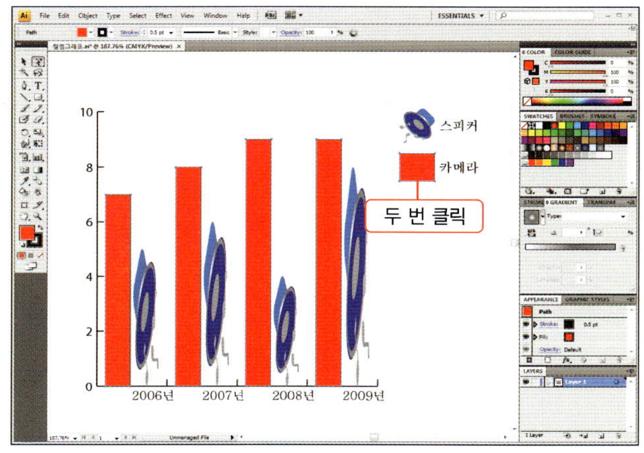

10 [Object]-[Graph]-[Column] 메뉴를 선택하고 [Graph Column] 대화상자가 나타나면 미리 등록해둔 '카메라'를 클릭하여 선택한 다음 [OK] 버튼을 클릭합니다.

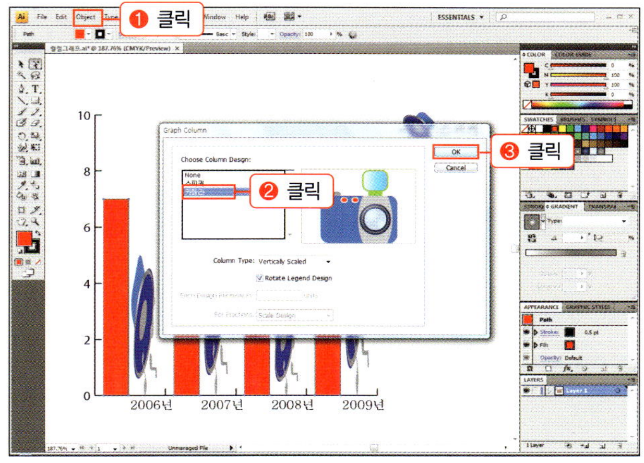

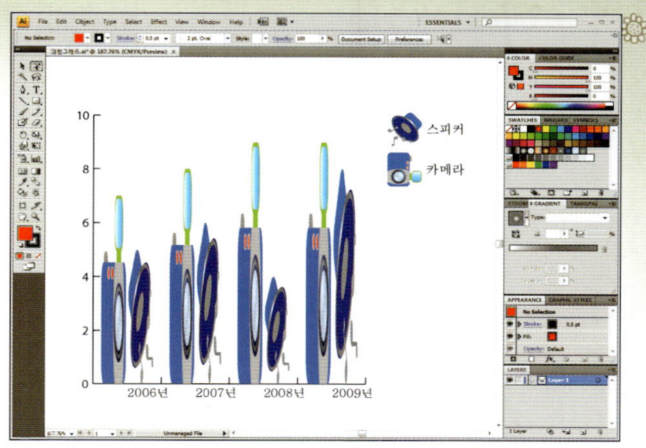

11 막대 그래프가 디자인 오브젝트로 모두 바뀌어 디자인된 그래프가 완성되었습니다.

12 디자인된 그래프를 바꾸기 위해 그룹 선택 툴(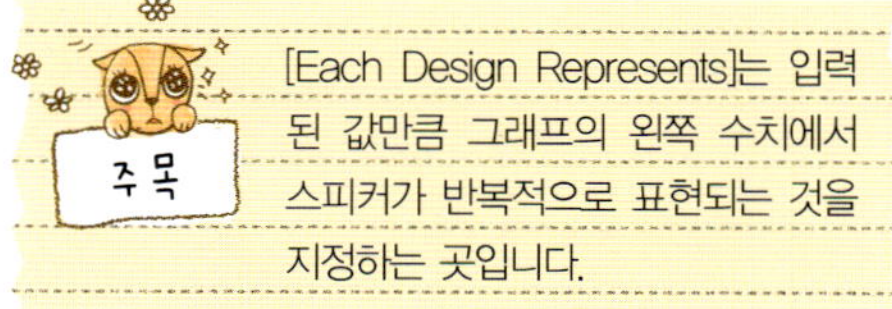)을 이용하여 범례 부분의 스피커를 선택한 후 [Object]-[Graph]-[Column] 메뉴를 선택합니다. [Graph Column] 대화상자가 나타나면 '스피커'를 클릭하고 [Column Type]을 'Repeating', [Each Design Represents]에는 '1'로 설정한 후 [OK] 버튼을 클릭합니다.

주목 [Each Design Represents]는 입력된 값만큼 그래프의 왼쪽 수치에서 스피커가 반복적으로 표현되는 것을 지정하는 곳입니다.

13 같은 방법으로 '카메라' 범례를 여러 번 클릭하여 선택한 후 [Object]-[Graph]-[Column] 메뉴를 선택하고 [Graph Column] 대화상자에서 '카메라'를 클릭하여 선택합니다. [Column Type]을 'Repeating'으로 설정한 다음 [Each Design Represents]에는 '1'을 입력하고 [OK] 버튼을 클릭합니다. 이때 [Rotate Legend Design]의 체크를 해제합니다.

주목 [Rotate Legend Design]은 등록된 오브젝트가 회전된 경우에 바로 세워 줍니다.

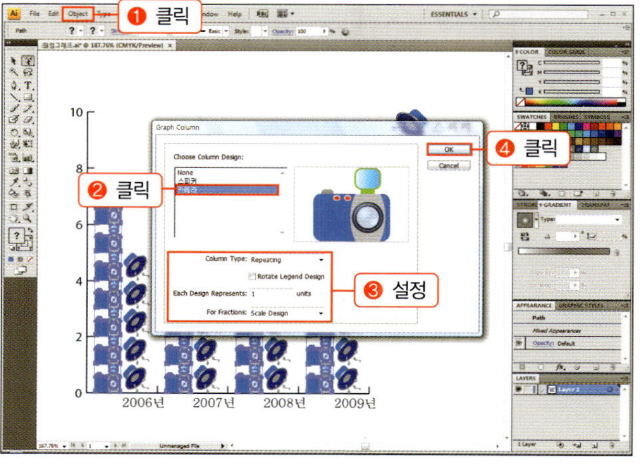

14 그래프의 형식이 [Repeating] 방식의 반복되는 형태로 변경됩니다.

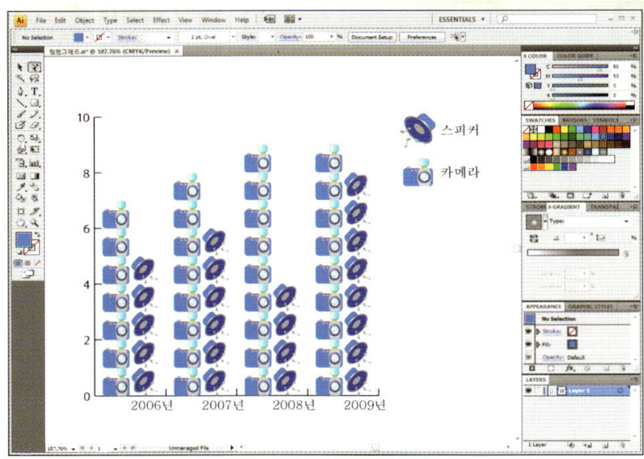

■ 슬라이딩 그래프에 디자인 적용하기

01 [File]-[Open] 메뉴를 선택하고 'Sample\Part07\슬라이딩그래프.ai' 파일을 불러옵니다. 선 툴(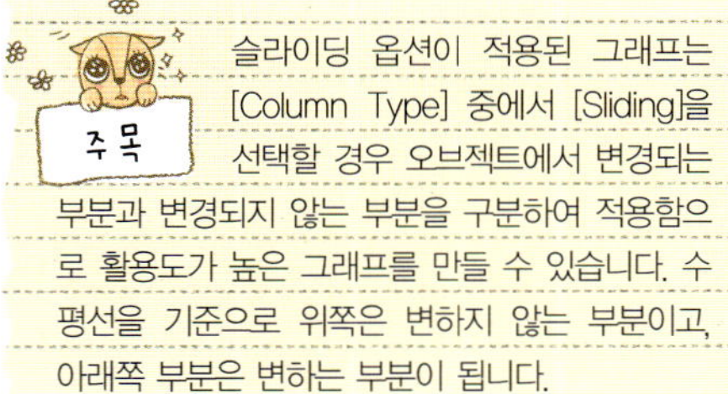)을 선택하고 Shift 를 누른 채 가로로 드래그하여 수평선을 만들어줍니다.

> **주목**
> 슬라이딩 옵션이 적용된 그래프는 [Column Type] 중에서 [Sliding]을 선택할 경우 오브젝트에서 변경되는 부분과 변경되지 않는 부분을 구분하여 적용함으로 활용도가 높은 그래프를 만들 수 있습니다. 수평선을 기준으로 위쪽은 변하지 않는 부분이고, 아래쪽 부분은 변하는 부분이 됩니다.

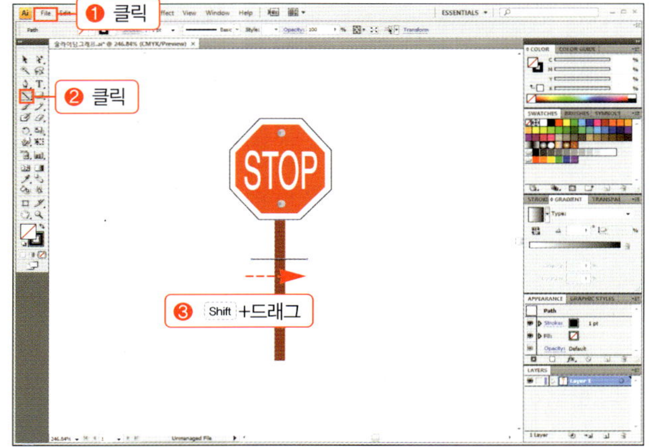

02 수평선을 선택하고 메뉴 바에서 [Object]-[Arrange]-[Send to Back] 메뉴를 선택하여 표지판 이미지보다 뒤쪽으로 보내줍니다.

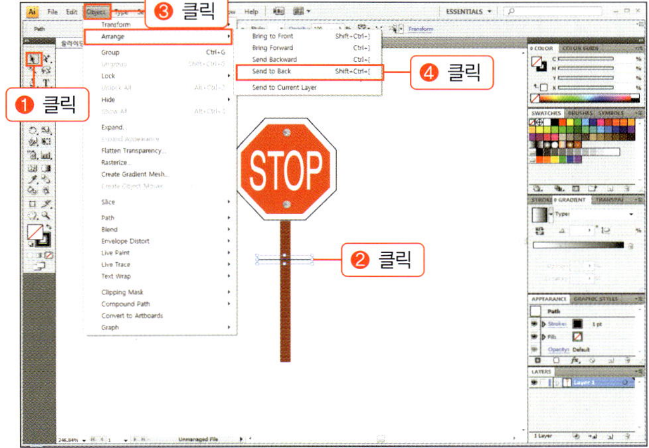

03 오브젝트의 뒤로 보내진 수평선이 선택된 상태에서 [View]-[Guides]-[Lock Guides] 메뉴를 선택하여 잠금을 해제합니다.

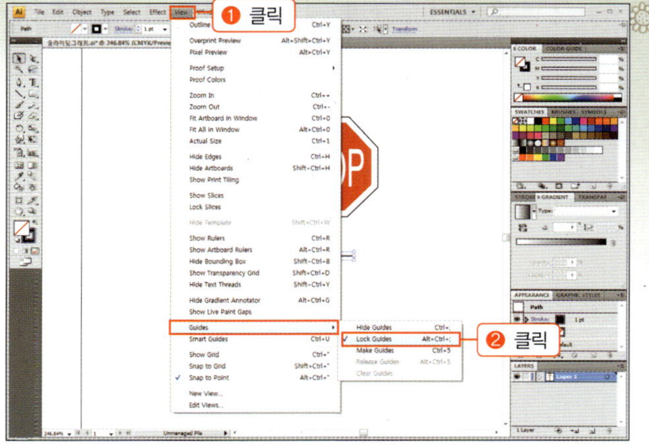

04 수평선이 선택된 상태에서 [View]의 [Guides]-[Make Guides] 메뉴를 선택하여 수평선을 가이드로 변경합니다.

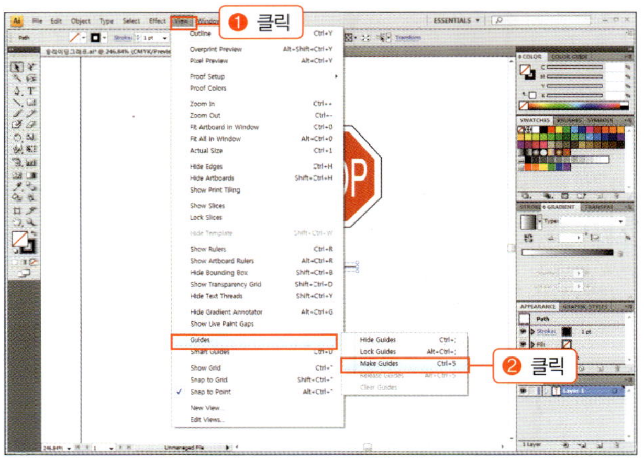

05 선택 툴(　)을 이용하여 안내 표지판과 만들어진 가이드 선을 드래그하여 모두 선택하고 [Object]-[Graph]-[Design] 메뉴를 선택합니다.

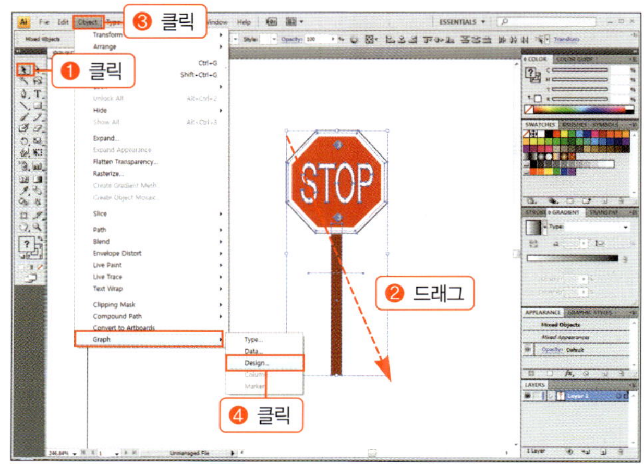

06 [Graph Design] 대화상자에서 [New Design] 버튼을 클릭하면 미리보기 화면에 안내 표지판이 나타납니다. [Rename] 버튼을 클릭하여 [Name]에 '안내 표지판'을 입력하고 [OK] 버튼을 클릭하여 디자인을 등록합니다.

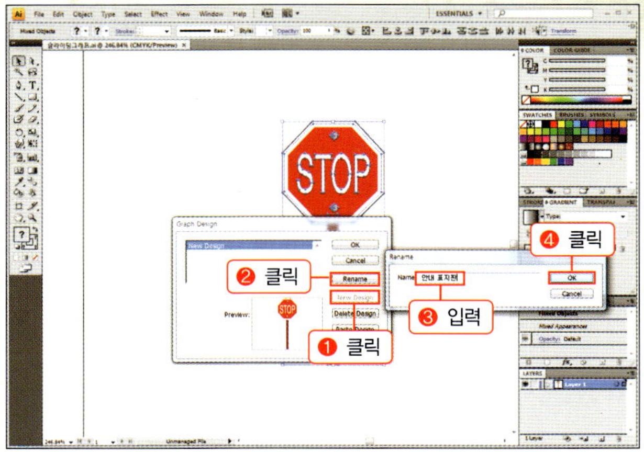

07 디자인이 등록된 안내 표지판은 왼쪽으로 드래그하여 위치를 이동합니다. 툴 패널에서 세로 막대 그래프 툴()을 선택한 다음 도큐먼트 위로 드래그하면 데이터 입력 상자가 나타납니다. 데이터 입력 상자에 그림처럼 수치를 입력하고 [Apply](✓) 버튼을 클릭하여 그래프를 만들어줍니다.

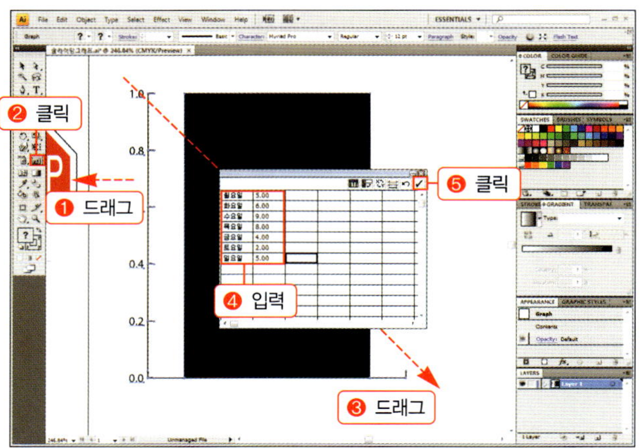

08 데이터 입력 상자를 닫습니다. 선택 툴()을 이용하여 그래프를 선택하고 [Object]-[Graph]-[Column] 메뉴를 선택합니다.

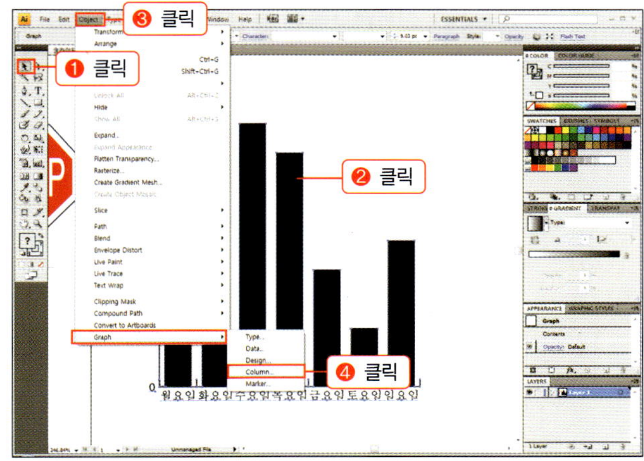

09 [Graph Column] 대화상자에서 '안내 표지판' 을 선택하고 [Column Type]에서 'Sliding' 을 선택한 다음 [OK] 버튼을 클릭합니다.

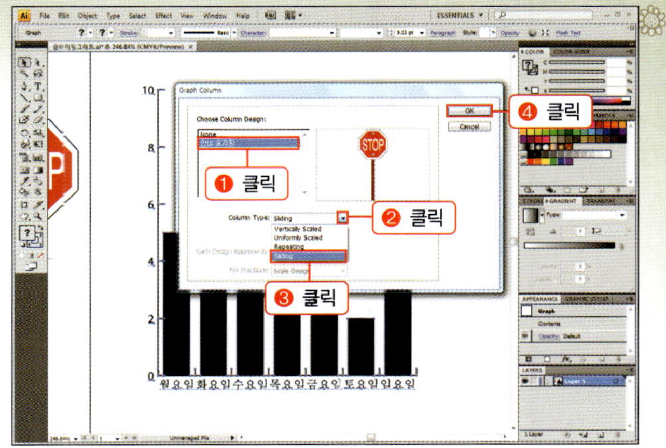

10 [Sliding]을 선택하면 안내선을 기준으로 아래쪽 부분만 길이가 늘어나고, 안내선의 위쪽 부분은 형태가 변하지 않은 이미지를 완성할 수 있습니다.

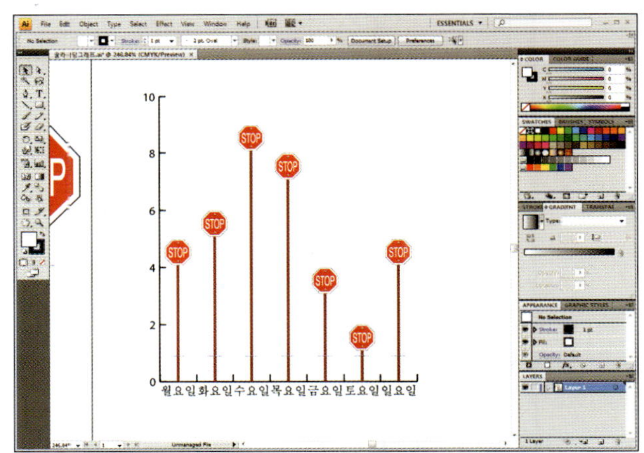

■ 마커 방식의 그래프에 디자인 적용하기

01 [File]-[Open] 메뉴를 선택하여 'Sample\Part07\마커그래프.ai' 를 불러옵니다. 툴 패널에서 돋보기 툴(🔍)을 선택한 뒤 세 개의 꽃 오브젝트를 확대합니다. 사각형 툴(▭)을 선택하고 색상 모드에서 면 색과 선 색을 '없음' 으로 설정합니다. 왼쪽에 있는 꽃의 중앙에서 Shift 를 누르고 드래그하여 정사각형을 그려줍니다.

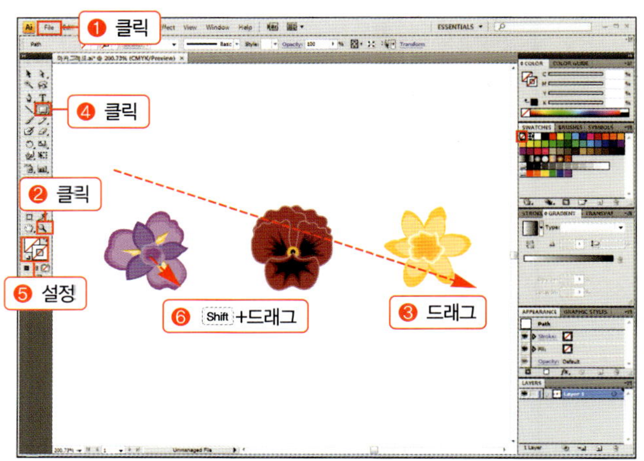

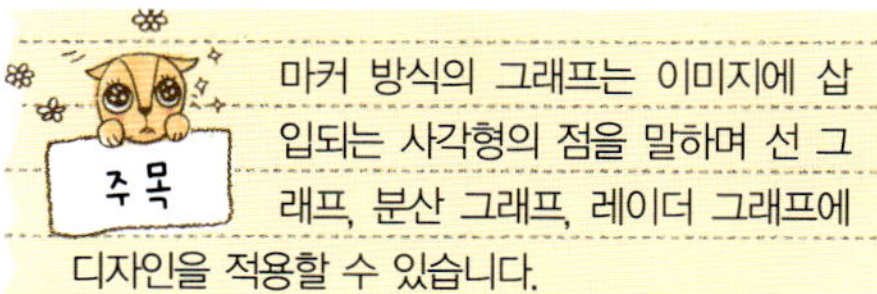

마커 방식의 그래프는 이미지에 삽입되는 사각형의 점을 말하며 선 그래프, 분산 그래프, 레이더 그래프에 디자인을 적용할 수 있습니다.

주 목

02 그려진 사각형 오브젝트가 선택된 상태에서 마우스 오른쪽 버튼을 클릭하면 나타나는 하위 메뉴의 [Arrange]-[Send to Back] 메뉴를 선택하여 맨 뒤로 보내줍니다.

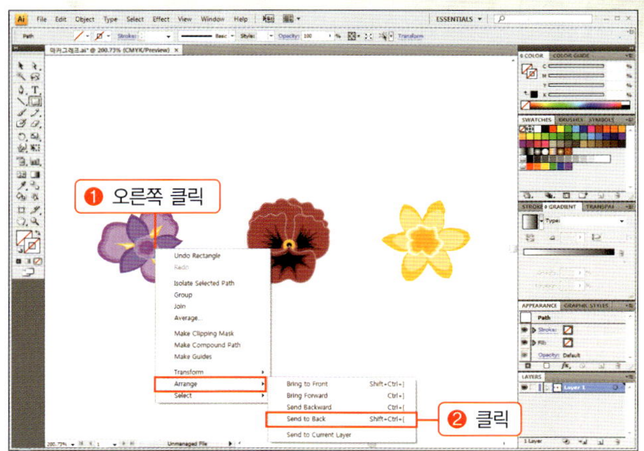

03 선택 툴(　)을 이용하여 왼쪽에 있는 꽃 오브젝트와 사각형 오브젝트를 드래그하여 모두 선택한 뒤 [Object]-[Graph]-[Design] 메뉴를 선택합니다.

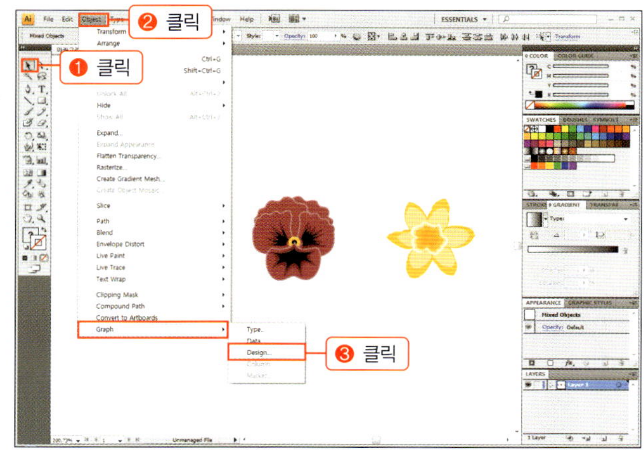

04 [Graph Design] 대화상자가 나타나면 [New Design] 버튼을 클릭하여 미리보기에 오브젝트가 나타나면 [Rename] 버튼을 클릭합니다. '벚꽃' 이라고 이름을 입력한 뒤 [OK] 버튼을 클릭합니다.

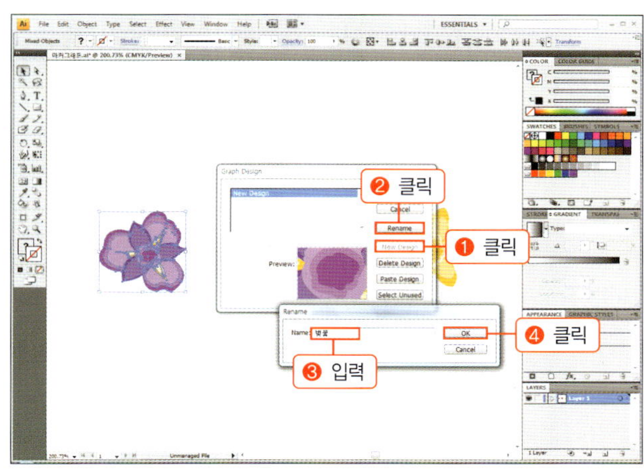

05 같은 방법으로 '진달래'와 '개나리'도 등록합니다.

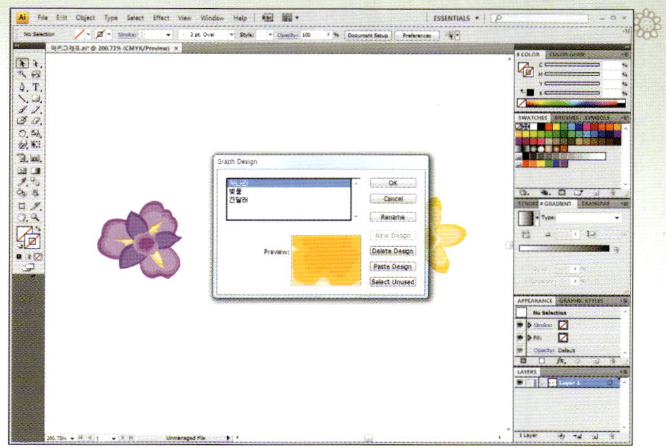

06 돋보기 툴(　)을 이용하여 화면을 축소한 뒤 선택 툴(　)로 오브젝트를 모두 선택하여 빈 공간으로 이동합니다. 툴 패널에서 선 그래프 툴(　)을 선택합니다. 도큐먼트 위에 사각형으로 드래그하면 데이터 입력 상자가 나타납니다. 데이터 입력 상자에 그림과 같이 입력하고 [Apply](　) 버튼을 클릭합니다. 선 그래프가 나타나면 데이터 입력 상자를 닫아줍니다.

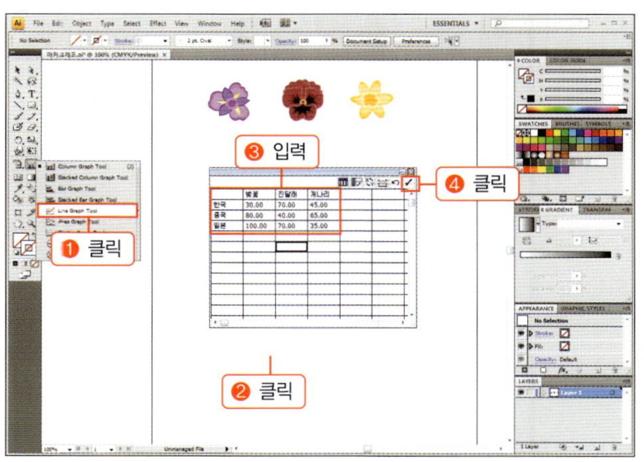

07 선 그래프가 만들어졌으면 그룹 선택 툴(　)을 선택하고 범례에 있는 '개나리'의 작은 사각형을 두 번 클릭하여 사각형을 모두 선택합니다.

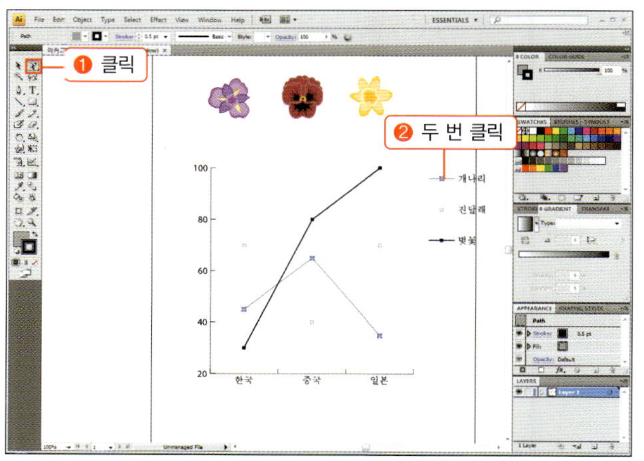

08 작은 사각형이 선택된 상태에서 [Object]-[Graph]-[Maker] 메뉴를 선택합니다.

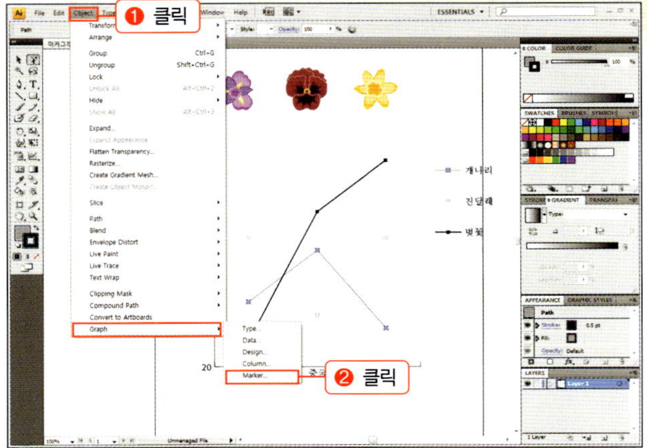

09 [Graph Maker] 대화상자가 나타나면 미리 등록해둔 그래프 디자인 중에서 '개나리'를 선택하고 [OK] 버튼을 클릭합니다.

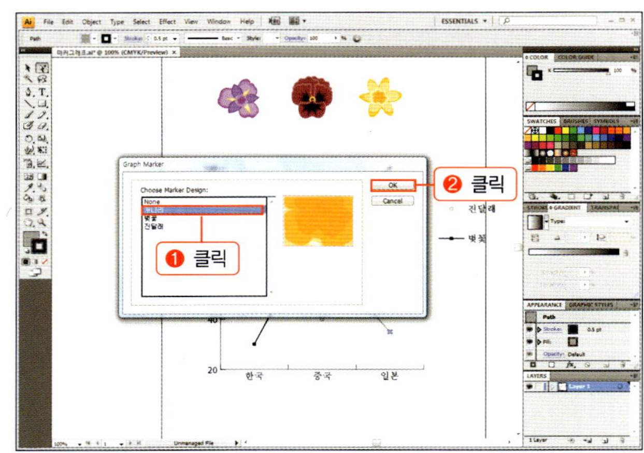

10 선 그래프에 있던 작은 사각형이 '개나리' 오브젝트로 대체됩니다. 다른 나머지 오브젝트도 같은 방법으로 디자인을 대체하여 그래프를 완성합니다.

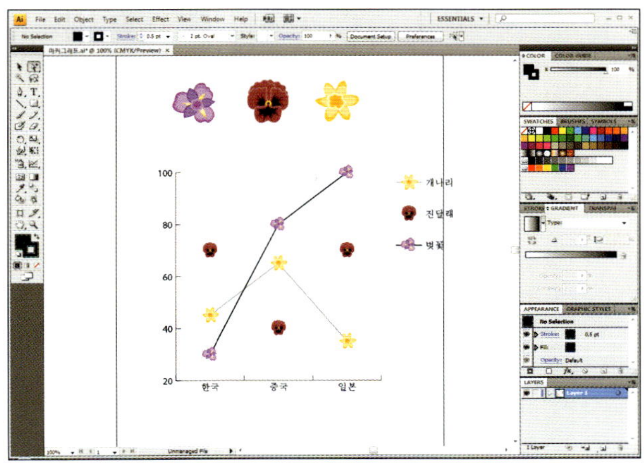

그래프의 [Type]과 [Design] 메뉴로 그래프 모양 바꾸기

일러스트레이터에서 지원하는 그래프는 여러 종류의 타입으로 조절할 수 있으며 직접 드로잉한 오브젝트를 그래프의 모양으로 사용할 수 있습니다. 그래프의 [Type]을 이용하여 만들어진 그래프의 모양을 바꿔줄 수 있습니다. 여기에서는 [Type]과 [Design] 기능을 이용하여 그래프의 모양을 바꾸는 방법에 대해 알아보도록 하겠습니다.

Skill up 01 [Type] 메뉴로 그래프 모양 바꾸기

[Object]-[Graph]-[Type] 메뉴를 선택하면 이미 적용된 데이터를 이용하여 그래프의 모양을 선택할 수 있으며 적용된 그래프의 모양을 설정할 수 있습니다.

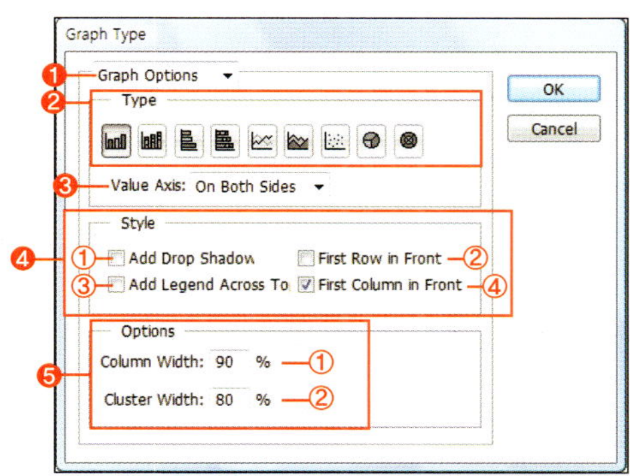

❶ **Graph Options** : 그래프에서 변경하려는 영역을 선택할 수 있습니다.

❷ **Type** : 9개의 그래프 타입 중에서 원하는 타입을 선택하여 그래프의 모양을 바꿔줄 수 있습니다.

❸ **Value Axis** : On Left Sides/On Right Sides/On Both Sides 중에서 좌표축의 위치를 설정할 수 있습니다.

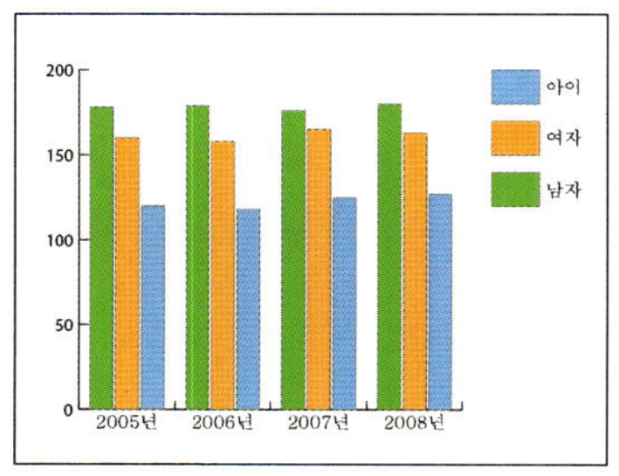

▲ On Left Sides

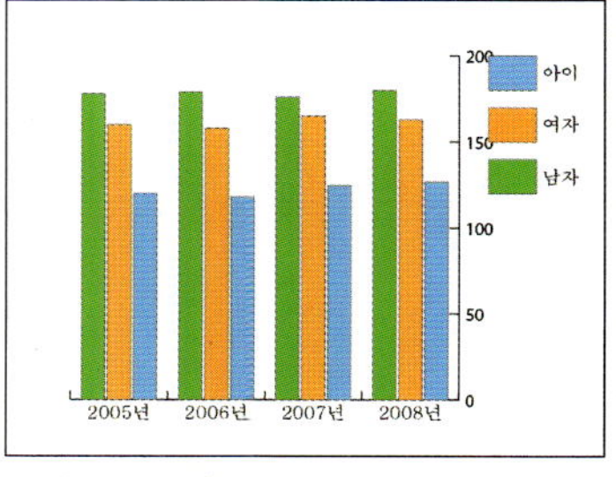

▲ On Right Sides

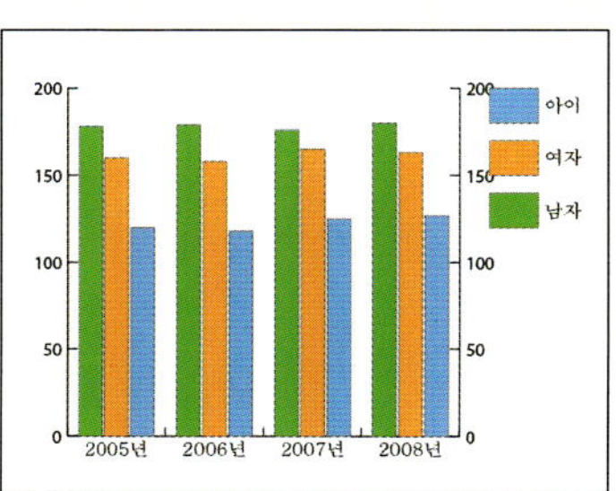

▲ On Bot Sides

❹ **Style** : 그래프에 그림자나 범례의 위치, 첫 열의 위치를 설정합니다.
  ① **Add Drop Shadow** : 선택한 그래프에 그림자를 적용합니다.
  ② **First Row in Front** : 그래프의 첫 행의 위치에 따라서 순서를 결정합니다.
  ③ **Add Legend Across To** : 그래프의 범례가 위로 가도록 설정합니다.
  ④ **First Column in Front** : 그래프의 첫 열의 위치에 따라서 순서를 결정합니다.
❺ **Options** : 막대 그래프의 폭이나 막대 사이의 넓이를 조절합니다.
  ① **Column Width** : 그래프를 구성하는 막대의 폭을 %로 설정합니다.
  ② **Cluster Width** : 그래프의 막대 사이의 넓이를 %로 조절합니다.

 [Design] 메뉴로 그래프 모양 바꾸기

[Object]-[Graph]-[Design] 메뉴를 선택하면 나타나는 [Graph Design] 대화상자를 통해서 만들어놓은 오브젝트를 직접 그래프로 등록하여 사용할 수 있습니다.

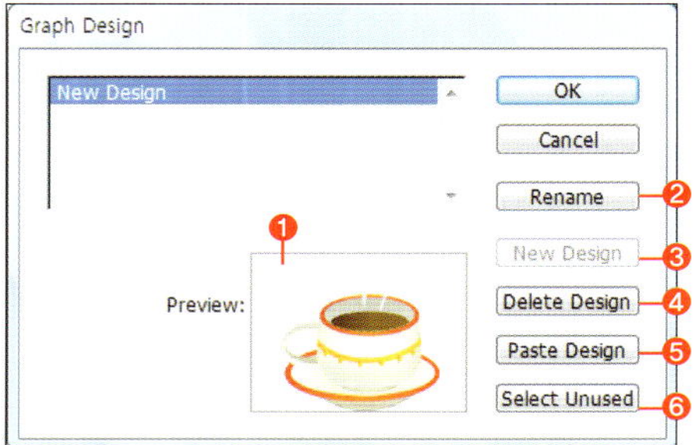

❶ **Preview** : 선택한 오브젝트가 미리보기합니다.
❷ **Rename** : 등록한 오브젝트의 이름을 다시 지정합니다.
❸ **New Design** : 도큐먼트에서 선택한 오브젝트를 [Graph Design] 대화상자에 등록합니다.
❹ **Delete Design** : 등록된 오브젝트를 삭제합니다.
❺ **Paste Design** : 등록된 오브젝트를 복사하여 새롭게 등록할 오브젝트에 붙여줍니다.
❻ **Select Unused** : 선택한 오브젝트를 선택 해제합니다.

 [Column] 메뉴로 그래프 모양 바꾸기

[Object]-[Graph]-[Column] 메뉴를 선택하면 나타나는 [Graph Column] 대화상자에서는 칼럼 그래프나 막대 그래프에 등록된 오브젝트를 적용하는 기능입니다. 옵션을 통해서 그래프의 모양을 바꿔줄 수 있습니다.

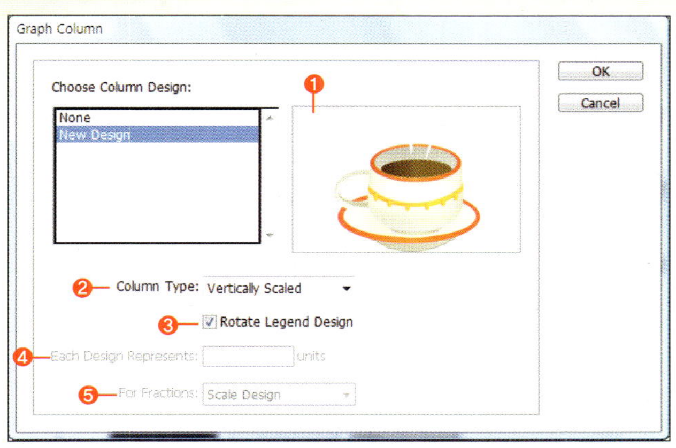

❶ **Preview** : 도큐먼트에서 선택한 오브젝트가 나타납니다.

❷ **Column Type** : 4가지 형태의 그래프 중에서 형태를 선택할 수 있습니다.

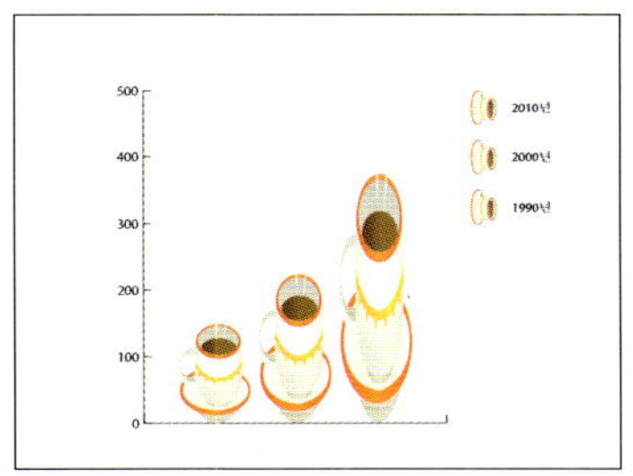

▲ Vertically Scaled

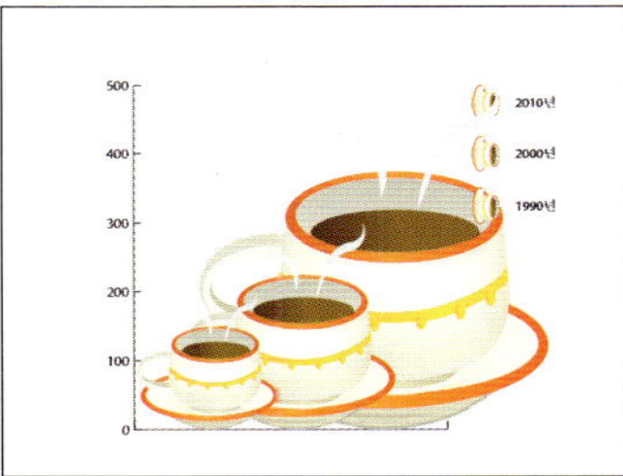

▲ Uniformly Scaled

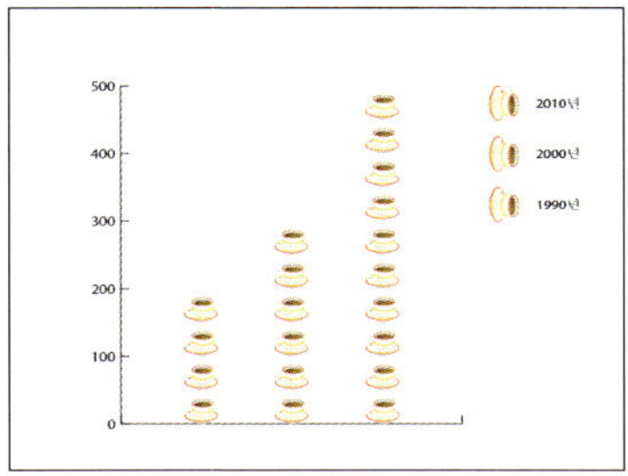

▲ Repeating

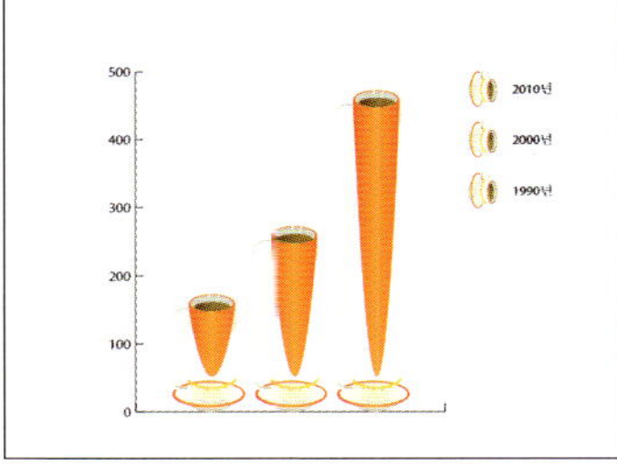

▲ Sliding

❸ **Rotate Legend Design** : 그래프의 범례 이미지를 회전합니다.

❹ **Each Design Represents** : 반복되는 그래프 디자인일 경우 반복되는 단위를 설정할 수 있습니다.

❺ **For Fractions** : 반복되는 그래프 디자인에서 반복되는 이미지가 완전한 이미지로 끝나지 않는 경우에 이미지를 잘라 줄 것인지 스케일에 맞춰 줄 것인지를 설정합니다.

웹 사이트를 위한
일러스트레이터의 기능 살펴보기

일러스트레이터에서 만든 오브젝트 결과물을 웹에서 보이게 하려면 비트맵 이미지로 파일을 전환해야 합니다. 웹용으로 만든 이미지는 사용되는 곳에 따라서 이미지를 분할하거나 웹에 맞추어 새롭게 저장해야 합니다. 이번 Lesson에서는 웹에 관한 일러스트레이터의 기능들을 살펴보겠습니다.

15분 완성
파일 분석하기

❶ [Slice] 메뉴를 이용하여 슬라이스하기 : 416 page

◉ 예제 파일 : Sample\Part07\슬라이스.ai
  완성 파일 : Sample\Part07\슬라이스완성.ai

■ 오브젝트를 기준으로 이미지 자르기

01 [File]-[Open] 메뉴를 선택한 다음 'Sample\Part07\슬라이스.ai' 파일을 불러옵니다. 선택 툴(▶)을 이용하여 분할하려는 가운데 있는 호박 이미지를 드래그하여 선택합니다.

주목

웹에서 큰 이미지를 사용할 경우 이미지를 불러오는 시간이 많이 걸리기 때문에 로딩 시간을 줄이기 위해서 분할하며 분할된 이미지에는 별도로 링크를 설정할 수 있습니다.

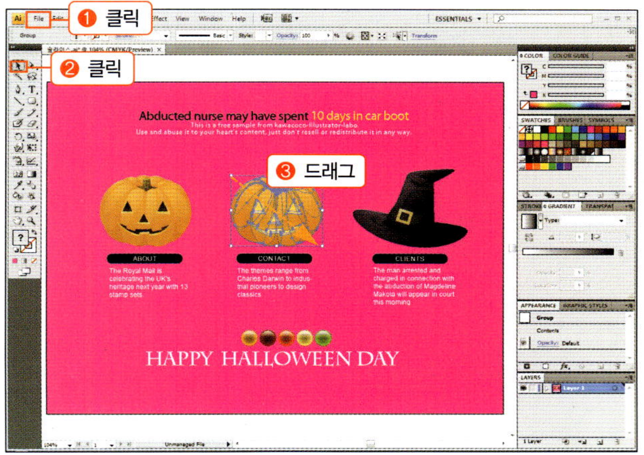

02 선택한 오브젝트를 중심으로 이미지를 자르기 위해 [Object]-[Slice]-[Make] 메뉴를 선택합니다.

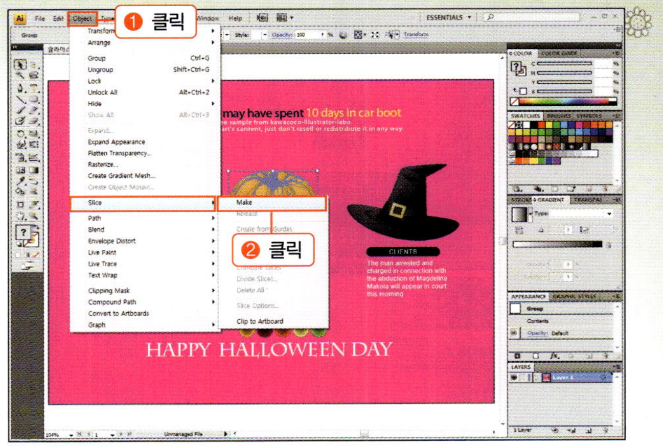

03 선택한 오브젝트를 기준으로 오브젝트가 분할된 것을 확인할 수 있습니다. 분할된 각각의 이미지에는 다른 일련번호가 매겨져 있습니다.

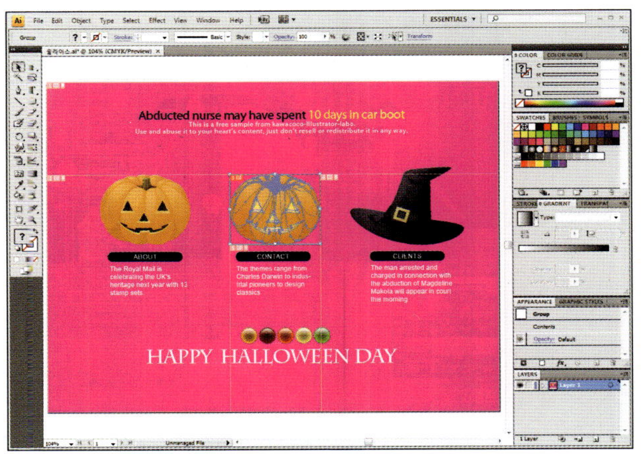

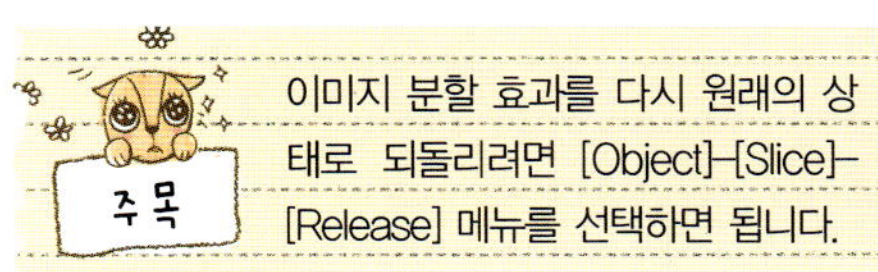
주목 이미지 분할 효과를 다시 원래의 상태로 되돌리려면 [Object]-[Slice]-[Release] 메뉴를 선택하면 됩니다.

■ 가이드 선을 기준으로 분할하기

01 앞에서 작업한 파일을 [Object]-[Slice]-[Release] 메뉴로 원래의 상태로 만들거나 창을 닫고 새롭게 불러옵니다. [View]-[Show Rulers] 메뉴를 선택하여 눈금자를 불러옵니다.

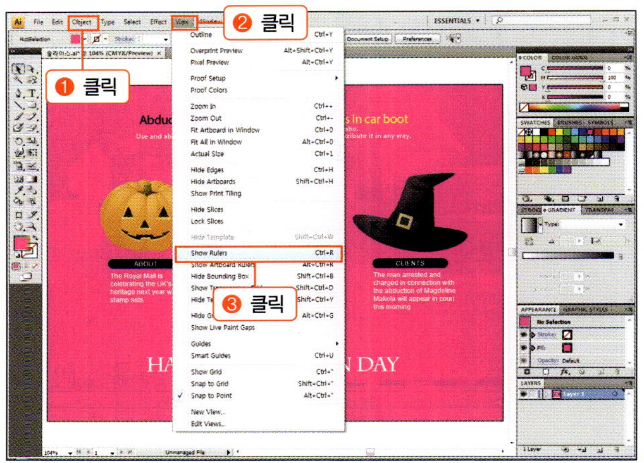

02 도큐먼트의 왼쪽과 위쪽에 눈금자가 나타납니다. 눈금자를 클릭해서 오브젝트를 자르고 싶은 만큼 가이드 선을 위치합니다.

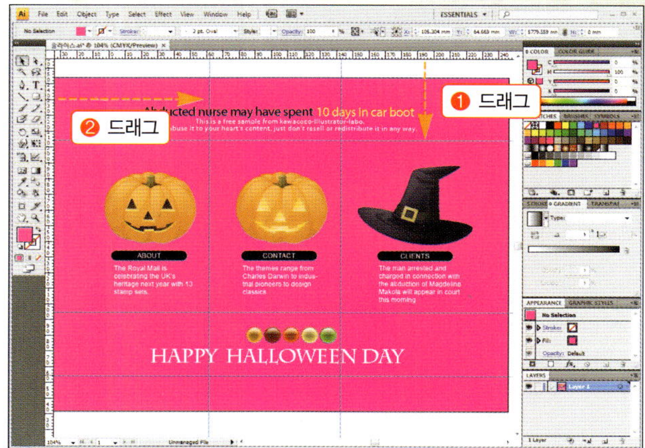

03 가이드 선으로 이미지를 자르기 위해서 [Object]-[Slice]-[Create from Guides] 메뉴를 선택합니다.

04 가이드 선에 따라 이미지가 분할된 것을 확인할 수 있습니다.

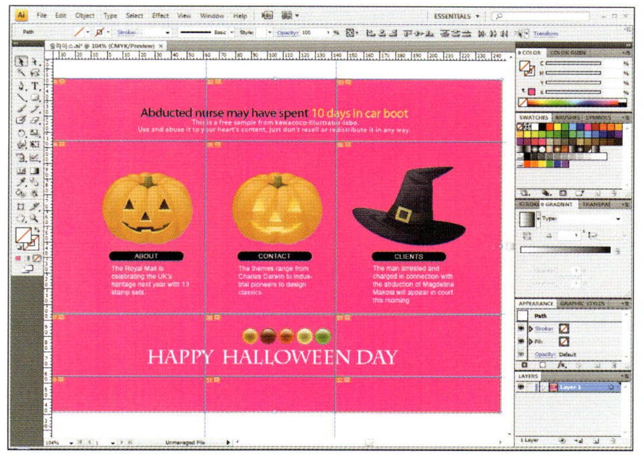

주목

분할 영역을 삭제하려면 [Object]-[Slice]-[Delete All] 메뉴를 선택하면 만들어진 분할 영역이 모두 삭제됩니다.

■ 분할 영역 나누고 합치기

01 영역이 분할된 상태에서 분할 선택 툴(☒)을 선택합니다. 분할 선택 툴(☒)을 이용하여 모자가 있는 '08' 분할 이미지를 클릭하여 선택합니다.

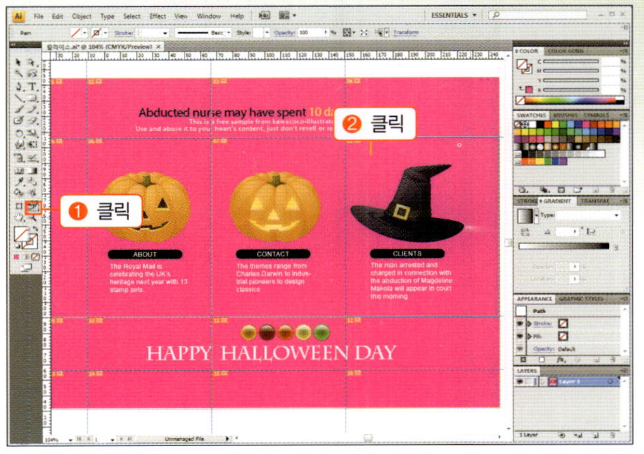

02 [Object]-[Slice]-[Divide Slices] 메뉴를 선택합니다. [Divide Slice] 대화상자가 나타나면 [Divide Horizontally into]에 '2', [Divide Vertically into]에 '2'를 입력한 다음 [OK] 버튼을 클릭합니다.

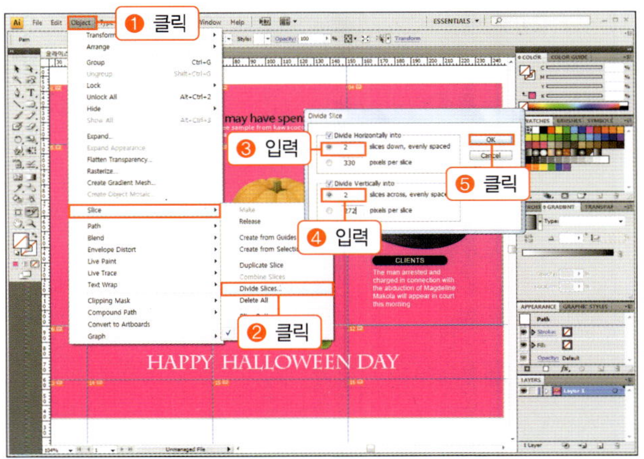

03 선택한 분할 영역이 가로와 세로로 각각 2칸씩 나뉘어져 4칸으로 분할됩니다. 이번에는 분할 선택 툴(☒)을 이용하여 '06', '07'번으로 분할된 이미지를 [Shift]를 누른 채 클릭하여 선택합니다. [Object]-[Slice]-[Combine Slices] 메뉴를 선택합니다.

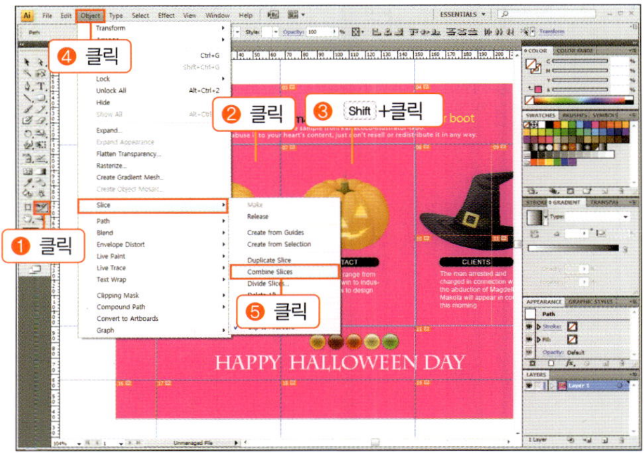

04 두 개의 분할된 영역이 하나로 합쳐집니다. 하나로 합쳐진 분할 영역을 선택하고 [Object]-[Slices]-[Slice Options] 메뉴를 선택합니다.

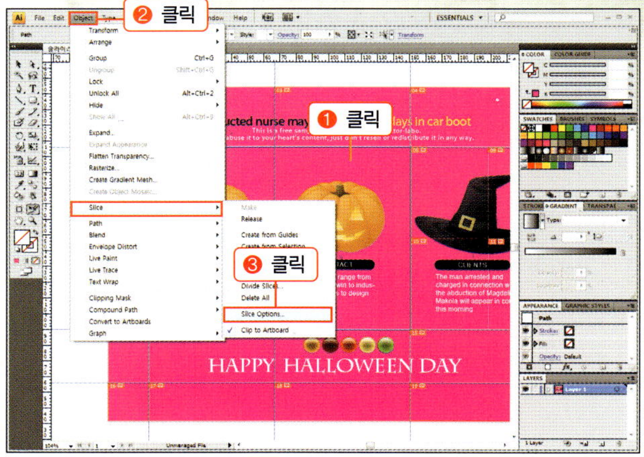

05 [Slice Options] 대화상자가 나타나면 [URL]에 'http://www.apple.com'을 입력하고 [Target]에는 '_blank'로 설정한 다음 [OK] 버튼을 클릭합니다.

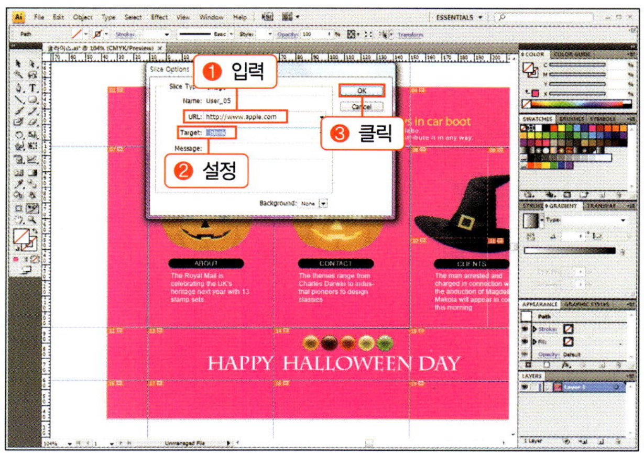

06 웹용 이미지 파일로 저장하기 위해서 [File]-[Save for Web & Devices] 메뉴를 선택합니다.

07 [Save for Web & Devices] 대화
상자가 나타나면 이미지의 파일
포맷과 압축률 등을 지정합니다. [Save]
버튼을 클릭해서 이미지를 웹용으로 저장
합니다. 또는 이미지를 웹 브라우저에서
미리보기 위해서 [Preview In Default
Browser]( ) 버튼을 클릭합니다.

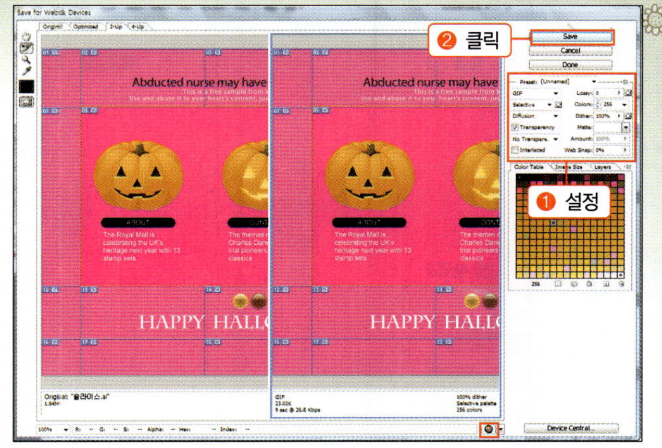

08 웹 브라우저를 통해서 작업한
HTML 문서를 미리보기할 수 있
으며 링크 영역으로 마우스 포인터를 이동
하면 마우스 포인터의 모양이 손가락 모양
으로 바뀝니다.

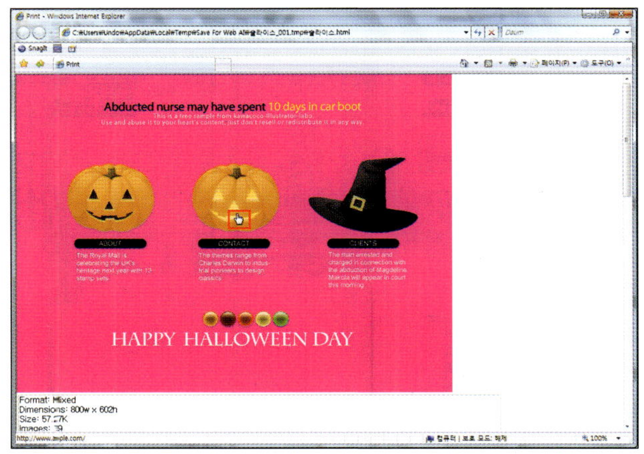

09 [Slice Options] 대화상자에서 연
결한 애플 사이트로 새로운 창이
만들어지면서 연결됩니다.

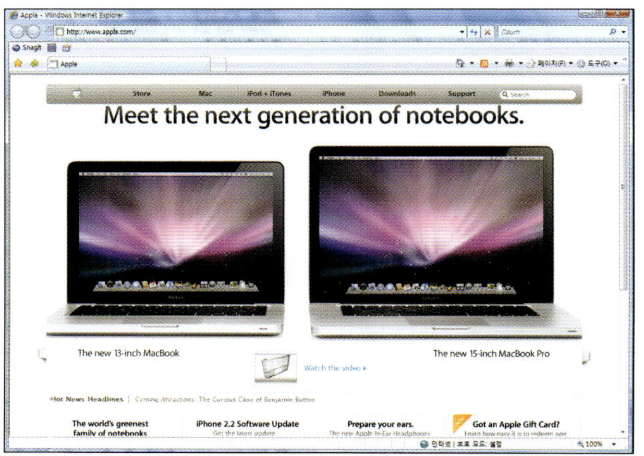

[Slice] 메뉴를 이용하여 슬라이스하기

이미지를 슬라이스하는 방법은 툴 패널의 슬라이스 툴 또는 [Object]–[Slice] 메뉴를 이용하는 방법이 있습니다. [Slice] 메뉴를 이용하면 대화상자에 수치를 입력하여 원하는 만큼 슬라이스할 수 있습니다.

Skill up 01 [Object]–[Slice] 메뉴 살펴보기

[Object]–[Slice] 메뉴는 툴 패널의 슬라이스 툴( )과 마찬가지로 이미지를 분할하는 기능을 가지고 있습니다. 이미지 분할 기능은 가위 툴( )이나 나이프 툴( )처럼 오브젝트를 실제로 자르는 것이 아니라 HTML 파일로 저장한 경우에 이미지가 분할되어 저장되는 것입니다.

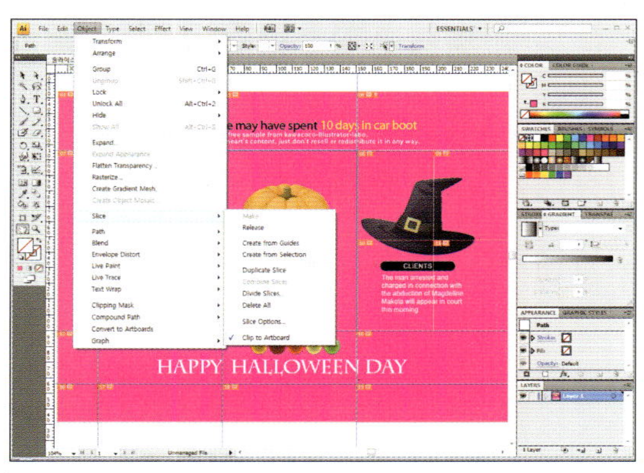
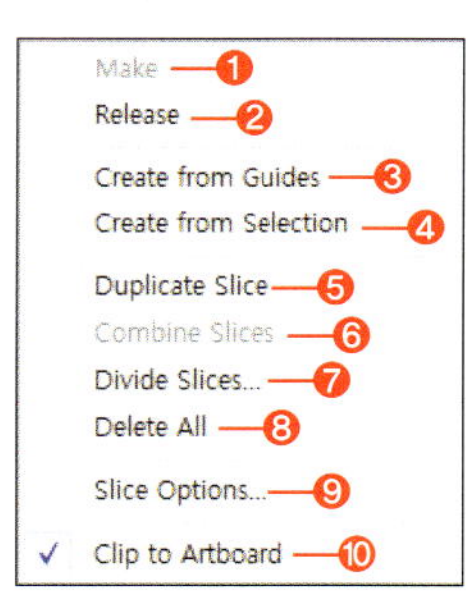

❶ **Make** : 선택된 오브젝트를 분할합니다.

❷ **Release** : 분할된 영역을 삭제합니다.

❸ **Create from Guides** : 안내선을 기준으로 하여 이미지를 분할합니다.

❹ **Create from Selection** : 선택된 오브젝트를 기준으로 이미지를 분할합니다.

❺ **Duplicate Slice** : 선택된 분할 이미지의 선택된 상태를 복사합니다.

❻ **Combine Slices** : 두 개 이상 선택된 분할 영역을 하나로 합쳐줍니다.

❼ **Divide Slices** : 선택한 분할 영역을 대화상자를 통해 입력한 수치만큼 분할해줍니다.

❽ **Delete All** : 모든 분할 영역을 삭제합니다.

❾ **Slice Options** : 선택한 분할 박스에 대한 링크와 같은 옵션을 [Slices Options] 대화상자를 통해 설정합니다.

❿ **Clip to Artboard** : [Document Setup]에서 설정한 아트보드 전체를 기준으로 분할 영역을 나눕니다.

일러스트레이터에서 만든 오브젝트 포토샵으로 채색하기

포토샵에서 만든 데이터를 일러스트레이터로 가져올 수 있으며 일러스트레이터에서 만든 데이터도 포토샵으로 가져갈 수 있습니다. 뿐만 아니라 일러스트레이터에서 만든 파일을 플래시나 오토캐드와 같은 프로그램에서 사용할 수 있습니다.

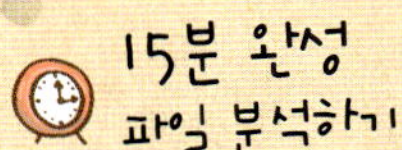

15분 완성
파일 분석하기

❶ [File]–[Export] 메뉴를 이용
  하여 원하는 파일로 저장하기
  : 421 page

예제 파일 : Sample\Part07\포토샵호환.ai
완성 파일 : Sample\Part07\포토샵호환완성.psd

01 [File]–[Open] 메뉴를 선택한 다음 'Sample\Part07\포토샵호환.ai' 파일을 선택하여 불러옵니다. 불러온 파일의 [Layers] 패널을 보면 미리 각각의 레이어로 오브젝트를 분리한 것을 볼 수 있습니다. 일러스트레이터에서 작업한 파일 그대로 유지한 상태에서 포토샵으로 이미지를 가져가기 위해 [File]–[Export] 메뉴를 선택합니다.

02 [Export] 대화상자가 나타나면 [저장 위치]에 저장할 위치를 설정하고, [파일 형식]을 'Photoshop(*.PSD)'로 선택합니다. [Photoshop Export Options] 대화상자가 나타나면 [Color Model]을 'CMYK'로 설정하고 [Resolution]을 'Medium(150 ppi)', [Options]는 'White Layers'로 체크하여 설정한 다음 [OK] 버튼을 클릭합니다.

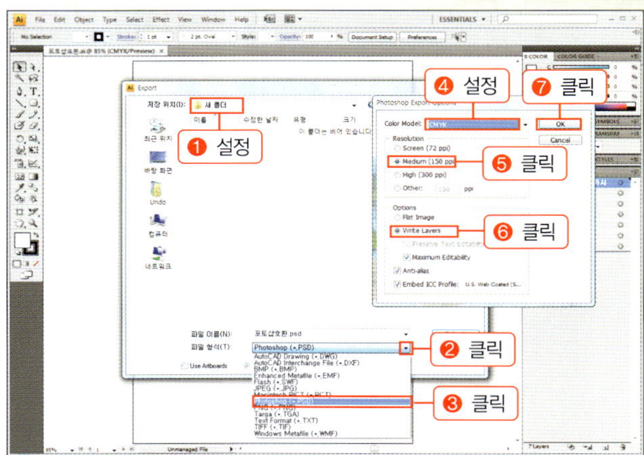

03 포토샵을 실행한 뒤 [File]-[Open] 메뉴를 이용하여 [Export]로 저장한 '포토샵호환.psd' 파일을 선택하여 불러오면 그림처럼 [Layers] 패널에 레이어 상태로 유지되어 들어온 것을 확인할 수 있습니다.

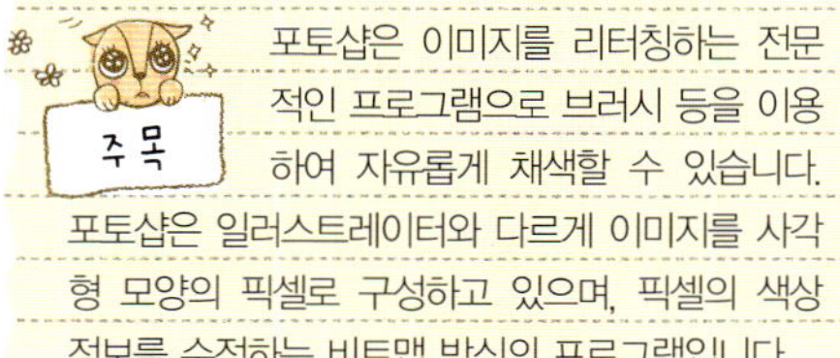

포토샵은 이미지를 리터칭하는 전문적인 프로그램으로 브러시 등을 이용하여 자유롭게 채색할 수 있습니다. 포토샵은 일러스트레이터와 다르게 이미지를 사각형 모양의 픽셀로 구성하고 있으며, 픽셀의 색상 정보를 수정하는 비트맵 방식의 프로그램입니다.

04 포토샵의 툴 패널에서 브러시 툴([]()을 선택한 다음 [Swatches] 패널에서 '녹색' 계열을 지정하고 [Layers] 패널에서 '선인장' 레이어를 클릭하여 선택합니다. [Layers] 패널의 [Lock transparent pixels]를 클릭하고 옵션 바에서 [Brush]의 삼각형 버튼을 클릭하면 나타나는 하위 메뉴에서 [Master Diameter]를 '90px'로 설정합니다.

05 연두색 선인장의 안쪽부분으로 드래그하여 선인장이 입체적으로 보이도록 드래그하여 색을 칠해줍니다.

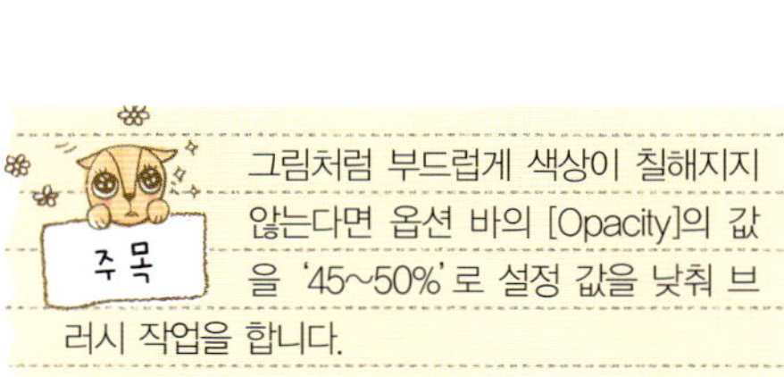

주목 그림처럼 부드럽게 색상이 칠해지지 않는다면 옵션 바의 [Opacity]의 값을 '45~50%'로 설정 값을 낮춰 브러시 작업을 합니다.

06 [Layers] 패널에서 '태양' 레이어를 선택하고 [Lock transparent pixels] 버튼을 클릭합니다. [Swatches] 패널에서 주황색 계열의 색상을 지정합니다.

주목 [Lock transparent pixels]는 포토샵의 투명 영역을 보호하는 기능입니다. 이 기능을 선택하면 레이어 위에 있는 오브젝트에만 색상이 칠해집니다.

07 앞에서와 같은 방법으로 노란색의 태양 이미지 위로 드래그하여 진한 색상으로 이미지를 그려줍니다.

08 [Layers] 패널에서 '선인장 가시'의 'Group'을 클릭하여 선택합니다. [Layer]-[Layer Style]-[Bevel and Emboss] 메뉴를 선택합니다.

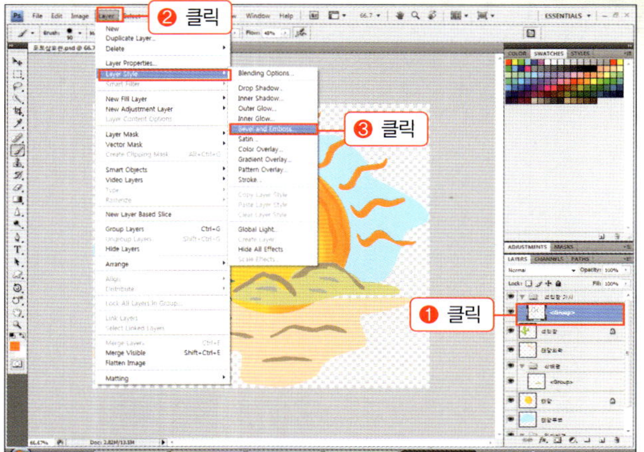

09 [Layer Style] 대화상자가 나타나면 그림처럼 옵션을 설정하고 [OK] 버튼을 클릭합니다.

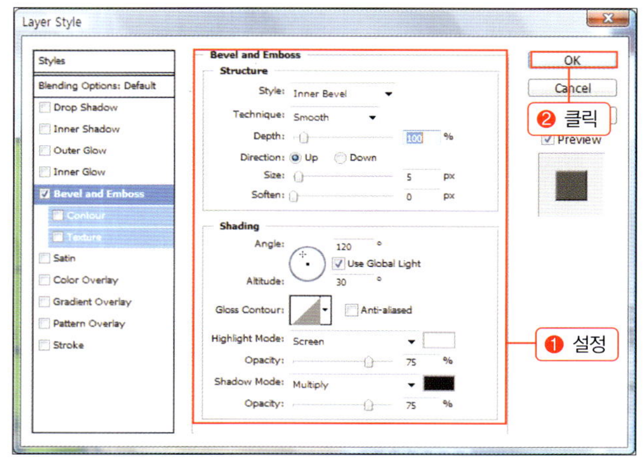

10 '태양외곽' 레이어에도 동일하게 효과를 주어 채색하고 요철 효과를 적용하여 이미지를 완성합니다.

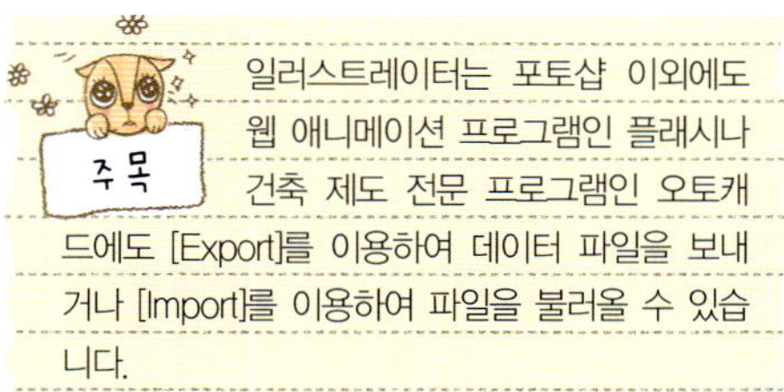

일러스트레이터는 포토샵 이외에도 웹 애니메이션 프로그램인 플래시나 건축 제도 전문 프로그램인 오토캐드에도 [Export]를 이용하여 데이터 파일을 보내거나 [Import]를 이용하여 파일을 불러올 수 있습니다.

다른 프로그램과 연동하는 일러스트레이터

일러스트레이터에서 만든 오브젝트는 일러스트레이터 자체에서 활용되기 보다는 다른 프로그램과 데이터를 공유하여 사용되는 경우가 많습니다. 웹 디자인에서는 일러스트레이터에서 만든 오브젝트가 플래시에서 애니메이션으로 활용됩니다. 만든 오브젝트가 어떻게 사용될 것 인가에 따라 Export의 방법도 달라집니다.

Skill up 01 [File]-[Export] 메뉴를 이용하여 원하는 파일로 저장하기

오브젝트를 [Save]를 이용하여 저장하면 저장된 오브젝트는 주로 일러스트레이터 확장자인 'AI' 파일이나 포토샵, 플래시 등에서 사용되는 'EPS' 확장자로 저장하게 됩니다. 물론 경우에 따라 플래시 파일인 'SVG' 파일이나 문서용 파일인 'PDF'로 저장할 때도 있지만 더 범용적으로 확장하여 사용하는 경우라면 [File]-[Export] 메뉴를 이용하여 오브젝트를 보내게 됩니다.

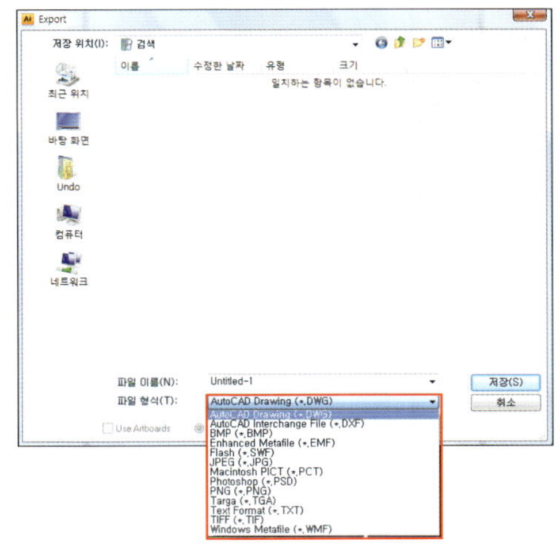

· AutoCAD Drawing(*.DWG) : AutoCAD 프로그램에서 사용하는 도면 파일로 저장합니다.
· AutoCAD Interchange File(*.DXF) : AutoCAD에서 외부 출력용 파일로 사용되는 파일로 저장합니다.
· BMP(*.BMP) : 비트맵 이미지 파일로 저장합니다.
· Enhanced Metafile(*.EMF) : EMF 파일 확장자로 저장합니다.
· Flash(*.SWF) : 플래시 SWF 파일 확장자로 저장합니다.
· JPEG(*.JPG) : JPG 파일 확장자로 저장합니다.
· Macintosh PICT(*.PCT) : 매킨토시 이미지 파일로 저장합니다.
· Photoshop(*.PSD) : 포토샵 파일로 저장합니다.
· PNG(*.PNG) : 웹용 PNG 파일로 저장합니다.
· Targa(*.TGA) : TGA 파일로 저장합니다.
· TIFF(*.TIF) : 이미지의 손실이 적은 TIF 파일로 저장합니다.
· Windows Metafile(*.WMF) : WMF 파일로 저장합니다.

Index

Index

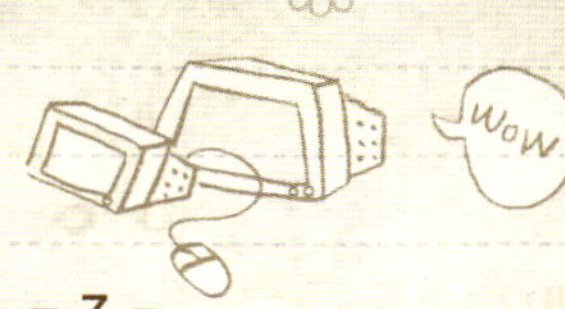

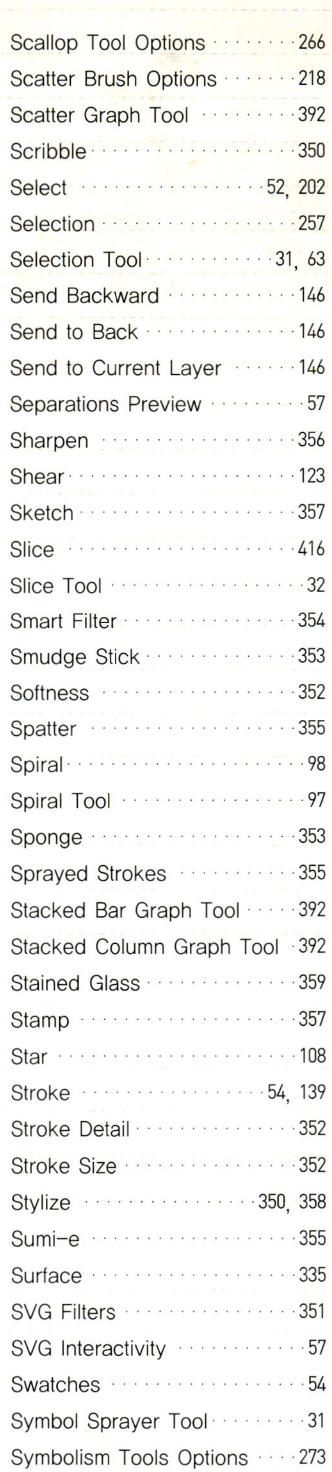

YoungJin.com Y.
영진닷컴

하루30분!
일러스트레이터 CS4 쉽게 배우기

1판 1쇄 발행 2009년 7월 10일
1판 3쇄 발행 2013년 4월 29일

저 자 | 김석일
발 행 인 | 김길수
발 행 처 | (주)영진닷컴
주 소 | (우)153-803 서울특별시 금천구 가산동 664번지
대륭테크노타운13차 10층

대표전화 | 1588-0789
대표팩스 | (02)2105-2200
등 록 | 2007. 4. 27. 제16-4189호

값 20,000원
(부록 CD 포함)

ⓒ 2009., 2013. (주)영진닷컴
ISBN 978-89-314-3843-7

이 책에 실린 내용의 무단 전재 및 무단 복제를 금합니다.

본 도서에 관한 내용은 kotra001@naver.com으로 문의하실 수 있습니다.